교육과정 이론화

역사적/동시대적 탐구

김영천 편저

아카데미프레스

추천의 글

William F. Pinar 교수의 추천의 글

It is my privilege to record here my appreciation of Professor Young Chun Kim, one of the most visible Korean scholars in North America in the field of curriculum studies. Through his important work in qualitative research and post-colonial studies, Professor Kim portrays a Korean curriculum studies field that is intellectually robust, eager to accelerate and complicate its intellectual advancement. Thanks to Professor Kim' s important work, Korean curriculum studies is a field that many of us in North America praise.

The present collection—of which I have read in English a synopsis—seems to this outsider to both represent and contribute to the intellectual advancement of the field. Its range of contributions speaks of an intellectually open field, ready to give fair hearing to new ideas, strong enough to engage in self-criticism as it engages critically intellectual "imports" from North America and the West. This is a collection that will, I trust, be widely read. how I wish it could be translated into English and published here so that we in North America could appreciate even more the dynamism of Korean curriculum studies and the leadership role played by Professor Kim!

Any field anywhere is fortunate to have an esteemed scholar willing to both represent his field internationally—as Professor Kim has: he has served as the Representative of South Korea in the General Assembly of the International Association for the Advancement of Curriculum Studies (www.iaacs.org)—and to engage that field internally, within the nation' s borders. From this collection it appears that Professor Kim is not alone, and I trust that all scholars committed to the intellectual advancement of Korea curriculum studies will join with him—while, of course, not always agreeing with him—in solidarity in your common cause: an intellectually sophisticated field of curriculum studies through which the practice of education becomes more sophisticated as it becomes more nuanced, attuned to historical and cultural uniqueness of the Korean nation.

Rather than simply translating Western curriculum discourse into the Korean context, then, Professor Kim has asked the contributors to this volume to wrestle with the compelling question of what it means to be "doing curriculum studies in Korea" today. How Korean curriculum discourse can—indeed, must—be different from Western scholarship? How can curriculum in Korea be understood politically, historically, phenomenologically, autobiographically, and in terms of gender and culture?

Given such understanding, how will Korean scholars craft the present and future course of Korean curriculum studies?

These are, in my view, exactly the questions scholars worldwide need to ask. As the important University of Zurich (Switzerland) historian of education and curriculum theorist Daniel Tröhler (2003, 778) has written,

> Internalization does not mean blind adoption of foreign concepts. It means international discussion among scholars who are historically self-aware of their own traditions, not in order to defend them, but—on the contrary—to allow different or foreign arguments to be understood.

To be critical of Western (or Eastern) concepts, then, is to engage in self -criticism, to conduct studies of the intellectual histories of Korean curriculum studies, as well as to make analyses of its present circumstances, what I term the verticality and horizontality of the field (Pinar, 2006). In this way, the local' s encounter with the global can prove to be an important opportunity for the local—that is, nationally distinctive fields of curriculum studies—to advance intellectually.

This potential is of many the present collection offers. This book can, I believe, stimulate important internal discussion and productive debate regarding the intellectual history and present circumstances of Korean curriculum studies. There is already one such study available in English that, hr broad strokes, locates curriculum reform in Korean history (Lee, 2003). Other studies—ones that grapple specifically with the legacies and present reinscriptions of colonialism (now institutionalized through the guises of globalization)—are needed. This present volume represents a highly significant contribution to this project of intellectual advancement.

I extend my congratulations to Professor Young Churi Kim arid to his colleagues who have contributed to this important contribution to the intellectual advancement of Korean curriculum studies.

William F. Pinar

Professor and Canada Research Chair
Director, Centre for the Study of the Internationalization of
Curriculum Studies, University of British Columbia
Vancouver
CANADA

References

Lee, Yonghwan (2003). Politics and theories in the history of curricular reform in South Korea. In William F. Pinar (Ed.) *International Handbook of Curriculum Research* (541~552). Mahwah, NJ: Lawrence Erlbaum.

Pinar, William F. (2006). *The synoptic text today and other essays: Curriculum development after the reconceotualization.* New York: Peter Lang.

Tröhler, Daniel (2003). The discourse of German *Geisteswtssenschaftliche Padago.qik-A* contextual reconstruction. *Paedagogica Historica 39* (6), 759~778.

서 문

〈After Tyler: 교육과정 이론화 1970년-2000년〉가 2006년에 문음사에서 제1판이 만들어진 후에 거의 5년이 흘렀다. 2012년에 이르러 제 1판의 내용을 수정하고 보충하여 새로운 제1판을 아카데미프레스 출판사를 통하여 출간하게 되었다. 제목 역시 바뀌어서 제1판의 〈After Tyler〉라는 이름에서 〈교육과정 이론화: 역사적/동시대적 탐구〉라고 바뀌었다. 그리고 부제를 역사적/동시대적 탐구라고 명명하여 현대 교육과정의 주요 아이디어들을 역사적, 동시대적으로 추적하여 기록하려고 노력하였다. 이를 통하여 우리나라의 학자들과 연구자들이 전 세계적으로 일어나고 있는 교육과정 탐구의 주요한 연구주제로서 교육과정 이론화에 대한 다양한 방법과 관점을 이해할 수 있기를 바랐다.

그러한 점에서 2006년에 발화된 세계 교육과정 연구의 국지적 텍스트로서 〈After Tyler〉는 세계 교육과정 탐구의 주요 흐름을 포착해 낸 중요한 작업이었다는 점을 인정하면서 그러한 지역적 전통이 제2판을 통하여 더욱 강화되고 확산되기를 기대하는 마음이 크다. 이 책이 갖는 학술적 가치와 특별함은 이 책에 실려 있는 Pinar의 추천사에 잘 나타나 있듯이, 구미를 제외한 지역에서의 〈교육과정 이론화〉에 국지적 탐구를 종합하였다는 점에서 찾을 수 있을 것이다. 그리고 그러한 국지적 탐구는 단순히 지역적 개념을 벗어나 국제적 교육과정 연구가 점차로 세계적 교육과정 담론으로 확산되고 있다는 점에서 동아시아 학자들에 의하여 그리고 비서구권의 문화 속에서 생활하고 있는 학자들에 의하여 집대성되고 리뷰되었다는 점에서 그 가치를 찾을 수 있겠다. 어떻게 표현한다면 이 책은 서구 중심의 교육과정 연구에 대한 새로운 탈경계적 작업으로서 세계 주요 교육과정의 담론들을 서구인이 아닌 학자들이 이해하고 기록하고 종합하고 비교하며 평가한 연구서라는 점에서 중요하다고 하겠다.

이에 이 책은 앞으로나 먼 미래까지 교육과정 이론화의 작업이라는 역사적 전통 속에서 비서구인에 의하여 그리고 영어를 쓰지 않는 비영어권 학자들에 의하여 구성된 〈교육과정 이론화〉에 대한 수용과 저항의 텍스트로서 그 위치가 더욱 명확하게 규정될 것으로 생각한다. 그리고 그러한 가치는 이 텍스트의 내용들과 논점들이 영어권의 국가에서 영어로 새롭게 쓰여 출간될 때보다 명료해질 것으로 생각하며 그러한 날이 머지않아 실현되기를 진심으로 기대해 본다. 때문에 이 책은 기본적으로는 우리나라의 교육과정 학자들, 연구자들, 대학원생들이 세계 교육과정 연구의 시대적 흐름을 이해할 수 있는 가장 대표적인 텍스트로서 읽히기를 깊이 바라고 있다. 그러나 그러한 희망을 넘어 이 책의 작업이 한국 학자들 사이의 집합적 작업과 의사소통을 통하여 세계 교육과정 탐구에서 기대하는 보다 높은 차원의 사유와 이론화의 작업을 할 수 있는 지적 자산과 영혼을 심화시킬 수 있기를 희망해 본다. 그러한 협동과 비평의 작업을 통하여 한국의 교육과정 이론화의 탐구는 그 어느 때보다도 그리고 그 어떤 지역의 학자들에 비하여 강하고 영향력이 있게 될 것이다.

그리고 그 결과는 식민주의 시대에서의 지식의 소비자로서만 생활해 가는 한국의 교육과정 연구가 아닌 세계 교육과정 탐구의 방향과 내용을 주도하고 자극시키고 영향을 끼치는 역할을 할 것으로 생각한다. 이러한 창의적인 종합과 비평, 나아가 자기 비평의 작업이 우리나라의 선도적인 학자들에 의하여 열정적으로 계속된다면 이 책의 제4장의 주제로 강조한 것처럼 우리의 경험과 관점, 존재와 사유의 체계가 세계 교육과정 연구의 새로운 공간으로 승화될 수 있는 탈식민적/탈서구적 교육과정 이론화를 시도할 수 있는 기회와 시대가 다가올 것으로 추측해 본다. Said가 비유한 것처럼 '시작'은 무엇을 시작하는 시간적 의미가 아니라 과거와는 다른 것을 생각하고 이야기하는 새로움의 출발이며 그러한 시작은 이전의 것을 수용하는 것이 아니라 질문하고 비판하는 것이라는 의미를 새로운 이 책의 출간과 함께 생각해 본다. 즉, 이 책이 기존의 내용들과 지향점들을 이해하고 종합하는 차원을 넘어 우리의 실제와 실천 그리고 사유와 경험, 나아가 전통에 대하여 그 어떤 새로운 지적 지평을 넓혀 줄 수 있는가라는 목적과 함께 우리가 과거에 가졌던 생각과 방식, 판단의 기준에 그 어떤 새로운 자극과 탈주를 기획하도록 촉진시킬 수 있는지를 유념하면서 읽기를 바란다.

이에 이 책의 출간에 맞추어 이러한 텍스트가 우리나라에 출간될 수 있도록 옥고를 보내주신 저자들에게 진심으로 감사드린다. 특히 편집자의 의도와 방향에 맞게 원고를 교정해 주신 너그러움과 배려는 참으로 잊지 못할 것이다. 때문에 이들의 진심어린 이해와 열정이 없었다면 우리나라에서 교육과정 연구에서의 이론화 작업을 종합적으로 정리한 작업은 찾아보기가 어려웠을 것으로 평가하고 싶다. 앞으로 몇 해가 지나 제3판이 출간되기를 기대하면서 제2판을 아카데미프레스 출판사에서 출간할 수 있도록 결정을 해 주신 홍진기 사장님에게 감사드린다.

2012년 2월 편집자 김 영천 씀

차 례

Part 1 개관

Part 2 역사와 비평

Part 5 해체적 이론화 전통들

Part 1

개관

교육과정 이론화의 다양한 연구 패러다임들: 그 때와 지금

김 영 천(진주교육대학교 교육학과 교수)

교육과정의 탐구는 1970년대 이래로 다양하게 변화해 오고 있다. 주류 교육과정 탐구 패러다임이었던 Tyler 원리에 기초한 교육과정 연구들이 교육과정 이론화의 연구문화의 영향으로 주류에서 밀리면서 새로운 교육과정 이론화의 물결이 교육과정 탐구 영역에서 부상하였다. 그 결과로 1970년대 이후의 교육과정 연구 분야에 대한 소개와 정리 작업이 최근 이 분야의 전문서적들에서 심도 있게 다루어지고 있다. 이러한 패러다임의 변화는 교육과정 연구자들에게 과거에 대한 집착으로부터 벗어나 다양하고 확산된 교육과정의 연구 동향과 이해를 받아들일 것을 요구하고 있으며 '교육과정 이론이란 무엇인가' 에 대한 재개념화와 재영토화를 이론화할 것을 자극하고 있다.

교육과정 연구가 무엇인가에 대한 해석이 얼마나 달라졌는지를 보여 주는 대표적인 예는 1970년대 이전의 Ralph Tyler와 1990년대 이후의 Patti Lather의 상반된 입장을 읽는 작업이라고 생각한다. Ralph Tyler에게 있어 교육과정 연구와 교육과정 이론화는 네 가지 절차에 대한 개념화와 그에 따른 학교 교육과정 개발의 세련화 작업이었다. 우리 모두 아는 것처럼, 그의 원리는 다음과 같이 네 가지로 요약된다.

Ralph Tyler의 교육과정 연구의 목적

1. 학교가 추구해야 하는 교육목적은 무엇인가?
2. 그러한 목적을 도달하는 데 도움이 되는 학습경험은 어떻게 선정할 것인가?
3. 효과적인 수업을 위하여 학습경험은 어떻게 조직되어야 하는가?
4. 학습경험의 효과는 어떻게 평가되어야 하는가?

그러나 교육과정 연구작업에서 좌파에 입지한 Patti Lather의 교육과정 이론화 작업은 단순한 프로그램의 개발과 절차의 모색이 아닌 그 이상의 비판적 행위이다 (1991, pp. 16). Patti Lather에게 있어 교육과정 연구/이론화의 목적은 다음과 같은 문제에 답하는 데 있다.

Patti Lather의 교육과정 연구의 목적

1. 억압적인 사회적 실제를 해결하는 변형적 교육학적 실제는 무엇인가?
2. 그러한 교육학적 실제를 지지하는 이론이란 무엇인가?
3. 그러한 이론을 지지하는 연구란 어떤 것인가?
4. 다차원적 목소리, 해방적 삶의 가치는 무엇인가?

대표적인 이 두 학자들 모두 교육과정 탐구의 주요한 목적인 '이상적이고 가치 있는 삶을 살기 위한 학교 교육과정의 개발과 이해'에는 공통된 입장을 취하고 있지만 가치 있는 삶이 과연 어떤 것인가에 대해서는 근본적으로 다른 철학적 입장을 취하고 있다. 그러한 점에서 Tyler 이후 현재까지의 교육과정 연구의 변화를 나타내는 대표적 은유는 '그 때와 지금'이라는 표현이 아닐까 싶다.

이에 이 글에서는 첫째, 한국 교육과정 학자들에 의하여 이룩된 '세계 교육과정 연구 동향'에 대한 정리 작업을 보다 쉽게 이해시키기 위하여 지난 50년에 걸쳐 교육과정 연구가 어떻게 달라졌는지를 인식시키는 데 도움을 줄 수 있는 여러 가지 증거와 자료를 소개하고자 한다. 그러한 작업은 이 책을 읽는 데 있어 배경 지식으로서 효과적 역할을 할 것으로 생각한다. 둘째, 그러한 변화를 설득적으로 제시하기 위하여 이 책을 어떻게 구성하였으며 어떤 내용이 포함되었는지를 소개하고자 한다. 이러한 소개는 이 책의 구성과 전체적인 이해에 도움이 될 것이다. 셋째, 서구의 교육과정 이론화의 정리 작업이 필요한 만큼, 국제화/세계화 시대에서 우리의 연구 사명과 연구 과제가 어떠해야 하는지를 논의하고자 한다. 교육과정의 지구화(globalization of curriculum studies)가 가속화되고 있는 상황에서 우리 나라의 교육과정 연구자의 시대적 정신은 무엇이고 어떤 지적 자극과 통찰력을 가져야 하는지에 대하여 문제의식을 불러일으키려 한다.

1. 교육과정 연구 텍스트에서의 내용 변화

교육과정 연구와 이론화에서 패러다임의 변화가 심각하게 일어났다는 주장은 Pinar의 주장 외에도 1980년대 이후에 출간된 교육과정 개론서 또는 교육과정 이론을 다룬 텍스트에 어떠한 내용이 새롭게 포함되었는지를 분석해 보면 쉽게 알 수 있다. 다음에 소개되고 있는 구미의 대표적인 교육과정 분야의 텍스트는 Ralph Tyler의 교육과정 이론에서 출발하여 1970년대 이후의 교육과정 연구의 새로운 사조와 이론화 노력을 자세하게 설명하고 있다. 그리고 그러한 텍스트는 대학원 수업에서 주 교재로 활용되고 있다.

Giroux, Penna, and Pinar(1975), Curriculum and Instruction.
Schubert(1980), Curriculum: Perspective, paradigm, and possibility.
Marsh and Willis(1999), "Curriculum: Alternative approaches, ongoing issues.
Sears and Marshall(1990), Teaching and thinking about curriculum: Critical inquiries.
Short(1991), Forms of Curriculum Inquiry.
Jackson(1992). Handbook of research on curriculum.
Pinar et. al.(1995). Understanding curriculum.
Marshall, Sears, and Schubert(2000), Turning points in curriculum: A contemporary American memoir.

이러한 작업의 변화는 교육과정을 어떻게 이해하고 연구할 것인가, 교육과정 연구의 목적은 무엇인가에 대한 근본적인 문제를 제기하였는데 그로 인하여 새로운 세대의 교육과정 이론가들이 교육과정 연구의 목적을 새롭게 정의하면서 교육과정 이론화의 새로운 물결을 주도하게 되었다. 물론 그러한 변화의 물결 속에서도 Tyler 원리에 기초한 교육과정 개발 중심의 연구들이 계속적으로 이어지고 있었다는 사실을 인정해야 한다. 그 예로서 Popham, Wiggins, Hirsh, Posner, Zais, Wagra,

Olivia 등은 교육과정 개발에 대한 원리와 절차에 대한 개념화를 계속적으로 연구주제로 탐구해 왔고, 최근에 와서는 Wiggins의 백워드 설계 모형, Hirsh의 Core knowledge curriculum design 등이 학교 교육과정 설계의 실제적인 이론화에 상당한 기여를 했다. 아울러 학교 지식으로서 가장 가치 있는 지식은 어떤 것인가, 좋은 삶이란 무엇인가(Schubert, 1986, p. 1), 우리는 무엇을 가르쳐야 할 것인가(Kliebard, 1977) 같은 실제적인 질문은 교육과정 연구자들의 계속적인 연구주제였음을 명심할 필요가 있다.

이렇게 전통적 교육과정 연구에 대한 지적 탐구 작업이 계속적으로 진행되었지만 1970년대 이후의 교육과정 연구의 주요 동향은 이와는 다른 새로운 다양한 방식으로 구성되기 시작하였다. 그리하여 교육과정 연구는 '개발' 이라는 관료적/기술적 합리성에 기초한 실제적 작업을 벗어나 보다 복잡한 대화를 추구하는 탐구 공간으로 확장되어 버렸다. 그 예로 Walker(1992, p. 109)는 교육과정 영역을 실천의 영역이라고 간주하였고 교육과정 문제는 오직 상황에서의 행위(action)를 통해서만 해결될 수 있는 성격을 갖고 있다고 하였다. 또한 Pinar는 교육과정 연구는 인문학, 예술, 사회이론의 영향을 받는, 이론, 연구, 기관적 실제에 혼종적인 접근이 요구되는 간학문적 영역이라고 정의하였다. 이러한 새로운 개념화로부터 교육과정에 대한 개념, 교육과정 연구의 목적은 과거의 그것에서 상당히 변화되었는데 1970년대 이후의 교육과정 연구자들이 개념화한 교육과정 연구의 목적의 예를 몇 가지 들어 보면 다음과 같다.

헤게모니의 재생산(Apple, McLaren)
자유를 위한 실천(Greene)
교육현상의 감식안적 기술과 평가(Van Maanen, Eisner, Barone)
내러티브를 통한 삶의 기술(Connelly, Bullough, Miller, Grumet)
교육과정 담론의 해체(Doll, Lather, Cherryholmes)
문화(Giroux, Lather, Wright)

그러한 점에서 미국 교육학 연구 100년 대저서에 Tyler, Taba, Bloom, Bruner, Alberty와 Alberty, Mager 등의 전통적 교육과정 연구자들의 책이 선정된 것과 함께, Smith와 Geoffrey, Jackson, Greene, Lortie, Pinar, Bowles와 Gintis, Apple, Eisner, Oakes의 책들이 선정된 점을 지각하는 것이 필요하다(Kriedel, 2000).

2. David Berliner와 Carnegie Forum

앞에서 소개한 다양한 새로운 교육과정 이론화의 주제들은 우리나라 교육과정 연구자들에게 교육과정 연구란 무엇인가, 그리고 무엇을 연구해야 할 것인가에 대한 문제의식을 불러온다. 교육과정 탐구의 동향이 그렇게 변화하여 이러한 변화의 조류를 연구하는 것이 시대 정신(spirit of the age)이라고 한다면 우리 교육과정 연구자들은 앞으로 어떻게 교육과정을 연구하고 미래의 연구자들에게 교육과정을 연구하라고 가르쳐야 할 것인지에 대하여 고민할 필요가 있다.

이러한 민감한 문제에 대한 답으로서 편집자는 2003년 카네기 재단 포럼에 초청되어 21세기 미국의 교육학 전공 박사과정 학생들을 어떻게 새롭게 훈련시켜야 할 것인가라는 주제에 대하여 창의적 아이디어를 제시한 David Berliner의 연설 내용을 소개하고 싶다. 평생 양적연구 방법론을 가지고 교육현상과 학교의 심리학 연구에 몰두하였던 그는 이 포럼에서 의미심장한 지적을 하는데, 그의 지적은 우리가 후세대를 위하여 어떻게 지도해야 하는지를 고민하는 데 좋은 지침을 제공한다고 생각한다. 그는 교육학 전공의 학생들이 앞으로 고민해야 할 문제, 그리고 강조해야 할 탐구 내용을 다음 다섯 가지로 요약하여 제시하였다.

1. 실증주의 교육학 연구방법론에 대한 문제제기와 탈실증주의 연구방법론의 인정, 그리고 미래 학생들을 위한 질적연구/탈실증주의 연구방법론의 개설이 필요함
2. 교육학 연구의 목적은 기존 이론의 증명과 확증보다는 새로운 아이디어들을 생성하도록 자극함
3. 미래 연구자들은 학교에서 학생들이 어떠한 삶을 살고 그들이 어떻게 학습하는지에 대한 근접한 이해가 필요함
4. 단순히 이론가로서만 성장하기보다는 학교의 복잡한 학습환경을 이해하기 위한 공식적인 인턴십의 구조화와 수료가 필요함

5. 교육학 연구 결과와 교육정책 사이의 불일치를 이해함

Berliner의 이러한 다섯 가지 제안은 교육과정을 공부하는 우리에게 여러 가지 아이디어를 제공한다. 첫째, 실증주의 이데올로기에 기초하고 있는 과학적 모델로서 Tyler 원리에 기초한 교육과정 개발 모형과 작업에 대한 재해석, 둘째, 다양한 탈실증주의 교육과정 연구방법론과 이론에 대한 공부와 수용, 셋째, 개발과 함께 교육과정이 어떻게 실행되고 적용되는지에 대한 현장 중심/현장 지향적 교육과정 연구/교육과정 평가 연구, 넷째, 교육과정 연구자가 갖추어야 하는 지적 자산으로서 현장교수 경험, 관찰 경험, 현장작업(fieldwork) 경험을 요구한다.

3. AERA Division B

교육과정 연구의 패러다임 변화는 교육과정 학회의 학술 탐구의 성격과 내용에도 영향을 미쳤다. 대표적 예는 미국 교육학 연구연합회(American Educational Research Association, AERA)의 교육과정 탐구 분야인 Division B의 연구 분야가 어떻게 구성되었는지에 잘 나타나 있다. Divison B의 구성은 다음과 같이 다섯 가지 영역으로 이루어져 있다.

1분과: 교실 상황(classroom contexts)에서의 교육과정 연구
2분과: 교육과정 이론화
3분과: 교육과정 설계, 내용, 평가
4분과: 교육과정 역사 탐구
5분과: 교육과정 연구에서의 대안적 실제들과 언어의 개발

우리나라의 경우 제3분과에 대한 탐구가 가장 활발하며 제2분과와 제5분과의 연구가 가장 미약하다는 사실을 알 수 있다. 또한 제1분과 역시 활발하게 진행되지 않고 있으나 최근에 확산된 질적연구로 인하여 실제적 현상을 다룬 논문들이 많이 출간되고 있다. 우리나라에서는 제2분과의 경우, 교육과정 개발에 대한 전통적인 소개가 2000년대까지 계속되고 있으며, 이 체계에 근거한 연구논문들이 교육학 연구와 교육과정 연구지의 많은 지면을 장식하고 있다. 다음으로 철학적 탐색과 개념적 탐

색이 많이 이루어졌는데, 이 영역의 주요 주제는 학교 지식 또는 교과 지식의 가치를 다룬 것으로서 Peters, Hirst 등의 이론들을 소개하고 이에 기초하여 우리나라 학교 교육과정에서의 지식 문제를 다루는 쪽으로 연구하고 있다.

이 두 가지 연구 영역을 제외한다면 우리나라에서 나머지 분과에 대한 연구관심은 그리 크지 않은 듯하다. 먼저 교육과정 이론화 영역과 관련해서 보자. 우리 나름대로의 교육과정 이론화에 대한 노력은 거의 없으며 대부분의 연구는 서구 교육과정 이론화 작업에 대한 번역과 소개 작업이 주를 이루고 있다. 이에 박 승배, 허 숙, 홍 후조, 윤 병희, 이 용환 등의 연구에서 서구 연구작업의 내용에 대한 요약이 잘 이루어졌다. 그러나 이들의 소개는 한쪽으로 치우쳐 주요 학자들에 대한 소개를 반복적으로 하고 있을 뿐 교육과정 이론화에 주도적 역할을 한 학자들에 대한 심층적 정리는 이루어지지 못하였다. 그 예로, Huebner, Greene, Klohr, Kincheloe, Lather, Aoki 등에 대한 연구는 거의 없고, 주된 논의들이 Apple, Eisner, Pinar를 중심으로 이루어졌다.

다행히도 서구의 교육과정 연구에 대항하여 토착적 교육과정 이론화를 시도한 연구작업들이 소개되었다는 것은 반가운 일이다. 먼저 김 기석은 한국 학교교육에 대한 역사학적 해석을 지속적으로 하고 있고, 이 홍우는 불고나 성티학에 기초한 교육과정 연구를 해 왔다. 우리의 역사와 문화에서 자료를 찾고 그러한 자료로부터 교육과정의 이론화를 구성하려는 이들의 노력은 매우 창의적이고 생성적 일이라 할 수 있다. 그리고 그러한 한국적 교육과정 이론화 작업은 계속적으로 자극되고 추진되어야 할 것이다.

그러나 그러한 작업 중에서 이 홍우나 장 상호의 일련의 연구들을 세계적 차원에서의 교육과정 이론화의 주요 동향의 한 영역으로서 일반화해 소개하는 글은 우리나라의 교육연구자들에게 잘못된 개념체계를 형성시킨다는 점에서 다소 신중할 필요가 있다. 편집자의 개인적 판단으로서 이 작업들에 대한 노력은 계속되어야 하며 그러한 이론들이 인정받기 위해서는 주도적인 교육과정 연구집단에서의 인정과 공유가 필수적이라고 생각한다. 그러한 점에서 이들의 연구의 가치와 위치는 잠정적으로 평가 유보되어야 하며 이 분야의 국제적/국내적 학자들에 의하여 공식적인 석상에서 검토되고 평가되어야 한다고 생각한다.

제2분과에 비하여 제5분과에 대한 논의는 더욱 희박한 실정이다. 제5분과는 미국을 비롯한 구미의 교육과정 연구자들이 박사과정 학생들에게 가장 강조하는 탐구 분야로서 학문의 경계가 허물어진 탈경계의 시대에서 다양한 인문과학/사회과학의 방법론과 개념을 이용하여 새로운 교육과정 이론들을 생성하려고 노력을 경주하는 탐구 분야이다. 다양한 인문학, 사회과학, 예술 이론, 종교학, 역사학 등을 교육과정 연구에 끌어들여 교육과정 현상을 새롭게 조명하고 이론을 정립하려고 많은 노력을 경주하고 있다. 서구에서 이러한 새로운 표현체계를 창조하려는 노력은 쉽게 찾을 수 있다. Eisner가 미술에서 교육비평의 아이디어를 얻었고, Pinar가 현상학에서 교육과정의 연구개념들을 도출하였다. Lather는 푸코와 데리다, 들뢰즈로부터 통찰력을 얻었고 McLaren은 체게바라와 그람시의 연구에서 그 동기를 찾았다.

그러한 점에 비추어 볼 때 우리나라의 경우, 제5분과와 관련된 연구 또는 탐구를 장려하고 촉진시키는 문화적 배경은 이들 못지않게 다양하다고 생각한다. 특히 이들의 연구들이 서구의 학문 전통 속에서 교육과정을 논의하고 있다는 점에서 동양적/한국적 문화 속에서 발달한 사회과학적/인문과학적 지식 체계들을 섭렵하고 적절한 관련 주제들과 연구개념들을 세련화하는 노력이 필요하다.

사회과학 연구는 계속 변화하며 진화한다는 사실을 잊은 채 Bellack이 지적한 것처럼 제1세계의 이론이 제3세계의 지도적 지배이론으로 자리를 잡은 이후에는 새로운 이론/다른 이론들이 자리를 잡을 겨를이 없어진다는 지적은 우리나라 교육과정 연구의 현 상태를 가장 잘 나타낸다고 할 수 있다. 제1세계의 수십 년 전의 교육심리학 이론이 부정되고 의문시되는 상황에서 그러한 이론이 아직 진실로 활개치는 우리의 교육심리학 연구풍토, 그리고 이미 50년이 지난 Tyler의 원리가 여전히 한국 교육과정 연구의 주요 담론으로서 역할을 하고 있는 우리나라의 교육과정 연구 특징은 Bellack의 해석을 잘 반영하고 있으며 그러한 현실에 대한 인식은 우리로 하여금 새로운 변화와 행동을 요구하는 것이다.

교육과정 연구가 무엇인가에 대한 우리의 생각을 확대시키는 방법으로서 그리고 교육과정 연구의 새로운 이론화의 수용과 모색을 위하여 편집자는 Schubert가 주장한 문구를 사용하여 편집자의 주장을 강조하고 싶다.

> 교육과정을 탐구와 실천의 영역으로서 정의하기 위해서는 교육과정을 교육의 다른 분과학문들과의 상호의존적 측면에서 이해하여야 한다. 이러한 입장은 특정한 사물 또는

실재의 의미는 그 실재가 놓여 있는 힘들과의 상호의존성에 의하여 끊임없이 창조되는 것으로 해석되어야 한다는 에콜로지적 관점을 수용하게 만든다. 따라서 교육과정의 성격은 다른 교육학 영역들에서의 지식의 정의와 실제와의 관계를 형성하고 그 관계에 의하여 그 성격이 형성된다: 행정, 장학, 교육의 사회적/문화적 기초, 정책연구, 평가, 연구방법론, 교과영역, 교육수준, 교수 또는 수업, 특수교육, 교육심리학 등등(1986, pp.34-35).

4. 교육과정 연구 핸드북 (Jackson, 2001)

교육과정 연구의 변화를 잘 나타내 주는 또 다른 증거로서 AERA의 지원 아래 2001년에 출간된 Philip Jackson 편집의 「교육과정 연구 핸드북(Handbook of Research on Curriculum)」이 있다. 교육과정 연구 분야의 대가들의 글로 가득 찬 이 책에서 편집자인 Jackson은 교육과정 연구의 탐구 동향을 다음 네 가지 영역으로 구분하고 각 영역에서 다루어지는 주제들이 어떤 것인지를 세분화하였다. 그의 분류 내용에 1970년대 이후의 교육과정 이론들이 대거 포석되어 있다는 점을 주지한다면 그 역시 교육과정 연구를 새로운/광범위한 관점에서 개념화하려 하였다는 점을 이해할 수 있다.

영역	주제
교육과정의 개념적/방법론적 측면	교육과정의 개념과 전문가의 역할 교육과정 연구의 과학적 전통 교육과정 연구의 인본주의적 전통 교육과정 연구에서의 방법론적 이슈들 교육과정 평가
교육과정 설계: 교과서, 실행, 교사	미국 교육과정 탐구와 학교 교육과정의 역사 교육과정과 문화 교육과정 조직 학교 지식과 교과의 개념 교육과정 실행 교과서 교육과정 개발자로서 교사

(계속)

영역	주제
교육과정과 수업: 간학문적 접근	학생의 경험으로서 교육과정 인지와 교육과정 교육과정에서의 불평등의 문제 학교 교육과정과 인종의 문제 교육과정과 아동의 언어 젠더와 교육과정
교과교육	언어과 수학과 과학과 테크놀로지 사회과 직업교육 미술교육 특별활동

여러 내용 중에서 교육과정 연구의 인본주의적 전통, 교육과정 연구 방법론의 변화, 교육과정과 문화, 교육과정 실행, 교사, 학생의 경험, 인지, 불평등, 인종, 젠더, 아동의 언어 등에 대한 주제는 교육과정 연구 영토가 얼마나 달라졌는지를 잘 드러내 주는 예들이다.

5. 교육과정 탐구의 양식들

교육과정의 연구 동향을 연구방법론 측면에서 조명한 Ian Short의 「교육과정 탐구의 양식들」(1991)은 교육과정 탐구의 방법과 주제, 연구문제가 얼마나 다양하며 탈실증주의화되었는지를 우리에게 가르쳐 주는 또 하나의 텍스트이다. 총 15가지로 교육과정의 탐구 양식을 구분한 Short는 각 분야에서 연구자들이 제기하게 되는 연구

1	철학적 탐구 (개념적 분석)	2	역사적 탐구	3	과학적 탐구	4	문화기술적 탐구
5	내러티브 탐구	6	미학적 탐구	7	현상학적 탐구	8	해석학적 탐구
9	이론적 탐구	10	규범적 탐구	11	비판적 탐구	12	평가 탐구
13	통합적 탐구	14	숙의적 탐구	15	실행적 탐구	16	사색적 탐구 (에세이적 탐구)

문제, 연구방법, 연구주제를 명료하게 개념화함으로써 교육과정 연구의 다양한 범주 체계들 그리고 전통을 이해하는 조감도를 제시하였다.

6. 미국 100년의 교육과정 대저서들(Schubert 외, 2002)

Kliebard의 「미국의 교육과정 연구: 1893-1958」이 교육과정 연구사조를 중심으로 미국의 교육과정 발달사를 기술하였다면 Schubert, Schubert, Thomas, Caroll(2002)이 저술한 「미국 100년의 교육과정 대저서들(Curriculum books: The first hundred years)」은 미국의 교육과정 연구 100년사 중 시기별로 이정표적 헌신을 한 연구작품을 중심으로 교육과정 연구 사조, 주요하게 대두된 연구개념, 학자들의 학풍, 연구집단 등을 종합적으로 정리한 책이다. 특히 Kliebard가 끝내지 못하였던 1960년대 이후와 특히 1980년대 이후의 교육과정 담론의 확산과 논쟁 속에서 나타난 역사적 저서들과 그 저서들이 담고 있는 교육과정의 이론과 개념을 치밀하게 소개하였다는 점에서 그 의미가 크다.

특히 제12장에 제시된 '현대 교육과정 탐구 영역의 리뷰' 에서는 전통주의 교육과정 연구자들의 계속적인 연구작업의 소개와 함께 '새로운 교육과정 담론' 이라는 소제목을 통하여 Pinar가 제시한 재개념주의 교육과정 연구의 역사와 동향, 학자들의 탐구 영역을 자세하게 소개해 놓았다. 이 12장이 지난 30년간 교육과정 분야에서 주도적으로 활동하였던 학자들의 목록뿐만 아니라 그 작업들을 상세하게 소개하고 있다는 점에서 인상적이다.

그 대표적인 증거로서 교육과정 탐구의 핵심적 이슈로서 '좋은 삶, 그러한 삶을 위한 학교 교육과정의 설계' 에 대한 기초적 관심을 두면서 이 저자들은 재개념주의자들이 고민하였던 연구문제와 탐구주제를 분명하게 서술함으로써 교육과정 탐구 영역의 재영토화를 위하여 노력한다. 그들이 제기한 연구문제들은 전통주의 교육과정 연구자들에게는 생소해 보이고 이방인의 이론처럼 생각될지는 모르지만 '교육과정(개발)에 대한 전통적인 개념을 벗어난 새로운 개념들', 교육과정 탐구 영역을 확대하기 위한 대안적인 교육과정 이론, 언어, 표현양식에 대한 초대 등에 대한 지적은 이 분야의 변화된 위상을 잘 표현해 낸 것이라고 할 수 있다(pp. 504-527).

7. 교육과정 이론의 정치적 성향

Marsh와 Willis(1999)는 기존의 교육과정 이론가들의 저술과 평가(Reid, 1981, 1992 등)에 근거하여 지난 50년간에 나타난 교육과정 이론들을 체제(system)라는 준거를 놓고서 그 정치성을 분석하는 작업을 하였다. 이때 체제는 사회 또는 기존의 문화라고 할 수 있으며 교육과정 이론의 분류는 기존 사회의 유지에 관심을 갖는지 아니면 사회의 변혁과 재구조화에 관심을 갖는지에 따라서 이루어진다. 그는 크게 교육과정 이론들을 체제 지향적과 체제 대안적인 두 개의 범주로 분류하고 다시 각 두 분류 내에서 그 진보성과 급진성에 따라서 지지적 이론과 대안적 이론으로 세분하였다.

이러한 작업은 Kliebard가 저서에서 교육과정 연구전통을 사회 유지와 변화 측면에서 유지적 연구전통(Bobbitt, Tyler, Snedden)과 사회재구성 교육과정 연구전통(Rugg, Counts)으로 분류하고 이 가운데 John Dewey와 Kilpatrick의 아동 중심 교육과정을 위치시킨 맥락과 비슷하다. 그리고 이러한 분석은 미국의 교육사를 역사적으로 잘 분석한 Joel Spring이 미국의 교육학/교육과정 연구는 미국의 사회/경제적 조건에 따라서 좌파와 우파가 서로 헤게모니를 점령하기 위한 투쟁의 장소였다는 주장에서 역시 확인되는 내용이다. 그리고 그러한 정치적 성향에 대한 교육과정의 연구전통의 분류는 Bush 정권에서 이루어지고 있는 No Child Left Behind 법안에 대한 미국 교육과정 학자들의 분리된 목소리와 주장에 잘 나타난다.

여기에서는 지난 50년간의 교육과정 이론들의 특징 속에 내재한 정치적 성향과 이데올로기가 무엇인지를 Reid의 개념체계에 기초하여 정리하였다.

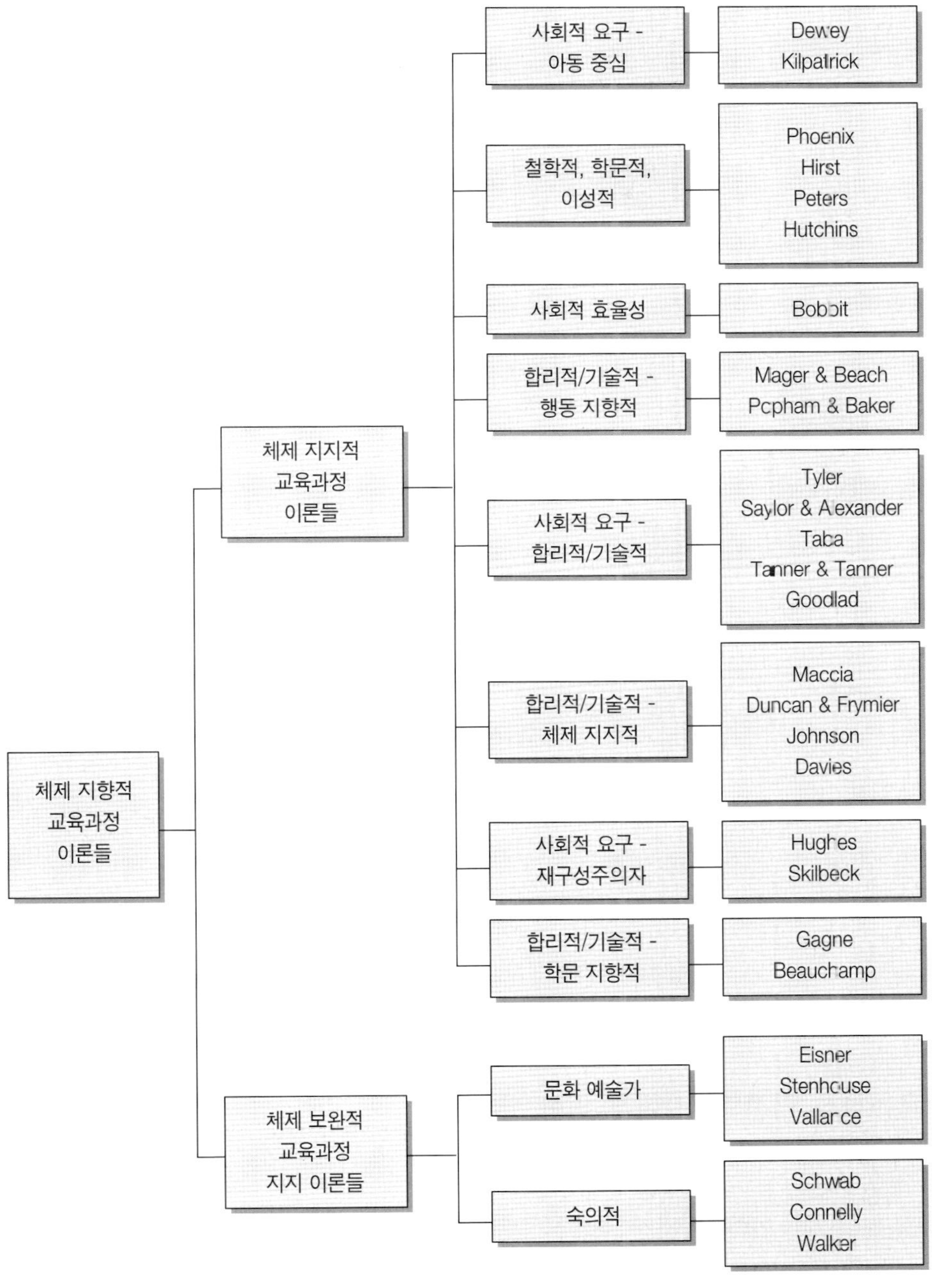

[그림 1] Reid의 교육과정 이론의 개념체계

[그림 1] Reid의 교육과정 이론의 개념체계 (계속)

8. 교육과정 이론화: 이해를 위한 담론들

지금까지 지난 80년에 걸쳐 일어난 구미의 교육과정 이론화들을 종합적으로 정리한 연구들을 소개하였다. 이러한 소개는 교육과정 이론화 작업이 지난 30년에 걸쳐서 어떻게 다양하게 일어났으며 그 결과로서 우리가 알아야 하고 배워야 하는 내용이 어떤 것들인지를 지각하는 데 도움이 될 것이다. 이러한 목적을 달성하기 위한 마지막 내용으로서 이 책의 모태로 사용된 Pinar 외의 「교육과정 이론화: 이해를 위한 담론들」에서 소개된 지난 30년간의 교육과정 연구의 역사와 흔적을 요약해 제시하고자 한다.

특히 Pinar가 지난 30년간의 교육과정 이론화의 새로운 바람을 몰고온 핵심적 학자의 한 사람이며 그와 그의 동료들이 편집한 이 책이 이 분야의 상황을 가장 철저하게 요약한 저서로 평가받고 있다는 점에서 그의 책에 대한 소개는 대우 필요하다고 하겠다. 이 책에서 저자들은 교육과정 연구영역을 텍스트로 비유하고 교육과정 분야에서 포진하고 있는 과거, 현재, 미래의 교육과정 이론들의 스펙트럼을 다양한 텍스트로 은유화하였다. 그러한 작업의 결과로 이들의 책은 미국과 구미의 대학원에서 '교육과정 연구', '교육과정의 기초', '교육과정 이론' 등의 과목에서 필독서로 읽히고 있으며 인기를 누리고 있다. Pinar와 그의 동료들이 개념화한 교육과정 이론의 다양한 전통을 다음과 같이 요약할 수 있다.

교육과정 이론	연구자
역사적 텍스트	Kliebard, Spring, Cremin
정치적 텍스트	Apple, Giroux, Goodman, Ellsworth
인종적 텍스트	McCarthy, Taubman, Gordon
젠더 텍스트	Pagano, James T. Sears, Goodman
현상학 텍스트	Aoki, Huebner, van Manen
탈구조주의적/해체적/ 포스트모던적 텍스트	Doll, Lather, Kincheloe
자서전적 텍스트	Pinar, Grumet and Miller, Connelly, Clandinin, Schubert, Ayers, Goodson
미학적 텍스트	Eisner, Barone
신학적 텍스트	Huebner
정책적 텍스트	McNeil, Goodlad, Fullan
국제적 텍스트	IAACS(The international Association for the advancement of curriculum studies)

9. After Tyler: 교육과정 이론화 (1970~2000년)

서구의 교육과정 연구의 변화된 연구 동향과 문화에 비추어 우리나라에서도 최근에 와서 교육과정의 새로운 이론들에 대한 소개 작업이 점차로 늘고 있다. 그렇지만 그러한 변화를 종합적으로 정리한 문헌이 없다는 점에서 편집자는 이 영역에 대한 체계적 정리가 필요하다고 판단하였다. 그리하여 Pinar 외의 책을 모델로 하여 지난 30년간 이루어진 주요한 교육과정 이론화 주제 또는 이슈를 우리나라의 연구자들을 대상으로 하는 책을 출간하는 것이 필요하다는 생각을 지난 2003년부터 하게 되었다. 그리고 2년 동안 각 분야를 가장 잘 저술할 수 있는 연구자들을 섭외하였고 그 결과로 이 책의 내용을 목차처럼 구성할 수 있었다.

먼저, 제1부에서는 이 책의 배경이 된 서구의 교육과정 연구 동향을 주요 연구물들을 중심으로 요약하였다. 이 목적을 달성하기 위하여 책의 내용을 사회과학 연구 패러다임의 종류에 기초하여 해석적 전통, 비판적 전통, 해체적 전통으로 구분하여 구성하였다(김영천, 1997; Lather, 2006).

〈 표 1 〉 질적/후기실증주의 연구 패러다임의 지적 전통

연구목적	예언	이해	해방	해체
지적 전통	실증주의	해석적	비판적	후기구조적 포스트모던
		자연주의적	네오-맑스주의	포스트콜로니얼 포스트포디즘
		구성주의적	페미니스트	퀴어 이론
		현상학적	실천지향적 프레리안 참여주의적	포스트패러다임 다이애스포라
		해석학적	실행연구 게이와 레즈비언 이론	
		상징적 상호작용 미시문화기술지	비판 문화기술지	

1) 교육과정 이론화의 역사와 비평

첫 번째 영역인 교육과정 이론화의 역사와 비평은 네 개의 논문으로 구성되어 있다. 먼저 1970년대 이후의 교육과정 이론화의 변화의 배경을 추적한 김 평국 교수의 논문과 1970년대 이전의 교육과정 연구의 좌표가 되었던 Ralph Tyler의 교육과정 개발 원리가 갖는 역사적 기여와 그 문제점을 지적한 조 재식 교수의 논문이 수록되어 있다. 교육과정 이론화의 한가운데 있었던 Penn State University의 Dan Marshall과 함께 1970년대 이후의 교육과정 이론화의 다양한 생성 노력을 조명한 김평국 교수의 논문은 미국에서 그러한 패러다임의 변화가 어떻게 발생하였고 확산되었는지를 이해시켜 주는 중요한 역할을 한다. 다음으로 조재식 교수는 Tyler의 학구적 업적과 연구의 역사를 자세하게 조명하고 그 다음으로 그의 연구가 교육과정 연구에 끼친 역할과 문제점이 무엇인지를 비평하였다. 교육과정의 이론화 작업의 시작이 전통주의 교육과정 연구의 저항과 대안의 모색으로부터 출발하였다는 점에서 그의 논문 읽기는 이 책 전체의 새로운 교육과정 이론화의 생성과 확산을 이해하기 위한 기초적인 읽기 자료가 될 것이다.

아울러 세 번째 논문에서는 교육과정 연구에서의 새로운 연구 패러다임으로 성장한 질적연구의 위치와 역사를 추적하였다. 이를 위하여 1968년에 출간된 Jackson의 「아동의 교실생활」에서부터 최근까지 교육과정 연구에서 질적연구의 이론화와 방법적 적용이 어떻게 이루어졌는지를 다양한 문헌과 자료를 기초로 하여 살펴보았다. 이를 통하여 1970년대의 교육과정 연구의 핵심적인 연구전통의 하나로서 질적연구의 탐구전통을 설명하려 하였다. 마지막 네 번째 논문으로 '우리나라에서의 교육과정 담론'에 대한 비판을 다루었다. 이 논문에서는 Tyler 중심의 전통적 교육과정 연구에 치중하고 있는 우리나라의 교육과정 연구의 역사적 특징이 어떤 문제점들을 가지고 있는지를 규명하고자 하였다. 이를 통하여 좀 더 다양하고 심오한 교육과정 연구의 새로운 전통을 마련하기 위하여 앞으로 우리나라의 교육과정 연구가 어떤 특징들을 가지고 있으며 그러한 특징들이 갖는 제한점과 단점은 무엇인지를 규명하고자 하였다. 이러한 규명과 설명은 세계 교육과정 탐구의 한 지역으로서 우리나라의 교육과정 연구의 새로운 방향 정립과 함께 좀 더 적극적인 이론화의 생성 장소로서 우리의 교육과정 연구의 이론화를 위한 자극적 문제제기로서 간주될 것이다.

2) 해석적 교육과정 이론화 작업들

두 번째 영역인 해석적 교육과정 이론화 작업에는 총 7편의 글이 실려 있다. Short가 교육과정의 탐구 양식들이 상호 배타적일 수 없다고 강조하였듯이 이 영역에 속하는 다양한 이론화 작업들은 서로 연계되어 있으며 때로는 공유된 연구개념들을 사용하고 있다. Pinar 외의 개념체계에 따르면 자서전적 텍스트, 현상학적 텍스트,

미학적 텍스트, 신학적 텍스트, 실존적 텍스트 등이 이 영역에 속한다. 이 영역에서는 김 대현 교수가 숙의를 통한 교육과정 연구에 대하여, 이 근호 박사가 현상학과 교육과정 연구에 대하여, 김 명희 교수와 문 승호 선생이 교육비평과 교육과정 연구에 대하여, 박 민정 박사가 내러티브와 교육과정 연구에 대하여 설명해 준다. 그리고 최근 교육과정 연구에서 강조되고 있는 생애사 탐구(김 영천과 허 창수), 그리고 자문화기술적 탐구(이 동성과 김 영천)가 교육과정 연구에 어떻게 적용되고 있는지를 살펴볼 것이다.

이러한 해석적 교육과정 이론화 작업들은 기존의 교육과정 연구접근(기술적, 개념적)과는 큰 차이가 있는 것이어서 교육과정, 교육과정 연구, 학교의 교육과정 현상과 실제를 바라보는 관점과 해석의 기준이 상당히 다르다는 점에서 우리에게 새로운 아이디어들을 제공해 줄 것이다. 아울러 「Handbook of Research on Teaching」(제4판, 2001)에서 게재되지 못하였던 해석적 연구전통의 대표적인 이론의 하나인 민속방법론과 대화분석을 통한 교육과정 연구를 손 민호 교수가 설명해 준다. Garfinkel의 제자인 Dr. Douglas Macbeth로부터 수업의 국지적 분석방법을 공부한 손 민호 교수는 의미, 상호작용, 사회적 실재 등의 개념을 잘 반영한 해석적 교육과정 이론으로서 민속방법론과 대화분석에 대하여 친절하게 우리를 이끈다.

아울러 교육과정 이론화의 최전방에 와 있는 실행연구의 최근 동향과 교육과정 분야에서의 연구동향을 성 열관 교수가 논의한다. 실행연구는 실증주의, 탈실증주의 모든 맥락에서 연구목적에 따라서 사용될 수 있지만 이 글에서는 실증주의를 배제한 탈실증주의 목적을 가진 실행연구로 한정하여 논의하였다. 이 주제와 관련하여 좀 더 자세한 이해를 구하려는 연구자들은 McCutcheon과 Jung(1990)의 글을 읽기 바란다. 우리나라의 경우에도 실행연구에 대한 전문서적들이 출간되고 있고(이용숙·김영천 외, 2005; 이혁규, 2005) 현장교사들에게 많이 읽히고 있다는 점에서 이 글은 학교현장에서의 교육과정 연구를 이끄는 데 상당한 기여를 할 것으로 생각한다.

3) 비판적 교육과정 이론화 작업들

이 영역에서는 세 편의 글을 소개한다. 비판이론과 비판적 해방담론이 교육과정 연구에 어떻게 접목되었는지를 고찰한 허창수 박사의 글과 비판이론에서 젠더의 측면에서 교육과정의 이론화 작업을 시도한 곽 삼근 교수의 페미니즘과 교육과정 연구의 글이다. 1980년대 중반 이후에 우리나라의 교육사회학, 교육과정 분야에서 많은 대중적 인기를 누린 이 탐구 분야는 여전히 미국을 포함한 구미의 교육과정 연구 분야에서 맹위를 떨치고 있다. 영역의 제목에 해당하는 모든 탐구 영역들을 소개하지 못하였다는 점을 인정하면서 추후에 더 많은 글들이 게재되어야 할 필요가 있다고 판단한다.

억압, 차별, 해방, 평등의 연구목적을 가지고 있는 이 탐구 영역은 그 은유가 암시하는 것처럼 우리의 학교와 학교가 위치하고 있는 사회 간의 모종의 지배와 재생산의 관계를 파헤치고 학교 교육과정의 도덕성과 정치성을 인본주의 관점에서 분석한다는 점에서 우리 교육과정 학자들에게 시사하는 바가 많다. 계층, 젠더, 인종(외국인 노동자, 국제 결혼을 통한 혼혈 한국인 아동의 증가 등), 성취향, Queer theory(동성애자와 양성애자의 권리 주장의 강화와 노출), 나이(장유유서에 의한 불합리한 권력의 행사와 그 재생산의 과정들), 종교(특정 종교/종교기관에 의한 개인에 대한 불이익)의 영역에서 우리 사회는 이 주제들이 심층적으로 논의되고 해석되어야 할 것이다.

아울러 최근에 강조되고 있는 다문화교육에서의 교육과정 연구를 다룬 논문을 개정판에 포함시켰다. 교육학/교육과정 분야에서의 다문화 연구와 다문화-교육에 대한 연구는 그 연구의 중요성으로 인하여 더욱 강조되고 있다. 그리하여 외국을 비롯하여 우리나라까지 다문화교육에 대한 학술지와 연구들이 활발히 이루어지고 있다. 이에 이 분야에서 새로운 연구를 하고 있는 문 승호 교수가 자신의 미국 게재 논문을 근거로 하여 이 책의 목적에 맞게 새로운 글을 써 주었다. 이 글에서는 다문화교육의 개념과 우리나라의 현황, 다문화교육의 탐구 동향 등에 대해 소개함으로써 교육과정 연구에서의 다문화교육의 새로운 지형과 그 가능성을 알려 줄 것이다.

4) 해체적 교육과정 이론화 작업들

네 번째 영역인 해체적 교육과정 이론화 작업은 포스트모더니즘과 포스트구조주의가 추구하는 보편성, 합리성, 객관성에 포섭된 교육과정, 교육학연구, 교육연구자의 문제들을 주체와 타자, 객관성과 주관성, 권력과 지식의 관점에서 연구하는 분야이다(Rosenau, 1991). Pinar 외의 책의 예를 빌리면 탈구조주의적, 해체적, 포스트모던 텍스트가 여기에 해당한다. 그러나 이 책 이후에 출간된 많은 책들에서 포스트콜로니얼리즘이 추가되었기 때문에(Lather), 이 책에서는 이 주제까지 포함시켰다. 탈식민주의는 주체와 타자 중에서 타자의 합리성의 문제를 조명하는 문제이기 때문에 억압된 제3세계의 교육학/교육과정 연구의 주관성을 드러내는 데 효과적인 연구작업이다. 개발, 개선, 현대화, 세계화라는 명분 아래 끊임없이 진행되는 우리 삶의 서구화와 학문 연구의 식민화가 과연 우리에게 좀 더 나은 삶과 합법적인 지식체계를 가져다 줄 것인지를 질문하지 않을 수 없다.

첫째, 김 영천/주 재홍 박사는 포스트모더니즘과 교육과정 연구에 대하여 논의한다. 교육과정 학회지를 비롯하여 여러 논문들에서 '교육과정 탐구에서의 포스트모더니즘의 기여과 가치' 에 대하여 글을 써 온 저자들은 이 글을 통하여 포스트모더니즘의 주요한 연구개념들을 소개하고 그러한 개념들의 이해가 교육과정 연구 이론화에 어떻게 기여할 수 있는지를 설명해 준다. 이 논문과 함께 박 순경(1998), 박 민정(2005)의 글들을 읽는 작업이 이 주제를 이해하는 데 도움이 될 것이다.

둘째, 주 재홍 박사는 '오리엔탈리즘과 교육과정 연구' 를 논의한다. Said의 '오리엔탈리즘' 의 개념을 전유하여 우리 학교 교육과정의 내용과 실제에 투영되어 있는 서구의 지배 이데올로기를 분석하는 작업을 문제제기하였다. 포스트모더니즘에서 강조하는 주체와 타자 중에서 타자의 자기반성 작업을 우리나라 학교 교과서의 이데올로기 분석으로 연결시켰다.

셋째, 김 영천 교수는 탈식민주의 개념의 이해가 우리나라 교육과정 연구에 어떤 기여와 반성을 제기하는지를 다룬 '탈식민주의와 교육과정 연구' 에 대하여 논술한다. 질적연구의 한국적 토착화에 노력하면서 질적연구의 목적인 '이해', '발견' 의 아이디어를 적용하여 한국적 교육과정 이론들의 생성과 확산을 강조한 그의 일련의 노력이 이 글을 통하여 확장되어 나타나 있다. 탈식민 탐구 영역의 핵심적 장소로서 한국 교육과정 연구를 상정하고 그러한 장소에서 살아가고 있는 우리 한국 교육과정 학자들이 어떠한 의식화와 해방을 위한 실천의 노력을 경주해야 하는지를 제시하였다. 이 책의 해체적 교육과정 연구작업의 한 주제이면서 이 책의 미래적 역할과 한국 교육과정 연구자의 역사적 사명은 무엇인지를 조망하였다.

5) 재현과 되받아 쓰기

> 교육과정 이론화는 교사들로 하여금, 그리고 교육과정 연구자들에게 단순히 학교의 교과에 대한 연구를 넘어 교과와 교과 사이의 관계, 교과에 관련되어 있는 다양한 학문들, 그리고 그러한 교과들이 교사의 자아와 사회에 어떻게 연결되는지에 대한 문제제기로 확장되어야 할 것이다(Pinar, 2004, p. 9).

이 글에서는 이 책의 목적, 지난 30년간 이루어진 다양한 교육과정 연구들의 요약, 그리고 이 책의 구성에 대하여 소개하였다. 소개의 목적은 무엇보다 서구에서 이루어진 지난 30년간의 다양한 교육과정 이론화 작업의 동향을 우리나라에 알리는 것이었고 이를 통하여 '교육과정 연구' '교육과정 이론화 작업'이 어떤 방향으로 흘러가고 있고 얼마나 다양하게 진행되고 있는지를 인식시키고자 하였다. 그리고 그러한 목적의 이면은 그러한 이론화의 도입과 확산이 우리나타의 교육과정 연구의 역사성이 갖는 편협성과 한계를 극복하고 좀 더 광범위한 지식 체계 위에서 학교 교육과정의 현상과 실제를 이해할 수 있는 조망을 할 수 있는 연구문화의 힘을 기르는 것이었다. 따라서 이 책에 소개된 다양한 최근 이론의 공부를 통하여 우리의 현상에 대한 이해와 교육과정 이론화에 대한 우리의 지식을 한층 높힐 수 있는 계기가 마련되기를 바란다.

그러나 이 책의 출간의 또 다른 목적은 서구 이론의 완전한 이해와 수용이 아니라 그 이상이라는 점에 있다. 이 책은 한편으로는 점증하고 있는 다양한 교육과정 이론화 작업에 대한 이해를 심화시키고 다양한 연구 패러다임에 종사하고 있는 교육과정 연구자들 사이의 의사소통을 증가시키는 데 기여하기를 바란다. 그러나 한편으로는 서구의 계속적인 교육과정 이론화의 작업을 공부하면서 교육과정 이론화 작업이란 단순히 주어진 전통을 그냥 수용하고 적용하는 작업이 아니라 새롭고 창의적인 이론들을 만들어 내는 상상의 실천 행위라는 점을 전달하고 싶은 욕망이 담겨 있다. 이론은 계속적으로 변화하고, 비평받고, 검증받으며, '합의되고' 또는 '새롭게 구성되는' 연구집단 연구자들의 사회적 상호작용의 결과라는 점을 강조하는 데 있었다. 그리고 그러한 욕망은 우리 학자들로 하여금 교육과정 이론화가 창조와 비평의 작업이라면 우리는 과연 앞으로 어떤 이론들을 생성할 수 있을 것인가를 고민하게 만드는 자기반성의 행위로 연결될 수 있기를 바랐다.

거대 이론, 전체성, 객관성이 거부되는 탈현대의 시대에 있어서 이러한 문제의식은 더욱 빛을 발하는데 이제 주체와 객체 또는 중심과 주변부의 가장자리에만 있었던 우리나라 교육과정 연구자들에게는 좀 더 뚜렷한 연구의식을 갖게 만들 것으로 생각한다. 그것은 바로 제1세계 학자들의 교육과정 이론화 작업만큼이나 가치 있는 새로운 교육과정 이론화 작업을 우리 한국 학자들 역시 할 수 있으며/하도록 자극해야 한다는 점이다. 특히 세계화와 국제화가 거부할 수 없는 전 세계의 문화 현상이라는 점을 인정한다면 탈식민의 아이디어로 떠오른 혼종의 개념을 수용하여 서구의 교육과정 이론들을 우리의 교육과정 이론/실제와 혼합하여 우리에게 도움이 되는 새로운 이론들을 만들어 내는 작업을 하는 것이 필요할 것이다. Empire writes back(되받아치는 제국)의 개념처럼 이제 우리가 만든 교육과정 이론들이 제1세계의 교육과정 이론화 생성의 연구문화에 침투하거나 영향을 끼치거나 아니면 그들의 생각에 변화와 심화를 가져올 수 있는 아이디어들을 제공해 줄 수 있는 역량과 힘을 우리는 가져야 할 것이다. 그러한 점에서 우리는 그들과는 다른 역사적/문화적/물리적/정치적/인종적/철학적 생태계 속에서 육체적 삶과 정신적 삶을 살아 온 특징을 가지고 있다.

이 글의 마지막을 쓰면서 편집자가 경험한 1998년의 한국 교육과정 학회 발표 경험이 생각난다. 1998년 여름에 발표한 「네 학교 이야기: 한국 초등학교의 교실생활과 수업에 대한 해체적 반성」 논문에서 편집자는 서구이론에 의한 한국적 이미지의 재현과 글쓰기가 갖는 문제점 그리고 그 해방의 전략들을 논의하였다. 발표가 끝난 후 한 중견 교육과정 학자가 "한국적인 교육과정 이론화 작업이 가능한가?"라는 질문을 하였다. 그에게 있어서 교육과정 연구는 탈맥락적이고 진실을 찾아가는 객관적인 연구작업으로 고려되었을 것이다. 특히 개념적 교육과정 연구를 하고 있었던 그에게 있어서 교육과정 연구는 변화하기 힘든 '지식의 근본 가치'를 형상화하는 작업이었기 때문이다. 그러한 질문을 한 중견 교육과정 학자나 이 글을 쓰는 편집자 역시 모두 10년이 지난 지금까지 각자 다른 길을 가면서 교육과정 연구를 하고 있지만 그 당시 질문의 답은 앞으로 우리나라의 교육과정 연구자들이 고민하고 해결해야 하는 문제가 아닌가라는 생각을 한다.

교육과정 이론화란 교육과정의 실제들(설계, 개발, 가르침, 평가, 조직 개발, 계속적인 탐구활동)을 지도해 줄 수 있는 광범위한, 진보적인, 다양한 '비판적인 사유

활동'의 프로젝트라고 정의한 Henderson과 Hawthorne(1995)의 주장을 인용하면서, 우리 교육과정 연구자의 다음 과제는 기존에 우리에게 전수된 한 개의 교육과정 연구모델을 그대로 수용하고 재생산하는 것이 아니라 대신에 새로운 용어의 창조와 그 사용이 기존에 보지 못하였던 개념, 현상, 문제점, 상호작용, 이슈들을 인지하고 문제의식을 갖게 해 준다는 점에서 '교육과정 연구'에 대한 비판적인 사유의 활동을 우리가 어떻게 더 강화하고 내면화하며 창조해 나갈 것인가를 숙의해야 한다고 이야기하고 싶다.

참고문헌

김복영(1997). 교육과정과 포스트모더니즘의 시각. 서울: 교육과학사. Doll, W. (1993). *A post-modern perspective on curriculum.*

박민정(2005). 포스트모더니즘 담론과 교육과정 논의의 쟁점. 교육과정 연구. 23(4). 35-58.

박순경(1998)(역). 탈구조주의와 교육과정 탐구: 권력과 비판. Cherryholmes, C. (1988). *Power and criticisms: Poststructural investigations in education.* 서울: 교육과학사.

Kridel, C. (2000). *Books of the century catalog.* South Carolina: University of South Carolina Museum of Education.

Marsh, C., and Willis, G. (1999). *Curriculum: Alternative approaches, ongoing issues.* Columbus: Prentice Hall.

Kliebard, H. (1977). *The struggle for the American curriculum: 1893-1958.* NY: Routledge.

Lather, P. (1991). *Getting smart: Feminist research and pedagogy with/in the post-modern.* New York: Routledge.

Marsh, C., & Willis, G. (1995). *Curriculum: Alternative approaches, ongoing issues.* Columbus: Merill.

Marshall, J., Sears, J., Schubert, W. *Turning points in curriculum: A contemporary American memoir.* Columbus: Merill.

McCutcheon, G., and Jung, B. (1990). Alternative perspectives on action research. *Theory Into Practice,* 2(3), pp.145-148.

Pinar, W., Reynolds, W, Slattery, P., & Tabuman, P. (1995). *Understanding curriculum: An introduction to the study of historical and contemporary curriculum discourses.* New York: Peter Lang.

Pinar, W. (2004). The synoptic text today, *Journal of Curriculum Theorizing,* 20(1), pp.7-22.

Reid, W. (1981). Core curriculum: Percepts or process. Curriculum Perspectives, 1(2), 25-32.

Reid, W. (1992). The state of curriculum inquiry. Journal of Curriculum Studies, 24(2). 165-178. Jackson, P. (Ed.)(1992). *Handbook of research on curriculum*. New York: Macmillan.

Rosenau, P. M. (1992). *Post-modernism and the social sciences*. New Jersey: Princeton University Press.

Schubert, W. (1986). *Curriculum: Perspective, paradigm, and possibility*. New York: Macmillan.

Schubert, W., Schubert, A., Thomas, T., and Caroll, W. (2002). *Curriculum books: The first hundred years*. NY: Peter Lang.

Sears, J., & Marshall, J. (Eds.)(1990). *Teaching and thinking about curriculum. New York*. NY: Teachers College Press.

Short, E. (Ed.)(1991). *Forms of curriculum inquiry*. Albany: State University of New York.

Part 2

역사와 비평

제1장

랄프 타일러와 교육과정 연구:

역사와 비평

조 재 식(미국 University of Wyoming 교육학과 교수)

콜롬비아 티처스 컬리지에는 1940년과 1950년 초 스테리트메이어, 헤롤드 럭, 조지 카운트 … 그리고 킬패트릭 등의 위대한 교육과정 교수들이 재직하고 있었다. 이 기간 동안 시카고 대학교가 유일한 라이벌이었는데, 그것은 바로 오하이오 주립대학교에서 8년 연구의 평가 담당 책임 연구원으로 활약한 후 시카고로 온 랄프 타일러 교수의 공로 때문이었다. 40세도 되기 전에 대학과 학과의 중요한 보직을 두루 맡았고 … 버질 헤릭, 칼 로저스, 로버트 헤빙헉스트, 그리고 조셉 슈왑 등의 교수들을 데리고와 시카고 대학을 더욱 명망 있게 만들었을 뿐만 아니라, 불름, 리 크론바, 존 굳레드, 엘리엇 아이즈너 등 지금의 교육학 및 교육과정의 대학자들을 그 당시 대학원생으로 데리고와서 지도를 하는 등 후학의 양성도 그의 위대한 공헌이었다.(Marshall, Sears, & Schubert, 2000, p.20)

1. 서 론

혹자는 랄프 타일러를 '거장(A Giant)' 이라고 부른다. 어쩌면 그는 영원히 교육과정 분야에 거장으로 남을지도 모를 일이다. 그가 교육과정 분야에 공헌한 바를 생각해 보면 이런 거창한 타이틀이 어울릴 법도 하다. 나의 교육과정 분야의 실질적 입문이 석사과정의 코스워크라고 한다면 지난 15년 동안 타일러는 내가 학업을 수행하는 모든 일에 언제나 어디서나 그 자리에 있었다. 그것은 그가 남긴 1949년의 「교육과정과 수업의 기초 원리」(p.128)란 단 한 권의 저서 때문이다. 이 책은 "존 듀이, 보비트, 차터스, 보드, 해롤드 럭 등의 아이디어들을 자신이 수행한 일선 현장과의 교육과정 프로젝트 활동 경험과 종합하여 서술한 것이다"(Willis, Schubert, Bullough, Kridel, & Holton, 1993, p.393). 1918년 교육과정 분야의 창시자라고 일컫는 프랭크린 보비트의 '교육과정' 그리고 1960년대 교육과정 분야의 새 전기를 마련한 제롬 부르너의 '교육의 과정' 등과 함께 타일러의 이 저서는 그를 영원히 명예의 전당에 남게 하였다.

아마도 지명도를 따져 보면 보비트나 브루너보다도 타일러가 더 높은 것 같다. 그 이유는 타일러가 교육과정 분야의 한 패러다임을 구축하는 데 있어서 결정적 역할을 하였기 때문이다. 구체적으로 말하여, 그가 구축한 전통적 교육과정 패러다임은 1970년대의 교육과정의 재개념화 운동에서부터 지금에 이르기까지 '교육과정이 무엇인가?' 와 같은 지극히 단순한 질문에서부터 '교육과정 분야는 꾸준히 발전하고 있는가 아니면 패러다임 변화(paradigm shift)가 발생했는가?' 와 같은 넓은 질문의 한가운데에서 극단적인 칭송과 맹렬한 비난을 한 몸에 받는 유일무이한 교육과정 분야의 거장이기 때문이다. 그의 1949년 저서가 아직도 절판되지 않고 있으며, 현장에서 개발된 많은 문서에 인용 및 적용되고 그로 인해 비판도 받고, 또 그의 모형을 바탕으로 대안적 모형[예를 들어, 힐다 타바나 워커의 자연주의적 모형]이 제시되는 교육과정 이론, 개발, 그리고 실제를 둘러싼 담론에 변치 않는 영향을 미치고 있다는 점이 명백하다는 사실이다(Willis, Schubert, Bullough, Kridel, & Holton, 1993, p.394).

이렇듯, 거장 랄프 타일러에 대하여 우리는 이미 너무나 많이 알고 있는 듯하여 또 다시 이러쿵저러쿵 논의를 해 보는 것은 독자인 교육과정 전공자의 시각에서 보면 어쩌면 사족과 같이 비쳐질지도 모를 일이다. 그럼에도 불구하고, 아직도 교육과정의 이해에 대하여 부족함이 많은 필자가 용기를 내어 그의 업적을 다시 한 번 더 들어 보고 지금까지 남아 있는 그의 흔적들을 조사해 보려는 것은 우리나라의 교육과정 이론화 작업을 위하여 반드시 타일러를 다시 한 번 재음미해 볼 필요가 있다고 믿기 때문이었다. 따라서, 이 글의 목적은 학문적 탐구 영역으로서의 교육과정 분야를 이해하는 데 필수적인 타일러의 행동 목표 모형 혹은 타일러 논거(Tyler's Rationale)를 개관해 보고, 동시에 그것을 비평적인 시각으로 검토해 보는 것이다.

이런 비평을 통해서 필자는 타일러 논거의 오류와 함정을 독자들에게 다시 한 번 환기시켜 지금까지 교육과정 연구와 실제의 발전에 잘못되게 영향을 끼쳐 온 점들을 되짚어 보고자 한다. 이런 텍스트 작업은 우리가 교육과정학을 보다 흥미롭고 도전적인 지적인 공간으로 재창조하려고 할 때 반드시 필요한 것이라고 믿는다.

타일러에 대한 짤막짤막한 소개와 인용은 많은데 좀 더 생생하게 그를 역사적, 전기적, 비판적, 그리고 반성적인 시각으로 비평한 텍스트가 서구의 문헌에서도 찾아볼 수 없었다는 점도 용기를 북돋는 데 기여하였다. 한 가지 밝혀 둘 점은 이 글을 통해서 그에 대한 필자의 극단적인 평가적 시각은 없을 것이란 점이다. 은유적으로, 필자는 다윗이고 타일러는 골리앗이 아니리라. 이 짧은 글로 타일러에 대한 한판승을 기대한다는 것은 있을 수 없다. 필자는 타일러를 칭송하여 왔지만 그러나 때론 비판을 가하면서 조금씩 학문적으로 성장하여 왔다고 생각한다. 아마도 타일러에 대한 고운 정과 미운 정을 필자는 모두 가지고 있는 듯하다. 어쩌면, 타일러와 필자는 다윗과 골리앗의 역할을 계속해서 서로 바꾸어 가면서 살아야 할 운명에 처해 있는 것 같다. 분명한 것은, 누가 승리할 것인가가 중요한 것이 아니라 끊임없이 고민해 보는 과정이 더욱 중요하다고 본다. 새로운 사회과학을 한다는 말은 기존 관념을 다시 생각해서 다르게 해석해 보는 노력과 같다. 새로운 교육과정 연구는 '교육과정=타일러 모형' 혹은 '교육과정=부르너' 와 같은 기존 관념들과 그에 따른 정형화된 생각을 조금만 멀리해 보면 가능하다고 믿는다.

2. 랄프 타일러의 주된 학문적 업적

긴 생애를 산 랄프 타일러(1902~1994)의 주된 연구 업적[1]을 다음과 같은 5 단계의 경력으로 보는 것이 도움이 될 것 같다:

1. 대학에서의 근무 기간 I (1927~1932)
2. 대학에서의 근무기간 II (8년 연구 전후, 1933~1942)
   Constructing achievement tests(저서, 1934)
   Appraising and recording student progress: Evaluation, Records, and reports in the thirty schools(공저, 1942)

3. 대학에서 근무기간 III (1943~1952)
   Basic principles of curriculum and instruction(저서, 1949)
4. 행동과학 연구 센터 소장 (1953~1967)
   Perspectives of curriculum evaluation(AERA Monograph Series, 1967)
5. 은퇴 후(1968~1994)
   Evaluation: New roles, new means(편집, 1969)
   Specific approaches to curriculum development(책의 장, 1975)
   Values conflicts and curriculum issues: Lessons from research and experience(책의 장, 1979)
   Charles Hubbard Judd: As I came to know him(소 논문, 1985)
   Evaluation: A Tylerian perspective(책의 장, 1988/1997)

종합하자면, 두 권의 단행본 저서, 편집한 책 한 권, 편집한 책들에 포함된 세 개의 장들, 한 개의 모노그래프, 그리고 하나의 작은 논문이 주된 저술 활동인 셈이다. 그의 모든 저술 활동은 양적으로는 엄청나게 많지는 않다. 그의 경력을 보면 그가 시카고 대학교 교육학과에 입학한 것은 그의 나이 24세 때인 1926년이었고 1년 뒤인 1927년에 박사학위를 받았다. 그로부터 25년간 오하이오 주립대학교에 근무하면서 조지 카운트와 보이드 보드와 함께 근무하였고 교육학 연구에 있어서 대규모 교육 실험인 8년 연구의 평가 책임자로 활동하였다. 그 후 시카고 대학에서 프랭클린 보비트와 찰스 주드 등과 함께 근무한 후 50세가 되던 1952년 캘리포니아 소재 행동과학연구 센터에 초대 소장으로 부임하였다(자세한 경력은 박승배, 2002, pp.77-83 참조). 그리고 1968년 66세 때 연구소를 은퇴하여 1985년인 83세 때까지 가장 왕성한 저술 활동을 한 셈이다.

주지하다시피, 타일러가 교육학/교육과정 영역에 주된 영향을 미친 영역은 교육과정 개발과 평가이다. 교육과정 개발 영역은 타일러의 논거(Tyler' s Rationale)라고 불리는 1949년의 저서와 1975년 및 1979년의 저작 활동으로서 그러하며, 후자인 평가는 우리가 잘 아는 목표 중심적 평가 모형을 말하며 1967년의 모노그래프와 1969년의 저술로 잘 알려져 있다. 그가 이루어낸 이 두 가지 영역에의 공헌은 너무나 잘 알려져 있어서 본 장에서는 가장 핵심적인 개념만 소개하도록 한다.

1) 타일러 논거

얇은 한 권의 단행본 속에 교육과정의 패러다임, 이론, 평가, 그리고 교사의 역할까지 타일러는 교육자나 교육연구자이면 누구나 반드시 알고 있어야 할 지식들을 서술하였다. 교육과정과 수업을 효과적으로 개발, 평가, 그리고 실행하는 데 중추적 역할을 하는 4가지의 질문들을 하나의 논거, 즉 논리적 근거로서 밝히고 그것을 바탕으로 여러 가지 방법적 원리들을 설명한 것이다. 타일러 논거는 다음의 4가지 질문으로 구성된다:

(1) 학교는 어떤 교육 목적을 달성하여야 할 것인가?
(2) 이런 교육 목적을 달성하기 위하여 어떤 교육 경험들이 선정되어야 하는가?
(3) 이러한 경험들을 어떻게 효과적으로 조직해야 하는가?
(4) 교육 목적이 달성되었는지 어떻게 알 수 있는가?

상술한 네 가지 질문으로 구성된 그의 논거는 하나의 만능 열쇠이다. 넓은 의미의 교육과정이란 개념에 모두 포함될 수 있는 학교 교육과정, 프로그램, 단원 개발, 실라버스 등 모든 개발 활동에 직접적으로 활용될 수 있기 때문이다. 그 당시나 지금이나 이런 목적 혹은 목표 중심적 교육과정 개발은 많은 이들에게 지극히 상식적인 것으로 받아들여진다. 1920~1930년대에 만연한 과학주의 교육과정 개발 운동이 조립식 공장에서의 효율성에 의거하여 파생되었음을 상기해 보자. 의도한 목적이 제일 먼저 설정이 되어야 이를 성취하기 위한 곧 수단이 결정된다. 공장에서 물품을 생산하는 일이나 학교에서 교육과정과 수업을 운영하는 일이나 이렇게 목적과 수단이 이원적으로 분리 이해되어야만 효율성에 집중할 수 있기 때문이다.

타일러에 의하면 교육 목적이 나머지의 3 단계를 결정한다(Brandt & Tyler, 2003). 이러한 목적 혹은 목표는 학습자, 사회, 그리고 교과전문가가 제안 등 세 가지 지식의 원천으로부터 설정되어야 한다. 이 세 가지 지식의 원천들은 구성원이 속한 공동체의 철학 그리고 심리학적 원리를 스크린(혹은 체)으로 하여 걸러내어야 한다. 예를 들어, 학교 수준에서 교육과정을 개발한다면 학습자의 요구 사정, 사회가 요구하는 능력, 그리고 반드시 가르쳐야 할 각 교과 내용들의 목록을 테이블 위에 펼쳐 놓고 그 학교 성원들이 합의한 일련의 가치 혹은 신념들을 중심으로 적절한 항목 또는 내용들을 선정하고 동시에 학년의 발달 수준을 고려하여 최종적으로 목표들의 리스트들을 도출하면 될 것이다. 이런 리스트들은 일련의 학습 과정이 있은 후 목표들이 도달되었는가를 분명히 알 수 있는 행동의 변화를 담은 측정 가능한 진술문들이어야 한다.

2) 목표중심적 평가 모형

타일러는 그의 박사학위 논문 – 교사 훈련 교육과정의 활동들을 평가하는 데 있어서 개인적 판단을 이용하기 위한 통계적 방법(statistical methods for utilizing personal judgment to evaluate activities for teacher training curricula) – 에서도 잘 나타나 있듯이 교육과정 평가 혹은 평가에 상당히 많은 지적 관심이 있었다. 박사 학위를 수여받은 후 2년 뒤 그는 오하이오 주립대학교에 임용이 되어 근무하면서 평가에 관한 관심을 더욱 증진시켰다. 타일러는 각 교과 담당 교수들과 함께 학력검사의 제작 및 이용에 관하여 다양한 연구를 하였다고 한다. 그러한 연구 동안 그는 새로운 평가관을 개발하게 된다:

> 그때까지 학력검사는 주로 학생들의 성적을 매기고 선발, 분류하는 데 한정되어 쓰였는데, 타일러는 이러한 용도 외에 교육 목표의 달성도를 확인하고 교수-학습을 개선하는 데 활용하는 것이 중요하다는 점을 강조하였다. 즉 학력검사를 측정의 관점에서만 사용하는 것으로부터 평가의 관점에서도 사용할 수 있도록 … 하였다. (박승배, 2002, p.80; 또한 Tyler, 1934 참조)

지금의 생각으로서는 시험이나 검사의 목적이 당연히 이런 평가 방식으로 되어야 하는 것이 아닌가 생각이 들겠지만, 그 당시의 상황으로서는 매우 획기적인 발상이 아닐 수 없었다. 지금도 평가와 관련된 전공 서적들을 살펴보면 타일러의 목표중심적 평가가 다른 개선된 혹은 새로운 많은 모형들의 논의의 기초로서 큰 비중을 차지하고 있음을 쉽게 알 수 있다. 교육목표란 큰 의도 혹은 이상이 달성되었는가의 여부를 가름하는 일은 발생한 많은 교육적 활동들을 총체적으로 그 효과를 단정지을 수 있는 핵심적 정보이며 이는 궁극적으로 개발자에게 피드백을 제공하여 교육과정과 수업을 개선시킬 수 있는 중요한 정보가 되는 셈이다.

타일러의 이러한 새로운 평가관은 교과에 국한되지 않고 대규모 프로젝트의 참여를 통하여 꽃을 피운다. 8년 연구의 평가 책임 연구자로서 스미스와 함께 「Appraising and recording student progress: Evaluation, records, and reports in the thirty schools」(1942)를 출간하였다. 이 보고서에서 타일러의 목표 중심적 평가관이 얼마나 적절한 것이었는가와 왜 평가가 목표를 근간으로 하여 수행되어야 하는가는 김재춘(2002)이 타일러를 소개하는 다음의 인용에서 잘 드러난다:

> 타일러는 … 학생들의 성적을 확인하는 것만으로는 평가가 제대로 이루어질 수 없음을 깨닫게 되었다. 왜냐하면 진보적인 교육과정을 지닌 학교와 보수적인 교육과정을 지닌 학교의 교육 목표가 서로 달랐기 때문이었다. 8년 연구에 관여하면서 타일러는 평가가 반드시 목표를 전제하며, 평가란 **목표의 성취 여부를 확인**하는 것 … 주어진 목표**의 성취 정도를 확인**하는 것을 평가라고 규정하였다.(첨가된 강조, p.234)

타일러의 이와 같은 획기적인 평가 개념의 변화는 지금도 평가와 측정 분야에서 매우 중요하게 다루어지고 있다. 1988/1997년 「교육 연구, 방법론, 그리고 측정: 국제적 핸드북」을 통해서 타일러는 「평가: 타일러의 관점」이란 글을 기고했으며 평가 분야의 선구자들인 메다우스와 스터플빔은 타일러가 이룩한 여러 평가 논문들과 프로젝트 등을 편집하여 「교육 평가: 랄프 타일러의 고전들」이란 책을 출간하기도 하였다.

3. 타일러의 흔적들과 반성

랄프 타일러가 교육학, 교육과정학, 그리고 평가에 끼친 영향은 매우 크다. 교육 목적을 철학적으로 이해하여 현장에 적용시켰고, 교육과정 이론, 개발, 그리고 실제 분야에 있어서는 타일러 논거가 공통된 규범 및 언어를 교육과정 이론가 및 실천가들에게 갖게 하여 하나의 패러다임을 탄생시켰으며, 학력 검사를 측정 혹은 성적 산출과 같은 단순 기능적 활용을 벗어나 사전에 설정한 교육 목표가 달성되었는가, 그리고 나아가 평가를 학교교육의 개선을 위한 계속적인 도구로 사용할 것을 주장한 타일러의 업적은 가히 태두라고 하여도 부족함이 없다고 생각된다.

그러나 이 글의 서두에서도 언급하였듯이 타일러의 이와 같은 업적들을 둘러싸고 많은 논쟁이 있었던 사실에 주목할 필요가 있다. 교육과정 역사학자인 클리바드가 "타일러는 명예의 전당에 입성할 자격이 있고 그의 논거는 영원할 것이다"(p.81)란 말에 모두가 동의하지만 그의 화려한 영광 이면에 우리가 반드시 알고 있어야 할 몇 가지 비평들을 검토하는 일 또한 교육과정 분야를 더욱 발전시킬 밑거름이 될 수 있다고 본다. 따라서, 그가 우리에게 남긴 여러 흔적들을 긍정적인 시각과 비판적인 시각 모두를 통하여 살펴보자.

1) 교육평가원의 창립

타일러는 50세가 되던 1952년 시카고 대학을 은퇴한 후 캘리포니아 소재 행동과학연구 센터에 초대 소장으로 부임한 후 지금은 「국가의 성적표(The Nation's Report Card)」라고 일반인들에게 잘 알려져 있고, 미국의 교육성이 운영하는 교육통계청(NCES: National Center for Educational Statistics) 산하의 교육평가원(NAEP: National Assessment of Educational Progress)의 창설에 주된 공로를 하였다. 네입이라고 흔히 불리는 NAEP의 전국 비교 평가 보고서는 미국 교육정책의 미래를 결정하는 가장 큰 공신력을 가지고 있다. 지금은 예능교과, 공민, 경제, 외국어, 지리, 수학, 읽기, 과학, 미국 역사, 세계사, 그리고 쓰기 등 11개 교과들이 평가의 대상이며 국가와 주 수준으로 나누어 시행된다. 국가 수준의 비교에서는 교과 및 지역별 결과만 단지 보고될 뿐이며 인종, 계층, 학교의 종류 등으로 분류되어 통계처리되어 미국 학생들의 일반적 진보 과정을 한눈에 알 수 있다(자세한 사항은 http://nces.ed.gov/nationsreportcard 참조). 1969년 타일러는 당시 보건복지부의 단순한 사실들의 통계가 국민들의 보건 의식을 상당히 높여 주었다는 사실에 착안하여 NAEP를 구안하였다. 앞서 그가 교육 평가의 활용에 있어서 단순 측정의 개념에서 벗어나게 하여 목표의 도달 유무가 평가의 주된 목적이 되어야 한다고 밝힌 바 있다. 이런 그의 생각이 NAEP에 그대로 적용되었다. 즉, 학력검사의 사용에 관하여 간단하지만 매우 유용한 아이디어인 '학생들이 무엇을 알고 있느냐 그리고 학생들이 무엇을 모르고 있느냐?' 를 제안한 것이다. 따라서, 규범지향 검사의 논리에 따라 적어도 50%의 학생들이 알아야 할 문항들을 개발해야 한다고 하면서 동시에 타일러는 어떤 문항들은 모든 학생들이 알고 있을 것과 모든 학생들이 모르고 있을 것을 측정하는 문항들을 개발할 필요가 있다고 피력하였다(Bracey, 2002).

이런 문항 개발과 분석에 관한 그의 생각 저변에는 교육의 책무성이 깔려 있었다. 이런 종류의 문항 개발과 측정은 국가 수준에서 학력의 진보를 기술적(descriptive)으로 알려고 하는 의도이며, 그 결과는 교육자들이 제대로 교육을 시키고 있는가에 대한 판단으로 귀결된다고 생각한 것이다. 그러나, 그의 목표 중심적 평가에 관한 생각은 주 정부와 지방 교육구청 관계자들의 극렬한 반대에 부딪친다. NAEP에 참가했다가는 자신들의 교육 자치권을 잃을 것으로 생각하였기 때문이다. 따라서 주별로 혹은 교육구청 간의 대비로 인한 경쟁의 자료 제시가 아니라 국가 수준, 지역들 간, 그리고 대도시와 시골 간의 비교 정도의 보고서를 출간하기로 약정을 맺음으로써 논쟁을 일단락짓는다. 훗날, 각 주의 보다 적극적인 참여와 보다 구체적인 비교를 위한 새로운 법안과 클린턴 전 대통령의 정치력에 의한 각 주의 자발적 참여로 NAEP은 지금의 모습인 준거 지향 검사의 기준에 의한 책무성 논의를 위한 지표로 이용되고 있다(Bracey, 2002).

이런 전례 없는 국가적 평가 사업은 2002년 부시 행정부의 중점 교육 사업인 낙오 학생 방지법(NCLB: No Child Left Behind)의 실행과 무관하지 않으며, 평가 영역에 큰 골격을 이루고 있음을 알 수 있다. 연방의 8% 재정 지원을 받기 위하여 각 주는 자발적으로 참여하여 평가 도구를 개발, 실행 및 그 진보 과정을 매년 모니터링하여 2014년에는 100% 모든 학생들이 4 등급 중 3 등급인 우수 이상에 도달해야 한다. 타일러가 주창하였던 행동 목표 중심의 평가 모형이 이 NCLB의 책무성 중심의 평가 모형에 근간이 됨을 알 수 있다. 다시 말하여, 2014년이란 시한을 정해 놓고 미국 교육이 도달하여야 할 측정 가능한 목표를 세우고 매 년 학생들의 성취를 분석하고, 주 정부는 각 일선 학교에 피드백을 제공한다. 수립되어야 할 목표에 도달하지 못한 학교를 위해 재정 지원에서부터 학교 폐쇄에 이르기까지 다양한 조처를 취한다. 이제 학교는 사전에 설정된 측정 가능한 목표를 달성하기 위해 수단과 방법을 가리지 않고 2002년에서 2014년까지 직선적으로 설정된 '적절한 연간 진보 계획(AYP: Adequate Yearly Plan)' 을 충족시켜야 한다. 교육 평가 전반에 관한 타일러의 흔적은 크기만 하다. 학교의 생존과 사활이 걸린 NCLB의 책무성 논리는 소수 민족들 출신의 자녀들과 빈곤층 자녀들의 학력이 그 전보다 향상되었다고 하는 긍정적인 측면도 없지 않지만, 많은 교육자들은 정상적인 교육과정의 파행적 운영을 매우 깊이 우려하고 있고 그 우려는 현실로 나타나고 있는 실정이다.

2) 교육목표 분류학

8년 연구를 통하여 후학을 잘 발굴하고 양성했다는 타일러는 훌륭한 스승의 일면을 우리에게 보여 준다. 그의 수제자 격인 벤자민 블룸(Benjamin Bloom)은 청출어람과 같았다. 현대 교육 이론에 있어서 블룸의 교육목표 분류학(Taxonomy of Educational Objectives, 1956)과 1964년의 정의적 영역에 관한 분류학은 거의 반세기가 지나도 일선 교육 현장에 광범위하게 활용되는 바이블임은 누구나 잘 알고 있는 사실이다. 최근에 이에 대안적인 분류학들이 나오고는 있지만 매우 논리적이고 현장 적용이 쉬운 블룸의 것을 뛰어넘기에는 아직 많고 많은 세월이 지나야 할 것으로 생각된다. 지식-이해-적용-분석-종합-평가와 같은 일련의 인지적 난이도의 수준을 피라미드 형식으로 구성해 보자. 지식을 제일 밑바닥에 평가를 제일 꼭대기에 위치해 본다면, 아래의 두 수준인 지식과 이해는 낮은 정신 기능에 속하고, 적용, 분석, 종합, 그리고 평가는 고등 정신 기능(higher-order thinking skills)에 해당한다.

타일러의 행동적 목표 진술이 아무리 구체적으로 이루어졌다고 해도 구체적인 가이드라인에 의한 평가가 어렵다는 점이 블룸에게 문제점으로 여겨졌다. 블룸의 분류학이 훗날 메이거에 의해 다시 재평가를 받아서 더더욱 구체성을 띠게 되었다는 사실은 주지의 사실이다. 이들의 아이디어들을 구체적으로 설명하는 일은 이 글의 범위를 벗어나는 것이므로 블룸과 메이거의 지적 자산이 타일러에게 있음을 언급하는 선에서 본 절을 마치도록 한다.

다만 다음 절로 넘어가기 전에 한 가지 덧붙여야 할 사항은 다음과 같다. 교육 목표의 명세적 진술이 수업의 전개에 도움이 되고, 학습자의 동기를 부여할 수 있으며, 평가에 구체적인 준거가 된다는 점은 아무리 강조해도 지나침이 없다고 하지만, 우리의 고정 관념을 벗어나서 생각해 보면, 반드시 그리고 언제나 그렇게 할 필요가 없음을 인식할 수 있다. 교육학 임용 고시를 공부할 때 필수적으로 접해야 했던 엘리엇 아이즈너의 표현 목표(expressive objectives)가 그러하고, 그의 제자인 게일 멕카천이 초등 학교 교실 관찰을 통해서 교사들은 머릿속에서 수업의 개요를 대강 짜는 정신적인 계획(mental planning)을 할 뿐이다라고 하는 점이 그러하다. 굳이 타일러, 블룸, 그리고 메이거가 제시한 원리들에 집착하지 않고 개요적 수업 목표를 설정한 후, 학생들과 상호작용하면서 점점 교육 경험이 명세화된다는 예를 한 번쯤 생각해 볼 필요가 있다고 생각한다. 명세적 교육 목표를 수업 시작과 함께 학생들에게 인지시키지도 또 판서하지 않고서도 훌륭한 수업이 될 수 있다는 점을 타일러와 그의 후학들은 아마 탐탁지 않게 생각하고 받아들이려 하지 않을 것이다. 앞 절의 말미에서도 언급하였지만, 타일러의 흔적은 이렇게 끊임없이 전승과 발전의 모습과 동시에 끊임없는 도전과 비판에 직면하고 있다.

3) 학교교육 개선 도구로서의 교육과정

타일러의 행동목표 및 평가모형은 많이 인용되고 현장에 적용되어 왔지간 최근에는 특히 학교나 교육구청 수준에서 학교 교육과정 편성 혹은 교육과정 지도력과 같은 영역으로 확대된 연구물들이 나오고 있다. 넓게 보아 학교중심 교육과정 개발(School-based Curriculum Development: SBCD)과 같은 개념이나 프세이(Foshay, 2000)의 「The curriculum: Purpose, substance, and practice」와 같은 텍스트도 유의하게 살펴볼 필요가 있으나, SBCD는 SBS(Standards-Based School)로 바뀌는 추세이고 포세이와 같은 텍스트는 새로운 이론이 없는 타일러적 텍스트들의 리뷰와 반성에 불과하기 때문에, 여기서는 보다 구체적인 수준에서 타일러의 흔적이 묻어나는 두 가지 연구 장르만 살펴보기로 하자. 첫째, 잉글리쉬(English, 1992)는 교육과정 조정(alignment)이란 개념을 잘 개발시켰다. 조정은 특정 영역의 앞과 뒤가 맞는지 따져 보는 분석적 작업을 말하는데, 흔히 유사한 용어로 교육과정 지도(curriculum mapping)(Jacobs, 2004)로도 쓰이며, 지도가 조정보다 넓은 개념으로 사용되어 교육과정과 관련된 여러 제반 사항까지 모두 포함된다.

잉글리쉬는 기존의 가르친 내용과 평가 내용이 일치하지 않음을 개선하기 위하여 백로딩(backloading)이란 용어를 통해서 현장의 교육자들에게 지침을 마련해 주었다. 가르치기는 가르쳤는데 평가 도구를 아무렇게나 선정하는 비교육적이고 타당성이 결여된 조정 방법을 프론트로딩(frontloading)으로 규정한 후, 이의 개선을 위해 평가되어야 할 중요한 내용들을 먼저 결정한 후 교육과정 및 수업을 개발하고 운영하는 것이다. 비록 시험에 나올 것들만 수업하는 위험이 도사리고 있어서 '비윤리적' (English, 1992, p.71)이라는 비판도 있다. 하지만, 궁극적으로 이 백로딩은 교사들로 하여금 첫째, 평가를 담당하는 사람이 곧 교육과정 개발자가 되어야 할 것, 둘째, 평가를 가르칠 평가 내용을 포섭하는 지식의 도메인을 가르치도록 할 것, 그리고 셋째, 학생들을 일방적으로 정규분포곡선에 몰아 넣어 서열을 매기지 말고 절대평가방법을 차용할 것 등과 같은 세 가지 준거를 제시하여 비윤리성의 가능성을 배제하려고 한다(English, pp.71-81). 이런 백로딩적 교육과정 조정에 관한 아이디어는 평가와 목표 간의 실제적 관련성을 강조하였던 타일러의 생각이 반영된 것이다. 잉글리쉬의 연구 주제와 방법은 표준화 검사가 지닌 획일성과 탈맥락성을 극복하려는 교육과정 개발, 교사의 역할, 그리고 평가 연구 등을 통합적 접근하려는 것으로서 타일러적 연구 장르의 예라고 할 수 있다.

글래스혼(Glatthorn, 1994)은 우리에게 TQM, 즉 총제적인 질적 관리(Total Quality Management)란 개념으로 알려져 있는데, 기업의 효율성을 높이려는 목적으로 개발된 시스템적 접근이다. 학교가 안고 있는 복잡한 가치 및 이념들을 지나치게 단순화시킨 가정이란 비판적 시각도 있지만, TQM은 교육의 목적(aim)과 같은 의미인 비전을 중심으로 여러 교육 이해당사자들(stakeholders)을 참여시키고 행정가와 교사 혹은 교사와 교사들 사이의 협력을 강조하기에 현장에서 자주 활용되는 접근이다(pp.23-26). 교육과정 지도자로서의 학교장이란 용어도 이런 맥락에서 쓰인다(Glatthorn, 2000). 필자가 주목하고자 하는 부분은 글래스혼이 교육과정 개발을 타일러적인 수사학으로 접근하고 있는 방식이다. 즉, 이론과 실제와의 관계에 대한 그의 가정은 처방에 있다. 기업에서 효과적이기 때문에 학교에도 분명히 효과적일 것이며, 그러기 위해서는 단계별로 진행되어야 할 절차를 체계적으로 제시하면 어떤 상황에서도 양질의 교육과정(a quality curriculum)이 개발될 것이라는 그의 실증적이고 절대적인 인식론과 실재론은 타일러 논거가 지닌 교육과정 개발 텍스트의 보편성의 추구와 다를 바가 없다는 필자의 생각이다.

예를 들어, '수월성의 정수(hallmarks of excellence)' 와 같은 추상적인 교과의 성격을 단순한 형식으로 진술하고, 이에 따라 교육과정의 틀과 내용의 리스트를 추출하며, 스코프와 시퀀스 작성과 자료의 선정 등(Glatthorn, 1994, pp.38-43) 일련의 절차를 처방하는 텍스트는 타일러가 남긴 전통적 수사학의 전형이다. 이런 연구 장르는 최근 들어 성취기준(standards)중심의 교육개혁 운동으로 더욱 활기를 띠고 있는데, 이런 텍스트는 성취기준이 고등 정신 기능을 강조하고 있다는 점을 부각시켜 구성주의적 교육 방법과 수행 평가를 전면에 내세워 교육과정 전개와 평가의 유연성과 다원성을 중점적으로 다룬다. 예를 들자면, 오쉐(O' Shea, 2005)의 「성취기준에서 성공(From standards to success)」은 주어진 성취기준을 받아들여 학교의 상황과 학습자의 수준에 잘 맞는 성취기준중심학교(SBS: Standards-based School)의 이미지를 설정하고 효과적인 교육과정 관리와 평가 방안을 주로 설명하고 있다. 최근의 이런 텍스트를 네오타일러적(Neo-Tylerian)이라고 부를 수 있을 것 같으며 다음 절인 백워드 설계에서 보다 구체적으로 다루려고 한다.

4) 백워드 설계 모형

앞 절의 말미에서 필자는 타일러의 이론이 최근 들어 폭과 방법 면에서 바뀌면서 발전되어 왔다고 언급하였고, 이는 근본적으로 타일러의 교육과정 이론이 다른 연구자들에게 다르게 이해되고 해석될 수 있기 때문이라고 보았다. 필자의 이와 같은 논지는 이 글의 서론에서부터 지금까지 일관되게 서술하고 있다. 타일러의 교육과정 이론의 흔적을 고찰하는 마지막 절인 여기서는 네오타일러적 접근의 정수라 일컬을 수 있는 백워드 설계 모형을 간략하게 살펴보고 그에 따른 비평을 덧붙인다(자세한 내용은 조재식, 2005 참조). 이 설계 모형의 주창자들인 그랜트 위긴스와 제이 멕타이(Grant Wiggins & Jay McTighe, 1998, 2000a, 2000b; McTighe & Wiggins, 1999, 2004)는 평가 전문가이다. 백워드 설계 모형의 구조[2)]는 다음과 같다(Wiggins & McTighe, 1998, p.9).

첫째, 백워드 교육과정 설계 주창자들은 교과서에서 아이디어를 얻어서, 지도안을 짜고, 그저 흥미 있는 활동들로 시간을 때우는 전통적인 교과서 중심의 교육과정 개발을 맹렬히 비판한다. 그러면서, 이들은 "목적(바람직한 결과, 즉 목적 혹은 성취기준)에서 시작하여, 그 목적의 성취 결과로서 학습의 증거(수행)를 마련하고, 그리고 교육 활동을 적절하게 계획하는 그 반대 방향의 설계 원리"(Wiggins &

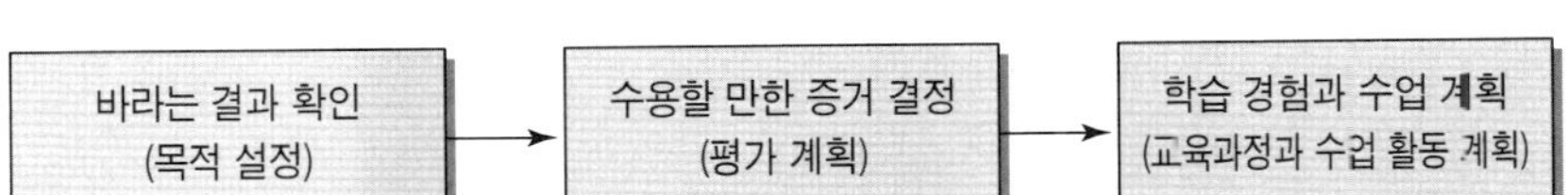

[그림 1] 백워드 교육과정 단원 설계의 개발의 3 단계

McTighe, 1998, p.8)를 주장하였다. 이들은 타일러의 행동 목표 모형을 자신들의 저서 제일 처음에 인용하면서 "이런 관점은 새로운 것이 아니다. 50년 전에 타일러가 백워드 설계의 논리를 다음과 같이 기술하였다"(p.8)란 지적 전통 혹은 정통성을 강조하면서 타일러 논거의 일부분을 발췌 인용하였다:

> 교육 목표들은 자료가 선택되고, 내용이 정리되고, 수업 절차가 개발되고, 시험이나 검사가 준비되는 데 있어서 준가가 된다. … 목표 진술의 목적은 학생에게서 모종의 변화를 발행할 것이라는 점을 가리키며, 따라서 수업 활동이 이런 목표들을 달성할 방식으로 계획 및 개발될 수 있다.(타일러, 1949, p.1, p.45)

교육과정을 학교교육의 목적과 운영을 위한 청사진 개발로 본 위긴스와 멕타이는 제반 교육 활동을 이끌어 나가기 위한 목표와 준거 설정을 주요한 교육과정 개발자의 과업으로 보고 있음이 확연하다. 상기한 타일러의 인용에서 알 수 있다시피, 이상, 방향, 혹은 기대된 성과를 담고 있는 목표는 교육 현장에서 일어나는 모든 활동의 준거로 작용하여야만 한다. 이는 곧 여행의 종착점이 어디이며 여행의 결과 무엇을 성취할 수 있을 것인지를 사전에 철저히 계획하여야만 의미 있는 여행이 될 수 있는 것처럼 지극히 상식적이다. 백워드 교육과정 설계 모형의 주창자들은 타일러의 목표 지향적 학교교육 개발 모형을 그 논의의 출발점으로 하며, 목표 없는 활동의 공허함과 목표 지향적 교수-학습 설계가 때로는 교과서 중심 혹은 탈교과서적인 활동 중심의 학습이 주가 되고 교육 목표는 객이 되어 버리는 수업상황을 문제점으로 간주한다.

둘째, 평가의 지위와 역할이 높아졌다. 타일러를 비롯한 소위 전통적 교육과정 모형에서도 수행 평가의 가치, 중요성, 그리고 활용을 약하게나마 강조해 왔다는 사실도 상기할 필요가 있다. 평가 계획은 학습 경험 혹은 구체적 학습 내용의 선정에 앞서서 마련되어야 한다. 이는 종래의 방식과 비교할 때 매우 획기적인 방법이다. 목적의 확인 작업은 곧바로 그 목적의 달성을 확인할 증거의 수집 계획을 세우는 것이 평가의 타당도를 얻는 데 중요하다는 주장이다. 백워드 설계 모형에서는 다양한 평가 도구를 타당하고 신뢰롭게 개발할 수 있는 '평가 전문가'(p.68)가 '훌륭한 교사'의 이미지로 설정된다.

셋째, 백워드 설계의 세 번째 단계인 '해당하는 학습 경험과 수업 계획'은 아이디어를 의미로 승화시키는 단계이다. 지금까지 설명한 첫 번째와 두 번째 단계를 거치면서, 교사 설계자/평가자로서의 교사는 매우 포괄적으로 진술된 성취기준을 선정하여, 단원의 주제, 목적, 그리고 질문들을 진술하였고, 이의 확인을 위해 구체적이고 다양한 평가 계획을 수립하였다. 이제 백워드 설계자는 학습자들의 흥미를 이끌어 내어 어렵지만 배울 가치가 있는 '큰 개념'을 오랫동안 기억하고 실생활에 활용할 수 있도록 지도안의 개요를 개발하는 단계에 와 있다. 백워드 설계가 단원 수준인 만큼 여기서 지도안은 단시 계획안이 아니라 핵심적 아이디어들과 단계를 열거해 놓은 내용 개요와 같고 WHERE란 계열에 따라 진행된다(Wiggins & McTighe, 1998, pp.115-128).

필자는 이 모형에 대한 이해에 있어서 교육과정 연구의 시각에서 몇 가지 비판을 가하였다(Cho & Trent, in press). 백워드 설계는 타일러 논거의 〈목표 → 경험 선정 → 경험 조직 → 평가〉 등 4 단계의 구조와 절차가 시대의 요구에 맞추어 〈목표 → 평가 → 경험〉 등의 3 단계 간소한 구조와 절차로 바뀌었으며, 이것은 타일러의 논거가 비판을 받아 온 것처럼 근본적인 철학적 기초가 부재하다는 점에서 탈이론적이고 교육과정 역사를 제대로 검토하지 않은 데서 비롯되는 탈역사적 성격이란 점을 지적하였다. 아울러, 주어진 성취기준을 해석하는 과정을 사회 및 문화적 맥락을 배제한 채 기계적인 방법인 '과제 분석'을 전적으로 강조한 점, 그리고 평가를 학습 경험의 계획보다 우선시함으로써 자칫 문화적 다양성과 학습자의 개별성을 등한시한 구조주의적인 접근으로 해석할 여지가 많기 때문이다.

따라서, 필자는 후기구조주의적 분석을 통해 백워드란 언어의 의미와 백워드와 같은 새로운 설계 모형을 형성하게 만든 사회 및 정치적 담론을 해체적으로 이해해 보려 하였다. 그 결과, 정형화된 백워드 텍스트의 해석을 여러 차원에서(예를 들어, 설계에 의한 이해 - UBD: Understanding By Design - 란 텍스트가 함축하고 있는 기능적이고 기계론적 의미) 해체해 보았고, 교육과정과 수업의 현상을 탈맥락적으로 설명하려 하는 결정론적 시각을 확산적이고 가치 내재적으로 이해해 보는 것이 보다 의미로울 것으로 필자는 보았다. 수업 활동 계획보다 평가 문항을 먼저 개발해야 하는 차가운 정신을 소유한 평가자로서의 백워드 교사의 이미지는 어쩌면 문화적 맥락과 학습자의 개별적 특수성을 간과할 수 있는 문제점을 생각하여 보았다. 이에 교수-학습 과정에 대한 백워드적 이해에도 끊임없는 물음표를 던질 수 있다.

직선적인 절차와 시퀀스를 따르기만 하면 이미 결정된 목표가 효과적으로 도달될 것이고 이미 개발된 평가 문항이 효과적으로 커버될 것으로 믿기보다는, 교사와 학습자들 혹은 학습자와 학습자들 사이의 정치적/권력/지식 관계를 우선 이해하는 것이 필요하다고 보았다. 다수의 사람들이 살아가는 교실과 학교란 공간에서 인간적인 돌봄과 진실한 협력 관계를 바탕으로 하여 개별 참여자가 처한 고유한 역사 및 맥락적 과정을 해체적으로 그리고 다시 구성하는 방식으로 다양한 학습의 의미를 창출해 내는 것이 보다 적절하게 세상을 이해하는 것이고, 더불어 더 나은 세상을 만들어 나가는 것이 아닐까 하는 인식으로 백워드 모형을 비평해 보았다. 이 모형의 이론적인 결점에도 불구하고, 백워드 설계 모형은 타일러의 논거보다 훨씬 정교하고 세련된 처방적인 모형이며 앞으로 이 백워드 설계 모형이 타일러 논거를 대신하여 지배적인 교육과정 개발 패러다임이 될 것 같다.

4. 타일러 논거에 대한 계속된 비평

1970년대 중엽 교육과정의 재개념화 운동은 이제 우리나라의 교육과정 연구 공동체에게 잘 알려져 있고, 나아가 그 운동이 현재의 교육과정 연구의 발달에 끼친 영향은 IAAACS와 같은 세계교육과정 연구회의 창립과 활동이 말해 주듯이 이제 전 세계의 교육과정 연구 공동체가 인정하고 있는 추세이다. 이런 논의의 한가운데에 타일러 논거가 자리하고 있으며, 본 장에서는 이를 중점적으로 다루고자 한다.

교육과정의 정의를 '복잡한 대화(complicated conversations)'로 규정한 윌리암 파이나의 노력은 대단하기만 하다. 다양한 학문적 배경과 다른 관점을 가진 많은 전 세계 학자들과 다양한 대화를 주도한 파이나는 교육과정의 개념이란 상대방 교육과정 학자의 다른 생각을 이해하고 계속적인 지성적인 대화를 통해 대문자 C 커리큘럼(Curriculum)의 본연적인 이해의 지평을 넓혀 나가는 데 값진 헌신과 지도력을 발휘하고 있다. 그와 그의 동료들이 생각한 '교육과정 개발' 대 '교육과정 이해'란 논의의 틀이 이제 우리에게도 큰 부담 없이 받아들여져 가는 추세는 고무적이다.

이런 논의의 틀에 비추어 볼 때 타일러는 교육과정 개발 패러다임의 대명사임에는 분명하다. '이를 교육 실제와 관련시켜 교육과정 역사적 해석을 어떻게 할 것인가' 하는 문제는 교육과정 학자들이 풀어야 할 중요한 과제였다. 타일러의 논거가 탈가치 모형이며 목적과 수단의 이원적 접근인 실증주의적인 도구적 이성에 기초하고 있어서 교육 실제에 큰 도움이 되지 못한 공염불에 불과하다고 20세기 최고의 교육과정 역사학자인 클리바드(Kliebard, 1975)가 쓴 「타일러의 논거의 재고」라는 글을 잠시 생각해 보자. 물론 클리바드가 재개념주의 운동에 동참하였고 그의 개인의 역사관이 내재된 주장일 수도 있겠으나 타일러의 논거를 분석한 많은 이들이 수긍하고 있고, 타일러가 교육의 목적의 중요성을 강조할 뿐 실질적으로 그것이 무엇인가에 대한 해답을 제시하지 못하고 있다거나, 교육 목적이란 것이 가치와 신념에 내재되기에 끝내 선택의 문제가 될 수밖에 없다는 근본적인 교육과정학의 질문에 무의미하다는 점들을 지적한다. 또한, 목적을 먼저 결정한 후 이의 실현을 위한 도구의 선택이 가져다 줄 수 있는 문제점, 즉 목적이 정당하기만 하면 어떤 수단을 쓰더라도 모두 합리화될 수 있다는 실증주의적 사고가 타일러의 논거의 핵심적 가정이라고 비판한다.

클리바드(1975)의 타일러 논거의 비평은 당시 굳래드(Goodlad)와 같은 또 다른 선구적 학자가 교실과 학교를 직접 관찰한 것과 관련이 있다. "교육 실제에는 왜 타일러 논거가 오직 유일한 언어[혹은 패러다임]로서 받아들여지고 있고 왜 타일러를 넘어선 새로운 교육과정 연구가 나타나지 않는 것인가"(p.70)와 같은 굳래드의 논평은 클리바드에게 큰 충격으로 다가온 것이다. 이는 우리가 잘 알고 있는 조셉 슈왑(Schwab, 1970)이 개념적으로 표현한 "교육과정 분야의 빈사 상태"와 같은 학문적 시대상의 관찰과 주장과 무관하진 않다. 타일러 논거의 수용에 대한 현장의 획일적이고 맹목적인 활용에 대한 굳래드 그리고 그에 따른 교육과정 이론과 실제의 전반에 대한 사상누각을 지적한 슈왑의 비판은 클리바드로 하여금 직접적이고 구체적으로 타일러 논거의 함정과 지적 오류를 파헤치게 한 것이었다. 새로운 교육과정 패러다임 및 이론의 필요성을 많은 소장파 교육과정 학자들이 갈망하고 있었던 1970년대 중엽은 새로운 교육과정 이해와 탐구를 위한 각성과 반성의 서막이었다. 즉, 이들은 1918년 보비트 이후 공학적 효율성의 미학에 기초를 둔 과학주의적 교육과정 개발 모형의 산실로서 타일러 논거를 해석하였고, 이에 대한 비평은 필수 과제였던 것이다.

이런 비관적 교육 실제의 관찰에 극렬히 반대한 학자들도 많다. 클리바드의 반타일러 논거 및 기타의 여러 재개념주의자들, 그리고 이 운동의 선봉장인 윌리암 파이나를 함께 묶어서 재개념주의자들이 대안 없는 공허한 주장을 펼치고 있다고 한 교육과정 역사의 대가들인 태너와 태너 부부가 대표적이다. '교육 연구자'란 미국의 최고의 교육학 학술지를 통한 태너 부부와 파이나의 공개 질의 및 논쟁은 교육과정 연구의 한 획을 긋는 중요한 텍스트이다(Pinar, 1979; Tanner & Tanner, 1979; Pinar, 1981). 태너 부부가 보기에 타일러 논거를 일탈한 재개념주의자들은 학교의 실제적 상황에서의 경험적 연구를 회피하려고 하는 추상적이고 관념적인 행위로 규정하였고 파이너는 더 나은 교육과정의 이론의 개발을 위해 학교의 실제적 상황에서 벗어날 필요가 있다고 보고, 새로운 이론화를 위해 타 분야에서 다양한 이론들을 가져와야 한다고 생각한 것이다.

태너들은 학교 현장과 괴리된 반타일러적인 재개념주의자들이 경험적 연구를 회피한다는 것은 교육학 및 교육과정 발전에 오히려 역행하는 처사로 보았고, 파이나는 교육과정 현상을 제대로 이해하기 위하여 보다 많은 다양한 해석 체계를 개발하는 것이 교육과정 분야가 더욱 발전할 수 있다고 보고 이런 이론화 작업을 교육과정 연구자들의 책무로 생각하였던 것이다. 필립 잭슨도 현장과 멀리하려 하는 파이나에 반대를 하였지만(1980) 끝내 파이나의 주장을 근거 있는 주장으로 인정하였고 1992년 자신이 편집한 「교육과정 연구 핸드북」 제 1 장에서 교육과정 학자들의 다양한 역할과 그에 따른 필요성과 공헌을 종합적으로 정리하기도 하였다.

타일러 논거의 패러다임적 정체성이 얼마나 중요하게 간주되었는가는 이제 많이 이해되었을 것이다. 패러다임적 논쟁은 아직도 계속되고 있다. 파이나가 역사 철학자로 유명한 브라운에게 부탁하여 교육과정 분야에 패러다임 변화가 있었는가 판단해 달라고 부탁한 논문이 있다(Brown, 1988). 이에 브라운은 여러 가지 상황의 변화를 볼 때 전통적 패러다임이 무너지고 새로운 패러다임이 도래하는 변화가 있었다고 결론을 지었다. 이에 질세라, 타일러 논거를 옹호하는 측에서는 패러다임 변화는 타일러 논거를 잘못 알고 있는 데서 연유한 것이라고 반격하였다. 대표적으로, 피터 헬로비치 등의 타일러 옹호와 재개념주의자에 대한 공격을 음미해 보자. 그가 쓴 1993년의 「급진적 교육과정 이론의 재고: 역사적 접근」이란 저서에서 재개념주의자들의 인식론이 근본적으로 잘못된 역사관에 기초하고 있다고 주장하였다. 서문을 쓴 헬로비치의 지도 교수인 다니엘 태너 역시 반-재개념주의 성향의 학자임을 봐도 이 책이 어떤 이유로 집필되었는지 짐작이 간다. 태너의 역사 인식처럼, 헬로비치는 재개념주의자들이 '반항으로서의 이론'에만 관심이 있을 뿐 정작 전통주의자들의 본연적 연구 내용을 잘못 알고 있다고 주장한다(Hlebowitsh, 1993):

> 사실, 소위 대부분의 전통주의자들의 연구는 존 듀이의 실용적-실험주의에서 파생한 것으로 특징 지어지는 것이 보다 적합하다. 이에 가장 적합하고 중요한 사례는 타일러의 논거이다. … 타일러의 논거는 진보주의 교육과정 문헌에서 굳건한 기반을 가진 여러 요소들에 의하여 구성되었으며… (p.45)

태너처럼 헬로비치의 주된 역사적 관점은 존 듀이의 바른 이해와 문제의 해결을 위한 건설적인 대안을 제시해야 한다는 데 있다. 상기한 인용에서처럼, 학문적 좌파인 재개념주의자들은 타일러를 진보주의자들의 반열에서 해석하고 있지 못한 오류를 범하고 있다고 헬로비치는 보았다. 이런 주장은 필자가 생각하기에 두 가지 상호 관계된 사실에 연유하고 있다. 첫째는 존 듀이에 대한 다른 해석과 타일러의 학문적 전통에 대한 다른 해석이다. 앞서 허버트 클리바드도 타일러의 논거가 부분적으로 존 듀이의 아이디어에 기초하고 있다고 언급하였다는 점을 상기해 볼 때, 다양한 해석이 나올 수도 있는 여지는 있다. 사실, 타일러의 1949년 저서를 보면, 타일러 자신도 자신의 논거가 직선적이고 기계적으로 이해되고 사용되지 않기를 바라고(Tyler, 1949, p.128) 있고, 자신의 논거가 어떤 절대적 처방으로 비쳐지기보다는 실제에 산적한 교육의 구체적인 문제들을 해결해 주는 한 가지 방법으로 이해되기를 강조하였다(pp.122-123). 이런 시각에서 볼 때 많은 학교개혁모형과 예비교사들의 교안 작성을 위한 가이드라인으로 왜 타일러가 가장 먼저 등장하고 아직도 활용되고 있는지 십분 이해가 가는 부분이다.

결론적으로, 이 모두 타일러의 논거를 바라보는 패러다임적 차이에서 생겨나는 문제라고 여겨진다. 그러나, 한 가지 중요한 사실이 있다. 이런 차이를 상대주의적 시각에서 그저 바라볼 수는 없다는 점이다. 상대주의적인 시각이 필요한 때도 많겠지만 그것이 언제나 건전하고 바람직한 시각만은 아니라고 많은 학자들이 주장하고 있다(Donmoyer, 1985). 타일러 논거에 대한 필자의 생각도 일차적으로는 클리바드도 헬로비치의 주장도 모두 수긍이 간다. 하지만, 여기에서 대화를 멈추고 자리에서 벌떡 일어날 수 없다. 판단 행위는 필요하고 이루어질 수밖에 없다. 타일러 논거가 남긴 흔적, 지금 현재의 교육과정학의 발전 과정과 앞으로의 비전을 생각해 볼 때, 헬로비치와 같은 노력은 사족과 같으며 앞으로는 다시 나타나지 않아야 할 것이다.

짧게는 지난 십여 년간 있었던 사회과학을 위시한 전 학문 분야에서 발생한 질적 연구 방법론의 등장과 그에 따른 교육과정 이해와 적용에 타일러 논거의 지지자들은 큰 느낌을 받지 않았다. 타일러식 연구의 기능적인 방법론만으로 족하다고 생각했기 때문이었으리라. 교육과정학의 정체성 혹은 교육과정 이론적 논의의 출발점은 어떤 정형화된 한두 모형 혹은 절차 속에 내재된 것으로 생각해선 안 될 것이다. 지식과 실재와의 관계를 끊임없이 새롭게 해석하려는 풍부한 연상과 새로운 이야기의 등장에 관심을 갖고 복잡한 대화/퍼포먼스에 참여하려는 과정 그 자체에 교육과정이 존재하고 새롭게 탈바꿈할 수 있다. 타일러 논거로부터의 탈출은 오히려 교육 현장을 근본적으로 이해하고 실천가들을 오히려 주체적으로 만드는 데 도움이 될 수 있다는 생각을 해 보면 교육과정 이론과 실제의 역할이 어떤 식으로 규정되어야 하는지 판단이 설 것이다. 이런 어렴풋한 판단 속에서 한 걸음 더 나아가면, 왜 그렇게 많은 교육과정 학자들과 현장의 실천가들이 다양한 질적 방법론의 수용과 이야기 즉 내러티브를 강조하고 있는지 이해가 될 것이다. 타일러 논거의 텍스트를 조금만 덜 바이블시할 때, 이런 풍부한 연상과 복잡한 대화/퍼포먼스의 지성적 가치를 보다 잘 이해할 수 있을 것이며, 새로운 교육과정 이론과 실제에 대한 해석은 사람들과 사람들 사이에 있어서 '나/우리' 의 관계를 포용, 연민, 그리고 통합적으로 바라볼 때 가능하리라 본다(Cho, 2005).

5. 변화하는 우리의 교육과정 연구들

왜 교육과정에 대한 탐구는 '교육과정학' 이란 용어도 없이 '교육과정론' 정도로 불리고 있는 것일까? 우리의 교육과정의 학문 분야가 이토록 빈약한 까닭은 무엇일까? 사실 교육과정의 탐구를 대학에서의 교육과정 강의와 관련지어 보면, 정범모 교수가 1956년 풍국학원에서 「교육과정」이라는 제목의 책을 출판하여 타일러의 논리를 교육과정의 이론으로 우리에게 소개한 이래 지금까지 그 책의 범위를 벗어나는 논의가 얼마나 있었을까?

몰론 그 동안 '수업분석'이나 '잠재적 교육과정' 등의 개념이 소개되고, 브루너의 '교육의 과정'이 번역되어 몇 권의 관련 도서가 나온 것은 사실이다. 그래서 지금도 많은 교육과정 교재에서 타일러와 브루너의 이야기를 언급한 부분을 제외하면 다른 이야기가 별로 없는 것은 어쩌면 당연한 일인지도 모른다. 이제 우리도 교육과정 분야에서의 논의를 보다 다양화해 나갈 필요가 있다는 제안을 해 본다. 타일러의 논리 체계에만 집착하기보다 그 틀을 벗어나서 교육과정의 학문적 울타리를 더 크게 넓힐 필요가 있다는 생각이다(허숙, 1997, pp.138-139).

랄프 타일러의 교육과정 연구와 연구 방법론이 우리나라 교육과정 연구 공동체에 끼친 영향은 매우 크다고 할 수 있다. 그러나 교육과정 연구의 본산지인 미국에서 교육과정이란 학문을 배우려고 근 십여 년 전에 이곳에 왔을 때 필자가 접한 문화적 충격은 말할 수 없을 만큼 컸다. 우리나라의 교육과정 담론이 매우 경직되어 있음을 깨달았고 그런 협의성을 탈피해 보려고 지금까지 노력을 하고 있다. 10여 년이 지난 지금 우리나라의 교육과정 연구와 연구 방법론은 획기적인 변화를 겪었다고 해도 과언이 아닐 것 같다.

세계교육과정 연구회를 주도하고 있는 윌리암 파이나는 전통주의자의 도전을 감정적으로 대응하지 않았고 한참이 지난 후 논문과 저서로서 화답하였다. 예를 들어, 필립 잭슨이 주도한 1992년「교육과정 연구의 핸드북」개발에 파이나는 참여하지 않았다. 필자는 그 핸드북을 이제 주도적 교육과정 연구 패러다임의 대세를 완전히 결정짓는 분수령으로 보았다. 그러나 3년 뒤 파이나는 필립 잭슨이 투자한 시간만큼의 노력으로 1995년「교육과정 이해」란 책을 출간하였다. 이 책에서 파이나는 "학문적 공정성을 위해, 나는 나를 비판한 사람들의 업적과 진가들을 역시 이해하고 공부하려고 노력하였다."(p.xvi)라고 고백하였다. 필립 잭슨은 자신의 반대자들의 학문적 성취를 배제하였다면 파이나는 역으로 자신의 반대자들을 자신의 글 안에 포용하였다.

필자는「교육과정의 이해와 개발」(홍후조, 2002)과「교육과정학의 이해」(박승배, 2002)와 같은 소장 학자들의 저서를 보면서 우리나라의 교육과정 연구와 방법론이 상당히 업그레이드되었고 허숙(1997)의 바람과 기원이 꽤 많이 실현되어 가고 있음을 믿게 되었다. 홍후조의 저서에서 타일러를 개관할 때 다음과 같은 대목이 있다:

"타일러: 20세기 교육과정 논의의 거대한 디딤과 걸림"(pp.144-147). 그는 이 소주제 속에서 예비교사들이나 대학원생들에게 교육과정 연구의 발전을 위해서 반드시 알아야 할 타일러의 공적 및 비판을 정확하고 적절히 서술하였다. 더욱이, 박승배의 텍스트는 우리가 잘 알고 있는 윌리암 슈버트를 연상케 하여, 우리나라의 교육과정 텍스트도 불후의 명작 소설을 접하듯 독자가 한 번 책을 열면 멈출 수 없게 만드는 텍스트가 될 수도 있음을 입증하는 단적인 사례라고 볼 수 있다. 최근 들어 더욱 고무적인 변화가 눈에 띈다. 이원희 외(2005)가 만든 교육과정 텍스트는 앞서 인용한 허숙이 바랐던 교육과정 논의의 다양화를 실천하고 구체화시킨 획기적인 읽기 텍스트로 우리나라의 교육과정 이론과 실제를 한층 더 업그레이드시키는 데 크게 공헌을 한 작품이라고 생각된다. 이런 텍스트들은 모두 우리나라의 교육과정 연구 분야에서 현재 발생하고 있는 타자의 새로운 지적 노력들을 독자들에게 적절히 알려 주려는 포용성에 있음은 무척 반가운 일이 아닐 수 없다.

끝으로, 상술한 지적 포용성은 우리가 왜 서구의 교육과정 역사와 발전 과정을 공부해야 하는가에 대한 해답을 준다. 앞서 언급한 파이나의 지적 포용성의 노력이 끝내 세계를 감동시켰듯이, 우리 학계에서 점차 확산되고 있는 서구의 다양한 교육과정 이론들과 방법론의 공정한 소개와 정직한 평가는 우리가 우리의 것을 더 잘 알기 위한 노력으로 귀결되어야 함은 아무리 강조해도 지나침이 없는 점이리라. 새로운 역사과, 관점, 그리고 이론적 틀을 차용하여 우리나라의 토대에 적합한 의미 있는 교육학 및 교육과정 내러티브 혹은 질적인 교육과정 텍스트를 개발하고 발전시키려는 소장 및 중견 학자들은 이제 부쩍 눈에 많이 띈다(김영천 · 허창수, 2004; 손민호, 2004; 염지숙, 2003; 한승희, 1997).

이 가운데 가장 대표적인 예를 들자면, 단순한 번역과 해석으로 텍스트를 개발하는 것을 넘어서서, 우리나라 교육 현장에 산적한 문제 및 그와 관련된 교육과정 이슈들을 포스트모던/포스트콜로니얼/페미니스트적인 시각으로 새롭게 이해해 보려는 김영천의 「네 학교 이야기」(1997)는 우리나라 교육과정 역사에 한 획을 그을 고전적 텍스트가 되었다. 타일러의 계통의 교육과정 개발 텍스트를 교육과정 이해의 텍스트로의 관심을 촉발시킨 최초의 텍스트이기 때문이다. 지난 30여 년 동안 교육과정 담론의 변화는 특히 질적 연구 방법론의 도입과 적용으로 가능했다는 사실을 우리는 그의 텍스틀 통해서 구체적으로 알게 되었다. 교육과정 이론과 연구 방법론은 인간 경험을 보다 잘 이해하는 방향으로 초점이 맞추어져야 한다는 그의 학자적 굳은 신념은 우연히 이루어진 것이 아니다. 인간 경험의 해석으로서의 교육과정 연구는 오직 특정한 사회적, 정치적, 문화적, 그리고 경제적 맥락 속에서만 가능하다는 점을 질적 방법론으로 접근한 것이며, 이는 현재 주류를 이루고 있는 새로운 사회과학적 텍스트의 연구와 실험에 기인한 그의 피땀어린 노력의 결과란 점을 그의 텍스트를 읽은 독자는 느꼈을 것으로 생각한다. 타일러 논거로부터의 벗어남은 교육 현장과의 결별이 아니라 교육 현장에 더 큰 영향을 가져다 줄 것이라는 소신과 자신에 대한 믿음을 필요로 한다. 예를 들어, 김영천의 「별이 빛나는 밤 I, II」(2005a, b)는 교육 현장에서 시급히 필요할 것 같은 타일러적인 처방전은 제공하지 못했다 하더라도, 많은 교사들의 삶의 이야기를 듣고 독자들에게 진솔하게 들려 줌으로써 우리 현장을 우선 안으로부터의 반성, 자정, 그리고 개선이 이루어질 수 있도록 하게 하고, 나아가 위로부터의 실질적인 지원과 정책적 변화를 가져다 줄 수 있게 하는 보다 큰 교육 변화와 개선을 위한 텍스트 그리고 사회적 공간과 문화적 이해를 자극시켜 주는 텍스트로 기여할 수 있을 것임을 생각해 보아야 할 것이다.

6. 결론 및 시사점

랄프 타일러의 학문적 성취와 연구 방법론은 우리에게 너무나 잘 알려져 있다. 교육과정이란 학문 분야가 많이 논의되고 있었지만 체계화되지 못했던 1930~1940년대에 그가 강의용 교재를 만들 목적으로 개발하였다는 1949년의 저서인 「타일러 논거」는 교육과정과 수업의 개발 패러다임의 원조가 되었다. 타일러의 교육과정 이론은 현장의 교육실천가들 혹은 교육이론가들에게 개발을 위한 원리와 절차를 안내해 주는 처방적 성격에 기초하고 있기에 다분히 전통적 혹은 기계적이라고 평을 받는다. 이에 그가 생각한 연구 방법론은 바람직한 교육 목적의 원천과 선정 준거의 탐색, 그리고 그 결과로 구체적인 행동 목표를 도출하는 데 쓰이는 요구사정, 논리, 혹은 유추 등을 포함하는 기능적인 분석에 있다. 이런 분석적 연구 방법론은 보편성과 일반성을 추구하기 때문에 특정한 가치나 신념 체계를 염두에 두지 않는다는 점에서 탈가치적이고 탈맥락적인 점에 있기에 실증주의적인 가정들에 보다 가깝다.

타일러 논거는 어느 특정한 한 가지 시각을 가지고 무턱대고 비판을 해야 할 대상은 아니라고 본다. 필자는 시대성에 비추어 그 논거를 일차적으로 바라다보는 자세가 필요하다고 믿기 때문이다. 그가 플랭클린 보비트보다 교육과정 연구와 실천 분야에 더 큰 기여를 한 점은 적어도 학문적 체계를 이루는 데 필요한 기반, 기초적 원리, 그리고 공통 용어들을 제공하였다는 점일 것이다. 반세기 전 비록 풍부한 교육과정 학자들과 자원들이 있었지만, 교육과정 분야의 핵심적 아이디어를 타일러 논거만큼 집약한 이론은 전무했기 때문이다. 그때의 시대적 상황에서 그의 공적은 크다고 볼 수 있다. 그러나, 교육과정 연구도 시대의 변화에 따라 영속해야 하는 것이 있고 적절히 변화해야만 하는 것이 있다. 교육과정이란 학문의 정체성이 무엇이며 무엇을 학문적 발전으로 보는 것이 타당한가 하는 지속적이고 포괄적인 큰 논의가 서구에서는 아주 뜨겁게 있었다. 이와 같은 패러다임 논쟁이 비록 지금도 계속되고 있다는 점에 우리는 주목할 필요가 있지만, 앞으로 있을 미래 사회의 복잡성과 다양성을 생각해 본다면 우리나라의 교육과정학의 성격과 방향, 그리고 그에 따른 이론화 작업과 방법론적 논의가 '어떻게 바뀌어야만 할 필요가 있는지'에 보다 많은 노력이 경주되어야 할 것으로 생각한다.

이런 생각에 기초하여 우리나라의 교육과정 연구가 앞으로 전개되어야 할 방향 설정에 다소 도움이 될 두 가지 시사점들을 고려해 보았다.

첫째, 타일러의 행동 목표 모형과 목표 중심적 평가 모형을 보다 세련화시켜서 현장의 실질적 요구를 잘 반영한 백워드 설계 모형을 연구할 필요가 있다고 본다. 백워드 설계 모형이 교육과정 이론과 역사의 큰 흐름에서 볼 때 필자가 주장한 탈이론적, 탈역사적이라는 비판적 시각이 있기는 하지만, 성취기준과 벤치마크라는 새로운 학제적 목적 혹은 프레임워크가 학계와 현장에서 인정받고, 평가 철학이 급진적으로 변화하고 있고, 그리고 학습의 개념이 고전적인 심리학의 원리에서 획기적으로 새롭게 정의되고 있는 현대의 시대상을 바라다볼 때, 백워드라는 새로운 형식과 내용의 담론의 등장은 교육과정 이론가와 실천가에게 뭔가 새롭고 흥미로운 토론과 논쟁 거리를 전달해 주는 것 같다고 여겨진다.

왜냐하면, 이제 타일러를 옹호하는 연구자들도 타일러 논거를 벗어난 이 백워드 모형을 수용하면서 기존의 주장들을 조정(accomodate)해야 하고, 타일러의 논거를 반대해 왔던 학자들도 백워드의 절충적인 이론적 조합 및 현장을 끌어안는 실제성을 깨닫지 않고서는 최신담론(cutting edge)축에 낄 수 없는 비판가라고 볼 수 있기 때문이다. 이를 위해선 앞 장에서 언급하였던 포용적인 교육과정 연구 문화가 선행되어야 한다. 교육과정 연구자들이 서로를 인정해 주고 창의적인 연구물에 박수를 보낼 수 있는 포용적인 연구 문화의 바탕하에, 타일러 논거에서 비롯된 교육과정 용어가 백워드에서 무엇이, 어떻게, 그리고 왜 변화했는지 검토해 보아야 할 것이다. 그런 후, 우리나라의 실정에 적합한 단원 설계 모형이 어떤 성격이며, 무슨 이론적 가정을 내포하고 있으며, 실제적 요소는 무엇이 될 수 있을 것인지, 그리고 어떠한 자원과 제도가 필요한 것인지 이론가와 이론가끼리, 실천가와 실천가끼리, 그리고 모두 함께 그 가능성을 진지하게 타진해 보는 학술대회를 개최하여 꾸준히 연구를 해 나가면 의미 있는 성과를 거둘 수 있다고 믿는다. 이런 과정은 시골의 밤길을 걷는 자세와 마음가짐이 필요하다. 즉, 가로등 하나 없는 깜깜한 밤길에도 달빛과 별빛 그리고 지형적 특성을 유추하면서 천천히 걷는 우리네 옛 어른들의 늦지만 길을 잘 찾는 지혜와 습성을 … 꾸준히 대화와 실험을 해 나가면 가까운 미래에 토착적인 우리의 교육과정 모형이 개발될 수 있을 것으로 생각한다.

둘째, 교사 교육에 있어서 타일러 논거의 강점과 약점을 모두 가르치고 반성적인 교육과정 개발자가 되도록 많은 기회를 주어야 할 필요가 있다. 예비 교사들에게 교사 개인이 곧 교실과 학교 교육과정 자체이며, 교사 자신의 생애와 현 존재가 학습자들의 복잡한 생애들 및 그들의 직접적 요구들과 맞물리면서 일상적 교육과정이 개발, 전개, 그리고 평가가 된다는 맥락성과 교사의 내러티브를 구체적인 사례들로 분석해 보는 기회를 보다 많이 제공하여야 한다. 타일러나 기타의 응용적 교육과정 모형들의 이해와 암송도 중요하지만 모두 서구의 맥락 속에서 개발된 것임을 예비 교사들이 깊이 반성해 볼 수 있고, 나아가 대안을 모색해 보는 토론의 장을 자주 접해 볼 때, 장기적인 측면에서 현장 개선을 기대해 볼 수 있다고 믿는다.

아울러, 파트타임이건 풀타임이건 교육과정을 전공하려는 대학원생들이 타일러 논거와 같은 탈이론적이고 탈역사적인 텍스트 읽기에 너무 지나치게 편중되지 않고 관심이 있었던 특정 모학문을 선택하여 많은 읽기를 한 후 자신의 논문에 신선하고 새로운 아이디어들을 가지고 오는 대학원에서 교육과정 전공자들 스스로의 내적 노력이 절실히 요구된다. 서구에서 교육과정 연구의 굳건한 한 축을 이루고 있는 재개념주의의 운동을 참조로 하여 새로운 접근을 모색해 보고 동시에 질적 연구 방법론이 우리나라의 교육 및 교육과정 실제의 개선과 발전에 기여할 수 있다는 용기를 가져야 할 필요가 있다. 자신의 논문의 주인이 되어야 한다는 것이다. 이런 자세는 모두 타일러 논거의 전통을 불변의 것으로 받아들이되 새로운 이론과 아이디어를 적극적으로 수용할 용기가 필요하고, 나아가 계속적으로 자신의 '교실 교육과정을 이론화' 시키는 데 도움이 될 학술적 네트워크에 참여하여 자신의 이론화 목소리를 들려 줄 의지와 책무에서 비롯된다. 이와 같은 현장의 교육과정 이론화가 바탕이 될 때 교육 정책의 변화를 기대해 볼 수 있을 것이다.

2006년 2월 미국의 퍼듀 대학에서 대학원생, 소장파 교육과정 학자들, 그리고 현장 교사들이 모여서 '현재/미래의 교육과정 이론화 상황을 꼼꼼하게 정리해 보기: 후기 재개념주의 세대들' 이란 학술 대회를 개최하였다. 지금과 앞으로의 교육과정의 이해와 실천에 있어서 무언가 부족하고 길을 잃은 듯한 신진(예비) 학자들과 실천가들이 원로 및 중견 교육과정 학자들을 초대해 놓고 각자가 생각한 교육과정 문제와 방향을 발표하고 그들의 의견들을 들으려는 신선한 노력이다. 우리나라에서도 앞으로 교육과정학에 애착을 가진 많은 대학원생들이 '교육과정 이론화와 실천' 이라는 웹사이트를 개발하여 기존의 교육과정 연구자들이 생각지 못했던 다양한 후기 실증주의적 아이디어들을 가져와서 이론과 실제의 동반 발전을 위한 의미 있는 상호 이해 중심적 대화를 주도해 보면 어떨까 생각해 본다.

후주

1) 파이나와 그의 동료들이 집대성한 1995년의 저서 「Understanding Curriculum」에서 타일러의 참고 문헌을 4개 정도만 수록하고 있다. 교육과정과 직접적인 문헌들만 수록하였기 때문이다. 그의 저술 활동을 살펴보면 대략 모두 45편 정도가 된다. 본문에서 제시한 8개 이외의 거의 대부분은 평가, 검사, 그리고 책무성에 관련된 것들이다. 특히 이런 대부분의 저술 활동들이 그가 은퇴한 1967년 후 연구된 것들인 점은 흥미롭다. 이러고 보면, 타일러는 1970~1980년대에 태너 부부 등과 같은 반재개념주의 운동에 참여하여 교육과정의 정체성 논쟁에 거의 관심을 기울이지 않았다. 그토록 자신의 1949년의 논거가 비판을 받아도 크게 개의치 않음은 그의 흥미가 국가 수준의 교육 평가로 완전히 바뀌었기 때문이다. 즉, 책무성과 효율성과 같은 비학구적인 정책적인 논의 및 그에 따른 평가의 활용에만 모든 정열을 바친 것이다(Kirst, 1987). 원로학자로서 타일러가 이렇게 많은 저술 활동을 국책 연구나 평가에 골몰한 것은 어쩌면 전통주의자가 걸어야 할 길을 당연히 잘 걸어간 것이 아닐까 생각한다. 예를 들어, 1970년 말엽 미국이 교육 개혁의 혼란기 동안에도 그는 새로운 이론이나 비전을 제시하는 대신 '기초교육의 강화' 정도로 대안을 제시할

정도였다(Tyler, 1979, pp.252-255). 그에게 있어서 '교육과정' 이란 개념은 교육행정학 출신의 보비트가 생각한 것과 다름이 없었기에 학교 교육과정의 개발과 평가의 효율성은 그의 해결하고 싶었던 영원한 숙제라고 믿었었을 거라고 생각한다. 타일러는 자신의 1949년 저서를 재평가한 1976년의 「오늘날의 강의 개발에 있어서의 바람직한 내용」 논문에서도 약 25년이 지난 지금도 자신의 논거가 프괄적이고 현장에 잘 적용되었다고 자신 있게 평가하였음에도 잘 알 수 있다. 그가 만약 부활하여 우리가 그의 논거의 가치를 또다시 묻는다 해도 아마도 그의 해답은 같을 것이다.

2) 백워드 단원 설계 모형은 현재 미국 교육 현장에 보급되어 더중적 인기를 누리고 있을 만한 충분한 가치가 있다는 사실은 장학 및 교육과정 학회(ASCD: Association for Supervision and Curriculum Development)에서 지난 수년간 지속적으로 학술 대회, 워크숍, 그리고 자료들을 출판하고 있다는 것만 봐도 쉽게 짐작이 간다. 필자는 백워드 설계를 예비 교사들에게 직접 가르치면서 또한 현직 교사들과의 만남과 교류를 통하여 현재 미국 교육 개혁의 대명사인 성취기준 중심의 학교 개혁에 가장 적합한 도구임을 확인하였다. 타일러가 아직도 생존하고 있다면 아마 무릎을 탁 치면서 "바로 이거야!" 라고 탄성을 자아낼 것으로 상상해 볼 수 있다. 제 3 단계인 WHERE는 다음과 같다: ① 교사는 높은 기대 수준 및 학습 방향을 제시한다(Where are we headed?), ② 학습자들의 도전 의식을 고무하며 관심을 이끈다(Hook the students), ③ 수행과제를 투입하면서 주제를 넓게 탐구시킨다(Explore & Equip), ④ 높은 성취 수준을 수행하고 있는지 점검한다(Review & Rethink), ⑤ 성취의 증거들을 발표하고 전시한다(Exhibition & Evaluation). WHERE적 절차는 수업 내용 개요는 단시 수업에서도 사용될 수 있다(도입-전개-정리처럼). 그러나 대부분은 전체 단원의 전개 흐름을 정리하는 데 사용된다. 단원이 8차시로 구성되었다면 차시별 전개와 발달의 과정을 W(1차시, 목표 제시와 가치 설명), H(2차시, 흥미 거리를 제시하며 동기 유발과 수행 과제 결정), E(3~5차시, 수행 과제 해결), R(6~7차시, 중간 발표와 피드백 제공), 그리고 E(8차시, 과제 전시와 종합 평가)에 맞추어 단시 수업들의 주안점을 잘 살릴 수 있다.

참고문헌

김영천(1997). 네 학교 이야기. 서울: 문음사.

김영천(2005a). 별이 빛나는 밤 I: 한국 교사의 삶과 그들의 세계. 서울: 문음사.

김영천(2005b). 별이 빛나는 밤 II: 한국 교사의 삶과 그들의 세계. 서울: 문음사.

김재춘(2002). 교육과정 평가의 질 관리. 227-254. 한국교육과정학회(편), 교육과정: 이론과 실제. 서울: 교육과학사.

박승배(2002). 교육과정학의 이해: 역사적 접근. 서울: 양서원.

손민호(2004). 연구전통별로 살펴본 수업에서의 질적연구의 동향과 과제. 교육과정 연구, 22(3), 149-180.

이원희 외(2005). 교육과정과 수업. 서울: 교육과학사.

염지숙(2003). 교육연구에 내러티브 탐구(Narrative Inquiry)의 개념, 절차, 그리고 딜레마. 교육인류학연구, 6(1), 119-140.

조재식(2005). 백워드(backward) 교육과정 설계 모형의 고찰. 교육과정 연구, 23(1), 63-94.

한승희(1997). 내러티브 사고양식의 교육적 의미. 교육과정 연구, 15, 400-423.

허숙(1997). 교육과정의 재개념화를 위한 이론적 탐색. 허숙 · 유혜령(편), 교육현상의 재개념화(pp.103-143). 서울: 교육과학사.

홍후조(2002). 교육과정의 이해와 개발. 서울: 문음사.

Brandt, R., & Tyler, R. (2003). Goals and objectives. In A. Ornstein, L. Behar-Horenstein, E. Pajak (Eds.), *Contemporary issues in curriculum*(3rd Ed.) (pp. 10-19). Boston: Allyn & Bacon.

Cho, J. (2005). Curriculum theory as performance: Toward transformative classroom dialogue. *Paper presented at the annual meeting of the Bergamo Curriculum Theorizing and Classroom Practice*, Oct., 2005, Dayton, OH.

Cho, J., & Trent, A. (in press). Backward curriculum design and assessment: What goes around comes around, or haven' t we seen this before? *TABOO: The Journal of Culture and education*.

Donmoyer, R. (1985). The rescue from relativism: Two failed attempts and an alternative strategy. *Educational Researcher*, 13-20.

Foshay, A. (2000). *The curriculum: Purpose, substance, and practice*. New York: Teachers College Press.

Jackson, P. (1980). Curriculum and its discontents. In H. Giroux, A. Penna, & W. Pinar (Eds.), *Curriculum and instruction: Alternatives in education* (pp.367-381). Berkeley, CA: McCutchan.

Jackson, P. (1992). Conceptions of curriculum and curriculum specialists. In P. Jackson (Ed.), *Handbook of research on curriculum* (pp. 3-40). New York: Macmillan Publishing Company.

Jacobs, H. (Ed.) (2004). *Getting results with curriculum mapping*. Alexandria, VA: Association for Supervision and Curriculum Development.

Krist, M. (1987). *Evaluating state education reforms: A special legislative report*. Denver, CO: National Conference of State Legislatures.

Kliebard, H. (1975). Reappraisal: The Tyler rationale. In W. Pinar (Ed.), *Curriculum theorizing: The reconceptualists* (pp.70-83). Berkeley, CA: McCutchan.

Madaus, G., & Stufflebeam, D. (Eds.). (1989). *Educational evaluation: Classic works of Ralph W. Tyler*. Boston: Kluwer Academic.

Marshall, J. D., Sears, J., & Schubert, W. (2000). *Turning points in curriculum: A contemporary American memoir.* Upper Saddle River, NJ: Merrill, an imprint of Prentice Hall.

McTighe, J., & Wiggins, G. (1999). *Understanding by design: Handbook.* Alexandria, VA: Association for Supervision & Curriculum Development.

McTighe, J., & Wiggins, G. (2004). *Understanding by design: Professional development workbook.* Alexandria, VA: Association for Supervision & Curriculum Development.

O' Shea, M. (2005). *From standards to success.* Alexandria, VA: Association for Supervision and Curriculum Development.

Pinar, W. (1979). Notes on the curriculum field 1978. *Educational Researcher, 7*(8), 5-12.

Pinar, W. (1981). A reply to my critics. In H. Giroux, A. Penna, & W. Pinar (Eds.), *Curriculum and instruction: Alternatives in education* (pp.392-399). Berkeley, CA: McCutchan.

Schwab, J. (1970). *The practical: A language for curriculum* Washington, DC: National Educational Association.

Smith, E., & Tyler, R. (1942). *Appraising and recording student progress: Evaluation, Records, and reports in the thirty schools.* New York: Harper & Brothers.

Tanner, D., & Tanner, L. (1981). Emancipation from research: The reconceptualists' prescription. *Educational Research, 8*(6), 8-12. [Reprinted, 1981, In H. Giroux, A. Penna, & W. Pinar (Eds.), *Curriculum and instruction. Alternatives in education* (pp.382-391). Berkeley, CA: McCutchan.

Tyler, R. (1934). *Constructing achievement tests.* Columbus, OH: Ohio State University.

Tyler, R. (1949). *Basic principles of curriculum and instruction.* Chicago, IL: University of Chicago Press.

Tyler, R., Gagne, R., & Scriven, M. (1967). *Perspectives of curriculum evaluation.* American Educational Research Association. Monograph Series on Curriculum Evaluation, No. 1. Chicago, IL: Rand McNally.

Tyler, R. (Ed.) (1969). *Evaluation: New roles, new means.* Chicago, IL: University of Chicago Press.

Tyler, R. (1975). Specific approaches to curriculum development. In J. Schaffarzick & D. Hampson (Eds.), *Strategies for curriculum development* (pp. 17-33). Berkeley, CA: McCutchan.

Tyler, R. (1988/1997). Evaluation: A Tylerian Perspective. In J. Keeves (Ed.), *Educational research, methodology and measurement: An international handbook* (2nd Ed.) (pp. 225-235). New York, NY: Pergamon.

Tyler, R. (1977/1993). Desirable content for a curriculum development syllabus today/The Tyler Rationale Reconsidered. In G. Willis, W. Schubert, R. Bullough, C. Kridel, & J. Holton (Eds.), *The American curriculum: A documentary history* (pp.395-400). Westport, CT: Greenwood Press.

Tyler, R. (1979). Educational improvements best served by curriculum development. In J. Schaffarzick & G. Sykes (Eds.), *Values conflicts and curriculum issues: Lessons from research and experience* (pp. 237-262). Berkeley, CA: McCutchan.

Tyler, R. (1987). Charles Hubbard Judd: As I came to know him. *Teaching Education, 1*(1), 19-24.

Wiggins, G. (1998). *Educative assessment.* San Francisco: Jossey-Bass.

Wiggins, G., & McTighe, J. (1998). *Understanding by design.* Alexandria, VA: Association for Supervision & Curriculum Development.

Wiggins, G., & McTighe, J. (2000a). *Understanding by design* (2nd Ed.). Alexandria, VA: Association for Supervision & Curriculum Development.

Wiggins, G., & McTighe, J. (2000b). *Understanding by design: Study guide.* Alexandria, VA: Association for Supervision & Curriculum Development.

Willis, G., Schubert, W., Bullough, R., Kridel, C., & Holton, J. (1993). The Tyler Rationale Reconsidered. In G. Willis, W. Schubert, R. Bullough, C. Kridel, & J. Holton, (Eds.), *The American curriculum: A documentary history* (pp.393-394). Westport, CT: Greenwood Press.

제2장

교육과정 연구에 있어서 재개념화의 역사: 1970년대 미국 교육과정 학계의 변화를 중심으로[1]

김 평 국(경인교육대학교 교육학과 교수)

1. 도 입

이 글은 필자와 필자의 지도교수였던 미국인 J. Dan Marshall(Pennsylvania State University)과의 공동 연구 논문을 번역한 것이다. 이 논문을 작성하기 전에 필자는 박사 학위 논문을 위해 1970년대에 미국의 30여 개 주에 확산되었던 개인차 중심 교육과정(individually guided education)에 대한 역사적 연구를 수행한 배경을 가지고 있었다.[2] 지도교수인 Marshall은 미국 교육과정 연구의 역사적 고찰에 관심을 가지고 있었으며, 필자에게 1970년대의 미국 교육과정 연구 분야의 변화에 대한 공동 연구를 제안하였고, 필자는 이를 수락하였다. Marshall은 1999년 캐나다 몬트리올에서 열린 미국 교육학회 교육과정 분과에서 '새천년을 앞둔 지난 반세기의 교육과정 연구의 동향'이라는 주제의 심포지엄 발표자의 한 사람으로 참가하게 되면서 이 연구를 제안하게 되었다. 이 심포지엄은 새천년을 앞두고 지난 반 세기 동안 급격하게 변하여 온 교육과정 분야를 돌아보고 그 변화를 정리하여 장래의 연구에 시사점을 던져 주고자 마련되었다. 이 논문은 그러한 목적을 공유하면서 미국 교육과정 분야의 변화 혹은 재개념화에 든든한 초석을 제공한 시기였던 1970년대에

1) 이 장은 필자의 다음 논문을 번역한 것이다. 이 논문은 Kappa Delta Pi, International Honor Society in Education이라는 단체에서 출판하였다.

초점을 두었다. 이 심포지엄의 다른 저자들은 William Schubert, Daniel Tanner, Patti Lather, Barry Franklin이었으며, 이들은 다른 시기를 맡았다.

이 논문의 뒤를 이어 수행된 연구(Kim & Marshall, 2005, 2006)에서 필자와 Marshall은 교육과정 재개념화 과정에 기여한 학자들의 연구 성과가 1994~2002년에 미국에서 출판된 석사 과정 학생용 교육과정 개론서들(synoptic curriculum texts)에 어느 정도 반영되었는지를 고찰하였으니 참고하기 바란다. 또한 20세기 전반에 걸친 교육과정 학계의 역사적 변천에 대한 자세한 내용에 대하여서는 Marshall, Sears, Schubert(2000)를 참고하기 바란다.

2. 1970년대 이전의 상황

제2차 세계 대전 후에 교육과정 학계를 이끌어 왔던 지도자들은 1960년대가 끝날 무렵까지 자랑할 만한 것도 없었고, 그럴 만한 힘도 없었다. Eisner(1971: 1)는 교육과정 학계가 15년에 걸친 새 교육과정(new curricula) 개발 경험으로부터 많은 것을 배웠다고 하였다. 그는 또한 이들 프로젝트들이 그 자체로 중요할 뿐만 아니라 교육과정과 관련된 경험적 연구의 토대를 닦는 데 기여하였기 때문에 중요하다고 하였다.

거기에는 또한 아이러니도 있었다. 큰 규모의 예산이 투입된 이들 프로그램들이 많은 일선 학교에도 보급되었다. 그러나 교육과정 학계 혹은 그 소속원들은 15년에 걸친 이들 새로운 교육과정 개발 프로젝트들에 전혀 참여하지 못하였다. 그렇지만 Eisner가 언급한 것처럼, 교육과정 학자들은 이 방대한 경험적 자료를 활용할 수는 있을 것이다. 또한 교육과정 학계는 1960년대 후반에 정체 혼미의 위기를 겪었다. 그 증거의 하나로 Kliebard(1968: 83)는 교육과정 학계에서 점점 심리학자가 물리학자에게 가장 영향력 있는 자리를 넘겨주고 있다는 점을 들었다.

미국 교육학회(American Educational Research Association) 내의 교육과정 분과(Division B; 당시에는 Curriculum and Objectives라 불리었음)는 창설된 지 불과 5년밖에 지나지 않았지만 흔들리기 시작하였다. 1969년에 Joseph Schwab은 "교육과정 학문은 죽었다(the field was moribund)"라는 매우 유명하게 된 선언을 하기에 이르렀다. 그에 의하면, 학문의 구조에 대한 지나친 관심, 연방 정부의 지원을 받은 교육과정 프로젝트들로부터 도출되었던 교육과정 그리고 측정과 평가 관련 지식과 원리, 행동적 교육 목표, 이 모두가 교육과정 학계를 죽게 하였다. 이런 내용을 담은 그의 논문(The Practical: A Language for Curriculum)은 현대적인 교육과정 르네상스의 든든한 토대가 되었다.

Schwab의 진단은 미국의 교육과정 학계로 하여금 자신의 문제를 확인하고 대처하라는 경고를 던져 주었다. Schwab의 지적에 주의를 기울인 교육학자들은 연구 영역의 범주가 추상적이며(Goodlad, 1969), 일정한 연구 영역에 대한 충분한 탐구가 지속되지 못하였으며(Westbury & Steimer, 1971), 연구 결과를 실지에 적용하는 노력이 부족하였다(Short, Willis, and Schubert, 1985)는 등의 문제점들을 지적하였다.

그러나 이런 문제들은 Caswell(1950)과 Tyler(1950)의 관점에 따라 그 범위가 설정된 교육과정 학문 분야 내의 저명한 지도자들이 이미 제기했었던 '전통적인 문제(problems of convention)'로 이해되었다. 다른 한편, Foshay와 Beilin(1969: 279)은 교육과정 학계가 매우 빠른 변화를 겪고 있다고 하였는데, 이는 새롭고 젊은 사람들이 주도하고 있으며 이들은 때로는 저돌적으로 나서서 토론을 독차지한다고 하였다. 이들 교육과정 학자들과 그 스승들에게 교육과정 학계의 문제는 1969년 미국 전역과 세계 여러 나라에서 나타나는 문제들과 비슷한 것이었다. 이들 젊은 학자들은 교육과정 학계의 개선보다는 개혁에, 수선보다는 개조에 더 관심을 가졌다. 이들 학자들의 도움으로 교육과정 학계는 Wraga(1999)가 활기찬 시기(heady days)라고 한 1970년대에 거대한 정체성의 조정을 겪게 된다.

요약하면, 1969년까지 전통적인 미국 교육과정 학문은 그 구성원들에게 거의 관련성과 정통성을 잃은 분야로 인식되었다. 대형 프로젝트들이 그들의 지나치게 일반적(global)인 경향, 교사 배제형 교육과정 개발 경향, 분과적 경향 때문에 실패하는 동안 교육과정 학자들은 워밍업을 하고 있었다. 교육과정 관련 인사들은 타일러 모형(Tyler rationale)을 너무 기계적으로 해석하였다. 즉 교육과정이 학생들로 하여금 외우고, 이해하고, 자료를 사용하도록 하는지의 여부에 따라 교육과정을 평가하여야 한다고 보았다. 그 결과 교육과정 개발 행위까지도 경험 과학적인 것이 되었다. 이러한 변화는 교사들로 하여금 자율성은 발휘하지 못하고 오직 책무성만 지니는 취약한 상태에 놓이게 하였고, 또한 완전히 새로운 연구 (즉 평가) 영역을 탄생시켰다. 이러한 상황은 1970년대 동안에 크게 변한다.

3. 변화의 이론화 작업

1970년대에 어떤 일이 생겼는가? 미국 교육과정 학계는 왜 그리고 어떻게 변하였는가? 어떤 방향으로 변하였으며 누구의 이익에 도움이 되었는가? Pillemer(1998)는 1970년대 미국 교육과정 학계에 나타난 변화를 이해하는 하나의 방법을 보여준다. 그가 말하듯, 하나의 정립된 영역 안에서 새롭고 다른 개념들을 정당화하려는 노력은 그 영역에 속하면서 색다른 관심과 태도를 지닌 구성원들이 그 영역 안에 존재하는 새롭고 특이한 것들로부터 새로운 지식과 연구법들을 창출하고 이에 따라 연구를 진행하면서 기존의 이론적 지식과 연구법을 다르게 바라보기 시작하면서부터 나타난다. Pillemer의 사례에서 이러한 일종의 저항은 그가 말한 의미 있는 기억들 – 즉 인식 가능하고 공유된 내용 – 을 쉽게 무시해 버릴 수 없었기 때문에 보다 쉽게 이루어졌다. 이러한 투쟁은 그 학계의 저명한 지도자들이 이러한 새로운 아이디어와 노력을 저명한 학술지에 대대적으로 실었을 때 더 힘을 얻어 진전되었다. 그러한 사건들이, 한때 과격하다고 판단되었던 아이디어와 행위들을 수용해 가는 더욱 넓은 정치적, 사회적, 문화적 맥락과 연결될 때 변화는 일어나곤 하였다.

그런 변화에 대한 반동은 그 학계의 전통을 수호하는 자들로부터 불가피하게 나타난다. 더욱이, 특정 아이디어나 행위는 항상 오래 지속되는 것은 아니다. 그러나 지배적인 문화 속으로의 성공적인 진입은 그것이 얼마나 지속하는가에 따라서만 판단할 수 있는 것은 아니며, 새로운 것이 처음에 제시된 바와 같은 형태로 수용되는가에 의해서만 판단할 수 있는 것도 아니다. 이런 종류의 진입은 그것이 전통적인 관행이나 제약을 지속적으로 흔들어 놓을 때, 내재하는 문제나 딜레마를 폭로할 때, 오랫동안 유지되어 온 해로운 아이디어나 관행을 비판할 때, 그리고 유지되어 온 관행을 단기적으로라도 훼손할 때 성공적이라 할 수 있다. 그런 투쟁의 목적은 반드시 논쟁에서 이기거나, 적을 능가하거나 매장시키는 것이 아니며, 오히려 변화하는 그리고 더욱 복잡한 담론의 장에서 하나의 정당한 목소리로 인정을 받는 것이다. 이것이 바로 Pillemer(1998)가 설명한, 현대 인지 심리 학계에서 기억할 만한 사건이나 생생한 기억들을 연구하는 영역과 방법이 정당성을 인정받게 되는 과정이었다. 이는 또한 오늘날의 교육과정 학계의 탄생에 1970년대가 얼마나 중요한 영향을 끼쳤는지를 이해하는 데 도움을 주는 것이기도 하다.

4. 1970년대의 교육과정 학계

1970년대 교육과정 문헌들에는 교육과정 연구물들에 대한 경향 분석적 연구들이 포함되어 있다. 이는 여느 학계에서도 나타나는 현상이다. Johnson(1977)은 당시 교육과정 학계의 특징들 중 세 가지를 특히 중요하게 여겼다: (1) 교육과정 학계의 동향에 대한 관심, (2) 교육과정 연구의 범위에 대한 논쟁, (3) 과학주의와 합리성에 대한 비판.

1) 교육과정 학계의 동향

교육과정 학계의 동향에 대한 조사 결과, Johnson(1977: 2)은 교육과정 및 그 개발이 처음으로 관심을 끈 이래로 60년 동안 그 어느 시기보다도 1970년대에 왕성하고 활동적이었으며, 초기 40년 동안에 보기 어려웠던 학문 수준의 향상을 보여 주었다고 하였다. 그는 교육과정 학계의 사람들이 바쁘고 의사소통이 활발하였다고 결론지었다.

어떤 학문의 세계에서도 그 하위 집단들 간에는 공식적, 비공식적 의사소통이 이루어진다. 학문적 의사소통의 한 형태는 연구 경향 분석을 통해 이루어진다. Walker(1973)는 미국 교육학회(AERA)의 'Review of Educational Research(RER)'가 3년마다 한 번씩 교육과정 관련 논문만 특집으로 실던 기간에 이런 논문들의 저자들은 그 이전 학술지가 발간되고 난 후에 출판된 연구물이 많지 않았던 점을 매우 아쉬워하였다고 술회하였다. RER은 이런 출판 관행을 1970년에 중단하였다. 그 후 연구 동향 분석 논문의 게재는 'Encyclopedia of Educational Research(EER)'와 다른 학술지가 담당하게 되었다. EER의 논문 제목들(Harris, 1960; Ebel and Noll, 1969; Mitzel, Best, and Rabinowitz, 1982)만을 일별하더라드 1970년대에 교육과정 학계는 변하고 있었음을 알 수 있다.

보다 일반적이고 공식적인 학문적 의사소통의 방법은 각 학문 세계에 속하는 전문 학술지에의 논문 게재와 도서의 출판이다. 1960년대 말 이전에, 교육과정 학계에서의 전문적인 학술 교류는 여러 미국 교육학회(AERA)의 출판물(Educational Researcher[ER], RER, 그리고 American Educational Research Journal [AERJ])과 'Educational Leadership', 'School Review', 그리고 'Interchange'를 통해 이루어졌다. 1968년에 Ontario Institute for the Study of Education(OISE)에 근무하는 캐나다 교육과정 학자들이 'Curriculum Theory Network'라는 학술지를 발간하기 시작하였다. 이 학술지는 1976년에 'Curriculum Inquiry'로 개명되었다. 1년 후에 'The Journal of Curriculum Studies'가 영국에서 출판되었다. 그 후 다른 학술지들이 1980년대에 나타났다. 즉 교육과정 학자들은 점점 활발해지고 절충적인 성격을 띠어 갔던 담론들 - 주류 교육과정 학자들(혹은 학술지 논문 심사자들과 편집자들)이 환영하지도 않았던 - 을 표출해 내기 위하여 보다 많은 학술지들을 서서히 출판하게 되었던 것이다.

1970년대에 나타난 단행본 길이의 출판물들도 교육과정 학계의 활발함과 역동성을 보여 준다. 여러 교육과정 관련 도서들이 출판되었는데, 석사 과정 학생용 교육과정 개론서들이 그 주류를 차지하였다. 1970년대의 다른 개론 서적들 - 여러 요소들을 종합한 형태로 이데올로기 중립적인 - 과 같이, 이들은 주로 교육과정 개발을 다루었으며, 교육과정 평가에 대해 다루는 서적도 증가하였다. Schubert(1979: 15)에 의하면, 교육과정을 다룬 서적들은, 특히 석사 과정 학생용 개론서들은, 젊은이들이 성인의 삶으로 입문하는 과정에 영향을 미치는 여러 영향력들의 한 줄기로 교육과정을 취급하기보다는, 교육과정을 중심에 두고 보다 넓은 맥락적 영향들을 단지 부분적인 요소들로 취급하였다.

그러나 1970년대에 교육과정 개론서에도 새로운 움직임이 나타났다. 이는 교육과정 연구를 역사적인 맥락에서 바라보면서 교육과정 연구에 대한 체계적인 소개를 시도한 것이었다. 대표적인 사례는 Tanner와 Tanner가 1975년에 출간한 「Curriculum Development: Theory into Practice」이다. 출판물을 통한 의사소통 외에도 교육과정 학자들은 공식적으로는 학회 발표를 통해서, 비공식적으로는 스터디 그룹과 비형식적 네트워크를 통해 의견을 교환하였다. 1960년대 말까지 교육과정 학자들은 이미 많은 대화를 나누기 시작하였고 이는 특히 비공식적 네트워트를 통해 이루어졌다. 'Radical Caucus'라는 명칭을 가졌던 모임은 1960년대 후반과 1970년대 전반에 Association for Supervision and Curriculum Development

(ASCD)의 연례 학술 발표 대회에서 만났다. 'Curriculum Theory Study Group' 이라는 비공식적 모임도 연례 미국 교육학회 학술 발표 대회에서 만났다. 1969년에 미국 교육학회가 'Special Interest Groups(SIG)'를 공식적으로 인정한 후, 2년 이내에 교육과정 학계에서는 45명이 회원으로 가입하였고 최초의 비공식적 SIG 모임도 가졌다. 참석자들은 새롭고 색다른 형태의 모임을 원하였다. 이는 주루의 모임이 대체로 규모가 크고 고답적이고 비인격적이어서 그들이 이런 모임에 끼어들기가 어려웠기 때문이다.

이들 크고 공식적인 조직들에서 그들의 연례 춘계 학술 발표 대회를 어떤 방향으로 이끌어 가야 할지에 대한 내적 투쟁이 계속되는 동안, 하나의 대안적인 학술 대회가 열렸다. 1960년대에 시카고대, 스탠포드대, 위스콘신대, 컬럼비아대, 오하이오주립대 등에서 주로 초대의 형식을 빌어 발표 중심으로 열리던 교육과정 학술 대회와는 대조적으로, William Pinar(University of Rochester)는 1973년에 활발한 토론 중심의 학술 대회를 처음으로 개최하였는데 이에는 교육과정 학계의 점점 늘어나는 소위 '이단자들(miscreants)'이 주로 참석하였다.

Pinar의 첫 학술 대회는 1970년대의 여러 교육과정 르네상스 프로젝트들을 정치적, 역사적, 자서전적인 주제들로 구분하여 제시하였고, 이 프로젝트들에 참여하거나 참여하지 않은 모든 인사들은 반대 의견을 포함하여 다양한 의견을 나누었다. 어떤 주제들이 중심을 이루었는지는 1973년과 1978년 사이에 누가 대회를 조직하고 주최하였는지에 따라 결정되었다(Marshall, Sears, & Schubert, 2000; Pinar, Reynolds, Slattery, & Taubman, 1995).

1970년대에 교육과정 학자들은 강력한 아이디어 제시, 정기적인 의사소통, 그리고 연합체 결성을 통해 서서히, 그리고 점진적으로 새로운 영역을 확보해 나갔으며 옛 영역을 재구조화하였다. 개인들과 소집단들은 상당히 큰 모임으로 발전하였고 정기적으로 만나고 대화하였으며, 학술지 논문과 다른 글들을 단행본으로 출판하면서 교육과정 학계의 '적절한' 테두리를 다시 그리기 위하여 분투하였다.

2) 교육과정 연구의 범위

1970년대 교육과정 학계는 그 연구 범위가 확대되면서 활기를 띠었다. 1970년대에 교육과정의 형식과 내용에 관한 쟁점들을 중심으로 해결해야 할 일들도 많았다. 이 시기에 나타난 교육과정 연구 동향에 관한 문헌들은 교육적 실제의 한 줄기로서의 교육과정과 교육과정 개발의 의미 그리고 하나의 연구 영역으로서의 교육과정 학문의 여러 측면들과 그 상태에 대하여 어떤 논쟁들이 이루어졌는지 보여 준다(Johnson, 1977: 2). 그러나 이들 논쟁들이 계속되고 또한 격렬해지면서, 전통적인 교육과정 관련 논의들도 강화되었는데 이들은 주로 정책과 평가 영역에 집중되었다. 아이러니하게도 Joseph Schwab이 교육과정 학계가 전개해 나가길 원했던 논의들은 이러한 방향의 논의들이 아니었다. "1970년대에 교육과정 학자들이 보여 준 방향 전환을 주도한"(Schubert, 1980: 242) Schwab은 사회과학과 행동과학이 신실증주의의 방향(즉 일반화를 추구하는 경험과학적 설계와 측정)으로 기우는 데 대하여 우려를 표명하였다. 그 자신의 처방은 다른 방향 즉 실제적, 유사실제적인 방향이었다.

교육과정 학계는 1970년대에 실로 신실증주의적 기반으로부터 여러 다른 방향으로 나아가고 있었다. 이 시기에 교육과정 이론화가 현대적인 행보를 시작하였는데, 이는 발달론적, 인간주의적, 그리고 인지적 심리학과 같은 전통적인 이론보다는 유럽의 비판주의와 신맑스주의적 사상, 심층심리학, 지식사회학, 현상학, 문학비평, 페미니스트론, 실존철학 같은 학문들에 크게 의존하였다.

Walker(1976)는 그가 '당파적인 저술' – 학교와 같은 관료적인 체제가 가져오는 비인간화 경향에 대한 완곡한 비판에서부터 과격한 비판에 이르기까지 정치적인 색체를 띤 글들 – 이라고 명명한 것에 대하여 깊이 있게 논의하였다. Walker(1976: 289)는 교육과정 학계의 많은 젊은 사람들뿐만 아니라 원로들까지 그런 방식의 저술에 익숙하게 된 것 같다고 하였다. 이런 당파적 비판은 Walker(1976: 289)에게 하나의 연구 방법으로서의 교육과정 비평(curricular criticism)의 탄생을 알리는 것으로 보였다. 그는 그런 작업들이 모여서 결국에는 교육과정이 학교 교육의 일부로서 안정적이고, 명백하고, 합리적으로 적응하는 특징을 지닌다는 오랫동안 유지되어 온 관점의 신빙성을 무너뜨리게 할 것이라고 하였다.

비판적 탐구에 기초한 연구가 진전되고, 그리고 사회재건주의 혹은 정치적 관점의 전통에 대한 관심이 부활하던 때에, 외국(미국 바깥)에서도 영향력 있는 교육과정 학자들이 나타났다. 이들은 교육과정과 학교에 대하여 새로운 관점과 여러 다양한 시각을 지니고 있었다. 미국의 일부 교육과정 이론가들은, Johnson(1977: 2)이 언급한 '인기를 얻고 있던 대륙 철학'의 관점에 기초하여 교육과정에 관련된 아이디어들을 탐색하였다.

위에서 언급한 것들 그리고 다른 원인들 - 예를 들면, 대학의 발전, 기술공학, 그리고 출판에서의 의미 있는 변화 - 로 인하여 미국의 전통적인 교육과정 담론은 국제적인 목소리에도 귀를 기울이게 되었다. 교육과정 학계에 대한 연구를 해 보는 자라면, 1970년대에 나타난 이러한 교육과정 연구의 국제화라는 중요한 변화를 확인하지 않을 수 없을 것이다.

교육과정에 대한 역사적 연구도 이 시기에 나타난 다른 하나의 두드러진 특징이다. Tyack의 「The One Best System」(1974)이 출판되었고, 1975년에 National Institute of Education에 의해 구성된 교육과정 개발 위원회에 소속된 교육과정 학자들이 교육과정의 역사를 연구하였다. Katz(1971), Greer(1972), Spring(1972), Karier, Violas, Spring(1973), Sharp와 Green(1975), 그리고 Bowles와 Gintis(1976) 등의 학자들은 교육사에 대한 날카롭고 수정주의적인 접근을 보여주었고, 이들이 교육과정 학자들의 관심을 불러일으킨 것으로 보인다. 이들 미국 교육에 대한 '새로운 역사가들' 은 교육과정 학자들이 교육적으로 문제가 있는 상황을 유발하고 유지하는 데 동참하였다는 점을 지적하였다.

이 시기에 교육학자들은 교육과정 역사에도 관심을 보여 주었다. 이런 사실은 미국 독립 200주년을 기념하는 ASCD의 연보(1976), Louise Tyler의 「A Selected Guide to Curriculum Literature」(1970), 1948에 출판된 「Bibliographic Essays on Curriculum and Instruction」의 재출판(Brickman, 1974)에서 엿볼 수 있다. 이 시기에 교육과정 학계는 그 뿌리를 재발견하였다고 할 수 있다.

교육과정 학계의 과거에 대한 연구열은 다른 종류의 학술 집단을 결성하게 하였다. 1977년에 교육과정 학계의 원로들은 컬럼비아대학에 모여 교육과정 학계 내에서 역사적인 연구를 수행하는 일의 중요성을 논의하고, '교육과정사 연구 학회(the Society for the Study of Curriculum History)' 라는 작은 학회를 결성하였으며, 1978년에 토론토에서 공식적인 첫 발표회를 열었다.

교육과정 학계는 1970년대에 활기찬 연구를 수행하였으며, 그 연구 범위도 넓어졌고 깊이도 더해졌다. 이런 활동들은 대부분 당시까지 지배적이었던 전통적인 신념과 연구 관행에 대한 불만에 의하여 촉발되었으며, 이는 결국 Johnson(1977)이 표현한 바와 같이, 1970년대에 나타난 '반란(revolt)' 으로 귀결되었다.

3) 과학주의와 합리성에 대한 비판

Johnson(1977: 3)은 과학주의와 합리성에 대한 비판의 움직임을 1970년대의 교육과정 학계 내의 여러 흐름들 중에서 가장 핵심적인 것으로 이해하였다. 그는 또한 이를 심리학자들과 다른 사회과학자들의 지나친 영향력에 대한 반항으로 보았다. 이들 심리학자들과 사회과학자들은 이미 충분한 힘을 보유한 상태에서 다른 사람들에 대한 자신들의 통제를 증가시키고 있다는 비판을 받았었다. Johnson(1977: 3)은 1970년대의 수정주의 역사가들, 급진적 철학자들, 사회과학자들을 40년 전의 '자유주의적 사회재건주의자들'과 비교하였으며, 가장 급진적이고, 혁명적인 비평가들을 교육과정 학자로 부를 수 있는가에 대하여 의문을 던졌다. '분당적' '극단주의자' '이데올로기적인' 등의 용어가 사용된 것을 볼 때, 1970년대에 어떤 일들이 그런 용어를 사용하게 하였는지를 알아볼 필요가 있다.

극히 단순화하여 표현하면, 1970년대의 교육과정 학문은 지식에 대한 정의와 학문으로서의 한계와 그 정당화에서 패러다임적인 변화를 경험하였다. 이 시기에 교육과정 학문은 충분히 발전하여 Habermas의 패러다임 삼각틀(경험적-분석적, 상황적-해석적, 비판적)을 수용할 수 있을 정도가 되었다. 교육과정 학문은 1980년대와 1990년대에는 - 오늘날 우리가 알고 있듯이 - 이런 단순한 틀을 훨씬 뛰어넘게 된다.

경험적-분석적 틀에 대한 과도한 의존은 Schwab의 걱정거리였다. 인식론적으로 교육과정 학문은 다른 학문에 비하여 항상 뒤져 있었다. 예를 들면, 1920~1930년대까지 Sartre, Camus, Jaspers, Heidegger, Kafka에 의해 중요한 학문으로 부상한 실존 심리학과 철학은 1970년대까지 교육과정 학계에서 중요한 위치를 차지하지 못하였다.

1970년대에 들어서서, 교육과정 학자들은 교육과정 관련 연구를 규범적인 투쟁으로 보는 자들을 점점 더 수용해 가면서, 그들의 연구가 더 이상 가치중립적이거나 조작적이지 않다는 사실을 인정하게 되었다. Short(1987)은 이 시기에 일어난 가장 큰 변화는 교육과정 연구를 연역적 과학 혹은 수단-목적에 관한 경험적-분석적 탐구로 보는 관점에서, 교섭, 판단, 그리고 이성적 사고를 요구하는 실제적 기예(practical art)로 보는 관점으로의 전환이라고 하였다. Short(1987: 8)은 "모든 교육과정 관련 결정은 기술적이고 연역적이라기보다 본질적으로 도덕적이고 정치적이며, 숙의의 기예(arts of deliberation)가 이런 종류의 사고와 의사결정에서 핵심을 차지한다"고 하였다. 더욱이 이런 Schwab식의 변화는 더욱 자연주의적인 형식을 띠는 경험주의적 연구와 함께 정치적, 경제적, 이데올로기적, 인본주의적, 역사적, 그리고 예술적 연구를 포괄하였다.

그런데 이런 1970년대의 과학주의와 합리성에 대한 비판은 구체적으로 어떤 모습을 띠었는가? 1969년 5월에 스탠포드 대학에서 열린 한 교육과정 학술 발표 대회에서는 이 '비판' 밑에 깔린 언어와 아이디어들의 사례와 그런 입장들이 1970년대에 계속 야기할 그런 종류의 반응들을 다루었다. 스탠포드 대학 학술 대회의 여러 교과 교육 전문가들과 구별되는 세 명의 일반론자들 중의 한 사람이었던 James MacDonald(1971: 121)는 교육학은 과학보다는 인문학에 속한다고 하였다. 그 이유는 교육학이 사회 정책, 사회적 의사결정, 사회적 행위에 속하는 문제들을 다루기 때문이라고 하였다.

한때 애리조나 주립대 교수였고, 당시 로스앤젤레스에 있던 연구소(The Southwest Regional Laboratory)의 소장이었던 Richard E. Schutz(1971: 135)는 MacDonald의 발표에 대하여 할 말이 많았다. 그는 불행한 당시 상태의 결정 인자로 보이는 제도들과 아이디어들에 대한 도덕적 판단을 내리기 이전의 도입부로 죄의 고백과 자기 비판을 사용하는 당시 학계의 경향을 나타낸다고 보았다. Schutz(1971: 136)는 "MacDonald는 최근 경험적 환경보다는 상징적 환경에 대한 판단을 통하여 3개의 R – responsibility 책임, relevance 관련성, 그리고 revolution 혁명 – 을 추구하는 학계의 종교적인 흐름에 영향을 받은 것 같다"고 하였다.

거의 10년 이후에, Aoki(1979: 3)는 Bruner의 1971년 미국 교육학회 발표를 포함하여 여러 가지 '교육과정 탐구에서의 선도적인 징후들'을 검토하였다. Bruner는 이 발표에서 학문의 구조를 보다 넓은 사회적 맥락 속에 두면서 교육과정 연구에서 차지하는 학문의 구조에 대한 비중을 약화시켰고, 사회적 가치와 우선순위에 대한 중요성을 부각시켰다. Aoki(1979: 3)는 예술 교육자들의 노력, 특히 전통적인 교육과정 연구의 제한적인 틀 밖에서 이루어진 그들의 노력을 칭찬하였다.

Aoki(1979: 4)는 교육과정을 탐구하는 자들이 당시의 교육과정 연구가 처해 있는 인식론적 한계 상황을 충분히 인식하고 교육과정 학자들을 일차원성의 근시안적 시각으로부터 자유롭게 해 줄 수 있는 새로운 방향을 추구할 것을 권장하였다. 이런 움직임은 (경험적-분석적 인식론이 주종을 이루는) 앵글로 색슨 전통에서 벗어나 메타과학이라는 유럽적 학풍을 추구하는 것이었다.

위의 설명이 대단히 이론적인 것으로 보일지라도, 1970년대 교육과정 학계의 과학주의와 합리성에 대한 비판은 사실적인 동시에 실제적이었다. Kimball(1975: 18)이 언급한 바와 같이, 1970년대 초기에는 교육과정 개발, 평가, 수용이나 거절, 그리고 체계적인 의사결정 과정에 대한 합리적인 관점에 대하여 강조하였으나, 사회과 교육과정인 'Man: A Course of Study(MACOS)' 에 관련된 이야기는 1970년대에 일어나고 있던 교육과정 학계에서의 변화를 상징적으로 보여 준다. MACOS는 학문적 정직, 자료, 그리고 방법 면에서 나무랄 데가 없었지만, 그 '목적' 때문에 미국 연방 의회로부터 부정적인 정치 압력을 받게 되면서 그 인기는 떨어졌다(Conlan, 1975). Kimball(1975: 7)은 "우리는 교육과정 연구에서 근본적인 문제가 '목적' 에 관련된다는 것을 새삼 확인하게 되었다. 교육과정 학자들은 다른 분야 학자들과 마찬가지로 목적의 선택에 내재된 가치 문제에 더 이상 무관심할 수 없다"고 하였다. 이것과 같은 규범적인 문제는 1970년대에 교육과정 학계 무대의 중심을 차지하였다.

5. 벽장으로부터의 탈출

1970년대에 점점 더 많은 교육과정 학자들이 전통적인 교육과정의 범주 안에 새로운, 오래된, 그리고 빌려온 아이디어들을 끌어들이는 데 관심을 기울였다. 이 작업은 교육과정 학문의 전통을 뒤집는 운동의 주창자로 인정받는 William Pinar(1978)가 미국 교육학회 교육과정 분과에서 교육과정 연구의 동향에 대한 첫 연설을 할 때까지 교육과정 학계의 가장자리에서 조용히 전개되었다. 그의 연설은 대단히 중요한 것이었는데, 이는 Pinar 등(1995: 231)이 말한 것처럼, "교육과정 학문에 대하여 재조명하고 재인식하는 운동이 그 운동에 헌신된 자들이 주로 참석한 학술 대회에서 과소평가받는 것으로 보이는 한, 전통적인 교육과정 학문에 대한 위협은 그만큼 제약을 받는 것으로 보였기" 때문이다. 그러나, 이 역사적인 연설 후에 "전통주의자들은 비판적이 되었고 참을 수 없는 상태가 되었다"(Pinar et al., 1995: 231).

교육과정 분과에서의 Pinar의 연설은 수정주의적 교육과정 연구 집단에게 기회의 문을 열어 주어 과거에 조용하고 주변적이었던 연구 경향들을 공개적으로 환영하였고, 이들이 교육과정 학문을 변화시키기를 바랐다. Pinar의 연설은 단지 정당성과 관련성을 얻고자 하는 운동의 상징으로 그친 것이 아니었고, 교육과정 학계에서 그 운동이 실제로 일어나고 있음을 선언한 것이었다.

Schubert(1979: 20)는 교육과정 연구를 지배하였던 권력에 대한 징계가 1970년대에 이루어졌다고 하였다. 그는 "Schwab의 이론적 연구 패러다임에 대한 비판"은 "현상학적, 실존주의적, 문학 비평적, 심리 분석적, 그리고 다른 관점을 발판으로 하는 탐구에 대한 요구들"로 인하여 더욱 탄력을 받았다고 하였다. Schubert(1979: 20)는 당시의 교육과정 학자들이 단일한 인식론의 지배라는 굴레로부터의 자유를 외친다고 하였다. 그 비판은 교육과정 연구와 그것과 교실 밖의 삶과의 관련 모두에 해당된다. 1970년대에 실증주의적인 경향을 띤 교육과정 연구는 여러 다른 형식의 연구와 이해 방식에 그 중심 자리를 내주었다. 이들은 곧, Short(1987: 6)의 표현을 빌면, "학문 활동의 연합을 통하여 상호 협력적이고 보호하는 학자 집단들"이 형성되었다는 것을 나타낸다.

1970년대에 교육과정 학문의 여러 전통들이 새로운 학문 영역들과 결합하여 오늘날 우리가 아는 바와 같은 현대 교육과정학의 여러 담론과 텍스트를 낳았다(Pinar et al., 1995). 교육과정 학문이 크게 변한 것을 보고 Aoki(1979: 17)는, "Bruner가 활동 정지를 요청하였을 때, Schwab이 교육과정 학문이 죽었다고 하였을 때, 혹은 Magoon이 교육학에 위기가 도래하였다고 하였을 때 내가 한때 느꼈던 것과 같은 당황스러움을 오늘날 나는 더 이상 느끼지 않는다. 이제는 함께 논의하며 연구할 수 있는 교육과정 학자들이 있다. 얼마 전까지만 해도 이런 종류의 연구에 대하여 생소함을 느꼈지만, 이런 생소함은 점점 사라지고 있다"고 하였다.

1970년대 후반에 이르면서 전통적인 교육과정 연구 방식과 실제에 대한 자신감의 하락이 멈추었지만, Philip Jackson이 미국 교육학회 교육과정 분과(B 분과)에서 행한 교육과정 연구의 최근 동향에 대한 두 번째 연설을 계기로, Pinar의 교육과정 르네상스에 대한 공식적인 인정에 대한 보수적인 반동이 강하게 나타나기 시작하였다. Pinar의 연설에 대한 답변으로 Jackson(1980)은 '교육과정 학계와 그 불평분자들'이라는 주제로 그의 의견을 발표하였다. 그는 영국, 스웨덴, 미국의 여러 교육과정 학자들을 불평분자들이라고 하였는데, 이들은 교육과정 연구의 본질을 두 가지 방향으로 뒤흔드는 일에 혈안이 되어 있다고 하였다. 하나의 방향은 그가 명백하게 좌익의 성향을 띤다고 보는 여러 지적 전통들을 지향하는 것이다. 다른 하나는 학자들과 실천가들 사이의 관계에서의 변화인데, 어떤 불평분자들은 실천가들로부터 멀어지고 다른 자들은 가까워졌다는 것이다(Pinar et al., 1995: 233). Jackson은 가시 돋힌 유머를 통해 교육과정 학문의 본질과 목적의 변화에 대하여 논의하면서 불평분자들의 존재와 그들의 노력들 그리고 불협화음을 일으키는 이론적 작업들에 대하여 우려를 표명하였다. 그러나 이미 오래전에 방향타는 돌려져 있었다.

Johnson(1977)도 그 이전에 이런 불협화음에 대한 경고를 던진 바 있다. 그는 교육과정 학계에서의 학술적 활동이 대단히 다양하지만 학문적 기초를 쌓는 데 기여할 정도의 대단한 것을 가져오지는 않았다고 하였다. Johnson(1977: 7)은 "우리가 초이론적인(metatheoretical) 논의, 이데올로기적 논쟁, 교육과정 학계의 건강에 대한 진단에 투입하는 학술적인 에너지의 일부를 절약하면 아마도 우리는 튼튼한 이론적 기초를 세우는 방향으로 더 큰 진보를 할 수 있을 것이다"라고 하였다. 그러나, Huebner(1976)에 따르면, 그가 염두에 둔 교육과정 학문은 이미 죽었다.

1980년대 초반까지, 현대의 교육과정 학문을 특징짓는 아이디어들은 수적으로도 늘기 시작했고, 더욱 정교화되어 갔다. 이런 발전은 전문 학술지 발간과 학술 대회 발표에서 두드러졌지만, 교육과정 관련 서적들도 교육과정 학문이 변하였음을 보여주는 명백한 증거를 제공하였다. 교육과정 연구에서 역사적 연구와 국제적 연구가 존중받게 된 것과 마찬가지로, 정치적, 현상학적, 그리고 다른 담론들이 새롭게 정당성을 얻으면서 교육과정 분야 단행본들에 나타났는데, 이들은 1983년 한 해에만도 십여 개나 출판되었다.

한때 지배적이었던 교육과정 학계 문화에서의 변화나 움직임에 대한 증거도 교육과정 연구를 특징짓는 언어에 나타난다. Schubert(1982: 420)는 "교육과정 학문은 종종 사회학적, 행동주의적 방법론을 활용하기도 하지만, '연구(research)' 보다는 '탐구(inquiry)', '공부(studies)', '이론(theory)', '관점(perspectives)' 이라는 용어들과 더 잘 어울린다"고 하였다. 이는 교육 연구 백과 사전(Mitzel, Best, & Rabinowitz, 1982)에 나타난 글들의 제목을 보아도 확인할 수 있다. 비록 교육과정 연구가 학교 경험을 다루는 경험적 연구를 여전히 포함하지만, 1980년대 초반까지 외연이 확장되어 교육적 경험이라는 무한한 듯한 세계를 대상으로 삼는 '분석적, 개념적, 비판적, 규범적 탐구' 까지 포함하게 되었다(Schubert, 1982: 421). 이 언어적 차이의 표상적 중요성은 1981년에 미국 교육학회 교육과정 분과의 명칭을 '교육과정과 목표(Curriculum and Objectives)' 에서 '교육과정 연구(Curriculum Studies)' 로 바꾸기로 한 결정이 아마도 가장 잘 예시한다고 할 수 있다.

6. 교육과정 연구의 재개념화

Walker(1976)는 1970년대 이후 교육과정 학계의 핵심적인 관심 사항은 정체성의 상실일 것이라고 예측하였다. "교육과정 연구를 위해 크게 세 가지로 제안된 길(기술적-관리적 길, 실제적-공공정책의 길, 비판주의의 길)"을 인식하고서, Walker(1976: 302)는 그들이 상호 배타적이지는 않지만, "전문가적인 행위와 책임을 위한 어떤 공통된 기반 없이 오랫동안 공존할 것으로 생각하기는 어렵다"고 하였다. 어떤 공유된 행위가 없다면, 여러 교육과정 연구 집단들은 "그들 나름의 길을 갈 것이고, 결국에는 '교육과정(curriculum)' 이라는 단일한 명칭을 그들에게 적용하는 것을 정당화했던 기존의 개념적 단일성은 사라지고야 말 것"이라고 하였다(Walker, 1976: 303).

그러나 1980년대가 되자, Walker가 언급한 비판주의의 길은, 이 새로운 이론화 작업의 본질, 통제의 소재, 그리고 방향에 대하여 여러 교육과정 학자들 사이에서 파괴적일 정도로 논쟁이 격렬해지면서 스스로 분열하기 시작하였다. 불평분자들의 연합체는 와해되기 시작한 것이다. 꼬리에 꼬리를 물고 이어지는 논쟁은 결국 개인적이고 집단적인 아이디어들에 대해서와 마찬가지로 개인적이고 집단적인 정체성에 대한 치열한 투쟁으로 이어졌다. 자신들을 지배적인 교육과정 문화로부터 구별 짓는데 성공한 이후에, 많은 교육과정 학자들은 자신들 사이에서도 서로 구별짓기 시작하였다.

전통적인 교육과정 학계의 지배적인 문화는 1970년대에 - 마침내 'R' 자로 시작한다 - 재개념화되었다(reconceptualized). 그러나 그것이 어떤 목적을 위하여, 그리고 누구의 이해를 위하여 이루어졌는지는 1980년대에 관한 서술에서 다루어져야 할 것이다.

후주

2) Kim, P., & Marshall, J. D. (2000). Expanding traditions: Curriculum in transition-The Seventies. *The Educational Forum, 65*(1), 62-72.

참고문헌

Aoki, T. T. (1979). *Toward curriculum inquiry in a new key.* Curriculum, Media & Instruction Occasional Paper No. 2. University of Alberta, Edmonton. ERIC ED 182 808.

Bowles, S., & Gintis, H. (1976). *Schooling in capitalist America: Educational reform and the contradiction of economic life.* New York: Basic Books.

Brickman, W. W. (1974). *Bibliographical essays on curriculum and instruction.* Folcroft, PA: Folcroft Library Editions (Reprint of 1948 edition).

Caswell, H. L. (1950). *Curriculum improvement in public school systems.* New York: Bureau of Publications, Teachers College, Columbia University.

Conlan, J. B. (1975). The MACOS controversy: The push for a unified national curriculum. *Social Education, 39*(6), 388-392.

Davis, O. L. Jr. (Ed.). (1976). *Perspectives on curriculum development, 1776-1976.* ASCD 1976 yearbook. Washington, DC: Association for Supervision and Curriculum Development. ERIC ED 119 341.

Ebel, R. L., & Noll, V. H. (Eds.). (1969). *Encyclopedia of educational research: A project of the American Educational Research Association* (4th ed.). New York: Macmillan.

Eisner, E. W. (Ed.). (1971). *Confronting curriculum reform.* Boston: Little, Brown and Company.

Foshay, A. W., & Beilin, L. A. (1969). Curriculum. In R. L. Ebel, V. H. Noll, & R. M. Bauer (Eds.), *Encyclopedia of educational research* (4th ed., pp. 275-280). New York: Macmillan.

Goodlad, J. I. (1969). Curriculum: State of the field. *Review of Educational Research, 39*(3), 367-375.

Greer, C. (1972). *The great school legend.* New York: Viking.

Habermas, J. (1984). The theory of communicative action (T. McCarthy, Trans.). Boston: Beacon.

Harris, C. W. (Ed.). (1960). *Encyclopedia of educational research: A project of the American Educational Research Association* (3rd ed.). New York: Macmillan.

Huebner, D. (1976). The moribund curriculum field: Its wake and our work. *Cur-*

riculum Inquiry, 6, 153-166.

Jackson, P. W. (1980). Curriculum and its discontents. *Curriculum Inquiry, 10*(2), 159-172.

Johnson, M. (1977). *Review of research in curriculum.* Paper presented at the Annual Meeting of the Northeast Educational Research Association, Ellenville, NY. ERIC ED 116 102.

Karier, C. J., Violas, P. C., & Spring, J. (1973). *Roots of crisis: American education in the twentieth century.* Chicago: Rand McNally.

Katz, M. B. (1971). *Class, bureaucracy, and schools: The illusion of educational change in America.* New York: Praeger.

Kim, P., & Marshall, J. D. (2005). Synoptic curriculum texts: Representation of contemporary curriculum scholarship. *Journal of Curriculum Studies, 37*(3), 291-311.

Kim, P., & Marshall, J. D. (2006). Synoptic curriculum texts: Representation of contemporary curriculum scholarship. *Journal of Curriculum Studies, 38*(1), 327-349.

Kimball, R. B. (1975). *Recent research in curriculum.* Paper presented at the Annual Meeting of the Northeast Educational Research Association, Ellenville, NY. ERIC ED 116 347.

Kliebard, H. M. (1968). The curriculum field in retrospect. In P. W. F. Witt (Ed.). *Technology and curriculum* (pp. 69-84). New York: Teachers College Press.

MacDonald, J. B. (1971). Responsible curriculum development. In E. W. Eisner (Ed.), *Confronting curriculum reform* (pp. 120-134). Boston: Little, Brown and Company.

Marshall, J. D., Sears, J. T., & Schubert, W. H. (2000). *Turning points: A contemporary memoir.* Upper Saddle River, New Jersey: Merrill/Prentice Hall

Mitzel, H. E., Best, J. H., & Rabinowitz, W. (Eds.). (1982). *Encyclopedia of educational research* (5th ed.). New York: Free Press.

Pillemer, D. B. (1998). *Momentous events, vivid memories.* Cambridge, MA: Harvard University Press.

Pinar, W. F. (1978). Notes on the curriculum field, 1978. *Educational Researcher, 7*(8), 5-12.

Pinar, W. F., Reynolds, W. M., Slattery, P., & Taubman, P. M. (Ed.). (1995). *Understanding curriculum: An introduction to the study of historical and contemporary curriculum discourses.* New York: Peter Lang.

Schubert, W. H. (1979). *Frames of curriculum knowledge production: Historical review and recommendations.* Paper presented at the Annual Meeting of the American Educational Research Association, San Francisco. ERIC ED 171 608.

Schubert, W. H. (1980). *Curriculum books: The first eighty years.* Landham, MD:

University Press of America.

Schubert, W. H. (1982). Curriculum research. In H. E. Mitzel, J. H. Best, & W. Rabinowitz (Eds.), *Encyclopedia of educational research* (5th ed., Vol. 1, pp. 420-431). New York: The Free Press.

Schutz, R. E. (1971). Comments on "Responsible curriculum development." In E. W. Eisner (Ed.), *Confronting curriculum reform* (pp. 134-142). Boston: Little, Brown and Company.

Schwab, J. J. (1969). The practical: A language for curriculum. *School Review, 78*(1), 1-24.

Sharp, R., & Green, A. (1975). *Education and social control: A study in progressive primary education.* London: Routledge & Kegan Paul.

Short, E.C. (1987). *Curriculum research in retrospect.* Paper presented to the Society for the Study of Curriculum History, Washington, DC. ERIC ED 282 919.

Short, E.C., Willis, G. H., & Schubert, W. H. (1985). *Toward excellence in curriculum inquiry: The story of the AERA special interest group on creation and utilization of curriculum knowledge: 1970-1984.* State College, PA: Nittany Press. ERIC ED 256 730.

Spring, J. H. (1972). *Education and the rise of the corporate state.* Boston: Beacon Press.

Tanner, D., & Tanner, L. (1975). *Curriculum development: Theory into practice.* New York: Macmillan.

Tyack, D. (1974). *The one best system: A history of American urban education.* Cambridge, MA: Harvard University Press.

Tyler, L. L. (1970). *A selected guide to curriculum literature: An annotated bibliography.* Washington, DC: Center for the Study of Instruction, National Education Association.

Tyler, R. W. (1950). *Basic principles of curriculum and instruction: Syllabus for Education 360.* Chicago: University of Chicago Press.

Walker, D. F. (1973). What curriculum research? *Journal of Curriculum Studies,* 5(1), 58-72.

Walker, D. F. (1976). Toward comprehension of curricular realities. In L. Shulman (Ed.), *Review of Research in Education* (Vol. 4, pp. 268-308). Itasca, IL: F. E. Peacock.

Westbury, I., & Steimer, W. (1971). Curriculum: A discipline in search of its problems. *School Review, 79*(2), 243-267.

Wraga, W. G. (1999). "Extracting sun-beams out of cucumbers": The retreat from practice in reconceptualized curriculum studies. *Educational Researcher, 28*(1), 4-13.

제3장

질적연구와 교육과정 연구

김 영 천(진주교육대학교 교육학과 교수) | **조 재 식**(미국 University of Wyoming 교육학과 교수)

1. 서 론

질적연구는 미국의 교육학/교육과정 연구에서 대표적인 연구방법론으로 성장하여 그 정점에 올라와 있다(Walker, 1992). 학술대회, 학술지의 창간, 엄청난 양의 질적 연구 서적의 출간, 교육학과 대학원에서의 질적연구방법론 코스의 개설, 쏟아져 나오는 박사논문 등의 예들은 미국의 교육학 분야에서의 질적연구가 얼마나 확산되고 있으며 양적연구에 대비하여 새로운 대안적인 연구방법론으로서 인정되고 있는지를 확인시켜 준다(김영천, 1998). Gage(1989)의 주장처럼 교육학에서의 패러다임의 전쟁은 끝났으며 연구방법론의 랑데부 또는 데당트의 시대가 도래하였다.

우리나라의 경우에도 1980년대를 전후로 하여 교육과정 연구에서 질적연구가 소개되기 시작하였고 1990년 이후로 교육학과 교육과정 영역에 질적연구에 대한 적용과 이론화가 심화되고 있다. 이에 1997년 교육인류학 학회가 창립되었고 교육인류학연구지가 발행되었으며 외국의 저명한 질적연구서들이 번역되어 나왔다(박병기 외, 2001; 신옥순, 1994; 허미화, 1994; 홍기형, 1987) 아울러 한국의 질적연구자들에 의한 질적연구서가 출간되어 이 분야의 확산에 기여하였고(김영천, 1997; 김윤옥 외, 1996; 이용숙과 김영천, 1998; 이종각, 1995; 조영달, 1999; 조용환, 2000) 전국의 대학원에서 질적연구방법론 강좌가 개설되었으며 석사, 박사학위논문들이 출간되기에 이르렀다.

이러한 질적연구의 확산과 열기 속에서 질적연구가 교육학 분야에서 어떤 위치를 점유하고 있으며 어떻게 적용되고 있는지를 설명한 글들은 이 분야의 연구자와 학생들에게 의미 있는 기여를 하였다. 먼저, 이종각은 교육인류학이라는 포괄적인 이름 아래 교육사회학에서 질적연구가 어떻게 성장하였는지를 이론적으로 정리해 주었고, 조용환은 우리나라에서의 질적연구의 동향과 연구과제를 종합적으로 정리해 주었다. 신옥순은 그녀의 번역서에서 미국 교육학 분야에서의 질적연구의 동향과 위상에 대한 소개를 해 주었고, 조영달(1995, 1999)은 미시문화기술방법, 대화분석 등의 기법들을 이론적으로 정립시켜 주었고 또한 수업 영역에서의 질적연구를 정리해 주었다. 아울러 이용숙은 교육인류학의 개념과 방법적 절차에 대하여 이론화를 시도하였고 김영천은 '교육에서의 질적연구: 정점에 오르기까지' 의 글에서 우리나라와 미국에서의 교육학 영역에서의 질적연구의 등장과 역할을 개략적으로 소개하였다.

이러한 소개에도 불구하고 교육학 내에서 질적연구를 선도해 온 교육과정 영역에의 질적연구에 대한 전체적인 종합적 소개는 우리나라의 경우 심도 있게 소개된 글이 없는 실정이다. 이 주제와 관련하여 이용숙(1995)이 '교육과정 및 수업연구를 위한 질적연구방법' 이라는 글을 발표하였으나 교육과정 영역에서의 질적연구의 역사와 동향을 정리하기보다는 연구방법들을 중심으로 논의를 전개해 나갔다. 따라서 교육과정 영역에서 질적연구가 미국의 교육학 영역에서 어떻게 발전하였으며 교육과정의 탐구방식과 연구의 성격을 지난 30년에 걸쳐서 어떻게 변화시켜 놓았는지를 이해시켜 줄 수 있는 글을 찾기는 어렵다. 그리고 이러한 종합적 정리에 대한 소개의 부진은 교육과정이라는 학문으로서 영역이 지난 30년간에 걸쳐서 질적연구의 도입으로 어떻게 변화되었는지를 정확하게 이해하도록 돕는 것을 어렵게 만들었다.

이에 이 글에서 필자들은 지난 30년간 교육과정의 영역에서 질적연구가 어떻게 접목되었고 어떠한 기여를 하였는지에 대한 정리를 미국의 사례를 중심으로 시도함으로써 교육과정 영역에서의 질적연구의 동향과 발전과정을 설명하고자 한다. 지난 30년간 교육과정의 연구의 동향이 질적연구의 영향으로 인하여 상당히 변화되었다는 점에서 이 글의 내용은 우리의 교육과정 연구자와 교육학 연구자로 하여금 교육과정 연구의 변화와 최근 탐구동향이 어떤 것인가를 이해하는 데 도움을 줄 것으로 상정된다. 특히 2000년대에 와서도 교육과정 연구에 대한 담론이 타일러식의 교육과정 개발이나 교과지식에 대한 철학적 세련화에 기울어져 있는 우리의 교육과정 연구의 특징을 고려하였을 때 교육과정 영역에서의 질적연구의 확산과 적용으로 인하여 완전히 변화된 새로운 교육과정 탐구의 영역(terrain)은 어떤 것인지를 우리의 교육과정 연구자와 교육 연구자에게 인식시킬 수 있다는 점에서 이 글은 가치 있을 것이다. 교육과정 연구의 탐구 지평이 질적연구로 인하여 넓어진 만큼 이 글의 내용은 우리의 교육과정 연구자들에게 교육과정 연구의 탐구 지평에 대한 인식의 확대를 불러일으킬 것으로 사려된다.

2. 교육과정 영역에서의 질적연구: 그 역사적 발전

제2장에서는 교육학 내에서 질적연구를 선도해 온 교육과정 영역에서 질적연구가 어떻게 적용되고 발전되어 왔는지를 설명하고자 한다. 이에 교육과정 영역에서의 질적연구의 역사적 발전을 다음과 같이 세 개의 주요한 시기로 구분하고 각 시기별로 나타난 질적연구의 영향과 동향을 규명함으로써 지난 30년에 걸쳐서 교육과정 연구가 질적연구 패러다임에 의하여 어떻게 변화해 왔는지를 기술하고자 한다. ① 적용과 확산의 시기(1968~1985), ② 질적연구방법의 세련화 시기(1986~1994), ③ 종합과 반성의 시기(1995~현재). 교육과정에서의 질적연구의 성장과 발전의 과정을 이렇게 세 개의 시기로 구분한 준거는 이 글의 목적을 위하여 필자들이 임의적으로 만든 것임을 밝히면서 그 대표적인 준거는 역사상 대표적인 질적작품이 대두한 해를 중요한 준거로 삼았다는 것을 인정하고자 한다.

따라서 이 글에서의 시기 구분이 임의적이기 때문에 그리고 기존의 어떠한 글에서도 교육과정에서의 질적연구의 발전과정에 대한 시기 구분을 명백하게 시도한 글이 없었기 때문에 이 글의 시기 구분과 관련하여 보다 깊은 이해가 필요한 연구자는 교육에서의 질적연구의 발전과정을 개념화시킨 다음의 자료들을 참고하면 도움이 될 것이다. 첫째, Bogdan과 Biklen(1992)은 교육학에서의 질적연구의 발전단계를 20세기 초부터 포스트모더니즘의 대두까지 정리해 주었고 Denzin과 Lincoln(1994; 2000)은 「Handbook of qualitative research」에서 사회과학의 영역에서 지난 100년간 일어난 질적연구의 동향을 다섯 가지 시기로 개념화시켜 설명해 주었다. 그리고 Walker가 교육과정 연구에서 질적연구방법론이 1980년대 이래의 교육과정의 대표적인 연구방법론으로 자리 잡았음을 크게 세 개의 시기를 통하여 설명하고 있으며 김영천(1998)은 미국의 교육학 분야와 교육과정 분야에서 질적연구의 상황을 개략적으로 소개하였다.

1) 적용과 확산의 시기(1968~1985)

교육과정 영역에서의 질적탐구의 첫 번째 시기는 '적용과 확산의 시기' 로 명명하였다. '적용과 확산' 이라는 용어가 의미하는 것처럼 이 시기는 교육과정의 영역에서 질적연구가 새롭게 접목되고 확산되는 시기를 상징적으로 말한다. 이 시기의 시작을 1968년으로 잡은 이유는 Philip Jackson의 「Life in classrooms」이라는 참여관찰 연구서가 1968년에 출간됨으로써 교육과정 영역에서 교육현장을 질적으로 탐구할 수 있는 모티브를 제공했다는 점에서이다. 물론 1968년 이전에 교육과정 영역에서 질적연구들이 간헐적으로 이루어졌다는 점을 인정해야 하며 대표적으로 Waller의 「sociology of teaching」이 이미 1932년에 Smith와 Geoffrey의 「The complexities of an urban classroom」이 1968년에 학교수업연구에 체계적인 참여관찰방법을 사용하여 출간되었다는 점도 잊지 말아야 할 것이다.

그럼 이 절에서는 이 시기에 만들어졌던 중요한 질적연구물 그리고 연구주제들은 어떤 것이었는지를 논의함으로써 질적연구가 교육과정 연구 영역에 적용되고 확산되었던 과정을 설명하고자 한다. 이를 위하여 질적방법을 사용하여 학교 프로그램 평가에 이정표적인 흔적을 남김으로써 교육과정 연구사에 질적연구방법의 적용의 시작을 예고한, 이 시기의 초창기 작품인 Goodlad와 Klein의 「미국 유치원 학교개혁 평가보고서」 그리고 Sarason(1971)이 쓴 「The culture of the school and the problem of change」를 시작으로 논의를 전개하고자 한다. 먼저 Goodlad와 Klein의 「미국 유치원 학교개혁 평가보고서」는 1960년대부터 시작된 미국의 학교개혁운동이 어떠한 성과를 가져왔는지를 대규모 학교들에 대한 참여관찰방법을 통하여 밝혀내었다. 즉 1950년대 말 구소련이 스푸트닉 우주선을 성공적으로 발사하자 미국은 첨단과학 분야에서 자신들이 패배했다고 단정짓고 이에 기초가 되는 수학과 과학을 중심으로 학교 교육과정의 개혁을 시도하였다. 이에 '국가 교육개혁 운동 시기' 라고 불리는 1960년대에 걸쳐 약 10년 동안 미국의 연방정부는 학교 교육체제 및 교육과정 개혁을 이루기 위하여 엄청난 양의 개혁비용을 투자하였고 그 기대되는 효과를 추정하였다. 특히 이 개혁의 시기를 이끌어 간 Bruner의 학문 중심 교육과정을 구체화시키기 위하여 미국의 연방정부는 학교의 새로운 기자재들을 구입해야 했기 때문에 엄청난 비용을 투자하게 되었다.

그리고 그 결과로서 학교가 얼마나 변화되었는지를 평가하기 위한 연구가 필요하였는데, 이 과정 중에 나타난 연구보고서가 바로 Goodlad와 Klein의 연구라고 할 수 있다. Goodlad와 Klein(1970)은 「Behind the classroom door」라는 학교현장보고서에서 "새 기자재들이 실제로 수업에 사용되지 않고 먼지만 쌓여 가고 있다"라고 지적할 만큼 1960년대의 국가 교육개혁 운동이 실패로 끝났음을 실증적으로 입증해 주었다. 또한 심리학자 Sarason(1971)이 쓴 「The culture cf the school and the problem of change」에서도 개혁 프로그램의 일률적인 시행과 프로그램의 변화가 학교개혁을 유도할 것이라는 맹신이 얼마나 순진한 것인가를 외계에서 온 우주인의 시각에서 비판하였다.

이 두 편의 학교현장 연구보고서는 이 글의 목적과 관련하여 교육과정 연구자 그리고 교육개혁자들로 하여금 학교개혁이 일어나기 위해서는 프로그램의 개발 또는 그렇게 해서 개발된 프로그램의 일률적인 실행이 중요한 것이 아니라 각 학교가 독특하게 지녀 온 학교 고유의 문화적 특징과 체계, 그리고 교실이 갖고 있는 복잡한 생리를 이해할 수 있는 지혜가 있어야 한다는 점을 각성시킴으로써 학교의 문화, 학교에서의 생활, 학교에서의 수업의 과정 등에 대한 심층적이고 철저한 분석이 교육과정 연구에서 중요한 탐구주제가 되어야 한다는 점을 강력하게 시사해 주었다.

이러한 학교현장 보고서가 실제적으로 학교개혁 프로그램에 대한 평가를 질적방법을 통하여 실행함으로써 교육과정 연구에서 질적방법의 유용성을 강조하였다면 이들의 현장연구가 시작되기 3년 전에 이루어진 Jackson의 「아동의 교실생활」은 교육과정 연구자들에게 학교에서 일어나고 진행되는 학습의 과정을 질적으로 연구하는 것이 왜 필요한가를 처음으로 교육학자와 교육과정 연구자에게 이해시키는 데 성공한 이 시기의 대표적인 역작에 속한다. 아동의 교실생활에서 그가 설득력 있게 기술한 교실의 현상들은 차후의 많은 교육과정 연구자들에게 무엇을 연구해야 하는지를 고민하게 하였고 교육과정 연구에서 주된 연구관심을 학교의 생활과 문화, 학생의 경험 등으로 변환시키는 데 상당한 영향력을 끼친 작품이라고 할 수 있다. 즉 검은 상자로 간주되어 연구되지 못하였던 학교생활을 교육과정 영역의 주요한 연구 주제로 대두시킴으로써 교육과정 연구에서 질적연구를 통한 학교생활 연구의 필요성을 강조해 주었다.

이후 Jackson은 1980년대의 많은 글들을 통하여 교수, 학습, 수업의 과정이 갖는 비계량적 특성을 강조하였는데, 그는 교육연구의 출발점으로 무엇보다도 교실의 관찰과 현상의 이해가 전제되어야 한다는 점을 분명히 하였다. 아울러 교육과정의 개념을 잠재적 교육과정까지 확대시킴으로써 학교교육 현상을 질적으로 탐구하는 것이 교육과정 연구의 중요한 방향으로 대두될 수 있는 기틀을 마련해 주었다. 나아가 훗날 등장하게 될 교사의 사고과정에 대한 연구 그리고 해방교육학자들의 학교비평을 위한 담론을 불러일으키는 데 큰 역할을 하였다. Jackson의 연구의 영향으로 인하여 이 시기에는 Jackson 이래로 교육과정 영역에서 질적연구의 의미와 타당성을 전파시키려는 학구적인 노력들이 잇달아 일어나게 되었다. 이들의 연구관심은 타일러식의 연구주제들이 갖는 문제점들을 지적하면서 탈목표적인 교육과정 개발, 교육적 이슈와 문제들에 대한 심미적, 반성적 혹은 비판적인 해석체계의 이론화 등으로 구체화되었다. 그리고 그러한 노력의 결과는 질적연구를 교육과정의 새로운 연구방법론으로 접목시키는 것으로 이어졌다.

이에 이 글에서는 Jackson 이래로 이 주제와 관련하여 노력한 대표적인 교육과정 학자들 그리고 그들이 만들어 낸 연구주제나 연구물에 대하여 소개하고자 한다. 첫째, Schwab은 'The practical'의 개념을 중심으로 교육과정 개발을 논의함으로써 절차 중심, 교육과정 개발 중심의 전통적인 교육과정 담론을 현장지향적인 담론으로 변환시키는 데 선구자적 노력을 하였다. 그의 대표적인 작품인 「The practical series」 세 권(1969, 1971, 1973)은 차후의 교육과정 연구자들에게 무엇을 연구해야 할 것인지에 대한 개념적 틀과 구체적 질적연구방법을 동시에 제공한 논문으로 널리 인정되고 있다. Schwab은 기존의 교육과정 분야에서의 연구자들은 현장에서 매 순간마다 반드시 해결해야 할 일상적인 실제적 교육과정 문제에 대해서 너무나 등한시하였다고 비판하면서 그 해결방법으로서 숙의(deliberation)의 개념과 방법을 처음으로 이론화시켰다. 요약하여 말하자면, Schwab이 생각하는 교육과정 연구방법은 교육실천가들이 실제적인 상황 속에서 내리게 되는 판단과 결정과정의 질적 탐색이다. 이런 심층적 숙의과정 중심의 슈왑적 교육과정 연구는 일상의 현장에서 발생하는 사소한 것 같지만 그 주어진 상황에서 수많은 이슈가 연구된 교육실천가들의 가치선택 문제와 이에 따른 계속된 반성적 문제해결 방략이 초점이다.

(1) Walker의 자연주의적 교육과정 개발모형

둘째, 교육과정 영역에서의 질적연구의 확산에 기여한 학자로 Walker를 들 수 있다. 앞에서 설명한 Schwab의 논문 '실제(The practical)' 시리즈의 주된 아이디어인 '숙의'를 처음으로 질적방법을 통하여 교육과정 연구에 적용시키는 개척자적인 역할을 하였다. Tyler의 행동목표 중심의 개발모형의 대안으로 널리 알려져 있는 Walker의 자연주의적 교육과정 개발모형은 타일러의 교육과정 개발모형과는 달리 참여자들 간의 사회적 역동과정(넓게 말해 협상과정)이 실제로 벌어지는 문서의 개발과정이라고 전제하고 따라서 교육과정 개발은 반드시 사전에 결정된 어떤 처방적인 성격을 가지지 않아야 한다고 주장함으로써, 이후의 교육과정 연구의 성격을 질적연구 패러다임으로 변환시키는 데 상당한 역할을 하였다.

Walker(1975)는 Elliot Eisner를 포함한 9명의 개발 팀이 2년 동안 미술 교육과정을 개발하는 과정을 참여관찰자로서 기술하고 있는데, 그의 교육과정 개발 사례연구의 연구목적은 '어떻게 내용, 계획 그리고 자료에 관한 교육과정 결정들이 내려지는가?'를 규명하는 것이었으며, 이를 위하여 질적방법들인 관찰, 질문지, 내용 분석 그리고 그룹 토론 과정의 오디오 녹화 및 전사 분석 등을 교육과정 연구에 적용하였다(1975: 93). 이를 통하여 참여자들이 어떤 합의된 목표에서 출발하여 단계별로 교육과정 문서를 구성한다는 전통적인 교육과정 개발원리를 벗어나 귀납적인 자료수집과 분석을 통해 새로운 형식의 교육과정 개발의 기술적인(descriptive) 모형을 제시하였다. 이를 통하여 참여자들이 저마다 소유한 교육적 가치나 신념을 적극적인 측면에서 해석하고, 이들 사이에서 발생하는 갈등과정이 자연적인 교육과정 문서개발의 현상이란 것을 경험적으로 뒷받침한다는 점을 밝혀 주었고 아울러 이러한 발견은 교육과정 실행에 있어서 교육과정 문서의 해석과 재구성이 왜 나타나는지를 설명해 주는 체계를 제공해 주었다. Walker(1975)의 사례연구는 지금의 시각으로 볼 때 주목할 만한 고전적인 수준의 질적연구는 아닐 수 있으나 그 당시 미국의 교육과정 분야의 발전상황으로 볼 때 상당히 진일보한 시도였다고 평가할 수 있다. Walker는 교육과정 연구에서 사례연구를 통하여 자료를 상세히 기술하고, 발견된 주제들을 내부자적 관점에서 해석하였으며, 그리고 필요한 양적자료를 체계적으로 잘 표현해 주었다. 물론, Taba(1962)도 교육과정 개발모형에서 현장 교사들의 실제 작업과 일상적 계획과정을 오랫동안 관찰한 결과에 근거해서 논의하고는 있지만 Walker만큼 교육과정 문서개발 자체를 질적연구의 기본적인 가정인 실재의 사회적 구성과 같은 측면을 강하게 부각시키지는 못하였다는 점에서 Walker의 이 분야에 대한 공헌은 역사적으로 상당한 의미를 갖는다고 하겠다.

셋째, Eisner는 교육과정 연구에 예술적 · 심미적 비평기법을 소개함으로써 교육과정 연구의 성격을 새롭게 개념화시키는 데 큰 역할을 하였다. 그의 질적연구에 대한 애착은 그의 계속적인 글들에서 체계적으로 나타나고 있는데, 그러한 노력은 행동주의적 교육과정 개발방법에 대한 비판으로부터 출발하고 있다. 이에 「교육목표: 도움 또는 방해적 요소인가」라는 논문(1967)에서 교육활동을 예술적인 안목으로 바라다볼 때 학생 각자가 지닌 잠재적 가능성이 충분히 발현될 수 있다고 강조함으로써 교육연구에서의 예술적 접근의 가능성을 처음으로 부각시켰다. 이후에 그의 명저 「교육학적 상상」(1979)에서 종래의 행동목표 중심적 평가가 생태적이고 복잡하기 그지없는 교수과정을 너무나 간략히 기술함으로써 교육과정의 개발과 실행에 전혀 도움이 되지 않는다고 공학적 교육과정 개발을 한층 비판하면서 타일러식의 전통주의자 교육과정 연구의 문제점을 격렬하게 지적하였다.

많은 논문들에서 수업현상의 다차원적인 · 비예측적인 특성을 강조하였고, 그 한 예로서 '지휘자로서의 교사'의 은유를 개발하였다. 보다 중요하게 자신의 학문적인 배경인 미술을 근거로 하여 교육적 감식과 예술비평의 연구방법론을 개발하였다. 그는 새로운 교육학탐구방법의 개발의 필요성과 관련하여 교육학연구에서 사용되고 있는 탐구양식과 언어가 지나치게 과학적이고 논설적인 성질을 갖고 있는 이유로 인하여 교육현상에서 일어나는 인간의 의식과 감정을 표현하기에 적절하지 않다는 점을 그 이유로 들었다. 이에 교육연구에서의 표현적 · 예술적 접근과 언어의 개발의 중요성을 강조하였다. 이를 토대로 예술적 언어가 형상화된 질적연구의 형식으로서 교육비평이라는 연구방법의 영역을 개척하였다.

즉 Eisner는, 감식가들이 고도의 지각능력 혹은 직관을 사용하여 사물의 질을 식별하듯이, 교사 혹은 교육연구자도 교육현상을 '주어진 이 상황에서 무엇이 과연 교육적으로 가장 중요한가?'와 같은 질문을 던지고 그 상황을 기술하고, 의미를 다양한 측면에서 해석해 내고, 그리고 공적인 시각에서 그 질을 비평해 낼 수 있을 때 교육현상에 대한 이해와 교육문제에 대한 해결책을 효과적으로 찾아낼 수 있을 것이라고 주장하였다. 그의 이러한 예술비평의 노력은 그의 제자인 Arizona State University의 Barone에게도 상당한 영향을 주어 Barone이 교육과정 영역에서의 예술비평에 관한 이론화를 시도하는 데 학술적 기여를 하였다.

넷째, W. Pinar는 교육과정 탐구에 질적연구를 포함한 새로운 연구방법들을 접목시킴으로써 이 시기의 교육과정 연구에서의 질적연구의 접목과 확산의 과정에 상당한 역할을 한 학자로 인정된다. 그는 1973년 University of Rochester에서 미국의 대학에서 교육과정과 수업을 강의하는 교수들을 초빙하여 회의를 주최하고 이를 바탕으로 2년 뒤 「Curriculum theorizing: The reconceptualists」(1975b)이란 편저를 발간하였다. 이 책에서 파이너는 교육과정 연구방법으로서 자서전 중심의 교육경험연구방법을 소개하였고 아울러 교육과정 연구를 역사적, 비판적, 해석 · 현상학적, 심미적, 신학적 접근들로 나누어 개념화시키는 작업을 처음으로 하게 되었다. 이를 통하여 교육과정 연구를 위한 사유의 방식으로서 예술적, 해방적, 자서전적, 문화기술적 등의 다양한 질적연구의 존재를 교육과정 연구자들에게 전도시켰다. 나아가 Pinar는 Giroux, Penna와 함께 1981년에 「Curriculum and instruction」이라는 책을 통하여 미국의 많은 후세대 교육과정 연구자들에게 교육과정 연구의 새로운 개념적 틀과 방법론을 수용하거나 개척할 수 있는 지적 용기를 불러일으켰다. 또한 M. Grumet(1976)와 함께 「Toward a poor curriculum」에서 개인의 생활 · 경험 · 심미적인 방법으로 교육과정을 연구하는 아이디어를 체계적으로 설명하였다.

다섯째, Apple과 Giroux는 교육과정 연구에 비판적 연구 패러다임을 접목시킴으로써 교육과정 연구에서의 질적연구의 확산에 기여하였다. 애플 그리고 지루를 중심으로 한 교육과정 사회학자들은 재생산, 억압, 헤제모니 등의 연구를 위하여 학교의 교육과정을 질적방법을 통하여 분석하기 시작하였다. 그리고 그의 학성들과 이 분야의 연구에 속하는 학자들인 N. King, L. Beyer, J. Anyon, L. Roman 등의 학문적 활동이 교육과정 연구를 새롭게 개념화시키고 질적연구를 교육과정 연구에 접목시키는 중요한 촉매제 역할을 하게 되었다. Apple과 King(1977)은 「What do schools teach?」에서 어떤 사회-역사적 지식들이 유치원 교육과정에 선택되어 구체적 교실 상황 속에서 학습 · 전달되는지를 관찰연구를 통하여 밝혀 주었고

Beyer(1979)는 「Aesthetic theory and the ideology of educational institutions」를 통해 학생들이 받는 교육경험의 질은 사회정치적 맥락 속에서 해석되어야 할 복잡한 성격이라고 지적하였다. 이들의 이러한 교육과정 영역에서의 새로운 탐구주제와 방법론의 모색은 이데올로기와 교육과정(Apple, 1979), 교육과 권력(Apple, 1982), 사회계급과 학교 지식의 잠재적 교육과정(Anyon, 1981), 구체적 하위문화의 경험적 분석과 해석(Roman, 1987), 비판적 문화기술지(Roman & Apple, 1990), 그리고 교과서 지식구성과 선택과정의 문화 · 정치적 관계(Apple, 1992) 등으로 계속되었다.

이러한 비판적 이론에 기초한 질적 작품 중에서 가장 대표적인 작품은 J. Anyon(1981)의 「사회계급과 학교지식」을 들 수 있다. 이 작품은 초기 막스주의자들의 대표적인 경험적 연구들 중의 하나로서, 사회계급이 구체적으로 학교라는 기관에서 지식이라는 매체와 어떤 관계를 가지고 있는지 그녀는 질문을 던진다. 자료수집은 New Jersey의 5개 초등학교에서 학교지식의 성격과 분배의 기능과 관련된 교육과정, 페다고지, 학생의 평가 실제 등의 영역에서 관찰, 면담, 자료분석으로 이루어졌다. 특별히 이 5개의 초등학교를 사회경제적으로 구분하여 working-class school(WCS: 2개), middle-class school(MCS: 1개), affluent professional school(APS: 1개) 그리고 executive elite school(EES: 1개)로 명명하고 도대체 어떤 일들이 벌어지는지 분석하였다(pp.4-5). 이 세 가지 타입의 학교에서 교사, 행정가 그리고 학생들이 지식에 대하여 각각 '어떻게 말하고 또 배우고 있는지' Anyon은 보여 준다. 각 학교 타입의 주요 주제를 WCS는 '저항', MCS는 '가능성', APS는 '나르시시즘', 그리고 EES는 '수월' 등으로 해석한다. 결론적으로 Anyon은 사회계급이 학교지식에 그대로 투영되고 있으며 체계적으로 재생산되고 있음을 밝힌다.

이러한 선구자적 학자들의 노력에 따라서 교육과정 연구의 방향은 상당히 궤도를 수정하게 되었는데, 이는 교육과정 연구의 새로운 영역의 개척으로 나타나게 되었다. 즉 교육과정 연구의 방향을 교육과정 개발과 적용이라는 공학적 또는 절차적인 연구과정으로서 규정하였던 전통적인 작업에서 벗어나 인간의 경험이 일어나고 매개되는 학교현장에 대한 기술적 · 해석적 · 비판적인 연구로 승화시켰다. 이에 따라서 학교문화, 경험, 상호작용, 실행, 의미체계, 학습풍토, 교육과정 결정자로서 교사, 실행연구, 실행된 교육과정, 교실의 대화, 권력과 이데올로기 등이 교육과정 연구의 주요한 탐구개념으로 대치되게 되었다.

(2) Miles와 Huberman의 교육과정 혁신연구

여섯째, 이 시기에 교육과정 연구에서 질적방법을 적용하여 이정표적인 작품을 남긴 학자로서 Miles와 Huberman을 들 수 있다. Miles와 Huberman은 3년간의 현장연구를 통하여 1984년에 대규모 연구보고서 「Innovation up close」를 발표하였는데, 그들의 교육과정 혁신연구는 앞으로 있을 많은 학교변화 혹은 개선연구에 시금석이 되었다. 이들은 교육변화 과정을 연구하면서 개념적 연구, 사례연구, 혹은 양적연구에 상관없이 각각의 연구법은 저마다 장점만큼이나 심각한 단점들을 가지고 있다고 전제하고서 통합적 접근을 시도하되 "12개 초 · 중등학교에서 교육변화가 얼마나 중요하게 발생하였는지를 구체적이고 체계적인 분석"(1984a: vi)을 적용함으로써 방법론의 문제를 극복하려 하였다. 이들은 "사회현상이란 개인의 정신 속에 있으면서 동시에 객관적 세계 속에도 있다"(1994: 4)라고 전제하고 이 둘 사이에 존재하는 규칙이나 계열을 발견하여 마치 법칙과 같은 것을 구성할 때 그 현상을 바르게 이해할 수 있다고 하였다.

이에 Miles와 Huberman(1984)은 사회현상을 보다 정확하게 이해하기 위해서는 경험적 관찰 이전에 선행연구를 통해 굳건하게 개념적 틀을 먼저 구축하고 샘플을 가능한 많이 선정하며 그리고 다양한 자료수집 기법들을 최대한 많이 사용하는 것이 중요하다고 강조하였다. 이들은 1970년대 당시 이루어진 질적연구들이 타당도나 신뢰도의 문제가 많았다고 보면서 교육혁신 과정연구를 통해 엄격한 자료수집 방법과 분석의 전형을 예시하려고 하였다. 특히 전통적인 문화기술적 방법이 단일 사례만을 다룸으로써 일반화 가능성에 어려움이 있었다고 지적하고 146개의 샘플을 대표성과 다양성을 모두 고려하여 12개의 학교를 엄선하고, 34개의 명세적 연구문제들을 중심으로 연구방법들과 분석방법들을 적용하고 미국 학교현장의 혁신과정의 성격과 패턴을 매트릭스 시스템을 사용하여 설명하려 하였다.

이에 특징과 다양성을 보기 위해 전국의 146개 시범학교들 중 12개 초 · 중등학교를 선별하여 직접 현장을 답사하고 전화면담, 그리고 수많은 문서를 '인과적인 측면에서' 검토하여 새로운 교육과정과 수업 패키지가 어떻게 학교와 교실로 전달되고, 어떻게 지방 교육자들이 지각하고 반응하는지, 그리고 어느 정도로 그들이 교육혁신 과정 실제에 참여하고 있는지 포괄적으로 다루었다. Miles와 Huberman은 교육과정 혹은 프로그램을 통한 학교개선 노력을 참여자들의 직접 인용과 표로써 기술하고 나서, 투입요소와 상황과의 관계를 행정적 차원, 시간, 그리고 교사들의 반응들을 플러스와 마이너스로 묘사한 도식 등으로 자료들을 표현한다. 그리고 개혁적 아이디어들이 현장 속으로 들어갈 때, 교육과정 실행의 성과들은 다음의 세 가지 차원에서 정도의 차이로 요약된다고 하였다. ① 새 지식과 기술이 교사의 수업 속에서 사용되어 숙달된 정도, ② 변화하는 교사들의 수의 점진적 증가의 정도, 그리고 ③ 학교가 전체적으로 새로운 아이디어를 기관화시키는 정도(pp.187-188). 이 모든 성과들은 한마디로 사용자측인 교사가 받는 초기 사용압력의 정도와 행정가가 시간이 지남에 따라 교사에게 자신의 교실에 맞추어 수정하면서 사용하도록 주문하는 여지의 차이에서 나타난다고 하였다(p.143).

끝으로 Miles와 Huberman은 이 대규모 질적인 교육과정 혁신과정 연구를 반성하면서 지방 교육가들이 일상적으로 사무실에서나 학교생활에서 피할 수 없이 직면하게 되는 딜레마들을 지적하였다. 이 딜레마란 항상 두 가지 대조적인 선택의 문제인데 그 한 선택은 어쩔 수 없는 긴장을 불러일으킨다는 것인데 이들은 12개의 연구학교에서 이런 딜레마와 긴장은 수도 없이 많이 발견되었다고 보고하였다(p.278). 대표적으로 개혁적 아이디어의 처방적인 사용준거인 충실도(fidelity)의 의미해석과 관련하여, 교사와 행정가들은 선택의 문제에 봉착하게 되는데 "어느 정도까지 우리가 이 새 교육과정의 정신을 보호하여 충실하게 사용해야 할 것인가, 그리고 어느 정도까지 그 정신을 우리 지역에 창작적으로 적용해야 할 것인가?"라고 하였다.

이 Miles와 Huberman의 연구는 교육과정 사용, 교육과정 전달, 교육과정 운영, 교육과정 실행과 관련된 영역에서 질적연구를 적용할 수 있는 새로운 체계를 만들었다는 점에서 의미가 깊다. 이러한 연구 영역은 교육과정 혁신의 과정을 상위의 정책적 맥락에서부터 교육구 및 학교의 의사결정, 그리고 교실수준에서 예상된 영향과 결과까지를 연구하는 것이다. 이들의 이러한 방대한 과정 중심의 질적연구는 다양한 질적방법의 종합적 적용(때로는 양적연구와 함께)으로 이루어졌다. 즉 혁신적 아이디어의 특징, 상황분석, 그리고 사용자들인 행정가와 교사들의 실질적 적용과정을 폭넓게 기술하고 설명하는 것을 주된 목적으로 한다(Berman & McLaughlin,

1976). 평가연구와는 달리 이런 혁신 및 실행연구는 개발자들이 초기에 의도한 처방적 사용방법들에 사용자들이 어떻게 해석하고 결정을 내리고 행동변화까지 이르는지 기대된 실행목적을 중심으로 실제로 변화된 성과를 체계적으로 묘사하면서 문서화하는 것이다. 따라서 변화과정을 구체적 잣대를 이용하여 값은 사례들을 계량적으로 파악하면서 변화된 정도를 설명하는 양적연구가 주류적 방법론이며 도구들이 잘 개발되어 있다(Hall & Loucks, 1977).

앞에서 설명한 연구물과 함께 이 시기의 질적연구의 확산에 기여한 연구물들을 몇 가지 더 제시하면 다음과 같다. Smith와 Geoffrey(1968)의 「한 도시학교 교실의 복잡성에 관한 연구」, H. Wolcott(1973)의 「교장 선생님에 관한 문화기술적 연구」, W. Doyle(1977)의 「Learning the classroom environment: An ecological perspective」, V. Janesick(1982)의 「Of snakes and circles: Making sense of classroom group processes through a case study」, W. Doyle과 K. Carter(1984)의 「Academic tasks in classrooms」 등이다. 아울러 D. Hamilton 외(1977)의 편저, 「Beyond the number game」는 교육평가는 목표지향적 평가모형에서 탈피하여 복잡한 수업 및 학습문제 영역들을 전체적으로 묘사할 때 교육평가의 진정한 목적을 달성할 수 있다고 주장함으로써 교육과정 평가, 그리고 교육평가 영역에서의 질적연구의 필요성을 인식시키는 계기를 마련해 주었다(1977: 4). 이 책은 목표에 근거한 교육평가모형에 대한 재검토와 함께 M. Atkin, E. Eisner, L. Stenhouse, M. Scriven, R. Stake 등 초기 대안적 질적평가모형 주창자들의 글을 수록함으로써 차후에 일어나게 될 교육평가 영역에서의 연구 패러다임의 시작을 불러일으키는 학구적 전기를 마련하게 되었다.

(3) 교사에 관한 연구

지금까지 질적연구의 적용과 확산 시기에 기여한 대표적인 학자들의 연구물과 이론들을 개괄적으로 살펴보았다. 이 시기에 대한 연구물들을 정리함으로써 이 시기가 교육과정 연구의 성격과 탐구주제가 질적연구와 조우하면서 새로운 방향으로 나아가게 되었음을 알 수 있었다. 그리고 교육과정의 탐구주제들이 학교의 경험, 실행, 의미, 비평 등으로 확산되고 변경되었다는 사실을 알게 되었다. 이에 이 절의 마지막 내용으로서, 그러한 탐구주제들의 변화를 가장 대표하는 이 시기의 연구주제로서

'교사에 관한 연구'를 소개하고자 한다. 이러한 교사연구에 대한 소개는 방법론의 변환으로 인하여 교육과정의 탐구방식과 주제가 어떻게 재개념화되었는지를 이해하는 데 매우 유용하리라 생각한다. 순서에 관계없이 이 분야에 주요한 기여를 한 학자들을 중심으로 연구물들을 설명한다.

먼저 G. McCutcheon(1980)은 교육과정의 실행이라는 영역에서 교사에 관한 질적연구를 이론화시킨 학자로 널리 알려져 있다. 이 분야의 고전으로 알려져 있는 McCutcheon의 초등 교사들의 교육과정, 교수계획과정과 그 성격에 관한 질적연구는 특히 바쁜 일과 중에서도 교사들은 '정신적으로 계획'을 계속하고 있다고 언급함으로써 교육과정 탐구의 영역을 교사의 사고과정으로까지 확대시키는 역할을 하였다(p.7). 그녀는 교사의 이런 내면적인 계획활동을 교수의 가장 중요한 전문적 활동으로 간주하는데, 그 이유로 이런 계획을 통하여 교사들은 자신들이 알고 있는 이론적 지식을 현재에 직면한 특별한 사례로 연결시켜 문제를 해결하는 기회를 가진다고 설명하였다.

둘째, F. Elbaz(1980, 1983)의 박사 학위 논문 「Teacher thinking: A study of practical knowledge」 역시 교사연구 분야에서 모범적인 연구로 인정을 받는다. 캐나다에서 전통적으로 수용되어 온 현상학을 학교현장의 실제 분석에 적용한 엘바즈는 중등학교 영어교사인 Sarah와 오랜 시간의 면담, 관찰 그리고 자료분석 등을 통하여 '실제적 지식의 구조와 내용'을 추출하고 기술하였다.

셋째, Ben-Peretz(1975)는 교사의 생활과 사고를 연구주제로 하여 교육과정에서의 질적연구를 실행한 학자이다. 그녀에 따르면 교사는 교육과정을 전달하는 역할이 아니라 창의적으로 상황에 맞추어 재해석하는 적극적 주체로서 교육과정 연구는 교사의 그러한 역할을 이해하는 것이라고 하였다. 이에 1980년 Connelly와 함께 실행연구에 관한 연구를 시작으로 교사의 사고연구를 주도해 나갔다(Ben-Peretz, Bromme, & Halkes, 1986; Collelly & Ben-Peretz, 1980, 1981). 최근에는 자신의 15년간의 현장교사 교육연구를 종합한 「The Teacher-curriculum encounter: Freeing teachers from the tyranny of texts」(1990)를 출간하였다.

이러한 유명한 세 명의 학자의 연구물과 함께 이 분야에서 이루어진 교사 연구물들은 다음과 같다. 첫째, J. Zahoric(1975)은 그의 현장보고서 「Teachers' planning models」을 통해 대부분의 교사들은 실제로 행동목표모형(극단적 하향식)이나 활동중심모형(극단적 상향식), 그 사이의 중도적 수준, 즉 내용 중심으로 계획과 실행을 한다는 것을 밝혀냈다. 이와 비슷하게 P. Marland(1981, 1977)의 「A Study of teachers' interactive thought」에서는 교사들이 가르치는 도중 어떤 생각을 하면서 의사결정을 하는지 정 · 부적 차원에 따른 체계적 코딩에 의해 밝혀내었고, R. Yinger의 박사논문(1977)의 출판물인 「A study of teacher planning」(1980)에서 교사들은 행동목표분석과 제시 방법에 대한 관심보다는 학생들의 흥미를 고려한 활동과 상황이 더 많은 역점을 둔다고 보고한다. 특히 Bussis, Chittenden, Ameral (1976)의 「Beyond surface curriculum」은 신현상학적 연구방법을 사용하여 열린 학교의 프로그램과 교사의 생활세계를 탐구한 모범적인 연구이다. 이 연구는 초등학교 60명의 교사를 대상으로 열린교육의 의미를 재교육시키고 모든 지원을 아끼지 않았던 교육 프로그램이 목적과는 다르게 실제로는 교실현장에서 아무런 변화도 가져오지 못하였다는 사실을 지적하고 있다. 이에 연구자들은 이 연구의 결과에 대한 분석을 통하여 무엇보다도 중요한 교육변화의 요소는 각 교사가 내면 깊숙이 가지고 있는 교육과정의 이해(understanding of deep curriculum)에 모든 성패가 좌우된다는 사실을 밝혀내었다.

(4) 학회와 학술지의 창간

이 적용과 확산의 시기는 교육과정 연구에서의 새로운 탐구주제의 등장과 함께 이러한 연구들을 발행할 수 있는 학회와 학회지가 활발하게 창간되기 시작하였다. 먼저 「Journal of Curriculum Studies」(JCS)가 1968년도에 영국을 중심으로 새로이 창간되었다. 비록 JCS가 특별히 질적연구만을 게재한다고 명시하진 않지만 교육과정의 개념을 확대해석하고 그에 따라 관련된 질적연구들을 수록하였다는 점에서 그 의미를 찾을 수 있다. 이 학회지를 통하여 현장개선연구 또는 실행연구와 관련된 연구물들이 소개되었다. 특히 「Journal of Curriculum Studies」는 1985년 숙의에 대한 일련의 글들을 수록하고 있는데, T. Roby의 「Habits impending deliberation」(17:1), G. Orpwood의 「The reflective deliberator: A case study of curriculum policy-making」(17:3), 그리고 W. Knitter의 「Curriculum deliberation: Pluralism and the practical」(17:4) 등이다. Schwab이 세 편의 'The practical' 시리즈(1969, 1971, 1973)를 연재한 이후 10년만에 새롭게 써 내려간 「The practical 4:

Something for curriculum professors to do」(1983)가 출간된 이 학회지에서 앞에서 소개한 세 편의 논문들은 1980년 중반 이후 교육과정의 실제적 연구에 이론적 틀을 제시하는 역할을 하였다.

아울러 캐나다에서도 교육과정 연구 영역의 변화를 알리는 역사적으로 중요한 학술지가 창간되었다. 「Curriculum Inquiry」가 1976년에 창간되어 질적 · 해석적 교육과정 연구전문지라고 할 만큼 교실연구 중심의 글들을 코넬리의 책임 편집 아래 수록하고 있다. 또한 1979년에 만들어진 「The Journal of Curriculum Theorizing」(JCT)는 이 학술지의 첫 번째 호(1979)의 책표지에서 "교육과정이론, 역사 그리고 비평을 연구하는 글들을 게제한다"라고 주창한 것처럼 학술지의 내용들은 반성, 역사, 심미적 비평 그리고 자서전적 목소리와 방법 등 교육과정 경험을 다양하게 질적으로 분석하려는 작품들을 수록하여 왔다. 또한 Max van Manen은 1982년 「Phenomenology+Pedagogy」 학술지를 창간하였다. 그는 이 학술지 창간의 목적에 대하여 "이 P+P 학술지는 구체적인 교육과정 연구 프로그램 중심으로 수행된 논문들을 수록하지는 않는다. 대신에 교육과정 분야에서 반드시 고려해야 할 학교 안팎의 경험을 그려 내려고 한다."라고 설명하였고 이에 이 학술지는 교사와 학생 사이에 일상적으로 벌어지지만 교육적으로 중요한 측면, 그리고 교육의 주체인 개개 학생들이 독특하게 경험하고 살아가는 모습을 질적으로 묘사하는 데 주력하고 있다.

또한 ASCD가 1985년 가을부터 새로운 학술지 「Journal of Curriculum and Supervision」을 창간하였다. 이 학술지에서 창립구성원들은 실제와 직접적으로 관련된 교육과정 및 장학 연구가 필요하다고 주창하였고 이 시기에 확산되고 있었던 다양한 질적연구방법들을 교육과정 연구에 사용해야 한다고 강조하였다. 그 대표적인 증거는 이 학술지의 제1호 표지에 나타난 "해석적, 경험적, 역사적, 비판적 그리고 분석적 연구방법 등을 사용한 연구, … [그리고] 구체적 실제를 체계적으로 탐구한 연구"라는 문구에서 찾을 수 있다.

2) 질적연구방법의 세련화 시기(1985~1994)

교육과정 영역에서의 질적연구의 두 번째 시기는 '질적연구방법의 세련화 시기'로 명명하였다. 명칭이 나타내는 것처럼 교육학, 교육과정 연구 분야에서 질적연구 패러다임이 공식적으로 대안적 패러다임으로 인정을 받고서 양적연구 패러다임과 함께 학구적으로 모든 교육연구자들에 의하여 수용되게 된 시기를 말한다. 따라서 이 시기는 확산기를 거쳐 질적연구가 교육과정 영역에서 확고한 방법론으로서 수용됨으로써 질적연구방법에 의한 교육과정 연구가 진일보하게 되었고 교육과정 영역에서 새로운 연구방법론으로 수용된 질적연구방법에 대한 패러다임적 논의들이 이론적으로 활발하게 이루어진 시기라고 할 수 있다. 따라서 이 시기에는 교육학 · 교육과정 영역에서 질적연구를 소개하고 이론화시키는 노력이 일어남으로써 모범적인 질적연구 개론서와 함께 교과서, 방법론적 논쟁을 다룬 전문서적들이 대두된 시기이기도 하다.

그럼 방법론적 논의에 들어가기 이전에 이 시기에 이루어진 주요한 연구물들을 소개하면 다음과 같다. 먼저 기존의 교사연구에 대한 영역이 계속적으로 확대되면서 교사에 대한 현상학적 · 질적연구가 보다 심화되어 진행되었다. 먼저, Schon(1991)은 복잡한 상황, 문제, 그리고 해결이라는 틀 속에서 교사의 사고과정을 이해하려는 작업을 시도하였다. 그가 편집한 「The reflective turn: Case studies in and on educational practice」 속에는 교육실천가가 실제적 상황 속에서 어떻게 문제를 확인하고, 효율적으로 해결하고, 나아가 전문인으로 성장해 나가는지를 사례연구로 담고 있다. 또한 Tom Russell과 Hugh Munby(1992) 역시 Schon이 주창한 '실행 속의 반성'과 '실행에 대한 반성'을 따로 이해하기보다는 하나의 연속적 '재구조'의 과정임을 발견하려 하였다. 결과적으로 이와 같은 연구들은 교사의 전문가적 직관의 성격을 분석하고 그에 상응하는 행위의 패턴을 관찰하고 나아가 현장의 문제를 새롭게 인식하고 개선시키려는 연구목적에 입각하여 실행되었다. 아울러 Schubert와 Ayers(1992)가 함께 편집한 「Teacher lore」는 현장교사의 교수활동과 관련된 다양한 이야기들과 생각해 보아야 할 교육적 이슈들을 수록하고 있다.

Calderhead(1987)는 교직의 전문성 개발의 중요한 연구주제로 교사의 경험연구를 들었다. 교사가 경험한 모든 것은 교사에게 반성할 기회가 주어질 때에만 의미가 있고 실제적이 된다는 점을 강조하면서 「Exploring teacher thinking」을 편집하였다. 특히 이 책의 1장에서 Zeichner, Tabachnick, Densmore(1987)는 교사의 심리 · 실제적 지식과 상황의 중요성을 강조하는 경험적 논문들을 리뷰하였는데, 그들의 리뷰 논문 '교사의 실제적 지식에 개인, 기관, 그리고 문화적 영향(Individual, institutional, and cultural influences on the development of teachers' craft knowledge)' 이 암시하듯이 예비 및 초임교사들이 어떻게 자신의 개인적 지식 · 신념 · 철학 또는 이론을 공식적 문화나 프로그램과 상호-발달적으로 교류시키면서 발달해 나가는지를 설명해 주었다. 이외에 2장 D. Berliner(1987)의 경험 · 연륜과 전문성 발달과의 관계, 그리고 Wilson, Shulman, Richert(1987)의 '150가지의 교수에 있어 지식표현방법' 은 예비교사가 얼마나 가르치는 것을 배우는 과정이 어렵고 복잡한 현상인가를 강조하면서 다양한 사례들을 리뷰하였다.

앞 시기에서 이루어진 교사에 대한 연구는 이 시기에도 계속적으로 진행되면서 아울러 교사사회화연구가 새롭게 활성화되었는데, 그러한 연구주제는 초임교사의 교직적응 및 직업인으로서의 성장과정을 생애사적으로 또는 발달적으로 특징화시키는 작업이었다. 많은 교육과정 연구자들이 이 분야의 주제를 탐구하기 시작하였다. 대표적으로 Carter와 Richardson(1989)은 초임 교사들이 교육과정을 협의적으로 해석하면서 실행하고 있다는 사실을 밝혀내고 이를 개선하기 위한 지원 프로그램을 개발하였는데, 그 중의 한 가지 방법은 예비교사들에게 다양한 교육과정 사례를 많이 접하게 하는 것이라고 제안하였다. Berliner(1986)는 초임과 경험교사의 비교관찰연구를 통해 초임교사들이 역동적으로 벌어지는 교육과정 및 교수계획과 관리에 대해 아직은 정교하지 못한 스키마를 가지고 있음을 지적하였다. The Ohio State University에서 역사적 인물에 대한 교육적 전기로 박사논문을 받은 R. Bullough는 University of Utah에 재직하면서 한 초임교사가 교수 및 교육과정의 의미에 대하여 무엇을 생각하고 또 느끼면서 첫 해를 보내는지 알아보기 위하여 1년 동안 교실 관찰, 자료의 계속적인 비교 분석, 그리고 면담을 실시하여 「First-year teacher: A case study」(1989)를 발간하였다. 그의 연구는 일련의 교사연구 시리즈로 계속되어 출간되었고 이 분야의 모범적 텍스트로서 인정받고 있다.

이 시기에는 교사연구와 함께 교육기관 수준에서의 총체적 관점을 가진 연구들도 많이 쏟아져 나왔다. 교육과정 숙고의 이론을 정리하고 학교기관이 변화의 시기에 드러내는 제한점들을, 담당 참여자들의 교육과정 개발과정을 기술한 Ross(1993), 그리고 Carson(1992)이 대표적인 연구를 하였다. 그 예로서 Ross(1993)는 학교수준에서 어떻게 숙고의 과정이 일어나는가 관찰하였다. 구체적으로 그는 학교기관이 어떻게 교육과정 숙고에 영향을 주는가에 초점을 두고 뉴욕 외곽지역의 한 학교구에서 새로이 시행되는 공동의사결정의 실제과정을 면담을 중심으로 질적연구를 수행하였다. 20회 이상에 걸친 제 교육 참여자들과의 면담 결과는 예상외로 위로부터의 제재와 통제가 학교 실제를 엄격하게 이끌어 나가고 있음을 보여 준다. "심지어 교육과정 개발은 지방 교육청의 책임이 아니다"라는 의식마저 팽배하고 오직 주에서 실시하는 평가에 모든 관심을 가지고 있음을 Ross는 보고한다(p.108). 보다 넓은 시각에서 이 연구보고서는 기관과 실제 사이의 가치 상충적인 측면을 논의하는데, 특정한 노력을 기울이지 않으면 쉽게 기관 외적인 경쟁 혹은 물질 중심의 미덕 – 이 학교구 상황에서는 평가점수 – 에 실제는 외소해질 수밖에 없다는 점을 지적한다(p.109). 결론적으로 Ross는 새로이 시행된 교육과정 공동의사결정 프로그램은, 현재 위에서 시달 중인 평가라는 확실한 외적인 성과와 너무나 배치되는 점으로 인해, 대부분의 교직원들은 이 제안된 공동적 숙고 노력이 자신들의 기관 · 직업적 안정을 오히려 저해할 가능성이 큰 것으로 지각되고 있다고 해석한다.

아울러 비판적 이론에 근거한 연구들도 활발하게 이루어졌는데 그 대표적 작품들은 다음과 같다. Goodman(1988)은 초등 교사들이 위로부터 부과된 많은 필수교과들과 내용들을 가르치는 데에 급급할 수밖에 없어서, 오히려 노동자 혹은 기술인의 역할과 같은 교직의 모습을 지적한 논문 「The disenfranchisement of elementary teachers and strategies for resistance」이 있다. Giroux(1988)는 교사들이 교육과정 운영에 대해 자율권이 없고, 지나치게 기능적인 잔기술의 반복 속에 살고 있다고 규정하고 보다 적극적인 교사들의 행동적 지성을 촉구한 논문 「Teachers as intellectuals: Toward a critical pedagogy of learning」이 있다.

이외에도 대표적인 연구자로는 Fine과 Ellsworth를 들 수 있다. 먼저 Fine(1991)의 「Framing dropouts」는 지난 10년간 학교 중퇴자에 대한 사회학과 교육학 영역에서 이루어진 가장 중요한 연구로서 평가되었다. 이 연구는 첫째, 미국의 학교교육이 학생들을 분류하는 기계로서의 역할을 하고 있으며, 둘째, 학생의 낙오와 실패는 학생의 저능한 학구적 능력에 의해서가 아니라 지배계층의 이데올로기를 반영하고 있는 '학교의 공부에 대한 저항'과 '불평등한 사회질서에 대한 부모의 부분적 인식'에 기인한 것이라는 사실을 다양한 질적방법들을 효과적으로 사용하여 밝혀내었다. University of Wisconsin의 Ellsworth(1989)가 쓴 「왜 나의 비판교육과정 수업에 힘이 느껴지지 않는가? 비판 페다고지의 재고(Why doesn't this feel empowering? Working through the repressive myths of critical pedagogy)」

는 추상적 언어의 유희 등으로 일관되어 왔던 또는 이상적으로만 논의해 온 비판이론을 자신의 경험을 통하여 비판한 비판적 교육과정 연구의 수작에 해당한다. 그녀는 자신의 경험을 통하여 비판이론가들의 단골 메뉴인 평등하고 민주적인 교사-학생 그리고 학생들 간의 대화가 대학의 비판이론의 수업에서는 실제적으로 잘 이루어지지 않더라는 점을 발견하게 되었다. 즉 학생들이 교실·강의실에 가지고 오는 생활경험들이 여러 차이와 수준에 따라 너무나 복잡하고 정치적으로 상당히 민감하다는 것을 찾아내게 되었다(p.315). 이에 저자는 무엇보다 인종 상호간의 이해는 점진적이고 구체적인 역사의 이해에 바탕을 두고, 그리고 계속된 개방적 대화 등의 노력만을 통해서 이루어질 수 있음을 묘사하였다.

지금까지 두 번째 시기에 나타난 주요한 질적연구물들을 대표적인 사례를 중심으로 살펴보았다. 그럼 지금부터는 두 번째 시기의 특징으로 명명한 '질적연구방법의 세련화 시기'에는 어떠한 방법적 논의와 세련화가 교육과정 연구 영역에서 이루어졌는지를 기술하고자 한다. 먼저 교육학 일반 영역에서의 경향을 살펴보고 다음에 교육과정 영역에서의 경향을 소개하고자 한다. 먼저 교육학 전반 영역에서의 방법론적 세련화와 관련하여 이 시기는 질적연구의 고전이라고 할 수 있는 대표적인 방법론적 서적들이 출판된 시기라고 할 수 있다. 첫째, Lincoln과 Guba(1985; 1989)의 「자연주의적 탐구」 그리고 「제4세대 평가패러다임」이 출간되었다. 특히 「자연주의적 탐구」는 교육학·교육과정에서 질적연구를 해야 하는 이유와 실행절차 등이 매우 정교하게 설명됨으로써 앞으로 있게 될 교육과정에서의 질적연구의 이론서 서적의 출간에 상당한 영향을 끼쳤다.

둘째, 1986년에 출간된 「교수연구핸드북」 제3판에서는 펜실베이니아대학교의 Erikson이 쓴 '교수연구에서의 질적연구방법' 논문이 그리고 오하이오주립대학교의 Green과 반더빌트대학교의 Evertson이 쓴 '탐구와 방법으로서의 관찰'이 수업연구에서의 관찰법의 적용의 문제를 심층적으로 소개하였다. 또한 1988년에 출간된 「교육연구 국제핸드북」은 총 150개의 논문 중에서 약 1/4을 비계량적 연구방법들이 사용된 연구들을 수록함으로써 교육학에서의 연구 패러다임의 수용과 이론화를 주요하게 다루었다. 아울러 「교수연구핸드북」과 함께 1986년에 출간된 「교수와 교사교육 국제 백과사전」은 교육과정과 수업 분야에서의 탐구방법의 이론화를 시도한 훌륭한 증거라고 할 수 있다. Medley의 '교수연구역사', Doyle의 '수업연구의 다양한 패러다임', Guba와 Lincoln의 '자연주의적 탐구방법', Taft의 '문화기술적 방법', Eisner의 '연구자로서의 교사' 등은 그러한 예에 속하는 작품들이다.

보다 구체적으로 교육과정 연구에서의 질적연구의 정당화와 패러다임의 이론화를 다룬 전문서적에 대하여 소개하면 다음과 같다. 첫째, W. Schubert(1986)의 「교육과정: 관점, 패러다임, 그리고 가능성」을 들 수 있다. 이 책은 1980년대 후반 이후의 교육과정 분야를 그야말로 '질적으로' 바꾸어 놓은 저서라 할 수 있는데 이 책에서는 본 논문의 서두에서 밝힌 것처럼 교육과정 개념확대의 필요성과 정당성을 근본적으로 다른 가정을 가진 연구 패러다임으로 구분한 점, 그리고 1970년대 이후부터 등장한 주된 대안적 탐구 양식인 질적탐구의 발달과정을 체계적으로 소개하고 있다는 점이 이 책의 가치와 기여도를 나타낸다.

둘째, McKernan(1988, 1991)은 질적연구의 중요한 장르인 현장연구를 교육과정을 중심으로 그 성격과 방법적 특징들을 포괄적으로 리뷰하였다. 특히 과학, 해석 그리고 비판적 탐구 방법을 비교 분석한 후, 현대의 현장연구의 경향을 "다양한 교육과정 탐구 스타일의 인정의 시대 … [즉] 모두가 이해를 중심으로 추구하되 다른 연구 및 실천 방법을 모색하고 있다"라고 해석한다. 이는 교육학계에 만연하고 있는 탐구방법의 변화와 다양성의 인정을 현장교사 · 연구자들조차도 인식하고 있으며, 특정한 전통적 탐구방법에서 벗어나 다양한 연구 모드를 사용하면서 자신의 교실 실제의 개선에 노력하고 있음을 보여 주었다.

셋째, Schubert의 책과 함께 이 시기에 교육과정의 영역에서 질적연구 패러다임의 인정을 나타내는 다양한 서적들이 출간되었다. 「Journal of Curriculum and Supervision」의 초대 편집자였던 Short(1990)는 자신이 편집한 「Forms of curriculum inquiry」를 통해 교육과정 연구에서 사용될 수 있는 모든 탐구양식들을 17개로 소개하였는데, 그 구체적인 범주를 살펴보면 철학적, 규범적, 이론적 탐구 5개, 과학적 탐구 1개, 통합적 탐구 1개, 역사적 탐구 1개, 그리고 질적탐구 9개로 구분되어 있다. 이 절에서는 질적방법과 관련된 탐구양식만을 다음 〈표 1〉에 정리하였다.

넷째, E. Eisner(1990) 역시 1990년대에 들어서 그의 질적탐구에 대한 열정이 높아졌는데, 동료인 Peshkin과 공동으로 편집한 「교육에 있어서의 질적탐구: 계속된 논쟁」은 교육학 분야 전반에 걸쳐 진행 중이던 방법론적 갈등을 주요 이슈별로 다룬 중요한 저서임과 동시에 여러 교육과정 학자들의 글을 기고하게 함으로써 교육과정 분야가 질적연구를 이론적으로 이끌어 가고 있음을 증명해 주었다. 그리고 「The enlightened eye」(1991)를 통하여 질적연구의 개론적 이슈들을 교육과정과

〈 표 1 〉 교육과정 탐구 양식에 있어서 질적연구의 종류들

	주요 아이디어	연구 질문*
1. 문화기술지	• 교육 참여자의 경험 • 참여자(들)의 사회적 행동 • 획득된 지식과 전승과정	• 학교구와 주 수준에서 교육과정 의사결정의 요소와 영향은 무엇인가? • 교육과정 계획과정에 있어 교사의 교육과정 개발 참여능력을 지원하거나 방해하는 요소는 무엇인가?
2. 이야기 탐구	• 탐구방법으로서 이야기 • 총체적 관점 • 참여자의 목소리 강조	• 나의 교직선택에 있어 나의 선생님들에 대해 내가 부여한 의미를 역사적(자서전적)으로 다시 구성한다면? • 음악교사로서 지난 25년 동안 무엇이 중요하게 가르쳐져야 하는지에 대해 나의 견해가 바뀌었는가?
3. 심미적 탐구: 예술비평	• 특정 경험의 질 이해 • 교육자료의 질적해석 • 새로운 시각 유추	• 김 선생님의 수업에서 경험된 교육과정의 특성을 어떻게 질적으로 묘사할 수 있을까? • A 교과서 회사에서 만든 읽기 텍스트 자료들의 주요한 특질은?
4. 현상학적 탐구: 생경험 지각	• 인간의식구조 • 인간경험의 본질적 이해 • 참여자의 의미구성과정	• 반나절은 직업학교에, 그리고 반나절은 종합학교에 다니는 학생들은 무엇을 지각하고 느끼는가? • 한 학교구의 건강 보건 프로그램의 개발이 교사, 교육과정 책임자, 그리고 행정가들 사이에서 어떻게 다르게 지각되는가?
5. 해석학	• 의미의 분석 • 전체-부분의 연속선상 • 의미의 역사성	• 자퇴한 한 학생의 일기에서 발견된 "나는 학교를 증오한다" 라는 문구의 진정한 의미는 무엇인가?
6. 비판적 탐구: 실천 패러다임	• 지배적 가치 및 규범의 비평 • 사회적 변화 · 실천	• 근본적 규범과 현존 교육과정 결정 · 실제사이에 무엇이 상반되고 불일치하는가?
7. 평가적 탐구: 상황적 사정	• 목적과 목표 중심 • 과정의 기술과 설명	• 교사의 교육과정 지침서 사용은 교육과정의 실제적 형성을 도와주는가 아니면 방해하는가?
8. 숙의적 탐구: 계획의 기예	• 직접적 교육과정 의사결정 과정과 행위 분석	• 바람직한 목적을 얻기 위한 최선의 행위 선택은 무엇인가?
9. 현장탐구	• 참여자=연구자:개선 중심 • 연구의 계속된 사이클	• 우리의 행위를 궁극적 목적에 맞추기 위하여 지금 단계에서 무엇을 해야 하는가?

관련하여 논의하였다. 아울러 나아가 Jackson(1992)이 편집한 「Handbook of research on curriculum」은 비록 Pinar의 글을 배제하고, 비판적 이론가들의 글들을 약하게 수록하여 비판은 받지만, 방법론에 관한 폭넓은 두 편의 글(Lincoln과 Walker)을 수록하면서 질적연구가 완전히 하나의 방법론으로 자리 잡았음을 보여주는 결정적 구실을 하였다. 또한 Willis와 Schubert(1991)는 교육과정과 교수 분야 전반에서 질적탐구의 이론적 배경을 예술에 직·간접적으로 의존하였던 30여 명의 학자들의 글을 모아 「가장 중요한 교육 탐구 반성: 예술을 통한 교육과정과 수업의 이해」를 발간하였다.

아울러 이 시기에는 교육과정 연구의 방법론으로서 후기구조주의의 아이디어들이 교육과정 영역에 도입되었다. 이에 Foucault(1984)의 네 가지 담론요소들인 권력과 지식, 언어, 주체성 그리고 기관의 개념들이 미국 교육과정 학계에 도입되어 새로운 연구물들이 소개되었다. 대표적으로 Cherryholmes(1988)의 「권력과 비평: 교육의 후기구조주의적 연구」, Lather(1991)의 「Getting smart」 등을 들 수 있다. Cherryholmes는 자신의 연구에서 교육과정 분야에서 대가들인 Bloom, Tyler 그리고 Schwab 등의 아이디어들뿐만이 아니라, 교과서와 교수의 의미에 대해서도 Foucault의 담론을 분석의 도구로 삼아서 재해석하였고, Lather의 「현명해지기」는 페미니즘과 포스트모더니즘을 교육과정에 적용한 이 시기의 또 다른 중요한 질적연구의 대표적 작품이라고 할 수 있다. '표현의 위기'를 가장 잘 나타내 주었던 이 작품에서 Lather는 텍스트를 해체하고 다시 구성하면서 연구자의 주관적 경험을 다르게 표현해 보려고 함으로써 교육과정 연구를 계속적인 의미의 분석과정으로 확대하려고 노력하였다. 따라서 후기구조주의의 주요 담론인 해체를 준거로 하여 교육과정 연구를 지식을 보다 적극적이고 의욕이 넘치는 자세와 방법으로 탐구하려는 것으로 이해시켰다(p.83).

(1) 이야기 탐구(Narrative inquiry)

지금까지 교육과정 영역에서의 질적연구 패러다임의 인정과 이론화에 기여한 여러 학자들의 노력을 소개하였다. 그럼 지금부터는 그러한 노력 중에서 질적방법을 교육과정 연구에 정착시키고 새로운 교육과정 연구방법론으로 이론화시킨 학자들 그리고 그들의 방법론에 대하여 설명하고자 한다. 앞에서 소개한 Eisner와 Barone의 예술비평 등을 포함하여 다양한 방법들이 이론화되어 있다는 점을 강조하면서 이 글에서는 크게 세 가지의 새로운 교육과정 연구방법론을 소개하고자 한다. ① 이야기 탐구, ② 교과목의 역사와 일대기연구, ③ 자서전적 탐구.

첫째, Connelly와 Clandinin은 교육과정 연구에서 이야기 탐구방법을 도입시킴으로써 교육과정 연구에 있어서 질적방법론의 이론화에 기여하였다. Clandinin(1986)은 앞서도 언급된 Elbaz의 연구, 즉 '교사가 교실에 대해서 무엇을 알고 있는가?' 라는 연구문제를 보다 구체적으로 연구하려고 하였는데, 이를 위하여 방법적으로 그녀는 현상학, 문화기술지 그리고 근저이론 등을 통합적으로 사용하였다. 이에 Connelly와 함께 Clandinin(1988)은 교사를 '교육과정 계획자' 로 명명하고 자신들의 방법론적 전략을 이야기 탐구(narrative inquiry)로 이론화하였다. 교사의 현장경험적 지식을 과거-현재-미래의 시간성에 비추어 이야기를 듣고, 종합적, 연속적 그리고 협동적으로 해석하는 이들의 노력은 1990년대에 이르러 학교 행정가들의 이야기에도 함께 귀 기울이며 연구하기 시작하였다. 그리하여 하나의 학교를 사례로 하여 '교육계'의 모습을 거시적으로 이해하려고 하는 교육 전문인들의 세계를 포괄적으로 묘사해 주었다(Clandinin & Connelly, 1998; Connelly & Clandinin, 1996). Jackson(1992)은 이 두 학자의 연구노력을 '실제로 향하는 자문관적 교육과정 연구자들' 로 명명하였다.

그 이후, Connelly와 Clandinin(1988)은 그들이 생각한 기본적인 질적 교육과정 연구를 「교육과정 계획자로서의 교사」 속에서 잘 소개하였다. 부제가 「경험의 이야기들」인 이 책은 교사들의 경험을 좁게는 교육과정 계획을 중심으로, 넓게는 교사들이 소유한 경험적 지식의 탐구가 목적이다. 즉 그들이 설정한 가정, "교사는 교실을 알고 있는 사람이다"에서 출발하여 교육과정의 새로운 의미를 해석해 나간다. 그들은 교육과정의 개념을 "사람들은 교육과정을 정의할 때, 교실과 [수업] 과정의 많은 측면들 중 한두 가지에만 초점을 둔다. … 우리는 일반적 용어들인 '경험' 과 '상황' 을 강조하면서 모든 측면들에 초점을 맞추려 한다. … 교육과정은 여러 상황들 안에서 경험된 무엇이다"라고 정의하였다(p.6). 그리고 이와 같은 경험과 상황 중심적 교육과정의 개념은 '한 명의 교사' 가 복잡한 문제를 능숙히 처리할 능력이 있는 지식인으로 이해하려는 일환이며, 그 해석적 틀은 시간성에 있다고 하였다. 다음의 내용은 그들의 이론을 잘 나타내 주고 있다.

> 교사는 지식이 있고 아는 사람이란 것을 강조하기 위하여 개인-실제적 지식(personal practical knowledge, 이하 PPK로 부름)이란 용어를 쓴다. … PPK는 사람의 과거경험 속에, 현재의 정신과 신체 속에, 그리고 미래계획과 행위 속에 있다. … PPK는 현재상황의 긴박한 문제들을 다루기 위해 과거, 특히 미래의 어떤 의도를 재구성해 보려고 시도하는 한 사람이 사용하는 특별한 방식이다(Connelly & Clandinin, 1988, p.25).

이에 이런 PPK를 소유한 교사는 언제나 상황과 시간성 속에서 존재하는 사람이라는 점을 전제하고 Connelly와 Clandinin(1990)은 '이야기 탐구' 방법에 근거하여 한 사람으로서의 교사가 자신의 경험, 정신과 신체, 그리고 의도 속에서 이야기를 하고 다시 할 때, 또한 이야기를 계속해서 만들고 다시 만들 때, 한 교사만의 독특한 PPK가 드러난다는 것이다. 이런 이야기 탐구방법은 연구주제의 설정에서부터 글쓰기 작업까지 그 연구의 주도권이 연구자가 아닌 참여교사에게 주어진다는 것이 특징이다. 이야기 탐구방법의 전체적 구조는 다음과 같다. ① 연구자는 협동적으로 교실활동을 함께 하고 충분한 시간에 걸쳐 다양한 방법으로 신뢰관계를 구축한다, ② 참여교사가 들려주는 교육문제나 교실생활과 관련된 이야기를 경청하고 존중한다, ③ 발견된 주제를 중심으로 함께 글쓰기 작업을 하되, 계속해서 그 이야기가 살아있도록 수정 · 보완작업을 오랫동안 한다, ④ 참여교사의 PPK를 중심으로 개인적으로 처한 실제 문제해결에 필요한 통찰을 함께 모색하여 교실변화에 기여함과 동시에, 보다 넓은 차원에서 교육의 제 문제와 관련된 일련의 해결점을 설득력 있게 교사 일인칭의 목소리로 이야기를 완성한다.

(2) 교과목의 역사와 일대기적 연구

영국의 Bernstein의 학생인 I. Goodson은 교육과정 연구방법으로서 교과목의 역사와 교사의 생애사연구를 주창하였다. 그는 교육과정 연구방법으로서 일대기적인 방법을 처음으로 이론화시켰는데, 그에 따르면 일대기적인 질적방법은 어떤 과거사실을 고문헌을 통해서 혹은 관련 인사들의 면담 자료를 바탕으로 하는 역사적 연구나, 한 명 혹은 여러 명의 현존인물들을 중심으로 장시간의 면담과 여러 종류의 개인적 소장자료들을 바탕으로 참여자(들)의 과거 삶의 이야기를 그 시대상에 비추어 새롭게 이해하려는 사회과학 연구방법이다. 이에 일대기적 연구방법을 1983년에

「School subjects and curriculum change」를 시작으로 1984년의 「Defining the curriculum: Histories and ethnographies」 그리고 Ball과 함께 1985년의 「Teachers' lives and careers」의 저서 등을 통하여 교육과정 영역에서의 새로운 연구방법으로 정립시켰다.

그는 "클리바드(Kliebard)적인 역사적 연구가 학교 생활을 상세히 다루지 않았다"고 지적하면서 중등학교 교과목 지식의 지위를 둘러싼 교육과정 역사와 교과 교사들의 이야기들을 실재의 사회적 구성에 비추어 탐구하고자 한다(Goodson, 1994: 114). 즉 전통적 교육과정 연구는 이미 만들어진 교육과정을 단순히 주어진 존재로만 받아들이는 오류를 범하였고, 아울러 교사들이 학교기관 내외에서 그 전달된 교육과정을 실행하면서 경험하는 많은 제약들을 연구하지 않았다고 주장한다. 다른 방식으로 말하자면, 전통적 교육과정 연구는 학교에 전달되기 전의 교육과정의 생성과정의 정치적 실제는 다루지 않았고 그렇다고 현장에 전달되어 실행 중에 있는 교육과정도 외형적 행동변화의 정도나 피상적인 의사결정과정으로 연구될 뿐, 교사의 경력과 그(녀)가 속한 교과 이해집단의 진행 중인 정치적 활동 등을 배제한 탈상황적인 성격을 띤 연구가 되어 왔다고 주장한다.

그는 일대기적인 방법에서 사회구성주의적 접근을 강조하는데, 그에 따르면 그 의미는 다음과 같다.

> 처방으로서의 교육과정의 문제점은 그 초점이 단순히 처방이라는 점뿐만이 아니라 그 초점의 종류가 탈상황적이라는 점이다. 우리는 교육과정 처방이 학교에서 사용될 때 어떻게 사회적으로 구성되는가를 이해할 필요가 있다. … [현행 교육과정 연구의] 문제란 … '교육과정이 처방적이다' 는 그 사실뿐만이 아니라, 그러한 연구초점이 유일한 것인양 강조만 하거나, 여러 가지 다른 초점의 종류에 관심을 기울이지 않는다는 점에 있다. [따라서] 복합적 접근이 요구된다. ① 처방적 교육과정과 정책구성과정, ② 이런 교육과정이 현장 속에서 협상되면서 구현되는 과정의 분석, 그리고 ③ 이 두 수준의 변증법적 관계. … 사회구성주의적 관점이란 … 실행 전후의 양 수준 모두에서 벌어지는 모든 사회적 구성관계의 자료를 검토하여 교육과정을 재통합시키려는 노력이다(1994: 112-113).

이런 관점에 따른 그의 방법론을 질적이라 부를 수 있는 이유는 어떤 현상을 단순한 역사적 참여와 사건을 기술하는 것을 넘어서 그 이상에서 나타나는 어떤 제약에 보다 역점을 둔다는 점이다(Goodson, 1991: 118). 이런 제약을 조사하면서 Goodson은 역사적 참여자의 개인수준에 내재된 어떤 의지를 사회적 맥락 속에서 밝혀낼 수 있다고 본다. 즉 그와 같은 의지를 사회적 맥락에서 연구하게 되면 개인적 또는 집단적 이해타산이나 물질적 이득의 추구와 같은 요인들이 어떻게 관계되었는지 드러난다는 점이다. 이러한 점에서 그의 연구는 교육과정의 개발과 실행을 동시에 보면서 묵시적으로 계층 혹은 계급 간의 권력적 관계 그리고 보다 공평한 사회적 관계의 의미 등을 추구하는 비판적 역사연구의 성격을 띤다고 할 수 있다(Kincheloe, 1997: xvi-xxx). 아울러 어떤 교육과정 개발과 실행과정 속에서 역사적인 행위자들이 그들에게 부여된 여러 제약을 어떻게 극복하려 하였고 갈등을 해결하려 하며, 또 이권들을 쟁취하려 하면서 얻게 된 경험들이 무엇인가를 기술하고 설명하려 한다는 점에서 일대기적이라고 할 수 있다(Goodson, 1991: 119).

Goodson(1991)은 한 사람의 생애사가 교육과정 상황과 어떻게 맞물리고, 왜 그런 삶의 역사를 알 필요가 있는지 다음과 같이 주장한다.

> 삶의 이야기와 교육과정 역사의 조합은 몰개인화되고 탈역사적인 학교교육의 측면을 분명히 나타내 준다. 사회구조 속에서 개인들이 마치 명령에 비추어 살고 있음을 우리는 알게 된다. 이러한 역사 속에서 삶의 이야기들을 한자리에 모아 볼 때, 우리는 어떤 일반적인 사실들을 식별할 수 있다. 개인의 일대기와 지각 속에서 명백히 나타난 어떤 기본적인 사실을 토대로 우리는 우리 자신의 이해를 높일 수 있다(1991: 134).

방법론적으로 이와 같은 교과목의 역사 및 전기적 연구를 단순한 기술과 자료의 제시에서 끝나는 것이 아니라 Goodson(1991)은 그 중심부에 살았던 교사 삶의 '질적' 변화의 과정과 그 교육적 의미를 거시적 · 미시적 시각으로 해석하려 한 점이 중요하다. 그는 한 교사의 전기적 삶을 연구하되 그 교사가 겪었던 사회, 정치적 상황과 직접 연결을 시킬 때 비로소 참된 교육적인 이해에 도달할 수 있다고 주장한다. 즉 교사 삶의 경험을 교육 연구의 중심으로 삼되 그 교사만의 독특한 교육과정 활동 구조와 과정의 패턴을 어떤 한 가지 실제의 특별한 모습의 확인만으로 끝내지 말고, 보다 넓은 사회학적 시각도 함께 해석의 틀로 삼아야 한다는 점을 강조한다. 이럴 때, 위에서 그가 말한, 개인 삶이 왜 그리고 어떻게 사회적 명령에 따라서 살 수밖에 없었는가가 밝혀진다고 본다. 또 동시에, 그 사회적 제한의 의미를 개별교사가 어떻게 긍정적으로나 부정적으로 그 당시의 시각과 현재의 시각을 병행하면서 재해석하는가를 살펴보아야 한다고 Goodson은 주장한다.

결과적으로 Goodson(1991)은 종래의 교육과정 연구가 상황 속에 살았던 교사의 삶을 배제하였다는 점을 비판함과 동시에 정작 교사의 삶을 연구한다는 시도들도 그 상황이나 실제 자체에만 지나치게 초점을 맞춘다는 점도 함께 비판한다. 그렇기 때문에 연구자가 교사의 삶을 편리한 수단인 몇 차례의 면담 정도나 간단한 질문지 등의 방법만으로 접근할 때 시간과 공간에 따라 변해 온 과거사 그리고 현재 삶에 미친 영향을 제대로 밝힐 수 없다고 강조하고 일대기적 연구가 체계적으로 진행되기 위하여 고려되어야 하는 방법적 지식은 다음과 같다고 예를 들었다(1998: 4-11). ① 연구 대상자의 삶을 사회정치적인 상황 속에서 구체적인 자료검증을 통해서 내려다볼 것, ② 구체적으로 어느 시점, 지점에서 이야기 속의 자아가 어떤 식으로 정체성을 바꾸어 가면서 변화하는지 면밀히 분석할 것, ③ 그리고 만약 연구 대상자가 자신의 이야기 자원의 구체적인 사회정치적 맥락을 잡지 못할 때 직·간접적으로 타인이나 연구자와의 협력을 통한 비평을 제공할 것. 즉 일대기적 교육과정 연구는 교사의 삶을 단순히 이야기에서 끝나는 것이 아니라 사회정치적인 조건들이 만들어 낸 불합리한 역사적 측면을 함께 따져 보면서 이해할 필요가 있다고 주장하였다. 이에 Goodson은 지리와 환경 과목이 영국과 같은 전통주의적 학교에서 공인된 교과로 인준되는 과정에서 겪는 지식의 정체성 문제, 학교 교육과정의 변화에 따른 교사들의 경력과 승진의 문제, 농촌 연구와 같은 교과의 출몰, 번성 그리고 쇠퇴와 같은 주기 속에서 교사가 어떻게 전문직업적으로 살아 왔는가를 일대기적인 방법으로 연구하였다(1997: 113-134).

(3) 자서전적 교육과정 연구

W. Pinar는 전통적 교육과정 분야가 탈역사적이고 비이론적이며 심지어 실증적 사회과학 패러다임에 체포된 상태라고까지 비판하면서 교육과정의 재개념화 운동에 참여한 개척자 중의 한 사람으로서 1980년대의 「Curriculum and instruction」의 편저서 그리고 1990년까지의 수많은 논문들을 통하여 교육과정 연구의 재개념화에

노력해 온 대표적인 학자이다. 그는 특히 편저 「Contempcrary curriculum discourses」에서 자신을 비판해 온 Tanner와 Tanner에게 교육과정 재개념 운동이 이제 더 이상의 비판이 될 수 없음을 알리고 역사적, 정치적, 심미적, 현상학적 그리고 페미니스트적 관점들을 통해서 교육과정을 연구해야 할 것을 주장한다.

이 절에서는 교육과정 연구의 방법론으로서 그가 개념화시켜 온 자서전적인 연구방법에 대하여 논의하고자 한다. Pinar는 교육과정의 역사를 통하여 교육행정가의 요구에 맞추어 간단한 과학적 기법들이 교육과정 연구의 방법론으로서 이용되었다고 주장하면서 이 결과 교육과정 분야가 목표와 내용의 문서화에만 관심을 가졌지 그런 문서가 실제 교실현장에서 학생들에게 어떻게 경험되고 있는지를 등한시하였음을 자신의 실제적인 교육경험을 들어 비판하였다. 이어 그는 교육과정 분야를 역사적으로 검토하고 자신이 과거 공립학교에서 받은 암흑 같은 교육경험을 비교하면서 교육의 궁극적 목적이 학생들을 보다 높은 수준의 고양된 의식(heightened consciousness)을 가지게 하는 것이 되어야 한다고 믿었다. 그리고 그러한 고양된 자아의식의 함양은 막스적인 전통에 의존하기보다는 주체가 자아를 스스로의 힘으로 발견하게 도와주는 현상학적 방법이 보다 적절하다고 주장하면서 자아의 발견의 방법으로서 다음과 같은 네 가지 절차를 이론화시켰다. ① 과거로 회귀(regressive), ② 미래로 발전(prgressive), ③ 분석적(analytical), ④ 종합적(synthetical)(1975d: 57-61).

현상학의 자유연상에 바탕을 둔 이 과거로의 탐구는 '무의식의 내용'을 있는 그대로 기록하는 다소 고통스런 작업을 출발로 삼고 희망하는 미래의 어떤 모습과 상태를 (즐겁게) 기록하는 방법이다. 분석은 다시 현재의 모습으로 되돌아와 앞선 두 경험을 막연히 축약시키지 말고 저변의 어떤 주제로 연결시키는 지적인 작업으로 이루어진다(1985: 58-60). 비록 마지막 종합단계가 앞의 세 단계와 병행하면서 이루어져야 하지만, 그 주된 초점은 "과거와 미래를 이해하면서 형성된 렌즈를 통해 자신의 일대기를 재개념화시키는 데" 있다고 하였다(1985: 60).

이와 같이 Pinar가 제시한 현상학적, 실존적, 혹은 정신분석학적 방법을 통한 자서전적 교육과정 연구방법은 연구자인 자신이 시간적으로 초월해 가면서 연구대상인 마음 속의 자아를 기록하는 것을 의미한다. 또한 그런 자아를 개념적으로 이해하고 초월시키려고 노력한다. 시간성과 개념 발달을 동시에 강조한 Pinar는 개인의 교육경험사를 기술하고 해석하려 함으로써 교육과정의 의미를 찾으려고 한다(1975: 22-23). 그러나 그가 줄곧 주장하는 고양된 의식과 높은 수준의 지성인의 이미지는 연구자가 누구이든 간에 과거 속에 체포된 자아를 자유로운 모습으로 (재)개념화를 시킬 때 가능하다고 한다. 이런 점에서 이 방법은 연구자의 주관적 판단에 절대 의존한 자기 정신치료적 방법이라고 할 수 있다. 그에 따르면 자서전적 방법은 다음과 같다.

> 자서전은 명상의 공간을 확대, 차지 그리고 건설하기 위한 방법으로 봉사할 수 있다. 자서전은 자신의 기억의 가장자리로 다시 되돌아가게 해 주며, '잊었던', 억압받던 그리고 거부되던 그 무엇을 들추어내 준다. 이렇게 하기 위해서는, 자신이 하는 이야기는 공식적 학회 같은 데서 흔히 들을 수 있는 것들이 아니다. 과거나 현재가 부풀리고, 가장되어서는 안 된다. 자아의 조경을 보다 복잡하게 만든 [참된] 자서전은 기억의 저편에서 나오는 것이며, 자신의 이야기에 대한 자기 방어를 하지 않을 때 가능한 것이다(p.217).

자아의 조경이라는 이미지를 설명하면서 Pinar(1988)가 말하는 교육과정의 자서전적 방법은 과거(나의 억압경험)와 교육과정의 과거와 현재(과학적, 실증적 그리고 통제 중심)를 숨기지 말고 이야기할 때 나 자신이 자유로워지고, 교육과정 분야가 새로운 이론을 수용할 공간이 생기고, 따라서 나의 의식이 고양되며 교육과정 분야가 패러다임이 완전히 바뀌어 계속해서 발전한다는 것이다. 교육과정 연구방법으로서 자서전에 대한 Pinar의 이론화는 다음의 글들에 잘 나타나 있다: 'Currere: Toward reconceptualization(1975a)', 'Search for a method(1975b)', 'The analysis of educational experience(1975c)', 'Whole, bright, deep with understanding: Issues in autobiographical method and qualitative research(1988)', 'Autobiography and the architecture(1988/1994)'.

(4) 학회와 학술지의 창간

이 시기의 주요 교육과정 저널들도 질적연구가 교육과정에 얼마나 번성하고 있는지를 잘 반영해 주고 있다. 첫째, 1985년 캐나다의 OISE(Ontario Institute for Studies in Education)에서 Connelly와 Clandinin이 주도한 개인-실제적 지식

(personal practical knowledge)에 관한 심포지움이 있은 이래로 Curriculum Inquiry는 10여 년에 걸쳐 특집 논문들을 계속 수록하고 있다. 교사가 자신의 교실을 어떻게 이해하느냐가 교실조직 · 상호작용, 교육계의 활동, 교사의 전문성 개발 등에 직접적인 이해의 바탕이 된다는 공감 아래 다음과 같은 대표적인 연구들이 수행되었다: 교사의 이미지(Clandinin, 1985), 교육과정 참여 경험(Young, 1985), 교사의 현장용어 학습과정(Yinger, 1987), 교사의 교실 · 행위지식(Johnson, 1989), 초임교사의 교수학습과정의 리듬 개발(Clandinin, 1989), 직전 교사들이 경험했던 사회적 통제와 그 영향(Britzman, 1989), 교사 교육자의 문화의 차이에 대한 경험(Weber, 1990), 한 교사의 교수과정에 대한 반성(Trumbull, 1990), 그리고 교육자 · 사회 · 개인 간의 관계적 지식탐구(Hollingsworth, Dybdahl, & Minarek, 1993). 그리고 이 개인-실제적 지식 시리즈는 1995년 이후에도 계속된다.

또한 교육과정과 장학연구의 초대 편집자인 Short는 이 시기에 일련의 특별 기고들을 숙의와 관련된 질적연구물들을 중심으로 수록하기 시작하였고 오하이오 주립대학교(The Ohio State University) 발행의 「Theory into Practice」의 1992년 두 개의 특집 주제들도 질적연구가 얼마나 광범위하게 확산되고 있는지를 이해시켜 주는 구체적인 증거가 된다. 그 첫 번째는 「교육연구에 있어서의 질적이슈」(1992)이며 두 번째는 「현대교육과정사유의 논의」이다. 편집장으로 참여한 J. Sears는 자신의 글에서 1970년대 중반 이래 교육과정 분야가 질적으로 변화되었다면 얼마나 변화되었으며 주된 이론과 관점들 혹은 제안된 프로그램들이 교육 · 사회정책에 비추어 볼 때 얼마만한 유용성을 가지고 있는가에 대한 지성적인 제2의 재개념주의의 운동과 같은 반성의 필요성을 역설하였다.

3) 종합과 반성의 시기(1995~현재)

교육과정 영역에서의 질적연구의 세 번째 시기는 '종합과 반성의 시기'로 명명하였다. 이 시기는 그 동안 30년간 교육과정 영역에서 이루어진 질적연구의 발전과 수용의 과정을 비판적으로 정리하고 새로운 탐구주제를 모색하는 작업이 주요하게 이루어졌다. 이 분야의 거장들이 기존의 연구물들을 정리하는 글을 쓰거나 기존의 연구물의 성과에 근거하여 앞으로 어떠한 연구가 진행되어야 하는지를 주장하는 글들을 쓰게 되었다.

이러한 반성의 시기를 대표하는 연구물을 쓴 학자로는 Pinar를 들 수 있다. 7~8년에 걸쳐서 3000여 개에 이르는 참고문헌을 정리하여 그와 그의 동료(1995)들이 만든 저서 「Understanding curriculum」은 이 시기의 대표적인 작품으로 꼽힌다. 그들은 앞선 시기의 중요한 전환점인 Scubert(1986)의 텍스트를 바탕으로 그리고 주류 교육과정의 첫 결집서인 Jackson(1992)의 「Handbook of research on curriculum」에서 배제된 자신들의 목소리를 반영하려고 이 작업을 시작하였다. 교육과정 분야 자체가 곧 "담론, 텍스트 … 말과 아이디어들(Pinar, Reynolds, Slattery, & Taubman, 1995: 7)"이라고 규정 짓고 1980년부터 1994년까지를 나누어 개관함으로써 직 · 간접적으로 1990년 후반의 교육과정 분야 자체를 종합적으로 정리하는 글을 수록하였다. ① 정치, ② 인종, ③ 성, ④ 현상학, ⑤ 후기구조주의적 · 해체적 · 포스트모던적, ⑥ 자서전적, ⑦ 심미적, ⑧ 신학적, ⑨ 기관적 텍스트. 아울러 이 저서는 교육과정 분야에서의 질적연구 탐구방법이 교육과정적인 맥락에서 얼마만큼 다양한 관점과 이론 속에서 이용되고 적용될 수 있는지를 이해시켜 주는 모범적인 작품이라고 할 수 있다.

또 같은 시기인 1995년 Henderson과 Hawthorn의 「Transformative curriculum leadership」도 질적 교육과정 연구의 종합과 새로운 시도로 간주된다. Henderson과 Hawthorn은 새로운 교육과정 프로그램을 실행하는 데 있어 전통적인 방법을 지양하고 모든 교육관계자들이 협력적으로 수행해야 할 민주적, 심미적, 윤리적 그리고 해방적 지도력을 범주화시킨 것이 이들 연구의 특징이다. 이들은 이 책의 두 번째 개정판에서 질적인 교육개선을 추구하는 지도자의 역할을 서로서로 "계속적인 성장의 삶에로 이끌어 주고, … [창의적이고] 진보적 사고"로 일상적 교수-학습 과정을 함께 탐구하는 이미지로 묘사하였다(2000: 15). 학교의 행정가와 교사들은 예술적 탐구양식을 주된 방법론으로 사용하여 교육자는 교육과정의 재개발, 창작적인 교수과정, 그리고 평가의 다양화 등을 통하여 연속적이고 반성적인 의미 중심의 실행과정을 경험함으로써 자신의 교육환경 개선에 필요한 지도자가 되어야 함을 생생한 사례 이야기로 나타내었다.

같은 해 Slattery(1995)의 「Curriculum development in the postmodern era」도 또한 교육과정 분야에서 질적연구가 가져다준 새로운 시도 중의 하나로 간주된다. 특히 미국 사회가 다문화적인 상황 속에서 어떤 하나의 특정 이데올로기나 지식이 지배적일 수 없음을 강조하면서, 그는 궁극적인 학교교육의 목적은 각 개인이 사회를 바르게 이해할 수 있는 생각능력을 배양해야 한다고 주장한다(Kincheloe, 1993: 17). 비록 Slattery가 직접적으로 무엇을 어떻게 개발해야 하는가에 구체적인 대안을 제시하지는 않았지만 현대 교육과정 연구자 · 이론가들이 심각하게 고려해야 할 질적 · 예술적 · 종합적인 방법적 아이디어들을 제공한다는 점이 이 책을 값지게 만든다(pp.207-225). 교사가 다문화적 상황에서 어떻게 학생들의 다양한 배경을 이해하고 나아가 구체적 수업상황에서 어떻게 적용해야만 하는지를 기술한 Rio(1996)의 「Teacher thinking in cultural contexts」는 20세기 후반 미국 전역의 교육과정과 수업전공의 학과의 변화된 목적과 서비스의 방향을 알려 주는 한 증거이기도 하다.

Pinar(1998)의 편집서, 「Curriculum: Toward new identities」는 교육과정 학자 2세대들의 연구주제들을 담고 있다는 점에서 이 시기의 대표적 작품에 속한다. Jackson(1992)이 말한 일선 교육현장이 아닌 대학교육 중심의 교육과정 일반론자들에 속하는 이들 신세대 연구자들은 자신의 정체성을 탐구하면서, '교육과정이 자신에게 무엇을 의미하는지, 자신의 전문성에 어떻게 적용되는지, 그리고 미래의 연구방향은 무엇이어야 하는지'를 대답하고 있다. 예를 들어, 제2장에서는 Hwu는 보다 심오한 동양철학적 반성에 의거한 자아의 탐구를 주장하였고, 제3장에서는 Salvio는 문맹 포트폴리오 작업에 연민-공감적 탐구를 적용하여 한 직전 교사의 수동적 자아의 이해를 깨닫게 해 주었다. 그리고 제4장에서는 Sumara와 Davis는 한 초등학교 학생이 소설을 읽은 후 자신의 가정생활경험과 똑같다는 평에 착안하여, 문학적 인류학이라는 기법을 사용하였다. 즉 잘 구성된 문학서적의 개인적 독서는 공적인 영역에서 이해될 수 있다는 점이다. 문학서적 내의 상황과 주연들의 해석적 분석을 통해 개인적 독서라는 활동이 학교, 사회 그리고 개인경험 · 지식의 경계들을 동시에 제거하고 또 부과하는 'unskinning' 교육과정을 묘사한다. 결과적으로, 이와 같은 질적탐구 모드의 고취는 새로운 아이디어를 계속 추구하는 포스트모던적인 학풍에서 비롯되고, 연구자의 독특한 개성을 강하게 나타내 보이는 특성을 가진다.

이미 기존의 저서에서 교육과정 탐구 영역에서 질적연구의 영역을 9개로 개념화시켜 교육과정 연구에서 주류 연구방법이 질적연구방법임을 강조한 Short는 '책을 쓸 그 당시의 상황과 지금 되돌아볼 때 미진한 점이 있다면'이라는 이슈를 다룬 「교육과정이론화연구」(2000)에서 '10년 후' 라는 제목의 글을 통하여 자신의 책에 대하여 짤막한 방법론적 반성을 하였다. 특별히 그는 이 책의 출판 당시 Pinar(1992)와 Reid(1992)의 따가운 비평, 즉 탐구형식과 내용만 다루었을 뿐 '교육과정 탐구이론'의 부재를 염두에 두며, 적어도 1980년대 후반의 질적탐구가 우후죽순처럼 발전하는 상황에서는 어떻게 탐구가 다양한 형식으로 수행될 수 있는가를 파악하는 것만으로도 이 책의 가치가 있다고 주장하였다(pp.74-75). 그러나 그는 당시 자신이 생각한 17가지 탐구형식이 임의적이었음을 인정하고, 두 가지 추가 탐구 형식으로 종교와 도덕탐구를 제안하였다(p.79). 끝으로 이 글에는 각 탐구형식을 보완하는 차원에서 지난 10년 사이에 출판된 중요한 방법론적 논문과 저서들을 종합적으로 정리하였다.

Marshall, Sears, Schubert(2000)는 교육과정개론서를 질적연구방법을 차용하여 써 내려감으로써 교육과정 연구에서의 질적연구의 위상을 개론서 글쓰기에 반영한 학자들이다. 그들의 공저 「Turning points in curriculum: A contemporary American memoir」에서 교육과정 역사를 문학의 한 장르인 비망록적인 기법을 사용해 쓴 것이 매우 특이하다. 서문에서 저자들이 소개하는바, 그 한 시기를 주도한 (현재 생존한) 주요 학자들과 면담하고 그들의 해당 저서에 대해 회고나 반성적 이야기를 수록한다. 그리고 가장 중요한 텍스트 한 부분을 수록한다. 이에 상응하는 일상적이고 시사가 될 만한 이야기를 소개함으로써 현실감을 높이며 끝으로 반성적인 질문들로 각 장들을 마무리한다(p.x). 이와 같은 실험적인 텍스트 구조와 전개방식은 80여 년에 걸친 공식적인 교육과정의 학문적 일대기를 독자들로 하여금 읽고, 보고 그리고 들으며 그 변천사를 이해할 수 있게 했다는 점이 인상적이라고 할 수 있다.

아울러 교육과정 연구방법론으로서 질적방법에 대한 비판적 반성이 이 시기에 일어나기도 하였는데, 그러한 기여는 포스트구조주의와 페미니즘에서 활발한 연구를 하고 있는 Lather와 Scheurich에 의하여 종합적으로 이루어졌다. 먼저 Lather는 계속적으로 교육과정 연구방법으로서 질적연구방법에 대한 해체적 접근과 분석을 시도하였다. 그리고 그녀의 다양한 연구논문들은 「Getting lost, in press」라는 책으로 만들어져 나올 예정이다. 그녀와 함께 J. Scheurich(1997)는 「Reserach method in the postmodern era」라는 저서를 통하여 기존의 Lincoln과 Guba가 개념화시킨 질적연구에서의 신뢰도 준거들을 포스트모더니즘의 해석으로 새롭게 변경시켰다. 이에 질적연구의 방법들, 신뢰도, 연구인식론에 대한 이해를 포스트모더니즘의 아이디어를 차용하여 새롭게 변화시키고 재구성하려고 하였다.

2000년을 중심으로 새롭게 전개될 행사와 출판물들은 이제 그 탐구방법이 질적이냐 아니냐를 따지는 시점을 훨씬 넘어 누구나 이제는 자연스럽게 교육과정 연구는 질적탐구라는 공식을 떠올리게 한다. Pinar와 Doll, Jr.은 「International handbook of research in curriculum」을 공동으로 편집 중에 있다. 또한 2000년 Louisiana에서 열린 전미교육학회(AERA) 폐막과 동시에 Louisiana State University에서 전 세계 교육과정 연구대회가 개최되었다. 전 세계 많은 나라의 연구자들이 제 각기 목소리를 가질 수 있다는 점은 앞으로 21세기 교육과정 연구의 주제와 경향을 대폭 바꾸어 1970년대에 경험했던 교육과정 분야의 지각변동보다 더 큰 변화가 나타날 수 있음을 예상할 수 있다. 그 외에도 Slattery와 Henderson 등과 같은 교육과정 2세대 학자들이 2000년 Texas Curriculum and Pedagogy 학술회의를 새롭게 개최하였는데, 이 회의의 목적은 종래의 Bergamo Curriculum Conference가 드러내고 있는 단점들을 보완하여 후기구조주의적 사고, 그리고 그러한 사조가 교수 및 교육과정 영역에 어떠한 실제적 영향과 적용을 가져올 수 있는지를 연구하려는 것이었다.

그러한 점에서 오하이오 주립대학교 동료교수인 Lather와 Donmoyer(1999)의 버가모 학술대회의 랑데부 발표는 교육과정 영역에서의 탐구양식의 극단적 번성에 대하여 우려를 나타내고 그러한 탐구양식의 번성이 교육실제의 개선과 변화에 어떻게 연결될 수 있어야 하는가를 숙제로 제시함으로써 의미가 매우 깊다고 하겠다. 이들은 현재의 교육과정 연구 경향이 지나치게 연구자 내부세계의 반성을 강조하고 있고, 연구참여자의 의식의 해방 · 실천적 변화 혹은 치료적 연구과정에 역점을 두고 있는 시대사조에는 동의를 하였다. 그러나 이런 추상적이고 다소 급진적일 수 있는 연구양식을 주장할 때, 연구자들은 지나치게 자신의 연구 패러다임의 고유성을 강조하는 경향이 있고 그 결과는 교육연구자 공동체가 이해하고 납득할 수 있는 용어와 연구과정을 제시하지 못할 경우가 있다는 점을 경계해야 한다고 지적하였다.

이에 Donmoyer는 교육과정 연구에서의 질적연구의 효용성을 인정하기 위해서는 첫째, 진리 추구, 둘째, 심층적 기술, 셋째, 발달적 연구, 넷째, 개인의 에세이, 다섯째, 사회변화 · 실천이라는 다섯 가지의 연구목적을 가지고 교육과정 연구에 임해야 한다고 지적하였고, Lather도 포스트모던적 탐구 패러다임 속에서 연구하는 학자들이 Guba와 Lincoln이 말한 패러다임의 발달, 즉 실증주의, 후기실증주의, 그리고 해석 · 구성주의보다 더 현명하기에 이와 같은 난해하면서도 지적인 연구를 수행한다는 우쭐한 태도를 버려야 할 것을 지적하였다.

3. 요약과 논의

지금까지 교육과정 영역에서의 질적연구의 발달과정을 1968년에서부터 현재까지 세 개의 시기 구분으로 나누어 정리하여 보았다. ① 적용과 확산의 시기, ② 질적연구방법의 세련화 시기, ③ 종합과 반성의 시기. 이러한 정리를 위하여 각 시기에 나타난 대표적인 연구물, 연구주제, 그리고 학술지 등을 분석하고 설명하였다. 그러나 이 주제에 대한 체계적인 연구가 미국에서도 이루어지지 않았고 논의범위 자체가 매우 방대한 것이었기 때문에 이 글에서 시도한 개념화는 필자들의 지식범위 안에서 이루어진 실험적인 것이었다. 그렇기에 이 글에서 필자들은 전체적인 변화의 흐름을 추적하려고 노력하였을 뿐 모든 변화의 내용과 흔적들을 기록할 수는 없었다. 따라서 이에 이 글에서 자세히 다루어지지 못하였던 주제들과 논의가 다음의 글에서 심도 있게 다루어질 필요가 있을 것이다.

그럼 이 글의 마지막 장인 제3장에서는 제2장에서 개념화시킨 교육과정 영역에서의 질적연구의 동향을 종합적으로 정리하고자 한다. 종합적 정리를 위하여 첫째, 세 시기로 구분된 교육과정 영역에서의 질적연구의 발달사를 주요 연구의 특징과 대표적 연구자들을 중심으로 요약하고자 하며, 둘째, 질적연구가 교육과정 연구 발전에 어떤 기여를 하였는지를 평가하고자 한다. 이 두 가지의 정리를 통하여 '교육과정 탐구에서의 질적연구의 역할과 기여점'이 무엇이었는가를 반성하고자 한다.

1) 요약

그럼 첫 번째 작업과 관련하여 필자들은 제2장에서 방대하게 설명한 교육과정 영역에서의 질적연구의 전개과정과 연구동향을 다음 〈표 2〉로 정리하였다.

〈 표 2 〉 AERA Division B

시기	특징	주된 연구
적용과 확산의 시기 (1968~1985)	Tyler 논거의 대안적 탐구 방안 교사의 세계/인지 이해 추구 교육과정/교수/평가의 예술적 접근 개인경험 vs 사회구조 관계 분석 과정으로서의 교육과정 교사의 삶과 사고의 연구 교실의 상호작용 변화/개혁에 대한 교사/행정가의 반응	교실생활연구(Jackson,1968) 자연주의적 교육과정 개발도형 (Walker,1975) 경험의 질과 이론화 작업(Pinar, 1975) 교사의 내면세계(Bussis et al., 1976) 예술적 비평(Eisner, 1979) 교사의 계획(McCutcheon, 1980) 잠재적 교육과정(Anyon, 1981) 교사의 실제적 지식(Elbaz, 1981) 교육과정 일(Doyle & Carter, 1984) 교육과정 개혁(Huberman et al., 1984)
질적연구방법의 세련화 시기 (1986~1994)	교육학과 교육과정 영역에서의 연구 방법론에 관한 전문서적의 출간 분석 도구의 다양화(blurred genre) 비판 이론을 통한 학교 교육과정 연구 이야기 탐구 교과목의 역사와 일대기 자서전적 방법	교실의 이미지(Clandinin, 1986) 교사 교수/내용 지식(Shulman, 1986) 교육과정 텍스트 분석(Pinar, 1988) 후기구조주의(Cherryholmes, 1988) 교과목의 사회구성사(Goodson, 1988) 페미니즘/포스트모더니즘(Lather, 1991) 현장 이야기(Schubert et al., 1991) 실행의 해석학적 연구(Carson, 1992) 학생의 경험(Donmoyer et al., 1993)
종합과 반성의 시기 (1995~현재)	교육과정 연구에서의 질적연구에 대한 종합 질적연구방법의 확산에 대한 비평 현대/미래 교육과정 학자의 과제	교육과정 영역에서의 질적연구의 확산에 대한 종합적 정리(Pinar, Short, Theory into Practice) 교육과정 회고(Marshall et al., 2000) 세계교육과정학회 설립

2) 질적연구의 역할

이미 Walker가 1970년대 이후의 교육과정 연구는 과학적 · 철학적 사유방법을 거치고 난 후 질적연구방법에 의한 교육과정 연구로 변환되었다고 지적한 것처럼 이 글을 통하여 우리는 교육과정의 탐구영역이 질적연구방법을 통하여 상당히 변화되었다는 것을 알 수 있었다. 그리고 제2장은 구체적으로 교육과정의 탐구영역이 질적연구방법을 통하여 어떻게 재개념화되었는지를 자세하게 설명해 주었다. 이에 이 글의 마지막 내용으로서 교육과정 연구에 끼친 질적연구의 역할과 기여점은 어떤 것이었는지를 다음과 같이 네 가지로 평가하고자 한다.

첫째, 질적연구는 교육과정 연구 영역에 탐구주제의 다양성을 불러일으킴으로써 교육과정 연구 영역의 확대에 큰 기여를 하였다. 이미 앞에서 논의한 것처럼 교육과정에 대한 절차적 지식이나 철학적 논의에서 탈피하여 학교현상을 탐구의 주제로 상정함으로써 '탐구주제에 대한 지평'을 확대시켰다. 그 결과로서 아동의 교실생활, 교사의 생활과 일, 학교의 문화, 학교의 지식과 사회구조와의 권력관계, 교실의 미시적 상호작용, 교과의 실행, 교육 프로그램의 실행, 그리고 그 실행된 교육과정에 대한 학습자의 경험에 대한 이해 등 기존의 교육과정 연구에서는 탐구되지 못하였던 연구주제들이 교육과정 연구의 새로운 탐구주제로 부상하였다.

그리고 탐구주제에 있어서의 변화는 교육과정이란 무엇인가라는 개념정의의 논란에 있어서 교육연구자들에게 보다 광의의 개념을 선택하도록 만들었고 교육과정 연구자의 역할과 임무를 보다 확대시키는 결과를 가져오게 하였다. 교과목 또는 학습계획으로서의 교육과정에 대한 기존의 주류 연구전통에서 탈피하여 학교에서의 경험, 현상, 생활세계, 의식, 의미 등까지 연구하게 됨으로써 교육과정 연구자가 담당해야 하는 업무와 전문성이 확대될 수 있었다.

둘째, 질적연구는 학교와 교실에서의 생활과 경험을 연구의 주요 제재로 삼게 함으로써 현장교사가 교육연구자로서 자신의 교실과 고민을 학구적으로 연구할 수 있는 동기화를 부여해 주었다. 기존의 양적연구에서 요구되었던 고급통계의 어려운 개념들을 이해해야 할 필요 없이 현장의 교사들은 자신의 경험과 유리된 연구문제가 아니라 자신이 수년 동안 머물러 왔던 바로 그 교실에서 계속적으로 의문시하였던 경험을 연구문제로 상정하고 해결하고자 함으로써 '실행연구(action research)'라는 '교사에 의한 교사를 위한' 연구문화를 창출하게 하였다. 교육변화와 개선은 교사가 자신이 처한 문제를 연구자로서 반성적으로 해결할 때만이 가능하다고 지적했었던 Schon의 원대한 기대처럼 질적연구는 교육실천가인 교사들을 교육연구자로서 승화시키고 교사들을 반성적 실천가로 성장시키는 데 주요한 역할을 하였다. 이론과 실제의 조화를 강조하였던 Dewey의 바람처럼 질적연구는 바로 교육연구의 이상을 현장에 접목시키는 그러한 역할을 교사에게 부여시킴으로써 교육학이론과 교육실제의 적절한 통합이 이루어질 수 있는 길을 모색하는 데 기여하였다.

셋째, 질적연구는 교육과정 평가 그리고 교육평가에 새로운 방법적 변화를 불러일으켰다. Patton의 다양한 질적평가방법, Stake의 반응적 평가방법, Eisner의 예술적 비평평가방법, Guba와 Lincoln의 제4세대 평가 등의 글들에서 지적된 것처럼 질적연구는 교육평가의 영역을 전통적인 양적평가와 함께 질적평가방법이 주류방법으로서 상호공존(detente)하게 하는 시대를 만들었다. 이에 미국의 대학원에서의 교육과정학과에서는 질적방법을 사용한 교육평가방법이 강의되고 있고, 과정에 대한 평가, 개별 학습자의 학습결과에 대한 평가, 사례연구, 실행평가, 프로그램의 실행에 따른 효과의 차이와 다양성에 대한 기술, 형성평가, 탈목표평가 등이 교육과정 평가 그리고 교육평가의 영역에서 활발하게 이용되고 있다(Patton, 1987: 23-43). 특히 사례를 중심으로 한 질적평가방법은 왜 특정 사례에서 프로그램이 성공적으로 실행되어 효과적인 결과를 초래하기도 하고 다른 한편으로는 실패하여 기대하지 못한 결과를 나타내는지를 심층적으로 이해하고 교훈을 얻는 데 도움을 주었다.

넷째, 질적연구는 교육과정 탐구가 다양한 방법들로 연구될 수 있는 계기를 마련해 주었다. 다양한 인문과학과 사회과학에서 개발된 연구방법들이 질적연구의 이름 아래 교육과정 연구 영역에 접목됨으로써 독자적인 연구방법론을 가지고 있지 않은 교육학 · 교육과정 영역이 보다 다양한 관점에서 다양한 주제를 가지고 연구될 수 있도록 하였다. 즉 자연과학의 실증주의 연구 모델에 의하여 점령당하였던 교육학 · 교육과정의 탐구 영역에 인간, 사회현상을 연구하는 데 보다 효과적이고 진실한 연구방법들이 늦게나마 도입됨으로써 기존의 실증주의 연구 모델에 기초해서는 탐구하기 어려웠고 탐구주제로도 상정될 수 없었던 연구주제들이 선정됨으로써 교육현상을 보다 폭넓게 그리고 새롭게 이해하고 해석할 수 있는 기회가 주어졌다.

Popkebitwz(1984)의 패러다임에 관한 지적처럼 교육과정 영역에서의 다양한 연구방법들의 수용과 새로운 이론화는 연구현상, 연구문제, 연구목적을 새로운 그리고 다른 각도에서 써 내려가고 연구해야 하는 이색적이고 도전적인 연구문화를 만들어 내었다. 그 결과로서 예술비평과 감식안적 비평방법, 자서전 · 전기적 연구방법, 생애사 연구방법, 문화기술적 방법, 비판적 문화기술적 연구방법, 페디니스트 연구방법, 탈구조주의 연구방법, 이야기 탐구방법, 대화분석방법, 인문학적 글쓰기방법, 현상학 등의 다양한 교육과정 연구방법들이 우리 교육과정 연구자 앞에 놓여 있다. 그리고 이러한 방법론들은 우리에게 교육과정 연구의 정체성과 실제를 새롭게 기명하기를 요구하고 있다.

참고문헌

김영천(1997). 네 학교이야기: 한국 초등학교의 교실생활과 수업. 문음사.

김영천(1988). 교육학에서의 질적연구: 장점에 오르기까지. 이용숙 · 김영천 편. 교육에서의 질적연구.

김영천(2011). 현장작업(fieldwork)에 필요한 열한 가지 연구기술. 교육인류학 연구, 4(1). 1-43.

김윤옥 외(1996). 교육연구를 위한 질적연구방법과 설계. 문음사.

박병기 외 역(2011). 질적연구와 교육. 학이당.

신옥순 역(1994). 교육연구의 새 접근 질적연구. 교육과학사.

이용숙(1990). 초등학교 교육현상에 대한 문화기술적 연구. 교육개발원.

이용숙(1995). 교육과정과 수업연구를 위한 질적연구방법. 교육논총 11:59-143. 한양대학교 한국교육문제연구소.

이용숙 · 김영천 편(1998). 교육에서의 절적연구: 방법과 적용. 교육과학사.

이종각(1995). 교육인류학의 탐색. 도서출판 하우.

조영달(1992). 정형화된 사회적 공간에서의 한국적 상호작용 유형의 이해. 사회와 교육 16집, 한국사회과연구.

조영달(1995). 정형화된 사회적 공간으로서 교실, 교육논총 11:152-184. 한양대학교 한국교육문제연구소.

조영달 편(1999). 한국 교실수업의 이해. 집문당.

조용환(1998). 질적연구와 양적연구. 이용숙 · 김영천 편. 교육에서의 질적 연구: 방법과 적용(pp.3-22). 교육과학사.

조용환(2000). 질적연구: 방법과 사례. 교육과학사.

허미화 역(1994). 교육학에서의 질적 사례연구. 양서원.

홍기형 역(1995). 교육연구와 현상학적 접근(L. S. Barriet et. al., A Handbook for Phenomenological Research in Education). 문음사.

Anyon, J. (1981). Social class and school knowledge. *Curriculum Inquiry*, 11(1), 3-42.

Apple, M., & King, N. (1977). What do schools teach? *Curriculum inquiry*, *6*(4), 341-358.

Apple, M. (1979). *Ideology and curriculum*. London: Routledge.

Apple, M. (1982). *Education and power*. Boston: Routledge & Kegan Paul.

Apple, M. (1992). The text and cultural politics. *Educational Researcher*, 21(7), 4-11.

BalI, S., & Goodson, I. (Eds.). (1985). *Teachers' lives and careers*. London: Falmer Press.

Ben-Peretz, M. (1975). The concept of curriculum potential. *Curriculum Theory Network*, 5(2), 151-159.

Ben-Peretz, M. (1980). Teachers' roles in the using and doing of research and curriculum development. *Journal of Curriculum Studies, 12*(2), 95-107.

Ben-Peretz, M., Bromme, R., & Halkes, H. (Eds.). (1986). Advances of research on teacher thinking. *Proceedings of the second symposium of the International Study Association on Teacher Thinking*, Tilburg, 1985, Netherlands. Berwyn: Swets North America Inc..

Ben Peretz, M. (1987). How teachers know their classrooms A cross-cultural study of teachers' understanding of classroom situations. *Anthropology and Education Quarterly*, 18(1), 17-32.

Ben Peretz, M. (1990). *The teacher-curriculum encounter: Freeing teachers from the tyranny of texts.* New York State University of New York Press.

Ben-Peretz, M., & Schonmann, S. (2000). *Behind closed doors: Teachers and the role of the teachers' lounge.* New York: State University of New York Press.

Berliner, D. (1986). In pursuit of the expert pedagogue. *Educational Researcher*, 15(7), 5-13.

Berliner, D. (1987). Ways of thinking about students and classrooms by more and less experienced teachers In J. Calderhead (Ed.): *Exploring teacher thinking*(pp. 60-83). London: Cassell.

Berman, P. & McLaughlin, M. W. (1976). Implementation of educational innovation. *Educational Forum*, 40(3), 345-370.

Beyer, L (1979). Aesthetic theory and the ideology of educational institutions. *Curriculum Inquiry*, *9*(1), 13-26.

Bogdan, H., & Biklin, S. (1992). Qualitative research for education. Boston: Allyn and Bacon.

Britzman, D. (1989). Who has the floor? Curriculum, teaching, and the English student teacher' s struggle for voice. *Curriculum inquiry*, *19*(2), 143-162.

Bullough, H. Jr. (1989). *First-year teacher: A case study.* New York: Teachers College Press.

Bussis, A, Chittenden, E, & Amarel, M. (1976). *Beyond surface curriculum: An interview study of teachers' understanding.* Boulder, CO Westview Press.

Calderhead, J. (Ed.) (1987) *Exploring teacher thinking.* London: Cassell.

Carter, K., & Richardson, V. (1989). A curriculum for an initial-year-of-teaching program. *Elementary School Journal*, 89(4), 405-419.

Carson, T. (1992). Questioning curriculum implementation: Scenes from a conversation. *Journal of Curriculum Theorizing, 9*(3), 71-96.

Cherryholmes, C. (1988). *Power and Criticism: Poststructural investigations in education.* New York: Teachers College Press.

Clandinin, J. (1985). Personal practical knowledge: A study of teachers' classroom images. *Curriculum Inquiry*, 15(4), 361-386.

Clandinin, J. (1986). *Classroom practice Teachers images in action*. London: The Falmer Press.

Clandinin, J., & Connelly, M. (1987). Teachers' personal knowledge: What counts as 'personal' in studies of the personal. *Journal of Curriculum Studies, 19*(6), 487-500.

Clandinin, J. (1989). Developing rhythm in teaching: The narrative study on a beginning teacher' s personal practical knowledge of classrooms. *Curriculum Inquiry, 19*(2), 121-142.

Clandinin, J., & Connelly, M. (1998). Stories to live by: Narrative understanding of school reform. *Curriculum Inquiry, 28*(2), 149-164.

Clandinin, J., & Connelly, M. (2000). *Narrative inquiry: Experience and story in qualitative research*. San Francisco: Jossey-Bass.

Connelly, M., & Ben-Peretz, M. (1980). Teachers' roles in the using and doing of research and Curriculum development. *Journal of Curriculum Studies,* 12(2), 95-107.

Connelly, M., & Ben-Peretz, M. (1981/1997). Teachers, research, and curriculum development. In D. Hinders & S. Thornton (Eds.): *The curriculum studies reader* (pp.178-187). New York: Routledge.

Connelly, M., & Clandinin, J. (1988). *Teachers as curriculum makers: Narratives of experience*. New York: Teachers College Press.

Connelly, M., & Clandinin, J. (1990). Stories of experience and narrative inquiry. *Educational Researcher,* 19(4), 2-14.

Connelly, M., & Clandinin, J. (1996). Teachers' professional knowledge landscape: Teacher stories-stories of teachers-school stories-stories of school. *Educational Researcher, 25*(3), 24-30.

Denzin, N., & Lincoln, Y. (1994). Introduction: Entering the field of qualitative research. In N. Denzin & Y. Lincoln (Eds.): *Handbook of qualitative research* (pp. 1-17). Thousand Oaks, London: SAGE Publications.

Denzin, N., & Lincoln, Y. (2000). Introduction: The discipline and practice of qualitative research. In N. Denzin & Y. Lincoln (Eds.): *Handbook of qualitative research* (pp. 1-28). Thousand Oaks, London: SAGE Publications.

Doll, R. (1986). *Curriculum improvement: Decision making process* (6th ed). Boston: Allyn & Bacon.

Doll, R. (1996). *Curriculum improvement: Decision making process* (9th ed). Boston: Allyn & Bacon.

Doll, W. Jr. (1989). Foundations for a post-modern curriculum. *Journal of Curriculum Studies*, 21(3), 243-253.

Doll, W. Jr. (1993). *A post-modern perspective on curriculum*. New York: Teachers College Press.

Donmoyer, R. (1989), Theory, practice, and the double-edged problem of idiosyncrasy. *Journal of Curriculum and Supervision*, 4(3), 257-270.

Donmoyer, R. (1990). Generalizability and the single-case study. In E. Eisner & A. Peshkin (Eds.): *Qualitative inquiry in education: The continuing debates* (pp. 175-200). New York: Teachers College Press.

Donmoyer. R. (1991). The postpositivist evaluation: Give me a for instance. *Educational Administration Quarterly* , 27(3), 265-296.

Donmoyer, R., & Kos, R. (Eds.) (1993). *At-Risk students: Portraits, policies, programs and practices*. New York: State University of New York Press.

Donmoyer, R. (1999). Paradigm talk (and its absence) in the second edition of the Handbook of Research on Educational Administration. *Educational Administration Quarterly, 35*(4), 614-641.

Donmoyer, R. (in press). Paradigm talk reconsidered. Handbook of research on teaching (4th ed).

Doyle. W. (1977). Learning the classroom envionment: An ecological perspective. *Journal of Teacher Education, 28*(6), 51-55.

Doyle, W., & Carter, K. (1984). Academic tasks in classrooms. *Curriculum Inquiry, 14*(2), 129-149.

Doyle, W. (1986). Content representation in teachers' definitions of academic work. *Journal of Curriculum Studies, 18*(4), 365-379.

Eisner, E. (1967). Educational objectives: Help or hindrance. *School Review*, 75, 250-260.

Eisner, E. (1979). *The educational imagination: On the design and evaluation of school programs*. New York: Macmillan.

Eisner, E., & Peshkin, A. (Eds.) (1990). *Qualitative inquiry in education: The continuing debates*. New York: Teachers College Press.

Eisner, E. (1991). *The enlightened eyes: Qualitative inquiry and the enhancement of educational practice*. New York: Macmillan.

Elbaz, F. (1980). *The Teacher's 'practical knowledge' : A case study*. Doctoral dissertation, University of Toronto, Canada.

Elbaz, F. (1983). *Teacher thinking: A study of practical knowledge*. London: Croom Helm.

Elbaz, F. (1991). Research on teachers' knowledge: The evolution of a discourse. *Journal of Curriculum Studies, 23*(1), 1-19.

Ellsworth, E. (1989), Why doesn' t this feel empowering? Working through the repressive myths of critical pedagogy. *Harvard Educational Review, 59*(3), 297-324.

Fine, M. (1991). *Framing dropouts.* Albany: State University of New York Press.

Foucault, M. (1984). *The Foucault reader.* [P. Rainbow (ed)]. New York: Pantheon books.

Gage, N. L. (1989). The paradigm wars and their aftermath, *Educational Researcher,* 5, 4-10.

Giroux, H., Penna, A, & Pinar, W. (Eds.). (1981). *Curriculum and instruction: alternatives in education.* Berkeley, CA: McCutchan Publishing Corporation.

Giroux, H. (1988). *Teachers as ,intellectuals: Toward a critical pedagogy of learning.* South Hadley, MA Bergin & Garvey.

Giroux, H. (1992). *Border crossings: Cultural workers and the politics of education.* New York: Routledge.

Giroux, H. (1996). Hollywood, race, and the demonization of youth: The "Kids" are not "*Alright.*" *Educational Researcher, 25*(2), 31-35.

Goodlad, J., & Hem, F. (1970). *Behind the classrom door.* Wrothington, OH: Charles A Jones.

Goodman, J. (1988). The disenfranchisement of elementary teachers and strategies for resistance. *Journal of Curriculum and Supervision, 3*(3), 201-220.

Goodson, I. (1983). *School Subjects and curriculum change.* London: Croom Helm.

Goodson, I., & Ball, S. (Eds.). (1984). *Defining the curriculum: Histories and ethnographies.* London: Falmer Press.

Goodson, I. (1987). *School subjects and curriculum change: Studies in curriculum change.* London: The Falmer Press.

Goodson, I. (1990). Subjects for Study. *Journal of Curriculum and Supervision, 5*(3), 260-268.

Goodson, I. (1991). *Biography identity, and school: Episodes in educational research.* London: The Falmer Press.

Goodson, I. (Ed.) (1992). *Studying teachers' lives.* New York: Teachers College Press.

Goodson, I. (1994). *Studying curriculum: Cases and methods.* New York: Teachers College Press.

Goodson, I. (1997). *The changing curriculum: Studies in social construction.* New York: Peter Lang.

Goodson, I. (1998). Storying the self: Life politics and the study of the teacher' s life and work. In W. Pinar (Ed.): *Curriculum: Toward new identities.* New York:

Garland Publishing, Inc.

Hall, G. E. & Loucks, S. F. (1977). A developmental model for determining whether the treatment is actually implemented. *American Educational Research Journal, 14*(3), 263-276.

Hamilton, D., MacDonald, B., King, C., Jenkins, C., & Parlett, M. (1977). *Introduction, Beyond the numbers game: A reader in educational evaluation.* Berkeley, CA: McCutchan Publishing Corporation.

Henderson, J., & Hawthorne, J. (1995). *Transformative curriculum leadership.* Columbus, OH: Merrill.

Henderson, J, (2000), *Transformative curriculum leadership* (rev. 2nd ed). Upper Saddle River, N.J.: Merrill an Impint of Prentice Hall.

Hollingsworth, S., Dybdahl, M., & Minarek, T. (1993). By chart and chance and passion: The importance of relational knowing in learning to teach. *Curriculum Inquiry, 23*(1), 5-36.

Huberman, M., & Miles, M. (1984). *Innovation up dose: How school improvement works.* New York: Plenum Press.

Hwu, W. (1998). Curriculum, transcendence, and Zen/Taoism: Critical ontology of the self. In W. Pinar (Ed.): *Curriculum: Toward new identities* (pp. 21-40). New York: Garland Publishing, Inc.

Jackson, P. (1968). *Life in classrooms.* New York: Holt, Rinehart & Winston, Inc..

Jackson, P. (1992). Conceptions of curriculum and curriculum specialists. In P. Jackson (Ed.): *Handbook of research on curriculum* (pp. 3-40). New York: Macmillan Publishing Company.

Janesick V. (1977). *An ethnographic study of a teacher' s classroom perspective.* Doctoral dissertation, Michigan State University, Michigan.

Janesick V. (1982). Of snakes and circles: Making sense of classroom group processes through a case study. *Curriculum Inquiry,* 12, 161-185.

Kincheloe, J. (1997). Introduction, in I. Goodson, *The changing curriculum: Studies in social construction.* New York: Peter Lang.

Kincheloe, J. (1993). *Toward a critical politics of teacher thinking.* Westport, CT: Bergin & Garvey.

KrideI, C. (Ed.) (1998). *Writing educational biography: Explorations in qualitative research.* New York: Garland Publishing, Inc.

Lather, P. (1984). Critical theory, curricula transformation, and feminist mainstreaming. *Journal of Education, 66*(1), 49-62.

Lather, P. (1991). *Getting smart: Feminist research and pedagogy with/in the postmodern.* London: Routledge.

Lather, P., & Smithies, C. (1997). *Troubling the angels: Women living with*

HIV/AIDS. Boulder, CO: Westview Press.

Lather, P. (2001). *Getting lost*. (in press).

Lather, P., & Donmoyer, R (1999). *Proliferation: Are you now or have you ever been a postmodernist?* Paper presented at the Bergamo Curriculum Theorizing Conference. Dayton, OH.

Letts, W. IV., & Sears, J. (Eds.) (1999). *Queering elementary education: Advancing the dialogue about sexualities and schooing*. New York: Rowman & Littlefield Publishers, Inc.

Lincoln, Y. (1992). Curriculum studies and the traditions of inquiry: The humanistic tradition. In P. Jackson (Ed.): *Handbook of research on curriculum* (pp. 79-97). New York: Macmillan Publishing Company.

Marland, P. (1977). *A study of teachers' interactive thoughts*. Doctoral dissertation. University of Aiberta, Canada.

Marshall, J., Sears, J., & Schubert, W. (2000). *Turning points in curriculum: A contemporary American menoir*. Upper Saddle River, N.J.: Merrill/Prentice Hall.

McCutcheon, G. (1980). How do elementary school teachers plan? The nature of planning and influences on it. *The Elementary School Journal, 81*(1), 4-23.

McCutcheon, G. (1982). What in the world is curriculum theory. *Theory Into Practice XXI* (Winter), 18-22.

McCutcheon, G. (1992). Curriculum 'implementation' : A misnomer? *Educational Research and Perspectives, 19*(1), 78-87.

McCutcheon, G. (1995). *Developing the curriculum: Solo and group deliberation*. New York: Longman.

McKernan, J. (1988). The countenance of curriculum action research: Traditional, collaborative, and emancipatory-critical conceptions. *Journal of Curriculum and Supervision, 3*(3), 173-200.

McKernan, J. (1991). *Curriculum action research: A handbook of methods and resources for the reflective practitioner*. London: Kogan Page.

McLaughlin, M. (1976). Implementation as mutual adaptation: Change in classroom organization. *Teachers College Record, 77*(3), 339-351.

McLaughlin, M. W. (1990). The Rand change agent study revisited: Macro perspectives and micro realities. *Educational Researcher, 19*(9), 11-16.

McLaren, P. (1986). *Schooling as a ritual performance: Toward a political economy of educational symbols and gestures*. Boston: Routledge & Kegan Paul.

McLaren, P. (1997). Decentering whiteness: In search of a revolutionary multiculturalism. *Multicultural Education, 5*(1), 4-11.

Miles, M., & Huberman, M. (1994). *Qualitative data analysis* (2nd ed). Thousand Oaks, CA: Sage Publications.

Munby, H. (1986). Metaphor in the thinking of teachers: An exploratory study. *Journal of Curriculum Studies, 18*(2), 197-210.

Page, R, & Valli, L (Eds.) (1990). *Curriculum differentiation: Interpretive studies in US secondary schools*. New York: State University of New York Press.

Patton, M. Q. (1987). *How to use Qualitative methods in evaluation*. CA: Sage.

Patton, M. Q. (1990). *Qualitative evaluation and research methods*. Newbury Park CA: Sage.

Pinar, W. (1975a). The analysis of educational experience. In W. Pinar (Ed.): *Curriculum theorizing: The reconceptualists* (pp. 385-395). Berkeley, CA: McCutchan Publishing Corporation.

Pinar, W. (ed.) (1975a). *Curriculum Theorizing: The Reconceptualists*. Berkeley, CA: McCutchan Publishing Corporation.

Pinar, W. (1975b). Currere: Toward reconceptualization. In W. Pinar (Ed.): *Curriculum theorizing: The reconceptualists* (pp. 396-414). Berkeley, CA: McCutchan Publishing Corporation.

Pinar, W. (1975c). Search for a method. In W. Pinar (Ed.): *Curriculum theorizing: The reconceptualists* (pp. 415-424). Berkeley, CA: McCutchan Publishing Corporation.

Pinar, W., & Grument, M. (1976). *Toward a poor curriculum*. Dubuque, IA: Kendall/Hunt.

Pinar, W. (1976/1994). *The trial Autobiography, polities and sextality: Essays in curriculum theory 1972-1992*. (pp. 29- 61). New York: Peter Lang.

Pinar, W. (1985/1994). Autobiography and an architecture of self. *Autobiography politics and sextality: Essays in curriculum theory 1972-1992*. (pp. 201-222). New York: Peter Lang.

Pinar, W. (Ed.) (1988). *Contemporary Curriculum Discourses*. Scottsdale, AZ: Gorsuch Scarisbrick, Publishers.

Pinar, W. (1988). "Whole, bright, deep with understanding": Issues in qualitative research and autobiographical method. In W. Pinar (Ed,): *Contemporary Curriculum Discourses*. Scottsdale, AZ: Gorsuch Scarisbrick, Publishers.

Pinar, W., Reynolds, W., Slattery, P., & Taubman, P. (1995). *Understanding curriculum*. New York: Peter Lang.

Pinar, W. (1998a). Personal communication.

Pinar, W. (Ed.) (1998b). *Curriculum: Toward new identities*. New York: Garland Publishing, Inc.

Pinar, W., & Doll, W. Jr. (in press). International Handbook of Research in Curriculum.

Polkinghorne, D. (1995). Narrative configuration in qualitative analysis. *Qualitative*

Studies in Education, 8(1), 5-23.

Popkewitz, T. (1984). Paradigm and ideology in educational research: The social function of the intellectual. London: Falmer Press.

Reid, W., & Walker, R. (Eds.) (1975). *Case Studies in Curriculum Change: Great Britain and the United States*. London: Routledge & Kegan Paul.

Rio, F. (Ed.) (1996). *Teacher thinking in cultural contexts*. New York: State University of New York Press.

Roby, T. (1985). Habits impending deliberation, *Journal of Curriculum Studies, 17*(1), 17-36.

Ross, W. (1993). Institutional constraints on curriculum deliberation. *Journal of CurriCulum and Supervision, 8*(2), 95-111.

Roman, L. (1987). *Punk feminity: The formantion of young women's gender identities and class relations within the extramural curriculum of a contemporary subculture*. Doctoral dissertation, University of Wisconsin at Madison, Wisconsin.

Roman, L, & Apple, M. (1990). Is naturalism a move away from positivism? Materialist and feminist approaches to subjectivity in ethnograpic research. In E. Eisner & A Peshkin, *Qualitative inquiry in education: The continuing debate* (pp. 38-73). New York: Teachers College Press.

Russell, T., & Munby, H. (Eds.). (1992). *Teachers and teaching: From classroom to reflection*. London: The Falmer Press.

Salvio, P. (1998). On using the literacy portfolio to prepare teachers for "Willful world traveling." In W. Pinar (Ed.): *Curriculum: Toward new identities* (pp. 41-74). New York: Garland Publishing, Inc.

Sarason, S. (1971). *The culture of the school and the problem of change*. Boston: Allyn and Bacon.

Scheurich, J. (1997). *Research method in the postmodern era*. Washington D.C.: Falmer Press.

Schon, D. (Ed.) (1991). *The Reflective Turn: Case studies in and on educational practice*. New York: Teachers College Press.

Schubert, W. (1986). *Curriculum perspective, paradigm, and possibility*. New York: Macmillan Publishing Company.

Schubert, W., & Ayers, W. (Eds.) (1992). *Teacher lore: Learning from our owe experience*. New York: Longman.

Schwab, J. (1969). The practical: A language for curriculum. *School Review, 78*, 1-23.

Schwab, J. (1971). The practical: Arts of edectic. School Review, 79, 493-542.

Schwab, J. (1973). The practical 3: Translation into curriculum. *School Review, 81*,

501-522.

Schwab, J. (1983). The practical 4: Something for curriculum professors tc do. *Curriculum Inquiry, 13*(3), 239-265.

Shavelson, R. (1983). Review of research on teachers' pedagogical judgments, plans, and decisions. *The Elementary School Journal. 83*(4), 392-413.

Short, E. (Ed.) (1990). *Forms of curriculum inquiry*. New York: State University of New York Press.

Short, E. (2000). A decade later. *Journal of Curriculum Theorizing. 16*(3), 73-84.

Shulman, L (1986). Those who understand: Knowledge growth in teaching. *Educational Researcher, 15*(2), 4-14.

Slattery, P. (1995). *Curriculum development in the postmodern era*. New York: Garland Publishing, Inc.

Smith, L, & Geoffrey, W. (1968). *The complexities of an urban classroom*. N.Y.: Holt, Reinhart and Winston, Inc.

Steinberg, S., & Kincheloe, J. (1997). *Kinderculture: The corporate construction of childhood*. Boulder, CO: Westview Press.

Sumara, D., & Davis, B. (1998). Unskinning curriculum. In W. Pinar (Ed.): *Curriculum: Toward new identities* (pp. 75-92). New York: Garland Publishing, Inc.

Taba. H. (1962). *Curriculum development: Theory and practice*. New York: Harcourt, Brace & World, Inc.

van Manen, M. (1991). *The tact of teaching: The meaning of pedagogical thoughtfulness*. New York: State University of New York Press.

van Manen, M. (2001). Personal communication.

Walker, D. (1971). A naturalistic model for curriculum development. *School Review*, 80, 51-65.

Walker, D. (1975). Curriculum development in an art project. In W. Reid & D. Walker (Eds.): *Case studies in curriculum change* (pp. 91-135). London: Routledge & Kegan Paul.

Walker, D. (1992). Methodological issues in curriculum research. In P. Jackson (Ed.): *Handbook of research on curriculum* (pp. 98-118). New York: Macmillan Publishing Company.

Waller, W. (1932). *The sociology of teaching*. New York: Russell & Rusell.

Weber, S. (1990). The teacher educator' s experience: Cultural generatvity and duality of commitment. *Curriculum Inquiry, 20*(2), 141-160.

Willis, G. (Ed.) (1978). *Qualitative evaluation: concepts and issues in curriculum criticism*. Berkeley, CA: McCutchan.

Willis, G., & Schubert, W. (Eds.) (1991). *Reflecting from the heart of educational inquiry: Understanding curriculum and teaching through the arts*. New York:

State University of New York Press.

Wilson, S., Shulman, L, & Richert, A. (1987), 150 different ways' of knowing: Representations of knowledge in teaching. In J. Calderhead (Ed.): *Exploring teacher thinking* (pp. 104-124). London: Cassell.

Wolcott, H. (1973). *The Man in the principal's office: An ethnography.* New York: Holt, Reinhart and Winston, Inc..

Yinger, R. (1977). *A study of teacher planning: Description and theory development using ethnographic and information processing method.* Doctoral dissertation, Michigan State University, Michigan.

Yinger, R. (1980). A study of teacher planning. Elementary. *School Journal, 80*(3), 107-127.

Yinger, R. (1987). Learning the language of practice. *Curriculum Inquiry,* 17(3), 293-318.

Zahorik J. (1975, winter). Teachers' Planning Models. *Educational Leadership*, 33, 134-139.

Zeichner, K., Tabachnick, R., & Densmore, K. (1987). Individual, institutional, and cultural influences on the development of teachers' craft knowledge. In J. Calderhead (Ed.): *Exploring thinking* (pp. 21-59). London: Cassell.

제4장

우리나라 '교육과정 개발' 담론:

그 다섯 가지 비평과 시사점

김 영 천(진주교육대학교 교육학과 교수)

이 연구는 우리나라의 주요한 교육과정 연구 담론으로 자리 잡아 온 교육과정 개발 담론이 갖는 문제점과 그 한계를 최근의 구미의 주요 담론들에 대한 이해에 기초하여 비평하고자 하였다. 이미 구미의 경우, 다양한 교육과정의 담론들이 대두되고 확산되어 교육과정 연구가 새로운 방법론과 인식론 그리고 이론들에 기초하여 이루어지고 있다. 이에 비하여 우리나라는 Tyler 원리 중심의 교육과정 개발 담론이 주도적인 역할을 최근까지 담당하면서 교육과정 개발 이외의 담론들에 대한 제한적이고 편협한 그리고 잘못된 인식을 생산하고 있다. 이에 이 연구에서는 교육과정 개발 담론이 해 온 역사적 공헌을 인정하면서 교육과정 개발 담론에 기초한 교육과정 연구가 가질 수 있는 한계점, 그리고 새로운 담론들을 우리가 수용하였을 때 우리나라의 교육과정 연구가 어떻게 변화되고 심화될 수 있는지를 논의하였다. 이에 크게 다섯 가지로 교육과정 개발 담론의 문제점을 지적하였고 그러한 지적이 어떤 문제점을 가지고 있는지를 개선의 차원에서 조명하고자 하였다. 그리고 이러한 비평과 시사점의 도출을 통하여 앞으로 우리나라의 교육과정 연구 분야가 전통주의 교육과정 개발 담론과 함께 새로운 담론들이 수용되고 확산되는 탈실증주의 교육과정 연구 패러다임의 시대를 맞이함으로써 우리나라의 교육과정 연구에 기여하기를 기대하였다.

주요어: **교육과정 개발, 타일러 원리, 재개념주의 교육과정 연구, 탈실증주의 교육과정 연구 방법론, 전통주의 교육과정 연구 비평**

1. 서 론

인문학자란 인간을 억압하는 모든 권력에 대항해 진리를 말하는 실천적 지식인이어야 하며 어떤 특정 사조나 이론에 경도되는 것은 그 자체로 억압적이다. 지식인은 근본주의적 도그마로부터 자유로운 '세속적 비평'의 자세를 견지해야 한다(김상률, 2006: 78-79).

교육과정 개발: 1918년에 **탄생**. 1969년에 **사망**(Pinar et al., 1995: 6).

구미의 경우 Tyler 원리 중심의 전통주의 교육과정 연구의 패러다임이 1970년대 이후로 쇠퇴하면서 교육과정 연구의 전통성을 재개념화하려는 다양한 학구적 노력들이 경주되고 있다(Apple, 1979; Pinar, 1995; Schubert, 1986). 이러한 노력은 '탈실증주의 연구 패러다임' 또는 '교육과정 연구의 재개념화' 라는 명칭 아래서 이루어지고 있고 다채로운 교육과정 연구의 담론의 생성과 확산으로 구체화되었다. 그 결과, 그 동안 가장 합법적인 담론으로 인정되어 오던 전통주의 교육과정 연구는 비판을 받기 시작하였고 그 역사적 공헌과 함께 문제점과 한계점들이 계속적으로 제기되었다. 전통적 교육과정 연구 담론에 대한 비평의 문화 속에서 이제 교육과정 학자들은 전통적 교육과정 담론의 특징과 문제점들을 규명하면서 나아가 그 동안 교육과정 연구의 담론에서 도외시되거나 배제되어 왔던 또는 개념화되지 못하였던 담론들은 어떤 것들이 있었는지/있을 수 있는지를 탐색하기 시작하였다.

이러한 상황을 함축적으로 나타내는 표현들은 대표적인 교육학자 또는 교육과정 학자들의 글들에서 쉽게 찾을 수 있다. 그 예로서 Lather(2006)는 '교육과정 연구에서의 패러다임의 확산' 으로서 Gage(1989)는 '패러다임 전쟁 이후의 데탕트 시대의 도래', Lagemann(2000)은 '질적연구와 현장교사의/에 의한 현장연구' 라는 용어들을 사용하여 지난 30년간의 교육과정 연구동향이 전통적 교육과정 연구 패러다임과는 다르게 얼마나 변모하였는지를 표현해 주었다. 이러한 새로운 탈실증주의 연구 패러다임 분위기 속에서 일련의 학자들은 새로운 교육과정 언어의 생성에 박차를 가하고 있다. 이러한 와중에서 교육학/교육과정 연구에서의 간학문적 접근이 시도되고 있고 최근에 와서는 교육과정 연구가 문화연구로까지 확장되는 새로운 국면을 맞이하고 있다(Giroux, 1996; Kincheloe, 2002; Lather, 2005). Pinar(2004)는 이러한 변화의 움직임을 더욱 가속화시키려는 듯, 교육과정 연구는 전통적 교육과정 연구 담론에서 정의 내리는 개발의 문제가 아니라 우리의 사유의 범즈를 넓히고 창의적인 이론화를 시도할 수 있는 '복잡한 대화' 이어야 한다고 강조하였다.

이러한 전 세계적 연구동향의 변화를 반영한 듯이 우리나라의 교육과정 연구 영역에서도 지난 10년에 걸쳐서 점진적이기는 하지만 새로운 교육과정 연구 전통에 대한 학구적 관심과 연구노력들이 대두해 오고 있다. 그리고 그러한 새로운 변화의 물결의 한가운데는 서구와 마찬가지로 우리나라의 교육과정 연구의 주도적인 담론으로 간주되어 온 '교육과정 개발' 중심의 전통적 교육과정 연구에 대한 비평과 재해석 그리고 재개념화를 시도하고자 하는 일련의 연구작업들이 시도되었다(김복영, 2006; 김영천, 2006; 박민정, 2005; 손민호, 2006; 허숙 · 유혜령, 1997). 나아가 교육과정 전공의 교재들에서 연구자들은 교육과정에 대한 새로운 이론들 그리고 재해석을 소개하고 있다(이성호, 2004; 이원희 외 2006; 홍후즈, 2002). 또한 교육과정학회의 월례회를 비롯한 학술대회에서 교육과정 연구에 대한 전통적 입장과 대안적 입장에 대한 양립 가능성과 불가능성, 그리고 다양한 논쟁들이 학자들에 의하여 이루어지고 있다.

이렇게 우리나라에서도 새로운 교육과정 담론에 대한 학구적 관심이 일어나게 된 배경으로는 서구의 학자들과 마찬가지로 교육과정 연구의 주도적인 담론으로 자리 잡아 온 '교육과정 개발' 담론이 교육과정 연구에 대한 관점과 해석 그리고 방법들에 대한 우리의 이해를 제한시켜 왔고 그리하여 교육과정 연구에 대한 우리의 해석을 매우 실증주의적이고 기술적인 과정으로서 개념화하도록 영향을 끼쳤다는 것을 각성하였기 때문일 것이다. 더욱 중요하게는 이러한 각성 속에는 교육과정 연구가 단순히 현장교육자들의 작업을 봉사하는 차원인 교육과정 개발에서 머물러서는 안 되며 그 이상의 다양하고 고차원적인 담론들의 영역으로 자리 잡아야 한다는 인식이 팽배하였기 때문일 것이다. 즉 교육과정 연구는 학교 교육과정을 개발하는 기계적인 작업이 아닌 간학문적 해석체계와 이론들을 이용하여 학교의 교육과정의 실제와 경험들을 다양한 관점에서 기술하고 이해하고 개념화할 수 있는 프로젝트여야 한다는 신념이 있었을 것이다. 즉, 교육과정의 탐구를 행동적인 관점에서, 규정적인 관점에서, 그리고 절차적인 관점에서 바라보아서는 안 되며 탈실증주의 연구 패러다임이 제공해 주는 다채로운 아이디어들을 적용하여 교육과정을 연구해야 한다는 새로운 패러다임적 정체성이 확산된 것이라고 할 수 있다.

이에 이 글에서는 전 세계적으로 나타나고 있는 '교육과정 개발' 패러다임을 벗어난 새로운 담론의 창조 문화가 우리나라에서도 보다 심층적으로 이루어질 수 있도록 하기 위하여 그 첫 번째 작업으로서 '교육과정 개발' 패러다임이 갖는 특징과 문제점은 무엇인지를 논의하고자 한다. 구미와는 달리 교육과정 개발 패러다임이 우리나라의 교육과정 연구문화 속에서 여전히 가장 합법적인 담론으로서 인정되고 있는 상황을 고려하였을 때, '교육과정 개발' 패러다임이 갖는 문제점들에 대한 이러한 논의작업은 넓게는 전 세계적인 연구동향의 조류를 이해할 수 있는 배경적 지식이 될 것이며 좁게는 우리나라 안에서 교육과정 개발 담론에 대항하는/벗어나는 새로운 담론과 이론화가 왜 필요한지를 설득시킬 수 있는 효과적인 방법이 될 것이다. 아울러 교육과정 연구에 대한 새로운 동향들이 우리나라에 소개되고 실천되고 있는 상황에서도 '교육과정 개발' 담론에 대한 구체적인 비평을 지적한 연구작업이 없었다는 점 역시 이러한 변화의 바람을 이해하고 동참하도록 하는 데 필요한 설득작업이 될 것이다.

이에 이 글에서 필자는 '교육과정 개발' 담론이 갖고 있는 문제점 또는 우리가 '교육과정 개발' 담론에 근거하여 교육과정을 연구하는 행위가 가져올 수 있는 실제적 한계점들은 무엇이 있는가를 규명하고자 한다. 즉, 현재의 전통이 왜 문제가 되는지를 구체적으로 지적함으로써 우리의 '교육과정 연구'에 대한 전통적 연구형식이 어떠한 문제점을 가지고 있으며 어떻게 변화해야 하는지를 이해시키고자 하는 것이다. 이에 우리나라에서의 이러한 전통과 새로운 담론 간의 체계적인 분석에 대한 추후 연구가 수행되어야 한다는 전제를 강조하면서 전 세계적 연구동향들, 그리고 '교육과정 개발' 담론에 대한 다양한 비평연구들을 참고하여 우리나라에서의 '교육과정 개발' 담론에 기초한 교육과정 연구가 갖는 특징과 그 문제점은 무엇인지를 지적하고자 한다. 이를 통하여 새로운 변화와 이해 그리고 창조작업에 우리나라 교육과정 학자들 역시 참가해야 한다는 점을 강조하고자 한다. 특히 하나의 실재에 대한 절대적인 해석이나 정의는 없으며 대신에 다양한 관점들과 입장들이 존재할 수 있다는 포스트모더니즘의 전제는 '교육과정 개발' 패러다임에 전적으로 의존하는 연구행위가 가질 수 있는 위험성과 모순성을 인식시킴으로써 우리의 교육과정 연구행위가 보다 다양하고 통합적인 관점에서 이루어질 수 있는 가능성의 공간을 마련해 줄 수 있을 것이다.

2. '교육과정 개발' 담론에 대한 다섯 가지 비평

제2장에서는 우리나라에서 주요한 담론으로 수용되어 온 '교육과정 개발' 중심의 교육과정 연구가 어떤 문제점들을 가질 수 있는지를 논의하고자 한다. 이에 필자의 지식에 기초하여 우리나라에서 '교육과정 개발' 중심의 교육과정 연구가 갖고 있는 문제점들을 다음 다섯 가지로 정리해 보았다: (1) 전통으로 남겨진 '교육과정 개발' 담론, (2). 교육과정의 현상과 경험에 대한 연구 부족, (3) 해방적 교육과정 연구의 비활성화, (4) 교사의 일과 삶에 대한 연구 부족, (5). 탈실증주의 교육과정 연구방법론에 대한 연구 부족.

1) 전통으로 남겨진 '교육과정 개발' 담론

> 새로운 교육과정 언어의 창조를 위하여 교육과정 연구는 기존의 언어들을 비판하고 새로운 교육과정 언어를 창조하기 위한 방법이다(Huebner, 1966: pp.8-26).

우리나라 전통적 교육과정 연구문화의 첫 번째 특징은 교육과정 연구는 학교 교육과정과 관련된 일련의 프로그램을 개발하는 작업으로서 정의 내려지고 있다는 점이다. 이러한 인식은 Tyler 원리 중심의 교육과정 개발 작업이 구미의 주도적인 교육과정 연구 양식으로 이해되었던 1970년대 이전에 미국에서 교육과정을 연구하고 한국으로 돌아온 일련의 학자들이 우리나라의 주도적인 교육과정 연구자로 자리 잡으면서 자연스럽게 형성되었다고 할 수 있다. 우리나라의 교육과정 연구가 미국의 연구동향에 역사적으로 영향을 받아 왔다는 사실을 고려한다면 이러한 현상은 당연한 귀결이라고 하겠다(김영천, 2005; 김인회, 1986; 이종각, 1990). 이에 교육과정 개발로서 교육과정 연구의 역사적 전통은 이 분야의 선도 학자들의 교재 편찬, 학술지 논문의 주제, 학술대회의 성격, 후학들의 양성문화, 그리고 대학원의 훈련과정 등에 직접적으로 영향을 끼쳤다. 그러한 여러 가지의 예를 제시하는 것은 어렵지 않아서 이 분야의 선도적인 역할을 해 온 우리나라 교육과정 학자들의 '교육과정' 또는 '교육과정 개론' 서에 다루어지고 있는 내용들을 읽으면 그러한 영향이 얼마나 강하게 반영되었는지를 쉽게 알 수 있다(곽병선, 1997; 이경섭, 1996: 이귀윤, 2000; 함수곤, 2003).

이러한 우리나라의 상황과는 다르게 교육과정 개발이 바로 교육과정 연구의 핵심이라는 해석이 더 이상 합법적이지 않다는 사실을 다음 두 가지 예를 통하여 지적하고자 한다. 이 두 가지 예들은 1970년대 이전의 교육과정 연구를 점유하였던 전통주의 교육과정 연구 패러다임과는 달리 1970년대 이후의 구미의 교육과정 연구 지형도는 상당히 변화하였으며 '교육과정 개발' 담론으로부터 탈피하여 새롭게 그 성격이 변화하였음을 구체적으로 보여 주는 실증적 자료들이다. 특히 이 두 개의 사례들이 구미의 경우에, 전통주의자이든 아니면 탈실증주의자이든 간에 대부분의 교육과정 학자들에 의하여 현대 교육과정 연구의 지형도로서 통용되고 있다는 점은 우리나라의 경우를 비평하고 재해석하는 데 도움이 될 것이다.

첫 번째, 전미 교육학회(AERA)의 교육과정 연구 영역(Division B)의 교육과정 탐구의 영역에 대한 개념도는 교육과정 연구가 교육과정 개발을 넘어서는 훨씬 범위가 넓고 심도 있는 탐구영역이라는 사실을 공식적으로 인정해 준다. 교육과정 탐구의 영역을 크게 다섯 개의 분과로 나누어 놓은 이 개념도에 따르면 우리가 교육과정 연구의 전체라고 알고 있는 교육과정 개발은 이 다섯 개 연구영역 중의 한 개의 분야에 해당한다(김영천, 2006).

〈 표 1 〉 AERA Division B

1분과: 교실 상황(classroom contexts)에서의 교육과정 연구
2분과: 교육과정 이론화
3분과: 교육과정 설계, 내용, 그리고 평가
4분과: 교육과정 역사 탐구
5분과: 교육과정 연구에서의 대안적인 실제들과 언어의 개발

따라서 우리나라에서 주류 담론으로서 인정받고 있는 '교육과정 개발'은 제3분과와만 직접적인 관련이 있을 뿐이며 나머지 분과는 교육과정 개발과 다른 성격을 갖춘 영역이라는 점을 알 수가 있다. 이 표에 비추어 우리나라의 교육과정 연구의 동향을 평가한다면 제3분과에 대한 연구작업이 주류를 이루고 있고 제1분과, 제2분과, 제4분과, 그리고 제5분과에 대한 연구작업은 미미하거나 상대적으로 소외되어 있다. 특히, 제1분과(교실 상황에서의 교육과정 연구)는 교육과정의 전달과 실행의 문제를 다루는 영역으로서 교육과정 실행에서의 맥락적 이해, 학교문화, 교사의 삶

등이 모두 해당된다. 그럼에도 불구하고 우리나라의 경우에는 프로그램 개발 자체는 강조되지만 그 개발된 프로그램이 어떻게 실행되고 현장에서 학습자들에게 학습되는지에 대한 작업은 연계되어 이루어지지 않고 있다.

제4분과의 경우는 교육과정 역사탐구인데 이 주제 역시 미미한 상태이다. 물론 교육과정 개발의 역사적 변천과정(국가교육과정 개정 내용의 특징들)을 다룬 연구들은 있지만 교육과정의 특수한 시대적 상황에 따라서 어떻게 영향을 받으며 변화하였는지에 대한 역사학적 분석작업을 시도한 연구들은 거의 없다. 즉 교육과정의 변천을 정치적, 경제적, 문화적, 인류학적, 그리고 경제적 관점에서 관련지어 해석하려고 하는 연구작업이 없으며 그러한 연구동향 역시 자리 잡고 있지 않다. 제5분과는 대안적인 교육과정 언어의 개발로서 실증주의적 패러다임의 굴레 속에서 만들어진 교육과정의 언어와 사유 양식이 교육과정 탐구에 대한 방법론에 어떻게 부정적으로 영향을 끼쳤는지를 자기반성하는 작업을 의미한다. 나아가 탈실증주의 연구 패러다임이 주는 다양한 관점과 방법론을 차용하여 우리가 과거에 개념화시키지 못하였고 생성하지 못하였던 새로운 교육과정의 언어들(이론들, 개념들, 방법들 등)을 창조하는 연구작업을 뜻한다. 이 작업의 기저에는 우리의 교육과정 연구가 지난 세월 동안 지나치게 실증주의 패러다임에 기초하여 이루어졌다는 점을 인정하고 교육과정 연구를 다양한 인문과학과 사회과학, 예술 등의 간학문적 접근을 통하여 탈실증주의적 관점에서 새롭게 이해하려는 목적이 깔려 있다.

두 번째 예로서 Short(1991)가 개념화시킨 '교육과정 탐구의 형식'이 있다. Short(1991)가 '교육과정탐구의 형식들'이라고 제목을 붙인 책에서 그는 교육과정 탐구의 다양한 스펙트럼들을 다음 열여섯 가지로 구분하여 제시하고 있다.

〈 표 2 〉 교육과정 탐구 양식들의 스펙트럼

1	철학적 탐구 (개념적 분석)	2	역사적 탐구	3	과학적 탐구	4	문화기술적 탐구
5	내러티브 탐구	6	미학적 탐구	7	현상학적 탐구	8	해석학적 탐구
9	이론적 탐구	10	규범적 탐구	11	비판적 탐구	12	평가 탐구
13	통합적 탐구	14	숙의적 탐구	15	실행적 탐구	16	사색적 탐구 (에세이적 탐구)

이 분류표에 따르면 현대 교육과정 탐구의 영역은 우리나라에서 일반적으로 통용되고 있는 인식과는 다르게 열여섯 가지로 다양하게 나누어져 있음을 알 수가 있다. 그리고 우리나라에서 가장 주도적인 역할을 해 온 '교육과정 개발' 패러다임은 이 열여섯 개의 연구형식 중에서 크게 두 개의 영역(과학적 탐구, 통합적 탐구)에만 관련되어 있음을 알 수 있다. 이 두 개의 탐구영역을 제외한다면 구미의 교육과정 탐구의 분야는 우리나라의 학자들 사이에서 널리 통용되고 있는 '교육과정 개발'로서의 교육과정 탐구와는 상당히 다른 방식과 이론들 속에서 이루어지고 있다는 사실을 알 수 있다. 서구와 다른 국가의 학자들에게 있어서 교육과정 연구는 교육과정을 개발하는 작업을 벗어난/넘어선 보다 광범위한 차원에서의 사유의 연구분야이다. 더욱 중요하게 교육과정 연구는 교육과정 개발에서 강조하는 것처럼 절차, 체제, 목표, 개발, 그리고 조직 등의 실증적 언어로만 구성되는 연구작업이 아니라 다양한 사회과학이론들, 인문과학이론들, 그리고 예술이론들이 차용되고 접목되는 간학문적 성격을 띤 연구분야로서 성장하고 변화하였음을 이해할 수 있다.

2) 교육과정의 현상과 경험에 대한 연구 부족

> 문학비평이란 우리의 현실이나 역사적 삶과 결코 분리되지 않는 것, 따라서 세속적이고 고통스러운 것(김성곤, 2006: 38).
>
> 상품개발 전문가, 엔지니어, 현장에 보내라(Davenport, 2006).

우리나라의 교육과정 연구문화에서 나타나고 있는 두 번째 문제점은 교육과정 연구가 개발로서만 이해되기 때문에 개발에서 벗어난 실제 현장에서의 실행과 경험 등에 대한 연구는 교육과정 연구에서 주목을 받지 못하고 있다는 점이다. 즉, 학생들을 위한 교육과정을 개발하는 작업은 교육과정 연구에 속하지만 학교라는 실제적 상황에서 교육과정이 어떻게 실행되고 있고 학생들은 그러한 개발된 교육과정에 대하여 어떤 경험들을 하는지에 대한 경험적 연구들은 교육과정 연구의 주요한 영역으로 평가되지 않고 있다는 점이다. 때문에 '학교에서 학생들이 실제적으로 갖게 되는 교육적 경험'으로서 교육과정에 대한 개념 정의는 그다지 우리나라 학자들의 주목을 받지 못하였고 그 결과로서 의도된 교육과정이 학교에서 어떻게 전개되는지 그리고 그러한 교육과정 속에서 학생들은 어떠한 경험과 의미를 갖게 되는지에 대한 연구들은 그들의 관심 밖에 놓이게 되었다.

교육과정 개발로서 교육과정의 이해는 우리나라 학자들로 하여금 교육과정 연구란 어떻게 좋은 프로그램을 개발할 것인가에 모든 관심을 갖게 만들었고 이에 따라 연구작업 역시 학교현장에 필요한 교육 프로그램을 개발하거나 제작하는 일로 연결이 되었다. 즉, 교육과정 연구는 교육과정의 산물(curriculum products)을 잘 만드는 작업으로서 정의 내려진 것이다. 이에 이 분야의 연구자들의 작업은 국가 차원에서의 교육과정 지침 만들기, 새로운 교과서 개정 작업, 새로운 교육 프로그램 제작, 새로운 교육과정 이론에 기초한 수업 프로그램 개발 등과 같은 국가 차원과 학교 차원에서 필요한 실질적인 교육과정 자료들을 현장교사들을 위하여 또는 국가의 교육과정 개혁을 위하여 제작하는 것이었다. 이러한 목적을 가지고 수행된 교육과정 연구작업의 예들을 살펴보면 다음과 같다: 제7차 교육과정에 기초한 교수-학습자료 개발, 열린 교육 확산을 위한 교육과정 자료 개발, 우리나라 학생들의 창의성 개발을 위한 교육과정 개발, 수준별 교육과정과 수업자료 개발, 방과 후 교육과정 개발, 지역화 교육과정 개발, 사이버 가정학습 프로그램 개발, 특별활동 프로그램 개발, 다문화 교육과정 자료 개발 등이다. 이러한 작업은 더욱 현장의 요구와 결합하여 의도된 프로그램이 학교현장에 잘 접목되기 위하여 필요한 학교현장의 조건들(수업시수, 수업방법, 교육과정 구성 방식 등)을 세련화시키는 작업으로까지 연결되었다.

물론 이러한 연구작업의 기저에는 잘 만들어진 교육과정 자료와 청사진은 의도한 국가 차원에서의 교육목표를 잘 실현시킬 것이며 학습자에게 의도한 학습의 결과를 만들어 낼 것이라는 기대가 깔려 있었다. 즉 잘 만들어진 기성제품이 의도한 학교현장의 변화와 학습목표의 달성을 가져올 것이라는 환상이 그 기저에 깔려 있었다. 이러한 기대나 환상이 실현되든 아니면 실현되지 않든지 간에 현장에 필요한 학교 교육과정 자료들의 개발은 중앙 집권식 교육과정 정책을 운영하고 있는 우리나라의 경우에 있어서, 그리고 참고할 만한 자료들이 거의 없는 우리나라의 연구문화를 고려하였을 때, 이러한 실제적 자료들은 현장교사들이 자신들의 수업에서 어떻게 교육과정을 운영하고 실현시킬 것인가에 대한 아이디어를 직접 획득하는 데 도움을 주었다.

그러한 점에서 자료 개발로서의 교육과정 연구가 학교 현장에 구체적인 지침들과 자료들을 제공해 준다는 점에서 상당한 역할을 하였을 것이다. 그러나 이러한 기여에도 불구하고 교육과정 연구의 핵심을 프로그램의 개발 작업으로만 한정시킴으로써 개발작업이 현장과 어떤 유기적 관계를 맺게 되는지에 대한 현장연구를 무관심하게 간주하는 연구문화를 양산시켰다. 즉, 의도된 교육과정이 학교라는 특이한 문화적 공간에서 그리고 교실이라는 사회적 공간에서 교사와 학생들에 의하여 어떻게 수용되고 재해석되고 재구성되어 참여자들에게 이해되는지에 대한 경험적 연구작업은 교육과정 연구의 핵심적 탐구분야에서 제외되는 결과를 가져왔다. 이상과 현실이 상반될 수 있으며 긴장관계를 가져올 수 있다는 의식 아래서 교육과정이 학교현장에서 그리고 교실현장에서 어떻게 지각되고 수용되는지에 대한 현장연구는 교육과정 탐구의 주요한 의제가 되지 못하게 된 것이다.

이러한 인식은 일단 개발된 프로그램이 현장에서 어떻게 실행되고 저항을 받는지 그리고 내면화되는지에 대한 연구작업에 대한 관심을 불러일으키지 못하게 만들었다. 개발된 교육과정이 의도된 대로 현장에서 잘 실현될 것이라는 희망만을 남겨 둔 채, 학교현장에서 교육과정 개발자로서 교사가 하게 되는 교사의 선택과 의사결정 과정, 교육과정 실행을 방해하는/저해하는 학교의 문화적 요소들, 학생들이 실제적으로 갖게 되는 경험들에 대한 탐구는 교육과정 탐구영역에서 부차적인 것, 또는 주변적인 것, 아니면 아예 불필요한 것으로 다루어진다. 이에 이상과 현실은 항상 큰 간격을 가지고 있으며, 의도한 교육과정과는 다르게 실제적으로 실행되는 교육과정은 상당히 차이가 있으며 그에 따라 학생들이 갖게 되는 경험이나 이해의 내용과 폭은 목적과는 크게 달라질 수 있다는 비판적인 인식이 고려되지 못한다. 나아가 교육과정 개발 패러다임에서 주로 사용하고 있는 연구방법들의 제한성으로 인하여 연구자들이 현장으로 직접 가서 교육과정이 어떻게 구현되고 있는가에 대한 근접한 평가를 할 수 있는 기회를 제공해 주지 못한다. 이러한 지적은 우리나라의 대부분의 교육과정 학자들의 교육과정 개발 작업에서 나타나고 있는 문제로서 의도와 결과, 목적과 현실, 목표와 학생의 경험 사이의 괴리와 딜레마가 무엇인지를 연계시켜서 연구하고자 하는 노력들이 경주되지 못하였다. 교육과정 연구자들은 현장에 굳이 들어갈 필요가 없었으며 미리 만들어진 교육과정 패키지가 의도와는 상관없이 어떻게 현장에서 배척되고 다른 결과를 양산하고 다르게 해석되는지에 대하여 관심을 두지 않았다.

그러나 우리나라의 이러한 교육과정 개발 중심의 교육과정 연구문화와는 다르게 구미의 경우, 교육과정 연구는 개발작업을 넘어서 학교현장에서의 교육과정의 실제적 현실을 기술하고 이해하고 평가하는 해석적 작업으로 이해되고 있다. 즉, 교육과정 산물로서만 교육과정을 이해하는 것이 아니라 학교에서의 학생의 경험 그리고 교육과정과 관련된 일련의 교육적 현상들에 대한 탐구까지 확대되어 연구되고 있다. 이러한 접근을 선호하는 교육과정 학자들은 교육과정을 '학교 안에서 학생들이 갖게 되는 경험의 총체'로서 이해하는 것을 선호하는 학자들이며 AERA Division B에서 구분한 것처럼 교육과정 연구작업의 중요한 부분을 '교실상황에서의 교육과정 연구'로서 간주하기 때문이다. 이러한 연구접근은 Tyler가 쿠레레의 목표달성이라는 명사적 의미를 강조한 것과 대비시켜서 Pinar(1975, 2004)가 쿠레레 단어 속에 들어 있는 동사적 의미로서의 '달린다'의 경험을 교육과정의 새로운 정의로서 재개념화시킨 이후에 더욱 가속적으로 실천되고 있다.

이미 이러한 연구접근은 전통주의 교육과정 연구의 죽음을 알린 Schwab의 이론화에서 찾을 수가 있다. Schwab(1969; 1983)은 그의 「교육과정: 실제성」이라는 논문에서 Tyler 원리에 기초한 교육과정 연구가 지나치게 현장과 현상을 무시한 진공상태에서의 교육과정 연구를 한다고 비판하면서 교육과정 연구는 학교의 교육과정의 실제를 다루어야 한다고 주장하였다. 그리고 이를 이어받아 Walker는 전통적 교육과정 연구의 관료적인 형태(프로그램 개발과 전달)가 학교 교육과정과 현장개선에 기여하지 않는다고 분석하고서 교육과정 연구는 현장교사들 간의 계속적인 상호작용과 비평을 통하여 이루어져야 한다고 강조하였다. 또한 앞에서 소개한 것처럼 Pinar는 학생이 학교교육을 통하여 갖게 되는 다양한 심리적/현상학적/주관적 경험의 세계를 연구하는 것이 바로 교육과정 연구의 새로운 방향이어야 한다고 주장하였다. 이에 교육과정 연구를 교육과정의 실제들(설계, 개발, 교수, 평가, 조직 개발, 계속적인 탐구활동 등)을 지도해 줄 수 있는 진보적인 그리고 비판적인 사유활동의 프로젝트라고 정의 내린 Henderson과 Hawthorne(1995)의 주장은 의미심장한 의도를 내포하고 있다.

교육과정 연구가 개발의 의미를 벗어나 학교에서 학생들이 갖게 되는 경험과 주관성에 대한 이해로서 정의 내려지면서 또는 학교 교육과정에 대한 현상과 현실에 대한 탈실증주의적 분석을 강조하는 쪽으로 전개되면서 구미의 경우 교육과정의 최근 동향은 학교 교육과정과 관련된 일련의 심리적, 사회적, 문화적 이슈들을 연구하는 쪽으로 전개되고 있다. 이에 일련의 학자들은 교육과정의 탐구주제로서 학교에서 의도하지 않았던 학습의 결과로서 잠재적 교육과정을 연구하기 시작하였고 이러한 잠재적 교육과정이 학교의 문화 그리고 사회의 구조와 관련이 있다는 점에 착안하여 학교문화의 정치성에 대하여 연구하기도 하였다. 또한 일련의 학자들은 개발된 교육과정이 왜 학교라는 공간에서 의도대로 실행되지 않는지 실행에 대한 연구를 하게 되었으며 이와 관련하여 특별히 교육과정 개혁에 성공한 학교들은 어떠한 특징들을 가지고 있는지를 연구하기에 이르렀다(Darling-Hammond, 2001; Darling-Hammond, et.al., 1995; Huberman and Miles, 1984).

아울러 일련의 학자들은 개발된 교육과정의 의도와는 다르게 교실의 수업 내에서 교사들이 어떠한 의사결정 과정을 거쳐서 자신의 수업을 운영해 나가는지에 대한 교사의 사고과정을 연구하기도 하였고(Clark and Yinger, 1977; Connelly and Clandinin, 1990; Elbaz, 1983) 보다 폭넓게는 왜 교사들은 교육과정 개혁에 저항하는지 교사의 일 그리고 교직이 갖는 특징과 문화를 연구하기에 이르렀다(Lieberman and Miller, 1992; Sykes, 2001). 더욱 구체적으로는 의도된 교육과정이 교실 수업에서 어떻게 전달되는지를 미시문화기술적 방법과 상호작용을 통하여 교육과정의 목표(개념, 원리, 주제 등)들이 교실이라는 국지적 장소에서 어떻게 조정되고 달성되고 또한 재구성되는지를 밝혀 주었다(Green and Wallet, 1981; Heap, 1985; Macbeth, 1990). 아울러 교육과정평가 또는 교육평가 패러다임을 활용하여 의도한 교육과정이 학교현장에서 잘 접목되었는지를 탈실증주의 연구방법을 통하여 기술하고 판단하는 평가연구(evaluation study)가 수행되었다.

교육과정에 대한 실행과 경험 그리고 학교에서의 현상에 대한 이러한 연구들이 매우 다양하게 진행되어 왔고 진행되고 있다는 점을 강조하면서 이 분야에 대한 보다 심층적인 이해를 위하여 다음 표로 그 내용을 세분화시켜 보았다.

〈 표 3 〉 학교 교육과정 연구의 새로운 영역들

영역	학자
교육과정 개혁 학교	Darling-Hammond, Huberman and Miles, Lieberman
교과서의 잠재적 교육과정	Apple, Anyon, Martin
교실생활과 수업에서의 잠재적 교육과정	Jackson, Anyon, Eisner
수업의 국지적 연구	Bloome, Erickson, Green, Macbeth
교육과정의 질적평가	Barone, Donmoyer, Eisner, Harrison, Stake
학교문화	Giroux, McLaren, Lightfoot, Peshkin

3) 해방적 교육과정 연구의 비활성화

'교육과정 개발' 패러다임에 기초한 우리나라의 교육과정 연구가 갖는 세 번째 특징이자 문제점은 해방적 교육과정 연구의 비활성화이다. 이는 우리나라 교육과정 연구에서 학교 교육과정의 정치성에 대한 학구적 관심과 연구작업이 심도 있게 이루어지지 못하고 있다는 점을 지적하는 것이다. 즉, 교육과정 연구의 다양한 패러다임 중에서 세 번째 영역에 속하는 비판적 패러다임이 우리나라의 경우에는 활성화되어 있지 못하여 이 영역에 대한 연구가 교육과정 연구의 중추적 영역으로서 이해되지 않고 있다는 점을 뜻한다. 이러한 현실은 구미의 연구동향과 비교하였을 때 매우 차이가 있는 것으로서 구미의 경우, 현대 교육과정 이론화의 주도적인 역할을 한 연구자 집단이 바로 이 패러다임 영역에 해당하고 있으며 최근까지도 이들의 연구작업은 교육과정 이론화의 대표적인 연구동향으로서 그리고 교육과정 연구의 재개념화를 선도한 연구집단으로서 그 역할을 다해 왔다. 이 분야는 크게 사회구조를 지배와 피지배의 두 집단으로 나누고 이데올로기 통제 기제로서 학교교육이 계급, 젠더, 성취향, 그리고 인종이라는 영역에서 지배집단(상류계급, 남성, 이성애자, 그리고 백인)의 이익을 재생산한다고 전제한다. 우리가 알고 있는 Henry Giroux, Michael Apple, Peter McLaren, Elizabeh Ellsworth, William Ayers, James Sears와 같은 현대 교육과정 연구의 대표적 학자들이 모두 이 분야에서 두각을 나타내고 있다.

물론 우리나라의 경우, 1980년대 중반과 후반에 '교육과정 사회학'이라는 명칭으로 비판적 교육과정 연구들이 시도되었고 학구적 관심을 상당히 불러일으켰다. 그 예로서 김명희(1986)는 잠재적 교육과정 관점에서 우리나라 사회과 교육의 문제점을 지적하였고 김기석(1987)은 학교지식의 사회학에 대한 이론적 기초를 마련해 주었다. 이러한 분위기 속에서 학교의 교과서, 수업, 상호작용, 언어, 평가의 과정 등이 재생산의 관점에서 분석되기 시작하였고 연구결과들은 우리나라의 학교 교육과정이 재생산의 기제 역할을 한다는 사실을 실증적으로 밝혀 주기도 하였다.

그러나 이러한 새로운 시도는 잠깐 동안 학자들의 관심을 끌었을 뿐 우리나라 교육과정 분야의 새로운 연구분야로서 정립되지 못하였다. 그리고 그 결과 2000년이 지난 현대에 와서 이 분야에 대한 학구적 관심은 몇몇 학자들에 의해서만 유지되고 있을 뿐이다. 오히려 2000년 이후의 우리나라 교육과정 연구분야에 있어서 이 주제에 대한 관심은 줄어든 느낌이 들며 이 분야의 주제들을 다룬 연구서적이나 논문들을 찾아서 읽는다는 것은 그렇게 쉬운 일이 아니다. 최근에 와서 다행히 젠더 영역에서 허창수(2006)와 곽삼근(2006)이 연구하고 있고 계급의 관점에서 성열관(2006)이 우리나라 고등학교 교육의 핵심적 이슈인 평준화 문제를 연구하였고, 탈식민주의 연구영역에서 주재홍(2006)이 연구하고 있는 것을 제외하면 교육과정 학술지와 전문서적에서 이 비판적 교육과정 연구에 대한 우리나라의 학구적 노력들을 찾는 것은 매우 어렵다는 생각을 한다.

우리 사회에 대한 실제적 통계자료들이 학교교육의 재생산 역할을 지지하는 결과를 보여 주고 있으며 그러한 분석이 교육과정 연구에 있어서 필요함에도 불구하고 이 분야에 대한 학구적 관심이 결여된 이유는 바로 우리나라의 교육과정 연구가 바로 전통주의 교육과정 연구에 근거하여 교육과정 개발을 가장 합법적인 연구담론으로서 간주하기 때문이 아닐까라는 생각을 하게 된다. 즉, 학교지식의 정치성 그리고 그러한 지식이 누구의 지식이며 누구의 흥미에 기여하는지를 분석하는 비판 교육과정 연구는 교육과정 개발을 강조하는 전통적 교육과정 연구문화의 전제 조건과 배치되기 때문이다. 지식의 사회성, 그리고 지식의 상대성을 강조하는 비판 교육과정 연구 패러다임과는 달리 개발 패러다임에서의 교육과정 연구는 학교의 교육과정이 누구의 관심과 이익에 봉사하는지에 대한 관심은 배제한 채, 학교지식은 절대적인 지식으로서 역사적 진실과 가장 가치 있는 내용을 담고 있는 의심할 수 없는 소재에 해당한다. 따라서 학교지식을 문제 삼지 않는 전통적 교육과정 학자들이 주류 교육과정 연구문화를 구성하고 있는 우리나라의 경우에 그들의 입장과 반대되는 연구주제나 이슈를 교육과정의 연구작업으로 상정한다는 것은 자신의 전문성 발달과 의사소통, 그리고 학구적 평가에 부정적으로 작용할 것이다. 그러한 점에서 다음의 면담 자료는 자신의 연구 정체성과 우리나라 교육과정 연구의 전체적 분위기 간의 묘한 긴장관계를 잘 나타내면서 왜 우리나라에서 이러한 비판적 연구를 하는 것이 어려운가를 잘 이해시켜 주는 대목이다.

> 외국에서 공부할 때는 너무나 자연스러웠던 젠더연구가 우리나라에서는 모두들 이상하게 평가하는 것 같아요. 외국에서 젠더 연구는 교육과정 연구의 가장 핵심적인 주제 중의 하나였는데 우리나라에서 많은 학자들, 특히 전통적인 패러다임의 교육과정 학자

> 들은 저에게 그런 연구를 하면 대학에 가기가 어렵다고 충고한답니다. 저의 주제를 교육사회학 주제 또는 여성학 주제로서 생각하는 경향이 있구요. 더욱 문제는 교육프로그램을 개발하는 주제가 아니면 교육과정을 전공하지 않은 것으로 생각하려고 하더군요. 그래서 자리 잡을 때까지 통합이나 프로그램 개발과 같은 주제의 논문을 써야 할 것 같습니다(허창수 박사와의 면담: 2006).

그러나 우리나라에서의 일반적인 인식 또는 주류 학자들의 아전인수적인 해석과는 달리 앞에서 소개한 Short의 표에 나타나 있는 것처럼 비판적 교육과정 연구는 서구의 경우에 현대 교육과정 연구분야의 가장 주도적인 탐구영역으로 활동하고 있다. 해방적 교육과정 연구라고 명명되기도 하는 이 교육과정 탐구 패러다임은 비판이론의 전제에 기초하여 학교의 교육과정이 불평등한 사회구조를 재생산하는 효과적인 이데올로기 통제 기제라는 점을 인정하고서 현대의 학교 교육과정이 어떠한 방식으로 기존의 지배집단의 이데올로기들을 미래의 학생들에게 주어진 것, 평범한 것, 당연한 것, 그리고 타당한 것으로 내면화시키는 데 효과적으로 작용하는지를 연구한다. 이를 위하여 학교 교육과정이라는 역사적/사회적/문화적 산물을 진실이 아닌 의심과 투쟁의 결과로서 전제하고서 그러한 산물이 어떤 특정한 시대의 특정한 집단의 이익을 은밀하게 반영하고 있는지를 파헤치려고 한다. 그러한 점에서 교육과정은 '산물(product)' 인가 아니면 '실천(praxis)' 인가라는 두 개의 배치되는 용어를 사용하여 교육과정 개발 패러다임과 비판이론적 패러다임 간의 미묘한 긴장을 나타낸 Grundy(1987)의 표현은 이 연구분야의 중요성을 강조하고 있다.

이들에게 있어서 학교 교육과정 지식의 사회학적 구성에 대한 의심과 탐구는 개발 패러다임이 강조하는 효과성만큼이나 중요한 탐구주제로서 가치 있는 것이다. 이들은 교육과정 연구가 주어진 목표나 학교지식을 후세대에 잘 가르치는 방법이나 기법을 연구하는 것만큼 그러한 지식이 얼마나 평등과 정의의 이념을 달성하고 있는가를 연구하는 것이 중요하다는 입장을 가지고 있다. 따라서 이들에게 있어서 교육과정 연구는 효과성, 편리성, 공학적 절차를 따르는 탈정치적 연구작업이 아니라 학교의 교육과정이 과연 누구의 입장을 대변하고 누구의 입장을 주변화시키고 배제시키는지를 찾아내야 하는 정치적이고 윤리적이며 도덕적인 작업이어야 한다고 강조한다. 아울러 비판적 교육과정 연구의 일련의 결과들은 교육과정 연구가 단순히 합리적/기능적 모형으로서의 성격을 벗어나 정의와 평등을 추구하는 해방적 탐구의 작업이어야 함을 우리에게 시사하고 있다.

그러한 점에서 교육과정 연구의 좌파로 불리기도 하는 이들의 연구노력은 1980년대 이후의 구미 교육과정 연구의 핵심적 주류를 구성하고 있으며 교육과정 연구의 성격의 재구조화에 상당한 기여를 하였다. 교육과정의 역사와 현대적 이론화 동향을 체계적으로 정리한 Pinar 외의 「교육과정 담론의 새로운 지평」에 잘 나타나 있는 것처럼 학교지식의 정치성에 대한 탐구는 정치적 텍스트로서 교육과정 연구, 젠더 텍스트로서 교육과정 연구, 인종적 텍스트로서 교육과정 연구, 성취향 텍스트로서 교육과정 연구 등으로 분화되어 설명되어 있으며 다양한 텍스트들 중에서 네 개의 소개공간을 가졌다는 점에서 그 비중은 상당하다고 할 수 있다. 특히 교육과정 연구에 있어서 재개념화의 운동에 보수적인 태도를 가졌던 Philip Jackson(1992)까지도 그가 편집한 책, 「Handbook of Research on Handbook」에서 제3부를 계급(Oakes), 소수인종의 언어와 학교 교육과정의 모순관계(Fillmore and Meyer), 젠더와 교육과정(Noddings) 등의 논문으로 할애한 점은 이러한 변화를 잘 나타낸 경우라고 하겠다.

비판적 교육과정 연구의 파도와 그들의 연구작업의 성과들을 모두 이 글에서 소개하기는 어렵지만 현대 교육과정 연구의 저명한 학자들이 상당부분 이 분야에 자리 잡고 있다는 점은 우리에게 시사해 주는 바가 크다. 그러한 이해를 돕기 위하여 필자의 지식 범위 안에서 비판적 교육과정 연구분야에서 두각을 나타내고 있는 현대의 대표적인 교육과정 학자들을 다음 표로 제시해 보았다.

구미의 경우와 비슷하게 교육과정 영역에서의 해방적 교육과정 연구 역시 우리나라에서 미래에 심도 있게 연구되어야 한다는 점에서 이 주제에 대한 인식이 필요하다는 생각을 한다. 해방적 교육과정 연구가 근본적으로 학교의 교육과정이 기존의

〈 표 4 〉 비판적 교육과정 영역과 주도적 학자들

연구 분야	학자
계급	Anyon, Apple, MacLaren, Freire, Oakes, Willis
인종	Fine, Gordon, Hooks, Scheurich
성취향	Goodman, Lesko, Sears
젠더	Britzman, Pagano, Weiler

사회구조의 권력관계를 어떻게 재생산해 내는가에 관심을 두기 때문에 우리 사회의 최근 변화들은 해방적 연구의 필요성을 더욱 가속화시킬 것이라는 예측을 한다. 먼저 젠더와 관련하여 우리의 학교교육은 여성에게 차별적인 교육과정을 제공하는 재생산 기제라는 사실이 많은 실증적인 연구들을 통하여 밝혀졌다. 그리고 이러한 연구결과들은 우리의 학교교육의 숨겨진 차별적 교육과정의 기제들이 무엇인지에 대한 연구들이 더욱 심화되어야 한다는 점을 강조하고 있다. 젠더와 계급 분야 이외에도 최근 국제화되고 있는 우리나라의 문화적 특징은 학교 교육과정 연구에서 학교지식의 문제를 더욱 다양하고 다문화적인 관점에서 해석하기를 요구하고 있다. 노동력의 부족을 충원하기 위하여 유입된 조선족과 동남아시아 출신의 노동자들이 국제결혼을 통하여 새로운 한국적 정체성을 형성하기 시작하였고 그 결과로서 과거에는 없었던 새로운 혼혈 한국인인 코시안의 등장을 가능하게 하였다.

또한 가족문화의 변화는 우리로 하여금 우리가 정상적인 것으로 그리고 가장 이상적인 것으로 기술해 온 전통적인 가족의 개념(부모와 자식)을 더 이상 가장 합리적이고 이상적인 것으로 진술해서는 안 된다는 전제를 갖게 만들고 있다. 교과서에서는 부모와 자식이 공존하는 형태의 가족을 이상적이고 행복한 가정으로 묘사하고 있지만 사실상 우리의 실제 생활에서의 가족의 형태는 이미 이러한 형태를 벗어나 다양하게 변화하고 변형되고 있다. 그 예로서 교과서에서는 집중적으로 소개되지 않고 있는 대안적 형태의 가족(이혼가족, 편부모가족, 조부모가족, 기러기 가족, 남성 전업주부 가족)들이 이미 우리 사회에 존재하고 있으며 우리의 삶 속에 자리 잡고 있다.

우리 사회에서 나타나고 있는 소수자 또는 주변인 그리고 새로운 형태의 다양한 소수집단들의 대두는 교육과정 연구자들로 하여금 학교지식에서 누구의 지식을 정당한 것으로 기술해야 하고 누구의 입장과 주장을 배제함으로써 미래의 학생들에게 어떠한 지식을 제공해야 하는가라는 매우 윤리적이고 정치적인 결정을 요구하고 있다. 따라서 우리 교육과정 연구자들은 학교 교과서, 교육과정, 학습활동, 평가, 그리고 진로지도에 있어서 학교의 교육과정이 누구의 이익에 기여하고 누구의 이익에 반하는 역할을 하는지에 대한 윤리적 문제의식을 가질 필요가 있을 것이다. 그러한 점에서 최근 증대되고 있는 '다문화교육'에 대한 담론은 이러한 시대적 특수성을 반영한 것으로서 우리 교육과정 연구자들이 주목해야 할 연구영역이라고 생각한다.

4) 교사의 일과 삶에 대한 연구 부족

'교육과정 개발' 패러다임 중심의 우리나라 교육과정 연구가 갖는 문제점 중의 하나는 교사의 일과 삶에 대한 연구 부족이다. 이때 교사에 대한 연구는 과거의 과정-산출 모형에서 다루었던 교사의 효과성(수업행동)에 대한 연구를 뜻하는 것이 아니라 교사가 학교와 수업이라는 공간 속에서 어떻게 살아가고 있는지를 이해하고자 하는 질적연구를 뜻한다. 앞에서 설명한 '교육과정의 현상과 경험에 대한 연구 부족'에 나타나 있는 것처럼, 교사의 일과 삶에 대한 연구 부족은 교사가 교육과정을 최종적으로 개발하고 실행하는 존재임에도 불구하고 과연 그들이 학교와 수업의 공간에서 어떻게 살아가고 있고 어떻게 가르치고 있으며 어떤 문화적 발달과정을 거치는가에 대한 연구가 없다는 것을 의미한다.

이에 구미의 경우, '교사의 삶'에 대한 연구는 교육과정 연구에서 주요한 한 개의 탐구영역으로 자리 잡았으며 다양한 연구들이 다양한 관점들(심리적, 문화적, 발달적, 구조적, 사회적 등)에서 이루어지고 있다(Huberman, 1993; Pinar et al., 1995; Schubert and Ayers, 1992). 이러한 연구관심의 확산 이면에는 교사의 삶과 그들의 세계를 이해할 수 있는 지식체계가 없이는 학교 교육과정에 대한 교사들의 이해방식, 의사결정방식, 그리고 수업방식에 대한 이해를 하기 어렵다는 전제가 깔려 있다. 더욱 엄격하게 이야기한다면 교육과정을 최종적으로 결정하고 전달하는 존재로서 교사에 대한 실질적인 지식들을 우리 연구자들은 갖고 있지 않으며, 그러한 이해의 부족이 학교 교육과정 개발 작업을 성공적으로 이끌지 못하게 한다. 극명하게 표현한다면 엄청난 투자와 개혁에도 불구하고 교실이 변하지 않는 것은 바로 교사가 그러한 변화를 수용하지 않거나 이해하지 않았기 때문인 것이다. 이에 한 예로서 Cuban(2001)은 "지나치게 많이 팔린 테크놀로지 그러나 전혀 교실에서 사용되지 않는 테크놀로지"라는 표현으로 변화의 어려움의 한가운데에는 바로 교사가 자리 잡고 있다는 사실을 강조하였다.

그러나 우리나라의 경우, 교육과정 연구영역에서 교사에 대한 이러한 연구관심은 연구동향으로서 심도 있게 이루어지지 못하여 왔다. 전통적인 개념체계에 심지어 나와 있는 것처럼 교육과정의 구성요소가 교과(교육과정)-교사-학습자라는 세 개의 축임에도 불구하고 교육과정을 다루는 존재로서 교사에 대한 연구는 우리나라 교육과정 연구자들 사이에서 심각하게 다루어지지 못하였다. 그리고 이러한 연구 부족의 이면에는 잘 만들어진 교육과정이라면 교실 교사에 의하여 잘 가르쳐질 것이라는 순진한 믿음이 있었고 교육과정 개발 패러다임에서 전제한 것처럼 교실 교사의 이미지는 외부에서 만들어진 교육과정(국가 수준, 지역 수준)을 그대로 자신의 수업으로 구현시키는 매우 통제적이고 수동적인 전달자의 이미지였다고 할 수 있다(Kincheloe, 2002). 이에 Schwab이 비판한 것처럼 교육과정 개발자로서 그리고 최종 의사결정자로서 교사의 역할에 대한 진정한 이해는 사라진 채, 교사를 위한 교육과정과 지침서, 교사를 위한 수업방법, 다양한 수업전략들, 교사연수, 그리고 새로운 학습자료들이 교육과정 연구의 주요한 연구주제로 간주되었고 발표되고 있다.

그러한 점에서 교육과정을 논의하고 있는 전문학술 논문들 그리고 대부분의 교육과정 전문서적들은 교육과정 개발자로서 교사를 어떻게 재개념화시키고 이해해야 하는가에 대한 논의나 내용들을 다루고 있지 못하다. 대부분 미래 교육과정 학자들을 위한 이론들(교육과정을 개발하는 방법, 수업방법 등)이 제시되어 있을 뿐 교육과정 개발자로서 그리고 실행자로서 교사에 대한 논의와 연구는 거의 실종된 상태이다. 다행히도 최근에 와서 교육과정 탐구와 관련하여 교사에 대한 논의가 일부 학자들에 의하여 제기되고는 있으나(서경혜, 2006) 실제적으로 우리나라의 교사들의 삶과 일의 특징 그리고 그러한 삶의 구조 속에서 교사들은 자신들의 수업을 어떻게 해 나가고 있으며 어떻게 정의 내리고 있는지에 대한 연구들은 여전히 부족한 상황이다. 그리고 더욱 문제인 것은 교사에 대한 삶 또는 그들의 전문적 직업세계에 대한 연구들이 교육과정의 탐구주제로서가 아니라 교육행정 영역 또는 교원교육 영역으로 간주되고 있다는 점이다. 이러한 현상들은 매우 명백하게 나타나고 있는데 교사에 대한 대부분의 연구들이 교육행정 전공의 교육연구자들에 의하여 발표되고 있고 교육대학교와 사범대학에서 제공되고 있는 교사론은 교육과정 전공자가 아닌 교육행정 전공자들에 의하여 가르쳐지고 있다. 이에 우리나라 교사의 학교에서의 직업적 경험, 교육과정에 대한 경험, 전문성과 관련된 딜레마들을 논의한 글을 쓴다면 그 글은 '교육과정'이라는 용어가 붙여지지 않은 이상 교육과정 학술지보다는 교육행정 학술지 또는 교원교육지 또는 일반 교육학 학술지에 실릴 확률이 더욱 높다고 하겠다.

우리나라의 이러한 상황과는 대조적으로 구미의 교육과정 연구에 있어서 교사에 대한 해석적 연구/탈실증주의적 연구는 매우 활발하게 이루어지고 있으며 다양한 연구방법론의 차용을 통하여 현장교사의 개인적/집단적/문화적 경험을 이야기 식으로 구성하는 새로운 연구작업들이 가능해졌다. 특히 질적연구가 교육과정 연구에서 교사의 삶에 대한 연구를 가능하게 함으로써 1990년대 이후의 교육과정 연구에서 교사의 삶과 일에 대한 연구주제는 그 어떤 다른 영역에 비하여 그 영역을 넓혀 가고 있다(Ayers, 1993; Bullough and Gitlin, 1995; Cochran Smith and Lytle, 1993; Kincheloe, 2002). 그 결과로서 교사의 일과 삶에 대한 이러한 새로운 연구관심은 현대 교육과정 탐구영역의 새로운 담론으로 자리 잡기 시작하였고 이 분야의 학자들에 의하여 공식적인 탐구영역으로 인정받았다.

Pinar 외의 「교육과정 담론의 새로운 지평」에서는 교육과정과 교사라는 영역을 신설하여 교육과정분야에서 이루어지고 있는 탈실증주의적 교사연구들을 소개하였고 「Handbook of Research on Teaching」 제4판에서 편집자인 Virginia Richardson(2001)은 제6부의 주제를 교사와 교수(Teachers and teaching)로 명명하고 교사의 일에 대한 역사적 정리, 교사의 변화, 그리고 교사의 지식 발달과정에 대한 최근 연구들을 소개하였다. 이 책의 내용 중에서 Hamilton과 McWilliam은 교사연구에서 기존의 과정-산출 모형 중심의 연구가 갖는 문제점을 지적하면서 교사의 삶과 문화 그리고 생애사적 경험들이 교사에 대한 이해 그리고 교육과정과 수업연구에 있어서 필요한 탐구영역임을 강조하였다.

이러한 분위기를 반영한 듯이 AERA에서는 교사의 삶을 연구하여 특출한 연구결과를 배출한 학자에게 공로상을 수여하고 있는데 첫 해 수상자로서 학교개혁과 교사의 삶을 연구한 Michael Huberman, 두 번째 수상자로서 교육과정 연구자로서 초임교사와 교사들의 전문성발달에 심도 있는 연구를 해 온 Robert Bullough가 지명되었다. 아울러 이 시대의 대표적인 교육과정 학자중의 한 사람인 영국의 Ivor Goodson은 일대기방법과 전기방법을 통하여 특정한 시대의 교육과정이 교실 교사에 의하여 어떻게 재해석되고 선택되었는지를 분석하는 연구를 함으로써 역시 이 상을 수여받았다.

특히 다양한 최신의 질적연구방법론이 교육과정 연구의 대안적 방법론으로 차용되면서 구미의 교육과정 연구자들은 과거에 연구할 수 없었던 교육과정의 실행자로서 그리고 개발자로서 교사와 그들의 삶을 연구할 수 있는 방법과 통찰력을 가질 수 있게 되었다. 이에 이들의 연구주제로서 교사의 삶과 관련된 다양한 실제적인 주제들(교사의 삶, 교사의 전문성발달, 생애주기, 학교문화, 교사의 개인적 실제적 지식, 교사의 사고과정, 성공적인 개혁학교의 특징 등)이 교육과정 탐구의 주요한 이슈로 부상하였다. 아울러 문화기술지, 사례연구, 전기적 연구, 생애사연구, 미시문화기술지 연구 등을 통하여 교사가 실제 학교와 수업 속에서 교육과정을 어떻게 운영하고 어떻게 해석하는지를 진솔하게 기술함으로써 기존의 연구방법론을 통하여 밝히기 어려웠던 교육과정의 현상과 이슈들을 규명하는 데 성공하였다.

즉, 현장에 들어가지 않고서 교사의 특정한 행동과 학생의 학업성취도의 관계만을 연구하였던 과거의 실증주의적 연구주제와는 다르게 실제적으로 교사는 어떠한 학교문화와 학습문화 속에서 살고 있으며 그들의 그러한 삶의 특징이 교사의 교육과정과 관련한 의사결정 행위에 어떻게 영향을 끼치는지를 이해하고자 하였다. 특히 교사의 삶의 역사의 기록물이라고 표현할 수 있는 현장교사들의 생애사 연구작업은 Schubert와 Ayers(1992)가 교사의 지식이라고 표현한 것처럼 교사의 삶이라는 공간이 어떠한 문화적/구조적/심리적/발달적 특징을 가지고 있는지를 드러내며 그러한 삶의 공간에서 갖게 되는 교사의 특정한 지식들은 어떤 것들인지를 이해시키는 데 성공하였다. 최근에 와서는 자기연구(self-study)라는 새로운 연구방법이 이론화되어 교사들 스스로 자신의 교실에서 자신의 교육과정 운영과 수업의 실천이 어떠한 변화를 가져오고 있으며 교사는 어떻게 반성하고 교실개선을 가져오는가를 연구하는 자서전적 반성 연구방법이 교사연구와 교육과정 연구의 분야에서 새롭게 부상하고 있다(Hamilton, 1998).

아울러 우리나라에서 분리된 개념으로 이해되고 있는 교육과정과 교사에 대한 배치된 구조는 구미의 경우에 있어서 매우 밀접한 관계로 자리 잡고 있음을 알 수가 있다. 그 예로서 구미의 교육과정 전공의 대학원 학과의 명칭과 강좌내용들이 과연 어떻게 만들어져 있는지를 확인해 보는 작업 역시 의미 있다고 하겠다. 그 예로서 The Ohio State University의 경우에 학과명이 바뀌기 이전에는 '교육과정, 수업, 교사 전문성 개발' 이었으며 Michigan State University의 경우, 교육과정 연구는 교사교육학과(Department of Teacher Education) 명칭의 학과 안에서 이루어지고 있다. 아울러 University of Wisconsin at Madison의 경우에 교육과정과 수업학과 안에 교사교육이 포함되어 있으며 Ohio 주의 Miami University의 경우에는 학과 이름이 '교육과정과 교사 리더십' 으로 지어져 있다. 이러한 증거들은 구미의 여러 학교들의 학과명을 탐색해 보면 교사연구 분야가 교육과정 연구와 얼마나 유기적으로 연관을 맺고 있는지를 잘 알 수가 있다. 이에 구미의 교육과정학과의 경우, 교사연구와 관련된 교과목들, 교사의 삶을 이해하고자 하는 교과목들, 교사의 삶을 연구하는 데 필요한 방법론 과목들이 교육과정학과의 주요한 교과목으로 자리 잡고 있다. 첫째, 교사의 문화와 삶을 이해하고자 하는 교과목(교생실습, 교사가 되는 일, 교육과정과 교사, 교사의 전문성 발달), 둘째, 교사의 삶과 일을 이해하기 위하여 연구자가 배워야 하는 방법론들에 대한 교과목(질적연구, 생애사 연구, 자서전적 문화기술적 연구, 자기 연구 등), 교사가 직접 자신의 교육과정 활동을 대학연구자처럼 분석할 수 있는 능력을 배양시키게 해 주는 교과목(실행연구)이 바로 그것이다.

구미의 교육과정 연구에서 교사의 삶과 일에 대한 연구분야가 확산됨에 따라 우리나라에서 역시 교육과정 연구영역에서 그러한 변화들이 최근에 와서 감지되고 있다. 그리고 그러한 학구적 관심은 교사에 대한 해석학적/경험적 이해들에 대한 노력이 부족하였다는 점에서 앞으로 시사하는 바가 매우 크다고 하겠다. 이에 2000년대 이후에 일련의 학술지들이 교사에 관련된 탈실증적 연구논문들을 게재하고 있으며 학위논문들에서도 우리나라 현장교사들의 삶과 그들의 문화 또는 전문적 지식을 이해하려는 탈실증적 연구작업들이 이루어지고 있다. 그 예로서 교사의 개인적 실제적 지식은 현장교사들에 의하여 주목을 받고서 박사학위와 석사학위 논문들로서 연구되어 오고 있다(김수진, 2006; 김자영, 2003; 안은숙, 2007). 또한 우리나라 교사들의 다양한 삶의 굴곡들, 발달의 형태들, 그리고 그들의 딜레마들을 규명한 교사 연구작업들이 출간되었다(김진희 · 최원준, 2005; 이정선, 2005; 초등학교문화 연구소, 2005; 최원준 · 김진희, 2006).

그럼에도 불구하고 교사의 삶에 대한 이러한 연구작업들은 초기 단계에 있으며 우리나라의 현장교사들이 어떻게 살아가고 있으며 어떻게 가르치고 있고 어떻게 그들의 삶과 가르침을 발달시키고 있는지에 대한 연구가 없다는 점에서 추후 연구가 필요하다. 특히 매번 교육과정 개혁들이 일어나고 학교가 변화될 것이라는 기대를 가지지만 매번 우리에게 들려오는 이야기는 변화에 대한 저항, 이상화 현실 간의 괴리, 현장을 모르는 교육연구자들의 추상적인 연구들 등에 대한 비판이 끊임없이 제기되고 있는 현실은 우리가 어떤 교육과정을 잘 만들어야 하는가 하는 문제만큼이나 현장교사들이 왜 새로운 교육과정의 실행에 고민하고 저항하며 그들의 내면적인/내부자적인 목소리들은 어떤 것들인지에 대한 이해가 필요하다는 점을 우리에게 시사해 주고 있다. 그리고 그러한 해석적/질적연구에 대한 연구작업이 없이는 어떠한 잘 만들어진 기성복적인 교육과정도 현장에서 다르게 운영되거나, 생략되거나, 변형되어 사용되는 현실을 만들어 낼 수 있다는 점을 인식할 필요가 있다.

5) 탈실증주의 교육과정 연구방법론에 대한 연구 부족

> 우리 교육학/교육과정 연구자들의 한 가지 역사적 사명은 실증주의 연구 이데올로기에 의하여 억압되고 통제된 '인간/사회연구'에 대한 교육과정 학자들의 무한한 상상력을 해방시키고 실증주의 연구자들에 의하여 갈 수가 없었던 교육학연구의 새로운 공간을 창조하는 작업으로 이어져야 한다(Lather, 1992).

우리나라 교육과정 담론의 마지막 문제점은 '탈실증주의 교육과정 연구방법론에 대한 연구 부족'이다. 이는 '교육과정 개발' 패러다임에서 주로 사용되는 '과학적 탐구'와 '통합적 탐구'만이 주요한 연구방법론으로 인정되고 있을 뿐 그 이외의 새롭게 대두한 탈실증주의 교육과정 연구방법론들은 교육과정 연구의 적합한 방법들로서 널리 인식되고 있지 않고 있다는 점을 뜻한다. 이에 우리나라에서 교육과정 연구는 프로그램을 개발하는 연구 또는 그렇게 하여 개발된 프로그램이 어떤 효과를 가져왔는지에 대한 효과성연구가 가장 바람직한 연구형식으로 평가하고 있으며 그 이외의 연구방법을 사용한 교육과정 연구들은 그 정체성이 의심받는 상황에 있다. 물론 최근에 와서 탈실증주의 교육과정 연구방법들을 이용한 교육과정 논문들이 학술지를 통하여 소개되고는 있으나 그 정도는 미약할 정도이며 대부분의 교육과정 연구논문은 앞에서 소개한 통합적 방법과 과학적 방법을 개별적으로 또는 혼용하여 사용하는 형식이 가장 무난한 형태로 인정받고 있다.

Short가 잘 소개해 준 것처럼 우리나라에서 전통적인 교육과정 연구에서 주도적으로 사용되어 온 두 개의 연구방법은 통합적 방법과 과학적 방법이다. 첫째, 통합적 방법(integrative method)은 연구자가 교육과정과 수업 프로그램을 개발하기 위하여 일련의 이론(교육심리학, 지능, 학습, 교수 이론 등)들을 선정하고 그러한 이론에 기초하여 학교 교육과정을 설계하는 작업과정을 의미한다. 이를 위하여 연구자는 교육과정 설계 작업에 포함되어야 하는 구성요소들(목표, 학습경험, 조직, 평가, 환경, 교사의 역할 등)에 들어갈 내용들을 세부적으로 규명하고 기술하여 이러한 구성요소들을 교육과정 개발이라는 목표 아래 유기적으로 연결시키는 모델, 순서도, 표, 또는 개념도 등을 창조한다. 교육과정 개발 작업에서 가장 보편적으로 그리고 대중적으로 사용되어 왔던 방법으로서 새로운 이론(심리학 이론, 체제 이론, 발달 이론 등)에 기초하여 학교의 교육과정을 어떻게 구조화할 것인지를 교육과정의 세부 요소들에 근거하여 구분하고 상세화한 다음 목표 실현을 위한 최적의 적용의 계획을 구조화시킨다. 따라서 새로운 교육심리이론, 지능이론, 인지이론 등이 대두하게 되면 이 이론에 기초한 새로운 교육과정 개발의 모형을 개발하는 작업이 바로 연구방법에 해당한다. 그 대표적인 예로는 협동학습이론에 기초하여 학교의 교육과정과 수업단원을 개발하는 작업, 또는 뇌 기반 학습이론에 기초하여 학교의 교육과정과 수업을 개발하는 작업을 들 수 있다.

두 번째 연구방법은 '과학적 방법'이다. 이 방법은 의도한 교육과정이나 수업 프로그램이 학생들에게 얼마나 영향을 가져왔는지를 알아보기 위하여 프로그램 처지 전과 처치 후를 기준으로 하여 프로그램의 처치가 학습자에게 어떠한 교육적 결과(자기 효능감, 학업 성취도, 흥미도 등)를 가져왔는지를 통계적으로 판단하는 연구방법을 뜻한다. 통계적 검증을 통하여 연구자가 개발한 교육과정과 수업 프로그램이 통계적으로 유의미한 결과를 가져왔다고 판단되면 그 프로그램은 실행할 만한 가치가 있는 프로그램으로서 인정된다. 효과검증을 확증하는 방법으로서 실험과 질문지법을 사용하고 응답자의 경험과 인식의 전체적인 경향성(평균차이, 인과관계, 상관관계 등)을 규명하기 위하여 SPSS 또는 SAS와 같은 통계 분석 소프트웨어를 이용한다. 교육과정과 관련된 다양한 영역(요구분석, 과제분석, 효과분석 등)을 평가하는데 이용되고 있다.

그러나 우리나라에서 주로 활용되고 있는 두 개 중심의 연구방법 문화와는 달리 구미의 경우, 보다 다양한 연구방법들이 교육과정의 연구를 위하여 차용되고 있고 더욱 나아가 새로운 방법론들이 계속적으로 창조되고 있다. 이들은 우리나라에서 주도적인 교육과정 연구방법으로 자리 잡고 있는 '과학적 탐구'는 실증주의 이데올로기를 주로 반영하고 있다고 하고 그 전제들(일반성, 통제성, 탈맥락성, 가치론 등)에 대한 비판을 하였다. 더욱 나아가 그러한 실증주의 연구방법들이 교육과정 학자들의 인간세계에 대한 창의적 탐구의 가능성과 상상력을 제한시켜 버렸다고 비평하면서 인간/사회 현상에 대한 연구로서 교육과정 연구를 가능하게 해 줄 새로운 연구방법들에 대한 수용과 이론화를 강력하게 주장하고 있다. 그리고 그 결과로서 1970년대 이후의 교육과정 연구영역은 우리나라의 학자들에게는 생소하고 익숙하지 않은 인간의 경험과 의미 그리고 해석 등을 기술하고 이해할 수 있는 연구방법들에 대한 학구적 관심이 패러다임 변환의 차원으로 진행되기에 이르렀다(Lagemann, 2000; Richardson, 2001; Walker, 1992). 그러한 점에서 Decker Walker가 1990년대 이후의 교육과정 탐구의 동향을 질적연구방법론의 확산 시대로 규정한 것은 이러한 분위기를 잘 표현한 것이라고 하겠다.

교육과정 연구에서 탈실증주의 연구방법론의 수용과 확산은 무엇보다도 과거의 연구방법이 갖는 한계로 인하여 탐구할 수가 없었던 교육과정의 다양한 실제들과 현상들을 새로운 관점에서 그리고 다른 관점에서 바라볼 수 있게 되었다는 점에 있다. 이는 과거의 연구방법 문화에서 은연중에 배제되었던 연구문제들, 현상들, 주제들이 새롭게 중요한 탐구주제로 부상할 수 있는 가능성을 높여 준 것으로서 이러한 연구를 통하여 과거에 우리가 알 수가 없었던/인식할 수가 없었던/도외시하였던/그러나 매우 중요한 교육과정과 관련된 주제들을 다룰 수 있는 방법과 통찰력 그리고 상상력을 제공해 준 것이라고 하겠다. 과거와는 다른 새로운 연구방법론의 차용과 이론화는 과거에서 볼 수 없었던/연구되지 못하였던 학교의 교육과정 현상과 경험들을 연구할 수 있는 길을 마련해 준 것이다.

이러한 변화를 반영하였는지, 과정-산출에 기초한 수업연구의 대가인 Gage가 「패러다임 전쟁이 끝난 후라는」 논문에서 양적연구와 질적연구가 화합하는 데탕트의 시대를 맞이하자는 주장을 하였다. 더 나아가 양적연구방법이 가장 우세하다고 할 수 있는 교육심리학분야에서 전미 회장 직을 역임한 David Berliner(2003)가 카네기 21세기 포럼에서 미국의 교육학박사과정 학생들이 전 세계의 교육연구자로 성장하기 위해서는 박사과정 학생들에게 질적연구와 탈실증주의 연구방법론들을 반드시 수강하도록 격려해야 한다고 하였다. 또한 교육학 탐구의 목적이 이론과 가설의 검증, 그리고 일반화에 대한 환상보다는 현장과 경험에 대한 심층적 이해 쪽으로 나아가야 한다고 지적한 것은 매우 이례적이지만 시대적 정신을 잘 반영한 발표라고 하겠다.

그리하여 미국을 포함한 구미의 교육과정학계의 경우에는 미래 교육과정 학자들을 훈련시키기 위한 내용에 있어서 큰 변화가 일어나기 시작하였다. 가장 대표적인 변화는 기존에 필수로 제공되었던 양적연구방법과 함께 탈실증주의 연구방법들이 대거 필수 또는 선택과목으로서 연구방법론의 강좌로서 제공되고 있는 현상이다. 즉, 교육연구법을 필수로 하고 교육통계와 질적연구를 또 다른 필수로 하는 학교, 교육연구법 강좌 내에서 질적연구를 양적연구와 함께 강의하는 학교, 여전히 통계 중심의 강좌들이 필수로 강조되는 학교, 아니면 기초 통계과목 또는 교육연구법을 선택으로 수강하고 질적연구와 관련된 다양한 강좌들을 필수로 듣게 하는 학교들이 생겨나게 되었다. 그 예로서 컬럼비아대학교는 통계연구를 필수로 하는 전통에서 벗어나 질적연구를 박사과정의 첫 학기 필수과목으로 지정하였고 펜실베이니아대학교의 경우, 모든 박사과정 학생에게 '통계학 개론' 그리고 '교육에서의 인류학'을 필수 연구방법론 강좌로 수강하게 하고 있다. 이외에도 오하이오주립대학교, 위스콘신대학교, 브리티시 컬럼비아 대학교, 하버드대학교, 그리고 일리노이대학교 등에서 질적연구 또는 탈실증주의 연구방법론들이 필수과목으로 대학원 학생들에게 제공되고 있다. 특히 질적연구가 강조되고 있는 몇 개의 학교들(예, 조지아대학교)에서는 개론적인 수준에서의 '질적연구방법'이 아니라 '사례연구 설계', '심층면담기법', '참여관찰', '대화분석', '비디오문화기술지분석' 등의 교과목들이 학생들의 요구에 맞도록 개설되어 있다.

지금까지 우리나라 교육과정 연구의 다섯 번째 문제점으로서 연구방법에 대한 협소한 인식을 지적하였다. 이 절의 마지막 내용으로서 필자는 교육과정 연구 분야에서 나타난 탈실증주의 연구방법론들에는 어떤 형식들이 있는지를 대표적인 학자들과 함께 표로 제시하고자 한다. 각 방법들에 대한 세부적 소개는 각 학자들이 개념화시킨 일련의 논문들과 서적 등에서 도움을 받을 수 있다는 점을 지적하면서 교육과정 분야에 활용되고 있는 탈실증주의 연구방법론들의 스펙트럼을 제시한다. 그리고 이러한 제시가 우리나라의 미래 교육과정 연구작업에 반영됨으로써 전통에 머무르고 있는 우리나라의 교육과정 연구방법 영역의 한계점과 단점을 보완할 수 있기를 바란다.

〈 표 5 〉 교육과정 연구방법론의 다양성과 대표적 학자들

교육과정 연구방법론	관련 학자들
현상학	Aoki, Pinar
정신 분석학	Pinar, Miller, Grumet
해체	Lather, Doll, Roy, Carey
교육비평	Eisner, Vallance, Barone, Henderson
정치경제학	Apple, Anyon
문화연구	Giroux, McCarthy, Kincheloe, Steinbeck, Wright
생애사 방법	Bullough, Knowles, Casey, Lightfoot
내러티브 탐구	Clandinin and Connelly
대화분석	Erikson
미시문화기술지	Green, Bloome, Macbeth

3. 종합과 시사점

이 글에서는 교육과정 담론의 현대적 지평과는 다르게 여전히 '교육과정 개발' 담론 중심으로 진행되고 있는 우리나라의 교육과정 연구가 어떤 문제점들을 가지고 있는지를 다섯 가지의 영역으로 구분하여 지적하였다. 그리고 그러한 지적으로부터 앞으로의 우리나라에서의 교육과정 연구가 어떤 방향으로 진행되어야 하는지, 그리고 어떤 선택들이 가능한지를 논의하였다. 이에 필자는 우리나라 교육과정 연구의 주도적인 담론인 '교육과정 개발' 패러다임이 우리의 미래 교육과정 연구의 유일한 통로로서 간주되어서는 안 되며 나아가 보다 개방적이고 절충적인 입장에서 전통과 대비되는 새로운 교육과정 연구의 담론들을 수용하고 이해하고 적용하려는 노력이 필요하다는 주장을 전달하려고 노력하였다. 이를 위하여 서구의 최신 연구이론들과 작업들 그리고 탐구동향들을 인용하고 차용하여 21세기의 교육과정 연구가 전 세계적인 차원에서 어떻게 이루어지고 있고 우리의 현실에서 그러한 동향과 어떤 공통점과 차이점이 있는지를 설명하였다.

이를 통하여 교육과정 연구는 단순한 기술적 흥미를 반영한 실증주의적 탐구과정으로서만 이해되어서는 안 된다는 점을 인식시키고자 하였다. 나아가 과학철학자

그리고 교육과정 방법론자들이 강조해 왔던 것처럼 교육과정 연구는 기술적 흥미 이외에도 실제적 흥미, 해방적 흥미, 그리고 해체적 흥미가 반영되어 연구되고 있는 다양한 연구 패러다임의 공간으로 확대되기를 기대하였다. 그러한 점에서 이 글은 우리나라에서 유일한 진실로서 실천되어 온 '교육과정 개발' 중심의 교육과정 연구 문화가 대안적인 연구 패러다임들이 주는 아이디어들을 수용하고 차용함으로써 더욱 다양하고 심도 있으며 다차원적인 방향으로 전개되기를 희망하였다. 그리고 그러한 희망은 절대적 이론이나 메타 내러티브가 부정되고 있는 포스트모던의 사회와 연구세계의 특징을 고려하였을 때, 우리나라의 추후 교육과정 연구의 한 가지 방향을 제시해 주는 데 기여할 것으로 생각하였다.

그러한 점에서 이 글의 시사점으로서 필자는 이 글이 교육과정학을 연구하는 우리나라의 학자들에게 '교육과정 연구란 무엇인가?' 그리고 '교육과정 연구는 과거와는 어떻게 다르게 개념화되고 변화될 수 있는가?' 또는 '우리는 어떤 새로운 교육과정 연구 패러다임들을 창조하고 이론화시킬 수 있는가?'와 같은 보다 심오한 질문들을 제기하고 그 답을 창조적으로 탐색하기를 희망한다. 이를 위하여 먼저 우리나라 교육과정 연구의 현황에 대한 보다 체계적인 이해와 평가가 요구된다. '우리의 교육과정 연구는 과연 전통에서 얼마나 탈피하였는가?' 그리고 '전통으로부터 우리가 축적한 지식들은 무엇인가?' 등과 같은 문제들에 고민하는 노력이 필요하다. 아울러 전통과 새로운 연구 패러다임 간의 긴장과 대립 그리고 상호 데탕트의 노력들이 어떻게 이루어지고 있는지에 대한 체계적인 분석 역시 새로운 연구주제로 고려되어야 할 것이다. 그리고 이러한 현황에 대한 평가로부터 다음에 할 수 있는 과제는 교육과정 연구를 과거에 머물러서 '교육과정 개발' 담론으로서만 해석하고 실천할 것이 아니라 대신에 전통을 탈피하여 어떤 새로운 사유와 이론, 그리고 방법들에 의하여 새롭게 재구성하고 재창조해 나갈 수 있는지를 고민하여야 할 것이다. 그리고 우리가 그러한 고민과 창조작업에 적극적으로 참여하게 될 때, 우리 역시 서구의 학자들처럼 교육과정 연구에 대한 새로운 이론이나 방법 또는 동향을 이끌어 낼 수 있는 선도적이고 선구자적인 역할을 담당할 것으로 추측한다.

참고문헌

곽병선(1997). 교육과정. 서울: 배영사.

곽삼근(2006). 페미니즘과 교육과정 연구. After Tyler; 교육과정 이론화 1970년 - 2000년(김영천 편저). 서울 문음사.

김기석(1987). 교육사회학 탐구 I. 서울: 교육과학사.

김대현 외(2004). 교사주도 교육과정 개발에서 숙의의 성격, 교육과정 연구, 22(4), pp. 83-112.

김명희(1986). 한국 초등학교 사회과 교육의 잠재적 교육과정에 관한 연구. 미간행 박사학위 논문. 연세대학교.

김복영(역)(1997). 교육과정과 포스트모더니즘의 시각. William Doll 저. 서울: 교육과학사.

김복영(2006). 포스트모더니즘과 교육과정 연구. After Tyler: 교육과정이론화 1970년-2000년(김영천 편). 서울: 문음사.

김상률(2006). 에드워드 사이드 다시 읽기. 서울: 책세상.

김성곤(1993). 탈모더니즘 시대의 미국문학. 서울대학교출판사.

김성곤(2006). 에드워드 사이드의 삶과 비평. 에드워드 사이드 다시 읽기(김상률 저). 서울: 책세상.

김수진(2006). 초등학교 영어교사의 실천적 지식에 대한 질적연구. 미간행. 석사학위 논문. 진주교육대학교 교육대학원.

김영천(역)(2005). 교육과정이론이란 무엇인가? William Pinar(2004), *What is curriculum theory?* Lawrence Erlbaum.

김영천(2005). 별이 빛나는 밤 1: 한국 교사의 삶과 그들의 세계. 서울: 문음사.

김영천(2005). 별이 빛나는 밤 2: 한국 교사의 삶과 그들의 세계. 서울: 문음사.

김영천 · 정정훈 · 이영민(2006). 미운 오리 새끼: 한국 초임교사의 일년 생활. 서울: 문음사.

김영천(2006). 질적연구 방법론 1: Bricoleur. 서울 문음사.

김영천(편)(2006). After Tyler: 교육과정이론화 1970년-2000년 서울: 문음사.

김인회(1986). 문화적 식민지의 교육경향. 교육과 민중문화. 한길사.

김자영(2003). 초등교사의 수업 속에 나타난 실천적 지식에 대한 이해. 초등교육연구, 16(1). 141-160.

김진희 · 최원준(2005). 현장 실천가 의미: 수업연구를 위한 교사와 연구자의 내러티브 탐구. 한국스포츠교육학회지, 12(2), 1-22.

박민정(2005). 포스트모더니즘과 교육과정 논의의 쟁점. 교육과정 연구, 23(4), pp.35-58.

박순경(역)(1998). 탈구조주의 교육과정 탐구: 권력과 비판. 서울: 교육과학사.

서경혜(2006). 교사의 학습과 교육과정. 교육과정 연구, 24(2). pp.257-276.

성열관(2006). 고교교육과정 다양성 정도에 대한 질적사례연구: 비평준화 지역의 두 고등학교 사례를 중심으로. 교육과정 연구, 24(1). 181-207.

손민호(2006). 상징적 상호작용(민속방법론과 교육과정 연구). After Tyler; 교육과정 이론화 1970년 - 2000년(김영천 편저). 서울: 문음사.

안은숙(2007). 초등학교 국어교사의 실제적 지식에 대한 질적연구. 미간행 석사학위 논문. 진주교육대학교.

이경섭(1996). 교육과정 유형별 연구. 서울: 교육과학사.

이귀윤(2000). 교육과정. 서울: 교육과학사.

이성호(2004). 교육과정개발과 평가. 서울: 양서원.

이정선(2005). 초등교사의 직업사회화. 초등학교 교사: 연구자로서 삶(초등학교 문화 연구소 편). 서울: 양서원.

이종각(1990). 한국 교육학의 논리와 운동. 문음사.

이원회 외(2006). 교육과정과 수업. 서울: 교육과학사.

정광순(2004). 한 교사의 열린교육 체험에 대한 내러티브 탐구. 열린교육연구, 12(1). 1-24.

주재홍(2006). 오리엔탈리즘과 교육과정 연구. After Tyler; 교육과정 이론화 1970년 - 2000년(김영천 편저). 서울: 문음사.

초등학교문화연구소(편). (2005). 초등학교 교사: 연구자로서 삶. 서울: 양서원.

최원준 · 김진희(2006). 학교체육에서의 교사연구자: 반성과 실천의 실천. 한국체육학회지, 45(1), 351-362.

함수곤(2003). 교육과정개발과 실제. 서울: 교육과학사.

허숙 · 유혜령(편)(1997). 교육현상의 재개념화. 서울: 교육과학사.

허창수(2006). 비판이론과 교육과정 연구. After Tyler; 교육과정 이론화 1970년-2000년(김영천 편저). 서울: 문음사.

허창수(2006). 우리나라 젠더 연구에 대한 개인적 회고. 개별 면담 자료.

홍후조(2002). 교육과정의 이해와 개발. 서울: 문음사.

Anyon, J. (1981). Social class and school knowledge. *Curriculum Inquiry, 11*(1): 3-42.

Apple, M. (1979). *Ideology and curriculum*. London: Routledge and Kegan Paul.

Ayers, W. (1993). *To teach: The journey of a teacher.* New York: Teachers College Press.

Berliner, D. (2003). Toward a future as rich as our past, Carnegie essays on doctorate education. Carnegie Forum.

Bullough, R. V., & Gitlin, A. (1995). *Becoming a student of teaching*. New York: Garland Publishing.

Clark, C. M., & Yinger, R. J. (1977). Research on teacher thinking. *Curriculum Inquiry*. 7(4): 279-304.

Coch-ran Smith, M., & Lytle, S. L. (1993). *Inside/outside: Teacher research and knowledge*. New York: Teachers College Press.

Connelly, F. M., & Clandinin, D. J. (1990). Stories of experience and narrative inquiry. *Educational Researcher, 19*(5): 2-14.

Cuban, L. (2001). *Oversold and underused: Computers in the classroom.* Massachusetts: Harvard University Press.

Darling-Hammond, L. (2001). *The right to learn: A blueprint for creating schools that works.* Jossey-Bass.

Darling-Hammond, L., Ancess, J., & Falk, B. (1995). *Authentic assessment in action: Studies of schools and students at work.* New York: Teachers College Press.

Davenport(2006). 세계 3대 경영지도자 Davenport와의 면담. 조선일보 2006년 12월 9일

Elbaz, F. (1983). *Teacher thinking: A study of practical knowledge.* London, England: Croom Helm.

Gage, N. L. (1989). The paradgim wars and their aftermath, *Educational Researcher, 5*, 4-10.

Giroux, H. (1996). *Counternarratives: Cultural studies and critical pedagogies in postmodern space.* Routledge: New York.

Giroux, H. A., & Penna, A. N., & Pinar, W. F. (Eds.)(1981). *Curriculum & Instruction: Alternatives in education.* McCutchan Publishing Corporation.

Green, J., & Wallet C. (Eds.)(1981). *Ethnography and language.* New Jersy: Ablex publishing company.

Grundy, S. (1987). *Curriculum: Product or praxis.* London: The Falmer Press

Hamilton, M. L. (1998). *Reconceptualizing teaching practice: Self-study in teacher education.* London: Falmer.

Heap, J. (1985). Discourse in the productin of classroom knowledge: Reading lessons. *Curriculum Inquiry, 15*(3), 245-279.

Henderson, J., & Hawthorne, J. (1995). Transformative curriculum leadership. OH. Merill.

Hooks, B. (1994). *Treaching to gransgress: Education as the practice of freedom.* New York: Routledge.

Huebner, D. (1966). "*Curricular language and classroom meaning," in Language and meaning, ed. James B. McDonald and Robert R. Leeper.* Washington: ASCD.

Huberman, M. (1993). *The lives of teachers.* New York: Teachers College Press.

Huberman, M., & Miles, M. (1984). *Innovation up close: How school improvement works.* New York: Plenum Press.

Jackson, P. (1992). *Handbook of reserach on curriculum.* New York: Macmillan Publishing Company.

Kincheloe, J. (2002). *Teachers as researchers.* London: Falmer.

Kincheloe, J. (2002). *The sign of the burger: NcDonald's and the culture of power.*

New York: Teachers College Press.

Kliebard, H. (1970). Reappraisal: The Tyler Rationale, *School review,* February, 259-272, University of Chicago Press.

Lagemann, E. (2002). *An elusive science: The troubling history of educational research.* University of Chicago Press.

Lather, P. (1992). Critical frames in educatinal research. Feminist and poststructual perspectives. *Theory into Practice, 21*(2). 87-99.

Lather, P. (2005). *The foundations and cultural studies nexus: An emerging movement in the educational field.* Paper presented in AERA, Montreal, April.

Lather, P. (2006). Paradigm proliferation as a good thing to think with: teaching research in education as a wild profusion. *International Journal of Qualitative Studies in Education, 19*(1). 35-57.

Lieberman, A., & Miller, L. (1992). *Teachers: Their world and their work: Implications for school improvement.* New York: Teachers College Press.

Macbeth, D. H. (1990). Classroom order as practical action: The making and un-making of a quiet approach. *British Journal of Sociology. 11*(2). 189-214.

Marshall, D., Sears, J., & Schubert, W. (2000). *Turning points in curriculum: A Contemporary American memoir.* Ohio: Merill.

Noffke S., & Stevenson, R. (Eds.). (1995). *Educational action research: Becoming practically critical.* New York: Teachers College Press.

Pinar, W. (1975). The analysis of educational experience. In W. Pinar(Ed.), *Curriculum theorizing: The reconceptualist* (384~395). Berkeley, CA: McCutchan.

Pinar. W. et.al. (1995). *Understanding curriculum: An introduction to the study of historical and comtemporary curriculum discourses.* NY; Peter Lang.

Pinar, W. (2004). *What is curriculum theory?* Manhwa: Lawrence Elrbaum Associates.

Richardson, V. (2001). *Handbook of Research on Teaching.* Virginia: AERA.

Schubert, W. (1986). *Curriculum: Perspective, paradigm, and possibility.* New York: Macmillan.

Schubert, W., & Ayers, W. (Eds.)(1992). *Teacher lore: Learning from our own experience.* New York: Longman.

Schwab, J. (1969). The practical: a language for curriculum. *School review, 78,* 1-23.

Schwab, J. (1983). The practical 4: Something for curriculum professors to do. *Curriculum Inquiry, 13*(3), 239-265.

Short, E. (Ed.). (1991). *Forms of curriculum inquiry.* Albany: State University of New York.

Sykes, H. (2001). Understanding and overstanding: feminist-podtstructual life histories of physical education teachers. *International Journal of Qualitative Studies in Education*, *14*(1), 13-31.

Walker, D. (1992). Methodological issues in curriculum research. In P. Jackson(Ed.): *Handbook of research on curriculum* (pp.98-118). New York: Macmillan Publishing Company.

Part 3

해석적 이론화 전통들

제5장

숙의와 교육과정 연구

김 대 현(부산대학교 교육학과 교수)

1. 서 론

Walker(2003)는 교육과정을 개선하기 위한 세 가지 방법으로 상식적 접근, 이론적 접근, 실제적 접근을 제시하였다. 상식적 접근은 교육당국이 1) 교사, 학교행정가, 학부모가 현재의 교육과정에서 불만이 있는 점을 찾고 그것을 해소할 대안을 모색한 다음, 2) 우수한 교사들로 구성된 위원회를 만들어 교육과정과 자료를 개발하는 책임을 부여하고, 3) 위원회가 제출한 교육과정과 자료를 학교관련 당사자들에게 보여서 필요하면 수정하고 승인한 다음, 4) 교사와 학교행정가가 이러한 새 교육과정을 실행할 수 있도록 협조를 구하는 방식으로 진행된다.

이론적 접근은 교육연구의 결과로 축적된 다양한 교육이론을 바탕으로 교육과정에 대한 결정을 내리는 방식으로, 논리적이고 경험적인 근거를 바탕으로 교육목표를 결정하고 교육내용을 선택하며 조직하는 접근 방식을 가리킨다. 예를 들어, Gardner의 다중지능이론은 음악과 미술적 지능을 언어와 수학적 지능과 함께 교육과정 개발에서 중요하게 생각해야 할 합당한 이유를 제시해 준다.

Walker는 최근 자신의 저서에서 교육과정을 개선하는 데 있어서 상식적 접근과 이론적 접근이 갖는 문제점을 지적하고 실제적 접근을 상세히 설명하였다. Walker가 제시한 실제적 접근은 교육과정 개선이 숙의(熟議)라는 방법을 통하여 이루어지는 것을 내용으로 하고 있다.

일찍이 Dewey(1992)는 문제해결에 있어서 숙의의 중요성을 강조하였지만, 교육과정 연구 분야에서 주목의 대상이 되지는 못했다. 1970년대가 시작되기 직전 Schwab(1969)이 "교육과정 분야가 이론적 접근으로 인하여 죽어가고 있다"는 충격적인 발표를 한 후, 숙의는 교육과정 분야에서 핵심적인 화두로 등장하게 되었고, 그 후 계속해서 지금까지 여러 학자들에 의하여 연구되어 오고 있다.

국내에서는 1980년대 후반에 Schwab과 Reid의 숙의에 대한 논문이 소개되고 학위논문의 주제가 되었으나, 이 분야에 대한 연구가 그다지 활발한 것 같지는 않다. 하지만 교육과정의 개발이나 개선이 의사결정 과정에서 벗어날 수 없다는 점에서 숙의는 교육과정 분야의 주변적 지위에 마냥 머무를 수 없다.

이 장에서는 교육과정 분야에서 이루어진 숙의에 관한 연구성과들을 소개하고, 앞으로의 전망과 과제를 제안해 보려고 한다. 이를 위하여 먼저 숙의의 개념과 등장 배경을 살펴보고, 미국을 중심으로 하는 서구에서의 연구동향과 성과를 둘러본 다음, 국내에서의 연구성과와 앞으로의 전망과 과제를 제시하고자 한다.

하지만 이 장을 읽기 전에 다음과 같은 제한점과 문제점이 있음을 알아주었으면 한다. 먼저, 이 글은 논문 양식이 아니라 교재 집필 양식을 따랐다는 것이다. 쟁점이 되는 내용을 논증을 통하여 어떤 새로운 사실을 밝히는 데 주력하기보다는, 숙의와 관련된 주요 연구물에서 드러난 사실을 독자에게 충실히 소개하는 데 역점을 두었다.

2. 숙의의 개념

1) 숙의에 대한 관심

> "교육과정 분야가 죽어가고 있다. 현재의 원리와 방법으로는 교육과정 분야의 작업을 계속할 수 없고 교육의 발전에도 도움을 줄 수 없다."

Schwab(1969: 287)은 교육과정 분야에서 이루어지고 있는 작업을 위와 같이 진단하고, 교육의 문제를 새로운 시각에서 보고 해결할 수 있는 새로운 원리와 방법이 필요하다고 보았다.

그는 교육과정의 문제는 해결을 필요로 하는 실제적 문제이며 실제적인 탐구 원리와 방법을 적용하는 것이 마땅함에도 불구하고, 이론적 문제를 해결하는 탐구의 원리와 방법을 적용하는 잘못을 범해 왔다고 지적한다.

Schwab(1969: 288-291)은 이론적 탐구와 실제적 탐구를 문제의 성격, 탐구의 대상, 문제해결 방법, 문제해결의 결과물이라고 하는 네 가지 측면에서 구별하였다.

첫째, 이론적 탐구는 이해라는 마음의 상태(state of mind)와 관련되며, 우리가 이해하지 못하지만, 이해하기를 원하는 문제를 취급하는 반면에, 실제적 탐구는 개선이 필요하다고 믿는 실제 사태(state of affairs)의 해결과 관련된 문제를 다룬다.

둘째, 이론적 탐구는 이해와 관련된 문제가 되는 대상의 일반적이고 보편적인 특성을 탐구하는 반면에, 실제적 탐구는 개선이 필요한 문제가 일어나는 특정한 상황 속에서 대상의 개별적 특성을 탐구의 대상으로 삼는다.

셋째, 이론적 탐구는 문제를 해결하기 위하여 일반적인 자료를 찾고 학문적인 원리에 따라 자료를 연역적이거나 귀납적으로 분석하는 반면에, 실제적 탐구는 문제를 해결하기 위하여 따라야 할 일반적인 규칙이나 원리가 없으므로, 개인이나 혹은 집단이 논의를 통하여 판단을 내리는 숙의의 과정을 필요로 한다.

넷째, 이론적 탐구는 탐구의 결과로서 관심의 대상이 되는 문제에 대한 설명을 얻는 반면에, 실제적 탐구는 문제해결을 위한 실제적 행위를 최종 결과로 얻게 된다.

위의 설명을 요약하면 아래 〈표 1〉과 같다.

〈 표 1 〉 이론적 탐구와 실제적 탐구의 차이점

	이론적 탐구	실제적 탐구
문제의 성격	마음의 상태	실제문제
탐구의 대상	대상의 일반적/보편적 특성	대상의 상황적/개별적 특성
탐구의 방법	연역적/귀납적 방법	숙의
탐구의 산물	지식과 설명	문제해결 행동과 그 결과

Reid(1999)는 Schwab과 마찬가지로 교육과정의 문제는 이론적 탐구 방식으로 해결되는 것이 아니라 실제적 탐구를 필요로 하는 실제적 문제라는 점을 주장하였다. 하지만 그는 Schwab보다 교육과정 문제의 성격을 더욱 알기 쉽고 명확하게 제

시하였다. 곽병선(1991)은 Reid(1978, 1999)가 제시한 교육과정의 실제적 문제의 성격을 다음과 같이 매우 설득력 있게 풀이하였다.

첫째, 실제적 문제는 때에 구애받지 않고 또 어떤 해결책이 나와도 상관없는 이론적, 학문적 문제와는 달리 반드시 해결을 필요로 하는 문제라는 것이다. 비록 아무것도 하지 않기로 한 결정을 해답으로 제시하는 한이 있더라도 해답이 있어야 한다. 둘째, 실제적 문제를 해결하기 위해서는 근거가 애매하고 불확실한 경우에도 결정을 내리지 않으면 안 된다. 셋째, 실제적 문제를 해결하는 데 있어서 현존하는 상황을 염두에 두지 않으면 안 된다. 즉 과거 역사의 유산과 현재적 상황으로부터 완전히 동떨어진 새로운 결정을 할 수 있는 것처럼 접근할 수는 없다. 넷째, 이러한 점들과 관련하여 각각의 실제적 문제는 우리가 비록 그 특이성을 철저하게 들추어 낼 수 없을지라도 특정한 시간과 공간에서 그 해결이 요구되고 있다는 점에서 특수성을 가진다. 다섯째, 실제적 문제의 해결에는 목표와 가치가 개입되며 그 해결을 담당한 사람은 상호 경쟁적인 목표와 가치들 중에서 그가 최대로 만족할 수 있는 것을 선택하지 않으면 안 된다. 여섯째, 우리가 선택한 특정한 해결이 어떤 성과를 거둘 것인지에 대하여 확실하게 예측하기 어렵다. 일곱째, 우리가 어느 특정한 방법으로 문제를 해결하기 위하여 결정을 내리는 데 사용한 근거가 바로 우리가 선택한 그 실천 자체를 정당화하는 근거가 되지는 못한다는 점이다. 다만 그 근거는 우리가 취한 행동이 의도하는바 모종의 바람직한 결과를 가져올 것이라는 기대를 갖게 해 주는 근거는 될 수 없다.

지금까지의 내용은 교육과정 문제는 해결을 필요로 하는 실제적 문제이며, 특정한 상황 속에서 숙의 과정을 통하여 해결 방안을 찾아가는 문제라는 것이다. 교육과정 분야에서 숙의에 대한 관심은 이와 같이 교육과정 문제를 실제적 문제로 보고 그 해결 방법을 숙의의 과정에서 찾는 데서 비롯되었다고 할 수 있다.

2) 숙의의 개념

숙의는 영어의 'deliberation'을 번역한 말이다. deliberation을 우리말로 풀이하면 '주의 깊게 생각함', '주의 깊게 생각하여 결정함' 등의 의미를 지니는데, 하나의 단어로 요약하면 숙고(熟考)나 숙의(熟議)라는 한자말에 해당한다.

숙고와 숙의에서 숙(熟)은 '익다' 또는 '삶아서 익히다'라는 뜻을 지니고 있으며,

고(考)는 '살펴보다' 또는 '곰곰이 생각하다'는 의미가 있고, 의(議)는 '의논하다' 또는 '상의하다'는 뜻을 가진다. 따라서 숙고는 '푹 익힐 정도로 곰곰이 생각하다'는 의미를 지니며, 숙의는 '푹 익을 정도로 의논하다'는 뜻을 지닌다. 국내 학자들 중에는 'deliberation'을 숙고로 풀이하기도 하지만, 교육과정 분야에서 이루어지는 deliberation이 대개 집단 차원에서 이루어진다는 점에서 여기서는 숙의라는 말을 선택하였다.

교육과정 분야에서 숙의는 실제적 문제를 해결하기 위한 과정으로서, 집단적으로 문제를 이해하고, 문제에 대한 알맞은 대안적 해결책을 창출하여 비교 검토하고, 그러한 대안의 결과를 고려하여 최선의 행동 방향을 선택하거나 밝혀 가는 과정을 의미한다.

여러 학자들이 숙의의 성격을 나름대로 규정하고 있지만, McCutcheon(1995)이 제시한 숙의의 특성이 가장 포괄적이라고 할 수 있으므로 그의 견해를 제시한다. 그는 숙의의 특성을 다음 9가지로 정리하였다.

첫째, 숙의자는 문제해결을 위한 가능한 해결책과 행위들을 생각해 내고 그것들의 중요성을 비교 검토한다.

둘째, 숙의자는 문제해결책으로 제시된 안들이 지닌 잠재적 실행과 결과를 고려한다.

셋째, 숙의자는 수단과 결과, 사실과 가치를 모두 중요하게 여긴다.

넷째, 숙의는 시간적 제한 속에서 이루어진다. 즉, 실행이 이루어져야 하므로 구체적인 시간 범위 내에서 의사결정을 하게 된다. 이러한 시간적 제약이 숙의에 해로운 결과를 미치기도 한다.

다섯째, 숙의는 도덕적 성격을 지닌다. 숙의자는 외부의 기관이 부여한 책무성이나 객관적이고 기술적인 처방을 따르기보다는 가치관과 윤리관, 사회에 대한 책임의식, 더 나은 사회에 관한 비전을 바탕으로 해결책을 탐색한다.

여섯째, 숙의는 최소한 다섯 가지 요소를 지닌 사회적인 활동이다. ① 아동과 사회 전체에 영향을 줄 수 있는 사회적으로 책임 있는 의사결정이다. ② 숙의의 과정에서 사람들은 서로 생각이 다를 때에도 계속해서 의견을 교환하고 함께 의사결정하는 방법을 배운다. ③ 개별 숙의에서 교사들은 다른 교사들이 각자의 교실에서 무엇을 가르치는지를 고려한다. ④ 숙의는 교사의 기대와 학생들의 반응을 고려하는 사회적 특질을 지닌다. ⑤ 숙의는 미래 사회에 대한 예측을 필요로 한다. 교사들은 현재 가르치는 내용뿐만 아니라 학생들의 장래에 도움을 줄 수 있는 학습 기회를 제공해야 한다.

일곱째, 숙의는 선형적이거나 논리적인 과정이 아닌다. 숙의는 가변적인 상황에서 다양한 요인들의 영향을 받는 복잡한 활동으로, 숙의자들은 숙의 과정에서 생각, 견해, 행위 등에서 많은 변화의 과정을 겪으므로, 숙의 과정은 역동적인 성격을 띤다.

여덟째, 숙의 과정에는 관심과 갈등이 존재한다. 숙의에서 관심이 숙의를 촉진시키는 연료라면, 갈등은 숙의의 과정을 이끄는 엔진에 비유할 수 있다.

아홉째, 숙의 과정에서 갈등은 개인내, 개인간, 집단 내의 부조화나 불일치를 가리킨다. Simmel(1995)은 교육과정 숙의와 같은 사회적 과정에서 개인은 부분적으로든 전체적으로든 동료들과 갈등을 겪게 된다고 말한다. 그러나 이러한 갈등을 통해서 사람들은 다른 사람의 입장을 더욱 명확하게 이해하게 되고 사람들 간에 상호작용을 통하여 통합을 이루게 된다. 갈등 때문에 숙의의 시간이 오래 걸리고 비조직적인 것처럼 보이지만 사람들은 갈등을 통해서 문제해결을 위한 안들을 제안하고 같이 검토하게 된다.

숙의의 의미를 분명히 하는 데는 유사한 개념들과 구별하는 것도 도움이 된다. 숙의는 토론, 반성, 그리고 Simon(1976)이 제시한 만족스러운 결정과 구별된다.

먼저 숙의는 토론과 구별된다. 숙의는 실제적 문제의 해결과 관련되지만, 토론은 실제적 문제뿐만 아니라 이론적 문제의 해결과도 관련이 있다. 또한 숙의는 도덕적인 성격을 지니며, 숙의의 결과가 학습자와 사회 전체에 미칠 영향을 고려하여 사회적으로 책임 있는 해결 방안을 찾는 과정을 가리키는 반면에, 토론은 반드시 도덕적인 성격을 지녀야 하는 것은 아니며 토론의 결과에 사회적인 책임이 부과되는 것도 아니다. 또한 숙의 과정은 문제해결을 지향하는 반면에, 토론은 상대방을 제압하기 위한 목적으로 사용되기도 한다.[1)]

숙의와 반성은 구별된다. 숙의는 실제적인 문제해결을 지향하고 시간적 제약 속에서 이루어지지만, 반성은 문제해결의 과정과 관계없이 이루어질 수 있으며 시간적 제한을 받지 않는다는 점에 차이가 있다. 또한 숙의는 대개 집단 차원에서 이루어지며 개인 차원에서 일어나는 경우에도 사회적 책임과 관련된 도덕적인 성격을 지닌 반면에, 반성은 주로 개인 차원에서 이루어지고 사회적 성격의 책임감보다는 개인의 도덕성과 더욱 관련이 있다. 따라서 숙의 과정에서 볼 수 있는 바와 같은 집단내 갈등이 반성의 과정에서는 큰 비중을 차지하지 않는다.

Simon(1976)은 숙의와 유사하지만 숙의와 구별되는 것으로 '만족스러운 결정'을 언급하였다. Simon에 의하면 사람들은 소수의 요구(예를 들어서 교육청의 교육목표나 지역학교의 교육목표)에 맞추어 행동의 방향을 결정하기도 한다. '만족스러운 결정'은 사회나 학생들의 윤리적 도덕적 요구보다는 그것을 받아들일 교육청이나 교육위원회의 정책결정자, 부모, 행정가들에게 수용될 수 있을 것인가를 근거로 하여 의사결정을 하는 것을 말한다. 사람들이 만족하는 의사결정 과정은 학교의 관료적 조직 특성에 원인이 있는 것으로 엄밀한 의미에서 숙의의 과정으로 보기 어렵다.

3. 숙의연구의 발달

1) 숙의에 대한 이론적 접근

여기서는 Schwab과 Reid의 논문과 저서를 바탕으로 숙의의 이론적 기반을 살펴보고자 한다.

(1) Schwab

Schwab은 교육을 특정한 시간과 공간 속에서 특정한 사람들이 교섭하는 가운데 일어나는 구체적이고 실제적인 현실로 보았다. 교육하는 가운데 해결이 필요한 교육과정의 문제는 실제적인 문제로서 행동과학의 특정한 이론이나 이론의 적용을 통하여 해결되는 것은 아니라는 것이다.

실제적 문제는 보편적인 해결 방법이 있는 것이 아니라 특정한 상황에 알맞은 방법을 모색해 내어야 하는데 Schwab(1969)은 이를 기예(arts of the practical)와 절충적 기예(arts of eclectic)로 구분할 수 있다. 실제적 기예는 이론을 보충해 주는 것으로서 실제를 위하여 이론이 할 수 없는 것을 해 준다. 절충적 기예는 이론을 실제 문제의 해결을 위하여 사용할 수 있도록 준비하는 기예이다.

어떤 탐구 대상을 특정한 한 이론에 의해서만 보려고 하고 다른 관점에서 보는 것을 인정하지 않는 터널식 사고(tunnel vision)나 교육과정의 보편적 이론을 구축함으로써 교육과정 문제를 해결할 수 있다는 독재주의(Moscow)의 방식은 교육과정 탐구에서 숙의의 의미와 중요성을 무시하는 것이다.

Schwab은 실제적 문제를 다루는 방법은 연역적이거나 귀납적이라기보다는 숙의적이라고 하였다. Schwab은 숙의의 개념을 다음과 같이 설명하였다.

> 숙의는 복잡하고 힘든 일이며 숙의를 통해서 사람들은 수단과 목적을 상호작용적으로 다루고, 수단과 목적에 관계된 사실들을 확인하며 해결이 되는 안들을 산출하고, 사례에 맞는 대안의 결과를 생각해 보게 된다. 숙의자들은 각각의 대안들을 검토하고 최선의 것을 선택하게 된다. 이러한 숙의의 과정이 선형적인 관점으로 들릴지 모르겠지만, 선형적 과정이 아니다.

Schwab은 교육과정 개발의 과정을 숙의의 과정으로 보았다. 그는 교육과정 개발의 과정은 개발자들이 모여서 문제를 발견하고, 문제해결을 위하여 발견한 것을 모으고, 이를 활용하여 새로운 교육의 목표나 자료를 만들어 가는 과정이며, 이러한 과정은 단계적으로 일어나는 것이 아니라 동시에 일어나며 나선형적인 방식으로 진행된다고 하였다.

이러한 개발 과정에서 숙의는 두 단계로 이루어진다. 먼저, 개발자들이 교과의 학문적 성격만을 중요하게 생각할 가능성이 높으므로 학생이나 학습환경 등의 요인들에 관심을 두고, 교육에 대한 자신의 가치관과 포부를 발견하며, 동료들의 견해를 수용하여 자신의 견해를 고쳐 가면서 현안 문제를 해결하는 데 도움이 되는 동료관계를 형성한다. 숙의의 두 번째 단계는 학문적 지식이 교육내용의 자격이 있는지를 교사, 수업환경, 학생 등 여러 입장에서 검토하고, 이러한 과정을 통해서 선택된 교육내용의 후보들을 그것들이 실현하고자 하는 의도와 구현하려고 하는 가치 등에 비추어 결정을 내리는 과정이다. 선택과 결정을 할 때는 교과, 학습자, 교육환경, 교사 등의 네 가지 공통 요인에 비추어 보아야 한다.

그러면 교육과정의 개발(숙의의 과정)에는 어떤 사람들이 참여하게 되는가? Schwab(1973)은 교육과정 개발 집단에는 아래 5가지 영역에서 각각의 영역을 경험한 대표들을 포함해야 한다고 하였다. 물론 한 개인이 두 개 영역을 대표하여 참여할 수 있으며, 각 영역에서 두 명 이상의 대표들이 참여할 수 있으므로, 각 영역을 대표하는 사람들이 각기 달라야 하는 것은 아니다.

첫째, 학자이면서 교과전문가를 대표하는 사람이 참여해야 한다.

둘째, 학습자에 대한 지식과 경험을 지니고 있는 사람(학습자를 포함함)을 참여시킨다.

셋째, 학교 안팎의 인적, 물적 환경과 그것들의 상호작용을 잘 알고 있는 사람을 참여시킨다.

넷째, 교사에 대하여 잘 알고 있는 사람(교사를 포함)을 참여시킨다.

다섯째, 교육과정 개발 과정에 참여한 경험이 있는 사람을 참여시킨다.

이러한 사람을 교육과정전문가(curriculum specialist, curriculum chairman)로 부른다.

Schwab은 교육과정 개발 집단에 대한 자신의 견해를 위와 같이 표명한 10년 뒤에, 교육과정 개발에서 학교의 역할을 중시하여 개발 과정에서 학교 교육자의 역할을 강조하였다. Schwab(1983)은 교육과정 개발 집단에 반드시 참여해야 할 사람으로서 4~6명의 교사 대표, 교장, 한 명의 교육위원, 한두 명의 학생 대표를 제안하고, 학문을 하는 학자(교과전문가일 수도 있음)와 심리학자와 문화인류학자를 포함하는 사회과학자를 추가할 수 있다고 하였다.

문제는 교육과정 개발에 참여하는 사람들이 숙의의 기술이나 절충의 기술에 익숙하지 못하고 그러한 기술들을 습득할 기회를 갖지 못했다는 점이다. 또한 대학에서 실제적 문제의 해결 방식을 추구하는 것을 학문적으로 가치 있는 일로 간주하지 않기 때문에 교육학자들이 이를 멀리한다는 점과 미국 교육의 관료적 조직구조 때문에 교육학자들이 실제의 기예를 배우고 적용할 기회를 제대로 갖지 못하는 문제점을 지적하였다.

(2) Reid

Reid(1999)는 교육과정에 대한 접근 방식을 이론적 탐구, 절차적 탐구, 숙의적 탐구로 구분하고, 숙의적 탐구의 타당성을 제시하였다. 숙의적 탐구의 타당성은 교육과정 문제의 성격과 관련이 있다.

Reid는 문제를 다음과 같은 방식으로 구분하였다. 문제는 이론적인 문제와 실제적인 문제로 구별되며, 실제적인 문제는 절차적인 문제와 불확실한 문제로 다시 구별된다. 불확실한 문제는 다시 개인적 가치관 문제와 도덕적인 문제로 구별된다.

문제별 성격과 예시를 들면 다음 〈표 2〉와 같다.

〈 표 2 〉 문제 유형과 성격

<table>
<tr><th colspan="3">문제 유형</th><th>문제 성격</th><th>문제 예시</th><th>중심 단어</th></tr>
<tr><td colspan="3">이론적 문제</td><td>이해와 설명에 대한 질문</td><td>학습의 일반적 과정은 어떠한가?</td><td>understanding</td></tr>
<tr><td rowspan="3">실제적 문제</td><td colspan="2">절차적 문제</td><td>절차에 대한 질문</td><td>어떤 절차를 따라야 하는가?</td><td>must</td></tr>
<tr><td rowspan="2">불확실한 문제</td><td>개인 가치관 문제</td><td>개인의 가치관과 관련되는 질문</td><td>나는 무엇을 해야 하는가?</td><td>should</td></tr>
<tr><td>도덕적 문제</td><td>도덕적 행위에 관한 질문</td><td>반드시 해야 할 일은 무엇인가?</td><td>ought to</td></tr>
</table>

Reid에 따르면, 교육과정 문제는 실제적인 문제이며, 불확실한 문제이고, 개인적 가치관과 관련되면서 도덕적인 성격을 지닌 문제이다.

문제와 문제해결을 위한 탐구 방식의 관계를 정리하면 다음과 같다. 이론적 문제의 해결을 위해서는 이론적 탐구 방식이 필요하고, 절차적 문제의 해결에는 절차적 탐구 방식이 적절하며, 실제적이고 불확실한 교육과정 문제에는 숙의적 탐구방식이 요청된다는 것이다.

그는 교육과정 문제를 해결하는 데 있어서 이론적 탐구의 한계를 Schwab이 제시한 이론적 탐구와 실제적 탐구의 구분 방식을 수용하여 해결하고 있다. 이론적 탐구는 마음의 상태에서 발생하는 문제, 즉 이해와 관련된 문제를 다룬다. 문제를 해결하기 위해 일반적인 자료를 찾고, 학문적 원리에 따라 그 자료들을 분석한다. 이론적 탐구에서 문제를 해결한다는 것은 모순되거나 이해하지 못한 것을 설명할 수 있게 되었다는 것을 의미한다.

실제적 탐구는 개선할 필요가 있다고 생각하는 인간의 상황이나 사회적 상황, 혹은 구체적 제안이 필요하다고 생각되는 실제 사태를 다룬다. 실제적인 탐구에서 문제를 해결한다는 것은 개인별로 혹은 집단별로 논의하고 판단을 내린 후 그 결과에 따라 해결책을 찾는 숙의의 과정을 필요로 한다.

물론, 이론적 탐구결과는 그 자체로 실제적 문제를 해결하지는 못하지만, 실제적 탐구를 위한 자료로서의 가치를 지니며 숙의의 과정에서 활용되기도 한다. 하지만, 교육과정 문제는 이론적 문제가 아니라 해결을 필요로 하는 실제적 문제이므로 이론적 탐구양식은 한계를 지닌다.

첫째, 행정적 모형은 교육과정 문제의 성격을 오해하고 있다. 행정적 모형은 교육과정 문제를 해결하기 위해서 목적과 수단을 분리시키며 목적을 고정된 것으로 보고 이를 달성하기 위한 수단들을 계열화하는데, 이는 교육과정 문제의 성격을 제대로 이해하지 못한 데서 발생한다.

둘째, 행정적 모형은 역사적 관점을 결하고 있다. 행정적 모형은 문제 사태가 발생한 역사적 상황에는 관심이 적고 문제해결의 보편적인 절차가 있다고 생각한다. 즉, 행정적 모형은 교육과정이 전통과 개성이 반영되어 온 제도적 실천이라는 점을 고려하지 못하고 있다.

셋째, 행정적인 모형은 문제해결에 참여하는 이익 집단들이 중립적인 절차를 따르게 될 것으로 생각한다. 그러나 이것은 이론적으로나 현실적으로 불가능한 일이다. 사회 속의 의사결정 행위는 순수 과학의 탐구와 달리 참여하는 집단의 이해관계를 초월할 수 없다.

반면에, 불확실한 교육과정의 문제를 해결하기 위한 숙의 방식의 접근 방법은 숙의 모형(deliberative model)으로 부르며 다음과 같은 성격을 지닌다.

첫째, 숙의 모형은 교육과정 문제들이 지니고 있는 정치적 측면을 있는 그대로 수용한다. 그러나 교육과정 개발에서 숙의는 숙의자들이 지닌 정치적 강령인 출발점을 넘어서서 교육과정의 본질적 가치를 지향하고 있다.

둘째, 숙의 모형은 도덕적 성격을 지닌다. 교육과정 개발자는 숙의 과정을 통하여 자신의 교육적 가치와 계획을 발견하며, 동료의 생각과 원망(願望)을 알아가고, 진행 중인 과제를 수행하면서 동료와의 협렵관계를 형성해 나간다. 즉 숙의 과정에서 발견이란 새로운 기술을 찾게 되는 것이 아니라 자신과 동료와 세계를 발견하는 도덕적인 과정이다.

셋째, 숙의 모형은 실천적 기예의 성격을 지닌다. 숙의 모형은 실제적 문제를 해결하기 위하여 기술적 수단(technical resources)에 의지하기도 한다. 기술은 방법과 구분되는데, 숙의 모형에서는 기술을 포함하여, 이러한 기술적 수단이 덕과 개인적 특성에 의존하게 되는 방법적 특성을 중요하게 생각한다.

넷째, 숙의 모형은 학교의 교육과정을 제도로서 받아들인다. 학교 교육과정은 사회적인 공통 가치, 문화적으로 합의된 중요한 내용, 구체화할 수 있는 시민의 열망 등을 반영하고 있다.

지금까지의 내용을 요약하면, 문제는 이론적, 절차적, 불확실한 성격을 지닌 문제들로 구분할 수 있으며, 각 문제에 적합한 탐구양식 및 탐구모형은 이론적 탐구와 이론적 모형, 절차적 탐구와 행정적 모형, 숙의적 탐구와 숙의적 모형이라는 것이다. 그들의 관계를 정리하면 아래 〈표 3〉과 같다.

〈 표 3 〉 문제 유형과 탐구방식의 관계

문제 유형	탐구양식	탐구모형
이론적 문제	이론적 탐구	이론적 모형
절차적 문제	절차적 탐구	행정적 모형
불확실한 문제	숙의적 탐구	숙의적 모형

요컨대 Reid는 교육과정의 문제를 실천적 문제로 규정하고 숙의를 통한 해결 방식을 제안하였다는 점에서 Schwab의 이론과 공통점이 있다. 하지만, 숙의가 지닌 도덕적 성격을 강조하고 숙의의 과정과 지향점으로 개인의 특성과 전통을 강조한 점과 실천의 제도적 측면을 제시했다는 점에서 차이가 있다.

2) 숙의 모형과 숙의의 방법

교육과정 개발에서 숙의의 과정을 포함시켜서 교육과정 개발 모형을 제시한 사람은 Walker(1971)였다. 그는 교육과정이 실제로 개발되는 과정을 관찰하여 모형을 제안하고, 이를 자연주의적 교육과정 개발 모형(naturalistic model for curriculum development)으로 불렀다.

이 모형은 출발점(platform), 교육과정 설계(curriculum design), 숙의(deliberation)로 구성된다. 출발점은 교육과정을 개발하는 사람(숙의자)이 지닌 신념과 가치 체계를 가리키며, 교육과정 설계는 교육과정 구성 요소들의 관계로 구성된다. 숙의는 출발점에서 시작하여 교육과정 설계에 대한 결정에 이르는 과정에서 이루어지는 행위들로 구성되는데, Walker는 Schwab이 제시한 숙의의 개념을 따르고 있다.

이 모형을 보다 구체적으로 살펴보면, 먼저 출발점은 교육과정 개발자들이 지닌 신념과 가치체계로서, 개념, 이론, 목적, 이미지, 절차들로 구성된다. 개념, 이론, 목적은 교육과 인생에 대한 깊은 사고의 산물이고, 이미지와 절차는 개발자들이 분명히 밝히지는 못하지만 그들이 지닌 신념과 가치체계가 반영되어 있다.

교육과정 개발자들은 자신의 출발점에 기초하여 현행 교육과정에 대한 여러 가지 대안을 제시한다. 하지만 대안의 정당성을 입증하기 위해서는 정보의 탐색이 필요하다. 즉 개발자들은 제안된 대안이 출발점과 일치하거나 정보와 합치될 때 긍지를 느낀다. 하지만 출발점이 정보와 일치하지 않을 때 출발점을 변경하거나 새로운 정보를 찾으며 그 과정에서 대안을 수정하기도 한다. 교육과정 개발 상황이 이전과 동일할 때는 새로운 상황을 출발점 원리에서 정당화시키려고 노력할 필요 없이 단지 전 단계에서 만들어진 요소인 정책을 활용한다.

요약하면, 숙의자는 개별 출발점으로 시작하여 주요한 쟁점에 대하여 자료를 찾고 이를 활용하면서 교육과정 문제에 대하여 숙의를 한다. 숙의를 통하여 일부 문제에 대하여 합의하고 이들을 기존의 정책들과 연계하여 정합성 있는 교육과정을 만들어 간다. 이를 도식화하면 [그림 1]과 같다.

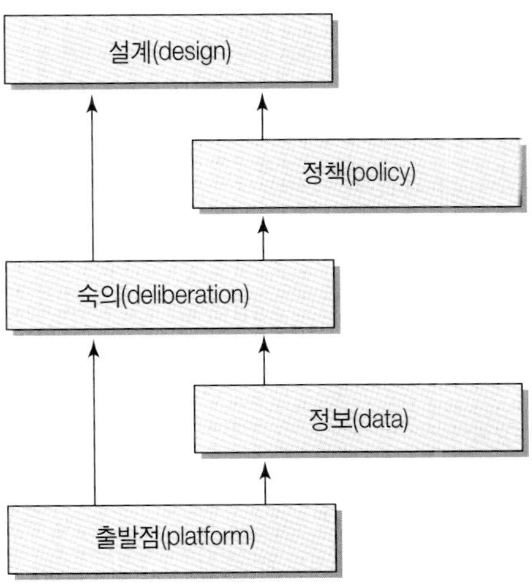

[그림 1] Walker의 자연주의적 교육과정 개발 모형

자연주의적 개발 모형은 여러 가지 문제점이 있는 것으로 밝혀졌다. 첫째, 이 모형에서 화살표가 한쪽 방향만을 가리키는 것은 잘못되었다. 예를 들어, 사람들이 숙의를 하고 교육과정 안들을 검토하며 요구한 자료를 살피는 과정에서 자신이 원래 가진 출발점을 고치는 일이 흔히 있다. 따라서 화살표는 상호 순환 내지 점진적 발달을 나타내는 나선형적 방향으로 수정되어야 한다. 둘째, 이 모형에서는 숙의의 결과가 교육과정 설계로 묘사되어 있지만, 숙의자의 출발점의 변화, 숙의를 통한 교육과정 결정의 성격과 과정에 대한 이해 등이 산물이 될 수도 있다. 즉 숙의는 여러 가지 대안을 모색하고 형성하는 접근인데 반하여 이 모델은 한 가지 유일한 대안을 산물로서 수용하는 것처럼 보인다. Walker는 최근의 저서(2003)에서 숙의 모형을 제시하는 데 그치지 않고, 이상적인 숙의 방법, 숙의의 일반적인 과정, 숙의를 방해하는 요소, 숙의 과정에서 일어나는 어려움을 줄이는 방법, 숙의의 한계 등에 대하여 상세히 밝힌 바 있다.

Walker가 밝힌 이상적인 숙의는 다섯 가지 특징을 지니고 있다. 1) 문제를 추정한다, 2) 가장 전망이 밝은 대안을 탐색한다, 3) 각 대안의 장점을 철저히 검토한다, 4) 모든 관련자들의 가치와 관점을 포함시킨다, 5) 공정하고 균형 잡힌 판단에 이르도록 한다는 것이다.

Walker가 제시한 숙의의 과정은 자신이 다른 곳에서 밝힌 바 있는 실제적 이성(practical reasoning)의 활용 과정과 거의 일치한다. 그는 교육과정 개선에서 실제적 이성의 사용 과정을 다음과 같이 제시하였다.

1) 문제를 더욱 통찰력 있게 파악한다. 개발 집단의 리더는 문제의 기원과 원인(주의)을 분석한다. 일반적으로 집단은 문제를 분석하는 데 많은 시간을 할애하는 것을 꺼린다.
2) 유력한 문제해결책들을 찾아낸다. 개발 집단은 대개 현실적인 소수의 해결책을 제안한다. 근본적으로 새로운 해결책은 집단에게 익숙하지 않기 때문에 채택하지 않는 경우가 많다.
3) 문제해결책을 현명하게 선택한다. 교실에서 현장실험을 한 후에 일어난 일을 검토하고 그 후에 문제해결책을 선택한다. 가장 그럴듯한 문제해결책의 부정적인 측면도 살펴본다.

4) 해결책들의 균형을 취한다. 문제해결책은 공통요소 중의 하나만을 염두에 두고 선택될 수 있다. 교육과정 전문가들은 전체를 보며, 다른 참가자들도 전체를 볼 수 있도록 도움을 준다. 균형 있는 문제해결책을 선택하기 위해서는 교육과정 개발과 관련 있는 모든 이해당사자들의 말에 귀를 기울이는 것이다.

숙의의 과정은 교육과정 문제의 해결을 위한 실제적 이성의 적용과 마찬가지로 문제의 해결책을 제안하고 그것들의 장점과 단점을 살펴서 비교한 다음 최선의 해결책을 선택하는 것을 가리킨다. 이러한 과정은 1) 문제의 제기, 2) 문제해결책의 제안, 3) 문제해결책 각각의 찬성과 반대의 논증, 4) 논증과 관련되는 원리의 제시, 5) 논증과 관련되는 증거의 제시로 구성된다.

숙의를 방해하는 요소는 1) 원리(문제와 그 해결책을 찾을 때 집단은 신념, 이론과 연구, 전문적 판단, 상식, 추측 등에 근거를 둔 부분적 이해 위에서 숙의를 하게 된다, 2) 상황의 특수성(particulars of the situation)에 대한 지식의 부족, 3) 시간, 예산, 정보를 제공해 주는 자료 부족, 4) 권력의 제한(개발 집단의 결정 권한이 미약할 때는 문제해결책을 제시하는 것보다는 다른 사람에게 이를 설득하는 것 그 자체를 숙의의 목적으로 삼을 수 있다), 5) 가치관에 대한 합의의 한계(교육과정 결정은 지식과 신념의 문제라기보다는 가치관의 문제에 달려 있는 경우가 적지 않다. 이 문제는 숙의 과정에서 쉽게 해결되지 않는다).

숙의 과정에서 일어나는 어려움을 줄이는 방법은 다음과 같다.

1) 학교는 숙의를 하는 데 필요한 자원을 확보해야 한다. 학교에서는 교과전문가, 평가전문가, 심리학자, 출판업자 등 세계적 수준의 전문가를 채용할 수 없다. 따라서 교사들은 학습 그룹을 형성하고 학교 안팎의 교사들과 협력한다. 국내외의 혁신 전문가들과 대면, 전화, 전자통신을 통한 네트워크의 형성으로 아이디어를 교환하고 자문을 받을 수 있다.
2) 연구, 이론, 경험 등에 기반을 두고 건전한 출발점 행동을 형성한다. 숙의에서 출발점 행동은 개발 집단이 관심을 가지고 있는 교육과정 문제나 쟁점을 드러낸다. 교육과정 개발 초기에 숙의에 참여하는 사람들은 출발점 행동을 적어 놓고 정기적으로 그것이 어떻게 변화하는지를 기록한다.

3) 사례를 철저히 연구한다. 숙의자들은 출발점 행동의 형성과 숙의 과정에서 이론이 지닌 함정에 빠지지 않도록 경계한다. 그들은 실제 사례를 검토하면서 쟁점을 논의하는 습관을 기른다. 선행 사례들이 있으면 성패의 원인과 결과를 분석한다.
4) 자기반성적이어야 한다 그들은 자신들의 숙의가 논증이 약한지, 가정이 검증되지 않았는지, 고려해야 할 점들을 간과했는지 등을 살펴야 한다. 출발점 행동에서 생각의 비약이나 모순이 발견되면 이해의 폭과 깊이를 확장하고 문제의 만족스러운 해결책을 찾을 기회를 받아들여야 한다.
5) 전문가의 도움을 받는다. 출발점 행동 진술, 교육과정 설계 초안, 교육자료의 초고를 포함하여 그들의 작업에 대하여 비평하거나 비판할 수 있는 전문가의 도움을 받아야 한다.
6) 지식을 잘 활용하여 논증한다. 뛰어난 숙의자는 활용이 가능한 최선의 증거를 찾는 습관을 지녀야 한다. 숙의 내용이 복잡하면 체크리스트나 도식화를 하는 것도 도움이 된다. 뛰어난 숙의자는 유력한 대안의 부정적인 측면을 살펴보는 습관이 있어야 한다. 숙의 과정에서 유력한 대안에 반대하는 사람을 소외시키면, 부정적인 사람이나 팀플레이를 해치거나 합의를 방해하는 사람으로 비춰질까를 두려워하여 말하기를 꺼린다. 뛰어난 숙의자는 유력한 대안이 모든 사람에게 만족스러운 것은 아니라는 점을 알아야 한다. 대안의 한계와 적용대상을 알아야 한다.
7) 신념과 가치갈등을 관리한다. 신념과 가치관이 근본적으로 다른 사람들이 모인 집단에서는 숙의 진행이 느리고 고통스럽다. 다른 사람의 관점을 형성하는 이미지와 개념이 무엇인지를 간파한다. 관점이 다른 사람과 지속적으로 대화하고 서로의 결정과 행위를 실제적이고 구체적인 사례에 비추어 검토한다. 가치갈등이 있을 때는 학교방문, 교사면담, 전문가와의 상담, 유사한 경험을 함께 할 때 해소될 수 있다.
8) 대안적 관점을 고려한다.
9) 숙의가 이루어지는 전체적인 상황을 살펴본다.

숙의가 교육과정의 실제적 문제해결에 도움을 주는 것은 사실이다. 그러나 숙의를 교육과정의 모든 문제에 대한 적절한 해결 방법으로 생각해서는 곤란하다. 실지로 주요 이해당사자들의 대표가 참여하는 면대면 숙의는 일상적이지 않은 조건을 필요로 하는 비교적 특수한 기술이다. 교육과정 문제를 해결하는 데 숙의가 아닌 다른 방법들이 있으며, 이들 방법들이 효과적인 상황도 있다.

또한, 숙의를 잘하면 지식에 기반을 두고 여러 가지 점들을 고려한 의사결정을 할 수 있지만, 그러한 결정이 원하는 결과를 가져온다고 말할 수는 없다. 생각하지 못했던 일이 일어나기도 하고 결정한 것을 실행에 옮기는 데 문제가 발생할 수 있기 때문이다.

3) 숙의 모형의 적용 사례

숙의 모형을 활용하여 교육과정을 개발하거나 평가하는 사례는 적지 않다. 여기서는 많은 사례 중에서 지면 관계상 McCutcheon(1995)이 제시한 사례만 간략하게 요약하여 소개한다.

McCutcheon(1995)은 교과서 채택을 위해 모인 지역구(Mapleton)의 각 학교 대표들과 교사 협의회 대표들 40명으로 구성된 팀의 숙의 과정을 관찰하여 다음과 같은 사실을 밝히고 있다. 팀의 장(長)이었던 쥬디는 교육과정 개발에 대해서는 잘 알지 못했지만, 교육 경영에 해박했으며, 사람들로부터 존경을 받는 인물로 담당 국장으로부터 지명을 받은 사람이었다. 방과후에 몇 차례의 모임을 했는데, McCutcheon은 숙의 과정에 참여하면서 이들 중 로빈, 로렌, 오데이 3명과 인터뷰를 했다. 그 이유는 이들이 모임에서 보다 활발했었고, 여기서 제기된 관점들을 대표하는 사람들이라고 보았기 때문이다.

로빈은 Apple Lane 학교에 근무하였는데, 이 학교는 열린교육철학에 기반을 두고 총체적 언어 접근(whole-language approach)을 적용하고 있다. 이러한 영향으로 로빈은 읽기와 쓰기, 철자, 문법 등이 분리되어서는 안 되며 통합되어야 한다는 생각을 가지고 있었다. 로렌은 아이들은 언어능력이 매우 낮아서, 재미있는 실제 이야기가 필요하다고 보았으며, 가정에서의 지도에도 문제가 있다고 생각하고 있었다. 반면, 오데이는 이 회의에 자원봉사자이며, 앞으로 교장이나 관리자가 되기를 원하는 사람으로, 학생들의 읽기 능력을 향상시키기 위해서는 그러한 기술을 기억하고 실제 해 보는 것이 중요하다고 생각했다. 이러한 각기 다른 이들의 관심과 신념은 숙의 과정에서 잘 드러났다. 예를 들면, 로빈이 Holt 시리즈를 지지했을 때, 오데이는 Holt 시리즈에 있는 평가 방법이 너무 주관적이고 아직 학교에서 적용하기에는 무리가 있다고 말했으며, 로렌은 이것이 너무 이상적이라고 불평을 하였다. 그러나 로빈은 그렇지 않다고 강경하게 의사를 표명하면서 교육위원회에서 승인할 말한 것을 선택하기보다는 최고의 프로그램을 선택하는 일이 중요하다고 주장하였다. 그러나, 선정될 프로그램의 교사연수에 대해서는 공감을 하였다.

McCutcheon은 숙의 과정이 계속적인 갈등을 통하여 새로운 대안을 창출하는 과정이라는 점을 보여 주었다.

4. 우리나라에서의 숙의연구

1) 숙의에 대한 이론적 접근

교육과정 연구 분야에서 숙의에 대한 관심이 주목을 받게 된 것은 1970년부터 연속적으로 발표된 Schwab의 논문이 그 배경이 되었던 것 같다. 1980년대 후반에 김민환(1989), 박현주(1991), 박순경(1991) 등은 Schwab의 실제적 접근방식을 소개하고 그 성격을 규명하며 비판점 및 시사점을 제시하였다.

먼저, 김민환(1989)은 교육과정에 대한 실제적 접근을 Schwab의 교육과정 이론으로 이름 짓고, Schwab이 발표한 논문 속에 있는 내용을 교육과정관, 탐구방법, 교육과정 개발의 필수 요소, 교육과정의 개발, 교육과정 전문가의 역할로 정리하여 소개한 다음, 문제점과 우리 교육에 제공하는 시사점을 제안하였다.

박현주(1991)는 자신의 박사학위논문 「교육과정의 특성에서 본 실제성 이론의 타당성」에서 실제성 이론의 특성과 그 타당성을 검토하고, 다음과 같은 결론을 내리고 있다.

> "실제성 이론은 교육적 탐구 과정에서 탐구되지 않은 차원을 드러내는 이해와 인식의 모델로서 실제적 추론 혹은 불확실한 실제적 정향의 중요성을 일깨워 주며, '이론적인 것'과 '실제적인 것' 간에 무의미하게 지속되어 온 이분법의 한계를 극복할 수 있는 새로운 패러다임의 가능성을 제시하고 있다."

반면에 박순경(1991)은 '교육과정 문제의 성격은 실제적이며 불확실하기 때문에 그것은 숙의라는 방법을 통해서 해결될 수 있다'는 주장의 타당성 검증을 박사학위 논문의 주제로 삼고, Schwab이 제시한 숙의의 방식으로는 교육과정의 문제를 해결할 수 없다는 결론을 짓고, 극복 방안을 다음과 같이 제시하고 있다. 숙의 이론은 재개념주의적 시각을 수용할 필요가 있으며, 숙의는 학교교육(schooling) 현장에 국한시켜서는 안 되고 광범위한 생활세계에서 일어나는 문화적 현상인 본질적 교육(education)을 지향하며, 교육과정 숙의는 '비판적 활동'에서 우러나는 비판적 합리성을 요체로 삼아야 한다고 하였다.

이어서 곽병선(1991)은 교육과정 문제와 의사결정의 성격을 규명하는 자리에서 Reid(1978)의 견해를 소개하고 있다. 교육과정의 문제가 실제적 성격의 문제라는 점과 숙의법이 실천적인 의사결정 모형이라고 하였다.

국내에서의 이론적 연구를 종합하면, 연구자들은 대개 교육과정에 대한 Schwab과 Reid의 실제적 접근 방식을 소개하는 데 많은 지면을 할애하였으며, Schwab에 대해서는 내부적인 모순보다는 비판이론적 시각에서 문제점을 지적하였다고 할 수 있다.

2) 숙의를 활용한 교육과정 개발

정희섭(1999)은 Schwab의 실제적 접근에 기반을 두고 정신지체아 교육과정 개발의 준거와 기술을 제안하고, 교육과정 개발 방안을 제시하였다. 이보다 앞서 김경자 외(1997)는 창의적 문제해결력 신장을 위한 교육과정 개발 모형을 구안하는 과정에서 개발자들이 숙의와 반성적 고찰을 통하여 개발 과정에서 생기는 문제들을 해결하였다고 보고하였다. 그들은 교육과정 개발의 관점과 개발의 각 단계에서 숙의와 반성적 고찰이 있었다는 사실과 그 결과를 제시하였다.

3) 교육과정 개발 과정에 나타난 숙의의 특성

안미숙(1997)은 한국의 직업기술 교육과정 개발 과정을 Walker 모형에 비추어 분석하였으며, 이혁규(조영달 편, 2001)는 제7차 사회과 교육과정 개정 과정을 분석하면서 숙의 과정이 어떻게 이루어졌는지를 밝혔다. 김대현 외(2004)는 중학교 2학년 사회, 도덕, 국어 교과 간 연계단원 개발 과정에서 있었던 숙의의 과정을 제시하였다.

이 중에서 김대현 외(2004)의 연구결과의 일부를 소개하면 다음과 같다.

논문에서 제기한 연구문제는 교사 주도 교육과정 개발에서 숙의의 과정과 특성을 밝히는 데 두었으며, 연구의 결과를 요약하면 아래와 같다.

> Tyler 이후 교육과정 개발의 기술공학적 접근에서 나타나는 절차적 체제적 접근과는 달리 하나의 단계에 대한 체계적이고 비판적인 반성이 이어지고, 다시 되돌아가서 재검토와 수정이 이루어지는 자기 반성적인 과정으로서의 숙의에 대한 관심은 학교 교육과정 개발에 관한 논의에서 가장 핵심적인 부분이라고 할 수 있다.
>
> 숙의의 이론과 본 연구의 분석대상인 교사 주도 교육과정 개발의 숙의를 비교한 결과, 다음과 같은 공통점을 발견할 수 있었다.
>
> 첫째, Walker의 자연주의 개발 모형 중 플랫폼 단계의 신념의 대부분이 교사 주도 교육과정 개발의 숙의에도 드러났다. 숙의는 플랫폼 단계에서부터 시작되며 개발의 전 과정에 영향을 미친다. 자연주의 모형에서 개인의 신념과 가치는 개발의 플랫폼 단계에서 언급되고 있지만, 실제 교사 참여 교육과정 분석에서는 개발의 가장 기본적인 부분들인 개념, 이론, 이미지, 순서에 대한 개인의 신념이 이미 숙의 과정으로 들어와 논의되는 모습을 보여 주었다. 교사 참여 교육과정 개발이 교육과정 실행을 염두에 둔 구체적인 계획이라는 측면에서 개인이 지닌 개념과 이론, 이미지, 순서에 대한 합의 없이는 개발을 위한 본격적인 숙의 과정에 돌입하기 어렵다. 플랫폼 단계의 숙의를 위한 여러 요소들은 개발의 전 과정에 영향을 미치며, 특히 개발의 방해물과 숙의의 갈등지점과도 맞물려 있다. 연계단원이라는 이미지에 대한 신념의 충돌은 본격적인 개발 과정에서 교사의 신념과 태도와 연관되어 개발의 저해요소로도 드러났다. 숙의로 충분히 다루어지지 못한 목적에 대한 신념의 충돌과 내적 갈등은 결과물에 대한 중압감과 합쳐져서 개개 교사를 중심으로 분리된 모듈을 개발하는 결과를 가져오고, 결국 개발의 저해요소로 발전하였다.
>
> 둘째, McCutcheon이 제시한 숙의의 방해물은 교사 주도 교육과정 개발의 숙의 장면에서도 상당 부분 유사하게 드러났다. 그가 제시한 스트레스 요소 중 시간요인, 교사의 선호양식, 결과물의 실패에 대한 두려움이 이에 해당된다.
>
> 셋째, McCutcheon이 지적한 바와 같이, 교사 주도 교육과정 개발에서는 교사 개별로 모듈 형식의 개발양식을 취하는 경우 숙의는 활발하게 이루어지지 못하였다. 그는 개발의 결과물이 지니는 시간과 경제적 요구사항에 의해 교사들은 개별로 모듈을 나누고, 모듈을 중심으로 한 개발양식을 보이는 현상을 언급한 바 있다. 실제 교사 주도 교육과정 개발에서도 집단 작업에 소요되는 시간과 노력의 제약에 의해 중단원 혹

은 소단원의 주제별로 담당을 정하고, 그에 따라 해당 단원의 개발양식과 자료 유형을 개별 개발자가 결정하는 모습을 볼 수 있었다. 이는 국가 수준의 교육과정 개발에서도 동일하게 드러나는 바이며, 교육과정 개발이라는 일감을 개별담당 책임제의 형식으로 단원단위의 분할을 가져오고, 이러한 분절현상이 심화되는 경우, 숙의는 그 기능을 잃고 만다. 그러나, 한편으로 개별모듈화 작업의 결과로 나타나는 주제의 방향과 진술 간의 일관성 결여는 재숙의를 이끌어 내는 중요한 역할을 하기도 한다.

숙의의 이론과 실제 교사 주도 교육과정 개발에서의 숙의의 특징은 다음과 같은 차이점도 드러냈다.

첫째, 교육과정 개발 모형에서 가정하여 요구하는 숙의의 집단구성은 교사 주도 교육과정 개발 현실과 차이가 있다. Walker의 교육과정 개발의 자연주의 모형은 교육과정 전문가, 교과전문가 및 교사, 행정가를 포함한 12~20명 정도의 대집단의 숙의 과정을 다루고 있다. 교사 주도 교육과정 개발에서 이러한 숙의 모형은 그대로 적용되기에 무리가 있으며, 비록 Walker의 제안이 대집단을 대상으로 효과가 있다고 할지라도, 본 연구의 대상이된 연계단원 개발 과정에서는 교사 중심의 소규모 개발 집단에서도 드러나는 숙의의 특징을 나타내고 있다.

둘째, McCutcheon이 제시한 숙의의 방해물은 실제 개발장면에서 그 비중에서 차이를 보였다. 그는 전문지식과 경험의 부족을 숙의의 주요한 방해물로 꼽은 반면, 본 연구의 분석대상인 교사 주도 교육과정 개발의 숙의 장면에서는 현실적인 제약이 숙의의 걸림돌로 드러났다.

셋째, 숙의의 방해물로 작용하는 갈등은 외적 갈등뿐만 아니라 내적 갈등의 양식으로도 나타났다. 숙의에서 직접적으로 드러나는 갈등은 약간의 흥분과 논쟁으로 표현되지만, 상당 부분 교육과정 개발에 참여하는 교사 개개인의 마음이나 머릿속에 머물고 만다. 개인 내적 갈등이 제대로 숙의 과정에 솟아오르지 못하는 이유는 앞서 언급한 숙의의 걸림돌과 관련이 있다. 적용의 현장이 될 기존의 교육현실을 무시하지 못하며 결과물을 도출해야 하는 시간의 스트레스를 감안하기 때문이다.

넷째, 교사 주도 교육과정 개발에서의 숙의는 외적 합의와 내적 합의의 양면성을 띠고 있다. 자연주의 개발 모형에서는 개인의 신념과 가치가 숙의를 통해 변화하여 하나의 설계된 교육과정 완성물을 도출하는 것처럼 도식화하여 숙의가 마치 완전한 합의로 향하는 과정으로 가정하고 있다. 그러나, 실제로 숙의 과정에서 이루어지는 합의란 가치와 신념의 변화를 포함하는 내적 합의뿐 아니라 개인의 특성과 시간, 현실적 제약을 고려한 외적 합의를 포함하고 있다. 학교 중심 교육과정 개발에 참여하는 교사들은 모두 자신의 가치와 신념을 가지고 온다. 개개인에게 뚜렷하게 드러나는 교과에 대한,

목표에 대한, 내용에 대한 가치의 차이는 숙의 과정을 통해서 합의에 이르고, 그 결과 교육과정 설계가 이루어지지만, 이 모든 과정이 교사들의 신념이나 가치, 태도 자체의 변화를 포함한 내적 합의에 한정되지는 않는다. 실제로 본 연구의 분석 대상이 된 연계단원 개발 과정에 참여하였던 교사들의 인터뷰 자료에 의하면, 연계단원 개발의 필요성이나 학생수준에 맞는 다양한 양식의 자료개발 등에 대한 내적 합의를 볼 수 있다. 그러나 결과물 도출을 위해 주제의 세부적인 가치나 연계단원 운영의 부분에 있어서 외적인 합의에서 마무리짓는 부분도 드러났다. 내적 합의를 보지 못한 부분은 숙의와 개발의 전 과정에서 다시 갈등요소로 수면 위로 반복해서 떠오르는 모습을 볼 수 있었다. 숙의 과정에서 이르게 된 합의의 종류에 따라 교사 주도 교육과정 개발의 결과물은 다면성을 띠게 되는 것이다.

숙의의 이론과 본 연구의 숙의 과정에서 나타난 숙의를 비교한 결과 교사 주도 교육과정 개발에서의 숙의의 특징은 다음과 같이 요약될 수 있다.

첫째, 교사 주도 교육과정 개발에서의 숙의는 다면성을 지니고 있었다. 숙의 모형의 이론들은 플랫폼을 이루는 요소, 숙의에서 갈등을 만들어 내는 요인과 이의 해결을 설명하고 있으나, 실제로 개발장면에서의 숙의는 보다 복합적인 구조를 보이고 있었다. 플랫폼 단계의 개념과 이미지, 과정은 서로 중첩되고 연결된 모양을 띠고 있고, 시간과 결과물이라는 숙의의 방해요소는 상호작용하면서 교육과정 개발 장면 자체의 모듈적인 변화를 가져왔으며, 숙의의 핵심인 합의도 내적인 합의와 외적인 합의라는 다면성을 보여 주고 있었다.

둘째, 교사 주도 교육과정 개발에서의 숙의는 플랫폼의 공감대가 이미 어느 정도 조성된 상태에서 출발한다. 본 연구에서 분석대상이 된 개발 과정의 숙의는 통합에 대한 긍정적인 신념, 교과연계의 방법적이고 기술적인 아이디어를 일정 부분 공유하고 있었다. 이는 상당 부분 학교현장에서의 교사 주도 교육과정 개발에서도 발견되는 특징으로 예견된다. 현장에서 이루어지는 교사 주도 교육과정 개발은 동일 교과를 중심으로 개발 팀이 구성되는 것이 일반적이며, 팀 구성원은 숙의의 기본이 되는 친밀감 형성이나 학교에서의 지식과 경험을 공유하고 있다는 측면에서 본 연구에서 분석된 개발 팀의 특징과 유사할 것이다.

셋째, 플랫폼 단계의 충돌은 숙의의 걸림돌과 긴밀하게 연결되어 있다. 특히, 가치 차이에 기인하는 개념의 충돌은 이후의 숙의 과정에 가장 결정적인 영향력을 행사하였다. 개념의 충돌은 교육과정의 목적 선정과 주제 선정에 관여되며, 보다 더 활발한 숙의를 만들어 내는 연료로도 작용하지만, 합의에 이르지 못하는 경우, 숙의를 방해하는 요소로도 발전하였다.

5. 숙의 연구의 전망

교육과정 분야에서 숙의에 대한 연구는 1970년대 이후 꾸준하게 지속되고 있다. 숙의에 대한 이론 연구는 대체로 미국의 Schwab이나 영국의 Reid의 실제적 탐구이론을 중심으로 전개되어 왔으며, 숙의를 활용한 교육과정 개발 모형이나 교육과정 개발 과정에 대한 평가도 여전히 관심의 대상이 되고 있다. 국내의 경우에도 많지는 않지만, 학위논문과 학술지의 학술논문 등에서 숙의 이론 연구와 적용 연구가 1980년대 이후 계속되고 있다. 교육과정 개발이나 개선이 교육과정을 둘러싼 의사결정 행위를 통하여 이루어진다는 점에서 의사결정의 요체가 되는 숙의에 대한 연구는 현재진행형이라 할 수 있다.

더욱이 교육과정에 대한 의사결정이 중앙정부 차원에서만 이루어지는 것이 아니고, 지역교육청, 단위 학교, 학급 등에서 더욱 활발하게 이루어질 것이라는 점을 생각하면, 숙의에 대한 관심과 연구는 더욱 증가할 것으로 생각된다.

이런 점에서, 국내에서의 숙의에 대한 연구는 이론에 대한 연구와 함께 우리의 교육현장에서 일어나는 의사결정 과정을 분석함으로써, '우리식의' 숙의의 성격과 그 문제점과 개선책을 찾을 필요가 있을 것으로 생각된다.

후주

1) Schwab(1983)은 숙의가 토론으로 빠지는 것을 경계하고 있다.

참고문헌

곽병선(1991). "교육과정 의사결정 과정의 탐색", 이영덕 편저. 교육과정과 수업의 탐구. 교육과학사.

김경자 · 김아영 · 조석희(1997). "창의적 문제해결능력 신장을 위한 교육과정 개발의 기초 -창의적 문제해결의 개념모형 탐색" 교육과정 연구, 15(2), 129-153

김대현 · 김석우(2005). 교육과정 및 교육평가. 학지사.

김대현 외(2004). "교사주도 교육과정 개발에서 숙의의 성격" 교육과정 연구, 22(4), 83-112.

김민환(1989). "교육과정 연구에 있어서 J.Schwab 실제적 접근의 위상과 의의" 교원교육, 5(1), 113-127.

박순경(1991). 교육과정 문제의 성격과 교육과정 '숙의' 의 한계성 검토. 이화여자대학교 박사학위논문.
박현주(1991). 교육과정 특성에서 본 '실제성(the practical)' 이론의 타당성. 이화여자대학교 박사학위논문.
안미숙(1997). "워커 모형에 비추어 본 한국의 직업기술 교육과정 개발의 특징". 교육과정 연구, 15(1), 267-297.
이혁규(2001). "제7차 사회과 교육과정 개정과정에 대한 문화기술적 연구" 조영달 편. 교육과정의 정치학, 103-169.
정희섭(1999). Schwab의 실제적 접근에 따른 정신지체아 교육과정 개발. 한국교원대학교 석사학위논문.
Dewey, J. (1922). *Human nature and conduct.* New York: Henry Holt.
McCutcheon, G. (1995). *Developing the curriculum-solo and group deliberation.* Longman Publishers USA.
Reid, W. A. (1988). The institutional context of curriculum deliberation. *Journal of Curriculum and Supervision, 4*(1), 3-16.
Reid, (1999). *Curriculum as institution and practice; essays in the deliberative tradition*. Lawrence Erlbaum Associates, Inc.
Schwab, J. J. (1969). The practical: A language for curriculum. *School Review, 78*, 1-23.
Schwab, J. J. (1971). The practical: Arts of eclectic. *School Review, 79*, 493-542.
Schwab, J. J. (1973). The practical: Translation into curriculum. *School Review, 81*, 501-522.
Schwab, J. J. (1983). The practical 4: Something for curriculum professors to do. *Curriculum Inquiry, 13*(3), 239-265.
Simmel, G. (1955). *Conflict and web of group affiliations.* New York: Free Press.
Walker, D. F. (1971). A naturalistic model for curriculum development. *School Review, 80*, 51-65.
Walker, D. F. (2003). *Fundamentals of curriculum: Passion and professionalism.* New Jersey: Lawrence Erlbaum Associates, Publishers.
Westbury, I. & Wilkof, N. J. (1978). *Science, curriculum and liberal education: Schwab's selected essays.* Chicago: University of Chicago Press.

*이 장에서 인용한 Schwab(1969, 1971, 1973)의 논문은 Westburg와 Wilkof가 편집한 「science, curriculum and liberal education : Schwab' s selected essays」에 수록된 것을 가리킨다. 따라서 이 장에서 인용된 Schwab 논문 속의 쪽수(page)는 Westburg와 Wilkof가 편집한 저서의 쪽수를 가리킨다.

제6장

현상학과 교육과정 연구

이 근 호(한국교육과정평가원 연구위원)

1. 들어가는 말

1908년도 Bobbit의 「Curriculum」 출간을 계기로 교육과정 분야는 본격적인 학문적 관심의 대상이 되어왔다. 그 후 나름대로의 부침과 굴곡을 거치면서 발전해 왔던 교육과정 분야는 1970년대 들어서서 여러 모로 획기적인 변화를 맞이하게 된다. 전통적으로 이 분야를 지배해 왔던 기술 공학적, 혹은 Pinar(1995)의 표현을 빌면, '교육과정 개발 모형'에 대한 전 방위적이고 다각적인 비판이 이 시기에 집중적으로, 또한 조직적으로 표출되기 시작했다. 흔히 재개념주의자라고 불리는 이들 비판 세력들은 전통적으로 교육과정 분야가 기초해 왔던 자연과학적이고 기술공학적인 함의를 넘어서서, 보다 인간적인 견지에서 교육과정 현상에 접근할 것을 제안한다. 명백히 교육의 전 과정에 있어서 가장 중요한 요소는 인간이다. 그럼에도 불구하고, Tyler를 중심으로 한 전통주의자들은 지극히 편협하고 제한된 인간 이해의 틀에 안주함으로써 사실상 교육과정 현상에 대한 우리의 관심을 그릇된 방향으로 오도해 왔다는 것이다. 재개념주의자들은 인간 됨의 의미는 무엇이며, 인간답게 산다는 것이 무엇을 의미하는지에 관한 심층적인 이해를 바탕으로 교육과정에 관련된 제 현상들을 새롭게 바라보고자 하며, 이러한 맥락에서 그들의 입장은 종래의 '교육과정 개발모형'에 비견되는 것으로 '교육과정 이해'의 관점이라 일컬어지기도 한다(김재춘,

2005).

그러므로 재개념주의는 그것이 배태되던 초창기부터 다양한 관점과 맥락에서 이루어진 인간이해의 노력을 바탕으로, 한편으로는 기존의 교육과정 접근이 가지고 있는 제한점들을 비판하고, 다른 한편으로는 그것을 보완, 대체할 수 있는 새로운 대안을 모색하는 데 이론적, 실천적 노력을 집중시켜 왔다. 이는 1970년대 초반에 "교육과정 분야에 있어서 향후 50여 년의 과업은 확실히 지난 반세기에 걸쳐서 이 분야를 지배해 왔던 제한된 사고방식과 틀을 넘어서는 대안을 수립하는 것"이라는 Kliebard(2000: 49)의 예언과도 맥락을 같이하는 것이다. 그의 혜안이 빛나는 것은 재개념주의 운동이 철지난 과거의 일회성 이벤트로 그치고 만 것이 아니라 지금 이 순간에도 맹렬히 수행되고 있는 현재진행형의 추세에 있다는 점이다. 따라서 현대의 교육과정 동향을 이해하는 데 있어서는 어떤 형태로든 재개념주의 운동과 관련한 논의를 빼놓을 수는 없을 것이다.

그러나 익히 알려진 대로 재개념주의는 한 가지 입장이나 관점으로 환원해서 설명하기 어려울 만큼 다원적이고 복합적인 주장과 논의들을 모두 포함하고 있다. 때로는 중첩되고 때로는 경쟁하는 다수의 입장들을 하나의 이름아래 포괄해서 부르는 탓에, 재개념주의는 종종 교육과정의 학문적 정체의 혼란 혹은 불분명성을 대변하는 것으로 받아들여지기도 한다. 그러나 이는 재개념주의가 가진 한계라기보다는 인간 삶이 드러내는 본래적 특성에 기인한 것으로 보아야 한다. 인간의 삶은 오직 한 가지 관점에서 파악되고 강제될 수 없을 만큼 다양한 양상으로 드러나며, 어떤 이성적 노력으로도 소진시킬 수 없는 무수한 신비를 포함하고 있다. 전연 양립 불가능할 것 같은 것들이 버젓이 우리 삶속에 존재하며, 그 불합리와 모순을 우리가 가진 지력으로 모두 납득하거나 해소하기 어려운 것이 또한 삶의 현실인 것이다. 인간다움의 의미를 일방적으로 규정하고 그것에 우리 삶을 예속시키려는 어떠한 시도에도 저항하고자 하는 것이 바로 재개념주의의 기본정신이다. 그렇게 본다면 재개념주의를 구성하고 있는 각각의 담론은 인간 현상의 전부를 일거에, 그것도 완전무결하게 설명하는 이론체계라기보다는, 그 자체로서는 미약하고 부족할망정 삶의 다의성, 다양성을 온전히 반영하기 위한 노력이라고 보아야 할 것이다.

여기서는 재개념주의를 구성하고 있는 여러 다양한 논의들 중에서 특별히 현상학적 전통에 관하여 살펴보고자 한다. 근대철학의 효시라고 불릴 정도로 현상학은 철학사적, 이념사적으로 중요한 위치를 차지하고 있으며, 일찌부터 여러 가지 방식으로 교육과 관련한 논의 속에 원용되어 왔다. 그러나 유독 교육과정 분야에 있어서만큼은 현상학적 논의가 상대적으로 '주변화(marginalize)' 되어 왔던 것도 또한 사실이다. 여기에는 많은 다른 이유가 있을 수 있겠지만 Pinar(1992)가 지적한 바대로, 우선 현상학은 전통적인 실증주의적 입장과는 양립하기 어려웠다. 뿐만 아니라 재개념주의 영역 내에 있어서조차 꽤 오랫동안 그 헤게모니가 막스주의적 관점에 두어져 있었기 때문에 상대적으로 주목받기 어려운 위치에 놓여 있었던 탓도 있다. 더군다나 재개념주의 운동이 주로 미국을 중심으로 태동, 발전해 왔다는 점에 비추어 볼 때, 본래 유럽에서 발원하고 성장했으며 그 학문적 센터가 미국이 아닌 캐나다의 Alberta 대학이라는 점 역시 현상학이 교육과정 분야에 있어서 주변적일 수밖에 없었던 까닭을 어느 정도 납득할 수 있게 한다. 그러나 그렇다고 하더라도 교육과정 분야에 있어서 현상학이 기여한 바가 적다고는 말할 수 없다. 무엇보다도 그것이 표적하고 있는 인간 이해의 노력은 지금까지 교육과정 현상과 관련된 다수의 의미 있는 통찰을 우리에게 제공해 왔다는 점은 분명하기 때문이다. 게다가 현상학은 해석학 및 비판이론과 더불어, 실증주의적이고 자연과학적인 방법론의 한계를 극복하기 위하여 재개념주의자들이 특별히 주목하고 있는 인문학적 전통(Humanities)의 중요한 한 축을 구성하고 있다. 많은 논란을 불러일으키기는 했지만, Pinar가 현상학을 '후기 비판적(post-critical)' 재개념주의 노력의 일환으로 파악한 까닭이 바로 여기에 있으며, 재개념주의 운동이 단순한 비판적 기능을 넘어서서 새로운 개념적 질서를 창출할 수 있는 동력으로 자리매김하는 데 충분히 공헌할 수 있을 것으로 기대되는 바이다. 그러므로 본 연구에서는 현상학이 교육과정 영역 내에서 발전해 온 경로를 조심스럽게 추적해 보고, 아울러 교육과정 분야를 재개념화하고 인간화하는 데 있어서 그것이 가진 잠재력과 가능성을 타진해 보는 기회를 갖고자 한다.

2. 현상학의 주요 개념들

서로 다른 전통 속에서 성장, 발전한 탐구 양식을 이해하는 일은 결코 수월한 일이 아니다. 각각의 전통은 겉으로 드러나는 탐구의 목적이나 방법론에 있어서뿐만 아니라, 기본적인 세계관이나 언어에 있어서의 차이 역시 반영한다. 그러므로 상이한 탐구의 패러다임을 이해하는 데는 사실상 상당한 정도의 지적 투자와 정서적 몰두, 도덕적 헌신 등이 요청되기도 한다(van Manen, 1978: 370).

현상학과 관련된 논의를 시작하기 전에 먼저 한 가지 짚고 넘어가야 할 일이 있다. 그것은 현상학이 우리가 기대하고 있는 것처럼 대다수 구성원들에 의해 합의된 명확한 원리들 및 그것의 본질적 특징들에 관한 잘 진술된 체계로 이루어진, 비교적 동질적인 이념이나 주의를 일컫는 것이 아니라는 점이다(Moran, 2000). Husserl이래로 현상학은 다양한 강조점과 입장을 표방한 다양한 사상가들에 의해 주도되어 왔으며, 그들이 드러내는 견해의 차이는 손쉬운 요약이나 비교가 불가능할 정도로 크고 깊기까지 하다. 가령 Husserl은 인간의 인식 문제를 해명하는 기반으로서의 선험적이고 초월적인 현상학을 주장한 바 있지만, 그를 계승한 Heidegger는 인간과 세계와의 역동적 관계성을 바탕으로 인간 존재의 의미를 규명하려는 존재론적 시도로서 현상학을 규정한다. Sartre는 현상학을 인간 실존의 의미와 양상을 드러내기 위한 방법론으로서 파악하기도 하고, Merleau-Ponty의 경우에는 인간이 일차적으로 그의 몸을 통해 세계 속에 존재하며 소통한다는 사실에 주목하여 몸의 현상학을 펼치기도 한다. 한편 Levinas는 현상학이 인간의 도덕적이고 윤리적인 존재 근원을 밝히는 데 그 일차적 사명이 두어져 있음을 주장한다. 결국 그간 현상학이 보여 준 다양성, 다원성은 오늘날 그것을 단일한 학파나 동향을 지칭하는 것으로서보다는 하나의 흐름(current)이나 운동(movement)으로 파악할 수밖에 없도록 하고 있다.

이와 관련하여 Merleau-Ponty(1962: viii)는 현상학을 특정한 철학 내용들의 체계라기보다는 하나의 독특한 사고방식이나 스타일을 일컫는 것으로 보아야 함을 역설하고, 오히려 살아 움직이는 운동으로서의 현상학을 어떤 체제나 틀 속에 가두려는 시도를 경계하기도 한다. 그러나 어찌되었건, 현상학 자체가 갖는 다의성, 다원성은 처음 현상학을 공부하는 사람들에게 있어서 여러 가지로 혼동을 초래하기도 하고 때로는 현상학을 이해하는 데 있어서 크나큰 장애가 되기도 한다.

이 장에서는 현상학에 관한 기본적인 이해를 돕기 위하여 현상학을 구성하고 있는 핵심 개념 및 용어들에 관하여 살펴보고, 현상학이란 무엇이며 어떤 목적으로, 또한 어떤 과정으로 수행되는 활동인가를 논의해 보고자 한다. 다만 앞에서 지적했듯이, 그러한 개념들과 용어들에 관한 완전히 합의된 견해를 기술한다는 것은 거의 불가능한 일이다. 여기서는 가장 일반적인 수준에서, 가장 일반적인 의미를 진술하는 방식으로 접근하고자 한다.

1) 지향성(Intentionality)

잘 알려진 대로 인식의 가장 명증한 근원을 밝혀보고자 했던 Husserl의 야심찬 기획을 통해서 현상학은 출발하였다. 물론 누구도 부인할 수 없는 확고하고 정당한 토대위에 우리의 앎을 정초하려는 시도는 이미 Descartes에 의하여 수행된 바가 있었다. 그러나 그는 시종일관 인식의 주체와 객체, 혹은 정신과 물질을 분리하는 이원론적 입장을 견지하였고, 앎을 오직 인식주체가 갖는 주관적인 문제로만 환원하여 설명한다. 즉, 외부 세계와 절연된 것으로서의 인간의 의식(마음/정신)만이 참된 앎을 보증하며 외부 세계에 관한 지식 역시도 추론이나 사유와 같은 마음의 작용을 통해서만 가능하다고 본다(Sokolowski, 2000: 9). 이는 인간과 그를 둘러싸고 있는 세계와의 직접적인 소통의 가능성을 부인하는 것이며, 만일 세계에 관한 우리의 앎이 단순히 주관적인 투사에 불과하다면, 예컨대 '하나의 주관(마음) 밖에 존재하는 또 다른 주관(마음)의 가능성을 과연 어떻게 설명할 수 있을 것인가'와 같이 복잡하고 어려운 문제에 직면하게 된다. 이는 Sokolowski(2000: 9)에 의하여 '자기중심적 난점(egocentric predicament)'이라고 명명된 바가 있으며, 일체의 추론이나 증거나 진리가 성립하기 위한 기본조건으로서의 마음의 공적인 특성, 혹은 우리 모두가 공유하는 삶의 기반으로서의 세계의 존재를 해명하는 일이 Descartes의 사유체계 내에서는 영원한 숙제로 남을 수밖에 없음을 보여 준다.

반면에 Husserl은 그의 스승 Brentano를 좇아 의식의 본래적인 구조가 '지향적(intentional)'임을 설파함으로써, 인식의 주체와 인식의 대상 사이의 밀접한 관련을 강조하고 있다(Spiegelberg, 1982). 우리가 수행하는 모든 의식행의나 당면하는 모든 경험은 본질적으로 '–에 관한' 것일 수밖에 없다는 것이다. 즉, 우리가 지각하고, 느끼고, 사고하는 것은 반드시 그 지각의 대상, 느낌의 대상, 사고의 대상을 수반하며, 이는 곧 인간과 그를 둘러싸고 있는 세계 사이의 결코 분리할 수 없는 관계를 내포한다. 따라서 현상학에서 말하는 앎이란 인간의 마음이 일방적으로 외부의 사물에 부여하는 그 무엇이 아니라, 마음과 세계가 상호작용을 통해서 드러나는 것으로 파악된다. 사물은 스스로를 우리에게 드러내며, 우리는 그렇게 드러나는 사물의 양상을 우리 자신에게 혹은 타인들에게 펼쳐 보이고 소통하는 것이다. 각 개인을 둘러싸고 있는 세계가 주관적 투사에 불과한 것이 아니라 우리가 삶을 영위하고 유지하게 하는 공적인 기반이라는 사실을 인정하는 것은 곧 마음의 공공성을 확인하는 일이며, 사고, 추론, 그리고 지각의 공적인 의미를 되살리는 길이기도 하다(Sokolowski, 2000: 12).

한편 인간의 인식이 지향성을 토대로 구축된다는 사실은 모든 앎을 물질적이고 행동적인 기반에서만 용인하는 실증주의적(positivistic), 경험론적(empirical) 입장 역시 한계를 가지고 있음을 보여 준다. 관찰과 실험을 통해 드러나는 외현적, 수량적 증거에만 의존하며, 개체가 갖는 독특성보다는 일률적이고 예외 없는 법칙성에 강조점을 두는 객관주의적 접근은 우리가 갖는 앎의 지극히 일부만을 설명할 수 있을 뿐이다. 그런데도 불구하고 전체로서의 앎이라는 현상을 실증적이고 물질적인 토대 하에서만 파악하려 드는 것은, 비록 Descartes가 인식을 주관성의 문제로만 파악했던 것과 정반대의 입장에 서 있는 것처럼 보이기는 하지만, 결국 마음과 세계의 이원론적 구분에 기초한, 본질상 동일한 환원주의(reductionism)의 산물로 간주된다. 그러므로 지향성이라는 개념은 전통철학으로서의 합리주의와 경험주의가 갖고 있는 한계를 고차적으로 극복하고, 비단 인식의 문제로서뿐만 아니라 인간이 세계와 맺고 있는 근원적인 관계 양상을 직접적으로 탐색하고자 하는 현상학적 관심의 가장 극적인 표현이라고 말할 수 있다.

더 나아가 현상학의 기본원리로서의 지향성은 한 가지 형태로만 존재하는 것이 아니라 상호 관련되면서도 다양한 양상으로 드러난다. 예를 들어 우리가 어떤 사물을 단순히 지각할 때와 사진을 볼 때는 서로 다른 지향성이 관계하게 되며, 어떤 것을 단어로 파악할 때, 다른 어떤 것을 기억하거나 혹은 무엇인가를 판단할 때 드러나는 지향성과는 구분된다. 그러나 동시에, 가령 어떤 것을 그림으로서 이해하는 일은 그것을 지각된 사물로서 파악하게 하는 일을 바탕으로 이루어지기도 한다. 이와 같이 다양하면서도 서로간에 얽혀 있는 지향성 및 그에 상관된 대상들을 기술하고 구별하는 일이 바로 현상학이 추구하는 활동이다. 이는 현상(phenomenon)과 이성(logos)의 합성어로 구성된 현상학(phenomenology)이라는 이름을 통해서도 그 의미가 드러나는 바인데, 결국 현상학이란 현상들이 그리고 사물들이 우리의 의식(마음)을 통해 그 자체를 드러내는 다양한 방식들에 관해서 주의 깊게 기술하는(즉, logos를 부여하는) 활동을 일컫는 것이다. 그와 같은 기술들은 한편으로 인간 앎의 모든 가능한 형식들을 이해하는 데 도움을 줄 것이며, 다른 한편으로 우리가 삶을 영위하고 있는 이 세계와 우리 자신을 관계 지을 수 있는 여러 가지 방식에 관해 보다 진전된 이해를 제공해 줄 것이다.

2) 자연적 태도(Natural attitude)와 현상학적 태도(Phenomenological attitude)

지향성이라는 개념을 통해서 인간은 세계와 불가분의 관련을 맺고 있고, 그러한 관계는 획일적인 것이 아니라 다양하고도 복잡한 방식으로 이루어져 있다는 사실을 지적했다. 그리고 그렇게 다양하게 드러나는 양상을 직접적인 관심의 대상으로 삼아 탐구하고 기술하려는 시도가 바로 현상학임을 분명히 했다. 그러나 여기서 짚고 넘어가야 할 것은 그러한 현상학적 탐색과 기술이 결코 수월한 일이 아니라는 점이다. 그리고 이 일이 수월치 않은 까닭은 우리가 이 세계 속에 서 있는 기본적인 자세가 자연적 태도에 있기 때문이다.

자연적 태도란 세계는 우리와 별 상관없이 당연히 존재하는 것이며 그 세계를 인식하는 데 있어서도 일상적이고 상식적인 견해만으로 충분하다고 보는 태도를 말한다. Schutz(1974: 3-4)는 이와 관련하여 다음과 같이 말하고 있다.

> 일상적인 삶의 세계는 깨어 있는 정상적인 성인이 상식적 견지에서 당연하게 받아들이는 현실로 이해되어야만 한다. 이 당연하다는 말로써 우리는 우리가 경험하는 모든 것들을 결코 의심의 여지가 없는 것으로 규정한다; 즉, 모든 일상사는 더 이상의 어떤 징후가 드러나기 전까지는 우리에게 별다른 문제를 야기하지 않는다. 그러나 우리가 간과할 수 없는 포인트는 지금까지 그렇게 당연시되어 왔던 것들에 대해서도 여전히 물음이 제기될 여지가 있다는 점이다.

요컨대, 자연적 태도란 우리가 세계와 우리 자신에 관해 갖는 전 반성적인 인식 태도를 일컫는 말로서, '당연시함(take-it-for-grantedness)'을 특징으로 한다. 어떤 것이 당연시된다는 것은 곧 그것이 그 나름의 방식으로 잘 기능하고 있다는 것을 뜻하며, 그것이 제대로 작동하고 있는 한 의심이 개입할 여지는 없다. 많은 경우 우리는 자연적 태도 속에서 삶을 영위하는 데 별다른 무리를 느끼지 않는다. 바로 이 점 때문에 우리는 더 이상 우리 자신과 우리 삶의 터전으로서의 세계에 관해 심각하게 생각해 볼 필요를 느끼지 않으며, 오직 관성적인 이해로만 일관할 뿐이다. 그러나 앞서 지적한 대로 우리가 이 세계와 맺고 있는 관계 양상은 우리의 일상적 이해를 훨씬 뛰어넘을 만큼 복잡하고 다차원적인 것이다. 따라서 인간과 세계의 관련을 온전히 드러내기 위해서는 자연적 태도를 일단 유보하고, 관성적 사고를 잠시 묶어 둘 필요가 있는 것이다. 그리고 그렇게 해서 드러나는 태도를 우리는 현상학적 태도라고 부른다(Sokolowski, 2000: 4).

그러므로 현상학은 자연적 태도에서 현상학적 태도로의 전회(轉回)를 기반으로 수행되는 활동이라고 말할 수 있다. 그리고 그와 같은 태도의 전환을 가능하게 하는 것이 바로 '환원(reduction)'이라는 방법이다. 현상학적 방법의 핵심을 이루는 이 환원이라는 아이디어에 관해서는 절을 바꾸어서 자세히 살펴보기로 한다.

3) 환원(Reduction)

우리가 우리 자신과 세계에 관해 가지고 있는 일상적, 상식적인 이해(자연적 태도)가 오히려 그 사이의 원초적인 관계를 올바르게 파악하는 데 있어서 장애가 될 수 있음을 지적하였다. 그리하여 인간과 세계에 관한 보다 진전된 이해를 획득하기 위해서는 우리 편에서 자연적 태도를 잠시 동안 보류해 두고 현상학적 태도로 태도의 전회를 이루어야만 한다. 이를 실현하기 위해서 요구되는 것이 바로 환원이라는 아이디어이며, 환원은 현상학의 가장 핵심적인 개념이자 방법론으로 간주되어 왔다.

종종 '에포케(epoche)', '판단중지(suspension)', '괄호 치기(bracketing)' 등등의 다른 이름으로도 불리는 환원은, 그 이름에서도 드러나듯이, 일상적이고 자연적인 태도 속에서 이루어지는 모든 종류의 앎과 이해를 더 이상 자명한 것으로 받아들이지 않고 그러한 앎과 이해 자체에 대해 심각하게 숙고하고 검토하는 일을 뜻한다. 상식과 억견, 관성적 사고로 일관하는 자연적 태도를 벗어나기 위해서는 비단 우리가 일상적으로 갖는 인간과 세계에 관한 근거 박약한 믿음과, 오해와, 얄팍한 지식을 괄호 쳐 내는 일뿐만 아니라, 만일 그것이 우리의 순수한 이해를 방해하는 것이라면, 심지어 우리가 가진 가장 정련된 앎의 형식으로서의 과학에 대해서도 급진적인 회의의 시선을 던져야만 한다.

van Manen(2001b)은 실제로 우리가 검토해 보기 이전에 주어지는 일체의 편견과 선입견을 중지하고, 모든 상정들을 괄호로 묶고, 제반 주장들을 해체하며, 우리가 관심을 갖는 현상과 경험에 대한 개방적 태도를 회복하는 것이 곧 환원의 의미임을 밝히고 있다. 그러나 환원이란 단지 그와 같은 편견, 선입견, 주장, 가정들을 단순히 무시하거나 배제한다는 소극적 의미뿐만 아니라, 주의 깊은 반성을 통해서 그것들을 밝혀내고 드러낸다는 적극적인 의미도 포함하고 있다.

> 현상학적 환원은 지금까지 우리를 지배해 온 다양한 전통, 상정, 언어, 그리고 인식들을 소박하게 제거하거나 중지시키는 일뿐만 아니라, 우리의 일상적 체험의 실재가 어떻게 그것들을 통해서 구축되는지를 이해하기 위해서 그것들과 직접적으로 맞닥뜨리는 일로 이루어진다. (van Manen, 2001a: 3)

지금 우리가 탐구하고자 하는 현상과 관련된 일체의 편견, 선이해, 신념 따위들을 명백하게 드러내는 일을 통해서, 우리는 그 현상에 대한 순수한 사색과 천착을 방해할 모든 것들의 영향으로부터 자유로워질 수 있다. 뿐만 아니라 그것들이 갖는 천박하고 감추어진 속성을 공공연히 파헤침으로써, 오히려 그것들을 우리의 이해를 진전시킬 수 있는 수단으로 활용할 수 있게 된다(van Manen, 1984: 46).

끝으로 한 가지 더 지적되어야 할 것은 비록 환원이 현상학의 독특한 방법론을 구성하고 있는 것이라고는 하더라도, 그것을 우리가 맹목적으로 따라야 할 어떤 고정된 절차나 단계, 기법 등을 일컫는 것으로 받아들여서는 곤란하다는 점이다. 바로 이 점에서 환원은 '환원주의(reductionism)'와 구별될 필요가 있다. 환원주의는 모든 것들을 특정한 지점이나 경로로만 감환시켜 생각하는 데 반해서, 현상학에서 말하는 환원은 모든 종류의 감환에 저항하고 어떤 특정한 요소의 독점적 지위를 결코 용납하지 않는 태도를 함의하고 있기 때문이다. 그렇게 본다면, 현상학에서 말하는 환원이라는 아이디어는 모종의 기법이나 절차에 특권적 지위를 부여하는 것이 아니라, 우리 자신과, 우리 삶의 터전으로서의 세계와, 그리고 그 속에서 영위되는 우리의 삶을 온전하게 이해하기 위해서 기본적으로 전제되어야 할 태도 혹은 탐구정신을 일컫는 것으로 파악된다.

4) 생활세계(Lifeworld)

현상학의 궁극적인 관심사는 인간 존재와 그의 삶의 기반으로서의 세계 사이에 놓여 있는 독특하고도 특별한 관계를 탐색하고 이해하는 일이다. 그것이 독특하다고 말하는 까닭은 단순한 인과나 병렬과 같은 일상적 이해의 도식으로 양자 사이의 관련을 파악하는 것이 불가능하기 때문이다. 즉, 우리는 분명히 이 세계 속에서 나고 자라고 활동하지만 단순히 우리를 둘러싼 세계에 의해 조형되는 수동적 존재로서만 아니라, 보다 적극적으로 세계를 구성하고, 변화시키고, 또한 끊임없이 그 세계 속에서 자신의 존재방식을 회의하고 표현하는 능동적 존재이기도 하다. 한편 만일 우리가 존재하지 않는다면 세계는 그 성립 근거나 의미를 생각할 수조차 없을 것이라는 점만큼은 틀림없다. 그러나 그렇다고 해서 우리가 그 세계를 전적으로 통제하거나 임의대로 제어할 수 있을 것이라고 믿는 것도 또한 가당치 않은 일일 것이다.

결국 이는 인간과 세계의 관계는 어느 한 극단으로의 감환을 통해서가 아니라 그것들 사이의 역동적 상호관련을 바탕으로 접근되고 이해되어야만 함을 뜻한다. 현상학은, 흔히 자연과학적 방법이 그러하듯이 우리와 분리된 것으로서의 세계를 객관적으로 탐구하고자 하는 학문이 아니다. 오히려 현상학은 세계의 한 부분으로서의 우리 자신의 위치를 정확하게 직시하고, 우리가 가진 모든 지식이나 앎은 이미 우리가 삶을 영위하는 터전으로서의 세계에 기반한 것임을 인정하는 일로부터 출발한다. 그리하여 현상학은 대상화, 추상화되고, 이론적 태도 속에서 파악되는 것으로서의 세계가 아니라, 우리가 실제로 먹고, 마시고, 슬픔을 느끼고, 관심을 기울이는 공간으로서의 세계와의 직접적인 소통을 꾀한다. 그리고 그러한 소통을 통해서 세계의 본질, 그 세계와 우리 인간 사이의 관계 맺음의 양상에 관하여 심도 깊은 통찰을 획득하고자 노력한다. 이와 같이 우리 삶의 일상적 맥락이면서 또한 우리의 모든 지식과 이해와 통찰의 근원이기도 한 이 세계를 일컬어 '생활세계'라고 부른다. 현상학이 생활세계의 의의와 중요성을 간파해 냈다는 것은 결코 간단한 공적이 아니다. 생활세계를 통해서 비로소 근대의 자연과학적 전통 속에서 잊혀져 왔던, 인간과 인간의 삶에 관한 재발견이 가능해졌기 때문이다.

3. 현상학적 교육과정 탐구의 계보

전 장에서는 몇 가지 핵심 개념들을 살펴보는 일을 통해서 현상학이란 무엇이며 추구하는 바가 과연 무엇인가에 관한 밑그림을 그려 보았다. 피상적이고 부족할망정 그러한 논의를 바탕으로 해서, 이 장에서는 현상학적 관점이 교육과정 분야에 도입되고 발전해 온 경로를 대표적 학자들 및 그들의 사상을 중심으로 살펴보고자 한다. 어떤 학문의 계보를 추적한다는 것은 그 학문의 대표자들의 면면을 파악하는 일뿐만 아니라, 그 분야에서 제기되는 문제는 무엇이며, 그와 같은 문제들을 해결하기 위하여 어떤 노력이 경주되고 있는가를 엿볼 수 있는 좋은 계기가 되기도 한다. 여기서는 Huebner, Green, Pinar, Aoki 등을 중심으로 고찰한다. 근래 들어 집중적인 관심의 대상이 되고 있는 van Manen의 경우 보다 자세한 설명과 부연이 필요하다고 판단되므로, 장을 달리해서 상세하게 논의하고자 한다.

1) Dwayne Huebner

교육과정 영역에 있어 현상학적 관점을 소개한 최초의 사람은 아마도 Huebner일 것이며, 그의 「Curriculum as Concern for Man's Temporality」(2000)는 현상학적 교육과정 탐구의 효시를 이루는 작품이라고 말할 수 있다. 이 논문을 통해서 그는 당대의 교육과정 사고를 지배하고 있던 행동과학(behavioral sciences)적 접근이 갖는 무시간적(atemporal), 비역사적(ahistoric) 태도를 비판한다. 인간의 삶은 변화(change)와 연속성(continuity)의 역동적 관련 속에서 이루어지며, 이는 곧 인간 존재의 기반이 '시간성(temporality)', '역사성(historicality)'에 있다는 것을 뜻한다. 그러나 학습, 목적, 목표 등의 행동주의적 교육과정 언어는 시간적 존재로서의 인간의 삶을 단편화하고, 교육과정 학자들의 역사적 인식을 오도해 왔다. 명료한 목적이나 목표의 진술은 일견 우리를 바람직한 미래로 이끌어 주는 듯이 보이지만, 그러한 목적 자체는 과거로부터 현재까지 이어져 오는 정치적이고 이데올로기적인 투쟁의 산물이며 미래에 대한 비전의 표현임을 분명히 인식해야만 한다. 교육(학)자의 역사적 책무는 단지 주어진 목적이나 목표를 맹목적적으로 수용하고 따르는 데서 해소되는 것이 아니라, 실제로 그와 같은 정치적 과정과 행위에 참여하고 비판하고 새로운 비전을 제시하려고 노력하는 일로부터 시작된다.

교육과정 사고에 있어서 학습이나 목적, 목표 등의 용어에 대한 무분별한 과신은 인간과 세계와의 관련을 그릇된 방식으로 파악하게 하는 또 다른 난점을 야기한다. '학습(learning)' 이라는 개념은 본질상 추상성(abstraction)과 일반성(general)을 함의하거니와, 우리 자신과 동떨어져 있는 것으로서, 그리하여 우리가 그것에 무엇인가를 가하기를 막연히 기다리는 대상으로서의 객관적인 세계를 상정한다. 다시 말하면 학습이란 개인이 그와 동떨어져 있는 것으로서의 세계를 지배하고 통제하기 위한 목적으로 그 세계를 구성하고 있는 기본질서와 패턴을 추상해내는 과정이란 것이다. 그러나 Hubner는 Heidegger의 '세계 내 존재(being-in-the-world)' 라는 아이디어를 원용하여 개인과 세계의 결코 분리할 수 없는 관계를 주장하고, 오히려 그 사이에 놓여 있는 변증법적 관계를 제대로 인식하는 일로부터 교육과정 논의가 시작되어야 함을 역설한다.

요컨대 Huebner는 교육과정 학자들로 하여금 한편으로 인간 존재의 시간성, 역사성에 대해 보다 많은 관심을 기울일 것을 요청하며, 다른 한편으로 인간과 세계 사이의 변증법적 관계를 올바르게 반영하는 교육적 환경의 조성이야말로 그들에게 부여된 가장 중요한 책무임을 일깨우려고 노력한다. 그러기 위해서는 지금까지 교육과정 분야를 지배해 왔던 행동과학적 언어들의 한계를 정확히 인식하고 그것을 넘어서는 새로운 대안적 언어를 찾는 노력이 선행되어야만 한다. 의식(consciousness), 초월성(transcendence), 시간성(temporality) 등과 같은 현상학의 언어들은, 비록 조금 생경하기는 하더라도, 보다 본질적이고 참신한 인간 이해의 가능성을 제공할 수 있으며, 그러한 맥락에서 교육과정 이해의 지평을 새롭게 넓혀 줄 수 있을 것으로 기대된다.

2) Maxine Green

교육과정이라기보다는 주로 교육철학 분야에서 활동했다는 점에서 Green을 교육과정 학자로 분류하기에는 어려움이 따를는지도 모른다. 그럼에도 불구하고 현상학, 실존주의 및 상상적 문예이론 등에서부터 도출된 그녀의 연구는 Pinar, Grumet, Miller 등과 같은 후대의 교육과정 이론가들에게 상당한 영향을 끼쳐 왔다(Pinar & Reynolds, 1992: 237). Green의 교육과정관은 「Curriculum and Consciousness」(2000)에 잘 드러나 있는데, 그녀는 특히 다음과 같은 교육과정 관점의 부적절성을 지적한다. 우선 교육과정을 교과목들, 사회적으로 처방된 지식의 구조, 혹은 학생들이 이해할 수 있을지 없을지도 모를 복잡한 의미의 체계 등에 관한 배열, 준비로써 파악하는 입장이다. 이러한 견해는 무엇보다도 자신의 생활세계를 이해하는 데 일차적 관심을 갖는 실존자로서의 학습자의 가능성을 존중하지 않는다는 점에서 찬동하기 어렵다. 두 번째로 그녀가 부적절하다고 지적하는 것은, 의도된 학습이나 조작에 관한 우선순위, 혹은 목적이나 프로그램 따위에 지나치게 얽매어 있는 교육과정이다. 그러한 교육과정은 단순히 주어진 것들이나 일상적인 것들을 넘어서기 위해 노력하면서 스스로 자기 자신의 미래를 탐색해 가는 개인들이 있다는 사실을 우리로 하여금 망각하게 할 수 있다. 세 번째로 '학문', '공적 전통' '축적된 지혜' 혹은 '보편 문화' 등으로 교육과정을 개념화하는 입장이다. 이는 자칫 그것들을 객관적으로 존재하는 것으로서, 혹은 앎의 주체에 대해서 외재하는 것으로서, 그리하여 장차 그에 의해 발견되고 숙달되고 학습되어야 하는 것으로 간주하게끔 만들 위험을 안고 있기 때문이다.

Green은 문학 분야에서 수행되던 '의식비평'이 이상과 같은 세 가지 그릇된 교육과정 관점을 극복할 수 있는 실마리가 될 수 있음을 주장한다. 의식에 관한 비평을 통해서 우리는 문학작품이 경험과 분리되어 객관적으로 다루어질 수 있을 것이라는 기대를 포기하고 오히려 각각의 작품들은 개별 작가의 경험의 표출이며, 점진적인 의식의 성장의 표현임을 인식하게 되었다. 결국 문학은 한 예술가가 자신의 경험을 이해하기 위하여 언어로 드러내는 의식적인 노력인 것이다.

그러므로 어떤 문학작품을 실존적으로 명확하게 경험하고 관통하기 위해서 독자는 저자의 마음속에 자기 자신을 위치 지우도록 노력해야만 한다. 이는 독자의 편에서 볼 때 자기 자신의 의식에 기반을 두어 수행하는 일종의 재창조 과정이 된다. 그러나 독자는 예술가가 의도했던 것을 단순히 재생하는 데에서만 그치는 것이 아니다. 상상력은 독자로 하여금 저자의 흔적을 넘어서서 새로운 토탈리티를 형성하는 것이 가능하도록 할 수 있다. 그리고 그것이 가능하기 위해서 독자는 자기 자신의 주관성을 뛰어넘어야만 하고, 당연함으로 포장된 상식의 세계를 뛰어넘어야만 한다. 만일 그가 일상적인 지각의 방식에 안주한다면, 그리고 일상적인 삶의 지평이 변화될 수 없는 것이 아니라는 점을 깨닫지 못한다면, 그는 그러한 것으로서의 문학을 전혀 향유할 수 없을는지도 모른다.

이와 같은 의식 비평을 통해서 시사받을 수 있는 점은 학습 역시 학습자가 자신의 현재의 지평을 뛰어넘는 일을 통해서만 의미 있는 일이 될 수 있다는 것이다. 주어진 교육과정을 맹목적으로 수용하는 것이 아니라, 그것을 자신의 의식에 비추어 적극적으로 재구성하고 창조해 나가는 과정이 바로 교육의 과정이다. 물론 복잡다단한 변화 속에 사는 현대의 학습자들에게 이는 결코 쉬운 과제가 아니다. 그들에게는 이전 그 어느 때보다도 낯설고 무질서하며 의미 없는 순간들을 경험할 가능성이 커지고 있으며, 자신의 삶을 이해하고 스스로 제어해 나가는 일이 더욱 더 어려운 일이 되어가고 있는지도 모른다. 그러나 그와 같은 삶의 불확실성조차 포용하고 받아들여 새로운 이해와 질서의 창출을 위한 동력으로 삼는 것 또한 학습이라는 말이 갖는 의미라고 Green은 주장한다. 결국 그녀에게 있어서 끊임없이 변화하고, 그리하여 어느 한 순간 갑작스레 낯설어지며 이해할 수 없게 된(이것이야말로 삶의 현실이다) 바로 그 지점에서 자기 자신을 새롭게 발견하고 성장시켜 가는 것이 곧 교육의 과정인 셈이다. 그리고 그렇게 개념화되는, 즉 삶의 불확실성과 가능성을 모두 포괄하는 교육과정의 의미는 확실히 지난 세월 우리가 안주해 왔던 교육과정 관점을 뛰어넘는 일로부터 비롯한다.

3) William Pinar

국지적이고 단편적으로 수행되던 재개념주의적 노력들을 한데 묶고 조직화하여 교육과정 논의의 새 지평을 여는 데는 Pinar의 공적이 두드러졌던 것으로 평가된다. 비단 재개념주의 운동의 기수로서뿐만 아니라 현상학이 미국에 소개되고 전파되는 데 있어서도 Pinar의 역할은 특기할 만한 것이었다. Huebner와 Green의 영향을 통해서 현상학에 입문하게 된 그는 자신의 대학원생이었던 Grumet와 더불어 교육과정 논의의 새로운 원천으로서의 현상학의 가능성을 탐색했었다. 비록 Pinar의 현상학에 대한 관심은 이내 자서전적(autobiographical) 접근으로 전이되기는 했지만, 그의 후속되는 연구들 속에는 언제나 현상학적 색채가 강하게 드러나곤 했다(Pinar & Reynolds, 1992: 237).

Pinar는 전통적으로 교육과정 분야를 지배해 왔던 기술공학적 합리성을 거부하면서 교육과정 그 자체의 의미나 그것이 기능하는 방식에 대한 우리의 사고를 근본적으로 재개념화하고, 보다 해방적인 견지에서 교육과정 논의가 수행될 필요가 있음을 주장한다. 우선 그는 전통적인 교육과정 관점은 한 가지 중요한 사실을 간과해 왔다는 점을 지적한다(Pinar, 2000). 교육과정의 어원으로서의 Currere는 '달리는 경주로' 라는 명사적 의미뿐만 아니라, 실제로 그 주로를 달리는 행위나 과정을 뜻하는 동사적 의미도 포함하고 있다. 그리고 그렇게 동사적으로 파악되는 것으로서의 교육과정은 목적, 목표, 수업, 평가 등등을 포함한 일련의 계획이나 설계 따위라기보다는 실제로 한 개인이 그 속에서 경험하고 성장하는 인생행로와 다르지 않다. 이와 관련하여 유혜령(2005: 69-70)은 다음과 같이 말하고 있다.

> 이러한 쿠레에레 개념은 지식구성의 개별적이고 사적인 주체성에 주목하여, 인간의 지식을 '그가 살아 온 구체적인 경험 속에 있는 의미'에서 찾아 교육과정을 재개념화하려는 시도이다. 지식의 원천으로 돌아가서 주체적이고 실존적인 지식을 형성하고자 하는 "사상 그 자체로"의 현상학적 접근을 반영하고 있는 것이다. 또한 여기에서 강조되는 개개인의 살아 온 경험은 비록 특수한 개별적 맥락에서 구성되는 매우 사적인 성격을 띠는 것이지만, 타인의 경험과도 공명할 수 있는 상호주관적인 지식의 구성 토대가 된다. 따라서, 쿠레에레는 삶의 진행과 함께 하는 자기 지식의 추구 과정이자 타인과의 공감적 의미소통을 이루는 진정한 '공공의' 지식을 구성하는 교육과정이기도 하다.

결국 교육과정은 개개인이 그를 추상화하고 대상화하는 관념적 태도로부터 벗어나서 생동적이고 구체적인, 또한 즉시적이고도 직접적인 경험의 세계를 회복하는 일로부터 시작된다. 각 개인이 자신의 경험의 본질을 분석하고 실존적 의미를 찾으려고 노력할 때 교육과정은 마침내 그 본래의 기능에 충실하게 된다. 이 때 유용한 것이 자서전적 접근이며(Pinar, Reynolds, Taubman & Slattery, 1995), 개인의 교육 경험의 본질적 의미를 드러내 줄 자서전적 텍스트로서 교육과정이 읽혀질 수 있을 때 학교는 비로소 인간 파괴적인 '광기'로부터 벗어나 진실로 인간 실존의 해방구 역할을 수행할 수 있을 것이다. "지금까지 교육과정 분야는 실존(existence)이 무엇인지를 망각해 왔다. 그것을 기억해 내지 못하는 한 교육과정 분야는 언제까지고 빈사상태를 면하기 어려울는지도 모른다"라는 Pinar(2000: 396)의 말은 다시 한 번 음미해 볼 가치가 있다. 우리 자신, 그 실존이 무엇인가를 해명하는 일로부터 결코 자유로울 수 없기 때문이다.

4) Ted Aoki

스승의 학문적 감화와 영향력을 통해서 자신의 학문적 정체성을 찾아가는 것이 보통의 경우라면, Aoki는 그 반대로 제자인 van Manen과의 만남을 통해서 현상학에 접하게 된 보기 드문 케이스이다. 그러나 그렇다고 해서 그가 교육과정 분야에 끼친 영향이나 공헌이 그의 제자보다 덜하거나 모자랄 것이라고 생각하는 것은 섣부른 예단에 불과하다. 유럽에서 발원한 현상학을 캐나다에 직접적으로 소개한 사람이 van Manen이라면, 그러한 현상학이 북미 대륙에 뿌리내리고 성장, 발전할 수 있는 기틀을 마련한 사람이 바로 Aoki이었기 때문이다. 뛰어난 인격과 예리한 학문적 감성, 더군다나 탁월한 행정가로서의 능력조차 겸비한 Aoki는 van Manen을 위시한 수많은 제자들이 자신들의 학문적 역량을 꽃피울 수 있는 환경을 조성해 주었으며, Alberta 대학을 북미의 현상학적 교육과정 연구의 센터로 자리매김할 수 있도록 이바지하였다.

다수의 저작물들을 통해서 드러나는 Aoki의 교육과정적 사고의 핵심은 교육자들로 하여금 지금까지 교육과정계를 지배해 왔던 기술공학적 관점이 제공하는 제한된 방식의 세계 이해로부터 벗어나 인간 삶의 터전으로서 그 세계를 재개념화하고, 그렇게 인간화된 세계 속에 자신들을 새롭게 오리엔테이션시키는 일이 시급하다는 것을 일깨우는 데 있다(Aoki, 1991: 23). 인간과 세계에 관해서 오직 단편적이고 표층적인 이해만을 제공하는 개념적, 추상적인 접근태도를 떠나서, 그 세계를 삶의 기반으로 하는 사람들의 실제 생활경험, 체험을 중심으로 보다 인간적인 견지에서 교육과정 현상을 바라보아야 한다는 것이다. 전자는 전통적인 교육과정 논의 방식으로서의 기술공학적 관점을 일컫는 것이고 후자는 현상학적 태도를 말하는 것이라고 볼 때, 결국 Aoki의 주장은 현상학이 기술공학적 관점의 단일 차원적인 지배를 벗어나 교육과정 연구의 지평을 확대하는 데 기여할 수 있다는 확신으로 읽혀질 수 있다.

Aoki와 관련하여 또 한 가지 지적하고 싶은 것은 그의 인종적, 문화적 뿌리이다. 그의 저작 여기저기서 드러나듯이 Aoki의 궁극적 관심은 인간과 삶의 본질을 궁구하고 해명하는 데 있었다. 그러나 일찍부터 참선이나 불교와 같은 동양적 정신세계에 친숙해 있던 그에게, 서구의 경험적이고 분석적인 접근 방식은 오히려 그의 인간 이해의 노력을 제한하는 것이었다. 그에게는 자연과학적 전통이 규정하는 제한된 인간 이해를 뛰어넘는 새로운 틀이 요청되었고, 그러한 요청에 대한 답으로서 찾아진 것이 바로 현상학이었다. 즉, Aoki에게 있어서 현상학은 그의 동양적 뿌리와 가장 닮아 있는 것이었고, 바로 그러한 측면에서 동양적 정신세계와 서구적 학문 전통 사이를 이어 주는 가교적 역할을 기대할 만한 것이었다. 수업과 교육과정 현상뿐만 아니라 동 · 서양 간의 만남이라는 의미 있는 주제에 대한 탐색이 Alberta 대학의 중요한 학풍으로 자리하게 된 데에는 이와 같은 Aoki의 관심과 노력이 결정적인 영향을 미쳤다고 볼 수 있다.

교육과정 이론가로서의 Aoki의 업적도 뛰어난 것이었지만 실제 한 사람의 교사로서 그가 보여 준 열정과 헌신과 비전은 더욱 더 탁월한 것이었음을, 그를 알고 있는 많은 사람들이 예증한다(Pinar & Reynolds, 1992). 한 예로 세계화(globalization)와 관련해서 깊이 있는 통찰을 제공하고 있는 Smith(1988. Pinar & Reynolds, 1992: 240에서 재인용)는 Aoki에 관해서 다음과 같이 말하고 있다: "Ted는 의심할 여지 없이 우리 모두에게 있어서 아버지와 같은 존재이다. 그의 타고난 강점은 사람들 속에서 훌륭한 점을 발견해 내고 그것을 만개시킬 수 있도록 격려하고 지원하는 능력이다."

Terry Carson, David Smith, Basil Favaro, Linda Petert, Stephen Bath, Eric Chappell 등과 한국의 홍기형, 오만석, 허숙 등이 모두 그의 문하에서 성장한 학자들이다(Pinar & Reynolds, 1992: 239). 흥미로운 점은 그의 제자들 모두가 현상학이라는 단일한 지향을 추구하는 것은 아니라, 해석학, 비판이론, 정신분석학, 페미니즘, 실행이론 등 다양한 관점과 입장에서 교육 현상에 접근하려고 노력한다는 것이다. 이는 교육과정 사고를 어떤 특정한 요소에 집중시키는 것(예컨대, '학습자중심 교육과정', '학문중심 교육과정', '교사중심 교육과정')이야말로 교육과정 현상에 대한 우리의 안목을 제한하는 일이며, 따라서 보다 넓은 이해의 틀(인간과 세계 사이의 관련성)에 비추어 끊임없이 반추해 보아야만 한다는 그의 사상과 무관하지 않은 것 같다(Aoki, 1980: 4). 현상학 자체는, 그것이 갖는 의의나 가능성을 충분히 염두에 두고서라도, 결코 인간과 세계의 관계를 탐색하는 유일한 경로임을 주장할 수는 없는 것이다. 어쩌면 Aoki의 비범함은 바로 이 점을 분명히 인식하는 데 있었다고 말할 수 있으며, 이는 교육과정 분야에 있어서 현상학이 기여할 수 있는 가능성과 한계에 관해서 우리에게 의미 있는 시사를 제공한다.

4. van Manen과 해석학적 현상학(Hermeneutic Phenomenology)

오늘날 현상학적 배경을 가진 교육과정 이론가들 중에서 가장 주목을 받고 있는 사람을 꼽으라면 단연코 van Manen을 들 수 있다. 불모지나 다름없던 북미 대륙에 현상학의 새로운 씨앗을 뿌렸다는 것만으로도 그의 공적은 높이 평가받을 만하다. 그러나 보다 중요한 것은 그가 단순히 기존의 전통을 여과 없이 소개하는 데서 그치지 않고, 그러한 전통을 보다 근원적인 인간 이해의 실천적 노력으로 승화시키기 위해서 끊임없이 노력해 왔다는 점이다.

van Manen에 의해서 체계화된 해석학적 현상학은 다양한 현상학적 시도들 중에서도 북미 교육과정학계에서 가장 커다란 반향을 불러일으킨 바 있고, 최근 들어 국내에서도 그에 대한 관심이 급격히 증대되고 있는 실정이다. 그리고 그와 같은 관심의 배경에는 해석학적 현상학이 갖는 방법론적 함의가 있다는 것도 분명한 사실이다. van Manen 자신은 그의 해석학적 현상학이 결코 따라야 할 어떤 절차나 특정한 방법의 체계를 처방하고자 함이 아님을 무수히 역설하고 있지만(예컨대, 1997년도에 출간된 그의 대표적 저서 중의 하나인「Researching Lived Experience: Human Science for an Action Sensitive Pedagogy」곳곳에서 이와 관련된 우려가 드러나고 있다), 역설적으로 그를 유명하게 만든 것은 그가 보여 준 방법론 정립에 대한 헌신이다. 여기서는 해석학적 현상학이 갖는 일반적인 특징에 관해서 간단히 살펴보고, 그것이 갖는 교육과정적 함의, 특히 방법론을 중심으로 고찰하도록 한다.

1) 해석학적 현상학 개관

해석학적 현상학은 '실천적 현상학(Phenomenology of Practice)'을 표방하거니와 임상심리학, 의학, 교육학, 간호학 등등의 실제적 분야에서, 혹은 일상적인 삶 속에서 우리가 지속적으로 갖는 실천적 관심이라는 맥락에서 현상학을 활용하고자 하는 시도라고 할 수 있다. 인간의 실천적 행위가 이루어지는 장은 일률적인 법칙을 적용하기 어려운, 철저하게 상황 의존적이고 맥락적인 특성을 가지며 끊임없는 변화를 그 특징으로 하고 있다. 그러하기에 실천가들에게는 단순히 자신들의 실천에 관한 인지적 수준에서의 이해뿐만 아니라, 실존적, 정의적, 상황적 그리고 체화된 것으로서의 이해가 요구되기도 한다. 해석학적 현상학은 그와 같은 종류의 이해란 전문적인 현상학자들이 던져 주는 결과물로서의 지식을 통해서라기보다는, 많은 경우 현상학적 연구를 직접 수행해 봄으로써 얻어진다고 보고, 실천가들이 실제로 '활용할 수 있는 현상학'의 정립에 초점을 맞추고 있다. 이와 같은 해석학적 현상학의 의도는 다음과 같은 몇 가지 특징들을 통해서도 잘 드러나고 있다.

(1) 해석학적 현상학은 체험에 관한 연구이다.

해석학적 현상학의 출발점은 실제로 우리가 겪어 나가는 것으로서의 '체험(lived experience)'의 세계이다. 체험이라는 개념은 모든 종류의 개념화, 범주화, 대상화 이전에 전반성적으로 주어지는 원초적이고도 즉각적인 세계 경험을 지칭하는 것이며, 체험을 연구 대상으로 한다는 것은 곧 "세계와 인간 존재 사이의 본래적이고 전반성적인 관계를 직접적으로 규명하고자 하는 의도"를 천명하는 것이다(van Manen, 2003).

우리가 가진 모든 지식이나 앎은 이미 우리가 삶을 영위하는 터전으로서의 세계에 기반한 것이기는 하지만, Merleau-Ponty(1962, p. xi)가 지적하듯이, "여기서 말하는 세계란 결코 우리가 좌지우지할 수 있는 어떤 것이 아니라, 우리의 모든 생각과 지각이 이루어지는 자연적 환경이자 장(場)인 것이다." 그러한 것으로서의 세계는 우리가 행하는 어떤 종류의 분석보다 선행하는 것이며, 세계 내 존재(being-in-the-world)라는 인간의 숙명적인 존재요건을 이룬다. 추상화되고 대상화된 세계와 구분하여 우리는 그러한 세계를 생활세계(lifeworld)라고 부르거니와, 그것은 곧 "즉각적인 경험의 세계(the world of immediate experience)", "이미 거기에 있는(already there)", "미리 주어진(pregiven)", "자연적이고 원형적인 태도(natural, primordial attitude)" 속에서 경험되는 본래적이고 자연스러운 삶의 세계를 뜻한다(Husserl; van Manen, 1997b, p.182에서 재인용).

그러나 종종 생활세계가 갖는 즉시적이고도 구체적인 특성은 우리가 보여 주는 이론에 대한 편향 속에서, 특히 추상화, 대상화된 이해방식을 선호하는 근대의 자연과학적 연구태도 속에서 곧잘 무시되어 오곤 했다. 물론 현상학 자체도 자연과학과 마찬가지로 일상적 삶을 지배하는 소박한 상식이나 신념(자연적 태도)이 우리가 추구하는 진리의 합당한 근거가 될 수 없다는 점에는 동의한다. 그러나 이는 결코 현상학이 자연적 태도로 대표되는 일상적 삶의 영역을 경시한다거나 도외시한다는 것을 의미하는 것이 아니다. 오히려 현상학은 자연적 태도, 그리고 그 속에서 이루어지는 다양한 지향성에 대한 분석을 통하지 않고서는 진리에 도달하는 길이 불가능하다는 것을 인정한다. 철저한 반성과 심각한 성찰을 요청하는 것도 중요한 일이지만, 그러한 반성과 성찰이 눈을 두어야 할 곳은 지금 이 순간, 내가 살고 있는 여기라는 것을 깨닫는 일은 더더욱 중요한 일이다. 그러므로 해석학적 현상학은 모든 지식, 앎의 기반으로서의 일상생활의 세계로 돌아가 우리가 그 세계와 맺고 있는 본래적이고도 원초적인 접촉을 되살리려고 노력한다(Merleau-Ponty, 1962: vii).

(2) 해석학적 현상학은 연구 실제가 갖는 해석적, 기술적인 측면 모두에 충실하고자 하는 시도이다.

van Manen(1997b: 180-181)은 **다음과 같이 주장한다.**

해석학적 현상학은 그 방법론이 포함하고 있는 두 가지 용어 모두에 대해 충실하고자 노력한다: 그것은 사물이 드러나는 방식에 주의를 기울임으로써 그리고 사물이 스스로에 관해 무엇인가 말할 수 있도록 내버려두기를 원한다는 점에서 '기술'을 지향하는 (현상학적) 방법론이다. 한편 그것은 이 세상에 해석되지 않은 현상이란 없다고 주장한다는 점에서는 '해석적' (해석학적) 방법론이기도 하다. 여기에 함축된 갈등적 요소는 만일 우리가 체험에 관한 (현상학적) '사실들'은 항상 이미 의미 있게 (해석학적으로) 경험된 것을 일컫는다는 점을 수긍한다면 해결될 수 있다. 또한 체험적 '사실들'은 언어 (인간과학의 텍스트)로 포착되어야만 하는데, 결국 이는 필연적으로 해석적 과정일 수밖에 없다.

요컨대, 해석학적 현상학은 연구자가 세상에 대해 갖는 기본적인 오리엔테이션을 벗어나 사물을 파악하고 이해하는 일이 불가능한 것임을 역설한다. 따라서 현상학의 가장 중요한 방법론적 원리로서의 '환원'이라는 아이디어 역시, 반성 이전에 개입되는 모든 것을 단순히 배제하거나 괄호 쳐 무시해 버린다는 소극적 의미뿐 아니라, 주의 깊은 반성을 통해서 적극적으로 드러내고 검토한다는 의미를 담고 있는 것으로 받아들인다. 이는 "환원이 우리에게 주는 가장 중요한 교훈은 결코 완전한 환원이 불가능하다는 데 있다"는 메를로퐁티(Merleau-Ponty, 1962: xiv)의 주장과도 궤를 같이하는 것이다. 그런 의미에서 현상학적 환원이란 모종의 기법을 뜻한다기보다는 사고의 스타일 혹은 주의 깊은 반성의 태도를 일컫는 것으로 보아야 한다(van Manen, 2001a: 4).

(3) 해석학적 현상학은 반성적 실천으로서의 글쓰기 활동을 통해서 수행되며 텍스트가 가진 호소력을 극대화하고자 노력한다.

해석학적 현상학은 세계와의 직접적이고도 원초적인 관련을 회복하고자 노력하며, 환원이라는 방법론적 원리를 통해서 세계와의 매개되지 않은 만남을 성사시키고자 한다. 그러나 연구자의 과업은 그러한 만남을 통해서 모종의 통찰을 획득하는 데 그치는 것이 아니다. 그러한 통찰을 바탕으로 그가 속한 분야의 전문적 실제에 보탬을 줄 수 있는, 다시 말해서 그가 연구대상으로 하고 있는 현상에 대한 보다 심도 깊은 이해를 이끌어 낼 수 있는 책무가 또한 부여된다. 이와 관련하여 "현상학은 본질에 관한 학문이다. … 그러나 현상학은 또한 그 본질을 다시금 존재로 되돌려 놓는 일을 하는 철학이기도 하다"라는 Merleau-Ponty(1962: vii)의 언급은 상당히 흥미롭다고 할 수 있다. 따라서 해석학적 현상학은 연구를 통해서 얻은 통찰을 글쓰기라는 방편을 활용하여, 그리고 텍스트가 갖는 호소력을 극대화시킴으로써 드러내고자 한다.

앞서 언급한 대로, 체험 연구를 통해 얻어지는 현상학적 이해는 항상 명백한 인지적 용어로 표현되거나 혹은 우리가 가진 지적 능력으로 분명하게 파악할 수 있는 것들은 아니다. 오히려 "현상학적 이해는 실존적, 정의적, 상황 의존적, 그리고 체화된 것으로서 드러나며, 따라서 그것은 종종 우리가 가진 인지적 능력이라기보다는 실제적, 직관적 능력에 호소"하는 경우가 많다(van Manen, 1997a: 345). 따라서 현상학적 글쓰기는 연구자가 독자들에게 모종의 논리적 설명을 제공하려고 시도하는 대신 텍스트가 가진 공명하는 힘(resonating power)에 의지하여 '보여 주고자' 하는 시도로 나타나곤 한다. 바로 이러한 측면에서 우리가 텍스트를 통하여 무엇인가를 말한다기보다는 텍스트가 우리의 입을 빌어 스스로를 드러낸다는 말이 성립하게 된다. 그러므로 해석학적 현상학은 연구자들로 하여금 끊임없이 "비록 일상적인 보고서나 과학적 연구의 진술방식으로 소통하는 일이 불가능한 의미라 할지라도, 어떻게 하면 그 의미를 텍스트를 통해서 표현할 수 있을 것인가"를 고민하도록 요구한다(van Manen, 2001b: 22).

2) 해석학적 현상학의 구체적인 방법들

이상에서는 간략하게나마 해석학적 현상학의 방법론적 특징들에 대해서 살펴보았다. 여기서는 그와 같은 바탕하에 해석학적 현상학이 실제로 연구과정에서 활용하고 있는 몇 가지 구체적 연구 방법들에 관하여 소개하고자 한다.

(1) 반성의 지침: 체험을 구성하고 있는 네 가지 경험요소(Four Existentials)

van Manen에 의하여 체계화된 '네 가지 경험요소들'은 실제로 우리가 생활세계를 연구하는 데 있어서 일종의 발견적 지침이 되기도 한다. 그 넷은 각각 체험된 것으로서의 공간(lived space), 시간(lived time), 우리의 몸(lived body), 그리고 우리가 맺고 있는 인간관계(lived human relation)를 지칭한다(van Manen, 2001b). 예를 들어, 십분이라는 동일한 시간도 우리가 누군가를 애타게 기다리고 있을 때와 지루한 강의가 제발 끝나기를 기다리고 있을 때는 전연 다른 방식의 체험이 이루어진다. 사랑하는 이와 함께 할 때는 그토록 포근하고 아늑하던 곳이, 내가 미워하는 사람과 함께 있는 경우 그야말로 거북하고 숨이 막힐 것 같은 공간으로 변해 버리고 만다. "그이에 대한 내 마음을 아무리 숨기려 해도 그 사람 앞에만 가면 벌써 볼은 발그레해지고 숨이 가빠 오는 것을 어찌할 수 없어요." 한참 사랑에 푹 빠져 있는 연인들은 종종 그들의 의지를 무시하는 몸의 반란에 대해서 이야기하곤 한다. 이러한 예들은 시공이나 몸에 관한 객관적인 이해만으로 우리의 경험을 설명하거나 이해할 수 없다는 것을 보여 준다. 우리의 체험은 보다 실존적인 영역에 속해 있으며, 따라서 각각의 경험들이 놓여져 있는 실존적 상황을 드러내고 파악하는 일은 체험 연구의 기본적 과제이다.

비록 우리의 체험과 그것이 가져오는 의미의 구조가 생활세계 속에서 복잡다단한 양상으로 나타나지만, 그 네 가지 경험요소들은 시대와, 역사와, 사회적 상황과, 문화를 뛰어넘어 인간의 생활세계 전반에 스며 있다는 점에서, 우리의 반성적 연구를 인도할 좋은 지침으로 활용될 수 있다는 것이다. 그러나 한 가지 유의하여야 할 것은, 이 네 가지 경험요소들은 연구 실제를 인도하는 지침 이상의 의미를 갖지 않으며, 그것은 결코 우리가 맹목적으로 따라야 할 어떤 프레임이나 절차를 규정하는 것이 아니라는 점이다. 경험은 부분들의 합으로 쪼개어 생각하기 어려운 그 자체로서의 통일적 성격을 가지며, 따라서 경험의 어떤 측면을 다른 세 가지 경험요소와 분리시켜, 예컨대 순전히 시간적인 요소로만 파악한다든지 혹은 몸적인 요소로만 주장하는 것은 불가능하기 때문이다.

(2) 일화 분석

전술한 바와 같이 해석학적 현상학이 다루는 종류의 이해는 비단 인지적인 영역에만 국한된 것이 아니라 오히려 보다 많은 부분에 있어서 비인지적인 요소들을 포함하고 있다. 그러한 부분들은 결코 우리가 가진 언어로 선뜻 표현하기가 어려운 것들(the ineffable)이며, 따라서 기존의 전통적 연구방법들이 채택해 왔던 일방적인 설명의 태도만을 가지고서는 독자들에게 폭넓은 이해를 제공하는 데 한계가 있다. 해석학적 현상학은 구체적이면서도 의미 있는 일화를 제공함으로써 독자들의 주의를 환기시키고, 후속되는 해석적 노력에 어떤 맥락성을 부여하고자 노력한다. 그러므로 어떻게 하면 의미 있는 일화를 구성할 것이며, 그 소재를 어디에서 발견할 것인가 하는 문제는 해석학적 현상학에 있어서 중요한 방법적 고려사항이 된다. 그러나 이 일이 결코 쉽지만은 않다는 것이 해석학적 현상학을 지향하는 많은 연구자들의 공통된 견해이다. 종종 구성된 일화가 연구하는 현상과 무관한 것이라든가 혹은 지나치게 사소하거나 진부한 일상사의 나열에 그치고 말 때, 독자들은 생생함을 느끼거나 연구자가 갖는 현상에 대한 경외감(wonder)을 공유하는 일이 불가능해지기 때문이다.

(3) 다양한 연구방법들의 취사 선택적 활용

그러므로 해석학적 현상학은 다양한 원천을 통해서, 다양한 방법을 활용하여 인간경험의 본래적 의미구조를 드러내려고 노력한다. 이러한 측면에서 해석학적 현상학은 '취사 선택적(eclectic)' 특성을 갖는다. van Manen(2001b)은 크게 경험적 방법과 반성적 방법의 두 가지로 대별해서 설명한다. 경험적 방법으로는 인터뷰, 관찰, 언어분석, 문학이나 예술작품에 대한 참조 등이 있고, 반성적 방법에는 앞서 설명했던 네 가지 경험요소를 활용하는 실존적으로 인도된 반성, 주제적 반성, 어원추적이나 개념분석 등을 포함하는 것으로서의 언어적 반성 등등을 포함시키고 있다. 여기서 그와 같은 분류방식이 과연 적합한 것인지의 여부는 그다지 중요하지 않다. 요는 "변화하는 사회적 상황과 인간 존재가 실제로 부딪치는 역경들을 헤쳐 나가는 데 적합한, 아울러 실천가들의 전문적 실제를 이해하는 데 공헌할 수 있는 것으로서의 상황과 맥락에 민감한 방법론"을 제공하고자 노력해야 하며(van Manen, 2001a: 1), 이를 위해서 해석학적 현상학은 간학문적이고 다원적인 접근의 필요성을 강조하고 있는 것으로 보아야 한다.

3) 방법론으로서의 해석학적 현상학 재음미

흔히 달과 손가락의 비유를 들어 지나치게 방법주의에 함몰되는 것을 경계하곤 한다(예컨대, 유혜령, 2005: 83). 손가락은 어디까지나 달을 가리키기 위한 방편에 불과할 뿐이고 우리가 진정으로 보고자 하는 것은 저 하늘에 둥실 떠 있는 달이라는 사실을 잊지 말자는 것이다. 이 경구는 방법론으로서의 해석학적 현상학에도 마찬가지로 적용된다. van Manen(1997b: 29) 역시 그의 해석학적 현상학이 자칫 어떤 특정한 방법이나 절차를 규정하는 것으로 오해되는 일이 없기를 당부한다.

> … 해석학적 현상학은 물론 하나의 방법(methodos-길)이다. … 그러나 여기서의 길(방법)은 결코 고정된 이정표들에 의하여 결정될 수 있는 것이 아니다. 그것은 연구문제에 대한 응답으로써, 연구자 자신에 의하여 발견되어야 하고 창안되어야 하는 것이다. … 그래서 진지하게 말하건대, 빠른 시간 내에 손쉽게 숙달할 수 있는 일련의 조사 기법이나 절차라는 의미로 이해한다면 그것은 결코 '방법' 이라고 할 수 없다. 사실상, 그러한 것으로서의 방법이 없다는 것을 유념하는 것, 그것이야말로 현상학과 해석학의 방법이라고 말할 수 있을 것이다.

그러나 달과 손가락의 비유는 또 한 가지 중요한 사실을 지적하고 있으니, 달을 보기 위해서는 여전히 손가락이 필요하다는 것이다. 손을 들어 달을 가리키려는 시도조차 없다면 도대체 무슨 수로 우리의 시선이 저 달에 가서 미치겠는가. 마찬가지로 해석학적 현상학은 비록 고정된 기법이나 누구나 따라야 할 절차로서의 방법에는 동의하지 않지만, 여전히 현재의 인간 과학적 연구를 인도할 방법론적 토대이자 원천으로서의 전통, 지식, 통찰, 위대한 사색가들의 모범적인 연구 사례들이 있다는 점에 주목한다. van Manen의 공헌은 그가 들어 보여 준 손가락이 특별히 장대하고 훌륭했던 데서 찾을 수 있는 것이 아니다. 보다 중요한 이유는 그가 끊임없이 손가락이 갖는 다중적인 의미를 지적하고 있고, 타인에게 의지하는 것이 아니라 스스로의 힘으로 손을 들어 달을 지향하려는 노력을 강조하고 있다는 점이다. 결국 방법론으로서의 해석학적 현상학의 강점은 그것이 어떤 특정한 방법이나 절차에로의 환원을 절대적으로 거부하고 있다는 역설에서부터 찾아진다고 말할 수 있다.

5. 맺는말

지금까지 살펴본 것처럼 현상학은 교육과정을 재개념화하기 위한 일련의 노력에 적지 않게 기여해 왔으며, 이념적으로도 방법론적으로도 중요하고 의미 있는 지표를 제공해 왔다. 전통적인 교육과정 논의의 기반으로서의 실증주의적, 행동주의적 관점에 대한 날카로운 비판을 통해서, Huebner, Green, Pinar, Aoki 등은 교육과정 논의의 새로운 이념과 방향과 비전을 제시했다. 한편 van Manen은 그러한 이념과 지향을 주도할 실천적 연구방법론의 정립에 힘씀으로써, 현상학이 고답적이고 철학적인 논의로 그치는 것이 아니라 실제로 우리의 교육 현실이나 또는 거기에 관련된 사람들(교사, 학생, 부모, 교육 행정가 등등)의 삶을 이해할 수 있는 통로가 될 수 있는 가능성을 터놓았다.

이러한 맥락에서 교육과정 분야에서 이루어진 다양한 현상학적 노력들을 정리하고, 검토하는 일은 우리에게 여러모로 의미 있는 시사를 제공할 수 있다. 그러나 국내 교육학계에서는 이와 관련한 노력이 상대적으로 등한시되어 왔던 것이 사실이다. 교육과정을 제외한 여타의 분야에서는 여전히 현상학을 실천과 무관한 이념적이고 철학적인 논의로만 받아들이는 경향이 있다. 교육과정 분야에 있어서도 최근에 들어서서야 다양한 질적연구방법론에 대한 관심의 고조에 힘입어 현상학의 새로운 가능성에 대한 타진이 활발하게 이루어지고 있기는 하다. 그러나 여기서는 반대로 현상학이 표방하고 있는 첨예한 비판정신은 소홀히 한 채 새로운 연구기법이나 접근방식으로서의 중요성만 강조되는 경향이 있다. 이념이 부재한 방법론적 논의는 공허하고, 실천의 길이 막혀 있는 이상은 허황되기만 하다. 이념과 방법을 아우르는 종합적인 탐구의 필요성을 제기하는 것으로써 현상학과 교육과정에 관한 짧은 논의를 마치기로 한다.

참고문헌

김재춘 · 부재율 · 소경희 · 채선희(2005). 교육과정과 교육평가. 서울: 교육과학사.

유혜령(2005). "아동교육연구의 현상학적 접근: 역사와 과제". 교육인류학연구, 8(1), 57-88.

Aoki, T. (1980). *Toward Curriculum Inquiry In a New Key.* Curriculum Praxis,

Occasional Paper Series No. 2. Edmonton: Department of Secondary Education, The University of Alberta.

Aoki, T. (1991). The dialectic of mother language and second language: A curriculum exploration. *In Inspiriting Curriculum and Pedagogy: Talks to Teachers*(pp. 23-28). Edmonton: Department of Secondary Education, The University of Alberta.

Green, M. (2000). Curriculum and Consciousness. In W. Pinar(Ed.)(2000), *Curriculum Studies: The Reconceptualization*(pp. 299-317). New York: Educator' s International Press.

Huebner, D. (2000). Curriculum as Concern for Man' s Temporality. In W. Pinar(Ed.)(2000), *Curriculum Studies: The Reconceptualization*(pp. 237-249). New York: Educator' s International Press.

Merleau-Ponty, M. (1962). *Phenomenology of Perception*. Colin Smith(trans.). New York: Routledge.

Moran, D. (2000). *Introduction to Phenomenology*. New York: Routledge.

Pinar, W. (Ed.)(1995). *Understanding Curriculum: An Introduction to the Study of Historical and Contemporary Curriculum Discourses*. New York: Peter Lang.

Pinar, W., Reynolds, W., Taubman, P. & Slattery, P. (1995). *Understanding Curriculum*. New York: Peter Lang.

Pinar, W. (2000). Currere: Toward Reconceptualization. In W. Piar & W. Reynolds(Eds.)(2000), *Curriculum Studies: The Reconceptualization*(pp. 396-413). New York: Educator' s International Press.

Pinar, W. (Ed.)(2000). *Curriculum Studies: The Reconceptualization*. New York: Educator' s International Press.

Pinar, W. & Reynolds, W. (Eds.)(1992). *Understanding Curriculum as Phenomenological and Deconstructed Text*. New York: Teacher' s College Press.

Schutz, A. & Luckmann, T. (1974). *The Structures of the Life-World*. London: Heinemann.

Smith, D. (1988). Pesonal correspondance with Pinar. In W. Pinar & W. Reynolds (Eds.)(1992), *Understanding Curriculum as Phenomenological and Deconstructed Text*. New York: Teacher' s College Press.

Sokolowski, R. (2000). *Introduction to Phenomenology*. Cambridge: Cambridge University Press.

Spiegelberg, H. (1982). *The phenomenological movement*. The Hague: Martinus Nijhoff.

Van Manen, M. (1978). Reconceptualist Curriculum Thought: A Review of Recent Literature. *Curriculum Inquiry,* 8(4), 365-375.

Van Manen, M. (1984). Practicing phenomenological writing. *Phenomenology and*

Pedagogy, 2(1), 36-69.

Van Manen, M. (1997a). From meaning to method. *Qualitative Health Research,* 7(3), 345-369.

Van Manen, M. (1997b). *Researching lived experience: Human science for an action sensitive pedagogy.* London, ON: Althouse Press.

Van Manen, M. (2001a). Professional practice and 'doing phenomenology.' In S. Toombs (Ed.), *Handbook of phenomenology and medicine*(Philosophy and Medicine Series)(pp.457-474). Dordrecht: Kluwer Press.

Van Manen, M. (2001b). *Phenomenology online.* Retrieved May 3, 2004, from http://www.phenomenologyonline.com

Van Manen, M. (2003). Lived experience. In M. Lewis-Beck, A. Bryman, & T. F. Liao (Eds.), *Encyclopedia of social science research methods.* Thousand Oaks, CA: Sage Publications.

* 추가 읽기 목록

1. Huebner의 다양한 교육과정 저술들을 모아 놓은 *The Lure of the Transcendent: Collected Essays by Dwayne E. Huebner*라는 책이 1999년에 Pinar에 의하여 편집되어 출간되었다(Mahwah, NJ: Lawrence Erlbaum). 따로 특별한 저술을 남기지 않은 Huebner의 교육과정적 사고를 읽어볼 수 있는 좋은 기회가 될 것이다.
2. Green의 교육과정 사고는 본문에서 소개되고 있는 "Curriculum and Consciousness"를 통해서 가장 잘 읽을 수 있을 것이다. 그 외에도 다양한 저술을 남기고 있지만, 개인적으로는 *Releasing the Imagination: Essays on Education, the Arts, and Social Change*(2000, San Francisco: Jossey-Bass Publishers)는 한 번 읽어볼 가치가 있다고 생각한다.
3. Pinar는 Reynolds와 더불어 현상학적 견지에서 이루어지던 교육과정 논의를 정리하고 모아서 *Understanding Curriculum as Phenomenological and Deconstructed Text*를 펴냈다(1992, New York: Teachers College, Collombia University). 현상학적 교육과정 논의의 계보 및 관련 학자들의 대표적 작품들을 접해볼 수 있는 훌륭한 작품이다.
4. *Curriculum in a New Key: The Collected Works of Ted T. Aoki*(2004, Irwin et al, Mahwah, NJ: Lawrence Erlbaum)는 교육과정과 관련한 Aoki의 사고를 읽을 수 있는 좋은 교재이다.
5. van Manen의 해석학적 현상학에 관한 아이디어는 *Researching Lived Experience: Human Science for an Action Sensitive Pedagogy*(1997, London, Ontario: The Althouse Press)를 통해서 살펴볼 수 있다. 해석학적 현상학의 방법론이 실제 연구에 활용된 사례로서는 *Childhood Secrets: Intimacy, Privacy, and the Self Reconsidered*(van Manen & Levering, 1996, New York: Teachers College)를 참고하면 큰

도움이 될 것이다. 교육과정과 수업과 관련한 van Manen의 생각을 읽어보는 데는 *The Tone of Teaching*(2002, Second Edition, London, Ontario: The Althouse Press)이나 *The Tact of Teaching: The Meaning of Pedagogical Thoughtfulness*(1991, London, Ontario: The Althouse Press)이 추천할 만하다.

6. 교육과정 논의와 직접적으로 연관된 것은 아니라고는 하더라도, Husserl, Heidegger, Merleau-Ponty, Sartre 등의 작품들을 읽어 보는 일은 비단 현상학을 이해하는 데 있어서뿐만 아니라 인간 됨의 의미나 우리 삶의 본질에 관한 많은 의미 있는 통찰을 제공할 것이다.

제7장

구성원들의 실천지에 관한 이해로서의 민속방법론의 활용 탐색

손 민 호(인하대학교 교육학과 교수)

본고에서는 질적연구방법을 활용하는 연구 공동체에서 회자되는 민속방법론의 위상에 비해 그 내용의 난해함으로 인해 실제 그 내용에 관해서는 잘 알려진 바가 없거나 오해되어 왔다고 판단하고, 질적연구방법의 한 영역으로 연구자들이 좀 더 접근 가능할 수 있도록 소개하고자 하였다. 본고에서 민속방법론이 구성원들의 실천지에 대한 질적연구라는 점에 초점을 맞추어, 실천지를 탐구하기 위해서 어떤 방법론적 전제가 다루어질 수 있는지 그리고 실제 분석 사례는 어떻게 전개될 수 있는지 살펴보았다. 나아가 실천지에 대한 연구 전략이 교육에서의 질적연구에서 어떻게 활용될 수 있는지에 대한 가능성을 타진해 보았다.

주요어: 민속방법론, 실천지, 현상학적 사회학, 상황적 행위, 사회적 상호작용

1. 들어가는 말

민속방법론은 국내 독자들에게는 그 알려진 이름에 비해 그 내용이 여전히 생소한 연구방법론이다. 민속방법론은 흔히 미시사회학 또는 현상학적 사회학의 한 이론으로 알려져 있기도 하고 때로는 문화기술지(ethnography)에 관한 체계적인 연구방법론 또는 민속과학(ethno-science)의 일종으로 오해받기도 한다. 민속방법론은 비록 사회학 관련 개론서이나 논문에서 간략하게 소개된 바는 있지만 그것이 구체적

으로 어떤 연구 결과로 드러나는지 모호할 뿐만 아니라 그 내용 자체가 매우 이해하기에 난해한 설명들로 되어 있어서 여전히 낯선 연구 영역이다.

마찬가지로 민속방법론은 교육사회학 교재나 질적연구방법론 관련 개론서에서 잠깐이나마 언급되는 연구영역이다. 흔히 민속방법론은 교육사회학 분야에서는 해석적 접근이라는 연구방법론으로서 상징적 상호작용과 함께 거시 교육사회학이 다루지 못한 학교에서의 생활에 대한 미시적 탐구로 알려져 있다. 기존의 거시 교육사회학 연구들이 이데올로기나 계급의 재생산을 담당하는 기제이지만 그 내부의 사정에 대해서는 블랙박스로 처리해 온 학교 생활이나 수업에서의 학생의 경험을 보다 면밀하게 밝혀 왔다는 점에서 1980년대 이른바 신교육사회학의 한 분야이다. 그럼에도 불구하고 국내에는 1980년대 한준상(1986)의 소개와 더불어 Mehan(1979)의 수업에서의 언어 상호작용에 대한 분석 정도 등이 구체적인 민속방법론의 연구로 알려져 있을 뿐, 조용환(1999)의 지적대로 국내에서 민속방법론을 활용한 연구물을 찾아보기란 쉽지 않다.[1)]

이에 본고에서는 민속방법론을 좀 더 이해할 수 있게 소개하기 위해서 교육학 독자들이라면 다소 낯익은 개념을 찾아 다음과 같이 소개해 보고자 한다. 즉, 민속방법론은 한마디로 표현하면 실천지를 경험적으로 연구하기 위한 체계적 접근이라고 할 수 있다. 아마도 교육학 연구에서 실천지라 하면 그리 낯선 개념은 아닐 것이다. 우리의 경험이나 실천이 이론적 지식만큼이나 합리적이기 때문에 경험이나 실천이 교육 내용으로서 충분히 교육적 가치와 지위를 가질 수 있다는 주장에서부터 교사의 개인적 실천지, 조직 구성원의 암묵지와 이의 형식지화, 실천지능(practical intelligence)에 이르기까지 교수 및 학습에서 실천지의 활용, 지식에서 실천지가 차지하는 위상과 기능 등 실천지에 대한 교육이론에서의 최근 관심은 적지 않다(Lave, 1988; Sternberg et al., 2000, Turner, 1994; Wenger, 1998; 조영태, 1998).

한편, 교육내용으로서의 실천지의 중요성을 강조하는 입장을 제쳐 두고 그 경험적으로 접근 가능한가 하는 질문 즉, 실천지를 어떻게 연구할 수 있는가라는 문제에 봉착할 수밖에 없고 이러한 어려움을 겪는 것은 질적연구방법을 활용하는 연구자들에게도 예외는 아니다. 이러한 질문에 대해서 민속방법론에서는 실천지는 언술화되기 어렵다는 점에서 암묵지로서 극히 개인적인 것으로 보이지만, 그것을 공유한 자, 즉 그 실천을 공유하고 있는 공동체의 구성원에게는 얼마든지 볼 수 있고 들을 수 있고 따라서 접근 가능한 것이라는 점에 착안한다.[2)] 민속방법론에서는 어떤 사건이나 일이 성립하기 위해서 실천지는 없어선 안 될 부분이라고 보았다. 예를 들어 자아 정체성, 역할 범주, 기능, 합리적 의사결정이나 전문직의 수행방식 등이 알려진 바로 그 현실로 성립할 수 있는 것은 실천지의 활용 때문이다. 따라서 질적 분석 또한 특정 상황에서 사람들이 실천지를 어떻게 사용하는지 그 사용 방식을 기술하는데 주로 관심을 둔다.

다시 말해 실천지가 경험적 연구 대상으로 다루어지기 시작한 것은 민속방법론이라고 하는 미시 사회학의 한 부류의 출현에서부터이다. 민속방법론은 어떤 단일한 분석 프로그램을 가리킨다기보다는 이러한 연구 대상을 기술적으로 이해하기 위한 여러 가지 방식의 가족 유사적 방법의 접근들로 나타난다. 민속방법론은 구성원들이 일상적 장면에서 자신들이 하고 있는 일과 그 일이 벌어지고 있는 상황을 이해 가능한 것으로 만들기 위해 실천지를 어떻게 사용하는가를 경험적으로 기술하는 질적연구방법으로, 1960년 초반 해롤드 가핑클(Harold Garfinkel)의 연구에서 비롯되었다.

민속방법론에 따르면, 우리가 알고 있는 많은 사람들의 사고나 행위들은 사회 구성원들의 방법(ethno-method)에 기반을 두고 있다. 여기서 가핑클은 민속-방법-론(ethno-method-ology)이라는 이름을 인류학자들의 민속학(ethnoscience)으로부터 아이디어를 얻어 만들었다. 민속학은 식물민속학(ethnobotany), 민간의학(ethnomedicine), 물리민속학(ethnophysics) 등의 이름이 말해주듯 식물이나 동물, 의약, 색깔 등을 현대의 표준화된 과학적인 분류방법이나 활용방법이 아닌 지역의 토착적인 방식에 관해 조사하여 현대 과학의 성과와 비교함으로써 해당 지역의 다양한 문화에 관해 연구하는 분야이다. 가핑클은 민속학이 현지인들의 이해방식을 추구한다는 점에 착안하여 자신이 새롭게 제시하고자 한 연구 프로그램을, 일반사람들의 일상적인 행위와 이해방식을 탐구한다는 의미에서 민속방법론이라고 명명하였다. 민속방법론에 관해 낯선 연구자들, 심지어는 질적연구방법론을 공부하는 연구자들 사이에서조차 민속방법론은 민속학 또는 문화기술지에 관한 연구방법론(methodology of ethnography)으로 오해되곤 한다.

본고에서는 질적연구방법을 활용하는 연구 공동체에서 회자되는 민속방법론의 위상에 비해 그 내용의 난해함으로 인해 실제 그 내용에 관해서는 잘 알려진 바가 없거나 오해되어 왔다고 판단하고, 질적연구방법의 한 영역으로 연구자들이 좀 더 접근 가능할 수 있도록 소개하고자 한다. 이를 위해 본 연구에서는 교육 연구에서 관심을 둘 만한 주제 가운데 하나로 실천지에 대한 질적연구라는 점에 초점을 맞추어 실천지를 연구하기 위해서 어떤 방법론적 전제가 필요한지 정리해 보고 실제 분석 사례를 통해 실천지가 어떻게 질적연구에 의해 접근 가능한지 설명해 보고자 한다. 나아가 교육에서의 질적연구로서 민속방법론이 어떻게 활용될 수 있는지에 대한 가능성을 타진해 보기로 한다.[3)]

2. 실천지와 생활세계: 현상학적 사회학의 배경

민속방법론의 실천지에 대한 관심은 훗설(Husserl)의 생활세계의 현상학과 슈츠(Schutz, 1973)의 일상생활의 현상학으로 거슬러 올라간다. 훗설에게 생활세계가 중요한 주제로 떠올랐던 것은 서구의 근대과학이 초래한 탈의미화와 과학의 의미 기초인 생활세계의 망각에 대한 비판적 지적에서부터라는 점은 잘 알려져 있다. 훗설의 제자이자 훗날 민속방법론이라는 연구 영역이 출현하도록 가장 큰 영향을 미친 현상학적 사회학자인 슈츠에 따르면 일상적인 생활세계는 "온전히 깬 의식을 가진 성인이 자신의 동료들과 함께 그 속에서 그리고 거기에 대해서 어떤 행위를 하는 세계, 그러면서 자연적 태도를 갖고서 하나의 현실로 경험하는 세계"(Schutz, 1973, p. 208)이다.

훗설에 따르면 생활세계는 우리의 모든 경험이 구성되는 장(場)인 동시에 경험의 대상이다. 이러한 생활세계는 개인들 사이에서 간주관적으로 오랫동안 여러 세대에 걸쳐 형성되어 왔다. 그리고 생활세계는 인간 실천의 보편적인 영역이므로 실천의 한 양식인 이론 역시 생활세계에 속한다. 따라서 생활세계는 객관적 과학의 내용도 포함하지만 동시에 그것은 객관적 과학으로 환원될 수 없는 내용을 가지며, 더 나아가 과학 자체가 기반을 두고 있는 의미의 기초이기도 하다. 훗설은 생활세계가 갖는 이러한 선(先)과학적인 속성에 관해 해명해야 한다고 보았다.

생활세계의 선과학적 속성을 해명하고자 하는 탐구의 과제는 슈츠에 의해 계승되었는데, 그는 우리의 일상생활을 존립 가능하도록 하는 상식적 지식의 구조와 실용적 지식에 관심을 두고 이를 체계적으로 밝히고자 하였다. 슈츠는 일상생활에서의 자연적 태도(natural attitude)가 갖는 실용적 성격에 주목하고 이를 해명하고자 하였는데, 그는 우리가 당면한 과제를 풀고자 하는 실제적인 관심이 어떻게 생활세계를 지배하고 있는지 탐구하였다. 여기서 자연적 태도란 목하 주어진 상황에 대해 당연시하는(taken for granted) 태도를 말한다. 예컨대, 사무실 문을 열면 항상 그랬듯이 문 밖에는 복도라는 공간이 펼쳐질 것이라는 점을 우리는 당연시한다. 이처럼 우리는 이러한 믿음을 가지고 매 상황 어떤 일이 닥칠지에 관해 별다른 애씀 없이 살아갈 수 있다.

이러한 상식적 지식은 나의 의미와 다른 사람들의 의미 사이에는 교류가 이루어지고 있으며, 현실에 대한 공통된 의미를 공유하고 있다는 사실을 알고 있다는 전제에 입각해 있다. 자연스러운 태도는 많은 사람들에게 공통된 세계가 존재한다고 믿는 신념을 전제로 이루어진 것이기 때문에 상식적 의식의 태도라고 할 수 있다.[4] 상식은 사적인 세계에서 형성되는 지식이 아니라 상호주관적인 세계 안에서 그것에 관하여 형성되는 지식이다. 상식은 우리가 그것을 통해 우리의 실제적인 삶을 관리하는 실용적 관심과 태도에서 나오며, 그리고 우리가 일을 진행시켜 나감에 있어서 타인과 공유하는 부분이 있다는 사실을 '믿고 관장하는' 실용적 태도에서 비롯된다. 슈츠에 따르면, 우리가 살아가는 생활세계는 실용적 동기에 의해 지배되는 세상이다. 그리고 실용적 동기는 일상적인 세상에 대한 전형(typifications of common-sense world)으로 이루어진 실용적 지식(stock of knowledge at hand)을 통해 발휘된다.

슈츠에 따르면 우리가 의미를 부여하는 현실은 서로 이질적이기 때문에 종교적 현실, 꿈의 현실, 이론의 현실 등과 같이 다양하다. 그럼에도 불구하고 일상의 생활세계는 그 어떤 의미 영역의 세계보다 더 생생한 최고의 현실(paramount reality)로서 우리가 어떤 다른 세계에 있다고 하더라도 결코 이 세계로부터 벗어날 수는 없다. 그리고 그로부터 벗어날 수 없다는 것은 생활세계가 전개되는 방식, 즉 실용적 동기와 실용적 지식으로부터 초월할 수 없다는 것을 의미한다. 슈츠는 상식적 지식과 실용적 지식을 연구 방법의 기반으로 하여 일상적 생활세계의 특징들을 밝혀 나갈 수 있다고 보았다. 그는 생활세계가 상식적 지식의 토대 위에서 성립되고 유지되는 세계임을 보여 주었다. 사회적 현상으로서의 일상생활 세계이나 상식적 지식이 사회과학 연구의 대상으로서 중요할 뿐만 아니라 인간과 사회를 이해하는 방법론적 토대로서도 중요하다는 점을 일깨워 주었다. 민속방법론에서는 현상학적 사회학자 슈츠(Schutz, 1962)나 버거와 러크만(Berger & Luckman, 1966)의 사회 현실의 구성성,

즉 현실이 어떻게 구성되는지에 관련된 논의를 토대로 일상생활에서 우리가 암묵적으로 현실들을 일궈 나가는 데 어떻게 참여하고 있는지 경험 연구를 통해 밝힐 수 있다고 보았다.[5)]

3. 연구 방법론적 전제

민속방법론은 그 제목이 시사하듯이, 일상적 사람들이 하는 바로 그 행위는 연구자에게는 연구의 대상이기도 하고 연구자가 연구 방법으로 의존해야 할 실제적 근거가 되기도 한다. 민속방법론은 사람들이 사회적 행위를 생산해 내고 거기에 의미를 부여하는 방법을 재추론하는 방식을 따른다는 점에서 전문 사회과학자들이 그들의 연구 대상인 일상적 생활세계를 바라보는 어떤 전문적 체계나 연구 방법론과는 거리가 멀다. 이런 의미에서 일반 사람들은 전문 사회과학자와 더불어 민속방법론자라고 할 수 있다.

민속방법론은 사람들이 일상적으로 사회적 실재, 즉 현실을 구성하는 데 있어서 사용하는 방법, 즉 실천지에 대한 탐구에 1차적 관심을 둔다는 특징은 자연주의적 탐구(naturalistic inquiry)와의 대비를 통해 보다 분명하게 이해할 수 있다. 자연주의적 탐구에서는 전형적으로 현지 사람들의 시각을 드러내는데 1차적 관심을 두고 이들 시각에서 그들이 공통적으로 겪고 있는 경험들이 무엇인가를 드러내 주고자 한다. 여기서 현지인들의 의식에 떠오르는 경험의 차원은 연구자가 구해야 할 자료의 중요한 원천이기도 하다. 여기에서는 현지인들이 경험하고 있는 '그 무엇'이 곧 사회적 실재, 즉 현실이라고 가정한다. 연구자는 '그 무엇'을 보다 심층적으로 그렇지만 기술적으로 밝혀내기 위해 "왜 그럴까?"라는 질문을 가지고 사람들의 시각이나 경험에 접근해 간다. 에스노그라피라고 일컫는 문화기술지가 자연주의적 탐구의 대표적인 예라고 할 수 있다. 우리 사회의 일반인들에게 생소할 수 있는 문화나 상식에서 벗어나 이해할 수 없는 주변인 집단의 문화를 이해하는 데 유익한 접근으로 알려져 있다.

반면, 민속방법론에서의 관찰의 초점은 문화기술지와 다르다. 구성원들이 부여한 의미나 표출된 이야기 자체에 초점을 두지 않는다. 왜냐하면 그들의 이야기나 의미에 일차적인 관심을 두지 않기 때문이다. 이야기나 의미가 구성원들의 문화나 현실 자체라고 보지 않는다. 민속방법론에서는 그러한 의미를 부여하고 이야기를 하는 방식 자체가 더 생생한 현실이고 문화라고 본다. 즉 민속방법론은 사람들이 어떻게 의미 부여하는지 그 의미에 두지 않고 그러한 의미를 부여하는 방식이 더 중요한 현실이라고 생각한다. 전자는 공통된 의미가 문화이며 현실이라고 보는 입장이며, 후자는 어떤 맥락에서 의미를 부여하면서 그들의 일상적인 업무나 일, 생활을 해 나가는 실천 전략들이 문화이며 현실이라는 것이다.

민속방법론은 사람들의 사회 구조에 대한 암묵적 지식, 혹은 상황의 흐름에 대한 지각, 뉘앙스 등 자연스럽게 당연시한 것들이 '제삼의 연구자'에게 관찰 가능할 수도 있다는 점에 착안한다. 물론 여기서 말하는 관찰자는 제삼자이면서 동시에 그러한 활동을 공유하고 이해할 수 있는 '구성원'으로서의 능력을 가진 관찰자를 말한다. '보았으되 의식하지 못한' 일상에 대한 이해는 민속방법론에서 1차적 관심사로 추구된다. 이러한 시각에서 보면 행위자 자신이 꼭 의식하지 않았더라도, 사실 의식했는가 하지 않았는가는 객관적으로 확인할 방도는 없지만, 그 자신의 행위가 하고 있는 일의 성격, 의미는 사회 연구자의 탐구 대상이 될 수 있다는 것이다. 이와 같이 민속방법론은 연구 대상인 일상적 행위자가 그 자신이 하는 일을 '어떻게' 하고 있는가에 그 관심을 둔다. 흔히 사회 연구에서 관심을 두는 '왜'라는 문제에 대한 관심은 일단 접어 두고 사람들 행위의 절차, 과정, 방법이 곧 사회적 실재, 우리에게 알려진 현실을 구성한다는 점을 강조함으로써, 현실의 기술적 이해에 관하여 보다 철저한 입장을 표명한다.

또한 행위자의 행위 안에 담겨진 '어떻게'가 다른 사람, 즉 관찰자, 혹은 연구자이든 동료이든 간에 다른 사람에게 관찰 가능할 수 있는 것은 현장의 사건, 일의 구성이 나타내는 1차적 질서가 바로 그 현장 '그 때, 그 곳'에 근거하고 있기 때문이다. 이는 어떤 일이 생기게끔 하는 그 원인이 다른 때 다른 곳으로부터의 결정에서 오기 때문이라고 보는 것과 다르다. 모든 사회적 행위는, 그것이 다른 사람에 의해 알 만한 것으로 비추어지는 한, 1차적으로 현장 타당성을 갖는다고 할 수 있다.

그것은 현장의 행위자가 취하는 지식의 층위, 즉 1차적 논리와 방법과 그것을 반성적으로 접근하는 과학자의 지식의 층위, 즉 2차적 논리와 방법은 서로 다르고 따라서 구분하여 보려는 통상적인 연구 논리와 다른 방식이다. 이 점에 관해서 민속방법론은 그 자신이 연구방법론으로서 크게 의존하고 있는 슈츠의 논리로부터 한 발 더 나아간다. 슈츠에 따르면 사회과학적 이해의 목표는 전형, 즉 행위와 결합된 지식의 전형뿐만 아니라 행위의 전형, 그리고 상식적 이해의 전형을 발견하는 것이다. 사회과학적 이해는 상식적 지식에 호소함으로써 달성되는 것이 아니다. 그것은 상식적 지식을 넘어선 초연한 태도인 이론적 태도, 즉 사회적 삶에 있어서 모든 자명한 요소에 대하여도 원칙적으로 의문을 갖는 태도, 즉 방법론적 회의주의를 취해야만 이루어질 수 있다. 결국 사회과학적 이해는 비록 주관적이며 의미 차원의 해석에 의존하지만 원칙적으로 행위자의 간주관적 구성물을 제삼자의 입장에서 객관화했다는 점에서 2차 구성물(second degree constructs)이다.

이러한 맥락에서, 즉 일반 행위자의 1차 구성물과 사회과학자의 2차 구성물은 서로 차원이 다르고 따라서 그의 생산 방식 또한 다르다는 점에서, 다양한 질적연구방법론 개론서에서는 흔히 연구자의 연구 방법에 관해 제시하는 것을 볼 수 있다. 이들 대부분은 연구 방법을 명시화하여 밝히고 있는데, 여기서는 행위자의 방법과 연구자의 방법이 서로 다른 성격의 것임을 전제로 한다.

반면 여기서 민속방법론은 보다 더 현상학적인 입장을 취한다. 즉, 민속방법론에서는 현장의 논리와 방법 이외에 어떠한 논리와 방법도 따로 존재한다고 상정하지 않는다. 예를 들어 보자. 어느 연구자가 과학 공동체가 하는 일을 이해하기 위해 뇌생리학 연구실을 선택하였다고 하자. 그가 뇌생리학 연구실에서 일어나는 일을 이해하기 위해서 그 상황에서 일하는 사람들의 방법에 대해 배우지 않으면 안 된다. 민속방법론에서는 어떤 영역에서의 실천적 지식을 연구하기 위해서 연구자는 우선적으로 그들의 실천, 예컨대 수학이나 법, 의학이나 무예 등에 관해 배우는 것이 필수이다.

그러나 민속방법론은 연구자가 곧 연구 대상이 되는 행위자 관점을 취하는 행위 연구와는 다르다. 민속방법론에서는 행위 연구와는 달리 연구자와 피연구자 간의 구분을 명확히 한다. 즉, 행위 연구에서는 시점을 달리하여 연구자는 피연구자의 행위에 대해 분석하도록 하지만, 상황적 행위에 대한 분석은 연구자와 피연구자가 다르다는 점을 전제로 한다. 행위자의 암묵적 행위가 사후 동일한 주체에 의해서 어떻게 반성되는가를 보는 대신, 행위자의 암묵적 행위가 상대방 또는 제삼자에게 어떻게 비추어지는지 보는 것도 이러한 접근을 취했기 때문에 생기는 분석의 전략이라고 볼 수 있다.

연구 대상도 실제적인 지식에 그리고 그것을 연구하는 연구 방법도 실천지에 기반을 둔다는 것이 민속방법론의 기본 전제이다. 즉, 민속방법론에서는 과학적 탐구의 형식적 논리보다는 전문 연구자가 그러한 탐구를 전개시켜 가는 실제로 그 현장에서 진행되는 과정에 주목하고 있다. 전문 연구자가 그러한 탐구를 전개시켜 가는 과정은 또 다른 실천의 영역이다. 그리고 그 실천의 성격은 연구 대상인 행위자가 관여하고 있는 실천의 영역과 본질적으로 다르지 않다. 만약 전문 연구자가 특정 행위에 관해 연구한다고 했을 때 그의 연구 방법은 행위자들이 생활세계를 구성하는 방법, 구체적인 실천 상황 안에서 어떻게 이해하고 정당화하며 평가하는가를 관찰함으로써 행위자들의 실천적 추론이 어떻게 작동하는지 알아야만 한다. 설사 전문 연구자가 자신의 탐구 논리에 따라 그러한 사건을 분석하고 새로운 논리를 세움으로써 연구 결과를 생산했다고 하더라도 그 생산 결과는 그러한 이해에 기반을 둔다. 그리고 그러한 이해는 상당히 상식적이고 상호주관적이며 실천적인 방법에 대한 이해이다. 많은 연구들이 연구 결과가 나오기까지 관여했던 그러한 맥락적 실천을 교묘히 감추는 것은 또한 전문 연구자들 사이에 통용되는 요령이자 상식이다. 관심의 대상은 행위자의 머릿속에서 정리된 그가 그 사건에 대해 부여하는 의미의 체계가 아닌 실천적 행위가 갖고 있는 생활세계 내에서의 실제적인 감각들로 이루어져 있기 때문이다. 전자는 상당히 논리적일 수 있지만, 후자는 훨씬 비논리적이고 비성찰적이고 상식적이며 전과학적이다. 다음과 같이 정리해 볼 수 있다.

사회 연구자의 연구 방법이 일상적 행위자들의 실천을 이해하는 방식에 기반하고 있다는 민속방법론적인 전제는 다음과 같은 연유에서 구성원의 실천 전략을 이해하는 데 있어서도 마찬가지로 적용될 수 있다.

첫째, 어떠한 전문가나 행위자도 그 수준과 상관없이 상호주관적 인지전략을 사용하지 않을 수 없다. 물론 여기서 말하는 상호주관적 인지전략은 그러한 전략을 차용하고 있는 일단의 공동체가 공유하는 지식을 말한다. 물론 여기서 말하는 공동체는 확고한 결속과 유대를 통해 서로의 실천을 공유하는 구성원들의 모임에서부터 다른 공동체와의 경계는 불분명하지만 어떤 실천을 공유한다고 믿는 사람들의 가상적인 군집(群集)을 가리킨다.[6]

둘째, 이 때 그가 차용하는 상호주관적인 전략은 전대(前代)에서부터 내려오고 동시대인들과 함께 공유하고 있는 해석들로 구조화된 생활세계에 그 기반을 두고 있다. 슈츠(Schutz)에 따르면, 이러한 상호주관적인 전략은 사람들이 전형(typification)에 따라 세상을 이해하거나 접하기 때문에 생기는 것이다. 물론 이러한 전형조차도 객관적으로 주어진 것이라기보다는 실제 상황 속에서 구성원들에 의해 구성되는 무정형적인 것이다.

셋째, 전문가나 행위자가 어떻게 그들의 실천을 전개해 가는지 이해하기 위해서 연구자는 그가 가지고 있는 상호주관적 전략을 통해 접근할 수밖에 없고, 이는 그가 관여하는 일이나 실천 상황을 자세하게 관찰함으로써 가능하다.

넷째, 연구자가 전문가 또는 행위자의 실천에 관해 이해 가능한 것은 그의 실천에 대해 그의 동료가 이해하는 것이 가능한 것과 본질적으로 전혀 다를 바 없다.

민속방법론에서는 어떠한 세계도 그리고 어떠한 실천도 '간주관적 지식(commonsense knowledge)'과 함께 전개됨으로 인해 생기는 일상성(ordinariness)으로부터 벗어나는 법이 없다는 점에 주목한다. 첨단 인공지능 연구소에서 이루어지는 고차원적인 활동이나 사고도, 속세에서 벗어난 수도승들의 수도과정도, 자신들만의 비법을 은밀히 전수하고 공유하는 도제식 생산과정도 생활세계의 일상성을 토대로 존립 가능하다는 점을 보여 준다(Hester & Francis, 2007). 예컨대, 어떠한 고차원적인 사유과정이나 활동도 이미 구성원들 간 공유 가능성을 전제로 성립 가능한 이상 유아(唯我)적, 초월적일 수 없다. 슈츠의 말을 빌려 설명한다면, 이러한 실용적 동기에 의해 지배된 일상적 세계는 어떠한 현실 중에서도 '가장 생생한 현실(paramount reality)'이라고 할 수 있다. 어떠한 수준 높은 지적인 행위조차도 당사자 또는 구성원들 입장에서 보면 그들의 행위는 즉각적이고 일상적이고 그들의 실천 공간은 그들의 '생활세계'이다. 그리고 이러한 일상성 때문에 연구 대상에 대한 연구자의 접근이 가능하다는 입장이다.

4. 실천지 분석에서 중요하게 다루어야 할 핵심적인 두 가지 '구성원들의 방법': 지시 맥락성과 성찰성

실천지에 대한 분석을 위해 민속방법론에서 주목하는 실천지의 중요한 속성으로 지시 맥락성과 성찰성을 들 수 있다. 즉, 민속방법론에서는 실천지가 관찰 등의 질적 탐구에 의해 접근 가능한 것은 실천지에서 찾아볼 수 있는 지시 맥락성과 성찰성으로 인해서라는 점에 주목한다. 지시 맥락성과 성찰성이 왜 실천지의 중요한 속성인지, 그리고 왜 그러한 속성들로 인해 실천지가 관찰에 의해 접근 가능한지 이하 내용에서와 같이 정리해 볼 수 있다.

1) 민속방법으로서의 지시 맥락성(indexicality)

지시 맥락성은 논리 철학의 경우에서는 그 사용 의미가 그 사용 맥락 혹은 구체적인 사용 시공간에 의존하는 낱말을 가리킨다. 이러한 지시 맥락성, 혹은 지시 맥락적 표현에는 그, 그녀와 같은 대명사와 여기, 저기, 지금, 어제, 이것, 저것 등의 지시적 표현들이 있는데, 이들은 모두 그 사용 맥락과 별개로는 이해 가능하지 않다. 가핑클과 삭스(Garfinkel & Sacks, 1970)는 이러한 지시 맥락성이 현실의 상당 부분을 구성하고 있다는 점에 초점을 맞추어, 이러한 특성을 모든 표상, 말, 발화, 진술문, 사회적 의미 활동 등에 확장 적용한다. 즉 지시 맥락성은 우리의 모든 행위에서 그리고 말에서 찾아볼 수 있는 중요한 속성이라는 것이다. 이는 말이나 독립된 진술문조차도 한 가지 의미를 내포하고 있지 않고 그 정확한 뜻이나 지시 내용이 그것이 사용되는 국지적 상황에서만 이해 가능하다는 점을 말한다.

예컨대, 화학 실험실의 한 상황에서 연구자가 조교에게 "그 물 그만하면 충분히 끓었어"라고 말을 한 경우를 생각해 보자. 그 말은 "물이 100도로 가열되었다"라는 의미로 사용된 것이다. 그러나 사람들은 그들의 생활 공간에서 혹은 일을 해 나가는 과정에서 대개 그러한 객관적인 용어를 사용하지는 않는다. 사람들은 구체적인 상황 안에 있는 사람들은 이미 지시 맥락적인 표현으로 충분히 의미를 통용할 수 있다는 점을 알고 있다. 즉, 구성원들의 행위들은 지시 맥락적 표현들의 사용으로부터 벗어나는 법이 없이 항상 '경우화(occasioned)' 되어 있다. 여기서 경우화-되었다는 개념을 쓴 이유는 우리의 지적인 행위들은 구체적인 맥락 안에서 그리고 '특정한 상황의 양태를 띠고 즉각적으로' 일어난다는 것을 의미한다. 예컨대, 어떠한 경우에도 사람들은 일의 진행을 잠시 멈추고 지시 맥락적인 표현들에 대해 객관적으로 풀어 설명하거나 이것이 상대방에게 전달되었는지 확인하고 다시 진행되던 일로 돌아오는 방식으로 일을 처리하지 않는다.

일상적 생활세계는 지시 맥락적 지식으로 매우 정교하게 가득 차 있는 상황의 연속이다. 이런 점에서 한 개인이 그를 둘러싼 환경에 대해 어떻게 해석하고 어떤 의미를 부여하는지 그리고 외화된 대상 세계에 의해 어떻게 영향을 받는지 하는 등의 지식을 어떻게 사용하느냐 하는 문제는 다른 말로 하면 사회적 질서의 문제이기도 하다. 어떠한 실천지도 경우화되어 나타나는 만큼 실천지는 관찰에 의해 접근 가능한 대상일 수 있다. 민속방법론은 행위자가 지시 맥락적 지식을 관리하고 운영하는 방식으로서의 실천지의 활용 방식에 관해 기술하고자 한다.

2) 민속방법으로서의 성찰성(reflexivity)

질적연구에서 성찰성의 방법은 포스트모더니즘이나 페미니즘에서 기존의 객관적 타당성에 대한 대안으로 환영받아 왔다(Giddens, 1979; 이혁규, 2004). 여기서 성찰성은 연구자가 현재 연구 대상으로서 주목하고 있는 상황이나 맥락을 그 자체로만 다루지 않고 더 나아가 연구 대상이 연구되는 바로 그 상황, 즉 관찰 대상과 관찰자와의 관계, 보여진 것과 본 것 사이의 관계, 혹은 피면담자의 성찰성과 나아가 연구자 자신의 개인적 상황까지도 탐구 대상으로 한다. 연구자의 성찰성과 진정성이 분석된 내용에 대한 타당성을 담보할 수 있다는 논리다.

반면, 민속방법론은 연구방법론으로서의 성찰성보다는 우리 생활세계에 철저하게 스며든 감시와 관리방식 그리고 그에 대해 이해할 수 있음으로서의 성찰성에 주목한다. 민속방법론에서는 성찰성이 구성원들의 방법에 스며들어가 그들의 행위나 사고의 토대로 작용한다는 점에 착안한다. 성찰성이 구성원들의 방법적 전략으로 어떻게 나타나는지 가핑클의 연구 가운데 아그네스라는 성전환 여성의 예를 들어 보자. 아그네스는 19세 백인 독신 여성으로 17세까지만 해도 평범한 소년으로 살아왔다. 그러나 2차 성징이 드러나는 사춘기를 거치면서 아그네스는 '여성성'을 보이기 시작했고 결국 성전환 수술을 거쳐 생물학적으로도 여성성을 가지게 되었다. 여기서 가핑클이 주목하는 점은 인터뷰 내용이다. 아그네스는 인터뷰에서 자신은 정상적인 여성이며 다만 신체적인 이상으로 남성으로 오해되었을 뿐이라는 식으로 자신의 여성성을 과장하면서 남성적 흔적을 감추려고 하였다. 그녀는 사춘기 시절부터 미용과 다이어트에 관심을 가졌고 17살이 넘어서는 남자친구와 동거했다고 한다. 아그네스는 이러한 자신의 행위나 경험이 상식적으로는 도저히 남성이라고 할 수 없었다고 토로한다.

여기서 가핑클은 아그네스가 생물학적인 성 개념과 규범적 성 개념을 교묘히 섞어 가며 자신의 경험과 행위를 '설명할 수 있는 것', 즉 공동체가 받아들일 만한 것으로 재구성하고 있다는 점에 주목하였다. 남성과 여성이라는 범주, 그것이 공동체가 인정하는 규범이 되었든지 생물학적인 성 개념이 되었든지 상관없이 아그네스의 이야기에서 결코 그러한 규범이나 개념에 의해 결정된 부분은 찾아보기 어렵다는 것이다. 결국 민속방법론에서 다루고자 하는 성찰성은 사회과학자의 방법이 아닌 구성원들의 실천지의 본질적인 속성이다. 행위자는 규범이나 지식을 수동적으로 따르는 자가 아니라 오히려 그것을 자신의 행위를 설명하기 위해 전략적으로 활용하는 사람이다. 가핑클의 표현대로 구성원들은 여느 경우에도 규범에 의해 움직이는 허수아비가 아니다.

다시 말해 민속방법론에서는 어떠한 경우도 사람은 '그 내면 어딘가에' 규범이나 지식을 축적하고 이에 의해 그의 행위가 결정되거나 이를 적용하는 사람이 아니라는 점을 중요하게 부각시킨다. 구성원은 어느 경우에도 상황 안에서 투명하고(transparent) 열린 존재다. 좀 더 이해를 쉽게 하기 위해 이를 단순화시켜 말한다면 규범이나 지식은 상황 안에 있고 구성원들은 이를 이용할 뿐이다. 행위의 동기와 목적을 결코 행위자 내부가 아닌 주의(attention)의 대상과의 관계 안에서 찾으려고 한다는 점에서 민속방법론은 현상학에서 말하는 '현상 자체로 회귀하라' 는 주문을 집요하게 고수한다.

물론 민속방법론은 구성원들이 크게 의식하지 못한 그들의 성찰성을 '의도적으로' 드러내려고 한다는 점에서 일면 성찰주의적인 연구방법론의 입장을 취한다고 볼 수 있다. 이런 점에서 민속방법에 관한 연구는 사람들의 성찰성에 대한 연구자의 성찰적 탐구의 결과라고 할 수 있다.

5. 민속방법으로서의 실천지에 대한 기술 가능성 탐색

1) 경우화된(occasioned) 일들에 대한 관찰 가능성

앞서 살펴본 지시 맥락성이라는 실천지의 한 속성에서와 같이 민속방법론에서의 많은 연구들은 일반적으로 많은 사회적 현실들이 경우화(occasioned)되어 있다는 점에 주목한다. 여기서 어떤 사고나 행위가 경우화되었다는 것은 상황 안에서 구체화되어 이루어진다는 것을 의미하는 것으로, 이를 통해 말하고자 하는 바가 무엇인지 다음과 같이 탐색해 볼 수 있다. 예컨대, 사고, 측정, 관찰, 발견, 증경, 표현, 소통 등 지식의 생산과 관련된 실천양식들은 전통적으로 인식론적 탐구의 대상으로 다루어져 왔다.

그러나 민속방법론은 그러한 개념들이 하나의 유명론적 정합성만을 가지고 있을 뿐 구체적인 현장에서 실제로 일어나는 실천적 행위에 대해 말해 주는 바가 별로 없다는 점을 지적한다. 그러한 개념들이 가지고 있는 유명론적 정합성은 우리의 실천을 구성하는 다양한 맥락적 요소들을 우리의 관심 밖으로 제외시키는 배타적인 범주로 작용하기 때문이다. 그 대신 지식의 생산에 관여하는 제반 실천양식에서 실제로 일어난 일을 하나의 규칙으로 혹은 하나의 규정으로 묘사하지 않고 어떻게 관찰이나 측정, 발견, 표현 혹은 그 밖의 어떠한 사건으로 확인할 수 있는지에 관해 주목한다. 민속방법론에서는 어떤 일이나 사건 또는 현상이 그 자체로서만 파악될 수 있도록 일어난다기보다는 특정한 맥락이나 상황 안에서(in the context)뿐만 아니라 그러한 맥락이나 상황이 전개되는 일환으로서(as the context) 일어난다는 점에 주목한다. 실제 세상에서 많은 현상들은 '경우화되어(occasioned)' 일어나지만 유명론적인 오해로 인해 '이, 저 경우들'이 바로 그 현상인지 제대로 포착하지 못한다는 것이다. 민속방법론은 이른바 인지과정이라고 간주될 수 있는 일들이 개인내적 심리과정(intra-psychological process)이라고만 보기에는 맥락적이며 상황적인 속성을 가지고 있다는 점, 따라서 인지과정이라고 간주할 수 있는 행위들이나 현상들을 질적 접근에 의해 탐구할 수 있다는 점을 집요하게 파고든다(Lynch, 2006).

마찬가지로 이러한 인식론적 주제들은 교육적 상황에서도 얼마든지 찾아볼 수 있는데, 예컨대 교수, 학습, 발견학습, 수행평가, 토론, 증명, 지시, 문제 해결 등 탈맥락적으로 다루기 쉬운 주제들이 여기에 해당한다. 예컨대, '학습'이라는 개념은 학습심리학에서뿐만 아니라 교육학에서 다양한 의미로 파악되어 왔을 뿐만 아니라 그 외연 범위가 어디까지인가 논란의 대상으로 다루어져 왔다. 소위 학습심리학에서는 행동의 변화 또는 인지적 변화라고 파악해 왔지만 변화의 경계가 무엇을 의미하는지에 관해 많은 논의가 제기되어 왔다. 그런 점에서 듀이(Dewey, 1922)는 경험과 학습은 서로 어떻게 구분되는지조차 홀연하기만 하다는 점을 지적하였다.

민속방법론이 취하는 실천론적 접근에서는 이러한 주제들의 활동은 귀납이나 연역적 방법과 같은 형식적인 논리나 추상적인 설명을 통해 이해하는 데 한계가 있다고 본다. 그리고 실제로 그러한 활동이 일어나고 있는 상황에 대한 세심한 관찰과 기술을 통해서 비로소 그러한 활동들이 어떻게 일어나는지 파악할 수 있다고 가정한다. 즉, 민속방법론에서 제시하는 실천론적 접근(praxiological approach)에서는 인식론적 탐구에 대한 진정한 대답은 추상적이고 사변적인 접근이 아니라, 인식론적 주제로 다루어 왔던 실천의 양상들을 그것들이 일어나는 일상적 생활세계 안에서 재구체화(re-specifying)함으로써 구현할 수 있다고 본다. 그러한 접근에는 현상학적 탐구가 의도하고 있듯이 일어난 사건을 그대로 재현해 보인다는 의미가 담겨 있지만, 그러한 작업은 또 다른 의미로 해석될 수도 있다. 그것은 곧 어떤 일이나 활동을 탈맥락화하여 이해하는 데에서 비롯되는 오해나 편견으로부터 벗어나는 데 있다. 우리가 이해하고 있는 어떤 사건이나 일에 있어서 주변적인 것이라고 생각했던 것들, 대개 그것은 우리의 일상생활에서의 실천과 관련된 것들로서, 바로 그것이 사실은 그 일을 구성하고 있는 중요한 부분이라는 점을 밝혀 준다. 단지 그것들은 너무나 자명하고 익숙한 것들이어서 그 일의 핵심일 것이라고 알아채지 못한 부분들이라는 것이다. 그것은 행위자들이 자신들이 개입된 사건이나 일에 대해 부여하는 의미가 성립할 수 있도록 중요한 기능을 하는 실천에 대한 이해이다.

"과학이 또는 전문가의 사고나 행위가 상식에 기반해 있다?" 과학적인 탐구활동과 상식적인 일 처리 능력은 서로 분명히 다른 범주의 지적인 상태를 가리킨다. 과학적인 탐구활동에는 상식적인 일 처리 방식이 항상 수반되어 일어난다. 물론 그렇다고 해서 과학적 지식이 상식에 기초한다는 것을 의미하는 것은 아니다. 분명 양자는 서로 다른 범주의 지식이고 활동일 뿐만 아니라 과학적 지식은 심지어 상식을 초월하기도 하고 배격하기도 하면서 훨씬 세련된 지적 수준을 보여 준다. 그러나 민속방법론에서는 표현체로서의 지식을 두고 이야기한다기보다는 과학자 또는 전문가가 실제로 하고 있는 일, 목하 일을 처리해 가는 진행 과정(ongoing actions)이 실제적이고 그래서 상식적 이해에 기반을 두고 있다고 볼 수 있다. 그러한 과정은 말 그대로 구성원들의 방법대로 진행된다는 것이다.

실천지가 경우화되어 일어나는 현상에 관해서 좀 더 알기 쉬운 예를 들어 보자(Suchman, 1987). 신형 복사기를 구입하였다고 하자. 여기에는 사용자 지침서, 즉 매뉴얼이 들어 있고 이 책자를 통해 사용자들은 여러 가지 메뉴의 기능과 사용법에 관해 접할 수 있다. 그러나 매뉴얼의 내용은 말 그대로 지침과 지시들로 되어 있다. 그러한 지침과 지시가 실제 작동으로 이어질 수 있기 위해서 사용자는 그러한 지침과 지시가 의미하는 바가 무엇이고 그리고 실제로 작동시켜 보는 과정을 거치지 않으면 안 된다. 여기서 말하는 실천지란 그 일이 있게끔 한 일의 디테일한 부분이다.

지침이나 매뉴얼은 상황 속에서 벌어지는 일들과 이에 대처하는 방식에 대해 충분한 정보를 제공하지는 않는다. 어떻게 대처하고 처리해야 하는지는 순전히 당사자의 몫이다. 일이 한창 진행될 때와 처리가 끝난 사후에 그 일에 대해 부여되는 우리의 생각 사이에는 다소의 차이가 있다. 그러나 일단 일이 처리된 다음 전개 과정에서 벌어진 일들이나 처리 방식은 그 지침과 매뉴얼의 절차대로 일어난 것처럼 여겨지는 것으로 의미 부여를 하고 서로에게 또는 타인에게 바로 '그 지침이 알려 준 바'로 설명한다(Suchman, 1987).

교육 연구에서 좀 더 낯익은 구체적인 상황을 예로 들어 보자. 교사의 지시와 학생들의 활동이 이루어지는 상황은 지시와 지시따름의 전형을 보여 주는 예이다. 예컨대, 에머린과 빌름(Amerine & Bilmes, 1988)의 연구는 시범적 활동의 전개 과정에서 교사의 지도를 따르는 것이 어떻게 학생들에게 그들이 완수해야 할 과제이자 결과로 드러나는지를 몇몇 수업 상황을 통해 보여 주었다. 초등학교 학생들이 교사의 지도에 따라 시범활동에 임할 경우 어떻게 그러한 활동을 전개해 가는가를 보여 주기 위해서, 그들은 수업지도가 나타내는 특성으로 수업지도는 항상 불확정적으로 진행된다는 사실에 주목하였다. 여기서 말하는 수업지도가 불확정적이라는 말은 원래 규칙 따름에 관한 비트겐슈타인 논의에서 따온 것으로, 이는 곧 한 규칙으로는 그것이 사용되는 경우를 절대로 규정지을 수 없다는 것을 의미한다. 이러한 명제를 염두에 두고 그들의 관찰에 따르면, 수업지도가 어떻게 종결되는가 하는 문제는 그를 따르는 학생들이 어떻게 교사의 지도를 실제로 자신들의 활동의 과정으로 전환시키는가의 문제라고 볼 수 있다. 예컨대, 학생들의 탐구 과정은 당면한 상황에서 어떤 행위를 취할 것인가에 관한 결정과 실제적 기술로 구성된다. 즉, 성공적으로 수업지도를 따른다는 것은 일종의 행위의 진로를 구성하는 것을 가리키는데, 일단 학생들이 수업지도를 따라 자신들의 활동을 진행시키게 되면 수업지도는 그동안 무슨 일이 일어났는가를 알려 주는 역할을 한다.

교사가 제시해 준 지시 사항은 학생들이 경험해야 할 교과 내용으로서의 탐구활동이 어떻게 전개되어야 할 것인가에 대해 언제나 부분적인 기술밖에는 제시해 주지 못하기 때문에, 학생들은 이를 자신들 나름대로의 예상 결과를 가지고 구체적이며 실제적인 활동으로 전개시켜 나갈 필요가 있다. 에머린과 빌름에 따르면, 학생들의 시범활동은 모종의 절차 가운데에서 전개되는데, 이러한 절차는 학생들이 교사로부터 지도를 받았다는 사실과 활동의 전개 과정 가운데에서도 지도를 받을 것이라는 기대감으로 구성된다.

이러한 장면은 과학 수업이라면 어디서나 관찰 가능하다(손민호, 2002). 예컨대, 무거운 종이가 가라앉고 가벼운 종이는 물에 뜬다는 간단한 원리를 가르치는 실험에 관한 어느 초등학교 교실, 이미 학생들은 실험 활동에 들어가기 전에, 교사로부터 그 원리에 관해 배운다. 그리고 나서 어느 한 모둠 실험 활동에서 다음과 같은 장면이 목격된다. 두 종이 가운데 무거운 종이가 가라앉지 않자, 이를 지켜보던 학생들은 연필심지 끝으로 살짝 물 속으로 밀어 넣으며, "왜 이렇게 안 가라앉지?"라고 이야기한다. 여기서 학생들이 보여 준 행위는 매우 실제적이고 임기응변적(ad hoc)이다. 여기서 문제해결은 귀납적 방식, 즉 아이들이 왜 무거운 것은 물에 가라앉고 가벼운 것은 뜰까를 관찰하고 나서 이에 관한 원리를 추론해 내는 데 있지 않다. 오히려 알려진 사실에 꿰어 맞추는 실제적 활동, 예컨대 연필로 살짝 밀어 넣는 행위와 같이 학생들은 '목적하는 바', 즉 교사의 지시에 따라 예측된 결과에 도달하기 위해 갑자기 닥친 환경적 변수를 즉각적으로 처리한다. 일면, 원리에 대한 설명은 아이들에 의해 그 사태에 덧붙여진 것이라고 할 수 있다. 이렇게 경우화된 탐구활동 속에서 아이들의 설명을 통해 앞서 언급한 실천지의 중요한 속성인 지식 맥락성과 성찰성이 어떻게 드러나는지를 잘 찾아볼 수 있다. 이러한 장면은 사람들이 자신들의 행위에 부여하는 의미에 관심을 두는 문화기술지와는 달리 민속방법론에서는 사람들이 자신들의 행위에 의미를 부여하는 방식에 관심을 두고 이를 이해하고자 하였는지 잘 보여준다.

또 다른 수업에서 학생들은 성공적으로 컵에 물을 가득 채우고 종이를 그 위에 얹은 다음 뒤집었을 때 물이 안 쏟아진다는 것을 통해 공기의 압력이 작용하고 있음을 배우고 있다. 실제로 교사의 지시대로 학생들은 그 과정을 조심스럽게 되풀이하고 만약 물이 쏟아지지 않는 경우에는 그 광경을 지켜보던 학생들은 환호성을 지른다. 그렇지 못하고 여전히 물이 쏟아지는 테이블에서는 반복해서 시도한다. 그럼에도 불구하고 실패하는 경우에는 종이가 흐물거리는 것이 문제라고 그 탓을 돌리면서 보다 빳빳한 종이를 구하기도 한다. 여기서 사실상 학생들이 해내야 하는 과제는 공기의 압력의 문제일 뿐만 아니라 그들이 몰두해 있는 실험과 관련하여 받은 교사로부터의 지시를 성공적으로 수행하는 문제이다. 위의 사건들은 과학 수업에서 일어난 일이고 그러한 일들은 학교에서 학생들이 합리적인 사고의 전형으로서의 과학을 배우는 데 있어서 부수적으로 일어나는 사소한 것, 따라서 가급적이면 일어나지 않아야 할 것으로 치부할 수도 있다. 그러나 오히려 과학을 협소한 의미의 '지식의 구조' 나 이론적인 일로 보는 과학관은 실제 과학이라는 실천공동체에 종사하는 사람들의 일의 성격에 비추어 보면 상당히 빈약한 이해라고 할 수 있다.

사람들의 행위를 분석하는 데 있어서 그 행위를 실제적인 과정으로 파악해 보는 것이 왜 중요한지 상황적 변인들을 그 일과 관련해서 주변적이고 일회적인 것, 그래서 가능하면 연구에서는 외생변인으로 처리해야 할 것이 아니라 '바로 그 일이 일어나도록 한 바로 그것' 으로 본다면 우리의 이해가 어떻게 달라질 것인가? 민속방법론은 일상의 주변으로 치부된 것들이 왜 바로 그 일의 내재적 과정으로 전개되는지 잘 보여 준다.

2) 실천지의 사용으로서의 상호작용에 대한 관찰 가능성

민속방법론이 교육에서의 질적연구에 제시해 줄 수 있는 또 하나의 탐구 주제는 교육적 상호작용을 어떻게 탐구할 것인가에 맞추어질 수 있다. 교육적 상호작용은 '교육이론' [7]에 관심이 있는 질적연구자라면 누구나 관심을 둘 법한 연구 주제라는 점에 이견이 없을 것이다. 교수자와 학습자, 멘토와 멘티, 전문가와 일반인, 장인과 도제 등 교육이론에서 교수와 학습을 은유하거나 함축하는 역할은 다양하다(Arminen, 2005).

한편 실천지가 활용되는 상황에는 일이나 업무 처리, 노동과 같은 작업 등이 있을 수 있지만 또 한편으로 우리가 실천지를 활용하는 경우의 상당 부분은 사회적 상호작용의 상황이다. 상호작용, 그것이 일상적인 장면에서 일어났든, 특정 제도적 상황에서 일어났든 상관없이 상호작용은 민속방법론이라는 타이틀 그대로 구성원들 간의 일상적인 전략을 잘 보여 준다.

협상(negotiation)이나 공조(joint construction of meaning)라는 개념으로 이해하는 것이 더 합당할 수 있다.[8]

상식적 지식(commonsense knowledge)조차도 상호작용의 전제로 사람들의 행위를 결정한다기보다는 상호 조절을 통해 구성해 간다. 예컨대, 의사소통은 화자와 청자 간 상호작용 과정을 말한다. 의사소통은 화자가 전달하고자 하는 내용이 있고 청자가 이를 알고자 할 때 일어난다. 의사소통이 가능한 것은 각 상황마다 의미를 확정하지 않고 다음 말로 넘어가기 때문이다. 의미를 애매모호한 채 재해석할 여지를 남겨 놓고 그 의미가 무엇인지에 관해 결정할 시점을 매 상황 지연시킴으로써 대화는 진행된다. 만약 그 때 그 때 화자가 말하는 바의 의미가 무엇인지 꼬치꼬치 캐묻는다면 의사소통의 전개가 자칫 어려워질 수도 있다. 예컨대 컴퓨터와 인간의 상호작용은 사람들 사이의 커뮤니케이션에 비해 훨씬 답답할 수밖에 없다. 왜냐하면 컴퓨터는 사람과는 달리 매번 발화된 의미가 무엇인지 정확히 결정하지 못하면 다음 단계로 넘어가지 못하거나 아니면 전혀 엉뚱한 방향으로 대화를 몰고 갈 수도 있기 때문이다. 그러나 어떠한 수정이나 정정, 보완, 반성 등도 대화 밖에서 이루어지는 법이 없이 대화가 진행되는 과정 속에서 대화가 진행되는 모습을 구성하며 이루어진다. 우리 행위의 상당 부분은 사실상 시행 착오와 정정, 수정, 보완을 기반으로 이루어진다. 이러한 연유에서 사람들 사이에 소통이 가능한 이유는 의미의 불확정성, 애매모호함 때문이라고 말할 수 있다.

즉, 애매모호함을 통해 상호작용이 일어난다는 점은 상호작용을 하는 사람들의 생각 사이에 공통 분모를 전제로 하지 않는다는 점을 말해 준다. 그러한 공통 분모는 전형성(typifications)이라고 할 수도 있고 말 그대로 상식(commonsense knowledge)이라고 할 수도 있다. 일반적으로 공동체의 구성원이라고 한다면 무언가를 공통 분모로 공유하고 있다는 전제를 내포한 개념이라고 생각할 수 있지만, 여기서는 한 공동체의 구성원이라고 가정하지만 구성원 어느 누구도 서로 똑같은 부분이 있지는 않다. 협상과 공조는 상호작용을 지속해 가기 위한 실천지가 어떻게 활용되는지 보여 주는 좋은 예이다.

가령, 전문가와 일반인 간에 일어날 법한 상호작용을 예로 들어 보자. 예컨대 전문직으로서의 의료 업무에 관해 생각해 보면, 근대 이전과는 달리 현대 사회에서 병을 진단하고 치료하는 의료 행위는 전문가들의 몫이다. 단순하게 표현하면 의료 행위는 신체적 증상과 그에 대한 진단과 치료로 구성된다. 전자가 자연 현상이라고 한다면 후자는 그에 대한 인식과 대응 행위라 할 수 있다. 그런데 병에 걸리고 그것을 치료하는 과정에는 '신체적 증상'과 그에 대한 '진단과 치료' 이상의 복잡한 문제들이 얽혀 있다. 즉 자신의 증상이 어떤 질병에 해당하는지 그리고 어떻게 치유할 수 있는지 알기 위해서 환자는 병원에 가서 적절한 진단과 처방을 받아야만 하는데, 여기에는 자신이 겪고 있는 증상에 대해 무지한 일반인이 어떻게 전문가의 서비스, 즉 의사의 진료 행위에 접근할 수 있는지, 그리고 그와 어떻게 상호작용을 해야 하는지 등의 실제적인 기본 지식이 필요하다. 물론 그러한 지식은 수많은 정보가 네트워크로 연결되어 가시화된 요즈음과 같은 현대 사회라면 일상화되어 있기 때문에 일반 시민이라면 누구라도 알 수 있는 것들이다.

의사의 문진 행위를 예로 들어 보자(Francis & Hester, 2004). 의사와 내담자는 전문가와 의뢰인의 관계이다. 권위와 파워는 지식에서 나온다. 양자 사이에 상호작용이 이루어지는 패턴을 보면 실제적으로 권위와 파워가 어떻게 유지 형성되는지 알 수 있다. 통상적인 문진 행위는 의사와 내담자 간에 질문과 대답으로 이어져 나가는데, 이 때 대부분의 질문은 의사의 몫이고 대답은 환자의 몫이다. 자칫 환자가 발언권을 독점해 스스로 질문을 이어갈 경우 자칫 의사의 진료에 대해 이의를 제기하는 것으로 오해살 수도 있고 그의 권위를 침해하는 것으로 보일 소지가 있다. 문진 행위를 통해 진료하고 처방을 내리는 매우 미묘한 상황이지만 진료 업무가 안정적으로 진행될 수 있는 것은 이러한 절차에 대해 양자가 서로 이러한 절차를 암묵적으로 수행하기 때문이다.[9)]

더욱이 문진을 넘어서 환자의 몸에 손을 댄다든지 하는 행위는 자칫 도덕적인 문제로 비추어질 수 있다. 그러나 능숙한 의사라면 그 상황이 일반적인 상황이 아니라 '의료 상황' 이라는 점을 은연중에 상기시키는 방식으로 환자로부터 상호작용을 유도한다. 동시에 환자는 자신의 시선을 자신의 몸의 일부에 대해 가해지는 의사의 행위를 응시하는 대신 허공을 바라본다든지 하는 방식으로 의사의 시선과의 마주침을 의도적으로 피함으로써 그 상황이 주관적인 감정이 개입된 상황이 아닌 객관적인 상황이라는 데에 동조해 나간다.

현대 일은 대개 조직 속에서 이루어지고 있고 업무 분화를 통해 전문화되어 있다. 전통적인 관점에서는 개인들이 자신이 책임진 일만 하면 구성원들과의 업무 조절은 자동적으로 이루어지는 것으로 간주하고 문제시하지 않았다. 그러나 자세히 보면 업무가 이루어지기 위해서 모종의 조정과정을 거치지 않으면 안 되고 여기서 구성원들은 암묵적으로 관여한다.

이러한 재개념화에서 잘 나타나는바, 사회적 상호작용 현상에 대한 탐구에서 객관주의적 시각과의 차별성은 민속방법론의 구성적(constitutive) 질서에 대한 관심에서 잘 엿보인다. 일반적으로 규범적 사회 연구에서는 한 공동체 안에 속하는 개인들이라면 누구나 공통적으로 가지고 있는 의미 같은 것들이 있어서 이에 의거하여 서로에 대한 상호작용, 그리고 이해가 가능하다고 본다. 즉, 개인들 간의 상호 이해 가능성은 집단적으로 소유하는 의미의 공유라는 전제를 요구한다는 것이다. 반면, 민속방법론에서는 공동 이해란 주관들의 이해가 합치되는 부분을 가리키지 않는다. 그보다는 여기에서는 공동 이해의 가능성을 말하는 행위에 있어서 상호 질서화된 과정의 순서에서 찾는다. 이는 '의미의 상호 일치성'이 아닌 '행위의 공동 생산'에서 공동 이해를 가능케 하는 구성적 측면을 발견한다는 것을 말해 준다.

6. 교육연구에서 실천지에 대한 질적연구의 가능성

민속방법론의 입장에서 보면 세상과 현실은 온통 사람들의 구성물이다. 사람들은 일상의 현실을 엮어 나가는 데 끊임없이 관여한다. 일상의 장면에서 매일같이 되풀이하여 일어나는 자연스러운 일조차도 민속방법론의 입장에서 보면 암묵적이고 인위적이며 서로 관계하는 노력 속에서 구성된 것들이다. 이런 점에서 민속방법론에서는 규범의 수행을 전제로 하여 탐구를 출발하는 규범주의 사회이론의 이해와는 달리 규범을 지켜 나가는 사람들의 행위를 연구 주제로 한다. 즉 규범주의 사회이론에서는 구성원들은 공동체가 공유하고 있는 규범을 지키도록 되어 있다는 점을 기정 사실화하고 그로부터의 일탈이나 이행에의 어려움 등에 연구의 관심을 두는 데 반해, 사람들이 규범을 어떻게 활용하여 자신이 하고자 하는 일을 해 나가는지 그리하여 현실을 구성해 가면서 살아가는지에 관심을 둔다.

민속방법론은 상황 분석으로서 사회에 대해 어떠한 성찰과 비판의식도 제시하지 않고 있는 그 때 거기에서 일어난 그대로의 상황 그리고 사람들의 실천 전략들을 냉담하고 비성찰적으로 분석하는 실존주의적인 태도를 취한다는 점에서 기성 사회학에서는 민속방법론을 현상학주의자라고 비꼬아 부르기도 한다. 마찬가지로 거시 사회학의 패러다임에서 벗어나지 않는 우리나라 교육사회학적 관점에서 보면 민속방법론을 활용한 교육 연구는 학교 생활의 일상성이 갖는 의미를 밝히는 정도로 수용되었을 뿐 더 이상의 풍부한 정보를 주기에는 지엽적이고 미미한 것으로 판단되었다.

반면 민속방법론이 갖는 교육에서의 질적연구방법론으로서의 가능성은 그 미시적 성격으로 인해 교육사회학 영역보다는 보다 교육학적 탐구, 즉 교육과 학습 자체의 행위와 현상을 이해하고 설명하는 연구 영역에서 그 성과를 내기 시작하였다. 전통적으로 교육과 학습은 학습심리학, 특히 인지심리학 분야에서 다루어져 온 연구주제인데, 민속방법론과 같은 미시적 질적연구들은 맥락성과 그러한 맥락을 구성해 가는 실천성을 학습의 내생 요인으로 받아들이기 시작한 학습심리학 연구들, 즉 상황인지론이나 분산인지, 상황학습론 등 이른바 사회구성주의 교육 연구에 적지 않은 영향을 미쳤다.[10)] 거시 교육사회학 패러다임에서 미시적 관점은 한계로 보일 수 있었지만 오히려 학교 안이든 밖이든 상관없이 '교수-학습'을 연구하는 분야에서는 찰떡궁합이 될 수 있었던 것이다. 본 연구가 교육사회학 영역에서 소위 '한물간' 연구방법론을 다시금 되짚어 보고자 한 이유도 여기에 있다.

최근 들어 더욱 부각된 학습의 사회적 속성, 예컨대 교육적 상호작용, 경험에 의한 학습, 성인들의 무형식학습, 역량이나 전문성이 가지고 있는 실제적인 속성, 일터에서의 암묵지의 활용, 학습 동아리 활동 등 실천지의 학습이라는 주제를 다루는 질적 연구 전반에서 민속방법론의 가능성을 타진해 볼 수 있다. 그리고 그러한 주제들을 연구해 나가기 위해서는 왜 질적 연구가 요청될 수밖에 없는지, 교육 연구 공동체에서 질적 연구의 기능과 의미를 재삼 새겨 볼 수 있도록 본 연구는 그 가능성을 탐색하고자 하는 시론에 불과하다.

후주

1) 민속방법론에 관해서는 이론사회학 영역에서 몇 차례 소개된 바는 있으나(김동일 외, 1983; 김경만, 2005), 질적연구방법론으로서가 아닌 이론사회학의 논의 맥락에서 소개되어 질적연구 공동체의 구성원들이 접근 가능하기에는 여전히 난해하고 소개된 내용 또한 오해가 많거나 피상적이다.
2) 여기서 말하는 사회 구성원이 속한 공동체는 그 규모와 성격에 따라, 또는 그것이 제도화된 수준에 따라 제도적으로 구축된 공동체에서부터 가상의 공동체까지 다양한 수준의 군집을 가리킨다고 볼 수 있다. 웽거(Wenger, 1998)와 같은 사회인류학자는 다양하고 작은 군집을 가리켜 실천공동체(communities of practice)라고 개념화하기도 하였다. 여기서 말하는 군집은 제도적으로 경계가 분명한 그래서 그 내부의 구성원들이 동질성을 공유하고 있는 형태가 아니라, 그 경계가 유동적이고 내부 구성원들이 이질적이면서도 동질성을 유지하고자 하는 그런 상태를 가리킨다. 본 연구에서는 민속방법론의 취지에 따라 사람들이라는 표현 대신 구성원이라는 개념을 사용하기로 한다.
3) 일반적으로 민속방법론은 민속방법론과, 전사(transcription)나 분석방법에 있어서 이를 좀 더 기술적(technical)으로 발전시킨 대화분석(conversation analysis) 두 영역으로 알려져 있다. 본 연구에서는 보다 기본적인 방법론적 논의의 측면에서 민속방법론의

기본적인 전제와 방법론에 관해 소개하고 대화분석은 다루지 않기로 한다. 아울러, 본고에서는 실천지와 방법, 실천 전략 또는 실용적 지식을 동일한 의미로 보고 맥락에 따라 번갈아가며 사용하기로 한다. 이 개념들 간 동일성과 차이를 자세히 밝히는 것은 그 자체로 따로 다루어져야 할 연구 주제일 수 있지만(이에 관한 논의는 Turner, 1994 참고), 본 연구에서는 그들 사이의 차이보다는 유사성에 주목하여 사용하기로 한다. 이들 용어들의 혼용은 본 연구의 제한점으로 둔다.

4) 상식은 일상생활의 정상적이고 자명한 일상의 과정 속에서 타인들과 공유하는 지식을 말한다. 여기서 말하는 상식은 영어로 common-sense knowledge의 번역어이지만 좁은 의미에서 일상적으로 통용되는 의미로서의 상식, 예컨대 '누군가가 시사 상식이 풍부하다' 라고 할 때의 상식과 동일한 개념을 의미하지는 않는다.

5) 가핑클은 1950년대 그의 지도교수인 탈코트 파슨스의 행위이론을 발전시키고자 한 논문인 "The perception of the other: a study in social order"(1952년 Harvard 대학)을 준비하면서 Aron Gurwitch의 강의를 통해 슈츠의 영향을 상당히 받았고 이는 훗날 민속방법론이라는 새로운 연구 영역을 개척하는 데 사실상 기초가 되기도 하였다. 슈츠의 현상학적 사회학과 본고에서는 다루지 않을 비트겐슈타인의 후기 언어철학은 민속방법론이라는 질적연구 프로그램의 모태라고 할 수 있다(Heritage, 1984; Lynch, 1993).

6) 이른바 '실천론'을 주장하는 학자들 사이에서 어떤 이들은 이러한 유형, 무형의 공동체를 가리켜 실천공동체(communities of practice)라고 일컫기도 한다(Wenger, 1998). 실천공동체는 전통적인 의미에서의 공동체, 즉 혈연과 지연에 의한 공동체뿐만 아니라 관심과 이해관계로 구성된 공동체를 가리키는 포괄적인 의미로 사용된다. 실천론은 현상학적 접근과 구조기능주의적인 접근 사이에서, 즉 사회 구조와 개인이 서로 어떻게 영향을 주고 받는지에 대해 설명하고자 하는 바로 그 관심으로 인해 민속방법론에서 상정한 멤버의 방법, 즉 구성원의 실천 전략을 둘러싼 집단 영역의 차원에서 개인과 집단 간 공(共)변화 과정을 다루고 있다.

7) 사실 여기서 말하는 교육이론이 포괄하는 범위나 층위가 어디까지냐 하는 데에는 이견이 있을 수 있지만 대체로 교수와 학습 현상이나 활동에 연구 초점을 맞춘 정도로 말한다면 동의할 것으로 전제한 것이다.

8) 공조(共助)라는 개념은 김경애(2007)의 표현에서 빌려 쓴 것이다.

9) 소위 후기구조주의 입장에서 보면 위와 같은 상황은 비판적인 시각에서 볼 때 전문가와 일반인 간의 권력, 권력관계가 어떻게 합법적으로 재생산되는지 잘 보여 주고 있는 예라고 할 수 있다. 민속방법론에서는 비판에 앞서 비판의 관점조차도 '의료적인 상황이라면' 하는 이미 전제로 하고 있는 암묵적 동의가 있었고 그러한 동의는 일상적인 이해에 기초해 있다는 점에 주목하고 바로 그 전제 자체, 즉 그러한 일상적 이해가 어떻게 재생산되는지를 연구 대상으로 다루어 보고자 한다.

10) 민속방법론이 사회구성주의 학습이론들, 즉 분산인지나 상황인지론이나 상황학습론, 비고츠키 활동이론, 실천공동체(CoP) 이론에 직접, 간접적으로 어떻게 영향을

미쳤는지 자세한 논의는 추후 과제에서 다루기로 한다. 본 연구자의 판단으로는 1990년대 이후 미국에서 질적연구방법론이 교육인류학 연구의 전통을 넘어서 교육연구에서 본격적으로 각광을 받기 시작한 것 또한 학습의 맥락성에 관한 관심, 즉 사회 구성주의 학습이론의 패러다임의 확산과 무관하지 않다(Lave, 1988).

참고문헌

김경만(2005). 담론과 해방-비판이론의 해부. 궁리.

김경애(2007).공조학습과정에서 드러나는 경험학습의 특징. 평생교육학연구, 13(2), 49-74.

김동일 외(1983). 사회과학방법론 비판. 청람.

손민호(2002). 교과내용으로서의 실천적 지식에 대한 이해와 오해. 교육과정연구, 20(3), 243-269.

조영태(1998). 교육내용의 두 측면: 이해와 활동. 교육과학사.

조용환(1999). 질적 연구: 방법과 사례. 교육과학사.

이혁규(2004). 질적 연구의 타당성 문제에 대한 고찰. 교육인류학연구, 7(4), 175-210.

한준상(1996). 한국교육사회학의 민속방법론적 반성 II. 현상과 인식, 10(3), 106-129.

Amerine, R., & Bilmes, J. (1988). Following instruction. *Human Studies*, 11, 327-339.

Arminen, Ilkka. (2005). Institutional interaction-Studies of talk at work. Burlington, VT: Ashgate.

Berger, P., & Luckman, T. (1967). The social construction of reality. New York: Doubleday.

Dewey, J. (1922). Human nature and conduct. London: Allen and Unwin.

Francis, D., & Hester, S. (2004). An invitation to ethnomethodology-Language, society and interaction. Thousand Oakes, CA: Sage.

Garfinkel, H. (1967). *Studies in ethnomethodology*. Cambridge: Polity Press.

Garfinkel, H., & Sacks, H. (1970). On formal structure of practical actions. In J. C. McKinney & E. A. Tiryakian(eds), *Theoretical sociology: Perspectives and developments*. New York: Appleton-Century-Crafts.

Giddens, A. (1979). *Central problems in social theory: Action, structure and contradiction in social analysis*. Berkeley: University of California Press.

Hester, S., & Francis, D. (2007). *Orders of ordinary action: Respecifying sociological knowledge*. Burlington, VT: Ashgate.

Heritage, J. (1984). Garfinkel and ethnomethodology. Cambridge: Polity Press.

Lave, J. (1988). *Cognition in practice: Mind, mathematics and culture in everyday life*. Cambridge: Cambridge University Press.

Lynch, M. (1993). *Scientific practice and ordinary action: Ethnomethodology and social studies of science.* Cambridge: Cambridge University Press.

Lynch, M. (2006). Cognitive activities without cognition?: Ethnomethodological investigations of selected 'cognitive' topics. *Discourse Studies*, 8(1), 95-104.

Mehan, H. (1979). *Learning lessons: Social organization in the classroom.* Cambridge: Cambridge University Press.

Schutz, A. (1962). Collected papers. Vol. I. The Hague: Martinus Nijhoff Publishers.

Sternberg, et al. (2000). Practical intelligence in everyday life. Cambridge: Cambridge University Press.

Suchman, L. (1987). Plans and situated actions: The problem of human machine interaction. Cambridge: Cambridge University

Turner, S. (1994). The social theory of practice: Tradition, tacit knowledge and presupposition. Chicago: The University of Chicago Press.

Wenger, E. (1998). Communities of practice-Learning, meaning, and identity. Cambridge: Cambridge University Press.

Wittgenstein, L. (1958). Philosophical investigations (2nd ed.), Oxford: Basil Blackwell.

ABSTRACT

Understanding of Ethnomethodology as analytic programmes of members' methods

Minho Shon & Sungsook Moon
(Inha University)

This study introduces ethnomethodology (EM) as analytic programmes of memers' methods, and seeks to investigate members methods and competencies involved in the production of complex activities. EM studies are an approach that observing what is going on in the social world is something anyone can do, and indeed it is something that members do as a matter of course, and then it seeks to explain how this is possible. This study explains how indexicality and reflextivity as the essential nature of members' methods are taken as a principle strategy of analysis. EM Studies view the conception of social activities as methodically accomplished, and meanings as achieved in the methods.

This study explores a possibility of EM studies that understand and describe the situated nature of educational setting and learning experiences, by understanding occasioned characters of our activities and experiences, respecifying interaction as co-ordination of each other' s actions. It leads to clarify the practical dimension of our knowledge use. In conclusion, this study discusses about a possibility in how qualitiative inquiry of members' methods leads the educational studies to bring interests of practical knowledge in education into view.

Key concepts: ethnomethodology, phenomenological sociology, practical knowledge, situated actions, social interaction

제8장

교육 비평과 교육과정 연구

김 명 희(한양대학교 교육학과 교수)
문 승 호(미국 Oklahoma State University 사범대학 교육과정학(Curriculum Studies) 교수)

1. 서 론

본 연구의 목적은 교육과정 이론화(curriculum theorizing)의 한 주축으로 자리 잡은 교육 비평(educational criticism)에 대한 정확한 이해를 도모하고 이를 한국적 상황에 소개하고 알리는 데 있다. 교육 비평이란 순수 예술 비평에서 착안한 것으로서, 학교나 교실에서 발생하는 다양한 교육과정 현상을 기술하고 분석하는 대안적인 교육과정 연구 방법론이다(Flinders & Eisner, 1994, p. 341). 중등학교 미술 교사였던 Eisner는 문학, 시각예술, 연극, 영화, 그리고 음악과 같은 순수 예술에 대한 비평의 개념에 기초하여 교육 비평이라는 새로운 개념을 창출하였다. 예술 비평이 작품의 질을 평가하고 이에 대한 인식의 범주를 넓힌 것과 마찬가지로, 교육 비평은 학교와 교실에서 발생하는 교육과정 현상을 폭넓게 이해하는 전환점을 마련하였다. 또한 교육 비평은 학생들이 학교에서 어떠한 교육을 받고 있는지, 그리고 학생들이 어떠한 교육적 활동에 참여하고 있는지 연구하고 이해할 수 있는 대안적인 교육과정 연구 방법론을 제공하였다.

1970년대 교육 비평이 발표된 이후 '심미적 텍스트(aesthetic text)'에 기반을 둔 교육 비평 연구는 교육과정 이론화에 중요한 역할을 하였다(Pinar, 1995, p. 569). 특히 Eisner, Barone, 그리고 Flinders 등과 같은 상당수의 교육과정 학자들은 교육 비평을 연구하고 이 이론을 교육 현장에 적용함으로써 교육과정의 이론화에 기여하였다. 이들은 교육과정을 학습내용이나 수업계획안 차원이 아니라, 교실에서 발생하는 학생들의 학습 경험을 기술하고 이해하며 평가하는 것으로 확대함으로써 교육과정 재개념화(curriculum reconceptualization)에 핵심적인 역할을 하였다. 또한 교육과정 연구자가 교육 현장에 직접 참여하여 교사와 학생 간의 상호작용, 교실 분위기, 학생들의 학습 경험 등을 심층적으로 기술하고 비평하는 방안을 제시함으로써, 교육과정 연구 방법론을 심화하는 데 기여하기도 하였다.

우리나라의 경우 Einser의 저서와 논문을 통해 교육 비평에 대한 개념이 소개된 바 있다(김복영 외, 2001; 박병기 외, 2001; 이해명, 1999). 그러나 이들 개론서에서는 교육 비평의 개념을 개략적이고 추상적으로 설명하였기 때문에, 이 이론을 접목한 현장 연구를 실행하는 데 직접적인 이론적 기반이 되지 못하였다. 다만 국내 교육과정 연구에서는 수업에 대한 질적 연구나 교사의 내러티브 탐구와 같이 교육 비평의 아이디어를 간접적으로 발전시킨 연구가 진행되고 있는 실정이다(김대현 · 박경미, 2003; 김명희, 2001; 김영천, 2005a; 김영천, 2006; 김영천 · 허창수, 2004; 김영천 · 정정훈 · 이영민, 2006; 나장함, 2004; 박한숙, 2005; 염지숙, 1999; 임부연, 2005; 정광순, 2004; 정정훈 · 김영천, 2005; 차경희, 2005; 한혜정, 2005). 이러한 관점에서 볼 때 교육 비평에 근거한 지난 30년간의 교육과정 연구 동향을 소개하고 그 교육적 적용사례를 제시하는 것 자체만으로도 국내 교육과정 연구에 필요한 새로운 연구 방법론을 제시한다는 측면에서 의의가 있다. 특히 교육 비평은 학교 현장에 대한 기술과 이해 그리고 분석이 강조되고 있는 시점에서 학교 현장의 실제를 심층적으로 기술하고 질적으로 분석을 할 수 있는 아이디어와 도구를 제공하고 있다. 이는 확대되고 있는 학교 현장에 대한 질적 연구 분야에서 이 주제에 대한 심도 있는 이론화와 실제를 유도할 것이다. 예를 들어 기존의 문화기술지(ethnography) 중심의 질적 연구에서 한 걸음 더 나아가 심층적 묘사, 이해, 종합, 분석 등이 어우러진 새로운 질적 연구의 기초가 될 것이다.

본 연구에서는 교육 비평에 대한 이론적 이해를 넓히고 실제적인 교육 비평의 사례를 소개함으로써 그 실행 방안에 대한 아이디어를 탐색하고자 한다. 이를 위해 제2장에서는 교육과정 연구 방법론으로서의 교육 비평을 네 가지 차원으로 설명하고, 제3장에서는 교육 비평에 대한 연구 주제와 연구 동향에 대해 논의할 것이다. 제4장에서는 실제 수업에 대한 내러티브 연구를 바탕으로 교육 비평의 실례를 조망할 것이고, 제5장에서는 교육 비평의 방법을 간접적으로 접목한 국내의 연구 사례를 제시할 것이다. 이와 같은 논의는 제6장에서 교육 비평이 우리나라 교육과정 연구에 주는 시사점으로 연결될 것이다.

2. 교육과정 연구 방법론으로서의 교육 비평

제2장에서는 교육과정 연구 방법론으로서의 교육 비평을 이론적으로 살펴볼 것이다. 특히 교육 비평의 실제를 네 가지 차원에서 세분화하여 고찰하고자 한다. Eisner는 교육 비평의 실제를 기술적 비평(descriptive criticism), 해석적 비평(interpretive criticism), 규범적 비평(normative criticism), 주제적 비평(thematic criticism)의 네 가지 차원으로 구체화하였다(Flinders & Eisner, 1994). 기술적 차원은 수업 중에 관찰되는 중요한 사실과 장면을 묘사하고 기술하는 것이라면, 해석적 차원은 학교에서 발생한 특별한 사건이나 수업 장면을 어떻게 이해할 수 있는지 그 해석에 초점을 맞추는 것이다. 규범적 차원은 비평가의 가치관에 따라 현상을 평가하는 것이며, 주제적 차원은 현장 연구를 통해 발견할 수 있는 의미와 원리를 개념화하는 것이다.

무엇보다 기술적 비평이란 학교나 교실, 그리고 수업의 과정 등을 묘사하는 것을 일컫는다. 비평가는 학교나 수업 현장을 구체적으로 기술함으로써 독자들이 학교나 교실을 이해하고 '볼' 수 있도록 도와준다(Eisner, 1991, p. 89). 교육과정 연구자는 그들이 경험한 현장에 대해 생생하게 기술하는 차원뿐만 아니라, 해석적 차원에서 독자들이 그 의미를 이해하고 해석할 수 있도록 조력한다. 또한 규범적 차원에서 그들이 연구한 교육적 가치를 새롭게 규정하고 이들을 평가하게 된다. 그리고 교육 비평의 마지막 단계인 주제적 차원에서는 교육과정 연구자가 기술한 상황과 메시지 안에 내재되어 있는 핵심 주제나 원리를 발견하고 총괄적인 주제를 형성한다. 이와 같은 교육 비평의 네 가지 차원은 서로 다른 시각에서 교육 현상을 세부적으로 분석할 수 있는 독립적인 틀로 활용된다. 그러나 이들은 궁극적으로 학습자의 교육 경험이나 교육 현상을 종합적으로 이해하고 그 의미를 탐색한다는 측면에서 하나의 큰 맥락으로 통합될 수 있다(Eisner, 1985). 교육 비평의 4차원을 도식화하면 [그림 1]과 같다.

Eisner는 교육 비평에 대한 이해를 돕기 위해 '교육적 감식안(educational connoisseurship)' 이라는 개념을 선형적(linear)으로 소개하였다(Flinders & Eisner, 1994, p. 347). 어원학적으로 감식안은 라틴어의 코노쉐레(cognoscere)에서 비롯하였다. 코노쉐레는 '알다', '이해하다' 라는 의미를 내포하고 있는데, 이는 복잡하고 다양한 대상의 질을 세밀하게 구별할 수 있는 안목을 지칭한다. 감식안은 서로 관련되어 있는 사물을 인지하고 총체적으로 평가하는 전문가의 개별적인 능력을 말하는 것으로서, 개인적 차원의 감식이 비평으로 확대될 때 이 행위는 공식화된다. 예술적 감식안이 예술에 대해 알고 예술적 표현을 다방면으로 비평할 수 있는 안목이라면, 교육적 감식안이란 학생들의 교육적 수행에 대한 지식을 바탕으로 이들의 학습활동을 감지할 수 있는 능력이라 할 수 있다. 결국 감식안이란 감평(appreciation)의 예술로 규정되며, 복잡함, 뉘앙스, 미묘함 등의 차이를 식별하고 평가할 수 있는 능력을 의미한다.

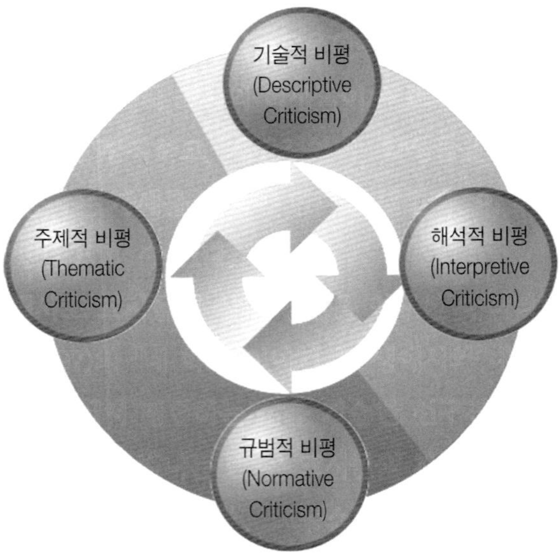

[그림 1] 교육 비평의 4 차원

Eisner는 교실이야말로 감식안을 발휘할 수 있는 가장 복잡하고 다양한 장소라고 제시하고 있다. 교실 현장은 교육 비평가인 교육과정 연구자가 학교, 교사, 학생, 학습공동체가 지향하는 다양한 가치를 인지할 수 있는 민감성을 발휘하는 장이 되는 것이다. 교육적 감식안을 바탕으로 전개되는 교육 비평의 네 가지 차원을 구체적으로 살펴보면 다음과 같다.

1) 기술적 비평(Descriptive criticism)

기술적 비평이란 교실이나 교육 현장에서 미묘하지만 확연하게 드러나는 모습을 상세히 묘사하고 기술하는 것을 의미하며, 이는 현상에 대해 감지한 내용을 재구성하여 이를 공개적으로 재표상(re-presentation)하는 것을 지칭한다. 여기에는 교사와 학생의 행동, 그들의 활동이나 상호작용, 대화하는 방법, 사건이 발생하는 현장의 모습 등이 포함된다. 순수 예술 비평가가 자신이 지각한 것을 표현하기 위해 언어, 숫자, 무용, 영화, 사진과 같은 표상을 사용하듯이, 교육과정 연구자도 위와 같은 표상을 통해 교육 현상이 의미하는 바를 표현한다. 다시 말해, 현상에 대한 단순한 언어적 진술뿐만 아니라, 인상에 대한 기술과 스타일에 대한 비평가의 감수성도 포함된다. 이때 비평가의 목소리, 강도, 비유, 표상, 그리고 기타 언어적 유희가 기술적 비평에서 주요한 역할을 담당하기도 한다.

교육과정 연구자들은 교실 현장을 기술하는 과정에 직접적으로 참여해야 한다. 그리고 이와 같은 연구는 현장에 기반(field-focused)을 두어야 한다. 이는 마치 포도주 감별사가 포도주의 빛깔과 투명도를 살피고 그 맛을 음미하는 것, 문학 비평가가 문학을 읽는 것, 그리고 미술 비평가가 미술관에 찾아가는 것에 견줄 수 있다. 결과적으로 교육과정 연구자는 교실을 방문하여 교사와 학생들과 인터뷰하고, 학교 식당에서 이들과 함께 식사하며, 수업 계획서나 학생들의 활동 작품을 살펴봄으로써 교육 비평가로서의 역할을 하게 된다.

2) 해석적 비평(Interpretive criticism)

해석적 비평이란 사물이나 현상이 무엇을 의미하고 왜 그러한 현상이 발생하였는지에 대해 이해할 수 있는 개념적 틀(conceptual frameworks)을 제공하는 것이다. 해석적 차원은 상황과 사건에 대한 단순한 기술 외에, 이를 이해하고 해석하는 것에 중점을 둔다. 기술적 차원의 비평이 연구자가 관찰한 내용의 질을 상세히 기술하고 재표상하는 것과 대조적으로, 해석적 차원의 비평은 왜 이와 같은 현상이 발생하였는지에 대해 논의하고 분석한다. 기술적 비평이 대상을 표면적으로 기술하는 차원이라면, 해석적 비평은 기술한 내용에 대한 창의적인 해석의 차원이라 할 수 있다. 특히, 해석적 비평은 관찰한 교실에 대해 기술한 내용을 연구자의 가정과 해석을 통해 구체화하고 표면화하는 것이다. 물론 모든 연구에는 해석과 아울러 이해가 언제나 수반되는 것이 사실이다. 그러나 교육 비평에서는 작품과 학생의 수행에 대한 심도 있는 해석과 아울러 이에 대한 이해에 보다 초점을 맞춘다. 다시 말해, 해석적 비평은 수행, 사물, 혹은 사건에 대한 의미에 중점을 두고, 학교와 교실에서 체득되는 경험의 의미(meaning)를 발견해 가는 것을 목적으로 한다.

3) 규범적 비평(Normative criticism)

교육 비평의 세 번째 차원은 비평가의 가치관이 수반되는 것으로서, 비평가가 자신의 작품에 접목시키고자 하는 가치를 제시된 영역 내에서 구체화하고 평가하는 것이다. 비평가의 가치는 탐구를 위한 표현적이고 해석적인 관점을 보다 구체화하는 역할을 담당한다. 불가피하게도 연구자가 주의를 기울이거나 궁금증을 갖는 것에는 연구자의 가치관이나 인식론(epistemology)이 반영되기 마련이다. 규범적 비평은 교실 수업이나 학습 활동을 교육적 기능에 대한 가치관과 관련시키는 과정이다. 예를 들어, 교육과정 연구자는 규범적 비평을 통해 다음과 같이 질문할 수 있다. 이번 수업이 학문적 관점에서 보았을 때 가치 있었는가? 학생들은 이번 수업 시간에 배운 내용을 자신의 삶과 접목시킬 수 있었는가? 수업이 현시대의 사회적 요구에 부합하였는가? 수업이 학생들의 실제 삶을 준비하는 데 도움이 되었는가? 교육 내용이 학생들에게 궁극적으로 긍정적인 결과를 가져왔는가, 아니면 부정적 결과를 초래했는가? 왜 그러한가? 이와 같은 질문이 교실 연구에서 중요한 이유는 다음과 같다.

첫째, 교수 그 자체가 규범적이고 가치가 내포된 활동이기 때문이다. 교육은 교사가 가치 있다고 여기는 것을 학생들에게 전달하고 이들을 양성하는 것을 목표로 한다. 둘째, 규범에 대한 이슈는 모든 형태의 사회과학 연구에서 중요하게 간주되기 때문이다. 이는 연구의 방향 설정과 진행과정에 대한 길잡이가 된다. 결론적으로 규범적 비평에서 논의되는 가치와 관련한 질문들은 교과 수업에서 다양한 가치를 재고하고 상이한 가치들을 평가하는 밑거름이 된다.

4) 주제적 비평(Thematic criticism)

주제적 비평이란 보편적인 원리와 법칙을 추출하려는 비평가의 노력으로서, 교육 비평의 활용 측면에서 중요하게 부각된다. 이는 비평가가 주어진 연구 내에서 반복적으로 드러나는 메시지나 원리, 혹은 확연하게 드러나는 아이디어 등에 초점을 맞춘다. 개별 교실, 학교, 교사, 교재 등은 그 자체만의 특성을 보이기도 하지만, 다른 교실, 학교, 교사, 교재 등과도 유사한 특성을 공유한다. 다시 갈해 한 교실에서 발생하는 미시적인 특징은 거시적인 교육 현상의 표본이 되기도 한다. 이러한 맥락에서 볼 때, 특정 수업 상황에서 발견된 내용은 다른 수업이나 교실 상황에서 재연되기도 한다. 결과적으로 교육과정 연구자는 교실 현상에서 재차 표출되는 속성이나 이미지를 비교하고 분석함으로써 각 사례들이 암시하는 교훈과 시사점을 추출하게 된다.

주제적 비평의 기본 전제는 현상에 대한 핵심 주제가 귀납적 논리의 형태에 기반을 둔다는 점이다. 보편적으로 사례나 사건에는 공통적이고 일정한 유형이나 속성이 존재하기 때문에, 이들 속성에 따라 교육 현상을 분류하거나 일반화할 수 있다. 이는 '자연적 일반화(naturalistic generalization)'의 과정이기도 하다(Flinders & Eisner, 1994, p. 352). 자연적 일반화는 통계적 확률이나 의의 추출과 같이 정형화되고 연역적인 일반화와 달리, 교육 현상의 다양한 속성을 경험과 현상에 대한 이해를 바탕으로 한 최적의 이미지와 연결시킨다. 자연적 일반화를 통한 주제적 비평은 유형화의 과정을 거치는 동안 교육과정 개발과 평가의 기반이 된다. 결론적으로 주제적 비평의 목적은 반복적인 개념의 유형을 인지하고 이를 명명함으로써 과거의 경험이나 현재의 상황을 설명할 수 있는 기틀을 마련하는 것이라 할 수 있다.

3. 교육 비평의 연구 동향

제3장에서는 교육 비평과 관련한 문헌과 사례들을 간략히 소개하고자 한다. 특히 교육 비평을 연구하는 대표적인 교육과정 학자들의 연구를 소개함으로써, 교육 비평의 연구동향을 조망할 것이다. 미국의 대표적인 교육 비평 연구가로는 미국 스탠포드 대학교의 Elliot Eisner, 애리조나 주립 대학교의 Thomas Barone, 인디애나 대학교의 David Flinders 등이 있다. 근본적으로 교육 비평은 예술 교육 분야를 중심으로 출발하였으나, 이제는 모든 교과 전반에 걸쳐 확대되고 있다. 예를 들어, 스탠포드 대학교의 경우 1990년대 중반까지 최소한 17편의 박사학위 논문이 교육 비평을 연구 방법론으로 활용하였다(Flinders & Eisner, 1994). 그리고 교육과정 자료나

교육용 소프트웨어를 평가하는 방법으로 교육 비평이 접목되기도 하였다. 교육 비평을 기초로 한 대표적인 연구는 다음과 같다.

무엇보다 Eisner(1985)는 그의 저서 「교육적 상상력(Educational Imagination)」에서 교육 비평에 대한 사례들을 수록하고 있다. 이들의 제목을 열거하면 다음과 같다. Porro의 '학교 체제와의 놀이: 낮은 학업 성취자들의 게임(Playing the School System: The Low Achiever's Game)', Barone의 '재료와 미학: 스웨인 카운티 고등학교의 예술 프로그램 이야기(Things of Use and Things of Beauty: The Story of the Swain County High School Arts Program)', Marshall의 '영예: 교육 비평(Honors: An Educational Criticism)', Catford의 '세라믹 수업의 초상: 조절과 자유 간의 미묘한 균형(Portrait of a Ceramics Class: Control and Freedom in a Delicate Balance)', Cohen의 '의대에 간 교육 심리학자(An Educational Psychologist Goes to Medical School)'가 그것이다. 이들은 Eisner가 제시한 대표적인 교육 비평 연구이다.

한편, 교육 비평을 소개하고 이들을 적용한 사례에는 다음과 같은 연구들이 있다. McCutcheon(1979; 1982)은 교육 비평의 방법, 적용, 그리고 재고점 등을 고찰함으로써 교육 비평에 대한 초석을 제공하였다. Donmoyer(1980)는 Hill 교사가 이끄는 초등학교 4학년 교실에 대한 교육 비평을 통해, 감정이입(empathy)이 교육 비평의 실제에서 중요한 역할을 차지한다는 점을 기술하였다. 한편 Barone(1983; 1987)은 실제적인 적용을 통해 교육 비평에 대해 이해의 지평을 넓혔다. 그는 미학적인 관점을 중심으로 고등학교 예술 프로그램에 대한 교육 비평을 실시한 바 있으며, 도시 근교에 있는 흑인 초등학생의 예술 활동을 비평하기도 하였다. Huenecke(1992)는 교육 비평을 접목하여 유아용(K-1) 읽기-쓰기에 관한 IBM 교육용 컴퓨터 프로그램을 비평하였다. Bresler(1994)는 교육 비평을 질적 연구 패러다임의 큰 맥락으로 규정한 후, Barone(1983)이 Appalachian 지역 학교의 예술 프로그램을 비평한 내용을 소개함과 동시에 이를 다시 비평하였다.

아울러 교육 비평은 사례 연구를 설계하는 연구 방법론으로 활용되기도 하였다. Thornton(1991)은 사회 교과서에 대한 사례 연구를 실시한 바 있으며, Uhrmacher(1991)는 발도르프 학교에 대한 연구를 바탕으로 이들 학교를 평가하였다. Nyberg(1991) 역시 과학 교육에 대한 교육 비평을 통해 과학 교육에서 논의하는 수월성의 역동을 기술하고 이해하였다. 앞에 소개한 연구들은 교육 비평의 개방형(open-ended) 형태의 연구 질문을 바탕으로, 교실에서 발생하는 다양한 교육과정 현상을 교육 비평의 방법에 따라 기술하고, 해석하고, 평가하고, 개념화한 사례들이다. 다음 장에서는 교육 비평에 대한 연구 동향을 기초로, 대표적인 교육 비평의 사례를 심층적으로 소개할 것이다.

4. 교육 비평의 적용

제4장에서는 교육 비평에 대한 이해를 넓히기 위해 교실 현장에 대한 교육 비평의 대표적인 사례를 제시하고자 한다. 교육 비평을 적용한 대표적인 사례들을 소개함으로써 교육 비평의 적용 방안에 대한 아이디어와 지침을 발견할 수 있을 것이다. 다음에 제시하는 교육 비평은 Flinders(1996)가 미국의 대도시 근교의 공립 중 · 고등학교를 9개월에 걸쳐 연구한 내용에 기초한 것이다. 그는 각 교실마다 교육과정의 실행에 어떠한 차이가 발생하는지 관찰하였다. 특히 교과 중심의 수업(subject-centered lessons)을 지향하는 두 교사가 실제적으로 교육과정을 실행하는 과정에서 어떠한 차이를 보이고 있는지 비평하였다. 그는 120교시 이상의 수업을 관찰하였으며, 현장 노트와 교재, 학습지, 기타 수업자료들을 수집한 자료들을 바탕으로 분석하였다. Flinders가 관찰한 수업 장면과 교육 비평을 제시하면 다음과 같다.

내러티브 사례 1: 이카로스에 대한 시

Halstead는 포레스터 고등학교의 영어교사로서, 교육과정 규준(standard)으로 지정된 두 종류의 문학선집에서 수업 내용을 선별하는 편이다. 이 교자에는 셰익스피어, 워즈워드, 디킨스와 같은 미국과 영국의 대표 문학가들의 작품이 수록되어 있는데, 그녀는 영문학 시간에 고전 작가들의 작품을 가르침으로써 학문 중심의 교육과정을 지향한다. 그녀는 8년차 교사로서, 운동화, 청바지, 스웨터와 같이 다소 캐주얼한 옷차림을 선호한다. 화요일 1교시 수업은 납으로 만든 날개 탓에 비행에 실패한 이카르스에 대한 전설에 기초한 단편시를 학습하는 날이었다. 그녀는 먼저 시를 배부하고 학생들에게 이를 낭송하였다. 시 낭송 후에 다음과 같은 토론이 시작되었다.

교사: 조금 전에 여러분에게 들려준 시는 현대 작가인 Sexton의 작품입니다. 시의 제

목은 '자신의 노력이 승리로 이어진 벗에게' 입니다. 자, 이 시의 종류는 무엇인가요?

학생: 단편시(sonnet)입니다.

교사: 어떠한 종류의 단편시인가요? [무응답] 좋아요. 우리가 지금까지 배웠던 단편시에는 무엇이 있죠?

학생: 셰익스피어 학파의 시요.

교사: 좋아요. 그렇다면 우리가 알고 있는 단편시에 대한 지식이 이 시를 이해하는 데 어떠한 도움을 줄 수 있을까요? 처음 두 행을 한번 봅시다…

교사와 학생들은 단편시를 형식면에서 면밀히 살펴보고 있으며, 학생들은 지난 시간에 학습했던 셰익스피어 학파의 단편시의 특징을 찾는 데 주력하고 있다. 교사는 구체적인 사례를 중심으로 토론을 재개한다.

교사: 시의 첫 행을 다시 한 번 봅시다. 이것이 얼마나 생생한지 들리나요? Sexton은 이를 어떻게 구체화하였나요? 그녀는 이처럼 강력한 이미지를 우리의 마음에 어떠한 방식으로 심어주고 있나요?

학생: 구두점이요.

교사: 좋아요. 이 시의 운율은 마치 새가 날갯짓을 하는 것과 같죠? 또 뭐가 있을까요?

학생: 셋째 행에 두운법이 있어요. 이 행은 이륙하는 것과 같은 느낌이에요.

교사: 맞아요. 작가는 음운에 의미를 실었어요. 또 무엇이 있을까요?

학생: 운율을 어기고 있어요.

교사: 어디 부분이 그렇지요?

학생: 마지막 행에 "그의 선견지명 있는 아빠가 잠시 자리를 비운 동안" 이라고 있는데요, 모순적이에요.

교사: 좋아요. 작가는 대조어구를 활용하고 있지만, 운율이 맞지 않죠? 그 밖에 작가는 어떠한 수사법을 사용했나요?

학생: 운율법칙이요.

교사: 좋았어요. 각 행은 너무 규칙적이고 정확하지요. "그의 선견지명 있는 아빠가 잠시 자리를 비운 동안" 이라는 행은 무엇을 연상하게 하나요?

학생: Jack and Jill 동화책(nursery rhyme)이요.

학생: Dr. Seuss 책 시리즈요.

Halstead는 학생들의 대답에 만족하듯 고개를 끄덕였다. 다음으로 시의 주제에 대한 논의가 진행되었으며, 학생들은 이 시가 젊은이의 용기, 하늘 높이 나는 것에 도전하는 것, 위험을 감수해야 하는 필요성 등에 대한 교훈이 있다는 점을 인식하였다. 한 학생은 이 시의 교훈이 마치 "그래 한번 해 보는 거야(Just do it)" 라는 나이키 광고와 같다고 요약하였다.

내러티브 사례 2: 미국 헌법 개정

Steward는 14년 경력의 사회과 교사로서, 종종 청바지와 남방 차림으로 어디슨 중학교에 출근하곤 한다. 그는 요즘 중학교 3학년 일반사회 과목을 담당하였으며, 교과서 대신 인터넷 자료집이나 유인물을 주교재로 사용한다. 학생들은 이제 미국 헌법과 헌법 개정에 대해 배우기 시작하였다. Steward 교사는 헌법 수업에 대해 이렇게 설명하였다. "모든 학생들이 헌법을 한 번이라도 제대로 읽어 보았으면 하는 소망입니다. 헌법은 모든 사람이 친숙해져야 하는 것이니까요. 특히 우리 사회가 어떻게 운영되는지, 그리고 시민의 한 사람으로서 어떠한 권리가 있는지 헌법을 통해 알 수 있습니다." 오늘은 학생들의 책상이 칠판을 바라본 U자 모양으로 배열되어 있다. 교사는 칠판에 다음과 같이 판서하였다.

서문: 우리는 민주 시민으로서 EJ-IDT-PCD-PGW-SBL, O 그리고 P, E를 원한다.

Steward 교사는 28명의 학생들이 책상에 앉기 전에 칠판에 적혀 있는 내용을 필기하도록 지시하였다. 그가 제시한 약어들은 학생들이 헌법 서문을 보다 효과적으로 외울 수 있는 길잡이이다. 그는 학생들이 필기를 마칠 때까지 기다린 후 수업을 시작하였다.

교사: 어제에 이어 수업을 시작합시다. 오늘은 최대한 많은 헌법 개정에 대해 살펴볼 것입니다. 만약 예정대로 수업 진도를 나갈 수 있다면 이번 주 목요일에 간단한 시험을 봅니다. 여러분들은 최소한 하루 정도 지금까지 배운 것을 복습할 시간이 있을 거예요. 시험은 모두 82문제인데, 4쪽에 걸쳐 진행될 거예요. 많은 내용을 시험 본다는 것 명심하세요! 오늘은 어디 할 차례이지요? 그렇군요. 22차 헌법 개정을 봅시다. [한 학생이 지각하여 자기 자리에 앉는다.] 잭, 우리 지금 막 수업 시작했어요. 22차 헌법 개정에서는 대통령의 임기를 2기로 규정하고 있지요. 이 헌법은 언제 통과되었나요?

학생: 1950년대요?

교사: 맞습니다. 1951년이죠. 여러분에게는 아주 까마득하게 먼 옛날이지요. 그렇다면 21차 헌법 개정은 뭐지요?

학생: 금주법이요.

교사: 아니요, 금주에 관한 법은 18차 개정입니다. 21차 헌법 개정은 18차 헌법 개정을 무효로 하는 법입니다. 왜 무효가 되었지요? 아마도 정치권의 주요한 인물들이 캐나다에서 위스키를 수입하면서 많은 돈을 벌었기 때문일 겁니다. 20차 개정으로 한번 가 봅시다. 이는 대통령 임기와 관련한 사항인데요. 누가 레임 덕(lame duck)에 대해 설명할 수 있나요? [무반응] 이를 어떻게 설명하면 좋을까요? 만약 선생님이 내년에는 가르칠 수 없다고 한다면…

학생: [웃으면서] 그러면 레임 덕 선생님이 되겠네요?

교사: [같이 웃으며] 맞아요. 그게 레임 덕 선생님이죠. 자, 19차 헌법 개정으로 가 봅시다. 참정권이란 무엇인가요? 선생님은 참정권이 있는 반면, 여러분은 아직 참정권이 없지요. 참정권을 가지려면 몇 년을 더 기다려야 해요.

학생: 공책에 뭐라고 써야 할지 모르겠어요.

교사: 다시 한 번 생각해 보세요. 선생님이 뭐라고 질문했지요? 여성의 정치 참여죠? 이 헌법 개정은 언제 통과되었다고 했지요?

학생: 세계 대전 중에요.

교사: 세계 대전?

학생: 제2차 세계 대전이요?

교사: 그보다 훨씬 전이지요. 1920년. 자, 모두 이해했어요? 그러면 16, 17, 18차 헌법 개정으로 넘어갑시다. 노트를 보면 이미 설명이 들어 있을 거예요. 13, 14, 15차 헌법 개정을 다시 봅시다. 이들은 대개 "흑인"에 대한 헌법 개정이라고 하지만, 법조문에는 이들을 구체적으로 명시하지 않아요. 14차에서는 시민이 무엇인지, 그리고 모든 시민에게 평등권이 있다는 점을 제시하고 있어요. 15차 헌법 개정은 선거권에 대한 논의입니다. 이 헌법 개정의 첫 문장을 한번 읽어 봅시다. "미국 시민으로서의 권리는 인종, 피부색, 과거 노예 생활과 무관하게 주어진다."

학생: 하지만 그 헌법 조문이 인권 문제 차원에서는 현실과 동떨어진 것 같은데요?

교사: 아니, 그렇지 않아요. 이 헌법 조항은 진짜 사실입니다. 만약 누군가가 여러분의 인종을 문제 삼아 선거에 참여하지 못하게 방해하면, 그 사람은 법정에 끌려가게 되어 있어요.

> 교실 토의는 모든 헌법 개정과 권리장전에 대한 내용으로 이어지며, 교사는 각 헌법 개정마다 학생들에게 질문하고 간단한 설명을 덧붙이는 형식으로 수업을 진행한다. 간혹 교사와 학생들은 우스갯소리도 주고받는다. 그리고 교사는 공책 필기법과 같은 기초적인 학습 전략을 전수하기도 한다. 예를 들어 Steward 교사는 "시대 순으로 필기하세요", "책을 읽을 때에는 핵심어가 무엇인지 염두에 두세요", "각 헌법개정마다 별도로 카드를 준비하세요" 와 같이 설명한다.
>
> 수요일이 되자 학생들은 23차 헌법 개정까지 모든 내용을 배웠다. 금요일에 있을 시험에 대비하여 학생들은 지금까지 배운 내용을 정리하였다. 복습하는 수업 시간 동안 교사는 학생들을 모둠별로 배치하였다. 학생들은 서로 짝을 이루어 헌법 개정과 관련한 내용을 질문하였다. 대학 자율권과 관련한 헌법 개정은 무엇인가? 그것이 통과한 연도는 언제인가? 시민으로서의 자격을 규정한 헌법 개정은 무엇인가? 참정권이란 무엇인가? 노예제를 금지한 헌법 개정은 무엇인가? 1차 헌법 개정에서는 무엇을 보장하는가? 비합리적인 체포에 대해 규정한 헌법 개정은 무엇인가? 이와 같은 복습절차는 대개 반복 연습이지만, 이 훈련을 통해 학생들은 헌법 개정의 내용을 암기할 수 있었다. 반복적인 훈련은 학습 내용에 보다 용이하게 접근할 수 있는 촉진제가 되었다. 교사는 학생들이 딴청을 피운다고 나무랄 필요도 없어졌다.
>
> 시험 날이 되자 학생들이 긴장한 기색이 역력하였다. 몇몇 학생들은 교사와 농담을 하며 긴장을 풀어보기도 한다. 두 명의 남학생은 다음과 같이 흥얼거리기도 하였다. "아무도 내가 얼마나 고생했는지 모를 거야…" 교사는 시험을 볼 수 있도록 학생들의 책상을 일렬로 정렬하였다. 교사가 넉 장 분량의 시험지를 돌리자 한 학생이 익살스럽게 질문하였다. "왜 그 사람들이 이렇게 많은 헌법 개정을 했는지 아세요, 선생님? 우리를 더 많이 괴롭히려고 그래요." 학생들은 시험 내내 긴장하고 정답을 맞히지 못할까봐 두려워했다. 그러나 모든 학생들이 시험에서 우수한 성적을 거두었다. 그들은 이와 같은 반복과 훈련을 통해 교사가 의도한 학습 목표를 달성하였다.

지금까지 두 교사의 수업 장면을 기술하였다. 이제 두 교실을 비교하는 방안으로 교육 비평의 방법을 소개하고자 한다. 이들 수업에 대한 교육 비평의 목적은 학문중심의 교육과정에 초점을 맞추고 있는 두 교사가 실제적인 교실 수업의 실행에 어떠한 양상을 보이는지 그 차이점을 살펴보는 것이다. 이를 교육 비평의 4가지 차원에서 분석하면 다음과 같다.

1) 기술적 비평

교육 비평의 기술적 차원이란 교육 내용에 내포된 특별한 사항들을 기술하는 것을 의미한다. 기술적 비평은 이미 앞에 제시된 내러티브 사례들을 통해 실제적으로 소개되었다고 할 수 있다. Halstead 교사의 수업은 이카루스 신화를 재구성한 단편시에 초점을 맞추었다. 이 수업은 단순히 한 편의 시에 대한 내용뿐만 아니라, 시의 구성이나 운율, 두운법, 모순법과 같은 수사법을 학습하는 내용이었다. Steward 교사의 수업은 헌법 개정에 대한 내용을 학습하는 것으로서, 학생들은 금주법, 대통령의 임기, 참정권, 투표권, 평등권과 같은 내용을 학습하였다.

이와 같은 수업 장면에 대한 기술은 단순히 기술적 비평뿐만 아니라 교실 연구에 대한 해석적 비평과도 중복되는 면이 있을 수 있다. 그러나 앞에 기술된 내러티브들이 일정한 수업 시간 동안 교실에서 진행된 특정한 주제, 사실, 그리고 아이디어에 대한 기술 자체에 초점이 맞추어져 있다는 점을 알 수 있다. 특히 앞에 제시된 내러티브들에는 Halstead 교사와 Steward 교사가 실시한 수업의 의미나 수업 내용 저변에 내재되어 있는 시사점에 대한 논의가 없다는 점에서 기술적 비평의 전형이라 할 수 있다.

2) 해석적 비평

해석적 비평은 현상의 표면적 차원을 넘어 교육과정의 의미를 탐색하는 과정이다. 이는 학습 내용이 수업이라는 커다란 맥락 안에서 어떻게 학생들에게 이해되고 전달되는지 파악하고, 이를 해석하는 측면이기도 하다. 내러티브 사례 1의 Halstead 교사가 수업 중에 제시한 수업 내용과 그 의미가 실제적으로 학생들에게 어떻게 접목되는지 두 가지 측면에서 살펴볼 수 있다. 첫째, Halstead 교사는 Sexton의 시에 표현된 운율이 "지나치게 규칙적이고 정확하다"고 제시한다. 이에 대해 학생들은 이 시를 자신들이 유아기에 경험했던 비학문적이고 일상적인 경험, 다시 말해 Dr. Seuss의 책과 Jack and Jill 동화책과 같은 내용에 접목시킨다. 이 수업에서 고등학생이 '어려운' 시의 내용을 동화책의 저자나 동화의 내용과 연관 지어 생각한다는 것을 주목할 만하다. 이와 같은 영감은 새로운 아이디어를 포착하는 과정이나 교육과정 실행에 대한 대안적인 접근 방법을 암시하기도 한다. 두 번째 예는 위험의 감수에 대한 사례이다. 이는 같은 시의 두 번째 핵심 주제로서, 시의 기법이라기보다시의 의미와 관련된 내용이다. 학생들은 시의 주제를 일상에서 자주 접하는 나이키 광고와 연관시키고 있다. 이 사례 역시 학문적인 것과 비학문적인 것 사이의 연결을 보여 주는 것으로서, 학생들의 교실 밖 경험을 시에 내포된 의미와 어떻게 접목할 수 있을지 제시하고 있다. 결과적으로 위의 두 가지 사례는 수업 내용과 학생의 선행 지식 간의 관련성을 논의하고 있다.

반면, Steward 교사의 수업에서 학문적 영역과 비학문적 영역을 연결하는 유사한 사례를 인용하기가 쉽지 않다. 그는 수업 중에 실제적인 사례를 바탕으로 중요한 개념을 실생활과 연결시키고 있다. 예를 들어, 대통령의 레임 덕 현상을 교사 자신의 임용 재계약과 비유하고, 참정권을 학생들의 투표권과 연결시킨다. 그러나 많은 헌법 개정과 관련한 내용을 학습해야 하는 상황에서 이와 같은 실례들은 심도 있게 논의되지 않고 있다. 더욱이 Steward 교사는 학생들이 사례를 직접적으로 유추하도록 이끌기보다, 교사인 자신이 먼저 적합한 사례를 제시하고 있다.

결과적으로 수업 중에 논의된 사례들은 교과 중심적이고 학문적인 성격을 더욱 지향하였다. 예를 들어 한 학생이 15차 헌법 개정의 내용과 인권이라는 실생활의 문제에 대해 질문하였을 때, 교사는 헌법의 절차를 중심으로 그 성격을 규명하였다. 그는 "만약 누군가가 여러분의 인종 때문에 선거에 참여하지 못하게 방해하면 그 사람은 법정에 끌려가게 되어 있어요."라고 학생의 질문에 답변하였다. 지금까지 해석적 분석을 위한 사례로서 수업의 내용이 어떻게 실생활과 연결되고 개발되었는지 조망하였다. 이와 같이 교실 내에서 이루어지거나 이루어지지 않은 내용을 유추하고 해석하는 것은 다음에 소개할 규범적 비평을 위한 기반이 된다.

3) 규범적 비평

앞에 기술한 내러티브들은 문화적 문해성(cultural literacy)의 관점에서 볼 때 모범적인 사례가 되기도 하고 비모범적인 사례가 되기도 한다. Halstead의 수업은 학문 중심의 교육과정이 어떻게 학생들의 실제 경험과 연결되는지에 대한 모범적인 사례인 반면, Steward의 수업은 학문이 학문 그 자체로 머무를 뿐 학생들의 삶과 괴리되는 부정적인 측면을 보여 주는 사례이다. Halstead는 학문 중심 교육과정이 엘리트 중심적이고 학생들의 실제 삶과 연결되지 못한다는 비판가들의 인식을 종식시킬 수 있는 수업을 진행하였다. 그녀의 수업에서 대부분의 학생들은 이카루스 신화의 내용에 기초한 시의 주제와 내용을 이해하였고, 이를 자신들의 실제 문화와 접목시키는 기량을 발휘하였다. 그들은 문화에 대한 접근 용이성을 바탕으로 학문적 내용에 접근하고자 노력하였다. 그리하여 이카루스 전설에 대한 시는 위험 감수, 자유, 책임감, 인간 자만의 어리석음과 같은 주제로 연결되었다.

한편, Steward의 수업은 문화적 문해성의 차원에서 볼 때 비모범적인 사례이다. 그의 수업은 학문적 접근이 문화를 이해하기 위한 필요조건일 뿐 충분조건이 되지 못할 수 있다는 맹점을 다시 한 번 확인시켜 준다. 우선 학문적인 차원에서 논의하자면, 그의 수업 내용은 Halstead의 수업 내용과 같이 매우 탄탄하다. 실제적으로도 헌법은 모든 사람이 알아야 할 필수적인 내용이다. 그의 수업을 통해 학생들은 헌법의 내용을 알게 되었으며, 시험에서도 좋은 성적을 거두었다. 그리고 학생들은 동료들과 협력적으로 학습하는 과정을 통해 헌법 서문의 내용을 완벽히 외울 수 있었다.

Steward 교사는 헌법의 내용을 학생들에게 정확히 전달하고 암기하도록 가르쳤다는 점에서 높이 평가받아 마땅하다. 그는 주제를 반복적으로 가르치고 학습할 내용을 잘 정리하였으며, 학생들이 서로 도와가며 학습할 수 있는 학습공동체 분위기를 조성하였다. 그러나 Halstead 교사가 수업 내용을 학생들의 실생활과 연결시키는 데 중점을 둔 반면, Steward 교사는 교실에서 배운 내용을 교실 밖의 맥락과 적절히 연결하는 데 주안점을 두지 않았다. 학생들이 열심히 공부한 헌법 개정의 내용들은 서로 동떨어져 있는 섬들과 같고, 이들은 연대기를 중심으로 간신히 연결되어 있을 뿐이다. 학생들은 각 개정 헌법을 획일적으로 암기하였을 뿐, 그 안에 내포된 삶의 의미를 발견할 수 없었다. 수업은 다만 숫자들을 나열하는 방식으로 실행되었을 뿐이다. 예를 들어 학생들은 다음과 같은 질문과 답변을 되뇔 뿐이다. '15차 개정이 무엇이었나? 14차는 무엇이었나? 13차는? 12차는?…'

개정 헌법에 대한 순차적인 정보는 일주일마다 있는 시험을 통해 하나로 통합되었다. 학생들은 무슨 내용을 시험 볼 것인지 잘 알고 있으며, 수업 중에도 노트에 무슨 내용을 필기해야 하는지 기술적으로 알고 있다. "헌법은 학생들이 이를 암기하고 시험 보기 위해 존재한다."는 한 학생의 농담은 학생들이 헌법을 어떻게 받아들이고 있는지 상징적으로 보여 준다. 이는 학교 교육을 실생활과 무관한 지식 자체를 암기하고 평가하는 것으로 폄하하는 모습을 암시하기도 한다.

4) 주제적 비평

주제적 비평이란 현상에 대한 다양한 아이디어나 개념을 통합할 수 있는 주제를 개발하는 것이다. 예를 들어, 앞에 제시한 두 내러티브의 교육적 실제를 어떻게 이해할 것인지, 다시 말해 교육과정의 실행 측면에서 Halstead와 Steward의 수업을 분석할 수 있는 통합적인 주제를 어떻게 유추해 낼 수 있는지 논의하는 것이다. 두 교실의 수업 장면에는 다양한 주제가 내포되어 있지만, '학문 중심 교육과정' 이라는 핵심 주제를 추출할 수 있다. 교사와 학생들은 수업을 통해 학문의 내용과 그 가치에 대한 신념을 구체화하게 된다. 이는 'Steward의 수업에서 학습이란 무엇인가? 학문의 본질은 무엇인가?' 와 같은 질문으로 연결되며, '학문적' 이라는 개념이 어떻게 교육적 실제와 연결되었는지 탐구할 수 있는 기반을 마련한다.

Halstead 교사의 경우, 학생들은 학문적 경험을 일상생활에서 발생할 수 있는 실제적 경험과 연관시켰다. 학생들은 수업 중에 배운 시의 내용을 나이키의 상업 광고와 연합하는 능력을 발휘하였는데, 이는 학습한 내용을 단순 암기하여 시험 보는 것과 차별된다. 결국 Halstead 교사가 구상한 '학문적' 이라는 것은 실생활과 접목된 실용적인 내용으로 규정된다. 그녀의 수업에서 시를 학습하는 것은 학생들이 세상을 또 다른 시각으로 볼 수 있는 안목을 넓히는 방법이 된다. 그녀에게 '학문적' 이라는 것은 학생들이 배운 내용을 자신들의 실제 경험과 접목시키는 것으로서, 이들이 장기적이고 거시안적인 안목에서 세상을 조망할 수 있는 비전을 제시하는 것으로 개념화할 수 있다.

5. 한국 교육과정과 수업 연구에서 교육 비평의 적용 사례

국내 수업 연구나 학교 연구에서는 외국의 연구 사례와 달리 교육 비평의 4가지 단계를 직접적으로 활용한 완전한 수준의 연구는 없는 실정이다. 그러나 수업에 대한 질적 연구나 교사 내러티브 탐구를 활용한 최근의 연구들은 교육 비평의 방법을 간접적으로 접목한 사례로서 간주될 수 있을 것이다. 이러한 점에서 우리나라 교육과정 연구에서 시도되고 있는 내러티브 연구(김대현 · 김현주, 2003; 나장함, 2004; 염지숙, 1999; 정광순, 2004; 정정훈 · 김영천, 2005), 생애사 연구(김영천 · 허창수, 2004; 김영천, 2005b), 자서전적 연구(김영천 · 정정훈 · 이영민, 2006; 한혜정,

2005), 교육과정의 미학적 탐색(김대현 · 김아영, 2002; 임부연, 2005), 질적 사례 연구(김명희, 2001; 박한숙, 2005; 차경희, 2005)는 교육 비평의 범주에 속한다고 할 수 있다. 이 글에서는 여러 개의 교육 비평과 관련한 연구 중에서 필자들이 선정한 모범적 예로서 세 개의 자료를 선택하였다. 김명희(2001)의 「이해를 위한 교수모형(Teaching for Understanding)의 적용에 관한 연구」, 김영천(2005b)의 「별이 빛나는 밤2: 한국 교사의 삶과 그들의 세계」, 그리고 차경희(2005)의 「한국 초등학교에서의 다중지능 이론의 적용에 관한 질적 사례 연구」가 그것이다. 이들 연구를 통해 교육 비평의 아이디어가 어떻게 교육과정 연구에 접목되거나 적용되었는지에 대해 분석해 보는 것은 우리나라에서 교육 비평의 실제적 확산을 위해 도움이 될 것이다.

첫째, 김명희(2001)는 「이해를 위한 교수모형(Teaching for Understanding)의 적용에 관한 연구」에서 초등학교 국어과 능력을 향상시키기 위한 새로운 교육과정 모형을 개발하고, 지식, 방법, 목적, 형식에 의한 평가준거와 평가도구를 개발하여 질적 평가 방법을 시도하였다. 특히 자기평가, 동료평가, 포트폴리오와 같은 다양한 수행평가의 가능성을 확인하고 그 효과를 질적으로 분석하였다. 그녀는 기술적 비평을 통해 새로운 국어과 교육과정을 기술하고, 해석적 비평을 통해 이해를 위한 교수모형의 교육적 의의를 탐색하였다. 그리하여 이해를 위한 교수모형이 학생들의 이해력을 향상시키고, 인간의 기본적인 의사소통 기능을 향상시킬 수 있는 새로운 평가기준을 마련할 수 있다는 점을 부각시켰다. 아울러 교사들의 내러티브 탐구를 통해 이 교수모형이 주는 시사점을 '매너리즘의 소멸'과 '자기신뢰감의 확립'이라는 핵심 주제로 비평하였다(p. 310). 결론적으로 이 연구는 교육비평의 4가지 측면 중 기술적 비평, 해석적 비평, 그리고 주제적 비평이 잘 드러난 작품이라고 할 수 있다. 특히 지식기반사회에서 요구되는 창의적인 인간 교육을 위한 다각적인 시도와 접근이 이루어지는 가운데, 교육과정 측면에서 '다시 쓰는 교실 신화'를 통해 창의적인 인간을 양성할 수 있는 활로를 마련하였다. 다시 말해 교사들이 "시간이 지남에 따라 프로그램에 대한 사명감 및 실천의지를 갖게 되었다"는 점이나 학생들이 "어느 상황에서나 명확하게 자기 주장을 펼 수 있는 자신감이 생겼다"는 평가는 기존의 양적 연구에서 제시할 수 없었던 교육 비평을 통한 심미적 표현이라 할 수 있다(p. 314).

김명희(2001)의 연구가 새로운 교육과정의 개발과 이에 대한 질적 평가에 초점을 맞춘 반면, 김영천(2005b)은 「별이 빛나는 밤2: 한국 교사의 삶과 그들의 세계」에서 자서전적 방법(autobiographical methodology)에 근거한 교육 비평의 방법을 접목하였다. 그는 교생이 느끼는 분노와 좌절감, 초임교사가 기술하는 3월 한 달간의 내러티브, 교사 간의 협력체계에 대한 기술과 분석을 통해 교육 비평이 국내 내러티브 탐구에서 어떻게 접목되고 활용되고 있는지를 제시하고 있다. 이들 내러티브는 기술적 비평을 통해 교실의 모습, 동료 교사 간의 역동, 교생의 갈등 등을 상세히 묘사하고 있다.

3월 한 달 동안 초임교사가 기록한 교단일기, 생활지도 · 수업지도 장면에 대한 비네트(vignettes), 교생실습 동안 발생하는 사건들에 대한 심층기술은 교육 비평에서 기술적 비평의 면모를 제시하고 있다. 그리고 이들 사건들에 대한 교사의 반성과 분석은 해석적 분석을 적용한 방법이라 할 수 있다. 예를 들어 교사 간의 협력 작업이 왜 교사의 전문성 개발에 필수적인지, 초임교사가 겪는 혼란이 무엇이고 이를 어떻게 극복해 나갔는지에 대한 이해와 분석은 해석적 분석을 통한 교육 비평의 또 다른 국면이라 할 수 있다. 궁극적으로 교사의 자서전적 내러티브는 교사의 삶을 사회학적으로 어떻게 재조명할 수 있는지, 초임교사를 위한 실제적인 행정적 지원이 무엇인지, 교생이 겪는 윤리적, 실제적 갈등이 무엇인지에 대한 규범적 비평의 국면을 제시하고 있다.

결론적으로 김영천(2005b)의 연구는 교육 비평의 4가지 차원 중 기술적 비평, 해석적 비평, 그리고 규범적 비평이 잘 드러난 작품이라 할 수 있다. 특히 학교 현장에서 교사의 보람이나 교사 간의 갈등을 심층적으로 기술하는 과정은 교육 비평이 지니는 최대의 강점이라 할 수 있다. 다음의 내용은 '튀는 것을 싫어하는 교직문화' 내에서 동료교사 간에 벌어질 수 있는 갈등을 적나라하게 보여 주는 것으로서, 동 학년 회의시간에 진행된 단편적인 대화내용을 인용한 것이다(p. 292-293).

> A 교사: 쉽게 쉽게 합시다. 우리가 열심히 한다고 누가 알아주나요?
>
> B 교사: 맞아요. 이리저리 열성적으로 해 봐야 체벌이다 뭐다 해서 뒤통수나 얻어맞지, 안 그래요?
>
> A 교사: 그래 맞아요. 열심히 할 필요가 없어요. 그냥 조용히 주는 봉급이나 받고 주어진 수업시간에 아이들이나 열심히 가르치면 되지.
>
> B 교사: 그런데 몇 학년 몇 반 선생님 너무 튀지 않아요? 누구는 몰라서 그러는 줄 아

나 보지? 혼자서 잘난 척한단 말이야. 학급 안에서만 조용히 하면 될 텐데….
꼭 학교 전체까지 번지게 하고 정말 싫다. 싫어!

A 교사: 그 선생님도 나이 들면 다 똑같아지겠지요.

김영천(2005b)은 앞에 인용한 두 교사의 대화를 "새로운 교육개혁에 저항하고자 하는 심리"로 해석하였다. 이와 동시에 "여러 선구자에 의해 곧 그 개혁이 받아들여지게 될 것이다"라는 규범적 비평을 통해 "교육개혁의 저항자로서의 교사문화"를 평가하였다(p. 298). 교육 현상에 대한 심층적인 기술과 이에 대한 심미적인 해석 및 평가는 교육 비평이 교육현상을 보다 심도 있게 평가할 수 있는 방안이라는 점을 제시한다.

셋째로, 차경희(2005)는 「한국 초등학교에서의 다중지능 이론의 적용에 관한 질적 사례 연구」를 통해 학교와 교사 차원 새로운 교육과정을 운영하는 방법과 전략에 대한 교육 비평을 실시하였다. 그녀는 3년 이상 다중지능 이론을 학교 현장에 접목해온 다섯 개의 초등학교를 선정하여, 다중지능 이론을 통해 변화된 학교의 모습을 평가하였다. 먼저 그녀는 다중지능 학교로 전환하기 위해 각 학교가 선택한 전략과 의도, 그 과정에서 나타난 학교와 교사와의 갈등, 그리고 도전과제를 기술적 비평을 통해 묘사하였다. 그리고 다중지능 학교의 구조와 실천가들의 목소리를 통해 다중지능 학교가 학교 교육개혁에 주는 시사점을 주제적 비평을 통해 구체화하였다. 그녀는 성공적인 다중지능 학교를 위한 전략으로 핵심적 실천가의 열정과 헌신, 주제중심 통합교육과정을 통한 교육과정의 재구성, 지능 영역별 학습센터 운영, 다차원적인 프로젝트 학습, 다양한 의사소통의 기법의 습득 및 활용, 그리고 학부모와 행정가의 연계를 제시하였다.

지금까지 교육 비평의 개념이 확대되어 진행된 국내의 대표적인 연구 사례를 간략히 제시하였다. 이들은 교육 비평의 4가지 차원에 근접한 연구로서 기술적 비평, 해석적 비평, 규범적 비평, 그리고 주제적 비평의 단계를 부분적으로 적용한 연구라 할 수 있다. 이들 연구는 예술적 · 심미적 관점에 기초한 교육 비평을 통해 교실이나 학교에서 발생하는 복잡하고 다양한 현상을 다각적인 방법으로 기술하고 평가할 수 있다는 점을 시사하고 있다. 이와 동시에 교육 비평을 통한 질적 평가가 교육과정 연구와 교육 평가에서 더욱 부각되어야 한다는 점을 강조하고 있다.

6. 시사점

지금까지 교육과정 이론화와 교육과정 연구 방법론 개발에 큰 주축을 이룬 교육 비평의 이론적 측면과 실제적인 적용사례를 논의하였다. 교육 비평은 지난 30년간 교육과정 연구 분야에 전환점을 마련해 왔다. 무엇보다 교육과정을 학습내용이나 수업 계획뿐만 아니라 교실의 상황적 맥락 안에서 창출되는 의미로 재개념화함으로써 교육과정 이론화에 이바지하였다. 또한 교실의 실제를 더욱 풍부하고 설득력 있게 기술할 수 있는 수업 관찰(classroom observation), 심층적 기술(thick-description)과 같은 교육과정 연구의 실제를 구체화하고, 교육적 감식안에 기초한 교육과정 평가의 방안을 제시하였다.

심미적 접근을 통한 교육 비평은 교사, 교육현장, 그리고 학습결과에 대한 인식의 전환점을 마련하였다. 교사는 그들이 학생들에게 수업 중에 전하고자 하는 메시지를 적극적으로 중재하고 형성해 가는 예술가가 되고, 교육 현장은 전문가인 교사들이 자신의 전문성과 상상력을 펼쳐 나갈 수 있는 장이 되며, 학습 결과는 다른 예술 분야처럼 전문가인 교사가 수업을 조정하고 수정해 나아가는 작품으로 전환되었다. 결과적으로 교육과정의 실행은 교사와 학생 간에 협력적으로 이루어지는 심미적 · 예술적 경험으로 자리 잡게 되었다. 그리하여 학부모와 학생들은 학교에서 가장 중요한 사건은 무엇인지, 그것은 어떠한 방식으로 이루어졌는지, 학생과 교사가 어떠한 방식으로 교육 활동에 참여하고 있는지, 이와 같은 사건이 학교에 어떠한 결과를 가져왔는지, 그리고 그 사건들이 학생들에게 어떠한 교훈을 심어 주었는지 이해할 수 있는 기초를 제공받게 되었다.

한편, 교육 비평은 예술적 · 심미적 관점에 기초한 '질적 평가(qualitative assessment)'가 교육 평가 내에서 더욱 부각되어야 한다는 점을 강조하였다. 교육 비평은 객관성, 가치중립성과 같은 실증주의 개념에 기초한 양적 평가의 제한점을 지적하고, 교사의 '교육적 감식안'을 바탕으로 한 질적 평가의 중요성을 강조하였다. 이는 학습의 결과를 양적인 지표를 통해 획일적으로 제시하고 전달하는 차원이 아니라, 예술적 · 심미적인 차원에서 학습자의 학습 과정과 수행 결과를 심층적으로 기술하고 종합적으로 평가할 수 있는 이론적 근거를 마련하였다. 결과적으로 교육 비평은 교실에서 발생하는 복잡하고 다양한 사건과 학습의 결과를 다각적인 방법으

로 표현할 수 있는 대안적인 평가 방안의 중요성을 제시하였다

이와 같은 교육 비평에 대해 이론적인 소개는 우리나라 교실과 교육의 실제를 관찰하고, 기술하고, 이해하고, 평가할 수 있는 개념적 틀과 향후 교육과정과 평가 연구를 위한 초석을 마련하였다. 국내에 소개된 Eisner의 교육과정 이론에 대한 개론서들은 교육 비평을 추상적으로 설명함으로써, 이 이론을 통한 현장 연구에 직접적인 기여를 하지 못한 실정이다. 이러한 가운데 우리나라 교육과정 연구에서 시도되고 있는 내러티브 연구(김대현 · 김현주, 2003; 나장함, 2004; 염지숙, 1999; 정광순, 2004; 정정훈 · 김영천, 2005), 생애사 연구(김영천 · 허창수, 2004; 김영천, 2005b), 자서전적 연구방법(김영천 · 정정훈 · 이영민, 2006; 한혜정, 2005), 교육과정의 미학적 탐색(김대현 · 김아영, 2002; 임부연, 2005), 질적 사례 연구(김명희, 2001; 박한숙, 2005; 차경희, 2005)는 직접적으로 교육 비평을 소개하지는 않았지만, 간접적으로 교육 비평의 방법을 접목한 연구 사례라고 할 수 있다. 국내의 이러한 실정에 비추어 볼 때 기술적 비평, 해석적 비평, 규범적 비평, 주제적 비평의 4가지 차원을 통한 교육 비평에 대한 이론적 소개는 교육과정 연구 방법론으로서의 교육 비평을 심도 있고 정확하게 이해할 수 있는 기초를 마련하였다는 점에서 의의가 있다. 추후에는 필자를 포함한 국내의 교육과정 연구자들이 교육 비평의 방법론을 접목하여 국내의 수업 현장을 심미적으로 비평하는 연구가 필요하다고 하겠다.

교육 비평의 목적은 교육과정의 현상을 이해하기 위해 설득력 있는 다양한 평가 방안을 창출하는 것이다. 이와 같은 과정 속에서 교육과정 연구자는 교육적 수행이나 학습 결과에 대한 인지도를 높이고 이들의 질을 보다 폭넓게 이해하게 된다. 교육 비평은 학교나 교실에서 이루어지는 교육과정 현상의 실제를 생생하게 기술하고 다각적으로 평가할 수 있는 잠재력을 지니고 있다. 또한 이는 학교에서 학생들이 실제로 경험하는 교육과정과 환경적 맥락이 어떻게 상호 작용하는지 연구할 수 있는 이론적 기반을 제시하였으며, 효과적인 교실 수업을 파악하기 위한 실제적인 지식의 틀을 제공하였다. 궁극적으로는 교육 비평은 우리나라 학교 개혁에서 교육과정의 개발 측면뿐만 아니라 예술적 · 심미적 관점에 기초한 질적 평가의 중요성을 시사함으로써, 교육 개혁을 위한 새로운 방안을 모색하는 데 이바지할 것이다.

참고문헌

김대현 · 김아영(2002). 메타비평을 사용한 비평의 교육적 기능 탐색, 교육과정 연구, 20(3), 271-293.

김대현 · 김현주(2003). 입학초기 중학생의 삶. 교육과정 연구, 21(4), 1-24.

김대현 · 박경미(2003). 학교 교육과정 운영에 관한 교사의 내러티브 탐구, 교육과정 연구, 21(2), 23-49.

김명희(2001). 이해를 위한 교수모형의 적용에 관한 연구. 교육과정 연구, 19(1), 283-318

김복영 외(역)(2001). 교육과정 담론의 새 지평. 서울: 원미사. Pinar. W. F. (1995). *Understanding curriculum: An introduction to the study of historical and contemporary curriculum discourses.* New York: Peter Lang Publisher.

김영천(2005a). 별이 빛나는 밤 1: 한국 교사의 삶과 그들의 세계. 서울: 문음사.

김영천(2005b). 별이 빛나는 밤 2: 한국 교사의 삶과 그들의 세계. 서울: 문음사.

김영천(2006). 질적연구 방법론 1: Bricoleur. 서울: 문음사.

김영천 · 허창수(2004). 생애사 텍스트로서의 교육과정 연구, 교육과정 연구, 22(4), 49-81.

김영천 · 정정훈 · 이영민(2006). 미운 오리 새끼: 한국 초임 교사의 일년 생활. 서울: 문음사.

나장함(2004). 통합교육과정에 대한 교사들의 인식 탐구, 교육과정 연구. 22(1), 101-124.

박병기 외(역) (2001). 질적연구와 교육. 서울: 학이당. Eisner, E. W. (1991). *The enlightened eye: Qualitative inquiry and the enhancement of educational practice.* New York: Macmillan.

박한숙(2005). 프로젝트 중심 통합교육과정 수업에 관한 질적 사례연구. 교육과정 연구, 23(3), 95-115.

염지숙(1999). 내러티브 탐구(Narrative Inquiry)를 통한 유아 세계 이해, 교육인류학연구, 2(3), 57-82.

이해명(역)(1999). 교육적 상상력: 교육과정의 구성과 평가. 서울: 단국대학교 출판부. Eisner, E. W. (1985). *The educational imagination: On the design and evaluation of school programs* (2nd. ed.). New York: Prenticehall.

임부연(2005). 포스트모던 유아교육과정의 미학적 탐색: 해체를 넘어 생성을 위하여. 교육과정 연구, 23(4), 207-230.

정광순(2004). 한 교사의 열린 교육 체험에 대한 내러티브 탐구. 열린교육연구, 12(1). pp.1-24.

정정훈 · 김영천(2005). 초등학교 초임교사의 전문성 발달과 딜레마에 대한 사례 연구. 열린교육연구. 13(2). pp. 71-100.

차경희(2005). 한국 초등학교에서의 다중지능 이론의 적용에 관한 질적 사례 연구. 한양대학교 대학원 박사학위 논문.

한혜정(2005). 자아성찰과 교수방법으로서의 '자서전적 방법' (Autobiographical Method). 교육과정 연구, 23(3), 117-132.

Barone, T. E. (1982). The meadowhurst experience: Phases in the process of educational criticism. *Journal of Curriculum Theorizing*, 4(1), 156-70.

Barone, T. E. (1983). Things of use and things of beauty: The story of the Swain County High School Arts Program. *Daedalus*, 112(3), 1-28.

Barone, T. E. (1987). On equality, visibility, and the fine arts program in a Black elementary school: An example of educational criticism. *Curriculum Inquiry Journal*, 17(4), 421-46.

Bresler, L. (1994). Zooming in on the qualitative paradigm in art education: Educational criticism, ethnography, and action research. *Visual Arts Research,* 20(1), 1-19.

Dewey, J. (1934). *Art as experience*. New York: Perigee.

Donmoyer, R. (1980). The evaluator as artist. *Journal of Curriculum Theorizing,* 2(2), 12-26.

Eisner, W. E. (1977). On the uses of educational connoisseurship and criticism for evaluating classroom life. *Teachers College Record*.

Eisner, E. W., & Peshkin, A. (Eds.) (1990). *Qualitative inquiry in education: The continuing debate*. New York: Teachers College Press.

Flinders, D. J. (1996). Teaching for cultural literacy: A curriculum study. *Journal of Curriculum and Supervision,* 11, 351-66.

Flinders, D. J., & Eisner, E. W. (1994). Educational criticism as a form of qualitative inquiry. *Research in the Teaching of English,* 28(4), 341-357.

Hawthorne, R. K. (1992). *Curriculum in making*. New York: Teachers College Press.

Huenecke, D. (1992). An artistic criticism of Writing-to-Read, a computer-based program for beginning readers. *Journal of Curriculum and Supervision,* 7, 170-179.

Jaeger, R. M., & Barone, T. (1997). *Complementary methods for research in education*. (2nd ed.). NJ: AERE.

McCutcheon, G. (1979). Educational criticism: Methods and applications. *Journal of Curriculum Theorizing,* 1(2), 5-25.

McCutcheon, G. (1979). Educational criticism: Reflections and reconsiderations. *Journal of Curriculum Theorizing*, 4(1), 171-177.

Nyberg, L. M. (1991). Dynamics of excellence in science education: The state of the art. *Dissertation Abstracts International*, 52, 1280. (University Microfilms No. 91-25, 228)

Thornton, S. J. (1991). Identifying issues in the criticism of social studies textbooks. Paper presented at the Annual Meeting of the American Educational Research Association, Chicago, IL.

Uhrmacher, B. (1991). *Waldorf schools marching quietly unheard.* Dissertation Abstracts International, 52, 3172. (University Microfilms No 92-05, 736)

ABSTRACT

Educational Criticism as a Curriculum Inquiry Methodology: The Theory and Practice

Myung-Hee Kim (Hanyang University)
Seungho Moon (Columbia University)

The purpose of this paper is to descirbe the primary features of educational criticism, an arts-based approach to curriculum inquiry. Furthermore, it aims to explore the possibilities of implementing theory into the practice of Korean curriculum inquiry. The potential of educational criticism is examined to heighten perceptions of the classroom and educational practice.

The four dimensions of this criticism that are explored are: descriptive (intended to vividly render and describe the qualities that compose educational performances); interpretive (conceptual frameworks that enable critics to explain the attributes of interactions they have observed); normative (a process of articulating and evaluating those values that acknowledge conceptions of goodness within a given domain); and thematic (the utility of extracting salient types of general understandings, images, principles, or lessons that convey the individual case).

Some representative examples were analyzed based on educational criticism. Also, two narrative cases, *The Icarus Poems and Constitutional Amendments,* were presented based on the question: how can these four dimensions of educational criticism bring into focus the types of differences that shape the enactment of classroom lessons? These classroom practices showed a different epistemological stance in curriculum inquiry and provided practical examples of educational criticism. By the same token, current Korean curriculum studies that are related to educational criticism were analyzed including narrative inquiry, qualitative evaluation, and life history approach. These sample inquiries showed how educational criticism has impacted Korean curriculum research and its practice.

It is suggested that educational criticism, one potential model for curriculum inquiry, be encouraged as a theoretical framework that theorizes compelling and richly textured accounts of current classroom practices. It provides insights on how to implement this theory into Korean curriculum inquiries with respect to curriculum enactment and assessment. Educational criticism has engendered a paradigm shift in the school reform movement from curriculum development to curriculum assessment.

제9장

내러티브와 교육과정 연구

박 민 정(중앙대학교 강사)

1. 서 론

포스트모던 담론이 영향력 있는 담론으로 떠오르면서 교육과정 현상을 이해하고 해석하는 시각들도 많이 변화했다. 객관적 실재를 지식의 본질로 보던 정초주가 무너지면서 과거의 교육과정 논의의 핵심을 이루던 보편성, 획일성, 안정성, 합리성의 논리는 비판되고 지식은 대화와 참여를 통해 구성되고 재구성된다는 인식이 확산되고 있다. 교육과정 현상의 다원성, 개방성, 차이와 불확실성에 대한 이해와 함께 인간의 다양한 삶의 차원과 사고 양식에 대한 관심이 확대되그 있다. 이러한 교육과정 논의의 흐름 속에서 내러티브[1)]에 대한 인식론적, 교육적 관심은 부각되고 있다. 교육과정 분야에서 내러티브 탐구가 등장하게 된 구체적인 학문적 배경을 살펴보면 다음과 같다.

1970년대 Pinar, Grumet, Miller 등을 중심으로 교육과정을 자서전적이고 전기적인 텍스트로 이해하려는 체계적인 노력이 교육과정의 '이해 패러다임' 의 한 축이 되면서, 교사와 학생들의 구체적인 경험세계에 대한 연구의 중요성이 인식되기 시작했다. Pinar는 당시 교육과정 연구를 지배하고 있던 개념적, 경험적, 양적인 연구 패러다임은 구체적인 인간의 경험을 추상적 개념으로 환원했다고 비판하면서, 이제 교육과정 연구는 각 개인이 교육의 과정 속에서 겪게 되는 경험에 대한 탐구에서 시작해야 한다고 주장한다(Pinar, Raymond, and Slattery, 1995). 그는 교육과정의 어원인 라틴어 'currere'의 본래적 의미, 즉 '교육에 대한 개인적 경험이 갖는 본래적 의미'에 비추어 볼 때, 인간의 경험을 이해하는 가장 적합한 방법은 경험의 특수성을 강조하는 것이라고 말한다. 당시까지 교육연구의 주류를 이루고 있던 실증주의적이고 행동과학적인 방법론이 사장해 왔던 개인의 경험과 그 의미의 중요성은 회복되기 시작한 것이다.

이와 같은 맥락에서 Clandinin과 Connelly는 다양한 저술을 통하여 교육과정 연구에서 내러티브 탐구의 중요성을 강조한다. 이들은 교육과정 연구는 교사와 학생들의 삶의 경험으로부터 출발해야 하며, 내러티브 탐구는 삶의 경험을 이해하고 연구하는 데 가장 적절한 방법이라고 주장한다(Clandinin & Connelly, 2000). 특히 그들의 관심은 교사들의 개인적 실천적 지식의 구성에 있었다. 그들에 따르면 교사들은 대학에서 배운 이론을 그대로 따르는 것이 아니라 주어진 교육현장에 맞게 재구성할 뿐만 아니라 교육과정의 교육내용도 재구성하면서 나름대로의 교수전략을 창의적으로 형성하게 되는데, 이것이 바로 교사들의 개인적 실천적 지식이다. 교사의 개인적 실제적 지식은 교육과정이 현장에서 어떻게 실행되는가를 이해하는 데 중요한 요소 중의 하나인데, 그것을 연구하는 데 가장 적합한 방법이 내러티브라는 것이 이들이 생각이다.

한편, Bruner(1986)는 패러다임적 사고와 내러티브적 사고를 대비시키면서 내러티브 사고 양식은 인간이 자신의 경험의 의미를 구성하는 가장 좋은 방법이라고 말한다. Bruner는 근대 인식론이 논리 과학적인 합리성과 정당화를 요구하는 패러다임 사고만을 지나치게 강조하고 인간의 삶의 심층적인 측면을 이해하려는 내러티브 사고의 중요성을 간과함으로써 인간의 삶을 이해할 수 있는 풍부하고 폭넓은 사고의 가능성을 차단해 왔다는 사실을 비판한다.

내러티브에 대한 관심이 커지면서 그것이 갖는 가능성과 중요성에 대해 광범위하게 논의되고 있다. Barth는 내러티브는 어디서나, 어느 사회에서나 항상 있어 왔기 때문에 내러티브 없이 인간의 존재를 말할 수 없으며, "인간은 이야기하는 동물"이라고 말한다(Barth: 1966: 14 cited in Polkinghorne 1988). 이야기는 다른 사람에게 자신을 표현하는 기본적인 방법이며, 우리는 이야기를 통하여 자신과 타자를 관련짓고, 인간과 자연을 관조하고, 세상과 역사를 이해하며, 살아가는 삶에 의미를 부여한다. 이 점에서 내러티브는 세계에 대한 우리의 경험과 지식을 조직하고 구성하는 자연스러우면서 손쉬운 방법이라고 할 수 있다. 우리는 각양각색의 이야기를 통해서 다양한 사람들, 문화, 상황, 생각뿐만 아니라 좋은 행위와 그렇지 못한 행위, 옳은 행동과 옳지 않은 행동에 대한 윤리적 딜레마에 대해서 배운다(Coles, 1989). 삶의 다양한 이야기들을 통해서 이전에 알지 못했던 것, 경험하지 못했던 것, 표현되지 않았던 경험의 측면들을 이해하게 된다. 이러한 맥락에서 MacIntyre(1985)은 내러티브는 시인이나 극작가, 소설가의 전유물이 아니라 모든 인간이 삶을 이해하는 기본 원리이며 인간은 이야기를 통하여 자아를 구성한다고 말한다.

이와 같이 내러티브가 우리의 경험을 조직화하고 이해하는 가장 근본적인 방식이라는 사실에도 불구하고, 교육과정 연구에서 내러티브에 대한 이해는 부족한 편이다. 객관성과 보편성을 추구하는 근대 인식론의 담론 속에서 거대 담론(meta-narrative)만이 강요되면서 우리 삶의 작은 이야기들의 중요성은 과소평가되어 왔다. 더욱이 모더니즘의 과학적 합리주의 속에서 내러티브는 단순히 문학작품의 일환으로만 간주되기도 하였다(Rosen, 1986). 이 장은 내러티브가 교육과정 연구에 주는 가능성을 탐색하는 데 그 목적을 두고, 내러티브와 관련된 다양한 연구물들을 살펴본 후, 내러티브의 개념과 내러티브 사고의 특성이 무엇인지 간략히 제시할 것이다. 그리고 마지막으로 내러티브가 교육과정 연구에 주는 시사점들을 다양한 차원에서 살펴보려고 한다.

2. 내러티브에 대한 서구와 국내의 연구동향

내러티브 탐구의 시작은 Aristotle의 「시학」이나 Augustine의 「참회록」으로 거슬러 올라가며, 주로 문학 분야에서 많이 연구되어 왔다(Connely & Clandinin, 1990). 내러티브가 인간의 경험에 초점을 두고 있을 뿐만 아니라, 인간 경험의 기본적인 구조를 이루고 있다는 특징으로 인해 내러티브는 교육학을 포함한 다른 학문 영역에서도 다양한 방법으로 활용되어 왔다. 문학이론, 역사학, 인류학, 드라마, 미술, 영화, 신학, 철학, 심리학, 언어학, 교육학을 위시하여 심지어는 진화론적 생물학에서조차 내러티브론(narratology)이라는 용어가 쓰이고 있다(Connelly & Clandinin, 1990: 2). 내러티브 연구는 이제 문학연구가들이나 민속학자들만의 영역이 아니며,

인문 · 사회과학과 자연과학의 모든 분야에서 공유되는 지적 통찰이 되었다(Michell, 1981).

내러티브와 관련하여 사회과학 분야에서 이루어진 연구물들을 대략적으로 살펴보면 다음과 같다. Sabin(1986)이 편집한 책 「Narrative psychology: The storied nature of human conduct」는 실증주의가 주장하는 연구의 객관성과 타당성의 문제에 반문을 제기하면서 이것에 대한 대안으로 내러티브 심리학을 제안하는 다양한 페이퍼들이 제시되어 있다. Sabin은 경험은 언어를 매개로 표현되고 이해되며, 이야기적 태로 조직화된다고 말하며 이야기는 인간의 행동을 이해하기 위한 "근본적인 은유(root metaphor)"라고 한다. Polkinghorne(1988)은 그의 책 「Narrative knowing and human science」에서 내러티브는 사람들의 행위의 이유를 설명하는 데 가장 적절한 방법이며 인간의 경험세계를 이해하는 주요 수단이라고 강조한다. Coles(1989)는 「The call of stories」에서 자신이 학생들을 가르치면서 그리고 정신의학자로서 환자들의 정신치료 과정에서의 학생들과 환자들의 삶의 이야기를 들으면서 그들을 깊이 있게 이해하게 되었다고 말하면서 내러티브의 중요성을 강조한다. 학생들의 이야기, 환자들의 이야기, 그리고 책을 통해서 경험한 다른 사람들의 이야기는 그에게 인생의 깊이를 느끼고 체험할 수 있도록 해 준 최고의 교사였다.

교육학 분야에서도 내러티브와 관련하여 많은 연구들이 이루어졌다. 첫째, 내러티브의 인식론적 특성이 교육에 주는 시사점이 무엇인가를 살펴본 연구들이 있다(Bruner; 1986, 1990; Connelly & Clandinin, 1988, 2000; Sandols, 1998; 강현석, 2005; 김만희 · 김범기, 2002; 한승희, 1997, 2000). 이러한 연구들 가운데 대표적인 연구물 몇 가지를 살펴보면 다음과 같다. Bruner(1986)는 인간의 사고양식을 패러다임 사고(paradigmatic thought)와 내러티브 사고(narrative thought)로 구분한다. 패러다임 사고는 일반적으로 물리적 세계의 사물을 다루며, 원인-결과의 인과적 관계를 밝히는 데 관심이 있으며, 형식적 논증, 논리적 증명, 치밀한 분석을 통한 이론 구성, 가설의 검증 등이 특징적 형태이다. 반면에, 내러티브 사고는 인간의 삶의 문제를 다루며, 사람들 사이에 관계를 맺고 있는 맥락, 교류, 행위의 의도 등을 구체적이고 상세하게 묘사하는 상황맥락적인 사고이다. 그에 의하면 패러다임 사고가 인간의 의도와 무관한 불변의 세계에 관심을 두고 사물과 사건들의 변하지 않는 속성을 추구한다면, 내러티브 사고는 개인의 관점에 따라 변화하는 예측 불가능한 인간 세계에 관심이 있기 때문에 인간의 욕망, 희망, 신념. 지식, 의도, 헌신 등 삶의 요구들을 반영하며 세계를 이해하고 해석하는 대안적 관점들을 추구한다. 패러다임 사고가 '설명'을 목표로 한다면 내러티브 사고는 '해석'을 지향한다. 설명의 목적이 인과관계의 파악에 있다면 이해의 목적은 의미의 추구에 있다. 내러티브 사고는 절대적 해석의 추구보다는 인간의 폭넓은 상상력을 바탕으로 세상에 대한 다양한 해석들을 만들어 내는 것을 지향한다. Bruner(1990)는 내러티브 사고는 인간의 상황과 경험에 관심이 있으며, 의사소통 수단으로 가장 보편적이고 강력한 담화의 형태가 내러티브라고 주장한다.

한승희는 Bruner의 내러티브 사고가 지식의 생성적 본질을 보여 준다는 점에서 교육과정 연구에서 중요한 가치를 가진다고 주장한다. 그는 내러티브 사고는 패러다임 사고와 함께 실재를 만드는 한 모델이므로 학교교육에서 내러티브를 만들며 이해할 수 있는 내러티브 능력(narrative sensibility)을 길러 즐 필요가 있으며, 내러티브 사고는 학습의 과정에서 아이들의 관점을 존중하는 교수 방법을 암시하고 있으며, 내러티브 사고와 패러다임 사고는 상호보완적으로 발전해야 한다는 점을 강조한다. 뿐만 아니라 한승희(2000)는 자아를 이해하는 새로운 모형으로 내러티브를 제시하고 있다(2000). 지금까지 자아를 존재론적 관점에서 탐구해 왔다면 내러티브 사고는 인식론적 관점에서 자아를 보아야 한다는 점을 시사하고 있다고 말한다. 의미구성을 그 핵심으로 하는 내러티브 사고는 자아를 존재론적 한계를 벗어나 바라볼 수 있도록 해 준다는 점에서, 내러티브는 단순한 이야기라기보다 인간의 삶을 총체적이고 복합적으로 이해할 수 있도록 하는 인지 작용으르 볼 수 있다는 것이다. 강현석(2005)은 합리주의적 관점에서 편향적으로 강조되어 온 교육과정 체제를 비판하면서 내러티브 인식론을 바탕으로 한 내러티브 교육과정을 그 대안으로 제시하면서 내러티브 교육과정의 가능성을 교육목표의 설정, 교육내용의 선정과 조직, 교재 구성과 단원 재구성, 수업, 평가의 차원에서 논의하고 있다. 김만희 · 김범기(2002)는 과학교육의 목적과 과학자 활동, 교수-학습 활동의 측면에서 내러티브 사고가 갖는 가능성을 고찰하고, 그것이 과학교육에 주는 시사점을 논의하고 있다.

둘째, 내러티브를 활용한 교육과정 설계와 개발에 초점을 둔 연구들이 있다(Eagan, 1986; Laurizen & Jaeger, 1997; 권태윤, 2005; 김신증, 1993; 김한종, 1999; 도홍찬, 1998; 변영애, 2002; 신혜진, 2004; 이흔정, 2003; 조동근, 2000;

정지향, 2005; 최소옥 2002). 이 중 대표적인 연구 몇 가지를 살펴보면 다음과 같다. Eagan(1986)은 학교교과를 이야기 형태로 조직하고 수업을 하는 하나의 좋은 이야기로 간주하면서 낭만적 내러티브 모형을 제시하고 있다. Laurizen과 Jaeger는 「Integrating learning through story: The narrative curriculum」에서 좋은 이야기를 바탕으로 교과의 주요 개념들을 주제중심으로 통합한 것을 내러티브 교육과정으로 보고, 이야기를 수업에 활용한 내러티브 교육과정 모형을 제시하고 있다. 그들이 제시하는 내러티브 모형은 맥락파악-질문구성-목표점검-탐구-정리의 단계로 도식화되는데 학습목표의 설정부터 평가단계까지 학생들의 적극적인 참여를 바탕으로 하고 있다. 그들이 제시하는 내러티브 교육과정 모델은 그들은 주인공이 있고, 문제의식을 담고 있고, 해결책을 생각하게 하는 좋은 이야기는 학생들이 자신의 경험을 바탕으로 각 주제의 문제를 탐색할 수 있도록 한다고 본다. 학생들의 경험과 무관하게 짜여진 교육과정을 통하여 학교에서 학생들은 교과서의 학습 진도에 따라 분절된 지식을 배우며 자신들이 당면하는 실제적 현실과 동떨어진 지식을 습득하는 데 급급했다는 문제점을 감안할 때, 그들이 제시하는 내러티브 교육과정은 시사하는 바가 크다. 이흔정(2003)은 Laurizen과 Jaeger의 모형을 한국의 실정에 맞게 약간 변형한 내러티브 교육과정 모형을 제시하고 있다.

Gilligan(1982)은 그녀의 책 「In a different voice: Psychological theory and women's development」에서 도덕교육에서 내러티브의 중요성을 언급하고 있다. Kohlberg의 도덕성 발달 이론은 남성 위주의 도덕 및 도덕 발달 이론으로 여성 특유의 도덕성을 소외시하고 있다고 비판하면서, Gilligan은 인간의 도덕성 발달을 제대로 이해하기 위해서는 남성의 특징적인 도덕성이라 할 수 있는 정의와 권리 외에도 여성의 도덕성의 특징적 요소인 따뜻한 배려(caring)와 책임(responsibility)의 측면도 고려되어야 한다고 주장한다. 그녀는 가부장적 논리 속에서 억압되어 온 소외 집단의 목소리를 발굴하기 위해서 내러티브를 활용할 것을 제안한다.

우리나라의 경우, 내러티브를 교육내용이나 교수방법으로 활용하려는 연구들은 교과교육 분야에서 대다수 이루어졌다. 도덕교육 분야에서 교육내용과 교육방법의 측면에서 내러티브를 활용하는 데 관심을 두었던 연구로는 도홍찬(1998)과 변영애(2002)의 연구가 있다. 변영애(2002)는 학생들이 도덕적 상황에서 경험했던 것을 이야기하면서 자신의 도덕적 관점과 경험들을 발전시켜 나갈 수 있었다고 주장하면서 도덕교육에서 내러티브를 교수방법으로 활용할 것을 적극 주장한다. 도홍찬(1998)은 내러티브를 활용한 도덕과 지도방법으로 도덕 경험 발표하기, 일지쓰기, 구두편지, 극적인 모험하기 등을 제안하고 있다. 김한종(1999)과 양호환(1998)의 연구는 역사수업에서 수업의 소재, 전달 수단, 수업 내용, 역사인식 수단으로서 어떻게 활용될 수 있는가를 탐색하고 있다.

셋째, 교사교육에서 내러티브의 활용을 중심으로 이루어진 연구들이 있다(Carter, 1990; Clandinin & Connelly, 1997; Cole & Knowles, 2000; Connelly & Clandinin, 1988; Doyle & Carter, 2003; Elbaz, 1991; 강현석 · 이자현, 2005; 소경희, 2004). 이 중 몇 가지 연구물들을 구체적으로 살펴보면 다음과 같다. Clandinin과 Connelly(1988, 1997)는 내러티브는 교사들의 개인적 실천적 지식을 형성하는 데 가장 적절한 방법이라고 주장한다. 교사는 교수행위를 할 때 강의나 책에서 배운 이론을 그대로 적용하는 것이 아니라, 주어진 교육상황에 따라 또는 자신의 교육에 대한 가치관의 변화에 따라 강의나 책에서 배운 이론을 창의적으로 재구성하는데, Clandinin과 Connelly는 이것을 개인적 실천적이라고 부른다. 교사들은 교수 행위에 관한 내러티브를 구성함으로써 자신의 교수 실제를 반성할 뿐만 아니라 다른 교사들의 내러티브를 통하여 새로운 관점에서 자신이 하고 있는 일을 해석하면서 교사의 개인적 실천적 지식을 구성하며 이를 바탕으로 교사로서의 전문성을 발전시켜 나간다. Connelly와 Clandinin(1988)에 따르면 교사의 개인적 실천적 지식은 교수-학습 이론이나 교육과정 이론 입장에서 볼 때 완전히 이론적이지 않으며, 학생을 이해한다는 측면에서도 부모가 자녀를 이해하는 것과 같지 않기 때문에 완전히 실제적이지도 않다. 그러나 교사들의 개인적 실천적 지식은 교사 개인의 경험 속에서 형성된 지식으로 교사의 행동을 지배하는 신념체제라는 점에서 중요하다고 Clandinin과 Connelly는 주장한다. Elbaz(1991) 또한 교사는 자신이 배운 이론적 지식을 실제 상황에 맞도록 재구성하는 과정에서 그리고 실제 교수 행위의 경험 속에서 실제적 지식을 형성하게 되는데 그것이 교사의 교육형위의 준거라고 말한다. Doyle과 Carter(2003)는 내러티브가 교사교육에서 필요한 이유로 두 가지를 들고 있다. 예비교사들은 실제로 가르쳐 보기 전에는 교사가 된다는 것이 무엇인지 알지 못한다. 따라서 그들은 교사들이 실제 교수행위 속에서 겪은 구체적인 경험에 대한 이야기를 들으면서 교사들의 실제적 지식을 이해하게 된다. 뿐만 아니라 교사들의 내러티브는 예비교사들이 교육상황을 이해하고 해석하는 데 이론적 지식을 넘어서 교사들의 실제적 지식을 활용하는 데 도움을 줄 것이다. 이 점에서 그들은 교사 교육과정은 교사들의 경험 이야기로 구성되어야 한다고 주장한다.

교사들의 삶의 이야기를 교사 교육과정에 포함시켜야 한다고 주장하는 국내 연구로는 소경희(2004)의 연구와 강현석 · 이자현(2005)의 연구가 있다. 소경희는 교사들의 내러티브는 하나의 탐구방법을 넘어서 교사들의 전문성 발달의 주요 수단이라고 말하며, 강현석 · 이자현은 교육과정 개발에서 내러티브를 활용한 교사 전문성 신장 방안을 모색하고 있다.

넷째, 질적 연구방법의 하나로서 내러티브 탐구방법을 이론적으로, 방법론적으로 체계화하는 데 주력한 연구들이 있다(Bochner, 2001; Chase, 1995; Clandinin & Connelly, 1990, 1994, 2000; Conle, 1999; Ellis & Bochner, 2000; Freeman, 1997; Mills, 2001; Mishler, 1995; Riessman, 1993; 염지숙, 2003). 이러한 연구들 중 몇 가지를 살펴보면 다음과 같다. 내러티브 탐구를 이론적으로, 방법론적으로 체계화하는 데 선구적인 역할을 한 교육과정 학자는 Clandinin과 Connelly다. 그들은 교육과정 연구는 교사와 학생들의 삶의 경험으로부터 출발해야 하며, 내러티브 탐구는 경험을 연구하는 데 가장 적합한 방법이라고 말한다. Clandinin과 Connelly의 저서 「Narrative Inquiry」는 내러티브 탐구의 개념, 교육 연구에서 내러티브 탐구의 필요성, 내러티브 탐구의 구체적인 수행 절차뿐만 아니라 내러티브 탐구의 딜레마와, 좋은 내러티브 탐구자가 되기 위해 생각해 보아야 할 몇 가지 이슈들을 상세히 기술하고 있다. 그들은 연구 수행 절차를 현장에 들어가는 단계, 자료수집 단계, 현장 텍스트 구성 단계, 경험의 의미구성 단계, 연구 텍스트 작성으로 나누고, 각 단계에서 연구자가 유념해야 할 점들을 제시하고 있다. Clandinin과 Connelly에 의하면 내러티브는 이야기를 위해 구조화된 경험(storied experience)을 의미하면서 동시에 탐구방법을 언급하는 개념이다(Connelly & Clandinin, 1990: 2). 즉 내러티브 탐구란 인간의 경험에 대한 이야기이며, 그러한 경험을 해석하고 재해석하는 방법까지 포함하는 것이다.

Conle(1999)은 내러티브 탐구를 통해 우리는 내러티브의 구성 이전에는 인식하지도 이해하지도 못했던 삶의 경험들을 이해할 수 있게 된다고 말한다. 그는 내러티브 탐구는 이해라는 행위가 갖는 시간적, 해석적 차원을 잘 드러내며, 자아와 타인의 관계, 연구란 무엇인가를 새로운 시각에서 조망하고 있다고 본다.

Riessman(1993)의 「Narrative analysis」는 내러티브 탐구를 처음 접하는 사람들이 쉽게 읽을 수 있는 개론서라고 할 수 있다. 내러티브 탐구의 인식론적 배경을 간략히 소개한 후 내러티브 자료의 분석에 대한 세 가지 모델을 제시하고 있다. 이 책은 개론서 수준에서 내러티브 탐구에 대해 짜임새 있게 설명하고 있다. 내러티브 자료의 분석과 관련된 또 다른 연구로는 Mishler(1995)의 아티클이 있다.

다섯째, 내러티브 탐구방식을 활용한 다양한 경험연구들이 있다(Bach, 1998; Beattie, 1995; Bishop, 1997; ; Cherland, 1994; Kottler, 1997; Goodson, 1992; Trimmer, 1997; 김대현 · 박경미, 2003; 김영천, 1997, 2005; 이혁규 · 심영택 · 이경화, 2003). 이들 중 몇 가지 연구물들을 자세히 살펴보도록 하겠다. Bach(1988)는 네 명의 고등학교 여학생들에게 영상 이미지를 활용하여 그들의 경험과 이야기를 표현해 보도록 하였다. 이 네 여학생의 영상 내러티브를 바탕으로 한 그녀의 책 「A visual narrative concerning curriculum, girls, photograph, etc.」은 학생들의 내러티브를 학교에서 일어나는 경험들에 한정하지 않고 가정에서 경험하는 삶의 이야기들을 학생들의 내러티브 구성에 포함시켰다. 뿐만 아니라 이 책은 새르운 글쓰기 방식의 시도라는 점에서 주목할 만하다. 내러티브 자료의 제시와 분석방법으로 시(poems)와 사진을 포함시켰을 뿐만 아니라 자신의 내러티브와 학생들의 내러티브를 하나의 퀼트작품처럼 함께 엮었다. 그녀는 텍스트를 두 칼럼으로 나누어, 한쪽에는 학생들의 내러티브를 보여 주며, 다른 한쪽에는 자신의 이론적 입장, 학생들의 이야기를 들으면서 떠올랐던 단상들, 학생들의 내러티브에 대한 그녀의 해석, 학생들 자신의 해석 등을 드러내고 있다. 이러한 시도는 데이터의 의미는 연구자가 일방적으로 해석하고 구성해 내던 연구방법과는 달리 독자들이 연구자, 연구 참여자들, 그리고 다양한 이론적 접근들의 다양한 목소리를 바탕으로 자유롭게 의미를 구성해 가도록 초대하고 있다는 점에서 복잡한 대위법적 텍스트(complex polyphoniv text)의 한 사례로 볼 수 있다.

Beattie(1995)의 연구는 교사들은 자신들의 경험을 이야기하면서 개인적 실제적 지식을 구성하고 재구성할 뿐만 아니라 신의 가치관, 교육관, 신념체계 등을 반성적으로 성찰하면서 교사로서의 전문성을 발전시켜 가는 과정을 담은 내러티브 연구이다.

Trimmer(1997)의 「Narration as knowledge: Tales of the teaching life」는 기존의 교사연구가 교사들의 구체적인 삶의 경험에 대한 이야기의 중요성을 간과해 왔다는 점을 비판하면서 영어 작문 교사들의 내러티브를 제시하고 있다. 그는 교사 휴게실에서 교사들이 나누는 이야기들이 대부분 웃기는 오락적인 이야기나 신기한 이야기에 그치는 것은 문제라고 지적하면서 두려운, 의심, 후회, 슬픔 등을 경험했던 고통스러웠지만 자기성장과 변화를 가져왔던 이야기들을 나누는 것이 필요하다고 주장한다.

Kottler(1997)는 교사의 문화적 편견이 교육목표, 교육활동, 교육내용의 결정, 학생들과의 상호작용, 교수행위, 교육환경의 구성 등 다양한 교육적 상황에 어떻게 영향을 미치는가를 보여 주고 있다. 학생들은 자신의 문화적 배경에 따라 자신에게 익숙한 앎의 방식과 상호작용 패턴을 가지고 있는데, 그것이 학교의 문화적 기준에 맞지 않을 때 학교에 적응하지 못할 뿐만 아니라 심각한 갈등과 자아 상실감을 겪게 된다. Kottler는 학생들이 자유롭게 자신의 존재를 드러내며 자신이 누구인가를 탐색하고 타인을 수용하고 이해할 수 있는 교육환경을 조성하는 일이 필요하다고 주장한다. 이를 위해서는 교실에서 교사와 학생들이 서로의 내러티브를 공유하도록 하는 것이 필요하며 교사가 정직하고, 개방적이며, 학생들을 향한 사려 깊은 배려를 가지고 학생들을 존중하는 자세를 가져야 한다고 말한다. 이 책은 교사들에게 자기 반성의 기회를 제공한다고 할 수 있다.

최근 들어 국내에서도 교사들의 삶의 경험을 연구한 내러티브 연구가 확산되기 시작하였다. 김영천(1997)의 「네 학교 이야기」는 생애사와 내러티브 탐구 방법으로 교사들과 학생들이 학교에서 경험하는 삶을 기술한 선구적인 연구 중의 하나이다. 최근에 출간된 그의 책 「별이 빛나는 밤」은 교사들의 자서전적 내러티브를 바탕으로 '불확실한 목소리', '헝클어진 목소리', '고통스러운 목소리', '슬픈 목소리', '교육의 목소리', '소외된 목소리', '열정의 목소리' 라는 일곱 주제 속에서 한국 교사들의 일상적인 삶의 이야기를 들려주고 있다. 김대현과 박경미(2003)의 연구는 교사들의 학교 교육과정 운영에 관한 내러티브 탐구이다. 이 연구의 내러티브는 국가 수준의 교육과정을 학교와 지역의 실정에 맞게 재구성하는 과정을 통하여 교사로서의 전문성을 반성하면서 자신들 정체성을 끊임없이 재구성해 가는 과정을 보여 주고 있다. 그들은 내러티브 탐구 방식은 학교에서의 교육과정 재구성과 관련하여 풍부한 경험

이야기를 들을 수 있는 가장 적합한 방법이라는 점에서 교육과정 분야에서 내러티브 탐구의 가능성을 시사하고 있다. 이혁규 · 심영택 · 이경화(2003)의 연구는 초등 예비 교사의 실습 활동에 대한 전공 배경이 다른 교사교육자들의 공동 내러티브 탐구이다. 이 연구는 교사 경험을 내러티브 탐구로 연구하는 것이 가장 적합하다는 주장에 대한 연구자들의 생각을 기술하고 있으며, 서로의 경험을 공유하면서 진정한 관계를 형성한다는 것이 무엇인가에 대한 연구자들 간의 진솔한 대화를 싣고 있으며, 연구자와 연구 대상자는 관계를 넘어서서 '친구 같은 교사'가 되려고 노력했던 그들의 시도를 보여 주고 있다.

여섯째, 교육과 관련된 페미니즘 분야에서 교육적 실천을 위한 연구에서 내러티브의 중요성과 영향력을 다루고 있는 연구들이 있다(Belenky et al., 1986; Gilligan, 1982; Noddings, 1984; Weiler & Middleton, 1999; Witherell & Noddings, 1991). Belenky(1986)가 그녀의 동료와 함께 구성한 책 「Women's ways of knowing: The development of self, voice and mind」는 135명의 여성들의 내러티브, 문서들, 인터뷰 내용의 발췌 등에 기초하여 여성들이 진리와 지식을 추구하는 방식을 연구하였다. 그들은 다양한 연령층, 인종, 계층의 여성들과 인터뷰 자료를 바탕으로 남성중심의 앎의 방식을 넘어서 여성들의 앎의 방식의 특징을 다섯 가지로 제시하고 있다. 인간의 삶 특히 교육적 실천과 연구에서 나러티브의 중요성과 영향력을 다룬 Noddings와 Witherell(1991)의 「Stories Lives Tell」, 여성들의 주체성과 도덕적 발달을 다룬 Gilligan(1982)의 「In a Difference Voice」, 돌봄의 윤리와 도덕교육에 관한 Noddings(1984)의 「Caring」 등은 페미니스트 교육학자들의 대표적인 내러티브 탐구라 할 수 있다.

최근 들어 한국에서도 내러티브의 중요성을 인식하고 교육과정 분야에서 그 연구가 진행되기 시작하였다. 교육과정 설계 및 교과목 개발을 중심으로 내러티브의 활용을 모색한 연구들(강현석, 2005; 김만희 · 김범기, 2002; 김신중, 1993; 김한종, 1999; 도홍찬, 1998; 변영애, 2002; 신혜진, 2004; 이흔정, 2003; 조동근, 2000; 정지향, 2005; 최소옥 2002)과, 내러티브를 탐구방법으로 활용한 경험적 연구들(김대현 · 박경미, 2003; 김영천, 1997, 2005; 이혁규 · 심영택 · 이경화, 2003)이 그 주류를 이루고 있다. 내러티브를 교육방법이나 연구방법론으로 활용한 연구물들은 많이 축적되었지만 내러티브란 무엇인지, 내러티브 사고의 특성은 무엇인가에 대한 체계적인 연구물은 상대적으로 미약한 편이다. 이 장에서는 내러티브에 대한 인식론적 이해를 바탕으로 그것이 교육과정 현상을 이해하는 데 그리고 교육과정 연구에 주는 시사점이 무엇인가를 살펴볼 것이다.

3. 내러티브의 개념

내러티브의 용어에 대한 정의는 다양하다. 양호환(1998)은 사건과 경험을 연대기적 계열 순서로 조직하여 단일하고 조리 있는 이야기를 구성하는 역사서술의 형태를 내러티브라고 이해하며, 임병권(1996)은 스토리가 있는 모든 이야기를 내러티브라고 정의하고 있으며, 조지형(1998)은 하나의 사건 혹은 일련의 사건에 대한 글이나 말로 된 담론을 내러티브라 일컬으며, 한승희(1997)는 시간적 흐름에 따라 순차적으로 일어난 일련의 사건들로 이해한다. 내러티브란 무엇인가의 문제는 한마디로 정의하기는 어렵다. 일련의 이야기들이 하나의 내러티브로 구성된다는 점에서 내러티브는 하나의 이야기를 언급한다기보다는 좀 더 포괄적인 의미로 보아야겠지만 많은 학자들은 내러티브와 이야기를 서로 혼용하여 사용한다.[2)]

Polkinghorne(1988)은 내러티브와 이야기를 동일한 의미로 보고, 이야기를 내러티브의 산물이라고 본다. 그에 의하면 내러티브는 일련의 사건들을 하나의 완결된 이야기 형태로 조직하여 전체적인 경험에 비추어 각각의 개별적인 사건에 의미를 부여하는 구조로 일련의 사건들을 일어난 시간과 장소에 따라 단순히 나열하는 연대기와는 구분된다. Polkinghorne(1988: 36)은 이를 다음과 같이 설명하고 있다.

> 내러티브는 개별적인 경험들이 전체의 삶을 이루는 부분들로서 어떻게 기능하는지를 보여 주면서 개별적인 경험들이 의미 있다는 것을 드러낸다. 내러티브의 특정 주제는 인간존재에 영향을 미치는 인간행위와 사건들로 구성된다. 이러한 인간행위와 사건들이 결론을 이끌어 내는 데 어떠한 역할을 하는가에 따라서 전체적 이야기 속에 배열된다. 내러티브는 인간실존의 시간적인 차원에 민감하기 때문에 행위나 사건들이 일어난 시간적 순차에 특별한 주의를 기울인다. … 내러티브는 명백히 독립적이고 서로 관련이 없어 보이는 요소들을 전체에 관련된 부분으로 모이도록 하는 적합한 렌즈이다.

Polkinghorne(1988)은 내러티브의 특징으로 첫째, 시간의 변화에 따라 발생한 일련의 사건들에 의미를 부여하며, 둘째, 일상에서 일어나는 사건들의 에피소드를 하나의 통합적인 이야기로 구성하며, 셋째, 과거의 경험들을 현재에 비추어 재구성하고 재해석하면서 동시에 미래의 계획을 염두에 둔다는 점을 들고 있다.

Clandinin과 Connelly(1992)는 이야기는 구체적인 상황에 대한 일화를 의미하며, 내러티브는 긴 시간 속에 걸쳐 일어나는 삶의 사건들을 뜻하는 것으로 구분 짓는다. 그들은 삶의 경험들을 이야기하고 다시 이야기하는 과정을 통하여 경험의 의미가 끊임없이 재구성된다는 점을 강조하면서 내러티브는 일련의 사건들을 단순히 나열하는 것이 아니라, 과거, 현재, 미래가 연결된 시간적 차원 속에서 특정한 방식으로 경험을 구조화한다고 본다(Connelly & Clandinin, 1988). Temple과 Gillet (1989)는 이 점을 잘 설명하고 있다.

> 이야기는 행위를 시간에 따라 구성되며 인과론적으로 연결된 것으로 설명한다. (이야기 속의) 인물들은 각자 자기 역할을 갖고 있다. 그들은 누구인지, 그들이 무엇을 하는지? 그들은 왜 그것을 하는지? 그것이 어떠한 차이를 빚어내는지? … 이야기는 우리의 일상 속에서 일어나는 예측 불가능하고 불가해한 일들을 이해하도록 돕는 설명 장치라 할 수 있다. 이야기가 구성될 때 비로소 보통 사람들은 이야기의 인물이 된다. 이야기하는 사람이 일련의 사건들을 어떤 논리에 따라 구성할 때 비로소 그 사건들은 논리체계를 부여받는다.

Rankin(2002)은 다음의 세 가지 차원의 고려 속에서 내러티브를 이해해야 한다고 말한다. 첫째, 내러티브는 이야기하기의 한 형태로 이야기하는 사람, 이야기를 듣는 사람, 이야기의 주제를 포함한다. 이야기 속의 행위들, 사건들, 인물들, 경험들, 그리고 상황들은 시간적 순서 또는 시간적 형상화(temporal configuration)에 따라 배열된다. 시작, 전개, 결말로 구성되는 하나의 이야기 안에는 다양한 사건들이 포함되는데 각 사건의 의미는 전체 이야기의 틀에 비추어 해석된다. 내러티브는 그것의 구성 이전에는 일관성이나 관련성이 없어 보이던 사건들, 인물들, 행위들, 상황들을 서로 관련지으면서 경험의 의미를 이해하고 해석한다.

둘째, 내러티브는 자신에 대한 그리고 세상에 대한 지식을 형성하는 의식의 한 양상으로 볼 수 있다. Ricoeur는 "삶은 해석되지 않는 한 그것은 생물학적 현상과 같은 것"(Ricoeur, 1991: 27-28)이라고 말한다. 세상은 해석되기를 기다리는 텍스트와 같다고 할 수 있는데, 내러티브의 구성은 경험을 이야기적 형태로 구조화하여 그것을 반성적으로 성찰하면서 의미를 생성한다. 이는 세상에 대한 단순한 모방이나 모방적 표상(mimetic representation)이 아니라 세상에 대한 우리의 경험과 지식을 이해 가능한 형태로 조직화하는 창조적 활동이다.

셋째, 내러티브는 세상에 대한 경험을 의사소통하는 주요 수단으로 이야기하는 사람의 의식과 이야기를 듣는 사람의 의식 사이의 상호작용으로 볼 수 있다. 내러티브는 구성자가 의도한 의미를 포함하지만, 듣는 사람의 의식의 지평에 따라 내러티브의 의미는 재창조, 재가공된다. 이러한 관점에서 볼 때 내러티브의 의미는 이야기하는 사람, 이야기를 듣는 사람, 내러티브 작품이 교차하는 가운데 생성된다고 볼 수 있다. 내러티브를 듣거나 읽는 사람은 내러티브 작품을 통해 저자의 세상과 만날 뿐만 아니라 자신의 경험 세계의 지평을 바탕으로 내러티브를 해석하면서 인간에 대한 이해의 폭을 확장시킨다. 즉 내러티브는 텍스트 안에 갇힌 문학작품이 아니라, 사람들의 다양한 의식이 조우하는 가운데 의미가 지속적으로 구성되고 재구성되는 열린 텍스트라고 할 수 있다. 내러티브를 통해서 서로 다른 두 의식이 만날 때 그 만남은 바로 대화에 참여하는 것이고, 그 속에서 우리는 타자를 통한 자신의 모습 그리고 자신 속의 타자성을 성찰적으로 반성하게 된다.

요약하면, Rankin은 내러티브를 문학작품의 결과물, 의식의 양상, 이 둘 사이의 관계를 의미하는 커뮤니케이션의 차원에서 이해하고 있다. 내러티브는 내러티브 작품을 생산하고, 이해하고, 해석하는 일, 그리고 내러티브 작품을 매개로 이루어지는 다양한 의식들 사이의 커뮤니케이션을 포함하는 것이다. 요컨대, 내러티브는 자신의 경험을 전달하기 위해 이야기를 구성하고 타인의 이야기를 들으면서 타인의 경험세계를 이해하는 일련의 언어적, 상징적, 정신적 활동을 총칭하는 개념으로 그 자체로서 지속적이고, 생성적이고, 창조적인 과정이다.

4. 내러티브 사고의 특성

앞에서 살펴본 내러티브의 다양한 정의들에 비추어 내러티브의 속성을 설명해 보면 다음과 같다. 내러티브는 시간적 순서에 따라 사건을 배열하며, 사건들 간에 존재하는 인과관계를 드러내며, 하나의 독자적 해석을 거부하고 형식주의적인 사고를 배척하고 다양한 해석과 이해의 가능성을 확장하며, 인간의 경험을 사건, 사람, 행위, 감정, 상황 등의 총체적 연결 속에서 이해한다. 사람들은 본래 이야기로 전달될 수 있는 삶을 살며 그러한 삶을 이야기하려는 본성을 가지고 있는데 우리의 삶에 대한 이야기를 하고 다시 이야기할 때 그러한 이야기 조각들이 서로 연결되어 넓은 의미에서 우리의 삶을 전체적으로 조망하게 된다. 이러한 내러티브 사고의 특성을 살펴보면 다음과 같다.

1) 의미 생성

우리는 경험을 하는 순간에는 그 일이 왜 일어났는지, 그것이 어떤 의미를 지니고 있는지, 그 일이 자신의 삶에 어떤 변화를 가져왔는지 알지 못할 뿐만 아니라 각각의 경험은 개별적인 파편처럼 느낀다. 무질서하고 의미 없이 발생한 것처럼 보이는 일련의 사건들을 형상적 순서(configured sequence)에 따라 서로 연관지으면서 이해 가능한 형태로 조직화하는 것이 내러티브의 플롯이다. Polkinghorne(1988: 131)은 이를 다음과 같이 설명하고 있다.

> 플롯을 만드는 일은 일련의 사건들을 이야기로 전환하는 수단이다. 이야기는 사건들로 구성되는데 플롯은 일련의 사건들을 하나의 이야기로 구성한다. 하나의 사건은 한 번의 일회적인 발생으로 끝나는 것이 아니라 그 사건 앞에 발생했던 사건들과 그 이후에 일어날 사건들과의 관련성 속에 위치된다. … 플롯은 연대기적 구성과 비연대기적 구성의 두 차원을 통합한 것이다. 플롯은 이야기를 시간적 순서에 따라 구성한다는 점에서 사건들을 연대기적으로 구성한다고 볼 수 있다. 한편, 플롯은 흩어져 있는 사건들을 묶어서 하나의 이야기 속으로 형상화한다는 점에서 사건들을 비연대기적으로 구성한다고 말할 수 있다.

삶은 예측 불가능하고, 불연속적이며, 파편적인 조각들로 이루어졌는데 내러티브의 플롯은 무질서한 개별적 사건들이 서로 관련지으면서 특정 방식으로 구조화한다. 즉 내러티브의 플롯을 중심으로 개별적인 경험들은 유기적인 관련성 속에서 전체 이야기를 구성하는 일부가 되며, 각각의 경험은 전체적인 이야기의 맥락에 비추어 의미를 갖게 된다.

내러티브의 구성은 무슨 일이 일어났는지, 누가 그 경험 세계에 있었는지, 왜 그렇게 행동했는지 등 일련의 질문을 중심으로 이루어진다. 그것은 사건에 대한 정보를 나열하는 것이 아니라 그 사건을 이해하는 데 적절하다고 생각되는 정보들을 선정하고, 현재의 관심과 동기에 따라 그들을 의미 있는 방식으로 재구성한다. 이 점에서 Bruner(1987: 36)는 우리의 삶을 열거하는 것은 해석학적 작업이라고 보며 "삶은 그것이 어떠했는가가 아니라, 그것이 어떻게 해석되고, 재해석되고, 말해지고, 되풀이 되는가"에 그 중요성이 있다고 말한다. 우리는 삶의 경험에 대해 이야기하면서 즉각적 경험을 계속적으로 해석하고 재해석하면서 의미를 생성한다. 따라서 내러티브의 주요 역할은 어떤 사건이 먼저 일어나고 나중에 일어났는가를 밝히는 데 있는 것이 아니라 사건들 사이에 존재하는 관계와 그러한 연관성을 통하여 드러나는 의미구성에 있다고 할 수 있다.

내러티브를 구성하면서 우리는 이야기적 삶을 살고, 이야기적 삶을 이야기하고, 다시 이야기하고, 이야기적 삶을 다시 사는 과정을 반복한다. 내러티브의 구성은 일회적으로 끝나는 활동이 아니라, 지나간 경험을 다시 살고, 그 경험을 반성적으로 해석하고 재해석하면서 의미를 부여하는 활동을 반복한다. Clandinin과 Connelly(2000: 20)는 이를 다음과 같이 설명하고 있다.

> 내러티브의 구성에서 하나의 중요한 작업은 성장과 변화를 가능하도록 하는 이야기들을 이야기하고 또 이야기하기이다. 경험에 대한 내러티브의 구성은 삶에 대한 이야기 속에 거주하고, 그것에 대해서 이야기하고, 다시 이야기하고, 그 이야기 속에 다시 거주하는 일 사이의 변증법적 관계를 통해서이다.

하나의 이야기 구성은 그것으로 완결이 아니라 새로운 경험에 의해 그리고 관점의 변화에 의해 새롭게 재구성된다. 예컨대, 하찮게 생각되었던 경험들이 중요한 경험으로 재해석되기도 하고, 그 반대로 중요한 경험으로 간주되었던 것이 다른 이야기의 구성 속에서는 그렇지 않은 것으로 간주된다. 따라서 내러티브가 구성하는 경험의 의미는 고정된 것이 아니라 임의적이며, 불완전하며, 변화 가능한 것으로 보아야 한다. 내러티브적 의미구성은 절대적 해석을 상정하는 것이 아니라 해석학적 순환을 통한 다양한 대안적 해석의 가능성을 열어 놓는다.

2) 과거-현재-미래의 시간적 연속성 속에서 경험을 이해

내러티브는 인간의 경험을 과거, 현재, 미래의 시간이 통합된 총체적 시간의 배열 속에서 이해한다(Polkinghorne, 1988; 1). 내러티브는 현재를 이해하기 위해서 단지 현재의 모습만을 고려하는 것이 아니라 과거, 현재, 미래의 연속성 속에서 현재의 의미를 보려고 한다. Brockelman(1985: 28-29)에 의하면 현재는 그 당시로 끝나는 즉각적인 순간이 아니라 전체 생애의 일부로 존속한다고 보아야 한다. 그는 이 점을 다음과 같이 설명한다.

> 현재의 '현재(now)'는, 실에 꿰어져 있는 일련의 구슬들처럼, 그 이전의 '현재'의 순간들과 그 이후에 올 현재의 순간들과 우연적으로 연결된 것이 아니다. … 현재를 이전의 또는 이후의 현재들과 무관하게 존재하는 순간들로 보아서는 안 된다. 우리가 몸으로 경험하는 구체적인 경험 상황을 고려해 볼 때 우리는 '현재'가 전반적인 생애에 걸쳐 있는 다양한 기간들의 연장을 의미한다는 것을 알 수 있다. … 현재는 고립적이고 개별적인 순간이 아니라 보류된 과거와 기대되는 미래의 지평 속에서 이해되어야 한다.

내러티브는 인간을 삶의 전체적인 맥락 속에서 관망하기 때문에 시간적으로 전향-후향 운동을 반복하면서 경험의 의미를 반추한다. 내러티브는 파편적인 경험의 순간으로부터 한 걸음 물러나 과거, 현재, 미래의 시간적 연계 속에서 경험을 반성하며 불연속적인 경험 세계에 시간적 연속성(temporal continuity)을 제공한다. 경험을 내러티브 방식으로 조직화할 때는 실질적으로 경험은 이미 종결된 상태이다. 내러티브의 구성을 통하여 경험의 시작은 경험의 결말에 비추어 재구성되며 경험의 결말은 경험의 시작에 비추어 재구성된다. 내러티브를 구성하면서 우리는 과거의 시점에서 그렇게 행동한 동기나 이유, 그 당시 가졌던 생각과 느낌을 현재의 관점에서 새롭게 이해하고 해석할 뿐만 아니라 미래를 향한 관심과 동기를 바탕으로 과거의 경험을 재구성한다.

내러티브는 우리의 삶은 단지 현재만을 의미하는 것이 아니라, 과거, 현재, 미래의 연속성을 담고 있는 것으로 본다. 즉 내러티브를 통한 인간존재에 대한 이해는 인간의 현재의 모습에만 한정하여 이해하는 것이 아니라 인간존재의 전체, 즉 과거,

현재, 미래의 모습을 모두 고려하여 이해하는 것이다. 이러한 맥락에서 Polkinghorne(1988: 131)은 "나란 존재는 내가 했던 것, 현재 내가 하고 있는 것, 그리고 내가 할 것을 포함하고 있다. 각각의 순간은 나를 구성하는 존재 전체의 부분"이라고 말한다. 이러한 관점에 비추어 볼 때, 과거의 삶의 경험은 현재의 삶을 만들었고, 또한 현재의 삶은 미래를 형성한다. 과거의 경험을 성찰하는 것은 과거로부터 현재까지의 자신의 변화과정뿐만 아니라 미래의 잠재가능성이나 실현가능성을 타진하는 일이다. Crites(1986: 164-166)는 이를 다음과 같이 설명한다.

> (인간은) 과거를 망각하지 않고 회상하면서 자신의 모습을 새롭게 가꾸어 간다. … 과거에 대한 회상과 자백은 미래를 향한 것이다. … 과거에 대한 회상과 관련하여 내러티브가 갖는 예술적 차원은 현재까지의 자신의 모습을 새롭게 형성한다는 점이다. 미래에 대한 투사와 관련하여 내러티브가 갖는 예술적 차원은 자아를 포함해서 과거의 경험들을 새로운 관점에서 이해하고 해석할 수 있는 무한한 가능성의 지평을 열어 놓는다는 점에 있다.

내러티브 관점은 과거의 또는 현재의 경험은 그 순간 일회적으로 끝나는 것이 아니라 인생의 긴 여정 속에서 지속적으로 해석되고 재해석된다는 사실을 강조한다. 한 인간의 동일한 경험이라도 그것이 언제나 동일한 의미를 갖는 것은 아니다. 과거의 경험의 의미는 시간의 변화에 따라 그리고 새로운 경험을 함으로써 새롭게 해석된다. 시간의 변증법적 운동 속에서 과거의 경험을 새로운 관점에서 끊임없이 재구성하고 재해석하면서 우리는 인간의 삶에 대한 깊이 있는 해석에 도달한다. 내러티브의 구성은 시간에 따른 자신의 변화과정을 보여 주며, 과거에 대한 폭넓은 이해를 통하여 자신의 현재를 더 잘 이해하고 더 나은 미래를 향하도록 한다.

3) 자아의 구성

우리는 과거의 경험을 이야기할 때 아무렇게나 이야기하는 것이 아니라 현재와 연결되도록 재구성하며, 불연속적 경험들에 잠정적인 연속성을 부여한다. 이러한 내러티브 형상화(narrative configuration)를 통해서 삶의 과정 속에서 가졌던 다양한 자아의 모습들을 통합하여 일시적이고 잠정적이지만 통합된 자아를 형성한다.

Carr(1986)가 지적한 바와 같이, 내러티브를 구성하면서 우리는 자신을 다른 사람에게 설명하게 되는데 이 과정에서 개별 인간 존재의 전체는 내러티브의 줄거리로 정교하게 표현된다(한승희, 2000). Randal(1995)도 그의 책 「The stories we are」에서 이야기되지 않은 행위나 존재는 없다고 말하며 자아는 이야기를 통하여 만들어진다고 주장한다. 뿐만 아니라 MacIntyre(1985)도 자아를 내러티브적 존재로 파악하고 '개인적 삶의 내러티브적 통일성'이 곧 자아라고 말한다. 즉 내러티브는 단편적이고 일회적인 삶의 사건을 넘어 개인의 삶의 전체 이야기, 즉 삶 전체의 맥락 속에서 자아를 이해한다. 또한 내러티브는 자신이 생각하는 자아의 고습을 넘어서 타인이 해석하는 자아의 모습과 자아 속에 숨겨진 타자성을 고려하며, 타인과의 관계망을 통하여 자아를 이해한다. 합리적이고 자율적인 주체, 통합된 자아에 대한 모더니즘의 가정에 도전하면서 자아가 처한 사회, 문화, 정치, 역사적 맥락의 사회적 관계망을 통해 형성된 다양한 자아의 모습들이 한 개인 안에 공존한다는 점을 인정한다.

Flax(1990)는 합리적 주체로서의 자아와 분리된(fragmented) 또는 분열된(unintegrated) 자아 사이의 변증법적 긴장 속에서 자아를 이해해야 한다고 말한다. 심리치료사로서 자신이 했던 경험을 바탕으로, 그녀는 임의적이고, 국부적이고, 빈약할지라도 환자들은 일관된 자아의 모습을 형성하려고 노력한다는 사실을 발견하였다. 그녀는 자아의 해체 또는 분열을 주장하는 것은 자기 기만적인 소박한 생각이라고 비판하면서, 인간은 내러티브의 구성을 통하여 다양한 경험의 조각들에 내러티브적 일관성을 부여하면서 통일된 자아의 모습을 형성한다고 말한다. 삶의 이야기는 새로운 경험이 생기면 재구성되며, 동일한 경험도 관점에 따라 다른 이야기로 구성되고, 같은 이야기도 맥락에 따라서 다르게 해석되므로, 내러티브를 통해 구성된 자아는 고정적 실체가 아니라 잠정적이고 일시적인 구성물로 수정과 편집이 가능하다. 이 점에서 Flax는 자아란 미리 주어지는 것도, 도달될 수 없는 미지의 어떤 것도 아니라 끝없는 구성과정에 놓여 있다고 본다.

5. 내러티브 관점이 교육과정 연구에 주는 시사점

지금까지 내러티브의 의미와 내러티브 사고의 특성에 대해서 살펴보았다. 내러티브에 대한 이해에 근거하여 내러티브가 교육과정의 핵심질문들과 관련하여 그리고 교육과정 연구방법으로서 시사하는 바를 살펴보면 다음과 같다.

첫째, 내러티브의 중요성은 지금까지 교육과정에 관한 우리의 사고를 지배해 온 합리주의적 교육과정의 한계를 구체적으로 지적하고 있다. 오랫동안 교육과정 논의를 지배해 온 Tyler(1969)의 모델에 따르면 구체적이고 상세한 교육목표를 세우고, 그것을 달성하기 위한 지식과 학습경험을 계열화하고, 그것을 어떻게 평가할 것인가의 지침을 제공하는 것이 교육과정의 역할이었다. 이러한 입장은 교육과정 탐구의 핵심은 획일적인 교육내용을 짜는 일이며 교육활동 전반을 예측하고 통제할 수 있다는 생각을 암암리에 담고 있다. 그러나 내러티브 관점에서 볼 때, 동일한 교육내용도 개별주체인 교사나 학생들의 삶의 경험에 따라서 달리 해석되며 교육 구성원들의 상호작용 속에서 다양한 의미가 생성되기도 한다. 또한 교육목표도 구체적인 교육과정의 맥락(curricular context)에 따라 유동적으로 변화하는 것이며, 교사와 학생들은 외부에서 주어진 정보의 수동적 수용자가 아니라 학습목표의 설정과 계획에 능동적으로 참여하는 의미 구성자로 자리매김된다. 내러티브 관점에 비추어 볼 때, 교육과정 탐구의 관심은 개념적이고 인식론적 수준에서 교육내용을 정형화하는 차원을 넘어서 개별 주체로서 교사와 학생들 각자가 창출하는 다양한 해석적 가능성과 잠재성으로 전환되어야 할 것이다. 이와 같은 맥락에서 학생들의 목소리를 발굴하고 그들의 목소리를 바탕으로 구성되는 현장 속의 교육과정(lived curriculum)에 대한 탐색은 절대적으로 필요하다고 할 수 있다.

둘째, 내러티브 사고는 자신의 삶을 반성적으로 성찰하면서 자아를 구성하고 재구성하게 해 준다. 우리는 자신의 삶을 회고하면서 단순히 과거에 어떤 일이 있었는가의 사실 확인에 그치는 것이 아니라 내러티브 속의 캐릭터인 자신을 타자의 관점에서 반성적으로 성찰하면서 성숙된 보다 나은 자아를 추구하게 될 뿐만 아니라 그러한 과정 속에서 이미 보다 나은 자아가 되고 있는 것이다. 또한 타인의 내러티브를 통하여 우리는 타인을 수용하면서 복잡하고 다차원적 인간의 삶을 심오한 깊이 속에서 이해하게 된다. 이 점에서 내러티브를 통한 자아의 구성은 존재(being)에 대한 단순한 기술을 통해서가 아니라 '나됨(becoming)'의 가능성을 적극적으로 드러내고, 표현하고, 만들어 가는 것이라 할 수 있다. 현재 학교교육이 단편적인 지식이나 기능 습득에 치중하면서 자아의 분열과 상실의 병폐를 낳고 있다는 문제점을 감안할 때 내러티브의 역할은 중요하다. 이제 교육적 관심은 '무엇을 알아야 하는가' 로부터 '어떻게 살아야 하는가' 로 옮겨져야 할 것이다. 이 때 중요한 것은 삶에 대한 관심인데 여기서 의미하는 삶에 대한 관심은 단편적이고 일회적인 삶의 사건에 대한 관심이 아니라 삶 전체의 이야기, 즉 우리가 어떻게 살아 왔는지에 대한 통일된 삶 전체의 이야기에 대한 관심을 의미한다. 내러티브는 자신의 삶의 목적을 진지하게 탐구하여 통일된 이야기의 구성 속에서 자아를 형성하도록 가르칠 것을 촉구한다.

셋째, 내러티브 사고는 나와 타인을 이분법적 대립이 아니라 대화적 관계를 통해 서로의 의식을 형성해 가는 공생적 관계에 있다는 점을 우리에게 가르치고 있다. 내러티브의 구성은 그것을 구성하는 사람과 듣는 사람 모두가 자신의 삶의 이야기뿐만 아니라 타자의 삶의 이야기 구성과 그 의미탐색에 적극적으로 참여하도록 한다. 이 과정에서 서로 다른 관점을 가진 의식들이 충돌하고 부딪히면서 이야기를 하는 사람과 듣는 사람 모두 자신의 제한적인 인식을 넘어서 폭넓은 관점에서 세상을 이해하게 된다. 즉 나와 타인은 인간의 삶의 구성에 함께 참여하는 공동 저자로서 서로의 존재가 공유된다. 이 점에서 Bakhtin(1986: 138)은 "우리의 몸은 어머니의 몸 속에서 형성되었지만, 우리의 의식은 타인의 의식과의 관계를 맺으면서 깨어난다" 고 말한다. Holquist(1991: 59)는 우리는 타인의 의식과의 조우 속에서 자신을 더 잘 이해하게 된다는 점을 잘 설명하고 있다.

> 다른 사람을 위하여 자신을 드러낼 때, 다른 사람을 통하여, 다른 사람의 도움으로 나는 내 자신을 의식하고 나 자신이 된다. 자기의식(self-consciousness)은 다른 의식을 향하면서 구성된다. … 존재한다는 것은 커뮤니케이션을 하는 것이다. … 인간은 내적으로 자율적인 영역을 확보하고 있지 않다, 인간은 언제나 전적으로 (자신과 타인의) 경계에 존재한다. 자신의 내부를 들여다보는 것은 다른 사람의 (나를 향한) 눈을 참색하는 것이다. … 나는 다른 사람의 존재 없이 나 자신이 될 수 없다. 내 안에 존재하는 타인을 발견함으로써 타인이 인식하는 내 모습을 발견할 수 있다.

넷째, 내러티브는 지식은 끊임없이 구성되고 재구성된다는 사실을 강조한다. 자신의 경험 또는 자신이 알고 있는 것을 서로 이야기하고 그 경험의 의미를 함께 탐색하면서 이미 알고 있는 지식을 재구성할 뿐만 새로운 지식을 창출하기도 한다. 이는 모든 가능한 의미들 사이의 지속적인 대화와 상호작용을 통하여 지식은 지속적으로 재구성된다는 사실을 의미한다. 즉 지식은 혼자만의 전유물이 아니라 타자와의 공유를 통하여 생성되고 발전되는 것이다. 따라서 학생들이 자신이 알고 있는 것 또는 경험한 것을 자유롭게 이야기할 수 있도록 서로 신뢰하고, 존중하고, 애정을 갖고 서로의 이야기를 들어주는 교육환경의 구성은 중요하다.

다섯째, 내러티브 사고는 인간의 삶에 대한 이해는 단지 이성의 논리에 의해서가 아니라, 인지, 정서, 행위가 결합되어 이루어진다는 점을 시사한다. 내러티브를 구성할 때 우리는 자신의 관심과 동기에 따라 사건들을 선택하고 그들을 의미 있는 방식으로 배열할 뿐만 아니라 그 사건이 발생했던 당시 느꼈던 감정을 상상한다. 다른 사람의 내러티브를 들을 때도 당시의 상황을 머릿속에 그리고 상대방이 느꼈을 감정과 정서 상태를 상상하면서 더 깊은 이해에 빠져든다. 내러티브를 매개로 한 세상과 인간에 대한 이해는 이성적 논리를 넘어서 정서적 감정이입과 상상적 대리경험을 통해서이다. 이는 오늘날 개념적 지식의 전달에 초점을 두어 이성을 통한 교육만을 강조하는 학교교육의 문제점을 지적하면서 감수성과 상상력을 통한 인간의 사유방식을 존중할 것을 시사한다.

여섯째, 내러티브의 중요성은 교육내용이 개인의 삶의 경험으로 이루어질 필요가 있음을 시사한다. 교육의 역할은 학생들이 자신의 경험 세계를 이해하고 해석할 수 있는 능력을 키워 주는 데 있음에도 불구하고 학교교육은 단편적인 지식이나 기술을 전수하는 데 초점을 둠으로써 삶의 이야기를 공유하고 그 의미를 함께 탐색하는 일의 중요성을 간과해 왔다. 하나의 획일적 기준과 추상적 지식에 의거한 학교교육을 통하여 학생들은 학교에서 배우는 지식과 학교 밖의 개인적 삶의 불일치를 경험하며 균열된 두 세계 사이에서 지식과 삶을 철저히 분리시킨다. 이러한 맥락에서 학생들이 학습내용과 자신의 경험세계를 의미 있게 연결하면서 자기 지식을 쌓고, 자신의 세계를 구성하고 편집해 가는 주체로 일어설 수 있도록 내러티브 능력(narrative sensibility)을 길러 주는 것이 중요하다고 할 수 있다. 교육이 삶의 경험을 바탕으로 이루어질 때, 교사와 학생은 서로의 삶의 이야기를 공유하고 그 의미를 함께 탐색하는 과정 속에서 서로를 통하여 성장해 가는 동반자적 관계로 자리매김될 것이다.

일곱째, 내러티브는 교육과정현상 또는 교육현상을 탐구하는 연구방법으로 활용

될 수 있다. 내러티브 탐구는 연구 참여자들의 생생한 목소리를 드러내면서 그들의 경험세계를 이해하려는 질적 연구방법 중의 하나이다. 내러티브 탐구는 연구 참여자가 자신의 경험을 이야기하고 다시 이야기하면서 삶의 경험을 반성적으로 성찰할 뿐만 아니라 경험의 의미를 스스로 구성해 간다고 본다(Clandinin & Connelly, 2000). 연구자 또한 연구 참여자의 이야기를 들으면서 자신도 그와 비슷한 경험을 했거나 비슷한 상황에 놓였던 때를 자연스럽게 떠올리면서 자신의 이야기를 공유하며 이야기의 의미구성 과정에 동참하게 된다. 연구자와 연구 대상자는 자신의 의식세계를 제한하고 있는 존재론적, 인식론적 경계를 넘어서 이야기적 삶을 함께 공유하고 의미구성 작업에 정서적으로 윤리적으로 지적으로 함께 참여하면서 기대치 못했던 통찰력과 새로운 관점을 바탕으로 현상에 대한 폭넓은 이해에 도달한다는 것이 내러티브 탐구의 강점이다(Park, 2005). 연구과정 속에서 연구자의 존재를 배제하려 했던 실증주의 연구방법론과 달리 내러티브 탐구에서는 연구자의 삶이 연구과정에 적나라하게 드러나며 연구를 통해 연구자와 연구 참여자가 함께 성장한다고 본다. 뿐만 아니라 내러티브 탐구는 과거, 현재, 미래의 연속선상에서 현상을 이해한다는 점이 특징적이며, 하나의 내러티브는 그것으로 완결이 아니라 다른 내러티브의 구성으로 이어지기 때문에 연구의 결과를 단정적으로 결론짓기보다는 하나의 가능한 시각을 제시해 주는 것으로 본다. 내러티브 탐구는 복잡하고, 모호하고, 모순으로 가득 차 있으며 다차원적 층으로 에워진 인간의 경험 세계를 이해하고 해석하는 다양한 시각들을 보여 줄 수 있는 연구방법이라고 할 수 있다.

후주

1) 내러티브는 문맥에 따라 서사체, 이야기, 이야기하기, 담론, 담화 등 다양한 의미로 번역될 수 있는데 이 글에서는 원문의 의도를 손상하지 않게 위해서 내러티브를 원어 그대로 사용한다.

2) Fiese와 Sameroff(1996)는 내러티브는 형식이고 이야기는 내용이라고 말하기도 하지만 이 글에서는 내러티브를 이야기를 나열하는 과정이나 그 이야기를 모두 언급하는 개념으로 보는 의견이 대다수이다. 따라서 이 글에서는 내러티브와 이야기를 서로 혼용하여 사용한다.

참고문헌

강현석(2005). “합리주의적 교육과정 체제에서 배제된 내러티브 교육과정의 가능성과 교과목 개발의 방향 탐색”. 교육과정 연구, 23(2), 83-115.

강현석 · 이자현(2005). “내러티브에 비추어 본 교육과정 개발자로서의 교사 전문성 탐색”. 2005 교육과정학회 추계 학술대회 자료집, 31-55.

권태윤(2005). 초등역사교육에서 내러티브 활용방안 탐구. 석사학위논문. 서울교육대학교 교육대학원 .

김대현 · 박경미(2003). “학교 교육과정운영에 관한 교사의 나래티브 탐구”. 교육과정 연구, 21(2), 23-49.

김만희 · 김범기(2002). “내러티브 사고의 과학 교육적 함의”. 한국과학교육학회지, 22(4), 851-861.

김신중(1993). 서사 텍스트의 심미적 체험의 구조와 유형에 관한 연구. 박사학위논문. 서울대학교.

김영천(1997). 네 학교 이야기. 문음사.

김영천(2005). 별이 빛나는 밤: 한국교사의 삶과 그들의 세계 1 & 2. 서울: 문음사.

김한종(1999). “역사수업 도구로서 내러티브의 구성형식과 원리”. 사회과교육학연구, 3, 81-207.

도홍찬(1999). 도덕교육 방법으로서 내러티브 접근법에 관한 연구. 석사학위논문. 서울대학교.

변영애(2002). 스토리텔링 기법을 통한 도덕과 학습지도 방법에 관한 연구. 석사학위논문. 서울교육대학교 교육대학원.

소경희(2004). “교사양성 교육과정에 있어서 ‘내러티브 탐구’의 함의”. 교육학연구, 42(4), 189-211.

신혜진(2004). 내러티브 탐구 학습을 위한 과학 교수 연구. 석사학위논문. 단국대학교.

양호환(1998). 내러티브의 특성과 역사학습에의 활용. 사회과학교육, 2. 서울대학교 사회교육연구소.

염지숙(2003). “교육 연구에서 내러티브 탐구의 개념, 절차, 딜레마”. 교육인류학연구, 6(1), 119-140.

이혁규 · 심영택 · 이경화(2003). “초등 예비 교사의 실습 체험에 관한 내러티브 탐구”. 교육인류학연구, 6(1), 141-197.

이흔정(2003). 내러티브 교육과정의 적용에 관한 연구. 박사학위논문. 고려대학교.

임병권 외(역)(1997). 이야기하기의 이론: 소설과 영화의 문화 기호학. 서울: 한나래.

정지향(2005). 내러티브 서술 방식 적용을 통한 역사적 사고력 신장에 관한 연구. 석사학위논문. 전주교육대학교 교육대학원.

조동근(2002). 역사교사의 설명방식으로서 내러티브와 유추: 특성 및 활용사례를 중심으로. 석사학위논문. 서울대학교.

조지형(1998). ‘언어로의 전환’과 새로운 지성사. 안병직 외 오늘날의 역사학.

한겨레신문사.
최소옥(2002). 내러티브를 통한 중학생의 역사이해. 석사학위논문. 서울대학교.
한승희(1997). "내러티브 사고 양식의 교육적 의미". 교육과정 연구, 15(1), 400-423.
한승희(2000). "왜 내러티브인가?". 교육학연구, 38(4), 259-282.
Bach, H. (1998). A *visual narrative concerning curriculum, girls, photography, etc.* Alberta: Qual Institute Press.
Bakhtin, M. M. (1986). *Speech genres and other late essays*, trans. Vern W. McGee. Austin: University of Texas Press.
Beattie, M. (1995). *Constructing professional knowledge in teaching: A narrative of change and development.* New York: Teachers College Press.
Belenky, M. et al. (1986). *Women's ways of knowing: The development of self, voice and mind.* New York: Basic Books.
Bishop, W. (1997). *Teaching lives: Essays and stories.* Logan: Utah State UP.
Bochner, A. P. (2001). Narrative's virtue. *Qualitative Inquiry,* 7(2), 135-157.
Brockelman, P. (1985). *Time and self: Phenomenological explorations.* New York: Crossroad Pub. Co.
Bruner, J. S. (1986). *Actual minds, possible worlds.* Cambridge, Mass.: Harvard University Press.
Bruner, J. S. (1990). *Acts of meaning.* Cambridge, Mass.: Harvard University Press.
Carr, D. (1986). *Time, narrative, and history.* Bloomington: Indiana University Press.
Carter, K. (1990). Teachers' knowledge and learning to teach. In W. R. Houston(ed.) *Handbook of reacher on teacher education.* New Yok: Macmillan.
Chase, S. (1995). "Taking narrative seriously: consequences for method and theory in interview studies". In R. Josselson & A. Lieblich(eds.) *Interpreting experience.* Thousand Oaks, Calif.: Sage Publications.
Cherland, M. R. (1994). *Private practices: Girls reading fiction and constructing identity.* London: Taylor and Francis.
Clandinin, D. J. & Connelly, F. M. (1990). Stories of experience and narrative inquiry. *Educational Researcher,* 19(5), 2-14.
Clandinin, D. J. & Connelly, F. M. (1994). Personal experience methods. In N. Denzin & Y. Lincoln(eds.). *Handbook of Qualitative Methods.* San Francisco: Sage: 413-427.
Clandinin, D. J. & Connelly, F. M. (1997). Teachers' personal knowledge: What counts as 'personal' in studies of the personal. *Journal of Curriculum Studies,* 19(6), 269-282.
Clandinin, D. J. & Connelly, F. M. (2000). *Narrative inquiry: Experience and story*

in qualitative research. San Francisco: Jossey-Bass Publishers.

Cole, A. L. & Knowles, J. G. (2000). *Researching teaching: Exploring teacher development through reflexive inquiry*. Boston: Allyn and Bacon.

Coles, R. (1989). *The call of stories: Teaching and the moral imagination*. Boston: Houghton Mifflin.

Conle, C. (1999). Why narrative? which narrative? struggling with time and place in life and research. *Curriculum Inquiry*, 29(1), 7-32.

Connelly, F. M. & Clandinin, D. J. (1988). *Teachers as curriculum planners*. Ontario: The Ontario Institute for Studies in Education.

Crites, S. (1986). Storytime: Recollecting the past and projecting the future. In T. Sarbin(eds.), *Narrative psychology: The storied nature of human conduct*. New York: Praeger.

Doyle, W. & Carter, K. (2003). Narrative and learning to teach: Implications for teacher-education curriculum. *Journal of Curriculum Studies*, 35(2), 129-137.

Egan, K. (1986). *Teaching as story telling*. London, ON: The Althouse Press.

Eisner, E. (1985). *Learning and teaching: The ways of knowing*. National Society for the Study of Education: University of Chicago Press.

Elbaz, F. (1991). Research on teacher' s knowledge: The evolution of discourse. *Journal of Curriculum Studies*, 23, 1-19.

Ellis, C. & Bochner, A. P. (2000). Autoethnography, personal narrative, reflexivity: Researcher as subject. In N. K. Denzin & Y. S. Lincoln (Eds.), *Handbook of qualitative research* (2nd ed., pp. 733-78). Thousand Oaks, CA: Sage.

Fiese, B. & Sameroff, A. (1996). the family narrative consortium. *In Monographs of the Society for Research in Child Development*, 64(2), 1-36.

Flax, J. (1990). *Thinking fragments: Psychoanalysis, feminism and postmodernism in the contemporary west*. Berkeley: University of California Press.

Freeman, M. (1997). Death, narrative integrity, and the radical challenge of self-understanding: A reading of Tolstory' s Death of Ivan Ilych. *Aging and Society*, 17, 373-393.

Goodson, I. F. (ed.)(1992). *Studying teachers' lives*. London: Routledge.

Holquist, M. (1991). *Dialogism: Bakhtin and his world*. London and New York: Routledge.

Kottler, J. A. (1997). *What' s really said in the teacher' s lounge: Provocative ideas about cultures and classrooms*. Thousand Oaks: Corwin Press.

Laurizen, C. & Jaeger, M. (1997). *Integrating learning through story: The narrative curriculum*. New York: Delmar Publishers.

MacIntyre, A. (1985). *After virtue: A study in moral theory*. London: Duckworth.

Mitchell, W. J. T. (1981). *On Narrative*. Chicago: University of Chicago Press.

Mills, J. (2001). Self-construction through conversation and narrative in interviews. *Educational Review,* 53(3), 285-301.

Mishler, E. G. (1995). Models of narrative analysis. *Journal of Narrative and Life History,* 5(2), 87-123.

Park. M. (2005). A narrative inquiry into cultural identity construction of young Korean Canadians: "My cultural identity is a production I create from different cultural pieces". Unpublished doctoral dissertation, University of British Columbia.

Pinar, W. F., Reynolds, W. F., Slattery, P., and Taubman, P. M (1995). *Understanding curriculum.* New York: Peter Lang.

Polkinghorne, D. (1988). *Narrative knowing and the human science.* State University of New York Press.

Polkinghorne, D. (1991). Narrative and self-concept. *Journal of Narrative and Life History,* 1, 135-153.

Randall, W. L. (1995). *The stories we are: An essay on self-creation.* Toronto: University of Toronto Press.

Rankin, J. (2002). What is narrative: Ricoeur, Bakhtin, and process approaches. *Concrescence: The Australasian Journal of Process Thought*, 3, 1-12.

Ricoeur, P. (1980). Narrative time. In W. J. T. Mitchell (ed.), *On narrative* (pp. 165-186). Chicago: University of Chicago Press.

Ricoeur, P. (1991). "What is a text?" In M. J. Valdes(ed.), *A Ricoeur reader: Reflection and Imagination.* Toronto: University of Toronto Press.

Riessman, C. K. (1993). *Narrative analysis.* Newbury Park, CA: Sage.

Rosen, H. (1986). The importance of story, *Language Arts,* 63, 226-237.

Sabin, E. T. (1986). The Narrative as a root metaphor for psychology. T. R. Sarbin(ed.) *Narrative psychology: The storied nature of human conduct.* New York: Praeger.

Sandols, J. (1998). The storied curriculum: Oral narrative, ethics, and environmental education. *Journal of Environmental Education,* 30(1), 5-9.

Temple, C. & Gillet, J. W. (1989). *Language arts: Learning processes and teaching practices*(2nd ed.). Glenview, IL: Scott, Foresman,

Trimmer, J. F. (ed.)(1997). *Narration as knowledge: Tales of the teaching life.* Portsmouth, NH: Boynton/Cook.

Weiler, K. & Middleton, S. (eds.)(1999). *Telling women's lives: Narrative inquiries in the history of women's education.* Buckingham: Open UP.

Witherell, C. & and Noddings, N. (eds.)(1991). *Stories lives tell: Narrative and dialogue in education.* New York: Teachers College Press.

제10장

생애사 방법과 교육과정 연구

김 영 천(진주교육대학교 교육학과 교수) | **허 창 수**(충남대학교 교육학과 교수)

1. 서 론

교육과정 분야에서는 1980년대 이후 생애사 연구에 대한 체계적이고 방대한 연구들이 활발하게 진행되어 왔다(예, Pinar와 Grumet, 1976; Eisner, 1985; Connelly와 Clandinin, 1988; Pagano, 1990; Grumet, 1990; Doll, 1982; Ayers, 1990; Miler, 1992). 특히 William F. Pinar, Madeleine R. Grumet, Janet Miller와 같은 학자들은 쿠레레(currere)라는 개념을 사용하여 교육과정의 개념을 한 개인의 교육적인 경험이라고 재해석함으로써 학교 교육과정에서 일어나는 개인들의 교육적 경험을 기술하고 이해하는 방법으로서 생애사와 자서전적인 연구방법의 중요성을 인정하고 이론화시켜 왔다. 그 예로서 Pinar와 Grumet(1976)는 학교에서의 교육과정 운영은 학생들의 삶과 학교 지식의 연결을 주 목적으로 해야 한다고 강조하고 이를 연구하기 위하여 간학문적 탐구의 방법으로서 생애사와 관련된 연구영역인 인문학적, 정신분석학적, 전기, 일대기적인 연구방법들이 학교 교육과정 연구어 간학문적으로 적용될 것을 주창하였다. 이러한 주장은 Pinar 등(1995)이 출간한 저서 「교육과정 이해」에서 교육과정의 주요한 탐구영역을 자서전과 전기적 텍스트(Auto/biographical text)로서 개념화시키는 노력으로 승화되었다.

교육과정에서의 생애사 텍스트에 대한 이러한 서구 학자들의 중요성에 대한 인식과 함께 그들의 공헌은 어디에서나 찾아볼 수 있다. 그 대표적인 연구들은 Pinar와 Grumet(1976) 〈빈약한 교육과정을 향하여〉, Doll(1982) 〈교육과정 개선: 의사결정과 과정〉, Noddings(1986) 〈가르침의 성실성, 교사교육, 그리고 가르침을 위한 연구〉, Grumet(1990) 〈회고적: 자서전과 교육적 경험의 분석〉, Miller(1990) 〈공간의 창조와 목소리 찾기: 교사의 강화를 위한 협력〉, Schubert와 Ayers(1992) 〈교사의 전문적 지식: 우리 스스로의 삶에 경험으로부터 배움〉, Butt와 Reymond(1992) 〈협동적 자서전을 이용한 교사의 지식에 대한 본성과 발달의 연구〉, Connelly와 Clandinin(1990) 〈이야기 탐구: 경험과 이야기 탐구의 이야기〉 Kincheloe와 Pinar(1991) 〈교육과정과 사회적 심리적 해석: 장소의 중요성〉, Goodson와 Walker(1991) 〈전기, 정체성, 그리고 학교교육〉, Hatch와 Wisniewski(1995) 〈생애사와 이야기〉, Bullough와 Gitlin(1995) 〈가르침의 학생 되기〉, Kridel(1998) 〈교육적 전기 쓰기〉, Cole와 Knowles(2001) 〈맥락에서의 삶〉 등의 저서와 논문들은 생애사 연구의 개념적 정리의 시기와 실행의 단계를 걸쳐 발전하였다.

이에 비하여 우리나라의 교육과정 연구 분야에서 교육과정을 생애사적 탐구방법을 통하여 연구하려는 새로운 동향은 최근에 이루어지고 있는 것으로 보인다. 교육과정 연구와 관련된 주요 참고문헌, 출간서적, 논문, 학회지에서 이 분야에 대한 소개와 이론화는 심층적으로 시도되지 않고 있다. 따라서 우리나라에서 이 분야의 연구 분위기와 관심은 초창기에 있다고 평가할 수 있다고 하겠다. 그렇지만 최근에 와서 이러한 최근의 연구동향을 반영한 듯이 교육과정 연구에서 생애사 방법을 사용한 연구논문과 이론을 정리한 책들이 출간된 것은 다행스러운 일이다(김대현 · 박경미, 2003; 김영천, 2004; 박성희, 2004).

그러한 점에서 이 글에서 연구자들은 교육과정 연구를 생애사 텍스트로서 연구하는 동향이 교육과정 연구의 새로운 한 가지 주류 연구방법이자 연구동향이라는 점을 전제하고 이러한 소개가 우리나라의 교육과정 연구에서 심도 있게 이루어지지 않았다는 점에서 이 주제를 보다 심층적으로 정리하고 종합하고자 한다. 이러한 목적을 가지고 이 글에서는 다음 세 가지 주제를 중심으로 논의를 전개하고자 한다: 1) 생애사의 의미, 2) 교육과정에서의 생애사 연구: 주제와 동향들, 3) 생애사 텍스트로서 교육과정 연구가 주는 시사점.

첫째, 생애사의 의미에서는 생애사의 개념은 무엇이며 교육과정 연구에서 생애사를 연구한다는 것의 가치는 무엇인가를 살펴볼 것이다. 이를 위하여 생애사에 대한 개념에 대한 다양한 학자들의 주장과 정의들을 정리할 것이다.

둘째, 교육과정 영역에서 이루어진 지난 20년간의 생애사 연구의 작업 결과들을 정리할 것이다. 이를 위하여 생애사 연구를 통하여 이루어진 교육과정 연구 작업들을 이 글의 저자들이 분류한 다섯 개의 범주에 기초하여 소개하고 종합할 것이다. 이러한 종합은 완전하지는 않지만 그 동안 영미에서 이루어진 생애사 텍스트로서 교육과정 연구의 주요한 연구주제들과 작업들의 내용을 이해하는 데 도움이 될 것이다. 지난 20년간에 이루어진 이 분야의 연구 작업들의 결과를 크게 다섯 가지의 영역으로 분류하여 각 영역에서 어떤 연구들이 있어 왔는지를 소개할 것이다.

셋째, 생애사 텍스트로서 교육과정 연구가 갖는 의미를 우리의 교육과정 연구와 관련시켜 논의할 것이다. 생애사 연구가 새로운 교육과정 연구의 방법이라고 한다면 그러한 방법의 수용이 우리의 교육과정 연구와 실제에 앞으로 어떤 기여와 문제의식을 제공해 줄 수 있는지를 논의하고자 한다.

이러한 정리는 이 분야에 대한 학구적 관심이 증대되고 있고 탈실증주의적 교육과정 연구방법들에 대한 논의들이 계속되고 있는 우리의 상황을 고려하였을 때, 교육과정 연구방법으로서 생애사 연구방법에 대한 학구적 인식을 넓히는 계기를 마련해 줄 것이다(김영천 · 조재식, 2004; 박순경, 1997; 손민호, 2004; 한혜정, 2004) 또한 생애사 텍스트로서 교육과정 연구가 갖는 특징으로 인하여 학교현장의 이해와 개선에 노력하고 있는 교육연구자들과 실천가들에게 우리의 교육현상/교육과정현상을 다른/새로운 시각에서 탐구할 수 있는 이론적이고 방법적인 아이디어와 통찰력을 제공해 줄 수 있으리라고 생각한다.

2. 생애사의 의미

이 장에서는 '생애사는 어떠한 의미를 가지고 있는가?' 라는 질문에 대한 답변으로 생애사의 개념에 대하여 설명하려고 한다. 생애사라는 개념은 이와 관련된 개념들(전기, 이야기, 자서전 등)과 혼합하여 쓰이기도 하고 혼동을 가지고 오기도 하는데 이에 '생애사란 무엇인가?' 라는 질문을 통하여 생애사의 발달 과정, 생애사의 의미와 정의, 그리고 그 역할은 무엇인지를 논의하고자 한다.

1920년대를 시작으로 학문적 가치를 갖게 된 생애사는 시대의 흐름에 따라 의미가 점차 확대되었다. 고전적인 의미에서의 생애사는 단순히 어떤 개인의 성장을 문화적 맥락에서 살펴보는 것으로 정의되었다(Dollard, 1935). 이러한 의미와 함께 생애사는 소외당하는 계층들에 대한 연구로부터 시작하였는데, 미국의 경우 초기에 인류학자들의 인디언들에 대한 연구가 이러한 사실을 증명하고 있다. 이후에 나타난 생애사는 흑인이라는 주제를 중심으로 이루어졌으며, 현 시대에는 여성에 대한 생애사가 활발히 진행되고 있다. 이러한 계층들은 모두 사회에서 피지배계층들로서 생애사는 그 동안 무시되어 왔던 주관성과 다양성의 의미에 초점을 맞추고 있다는 것을 알 수 있다. 이렇듯 생애사는 초기에는 이론적 배경이 뒤받침하는 학문적인 가치로서 인정을 받기보다는 문학적인 가치로서 더욱 인정을 받아 왔다. 이런 초기의 의미는 Watson과 Watson-Franke(1985) 〈생애사를 해석하기〉, Denzin(1989) 〈해석적 전기〉, Goodson(1992) 〈교사의 삶들에 대한 연구〉, Hatch와 Wisniewski(1995) 〈생애사와 이야기〉, Bullough와 Gitlin(1995) 〈가르침의 학생 되기〉, Kridel(1998) 〈교육적 전기 쓰기〉, Cole과 Knowles(2001) 〈맥락에서의 삶〉 등의 연구들을 통해 그 의미와 개념이 확장됨과 동시에 이론적 배경 또한 성립되었다 .

위에서 제시한 연구들은 생애사를 어느 개인을 대상으로 면담과 관찰을 중심으로 한 삶의 사실을 기록한 것이라고 정의하기도 하였고(Goodson, 1992), 삶의 이야기를 정치적, 사회적, 문화적, 경제적 맥락에서의 해석으로써 연구자에 의한 하나의 삶의 이야기는 생애사라는 장르(genre)로 전환된다고 주장하였다(Watson & Watson-franke, 1985). 또한 생애사를 어떤 개인에 의해 그(녀)의 삶에 단편들을 글로써 또는 말로써 행해지는 이야기라고 정의하였으며(Denzin, 1989), 어떤 연구자로부터 이끌어지는 어느 개인의 생애 전체 또는 일부분을 문서 형식이나 이야기 형태로서(Hatch & Wisniewski, 1995), 이러한 작업에 의해 구성되는 회고적(retrospective) 사실이라고 정의하기도 하였다(Cole & Knowles, 2001). 이러한 흐름 속에서 Tierney(2000)는 생애사는 어떤 하나의 확정된 의미를 가지고 있기보다는 연구자와 연구 대상과의 상호 작용을 통해 그 의미가 이루어지며, 문화적으로 생산되는 산물들이고, 그것의 해석을 통해 문서화하는 것을 생애사적 연구로 정의하였다. 이러한 생애사 연구에 적합한 자료 수집 방법으로는 면담과 관찰을 제안하였으며, 전기와 자서전 그리고 이야기를 포함하기도 한다고 주장하였다.

이러한 다양한 의미들의 확장 속에서 생애사는 자서전, 전기, 이야기와 같은 의미로 사용되기도 하는데, 그 이유는 이러한 모든 방법들이 삶의 이야기를 다룬다는 점에서 그들의 유사성을 가지고 있기 때문이다. 그러나 이들 사이에는 분명한 차이점을 가지고 있는데 다음은 그들의 미세한 차이점을 구분 지어 놓은 주요 학자들의 개념적 정의를 보여 주고 있다.

> 자기 자신의 삶에 대하여 기술된 글을 자서전(Autobiography)이라 하고 이러한 글의 특성은 묘사와 창조성을 가지고 있다. 전기(Biography)는 어느 한 개인의 삶의 역사를 또는 삶의 계정으로 기술된 글로서 예술적 글로서의 특성을 가지고 있다(Denzin, 1989: 10).
>
> 생애사(Life hisotry)는 삶에 대한 회고적 내용을 삶의 전체 또는 일부분을 글로 표현하거나 이야기로서 표현된 것을 의미하고(Watson and Watson-Krank, 1995: 2), 이러한 생애사는 역사적 맥락에서(Goodson, 1992: 6) 그리고 사회학적 의미에서 읽혀지는 전기의 개념을 가지고 있다(Measor and Sikes, 1992: 210; Hatch and Wisniewski, 1995: 125으로부터 재인용).
>
> 이야기(Narrative)는 현상과 방법 둘 다를 의미하며, 연구되기 위한 경험의 체계화된 질을 가지고 있는 글을 말하며, 그 자체의 연구를 위한 다양한 탐구의 형태를 의미한다(Clandinin and Connelly, 1994).
>
> 말하여지는 이야기(Oral narrative)는 역사, 언어, 문학의 경계를 연결하는 하나의 과정과 산출물이며, 화자 스스로의 삶에 대한 즉각적 해석과 이해를 제공하는 것을 의미한다(Etter-Lewis, 1993, p. xii).

이러한 다양한 의미를 간략하게 구분하여 보면 생애사는 삶의 전체와 일부를 역사적, 사회학적 관점에서 다룬 이야기를 의미하고, 전기와 자서전은 문학적 가치를 가지고 읽는 삶의 이야기로서 전기는 문학적인 면을 강조하는 반면 자서전은 창조적 그리고 묘사적 특성을 가지고 있다. 또한 이야기는 어느 특정 주제들에 대한 경험을 체계적인 방법을 이용하여 연구로서의 다양한 탐구를 중심으로 기술되는 것으로 생애사와의 차이점을 구분한다면 좀 더 특정 주제 중심이라고 할 수 있다. 또한 말하여지는 이야기는 삶에 대한 즉각적 해석과 이해 제공을 목적으로 하는 것이라고 할 수 있다. 이러한 의미들은 그 연구 주제에 따라 상호 보완적으로 사용되는데 그 예를 들어 보면 화자의 이야기를 맥락적인 관점에서 이해하기 위해서는 생애사에 대한 조사의 선행이 요구되기도 하며, 말하여지는 이야기를 하나의 자료 수집 방법으로 이용하기도 한다. 또한 삶의 이야기를 단순히 삶의 묘사를 위한 목적으로 이용한다면 자서전이나 전기의 형태처럼 문학적, 묘사적, 창조적 요소를 가지고 표현하게 되는 반면 생애사를 중심으로 연구된다면 보다 역사적이고 사회학적 맥락에 초점을 맞춰야 할 것이다. 이렇듯 생애사는 방법론적 의미의 범위가 점차 확대됨에 따라 이론적 배경에도 여러 학자들 간에 견해들을 달리하고 있다.

그러한 예로 Watson(1976)은 생애사적 연구의 이론적 가치를 현상학과 해석학적 접근을 배경으로 주장하였다. Hatch와 Wisniewski(1995)는 생애사적 연구의 이론적 배경을 성립하기 위하여 여러 관련학자들을 대상으로 질문 조사를 하여, 조사결과에서 나타난 이론적 배경은 포스트모더니즘, 후기구조주의, 그리고 해체주의로 나타났다.

요약하면 생애사는 1920년대를 시작으로 문학적 또는 역사적 중요성을 가지고 성장하였으나 그것이 가지는 역사적, 문화적, 사회적, 정치적, 그리고 경제적 맥락과의 관련성에 대한 인식은 다양한 이론적 배경과 함께 그 의미의 성장을 가져왔다. 한국에서도 최근 들어 그러한 의미의 중요성을 인식하고 다양한 연구가 진행되고 있으나(손승남, 2002; 박성희, 2004; 유철인, 1996; 1998; 2004; 김승일 · 장여주 · 장동환, 2003; 윤택림, 2001) 교육과정분야에서 이 주제에 대한 학구적 관심은 그렇게 높지 않은 실정이다.

3. 교육과정에서의 생애사 연구: 주제와 동향

교육과정에서의 생애사 연구는 1970년대 William F. Pinar와 Madeleine R. Grumet의 쿠레레라는 라틴어의 재개념화로부터 시작했다고 할 수 있다. 쿠레레의 뜻은 "과정의 흐름 또는 과정의 진행을 위한 의미(the running of course or the meaning to run course)[1]로서, 교육과정은 학생 개개인의 지적 발전을 포함하여 묘사할 수 있는 방법이 적용되어야 한다는 의미이다. 그러한 수단으로 학교지식, 생애사, 자기 스스로의 변화 기능을 연결할 수 있는 방법으로 자서전과 전기적 텍스트의 이용을 주장하였다. 이러한 시작은 교육과정의 이해를 주장하던 1970년대 이후 발전된 새로운 패러다임인 재개념화의 움직임과 함께 발전하였는데, 교육학자들은 자서전과 전기적 텍스트에 의한 교육과정의 이해를 현 시대에서 하나의 담론(discourse)으로서 주장하였다. Pinar 등(1995)은 자서전과 전기적 문맥의 발전을 세 가지 커다란 흐름으로 묘사하였다. 1) 자서전 이론과 실행, 2) 여권주의자(feminist)들의 자서전, 3) 교사들의 자서전과 전기적 이해를 위한 노력이 그것이다. 이러한 흐름은 자서전, 전기 그리고 보다 확장된 개념에서의 생애사 텍스트를 통한 교육과정의 이해는 여성과 같은 소외된 계층뿐만 아니라 교사교육 분야를 위해 그 중요성을 포함하고 있음을 보여 주고 있다.

교육과정을 생애사 텍스트로부터 이해하려고 시도한 대표적인 연구와 논문들은 다음과 같다. Woods(1987) 〈생애사와 교사 지식〉, Pinar와 Grumet(1976) 〈빈약한 교육과정을 향해서〉, Grumet(1990) 〈회고적: 자서전과 교육적 경험의 분석〉, Pinar(1978) 〈생애사와 교육과정 이론화〉, Barone(2001) 〈영원한 손길: 지속되는 가르침의 결과〉, Bullough(1979) 〈인간 중심의 역사와 교육과정 분야〉, Bullough(1989) 〈초임 교사: 사례 연구〉, Miller(1990) 〈공간의 창조와 목소리 찾기: 교사의 강화를 위한 협력〉, Butt와 Reymond(1992) 〈협동적 자서전을 이용한 교사의 지식에 대한 본성과 발달의 연구〉, Connelly와 Clandinin(1990) 〈이야기 탐구: 경험과 이야기 탐구의 이야기〉, Kincheloe와 Pinar(1991) 〈교육과정과 사회적 심리적 해석: 장소의 중요성〉, Doll(1982) 〈교육과정 개선: 의사결정과 과정〉, Goodson (1992) 〈교사의 삶에 대한 연구〉 등이 있으며 이러한 연구와 논문들을 통해 교육과정에서의 생애사는 하나의 장르로서 그 의미를 성립하였다.

이러한 연구들은 교육과정을 생애사로 이해하려는 주장으로, 이론적으로 쿠레레 (Pinar & Grumet, 1979), 목소리(Grumet, 1990), 장소(Kincheloe & Pinar, 1991), 꿈, 신화, 상상(Doll, 1982)이라는 개념들이 교육과정에서 가지는 중요함으로부터 생애사를 주장하였다. 그 중에 하나의 예로, Pinar(1994)는 생애사 텍스트를 이해하기 위한 방법으로 네 가지 단계로 회기(regression), 진전(progression), 분석(analysis), 종합(synthesizing)으로 구분하였고, 이 과정은 인간 스스로 자신을 이해하는 데 공헌하며, 이해하는 방법을 찾게 해 준다는 의미에서 학문적 가치를 가지고 있다고 주장하였다. 이 네 가지 단계의 최근 실행 연구로 Pinar(2004)는 〈교육과정 이론이란 무엇인가?〉라는 저서를 출판, 미국 교육 역사에 생애사 연구 방법론과 쿠레레의 개념에 따른 네 단계를 적용하여 미국 교육을 역사적, 사회학적으로 비평하였다.

이러한 개념들의 정립과 함께 교육과정에서 생애사 텍스트는 피지배 계층이기 때문에 교육과정과의 커다란 거리감을 형성하는 여성들의 목소리를 강조하는 연구들이 발달되었으며(Miller, 1990), 이와 함께 여성 교사들 또는 교사들과의 협력적 관계에서 교육과정을 이해해야 한다는 주장의 흐름으로 진행되어 왔다. 이러한 노력들은 Butt와 Reymond(1992) 〈협동적 자서전을 이용한 교사의 지식에 대한 본성과 발달의 연구〉, Connelly와 Clandinin(1990) 〈이야기 탐구: 경험과 이야기 탐구의 이야기〉, Ayers(1993) 〈가르침: 한 교사의 기행〉, Goodson과 Walker(1991) 〈전기, 정체성, 그리고 학교교육〉 등을 통해 교사들의 실제적 지식, 이야기 탐구 등의 개념을 이용하여 교육과정의 생애사 텍스트를 통한 이해를 성장시켜 왔다.

이 장에서는 앞에서도 지적한 한국의 교육과정을 생애사로 이해하기 위한 노력이 필요하다는 주장에 기초하여 '교육과정 연구를 생애사적으로 접근한다는 것은 무엇을 의미하는가?' 라는 문제에 답을 제공하고자 한다. 이를 위하여 지난 20년 동안에 걸쳐서 이 분야에서 이루어진 연구 작업들과 연구결과들을 저자들의 해석체계에 기초하여 정리해 보았다. Pinar의 경우, 교육과정 분야에서의 자서전적 텍스트의 연구동향을 크게 세 가지로 분류하였는데 이 글의 저자들은 시기 구분이 아니라 연구주제 부분으로 구분하여 지금까지의 연구동향을 다음 다섯 가지로 개념화시켰다: (1) 교사의 삶, (2) 교수-학습, (3) 학생의 삶, (4) 교사의 실제적 지식, (5) 행정가의 삶. 이 글에서는 이들이 각각 가지는 의미에 대한 재정리와 함께 선행 연구들의 소개를 통해서 교육과정에서 생애사를 통한 다섯 연구 주제들이 가지는 교육적 가치를 소개하려 한다.

1) 교사의 삶

교육과정을 생애사 텍스트로 이해하기 위한 첫 번째 탐구 영역은 교사의 삶에 대한 연구이다. 많은 학자들(예, Goodson, 1992; 1995)은 교사들의 삶에 대한 이야기(자서전, 전기, 생애사, 또는 이야기)들은 교사들의 단순한 삶의 이야기뿐만 아니라 그들이 소속되어 있는 맥락 안에서 역사적 흐름의 해석이라고 주장하고 이러한 의미에서 그 맥락들의 구조 등을 이해하는 데 커다란 도움이 된다고 하였다. 다시 말해 개인과 그 주변의 여러 맥락들과의 의사소통 안에서 생애사, 자서전, 전기, 이야기 등 삶이 전개된다는 것이다. 이러한 의미들은 교사들이 가지고 있는 교육의 경험에서 생성되는 실제적 이론과 교수법적(pedagogical) 개인 지식으로부터 교육과정이 이해된다는 것은 중요한 교육적 함의를 가지고 있다는 것을 의미한다.

교사들은 교육 현장에서 실제적 교육 실행가 중의 하나이다. 그 중에서도 가장 중요한 위치에 있다고 해도 과언은 아니다. 그러한 의도에서 교사의 중요성에 대한 강조는 이미 여러 학자들에 의해 주장되어 왔다(예, Freire, 2000; Giroux, 2000). 교사들의 삶에 대한 이야기를 통한 정체성의 이해는 교육적으로 커다란 가치를 가지고 있으며, 그러한 이해를 교육과정으로 포함시키기 위한 필요성은 아무리 강조해도 지나치지 않는다. 더 나아가 교사들의 삶을 통한 여러 맥락적 이해 그리고 삶의 이해를 통한 현 한국 교사들의 정체성 이해와 인식은 교육과정의 현실적, 실제적 연구에 커다란 영향을 미칠 것이며, 이것은 결국 학생들의 교육 성취도에 중요한 역할을 할 것이다. 따라서 이곳에서는 이러한 교사의 삶에 대한 중요성을 강조하기 위하여 선행 연구들을 소개하려 한다.

이러한 의미들을 바탕으로 행하여진 선행 연구들은 다음과 같다. Ashton-Warner(1963) 〈교사〉, Bullough(1989) 〈초임 교사: 사례연구〉, Bullough와 Knowles(1990) 〈교사 되기: 두 번째 직업으로서의 초임 교사의 갈등〉, Britzmann(1989) 〈누가 그 교실을 가졌는가? 교육과정, 교수 그리고 학생, 교사의 목소리를 위한 갈등〉 등과 같이 초임 교사의 삶을 다룬 연구들, Schubert와 Ayers(1992) 〈교사의 전문적 지식: 우리 스스로의 경험으로부터 배움〉, Goodson(1992) 〈교사의 삶에 대한 연구〉, Neumann(1998) 〈경험과 기억의 앎: 홀로코스트 후의 삶의 전기〉, James(2002) 〈욕망의 성취: 흑인 남성 교사의 이야기〉 등과 같은 교사의 삶에 대한 연구를 들 수 있다. 그 외에도 여성이나 흑인 등 소수 집단인 피지배 계층에 소속되어 있는 교사들의 투쟁적 삶을 통해 사회 구조적 모습이나 그들의 성공적 삶을 다룬 교사들의 해방적 삶을 다룬 연구들이 있다. Pagano(1990) 〈추방과 공동체들: 가부장적 거침 속에서의 교육〉, Miller(1990) 〈장소의 창조와 목소리 찾기: 해방을 위한 교사들의 협동〉, Grumet(1988) 〈씁쓸한 우유: 여성과 교수〉, Knowles 등(1994) 〈예비교사의 눈으로: 이야기 탐구를 통한 현장 경험 모험하기〉, Dean과 Kolitch(1997) 〈좋은 여성상 벗겨내기: 수학과 쓰기를 통한 우리 자신의 재발견〉, Sykes(2001) 〈이

해하기와 일어서기: 체육교사들의 여권신장자적-후기구조주의적 생애사〉, McCray 등(2002) 〈미국 흑인 여자들의 선생님이 되기 위한 결정: 사회학적 관점〉 등은 이러한 연구들의 예를 보여 주고 있다. 또한 Kincheleo와 Pinar(1991) 〈교육과정과 사회적 심리적 분석: 장소의 중요성을 중심으로〉에서 주장한 생애사의 장소적 의미를 다룬 연구들이 있다. Elbaz-Luwisch(2004) 〈이민 교사들: 자신과 장소에 대한 이야기들〉, Martusewicz(1997) 〈집을 떠나서: 해석으로서의 교육과정〉은 이러한 장소의 의미를 다룬 최근 연구들의 실례이다.

이 글에서는 이러한 다양한 분야에서 몇 가지 연구들을 중심으로 교사의 삶에 대한 최근 연구 동향을 소개하려 한다. 초임 교사의 삶을 다룬 고전적인 연구 중에 주목할 만한 연구로 Bullough(1989)의 〈초임 교사: 사례연구〉와 Ashton-Warner(1963)의 〈교사〉가 있다. 먼저, Bullough(1989)의 연구는 학교 교사로서 첫해에 겪게 되는 다양한 경험과 교사의 성장 과정을 생애사와 이야기를 통해 묘사함으로써 예비 교사들이 교사가 되어서 겪게 될 경험들에 대한 선 경험으로 교육과정 안에서 학생들에게 보다 나은 교육을 할 수 있는 가능성을 제시하는 연구라고 할 수 있다. Kerrie라는 중학교 여교사의 2년 생활을 생애사 방법을 통하여 연구한 이 연구는 초임 교사에게 공통적으로 나타나는 교육과정 개발과 전달에 있어서의 문제, 그리고 많은 학생들이 있는 교실에서 나타날 수 있는 학급관리의 문제들을 초임 교사가 어떻게 경험하고 해결해 나가는지를 면밀하게 기술하고 분석하였다.

다음으로 Ashton-Warner(1963)의 〈교사〉는 한 초등학교 교실에서 새로운 개혁을 꿈꾸는 교사의 삶을 전기적인 방법으로 그려낸 수작이다. 그녀는 뉴질랜드에서의 교사 경험을 기술하였는데, 어린 뉴질랜드 원주민 학생들에게는 그녀가 배워 온 교수법이 적합하지 않은 것을 인식하고, 학생들의 경험, 문화, 사회 등에 적합한 교수법을 창출해 가는 과정을 그린 한 교사의 교육적 삶을 그렸다. 이러한 연구들은 결국 예비 교사뿐만 아니라 교육과정의 실제 참여자들인 현장 교사들에게 다양한 교육 현실에 대한 간접적 경험을 제시함으로써 교육의 실행에 있어서도 교사와 다양한 학생 간의 거리를 좁힐 수 있는 중요한 지침을 제시한다는 점에서 커다란 교육적 가치를 가지고 있다.

교사의 삶 연구를 통하여 예비 교사들이 교사로서의 정체성과 직업의식을 형성하는 데 도움을 주는 연구가 있다. Knowles 등(1994)은 예비 교사들이 현장 교사들의 삶을 살펴보는 연구를 하였다. 이 연구에서는 현장 교사들의 삶의 이야기를 통해 예비 교사들이 미래의 교사 활동에 커다란 도움이 될 것이라는 것을 주장하고 있는데, 예비 교사들의 학교 맥락, 학생의 행동, 현장 교사의 삶 등을 자신의 경험에 비추어 보아 이해할 수 있는 기회를 가짐으로 해서 교사의 정체성과 직업의식을 형성할 수 있다는 의미를 강조하고 있다. 더 나아가서 이러한 경험은 예비 교사들이 부딪치게 되는 학교에서의 문제점들과 교수-학습 문제들을 실제적 경험에 비추어 해결할 수 있는 능력을 키워 준다는 의미에서 교사의 삶의 연구로서 커다란 가치를 가진 연구라 할 수 있다.

교사의 삶을 다룬 연구 중에서 James(2002)의 연구는 한 개인의 교육적 의지가 어떻게 훌륭한 교사로 성장하게 하는지를 잘 보여 주는 생애사 연구 작품이다. James는 흑인 카리브인(Caribbean)으로서 캐나다로 이주한 노동자 가족의 환경에서 자란 Craig의 생애사 연구를 통해 부모들의 적극적인 지원과 기대와 함께 사랑을 통해 교육 분야에서 어떻게 성공적인 경험을 해 왔는가를 보여 주었다. 그리고 흑인에 대한 인종 차별이 존재하는 캐나다 교육 사회 구조 속에서 부모들의 지원, 사랑, 열정, 기대 등을 통해 그가 어떻게 역경들을 이겨낼 수 있는가를 보여 주었으며, 교사가 된 후에도 카리브인 흑인 교사로서 다른 소수 민족의 학생들에게 친근감이라는 백인 교사들과 다른 경험을 보여 주었다. 이 논문은 Craig의 생애사를 통해 불균형적인 사회구조와 그 안에서의 교육적인 성공 그리고 그러한 성공이 미치는 교육 분야의 영향력을 묘사하였다는 의미에서 커다란 가치가 있다.

또한 소수 집단에 속하는 교사들(이를테면, 여성, 유색인종 등)의 해방적 삶을 다룬 연구들도 최근 연구들 중에서는 쉽게 찾아볼 수 있다. 그러한 연구 중에 McCray 등(2002)은 아프리카 계통의 미국 여성(African-American woman, 이하 흑인 여성으로 칭함)들의 교사가 되기 위한 결정에 대한 사회 문화적 관점에서 생애사 연구를 하였다. 이 연구는 흑인 여성 예비 교사들의 어린 시절, 가족, 사회, 그리고 교사가 되기 위한 결정을 중심으로 생애사 자료를 바탕으로 분석하였는데, 그들만이 가지고 있는 독특한 여성관과 여교사관을 통해 미국 흑인 여성 교사에 대한 새로운 이해를 시도하였다. 또한 이 연구는 미국 흑인 여성 교사들을 임용함으로써 얻을 수 있는 흑인 학생들의 교육 참여에 대한 효율성을 보여 줌으로써 흑인 여교사 임용에 대한 배타적이었던 교육사회의 고정관념에 대한 재구성의 필요성을 제시함과 동시에 교사교육의 새로운 시각의 필요성을 주장하고 있다. 더욱이 폭넓은 다양성에 입각한 교사 임용에 대한 개선의 제안은 결국 미국 흑인 학생들의 교육 향상에도 커다란 영향을 미칠 것이라는 관점에서 중요한 가치가 있다고 할 수 있다.

교사의 삶에서 마지막으로 소개할 연구 분야는 Kincheloe와 Pinar(1991)가 주장한 생애사 연구의 장소적 의미에 대한 연구 중에 Elbaz-Luwisch(2004)의 연구가 있다. 이들은 이스라엘에 이민하여 교사가 된 일곱 명의 여성 교사들을 대상으로 생애사 연구를 하였다. 이 연구에서는 이민 전 학교 경험으로 형성된 교사의 정체성이 이민 후 새로운 문화 접촉으로 인해 변화하는 과정을 묘사하였다. Elbaz-Luwisch는 이 연구에서 교사들이 교실 안에서 겪어야 할 여러 가지 다른 문화 경험과 함께 어떻게 수업을 진행하는지 보여 주었다. 물론 이 연구에서는 이민 교사들이 겪는 전혀 다른 문화에 대한 충격을 통해 교사에 대한 정체성의 재구성을 습득하지만, 그 과정이 갖는 의미는 항상 새로운 환경을 맞이하는 교사들에게 커다란 의미가 있다. 교사들은 다른 나라로의 이민의 결과뿐만 아니라 언제든지 다양한 이질 문화를 접할 수 있다. 그러한 환경 속에서 자기성찰을 통한 교사의 정체성의 재구성은 교실 안 교육에서 중요한 의미를 가지고 있다.

또한 이 연구는 Kincheloe와 Pinar(1991)가 강조했던 자서전 방법의 개념인 장소(place)의 강조를 이용한 연구로서, 그 장소적 변화가 미치는 정체성의 변화를 보여 주는 연구이며, 이러한 결과는 결국 교육에서 고려해야 할 장소적 변화 요인을 지적하고 있다. 다시 말해서 교육과정의 자서전적 이해에서 장소라는 의미를 도입하여 다른 장소에서 느끼는 문화적 차이를 강조하며 새로운 장소에서 교사들이 학생들과 함께 어떻게 새로운 의미들을 형성하는지, 서로서로 어떻게 변해 가는지 보여 주었다. 결국 이 생애사 연구를 통해 교실은 하나의 장소적 개념으로서 그 구성원이 학생들과 교사들에게 어떠한 의미가 있는지 이 연구를 통해 보여 주었다.

본 장에서는 생애사 연구와 관련된 최근 여러 연구들의 실례를 통하여 교사들의 삶에 대한 이야기 연구에 어떻게 이용되고 적용되는가를 살펴보았고 그것이 가지는 교육적인 가치를 살펴보았다. 특히 앞에서 소개된 주로 소외되어 왔거나 소수 집단에 소속되어 온 교사들에 대한 연구들은 기존의 지배 집단의 대표성에 의해 소홀히 되어 왔던 주관성을 표출하는 데 중점으로 행하여진 연구들이다. 이러한 연구들이 교육 그리고 교육과정 분야에서 가지는 중요한 의미는 교육 참여자의 획일적 대표성에 입각한 고정관념을 탈피하고 다양성과 주관적 정체성에 대한 적용을 주장하고 있다는 점에서 커다란 가치가 있다.

또한 이러한 연구들을 통해 생애사 연구는 자기성찰의 과정에서 다양한 이슈들의 당위성을 위한 자료의 표출에 중요한 역할을 하고 있다는 점에서 커다란 의미가 있다. 결국 생애사 연구는 자기반성과 성찰을 목적으로 하는 방법론적 도구로서 대상자와 연구자는 자신의 위치성(positionality)과 정체성(identity)을 새로이 형성 또는 재형성하는 기회를 갖는다는 것이다. 이러한 기회는 결국 교사로서의 자질을 향상시킬 뿐만 아니라 그와 관련된 학생이나 기타 교육적 환경에도 커다란 영향을 미친다는 것이다.

따라서 생애사적 연구는 모든 상황이 문화적, 사회적 그리고 역사적인 맥락에서 형성된다는 주장과 함께 교육에서도 일어날 수 있는 모든 상황 또한 그러한 맥락적인 차원에 초점을 맞춰야 한다는 것을 강조하고 있다. 특히 교육과정에서의 생애사적 연구의 이용은 교육을 하는 교사나 교육을 받는 학생들 그리고 교육 행정가들 역시 자기반성과 성찰이라는 생애사적 과정을 통해 스스로 발전할 수 있는 계기가 되며 더 나아가서 이상적인 교육 환경의 구성을 향해 전진할 수 있다는 점에서 커다란 의미를 가지고 있다.

2) 교수-학습 과정

두 번째 탐구 영역은 교수-학습 과정이다. 생애사, 전기, 자서전, 그리고 이야기 탐구의 이용은 교수-학습 과정에서도 다양한 측면에서 이용되어야 한다는 주장이 학자들 간에 일어나고 있다. 그러한 이유는 교실의 직접적 참여자인 교사와 학생 그리고 그들 사이에서 일어나는 교수와 학습에서 그들의 삶에 대한 경험의 포함은 생애사 연구의 이론적 배경과 함께 잘 어울리기 때문이다. 교실 안에서 생애사 연구의 교수-학습 과정에서의 이용은 두 가지 중요한 의미가 있다. 교육과정과 교육 참가자들의 거리감은 서로간의 이해에 대한 부족으로부터 생성된다고 할 수 있다. 이러한 거리감의 해소를 통하여 교수-학습에 있어서 스스로에 적합한 교육과정 개발이 이루어질 수 있다는 점이다. 둘째는 교수-학습 과정에서 자신에 대한 정확한 정체성의 인식은 교육의 가장 중요한 시작점이다. 이것을 통해 교수자와 학습자는 자신의 정체성을 찾을 수 있으며 그와 함께 보다 발전된 자신의 모습으로 성장할 수 있는 기반을 만들 수 있다. 이러한 것을 비판 이론 학자들은 자율적인 존재라고 하는데 이러한 자율적인 존재의 중앙에는 자기반성을 통한 자신의 회복이 우선적으로 강조된다. 이러한 관점에서 교수-학습에서의 생애사에 대한 적용은 교육적 가치에 있어 중요한 의미를 가지고 있다고 할 수 있다.

그러한 연구 중 하나의 예로 최근 연구인 Doerr(2004)의 〈쿠레레와 환경적 자서전: 생태학의 교수에 있어서의 현상학적 접근〉에서 보여 주는 것처럼 쿠레레 개념으로부터 교수-학습 과정에서의 생애사 적용은 교육과정의 교수와 학습 간의 거리를 줄일 수 있다는 점에서 효과적이다. 이에 교수-학습 과정에서 진행되어 온 생애사 연구의 최근 연구들의 예는 다음과 같다. Witz 등(2000) 〈교육적 문제〉, Witz 등(2001) 〈심층 면담을 사용한 교육적 연구에서의 본질적 방법론〉, Fernandez(2003) 〈다중문화와 반인종주의 교육에서의 자서전〉, Frank(2000) 〈친구들의 생애사: 각각의 친구들 면담하기〉, Herbert 등(2001) 〈전기를 이용한 영재 여학생들에 대한 상담〉, Britzman(1986) 〈하나의 교사를 만들기 안에서의 문화적 신화: 교사 교육의 사회적 구조〉, Britzman(1991) 〈실제가 실제를 만든다〉, Murray(1995) 〈교사 교육 논문집: 예비 교사들을 위한 지식 기반 형성하기〉, Dominicé(2000) 〈우리의 삶으로부터 배움〉, Neumann과 Peterson(1997) 〈우리의 삶으로부터 배움: 교육에서의 여성, 연구, 그리고 자서전〉, González(2001) 〈자신과 다른 사람에 대한 배움을 위한 하나의 과정으로서의 탐구〉 등의 연구들이 그러한 예이다.

이러한 선행 연구들 중에서 주목할 만한 연구 몇 개를 소개하고자 한다. 첫째, 학습 과정의 이해를 목적으로 한 연구 중 하나인 Witz(2000)의 〈학문적 문제〉가 있다. Witz는 그의 주요 연구 방법인 심층면담을 통해 수학과 과학 교과에서 학생들의 학습적 경험을 면담하여 그들이 어떻게 지식을 습득해 가는가를 연구하였다. 그는 학생들을 인터뷰하는 과정 속에서 자신들의 삶의 경험을 학습 과정에서 발생되는 여러 가지 이슈들과 연결하여 해석해 가는 과정들을 관찰하였으며 이를 통하여 참가자들의 학습에 있어서의 성장 과정을 설명하였다. 그는 학습의 중요한 요소를 학생들의 삶에 대한 성찰과 그들의 잠재적 의식이라고 주장하며, 삶의 경험에 대한 중요성과 함께 생애사 연구의 교수-학습 과정에 중요한 역할의 정당성에 대한 증거를 제시하고 있다.

또한, Witz 등(2001)은 삶의 경험은 단순한 경험이 아니라 현상들을 이해할 수 있는 사회적, 문화적, 역사적 맥락의 총체로서, 학생들의 학습에 있어서 삶의 경험을 중심으로 한 교수법은 학습에 커다란 영향을 미친다고 주장하고 있다. 그러한 교수법적 질문으로서, 교사는 학생들 삶의 경험, 태도, 느낌, 그리고 확신 등을 중심으로 질문의 제시와 함께 학습을 도와야 한다고 주장하고 있다. 예컨대, '언제부터 그러한 생각을 하게 되었는가?' '왜 그 지식에 대해 그러한 태도를 가지게 되었는가?' '왜 그렇게 확신을 하는가?' '언제 그러한 변화를 가져왔는가?' '그러한 새로운 사실을 알았을 때의 느낌은 어떠했는가?' 등이 예로 제시될 수 있다. 그러한 질문과 답변의 과정 속에서 학생들은 자기 스스로의 의식에 대한 현상학적 해석을 통해 좀 더 논리적인 학습 과정을 겪게 되며, 학생들의 의식 속에 잠재되어 있던 새로운 사실을 알게 됨으로써 학습 효과의 극대화를 높일 수 있다고, Witz 등은 주장하고 있다. 결국 학생들의 삶의 경험으로부터 형성된 의식을 이끌어 내는 현상학적 방법으로, 학생들의 학습에 있어 그들의 삶의 경험의 표출에 대한 중요성을 강조하고 있는 연구라 할 수 있다. 이러한 연구들이 가지는 의미로 생애사 텍스트는 결국 교육과정을 쿠레레라는 의미로서 이해할 때 교사와 학생은 교수-학습에 생애사 텍스트를 이용하여 스스로 회기, 진전, 분석, 종합 단계를 거쳐 성장한다는 교육적 가치를 주장하고 있다.

Frank(2000)의 〈친구들의 생애사: 각각의 친구들 면담하기〉는 교육과정 수업의 개발을 목적으로 진행된 선행 연구이다. Frank는 초등학교 2학년과 5학년 학생들의 수업에 학습의 하나의 방법으로 생애사 쓰기를 이용하였는데, 이 연구에서 학생들은 학급 학생들의 생애사를 스스로 조사하고 글로서 써 봄으로 해서 쓰기 능력에 커다란 향상을 얻을 수 있었다. 이러한 친구들의 생애사는 결국 학생들 스스로의 관심사를 중심으로 기술될 수 있으며, 자기들의 삶과 대상자 삶의 비교를 통하여 상황에 대한 이해를 바탕으로 글을 쓰게 된다는 점에서 추상적인 내용이나 상황을 이용하기보다는 실제적인 상황과 내용을 이용함으로 얻어지는 커다란 학습적 효과를 알 수 있다. 이러한 교수-학습은 결국 우리 스스로의 생애사를 통해 학습 내용으로 보다 실제적인 상황을 이용함으로써 학생들의 학습에 커다란 향상을 가지고 올 수 있음을 시사하고 있다. 더욱이 교수-학습 방법에서의 생애사 텍스트의 이용은 결국 초등학교의 간학문적 연계성을 갖도록 도와줄 수 있으며 한국과 같은 통합 교과의 중요성이 인식되고 있는 현 시점에서는 더욱더 중요한 가치를 가지고 있다.

앞에서도 잠깐 제시했던 Doerr(2004)는 Pinar가 제시한 쿠레레를 활용한 자서전의 단계를 수업에 이용하여 학생들의 학습 과정을 연구하였다. 이 연구는 미국 고등학교 3학년 남학생 134명을 대상으로 이루어졌는데, 학생들에게 회귀, 전진, 분석, 종합이라는 쿠레레의 단계에 맞추어, '환경과 나'에 대한 30쪽 이상의 환경 자서전(Environmental Autography)을 기말 프로젝트로 제출하게 하였다. 이 프로젝트는 쿠레레의 단계별로 한 달씩 진행되었으며, 한 학기에 걸쳐 진행되었고, 각 단계별로 제출한 학생들의 작품을 수업 중에 공유하는 과정을 거치면서, 논의의 깊이를 더해 간다.

이 연구에서 학생들은 쿠레레의 과정을 거치면서 환경에 대한 지식을 '안다'는 단계에서, 내가 직접 환경을 '지키고 돌보다'는 실천의 단계로 승화시켰으며, 특히 학생들은 환경 자서전이 자신의 삶에 어떠한 영향을 주었는지 초점을 맞추어 기술하는 과정에서, 긍정적이고 적극적인 태도로 환경에 다가가는 실천적 지식을 얻게 되었다. 또한 연구자는 환경 교육과정을 현상학적이고 포스트모더니즘에 입각하여 접근함으로써, 학생들이 환경과 관련한 위험요소, 젠더 이슈, 이기주의적인 성향 등을 발견하는 데 촉진 역할을 하기도 하였다.

다음으로 성인 교육 및 예비 교사들에 대한 교수-학습에 있어서 생애사 텍스트의 적용에 대한 사례들 중에 주목할 만한 연구로 Neumann과 Peterson(1997)의 연구가 있다. 이들은 11명 여성 예비 교사들 스스로의 삶에 대한 반성을 통해 이루어지는 학습 과정을 관찰하였다. 이 연구는 예비 교사들 스스로 참여하여 이끄는 이야기 탐구를 통해 진행되었는데, Neumann과 Peterson은 이 연구를 통해 학습자 스스로가 삶의 반성을 이끌어 가는 연구 학습이 학습자의 배움뿐만 아니라, 그들의 학습의 경험으로부터 앞으로 가르치게 될 학생들의 학습에 대한 요구를 이끌어 낼 수 있다는 결론을 얻었다. 다시 말해서 예비 교사들의 삶을 통한 학습은 결국 미래의 학생들에 대한 이해를 돕는 데 커다란 역할을 한다는 것이다. 성인 교육의 교수-학습에 생애사 텍스트의 이용은 예비 교사 교육에서도 널리 이용되고 있는데, 그 이유는 생애사 텍스트를 통해서 예비 교사들의 정체성을 확립할 수 있고 그러한 과정을 통해 스스로 교사로서의 직업의식에 대한 형성을 돕는다는 것이다. 예비 교사들은 그 중에서 최근 연구인 Fernandez(2003)의 연구에서는 인종적 하위 그룹에 속하는 예비 교사의 반항적 태도와 현 체제에 대한 비참여적인 태도에 대한 개선 방안으로 자서전적 방법의 수업 방식을 이용하여 그들이 어떻게 그러한 태도들을 가질 수 있었는지를 스스로 반성하게 함으로써 차후에 교사로서 책임감을 갖고 보다 나은 교수를 할 수 있도록 도와주었으며 이것은 결국 학생들의 학습에 있어 커다란 도움이 될 수 있음을 시사하고 있다.

요약하면, 위에서 제시된 연구들은 교수–학습의 과정에서 생애사 연구와 이야기 탐구를 이용함으로 인해서 교수자는 스스로의 개인적 실제적 지식에 대한 전이 과정을 겪음으로 해서 후에 학습자에게 중요한 영향을 미칠 수 있음을 함의하고 있으며 또한 학습자는 자신에 대한 반성을 통해서 정체성의 확립 및 학습함에 있어서 전이되는 과정을 겪게 됨을 단편적으로 보여 주고 있다. 이러한 연구에서 생애사, 전기, 자서전 및 이야기 탐구는 교수–학습 과정에 커다란 의미를 가지고 있다는 것을 증명하고 있다.

3) 교사의 실제적 지식

세 번째 탐구 영역은 교사의 실제적 지식이다. 교육과정에서 생애사 연구의 중요한 동향 중의 하나는 앞에서도 제시한 것처럼 교사들의 삶을 다룬 연구들이다. 교사들의 삶의 중요성에 대한 지적은 교육과정과 교사와의 삶에 대한 거리감이 결국 교육과정 실행에 있어 괴리감을 형성한다는 주장과 함께 강조되어 왔다. 그러한 주장들 중에서도 가장 중요시되는 연구 동향 중의 하나가 교사들의 실제적 지식에 관한 연구들이다. 따라서 이 곳에서는 교사의 실제적 지식이라는 분야로 따로 분리해서 보다 심층적으로 묘사하였다.

교사의 실제적 지식에 대한 강조는 인식론적인 입장에서 교육과정을 통해 구성된 교육 내용을 보다 실제적, 효율적으로 형성하고 실행하기 위해서는 교사들의 인식론적 개인 지식에 대한 포함이 필요하다는 주장과 지적에 대한 해결책의 답변이다. 이러한 주장의 대표적인 학자는 F. Michael Connelly와 D. Jean Clandinin이다. 이들은 〈이야기 탐구〉(1990)에서 교사들의 개인적 교육 이론과 지식을 이해하려고 노력한 개인적 실제적 지식(personal practical knowledge) 개념을 발전시켜 왔는데, 그러한 이론을 바탕으로 한 이정표적인 연구들에는 Elbaz(1983)의 〈교사 생각: 실제적 지식에 대한 연구〉, Clark과 Yinger(1977)의 〈교사 생각에 대한 연구〉 등이 있다.

Connelly와 Clandinin(1990)은 이야기 탐구라는 방법론을 통해서 교사의 실제적 지식에 대한 다양한 접근 방법과 이론들을 제시하였는데, 교사는 자신의 이야기를 할 때 주어진 상황을 자신의 정신과 신체 그리고 의도를 가지고 설명하게 된다. 이러한 이야기들의 반복과 연구자로서 변증적인 관계에서의 이야기에 대한 이해는 교사의 개인적 실제적 지식을 이해할 수 있다고 하였다. 이러한 주장은 현상학적인 태도와 연관성을 갖고 있으며 결국 교사들의 이야기는 그들의 철학적 지식적 의도에 의해 해석되어 표출된다는 것을 말하고 있다.

이러한 이야기 탐구 방법과 함께 실행되어 온 연구 중에서 대표적인 것 중의 하나인 Elbaz(1983)의 〈교사 생각: 실제적 지식에 대한 연구〉에서는 교사들은 교육에 있어서 수동적인 존재로서 주어진 개발된 교육과정 안에서 타인의 지식에 대한 전달 역할을 해 왔기 때문에 교육의 참가자로서 성공하지 못할 수밖에 없었다는 점을 지적함과 동시에 교사의 경험에 의한 개인적 지식에 대한 형성과 그를 통한 교육을 강조하였다. 또 다른 연구로 Clark과 Yinger(1977)는 〈교사 생각에 대한 연구〉라는 논문에서 교사의 사고에 대한 연구를 하였는데, 교사의 사고방식과 과정은 그들의 행동과 결정 등에 중요한 영향을 미친다는 것을 주장하였다. 이 연구는 결국 교사가 가지고 있는 실제적 지식에 대한 특성을 규명하였다.

이러한 선행 연구들과 함께 몇 개의 최근 연구들을 소개하면, Ben-Peretz(1995)는 〈경험으로부터의 배움: 기억과 교사의 가르침에 대한 축적〉이라는 책을 통해서 은퇴한 교사들의 경험을 묘사하였다. 이 책은 은퇴한 교사들의 배움에 경험들, 교사 경험에 대한 이야기, 그리고 그들의 경험을 통해 그들 교육의 지적 변화 과정을 보여 줌으로 해서 교사와 같은 직업인들이 그들의 일부 삶의 경험을 통해 어떻게 배워 가고 어떻게 변화해 가는지를 보여 줌과 동시에 교사로서 교육에 대한 실질적 개인 지식을 습득해 가는 과정을 보여 주었다. 따라서 이 책을 통해 Ben-Peretz는 삶의 경험에 대한 이야기가 교사로서의 교육에 대한 실제적 지식의 형성에 커다란 영향을 미친다는 것을 보여 주었다.

Beattie(1995)는 F. Michael Connelly와 D. Jean Clandinin의 교사들의 개인적 교육 이론과 지식을 이해하려고 노력한 개인적 실제적 지식(personal practical knowledge) 개념을 적용, 교사 교육에서 직업적 지식 형성과 재형성을 도왔다. 이 연구는 이야기 탐구 방법을 사용하였지만 생애사적 연구의 개인적 실제적 지식 개념을 이용, 교사들의 이야기가 그들의 삶을 통해 형성된다는 것을 강조하였다는 점에서 생애사 연구의 방법론적 연결성을 갖고 있다. 또한 이 연구는 생애사 연구의 연구자와 대상자가 함께 참여하는 협동적(collaborative) 생애사 연구의 기본 틀을 사용하였으며, 그러한 생애사 연구 방법론의 변형적인 형태를 이용하여 현직 교사의 삶에 대한 자기반성과 성찰로부터 개인적 실제적 지식과 직업의식의 발전에 커다란 영향을 미침을 묘사하였다. 더 나아가서, 자기반성과 성찰을 이용한 생애사 연구 방법의 교육적 차원의 가치성을 인식하여 지도 학생들의 교육에도 영향이 미침을 보여 주었다. 이러한 연구가 가지는 의미는 자기성찰과 자기반성이 중요시 여겨지는 현 교육적 흐름에서는 생애사 연구 방법을 통한 교육의 운영이 커다란 의미가 있음을 시사하고 있다. 이와 비슷한 연구로 Craig(1995)는 교사들의 생애사를 통한 자기반성과 성찰로부터 교사들이 새로이 형성하거나 재형성하는 개인적 실제적 지식에 대한 연구를 보여 줌으로써 생애사적 연구의 중요성을 기술하였다.

요약하면, 교사의 실제적 지식은 교육과정의 현장실행에 가장 중요한 요소 중의 하나이다. 그러한 교사들의 실제적 지식에 대한 이해를 위한 연구 방법으로는 이야기 탐구와 생애사적 연구가 가장 적합함을 학자들은 지적하고 있다. 물론 이러한 연구들은 교사들의 교육 현장에서의 경험을 중심으로 이야기 탐구로써 진행되지만 그러한 작은 상황들에 대한 이해를 위해서는 생애사 연구에 대한 의존도는 무시할 수 없을 것이다. 따라서 이러한 관점은 결국 생애사 연구와 이야기 탐구의 중요성을 다시 한 번 확인하게 되는 것이다.

4) 학생들의 삶

네 번째 탐구 영역은 학생들의 삶이다. 학생은 교육에의 가장 중요한 주체이다. 현 한국의 국가 교육과정 분야에서도 구성주의 아이디어를 주장하면서 학생들의 경험을 중심으로 한 교육과정을 강조하는 것을 보면 우리나라에서도 학생들의 삶에 대한 중요성을 인식하고 있음을 알 수 있다. 따라서 교육에서 가장 주체가 되어야 할 학생들의 삶을 통해 진행되는 교육의 과정이야말로 교육과정 분야에서 핵심적 부분이 되어야 할 것이다. 그러한 점에서 학생들의 생애사로부터 접근하는 교육과정은 결국 학생들 스스로 교육에 참여할 수 있는 보다 넓고 많은 기회를 주는 것이라는 점에서 커다란 의미를 가지고 있다고 할 것이다.

이러한 점에서 학생의 삶을 학교문화 그리고 교육과정 실행의 관점에서 연구한 생애사 연구들을 이해하고 공부하는 것은 매우 의미 있는 일이라고 하겠다. 그러한 선행 연구들로는 Kohl(1967) 〈36명의 아이들〉, Kozol(1992) 〈야만적 불평등〉, Kozol(1967) 〈어린 시절의 죽음〉, Kotlowitz(1991) 〈여기에는 아이들이 없어요!: 다른 미국에서 성장한 두 아이들의 이야기〉, Korn(1997) 〈아이들의 이야기와 교육적 듣기〉 등이 있는데 이 장에서는 그러한 많은 연구 중에서 대표적인 연구 몇 개를 소개하고자 한다.

Kohl(1967)의 〈36명의 아이들〉은 그 대표적인 실례라 하겠다. 이 연구는 Kohl이 미국 뉴욕의 흑인 마을에 있는 초등학교에서의 생활에 대한 기억을 묘사한 연구이다. Kohl은 36명과의 만남을 통해서 그들의 이야기를 일기 중심으로 담고 있는데 주어진 환경에 의한 미래가 보장되어 있지 않은 36명의 어린 흑인 학생들에게 새로운 희망을 주기 위한 그의 활동이 그려져 있다. 이 책에서 Kohl의 도움을 받은 학생들이 주어진 열악한 환경 속에서 생각조차 할 수 없는 직업인으로 어떻게 성장하는가를 기술하고 있다.

또 하나의 중요한 연구는 Kozol(1992)의 〈야만적 불평등〉이다. 그는 이 외에도 〈어린 시절의 죽음〉, 〈혁명의 아이들〉 등 어린 학생들에 대한 주어진 교육의 불평등성에 대한 연구들을 출판하였는데, 그 중 〈야만적 불평등〉과 〈어린 시절의 죽음〉은 특히 주목할 만하다. 이 두 연구 역시 먼저 소개한 Kohl의 〈36명의 아이들〉의 연구와 비슷한 내용으로, 백인 교사를 통해서 바라본 흑인 아동들에 대한 삶을 조명했던 연구들이다. 또한 이러한 연구를 통해 어린 학생들의 생애사로부터 주어진 열악한 환경에서 자란 흑인 학생들이 성장하면서 어떻게 인생의 낙오자가 되는가를 묘사하였다. 이 두 연구에서 나타나는 현상들은 교육적인 가치에서 커다란 의미가 있다. 이들의 차이점은 Kohl의 연구는 교사의 역할에 중요성을 강조하고 있는 반면, Kozol의 연구는 어린 학생들이 주어진 환경에 의해 어떻게 영향을 받는가를 잘 나타내 주고 있다. 이러한 시사점은 결국 어린 학생들의 생애사와 교사의 경험에 대한 목소리의 교육적 중요성을 말하여 주고 있다.

그 외에도 어린 학생들의 생애사에 대한 연구를 통해 그들이 주어진 환경 속에서 겪어야만 하는 '교육'이라는 의미 없는 가치에 대한 묘사를 시도하였다. Kotlowitz(1991)는 〈여기에는 아이들이 없어요!: 다른 미국에서 성장한 두 아이들의 이야기〉에서 Lafeyette와 Phatoah라는 두 형제의 삶을 통해서 보여 준 주어진 어려운 환경 속에서의 정해져 있는 그들의 삶을 그렸다. Korn(1997)은 이야기를 이용한 교수법에 대한 실례를 기술하였는데, 이야기는 생애사 연구나, 자서전, 전기와 작은 차이를 가지고 있지만, 학생들을 묘사하는 어느 상황에 대한 이야기는 결국 학생들의 일상생활, 사회 문화적 환경, 가족환경 등 외부의 맥락적인 요소에 의해 발생되는 것임을 강조하였다. 이러한 주장은 결국 그 의미가 생애사 연구와 전기, 자서전을 함축한다고 할 수 있다. 또한 이러한 수업의 형태는 결국 학생들의 언어적 능력을 향상시킴으로써 교육적 가치가 충분하다고 주장하였다.

이러한 어린 학생들의 삶을 대상으로 한 연구들은 결국 교육과정에서 자칫 소홀하게 생각할 수 있는 어린 학생들의 실제 경험을 이해할 수 있다는 점에서 커다란 의미를 가지고 있으며 그러한 노력은 결국 현 교육과정의 문제점 중의 하나인 학생들과의 거리감에 대한 해결책이 될 수 있다. 어린 학생들은 그들이 미숙한 인간이라는 고정관념으로부터 그동안 그들의 경험에 대한 교육과정의 프함이 무시되어 왔다. 그러나 위에서의 연구를 통해 그들의 삶의 중요성을 인식할 수 있고, 이는 교육과정 분야에서의 생애사 연구의 중요성을 다시 한 번 강조하고 있다.

5) 교육 행정가

다섯 번째 탐구 영역은 교육 행정가이다. 생애사적 연구를 통한 교육 행정가들에 대한 이해도 교육과정 분야의 커다란 이슈 중의 하나로서, 소수 계층의 고육 행정가들에 대한 사례들을 다루어 왔다. 특히 그들의 주관적 학교 운영으로 인한 교육 성공 사례들은 남성성(masculinity)으로 당연시되어 왔던 교육행정 분야에 커다란 의미로 부각되어 연구를 통해 표출되어 왔다. 이러한 연구들은 전기, 자서전, 이야기 그리고 생애사적 연구를 통해 진행되었는데, 생애사 연구 및 질적 연구의 근본 목적처럼 하나의 현상을 맥락적 관계에서 이해하고자 하는 노력이라 할 수 있다. 헝정가들에 대한 생애사 연구가 가지고 있는 의미는 교육의 실제적 권력자로서 가지는 교육적 가치라고 할 수 있다. 교육 행정가들 역시 교육에 있어서 현장 참여자들 중 한 부류이다. 이들이 겪게 되는 학교에서 그리고 학교의 행정적 권력자로서 가지는 삶은 교사나 학생들과는 많이 다를 것이다. 이러한 차이에서 오는 거리감은 교육과정의 실행에 있어 많은 이해와 시각의 차이를 보여 줄 것이다. 이러한 문제점은 교육 행정가들의 삶을 통해 다른 부류의 교육 참여자들과의 오해를 줄일 수 있으며 더욱이 행정가 스스로 반성하는 기회를 가짐으로 해서 그동안 잊혀졌던 교육적 근본이념을 회고하고 성찰할 수 있는 관점에서 중요한 의미와 가치가 있다고 볼 수 있다.

이러한 교육 행정가들의 생애사 연구가 가지는 교육적 가치를 Danzig(1997)의 〈리더십 이야기: 초보자들이 경험적 학교 행정가들의 삶의 형성으로부터 무엇을 배우는가?〉에서 잘 지적하고 있는데, 그는 이 연구에서 미래의 학교 행정관들 교육에 생애사와 이야기 탐구를 이용하여, 그들의 적극적 자기반성과 성찰에 대한 실행을 시도하였다. 이러한 연구 과정에서 행정 실천가로서의 다양한 정보 추출, 이론적 배경과 현실적 실행을 연결하는 과정 등을 발견하였다. 그는 이러한 교육과정에서 생애사와 이야기를 통해서 달성할 수 있는 중요한 교육적 가치를 세 가지로 묘사하였다. 첫째, 학교 형식적 체제(formal system)와 무시되어 왔던 비형식적 체제(informal system)[2]에 대한 이해의 폭을 넓힐 수 있다. Danzig은 학교 내에서의 행정가로서의 삶을 공식적 체제, 학교 밖의 개인적 생활을 비공식적 체제로 정의하고 생애사와 이야기는 이 둘을 함축적으로 표현할 수 있다는 사실을 강조하였다. 둘째, 학교문화나, 개인의 경험, 종교적 가치 등에 대한 보다 높은 의미에 대해 이해할 수 있다. 셋째, 이러한 이슈들은 살아가면서 자기반성과 성찰이 아니면 무시될 수 있는 문제들로서 생애사와 일상생활의 이야기를 통해 더욱더 많은 이해를 할 수 있다. 결국 이 연구를 통해 Danzig은 생애사 방법과 일상생활에 대한 이야기를 통한 자기반성과 성찰은 교육 행정가들의 삶의 보다 깊은 의미를 이해할 수 있게 되고 그러한 이해는 뒤에 학교 행정을 실행해 감에 있어, 다양함과 복잡함 등 학교 운영에 대해 보다 더 깊은 이해를 할 수 있다는 것을 주장하고 있다. 이러한 Danzig의 결론은 교육 행정가들의 생애사 연구의 교육적 가치를 충분히 증명하고 있다.

그러한 연구들의 다른 사례들로는 Personal Narrative Group(1989) 〈여성의 삶 해석: 여권신장주의와 개인적 이야기〉, Bloom과 Monro(1995) 〈자신들의 갈등: 여성 행정가들의 생애사 이야기에서의 획일적이지 않은 주체〉, Smulyan(2000) 〈균형적 행동들〉, Fennell(1998) 〈교장으로서의 권력: 네 여 교장의 경험〉 등의 여성 행정가들을 중심으로 진행되어 온 연구들이 있다. 그 외의 연구 분야에서도 생애사 연구에 대한 다양한 연구들은 Danzig(1997) 〈리더십 이야기: 초보자들이 경험적 학교 행정가들의 삶의 형성으로부터 무엇을 배우는가?〉, Wolcott(1973) 〈교장실의 남자〉

등은 학교 행정가들의 삶뿐만 아니라 그들이 행정가가 되기 위해 배워 가는 과정에 대해 생애사를 통해 다루고 있다. 이 장에서는 이러한 연구들 중에서 Fennell과 Wolcott의 연구를 소개하기로 하겠다.

Fennell(1998; 2002)은 행정가라는 위치에서 올 수 있는 힘의 관계 속에서 남성과 여성 행정가들이 어떻게 다르게 학교를 운영하는가를 다룬 연구가 있다. Fennell(1998)은 네 명의 여 교장을 대상으로 연구하였는데, 여성 교장으로서의 삶에 대한 부분적 생애사를 현상학적 관점에서 접근하였다. 이 연구에서는 교장을 학교 최고 권력을 가진 대상으로서 그들이 구성할 수 있는 힘(power)의 의미를 다각적인 방향[3]에서 살펴보았다. 이러한 과정에서 남성 교장과 여성 교장이 행하는 그들의 권력은 힘이라는 의미를 어떻게 이용하느냐에 따라 교장의 위치성(positionality)의 차이를 이해하였다. 이 연구의 결과는 보편적 교장은 남성이고 교장으로서의 권력은 남을 지배하는 힘의 개념과 맞물려 있음을 이해하게 되었고, 반면에 여성으로서의 교장은 서로의 융합을 위한 힘의 개념과 연결되어 있음을 보여 주었다. 이러한 연구 결과는 다각적 문화의 융합이 필요한 현 시점에서의 교육은 여성 교장의 자기성찰을 통한 힘의 개념의 재구성처럼 소외시되어 왔던 주관성에 대한 인식이 필요함을 시사하고 있다. 물론 이 연구는 삶의 전체 생애사 연구를 중심으로 했다기보다는 현상학적 배경에서 초등학교 네 명의 여 교장으로서의 삶의 경험을 살펴보았다. 그러나 이 연구에서 Fennell은 그들의 삶의 경험 이야기를 이해하기 위해서 생애사 연구기법을 사용하였을 뿐만 아니라 부분 생애사 연구라는 점에서의 실행으로 볼 수 있다. 따라서 방법론적 차원에서는 이야기 탐구를 사용하였지만 그 자료 수집 면에서 생애사 방법을 사용한 연구이다.

이 연구가 주는 커다란 시사점은 여성 교장이라는 피지배 계층의 직접적인 목소리가 그들을 이해하고 그들과 기존의 고정된 구조와의 관계를 정확히 이해하는 데 중요한 도움이 된다는 것이다. 더불어 이 연구가 비록 현상학적 배경에서 이야기 탐구를 이용한 연구라 할지라도 그러한 이야기를 이용하기 위해서는 생애사에 대한 이해가 절대적이라는 것을 시사하고 있고, 생애사와 이야기 탐구는 동일한 과정이라고 할 수는 없지만 상호보완적 차원에서 많은 연구에서 병행된다는 것을 알 수 있다. Fennell(2002)은 또한 유사한 연구 방법을 이용하여 힘의 다각적 관점을 포스트모더니즘[4]까지 확장하여 여자 교장들에 대한 연구를 계속하였다. 이 연구에서는 방법론적인 차이는 없으니 기존의 기능주의적 관점의 힘의 다각적 관점들과 그 변화를 적용한 데 반해 후기구조주의와 포스트모더니즘을 배경으로 한 힘의 개념으로 이해하려 하였다. 또한 Fennell의 이 두 연구에서 다른 이론적 배경의 사용은 생애사적 연구에서 다양한 이론적 배경의 이용과 흐름을 시사하고 있다.

이렇듯 여성 행정가들의 연구가 지배적인 행정가의 삶의 연구에서 일반 행정가의 삶을 다룬 주목해야만 하는 연구가 하나 있다. Wolcott(1973)은 〈교장실의 남자〉라는 저서를 통해 남자 교장의 일상사를 묘사하였는데, 전형적인 초등학교 교장의 생활을 그려 놓았다. 그는 이러한 일상사를 문화적인 관점에서 한 교장이 어떠한 일들을 하는지 그리고 하루하루 그가 하는 활동 중에는 어떠한 것들이 있는지, 그의 시간을 어디에 공헌하는지 등을 묘사하였다. 다른 교장들에 대한 연구와는 달리 Wolcott은 이 연구에서 학생, 부모, 학교행정 실무 운영진, 학교 체제 등과의 관계를 중점적으로 살펴보았는데, 그의 대상인 교장은 이러한 관계를 잘 중재하기 위해서 많은 시간을 소비한다는 것을 알게 되었다. 이러한 연구가 갖는 의미는 교장의 일상사에 대한 연구를 통해서 많은 행정가들의 역할에 대한 정확한 인식을 가질 수 있으며 교육 행정가 스스로의 삶을 반성하는 기회를 가지도록 한다는 데에 커다란 의미가 있다.

요약하면, 교육 행정가는 학교 운영에 있어서 최고 권력자로서 교육과정에 실제적 권력자라고 할 수 있다. 생애사를 통한 그들의 삶에 대한 이해는 이러한 권력이라는 의미에서 오는 오해와 거리감을 해소하는 데 있어서 커다란 역할을 할 수 있다는 것을 이 논문에서는 주장하고 있다. 이러한 관계 속에서 행정가들의 삶은 다각적인 시각에서 해석되어야 하며 이해되어야 한다. 지금까지는 계층의 구조적 모순으로 인해 여성 행정가들의 삶을 주로 다루어 왔고 주목해 왔던 것이 사실이다. 그러나 교육 행정가의 생애사는 그 자체로서의 의미를 가지고 있음을 이 논문에서는 강조하며, Wolcott와 Danzing의 논문처럼 다각적인 시각에서의 연구가 지속되어야 할 것이다.

4. 교육과정 연구에서 생애사 텍스트의 시사점

지금까지 이 글에서는 교육과정 연구 분야에서 새로운 연구동향으로 부상한 생애사 방법에 의한 교육과정 연구의 전체적인 개요를 살펴보았다. 이에 첫째, 생애사의 의미와 개념에 대하여 소개하였고, 둘째, 교육과정 연구영역에서 생애사 방법을 통하여 이루어진 연구결과와 작품들을 다섯 가지 영역으로 구분하여 논의하였다. 이를 통하여 영미에서 지난 20년간에 이루어진 이 분야의 연구동향을 연구자의 지식 범위 아래서 정리하여 소개하고자 하였다. 나아가 점증하는 생애사 연구방법의 가치를 우리나라에 전달하고자 하였다. 그러한 점에서 Denzin과 Lincoln(2000)의 지적은 명심할 필요가 있겠다.

> 현 시대와 미래의 연구 방법에는 자기반성과 성찰에 그 초점을 맞추어야 한다. 그러한 이유에서 자서전, 전기, 이야기를 포함하는 생애사 연구와 실행의 중요성은 더욱 커져가고 있다. (p. 2-3)

그럼 이 글의 결론으로서 지금까지 소개한 영미의 연구동향에 대한 정리에 기초하여 생애사 텍스트로서 교육과정에 대한 이해가 우리의 교육과정 연구와 학교 교육과정 개선에 주는 시사점은 무엇인지를 살펴보고자 한다. 우리의 경우, 생애사 방법에 의한 교육학/교육과정 연구가 거의 없었고, 이러한 연구방법이 갖는 가치가 잠재적으로 상당하다는 점에서 우리의 연구와 실제 개선에 주는 시사점은 크다고 전제할 수 있겠다. 많은 가능한 시사점이 있겠지만 우리 저자들은 그 시사점을 다음 다섯 가지로 요약해 보았다.

첫째, 생애사 텍스트로서 교육과정 연구에 대한 이해는 우리나라의 교육과정 연구에서도 학교 교육과정과 관련된 다양한 참여집단(교사, 행정가, 학생들 등)들의 삶에 대한 보다 심층적인 연구들이 있어야 한다는 것을 시사한다. 이러한 이해는 교육과정 연구가 단순히 학교의 교육과정(문서 또는 계획)에 대한 분석 작업을 넘어서 학교라는 장소에서 살아가고 있는 참여자들이 '학교 교육과정'을 통하여 어떤 교육적 경험을 하며, 어떠한 의미를 부여하고, 어떻게 해석하는지에 대한 보다 철저한 생애사적 연구들이 필요하다는 것을 의미한다. 나아가 교육과정 연구가 이러한 관점에서 이해된다면, 학교 교육과정과 관련되어 있는 참여자들의 경험과 삶에 대한 연구들은 '처녀지' 처럼 연구되지 않고 왔기 때문에 더욱 가치로운 탐구주제가 될 것이다(이종각, 1997).

그러한 점에서 최근에 시도된 교육과정 분야에서의 생애사 연구 작업들은 그 의미가 크다고 하겠다. 대표적인 예로서 김대현 · 박경미(2003)의 교사로서의 경험에 대한 강조, 최영신(2000)의 원불교를 통한 교육적 가치의 강조, 김영지(1995)와 김경식(1998)의 탈선 아이들에 대한 생애사적 연구, 김대현 · 김현주(2003)의 삶에 장소의 변화에 따른 학생이 느끼는 갈등, 허창수(2004)의 학교 교육과정에 나타나는 남성성의 이데올로기 연구, 김영천 · 정정훈(2003)의 초등학교 초임교사의 삶에 대한 생애사적 서술 등은 우리나라의 학교 교육과정을 보다 폭넓게 이해하고 참여자들의 경험을 이해하는 데 상당히 기여하였다. 나아가 김영천(2004)은 교육과정 연구에서 새로이 대두한 탐구주제로서 교사의 삶에 대한 생애사적 탐구동향과 그 대표적인 예들을 정리하면서 생애사 탐구가 교육과정과 교육학 연구에 왜 수용되어야 하는지를 이론적으로 제시하였다. 이에 이러한 생애사 연구의 가치를 인정할 때, 앞으로 교육과정 탐구 분야에 있어서 학교 교육과정 개발, 실행, 평가에 관여하는 참여자들의 다양한 경험들에 대한 기술, 노출, 분석, 평가 작업이 더욱 심층적으로 이루어져야 할 것이다. 그리고 그러한 작업의 결과는 우리의 교육과정의 현상을 보다 정확하고 심도 깊게 이해하는 데 도움을 줄 것이다.

둘째, 생애사 텍스트로서 교육과정 연구는 교육과정 연구방법에 대한 우리의 이해를 확장시킬 것을 요구한다. 이는 생애사 방법을 교육과정 연구의 새로운 탐구방법으로 수용하고 이를 이론화시킬 수 있는 지적 자세를 갖추기를 요구하는 것이다. 특히 이러한 인식은 교육과정 연구방법론에서의 다양화와 다원화가 최근에 와서 시도되고 있는 우리의 현실을 고려한다면, 적극적인 수용의 자세가 요구된다고 하겠다. 이에 이 분야에 관심을 두고 있는 교육과정 연구방법론 학자나 교육과정 이론가들은 생애사 방법을 통하여 교육과정 현상을 연구한다는 것이 무엇을 의미하는지, 그리고 어떻게 하는지, 나아가 우리의 상황에서 어떻게 개념화될 수 있는지를 질문하고 그에 대한 답을 찾도록 노력해야 할 것이다. 이러한 노력은 생애사 방법에 대한 철학적, 방법적, 이론적 지식들을 개발하고 축척하여 우리의 연구에 맞는 보다 적합한 연구방법론을 개척하는 방향으로 진행되어야 할 것이다.

특히, 생애사적 연구가 단순한 삶의 반성이나 성찰이라는 의미를 넘어서 현상학, 해석학, 포스트모더니즘, 후기구조주의, 해체주의 등 다양한 이론적 기반과 깊게 관련을 갖고 있다는 점은 우리 교육과정 연구자에게 교육과정 연구 그리고 교육과정 현상을 연구하는 방법에 대하여 보다 새로운 인식과 지적 기술을 연마하기를 요구한다. 이는 우리나라의 교육과정 연구자 역시 전통주의적 교육과정 연구방법론과 지식으로만 학교 교육과정을 연구해서는 안 되며/머물러서는 안 되며, 탈실증주의적 연구 패러다임의 뜨거운 열기 아래서 진행되고 있는 현대 교육과정 탐구의 다양한 지적 전통들과 학구적 논쟁들을 이해하고, 수용하고, 비평하고, 재해석하고, 확장하는 노력을 기울여야 한다는 것을 뜻한다. 그러한 점에서 〈교수연구핸드북〉 제4판에 제시되어 있는 영미 교육과정 학자들의 방법론적 논쟁들과 고민들을 읽는 작업이 필요하며(Donmoyer, 2001; Eisenhart, 2001; Lather, 2001) 최근의 교육과정 연구(방법)의 한 가지 동향이 학교의 교육과정 현상에 국한되지 않고 교육과 관여되는 문화현상에 대한 연구로 확산되어 가고 있는 사실을 인지하는 것 역시 필요하다(Marshall, Sears, and Schubert, 2000).

셋째, 이 글이 교육과정과 교육학 연구에서 생애사 연구의 전반적 가치와 연구동향들을 정리하였다는 점에서 생애사 방법 자체에 대한 심층적인 논의는 이루어지지 못하였다. 이에 생애사 연구와 관련된 추후의 논문들에서는 생애사 방법 자체에 대한 보다 차원 높은 이론화와 사유가 있어야 한다는 것을 시사한다. 생애사 연구를 사용하여 교육과정과 교육학 연구를 한다면 구체적으로 어떤 절차를 통하여 하게 되는지, 연구의 주요 개념들은 무엇인지, 다양한 학구적 전통들에서 구체화되어 온 연구방법적 지식들은 무엇인지, 그리고 삶의 글쓰기(life writing)는 어떻게 만들어지는지, 나아가 생애사의 기준은 무엇인지를 규명하고 설명하는 노력이 필요하다. 이러한 방법적 지식에 대한 논의에서는 아울러 생애사 방법이 연구도구가 인간이라는 점에서 나타날 수 있는 문제점 그리고 제한점은 무엇인지를 밝히는 노력 역시 필요할 것이다.

넷째, 학교 교육과정과 관련된 생애사 연구 작업들은 교사 교육을 위한 훌륭한 교육적 자료로서 개발되고 이용될 필요가 있다. 이미 기존의 논의에서 다룬 것처럼, 학교 교육과정과 참여자의 삶에 대한 생애사 연구들은 학교교육에 관심을 두고 있는 사람들에게 학교교육과 참여자들을 보다 심층적으로 이해하도록 도와주는 진실한 자료로서 이용될 수 있다는 것을 보여 주었다. 그 예로서 교사 교육 분야의 Knowles 등(1994)의 연구나 Britzman(1999)의 교생의 생애사 연구들은 예비 교사들이 어떤 경험과 딜레마를 가지고 있는지를 여실히 보여 주었다. 그리고 그 참여자들의 이야기들은 그들의 교육적 경험을 반성하고 비평하고 재해석하는 기회를 제공해 주었다. 이들의 연구들은 예비 교사가 될 미래의 교사들에게 예비 교사가 된다는 것의 진정한 의미가 무엇이고 그들이 겪을 딜레마와 교육적 이슈들을 이해시키고 반성하도록 하는 데 도움이 된다.

따라서 학교 현장 참여자들의 살아 있는 경험들에 대한 이야기들은 미래의 교사가 될 교사교육기관의 학생들이 자신의 삶(목표, 의도, 경험, 편견 등)을 비평하고 재평가하며 미래에 대한 새로운 조경을 건축할 수 있는 반성적인 기회를 제공해 줄 수 있다. 특히, 건조하고 교조적인 목소리가 아닌 살아 있는 인간의 목소리로서 전해질 참여자들의 현장 이야기들은 자신들이 경험하지 못한 것, 경험하게 될 것들을 간접적으로 느끼고 분석하게 해 줌으로써 '가르친다는 것', '교사가 된다는 것', '교육과정을 설계하는 것' 등의 작업들에 관여된 여러 가지 실제적, 존재론적, 인간관계적 이슈들을 쉽게 이해하고 경험하고 비평할 수 있는 기회를 제공해 준다. 그리고 이러한 기회를 통한 학교 경험에 대한 이해와 공감은 교사가 될 학생들에게 학교 교육과정의 성격과 특징들에 대한 보다 다양하고 다차원적인 해석체계를 개발시키는 데 기여할 것이다.

그 대표적인 예로서 소외 계층 교사들의 이야기들, 소수 계층인 여성 행정가들의 삶의 이야기들은 그러한 위치에 있지 못하였던 미래의 교사가 될 학생들에게 학교 교육과정과 문화가 갖는 평등성의 문제를 인식하게 할 것이며, 이러한 인식을 통한 자기성찰과 비평 작업은 '학교 교육과정의 운영과 개발'에 대한 보다 합리적이고 효과적인 아이디어들은 무엇인지를 고민하는 데 기여할 것이다. 또한 초임 교사들의 교육과정의 운영과 학생관리 전략에 대한 실패와 성공담은 미래의 교사들로 하여금 자신들이 겪게 될 실제적인 생존문제들은 무엇인지 그리고 그러한 문제들을 어떻게 해결해 나갈 것인지를 반성할 수 있는 교육적인 기회를 제공해 준다고 하겠다.

다섯째, 교육개혁이라는 이름 아래 진행되고 있는 우리나라의 학교 교육과정 개발과 개선 작업에 대한 보다 심층적이고 실제적인 기록과 평가 작업이 생애사 연구를 통하여 이루어질 수 있다. 생애사 연구는 학교 내의 참여자들이 경험한 의식과 반성이 무엇인지를 드러내 주기 때문에 학교 교육과정의 변화작업과 성공의 요인을 내부자적인 시각에서 추적하여 기록하고 해석하는 데 도움을 줄 것이다. 왜 이 학교가 교육개혁에 성공하였는지, 왜 이 학교는 변화되지 않는지, 왜 이 학교의 교사들은 새로운 교육과정을 개발하여 실행에 옮겼는지 그리고 그러한 결과는 무엇인지에 대한 가장 진실한 답변은 그 현장에 있었던 참여자들의 경험과 변화의 역사를 생애사 방법을 통하여 기술하고 분석하는 방법을 통하여 이루어질 수 있다.

그러한 점에서 학교개혁을 더욱 성공적으로 추진하는 방법으로서 성공적인 학교 변화를 이룩한 학교 현장들에 대한 이야기들을 사례 연구로 묶어서 학교 현장에 보급하고 읽히게 하는 미국의 전략을 주목할 필요가 있다. 이에 한 학교(한 개의 단위 학교)가 어떻게 변화되고 교사들은 어떻게 변화되었으며, 학생들은 어떻게 변화되었고, 교육과정은 어떻게 변화되었는지를 생애사와 사례 연구를 통하여 두툼한 보고서나 책으로 만들어 내는 이들의 노력과 전략은 학교개혁을 원하는 다른 학교들에게 무엇을 비교하고 무엇을 벤치마킹할 것인지에 대한 실제적인 아이디어를 얻는 데 도움을 제공해 준다. 한 학교의 변화를 이야기를 통하여 소개하고, 공유하는 이러한 개혁의 아이디어는 우리에게 시사하는 바가 크다.

앞에서 소개한 Ashton-Warner(1963)의 훌륭한 뉴질랜드의 초등학교 언어 교사에 대한 이야기는 새로운 언어교수법을 어떻게 성공적으로 자신의 교실에 적용하였는지를 이해시키는 데 도움을 주며, 변화를 갈망하는 이름 모를 교사들에게 변화에 대한 도전의식과 욕망을 불러일으키기에 충분하다. 또한 미국의 고등학교에서 여섯 명의 교사들이 어떻게 자신의 수업을 변화시켰는지를 각 교사의 이야기를 통하여 보여 준 〈Reinventing high schools: Six journeys of change〉(2000)는 우리에게 실제적인 변화의 아이디어들을 추구하고 갈망하도록 자극시킨다. 그러한 점에서 개혁에 대한 개인적 또는 공동체적 이야기들은 우리가 시도하고 있는 국가 차원에서의 교육개혁이 보다 잘 이루어지도록 하는 데 필수적인 참여의식, 지적 동기, 모험심, 그리고 모방을 통한 창의적인 아이디어의 개발에 적극적으로 기여할 것이다.

후주

1) 박순경(2001)은 이것을 '코스(경주로)를 달리는 것'으로 번역하였다. 결국 이것이 가지고 있는 의미는 과정 또는 경험 그 자체의 중요성을 지적하고 있다.
2) 학교생활 밖에서 일어날 수 있는 모든 사건들 또한 교육에 커다란 영향을 미칠 수 있다. 이러한 학교생활 외의 일생생활에 대한 모든 것들은 비공식적 체제에서 일어난다.
3) Fennell은 힘의 개념을 power over, power through, power with로 유형화하여

분석하였다.

4) Fennell은 이 연구에서 푸코의 힘의 관계라는 개념을 이용하였다. 푸코는 베이컨의 고전적인 힘의 의미인 '힘은 지식이다'라는 개념보다는 힘은 언어를 포함하고 있는 언설의 기능이라고 주장하였다. 그리고 힘은 언제나 인간의 관계 속에서 형성되며 언제나 유동적이라고 하였다.

참고문헌

김경식(1998). "생애사적 연구를 통한 고교 중퇴생 삶의 문화탐구", 교육사회학연구, 8(1), 123-144.

김대현 · 김현주(2003). "입학초기 중학생의 삶", 교육과정 연구, 21(4), 1-24.

김대현 · 박경미(2003). "학교 교육과정 운영에 관한 교사의 나래티브 탐구", 교육과정 연구, 21(2), 23-49.

김승일 · 강여주 · 장동환(2003). "송범 생애사 관점에서 바라본 신무용 분석", 한국체육학회지, 42(6), 621-631.

김영지(1995). "가출청소년의 삶과 문화에 대한 생애사적 연구", 한국청소년연구, 21, 136~154.

김영천 · 정정훈(2003). "잔인한 3월: 한국 초등학교 초임교사의 3월의 삶에 대한 생애사 연구". 초등교육학연구, 10(2), 49-78.

김영천(2004). "교사의 삶에 대한 생애사적 연구: 연구동향과 예들", 열린교육연구, 12(2), 79-105.

김영천 · 조재식(편). (2004). 교과교육과 수업에서의 질적연구(제2판). 서울: 문음사.

박성희(2004). 질적 연구방법의 이해: 생애사적 연구를 중심으로. 서울: 원미사

박순경(1997). "교육과정 이론화의 새로운 가능태로서의 후기 구조적 논의". 교육과정 연구, 15(2), 233-250.

손민호(2004). "연구전통별로 살펴본 수업에서의 질적 연구의 동향과 과제." 교육과정 연구, 22(3), 149-180.

손승남(2002). "자서전의 교육적 가치", 교육철학, 29, 109-125.

이종각(1997). 교육인류학의 탐색. 서울: 하우.

유철인(1996). "어쩔 수 없이 미군과 결혼 하게 되었다: 생애사적 이야기의 주제와 서술전략", 한국문화인류학, 29(2), 397-419.

유철인(1998). "물질하는 것도 머리싸움: 제주 해녀의 생애이야기", 한국문화인류학, 31(1), 97-117.

유철인(2004). "구술된 경험 일기:제주 4.3 관련 수형인 여성의 생애사적", 한국문화인류학, 37(1), 3-39.

윤택림(2001). "한국 근대사 속의 한국 농촌 여성의 삶과 역사 이해: 충남 서산 대동리의 여성 구술 생애사적를 중심으로", 사회와 역사, 59, 207-234.

최영신(2000). "종교 수행 과정에 나타난 마음의 발달과 그 교육학적 해석: 원불교 수행자에 관한 생애사적 사례 연구", 교육인류학연구, 3(1), 69-87.

파울로 프레이리, 교육문화연구회 옮김(2000). 프레이리의 교사론, 서울: 도서출판 아침이슬.

한혜정(2004). 미국 교육과정 연구 패러다임의 변화가 한국 교육과정 연구에 주는 시사. 교육과정 연구, 22(3). 251-266.

헨리 지루, 이경숙 (역)(2000). 교사는 지성인이다, 서울: 도서출판 아침이슬

Ashton-Warner, S. (1963). *Teacher*. London: Virago.

Ayers, W. (1990). Small Heroes: In and out of school will 10-year-old city kids. *Cambridge Journal of Education,* 20(3), 269-278.

Ayers, W. (1993). *To teach: The journey of a teacher.* New York: Teacher College Press.

Barone, T. (2001). *Touching eternity: The enduring outcomes of teaching.* NY: Teachers College Press.

Ben-Peretz, M. (1995). *Learning from experience: Memory and the teacher's account of teaching.* New York: State University of New York Press.

Bettie, M. (1995). The making of a music: The construction and reconstruction of a teacher's practical personal knowledge during inquiry, *Curriculum Inquiry,* 25(2), 133-150.

Britzman, D. P. (1986). Cultural myths in the making of a teacher: Biography and social structure in teacher education. *Harvard Educational Review,* 56(4), 442-456.

Britzman, D. P. (1989). Who has the floore?: Curriculum, teaching, and student teacher's struggles for voice. *Curriculum Inquiry,* 19(summer), 143-162.

Britzman, D. P. (1991). *Practice makes practice.* Albany: State University of New York Press.

Bloom, L. R. & Munro, P. (1995). Conflicts of selves: nonunitary subjectivity in women administrators' life history narratives. In In J. A. Hatch and R Wisniewski (Eds), *Life history and narrative,* 99~112, Washington D.C.: The Falmer Press.

Bullough, Jr. R. (1979). Persons-centered history and the field of curriculum. *JCT,* 1(1), 123-135.

Bullough, Jr. R. (1989). *First year teacher: A case study.* NY: Teachers College Press.

Bullough, Jr. R. and Gitlin, A. (1995). *Becoming a student of teaching: Methodologies for exploring self and school context,* NY: Garland Reference Library.

Bullough, Jr. R. and Knowles, J. G. (1990). Becoming a teacher: struggles of a second career beginning teacher. *Qualitative Studies in Education,* 3(2), 101-112.

Butt, R. and Reymond, D. (1992). Studying the nature and development of teachers' knowledge using collaborative autobiography. *International Journal of Educational Research*, 13(4), 402~449.

Clark, C. M. and Yinger, R. J. (1977). Research on teacher thinking: *Curriculum Inquiry,* 7(4), 279~304

Clandinin D. J. and Connelly, F. M. (1994). Personal experience methods. In N.K. Denzin and Y.S. Lincoln (Eds.) *Handbook of qualitative research*, 413-427, Thousand Oaks, CA: Sage.

Coalition of Essential Schools(2000). *Reinventing high schools: Six journeys of change*. Jobs for the future.

Cole, A. L. and Knowles, J. G. (2001). *Lives in context: the art of life history research,* Walnut Creek, CA: Alta Mira Press.

Connelly, M. and Clandinin, J. (1988). *Teachers as curriculum planners: Narratives of experience*. New York: Teacher College Press.

Connelly, M. and Clandinin, J. (1990). Narrative inquiry: Stories of experience and narrative inquiry. *Educational researcher*, 19(4), 2-14.

Craig, C. J. (1995). Knowledge communities: A way of making sense of how beginning teachers come to know in their professional knowledge contexts, *Curriculum Inquiry*, 25(2), 151-175.

Danzig, A. B. (1997). Leadership stories: what novices learn by crafting the stories of experienced school administrators, *Journal of Educational Administration*, 35(2), 122-137.

Dean A. V. and Kolitch, E. (1997). Unmaking good-girlism: re-inventing ourselves through mathematics and writing, *Journal of Curriculum Theorizing*, winter(13:4), 13-19.

Denzin, N. K (1989). *Interpretive biography*. Newbury Park, CA: Sage Publication.

Denzin, N. K. and Lincoln, Y. S. (2000). Preface. In N.K. Denzin and Y.S. Lincoln (Eds) *Handbook of qualitative research* (2nd ed), ix-xx Thousand Oaks, CA: Sage publications, Inc.

Denzin, N. K. and Lincoln, Y. S. (2000). Introduction. In N.K. Denzin and Y.S. Lincoln (Eds) *Handbook of qualitative research* (2nd ed), 1-28, Thousand Oaks, CA: Sage Publications, Inc.

Doerr, M. N. (2004). *Currere and the Environmental Autobiography: A Phenomenological Approach to the Teaching of Ecology*. NY: Peter Lang Publication.

Doll, R. (1982). *Curriculum improvement: Decision making and process*. Boston, MA: Allyn & Bacon.

Dollard, J. (1935). *Criteria for the life history: With analysis of six notable documents*. New Haven, CT: Yale University Press.

Dominicé, P. (2000). *Learning from our lives.* San Francisco: Jossey-Bass.

Donmoyer, R. (2001). Paradigm talk recosndered. In Virginia Richardson (Ed.), *Handbook of Research on Teaching* (4th edition). AERA.

Eisner, E. (1985). Aesthetic mode of knowing. In E. Eisner (Ed.), *Learning and teaching the ways of knowing: Eighty-fourth yearbook of the National Society for the Study of Education*, 23-36, Chicago, IL: University of Chicago Press

Eisnenhart, M. (2001). Changing conceptions of culture and ethnographic methodology: Recent thematic shifts their implications for research on teaching. In Virginia Richardson(Ed.), *Handbook of Research on Teaching* (4th edition). AERA.

Elbaz, F. (1983). *Teacher thinking: A study of practical knowledge.* London, England: Croom Helm.

Elbaz-Luwisch, F. (2004). Immigrant teachers: stories of self and place, *International Journal of Qualitative Studies in Education,* 17(3), 387~414.

Etter-Lewis, G. (1993). *My soul is my own: Oral narratives of African-American women in the professions.* New York: Routledge.

Feiman-Nemser, S., & Remillard, J. (1996). Prospective on learning to teach. In F.B. Murray (Ed.), *The teacher educator's handbook: Building a knowledge base for the preparation of teachers,* 63-91, San Francisco: Jossey-Bass.

Fennell, H. (1998). Power in the principalship four women's experiences, *Journal of Educational Administration,* 37(1), 23-49.

Fennell, H. (2002). Letting go while holding on women principals' lived experiences with power, *Journal of Educational Administration,* 40(2), 95-117.

Fernandez, A. E. (2003). Autobiography in Multicultural, Anti-Racist Education: Three Case Studies, *Teaching & Learning: the Journal of Natural Inquiry and Reflective Practice,* 18(1), 5-15.

Foucault, M. (1997). The ethics of concern of the self as a practice of freedom (Robert Hurley et al., Trans.). In P. Rabinow (Ed.), *Ethics· Subjectivity and truth* (interview conducted 1984), 281-301. New York: The New Press.

Frank, M. (2000). Biography Buddy: Interview each other. *Social Studies and Young Learner,* 12(3), 13-14.

González, K. P. (2001). Inquiry as a process of learning about the other and the self. *International Journal of Qualitative Studies in Education,* 14(4), 543-562.

Goodson, I. F. and Walker, R. (1991). *Biography, identity, and schooling,* London: Falmer.

Goodson, I. F. (1992). Studying teachers' lives: An emergent field of inquiry. In I. F. Goodson (Ed.), *Studying teachers' lives,* 1-17, London: Routledge.

Goodson, I. F. (1995). The story so far: personal knowledge and the political. In J.

A. Hatch and R. Wisniewski (Eds.), *Life history and narrative*, 89-98, Washington D.C.: The Falmer Press.

Grumet, M. (1988). *Bitter Milk: Women and teaching*. Amherst, MA: University of Massachusetts Press.

Grumet, M. (1990). Retrospective: Autobiography and the analysis of educational experience. *Cambridge Journal of Education*, 20(3), 321-326.

Hatch, J. A. and Wisniewski, R. (1995). Life history and narrative: question, issues, and exemplary works. In J. A. Hatch and R. Wisniewski (Eds), *Life history and narrative,* 113-135, Washington D.C.: The Falmer Press.

Herbert, T. P., Long, L. A., Neumeister, K. L. S. (2001). Using biographies to counsel gifted young women. *Journal of Secondary Gifted Education,* 12(2), 69-72.

Hur, C. (2004). *Gender equity and equality on Korean student scientists: A life hisory narrative study*. Unpublished dissertation, Florida State University.

James, C. E. (2002). Achieving desire: narrative of a black male teacher, *International Journal of Qualitative studies in education*, 15(2), 171-186.

Kidder, T. (1989). *Among schoolchildren*. New York: An Avon Book.

Kincheloe, J. and Pinar, W. F. (Eds.) (1991). *Curriculum and social psychoanalysis: The significance of place*. Albany, NY: State University of New York Press.

Knowles, J. G., Cole, A. L., & Presswood, C. S. (1994). *Through preservice teachers' eyes: Exploring field experiences through narrative inquiry*. NY: Merrill.

Kohl, H. R. (1967) *36 children*. New York: New American Library.

Korn, C. (1997). Children' s narrative and pedagogical listening, *Journal of Curriculum Theorizing,* 13(2), 11-18.

Kotlowitz, A. (1991). *There are no children here: The story of two boys growing up in the other America*. New York: Anchor Books.

Kozol, J. (1992). *Savage Inequality: Children in America' s school*. New York: Crown Publisher Inc.

Kozol, J. (1967). *Death at an early age*. NY: the Penguin Group.

Kridel, C. (1998). *Writing educational biography: Explorations in qualitative research*. NY: Garland Publishing Inc.

Lather, P. (2001). Validity as an incitement to discourse: Qualitative research and crisis of legitimation. In Virginia Richardson(Ed.), *Handbook of Research on Teaching*(4th edition). AERA.

Marshall, J., Sears, J., Schubert, W. (2000). *Turning points in curriculum: A contemporary American memoir*. Columbus, Ohio: Merill.

Martusewicz, R. A. (1997). Leaving home: curriculum as translation, *Journal of Curriculum Theorizing,* 13(3), 13-17.

McCray, A. D., Sindelar, P. T, Kilgore K. K., and Neal L. I. (2002). African-American women' s decisions to become teachers: sociocultural perspectives, *International Journal Qualitative Studies in Education,* 15(3), 269-290.

Measor, L. and Sikes, P. (1992). Visiting lives: Ethics and methodology in life history. In I. F. Goodson (Ed.), *Studying teachers' lives*, 201-233, New York: Teachers' College Press.

Miller, J. L (1990). *Creating spaces and finding voices: Teachers collaborating for empowerment.* Albany, NY: State University of New York Press.

Miller, J. L. (1992). *Shifting the boundaries: Teachers challenge contemporary thought.* Theory into Practice, 31(3), 245-251.

Murray, F. B. (1995). *The teacher educator' s handbook: Building a knowledge base for the preparation of teachers.* Indianapolis, IN: Jossey-Bass.

Neumann, A. (1998). On experience, memory knowing: A post Holocaust (auto)biography, *Curriculum Inquiry*, 28(4), 425-442.

Neumann, A. and Peterson, P. L. (1997). Learning from research in everyday life. In A, Neumann and Peterson (Eds.), *Learning from our lives: Women, research, & autobiography in education,* 228-248, New York: Teachers College Press.

Noddings, N. (1986). Fidelity in teaching, teacher education, and research for teaching. *Harvard Educational Review*, 56(4), 496-510.

Pagano, J. (1990). *Exiles and communities: Teaching in the patriarchal wilderness. Albany*, NY: State University of New York Press.

Personal Narrative Group (Eds.). (1989). *Interpreting women' s lives: feminist theory and personal narratives.* Bloomington: Indiana University Press.

Pinar, W. F., Reynolds, W. M., Slattery, P., and Taubman, P. M. (1995). *Understanding curriculum.* New York, NY: Peter Lang.

Pinar, W. F. and Grumet, M. P. (1976). *Toward a poor curriculum.* Dubuque, IA: Kendall/Hall.

Pinar, W. F. (1978). Life history and curriculum theorizing. *Review Journal of Philosophy and Social Science,* 3(1), 92-118.

Pinar, W. F. (1994). *Autobiography, politics, and sexuality: Essay in curriculum theory,* 1972-1992. New York: Peter Lang.

Pinar, W. F. (2004). *What is curriculum theory?,* Mahwah, NJ: Lawrence Erlbaum associates, Publishers.

Schubert, W. and Ayers, W. (Eds.) (1992). *Teacher lore: Learning from our own experience.* New York: Longman.

Smulyan, L. (2000). *Balancing acts: Women principals at work.* Albany: State university of New York Press.

Sykes, H. (2001). Understanding and overstanding: feminist-poststructural life histories of physical education teachers. *International Journal of Qualitative Studies in Education,* 14(1), 13-31.

Tierney, W. G. (2000). Undaunted courage: Life history and the postmodern challenge. In N.K. Denzin and Y.S. Lincoln (Eds) *Handbook of qualitative research* (2nd ed), 537-553, Thousand Oaks, CA: Sage publications, Inc.

Watson, L. C. (1976). Understanding a life history as a subjective document: Hermeneutical and phenomenological perspectives. *Ethos*, 4(1), 95-131.

Watson, L. C. & Watson-Franke, M. (1985). *Interpreting life histories.* New Brunswick, NJ: Rutgers University Press.

Witz, G. K. (2000) The academic problem, *Journal of Curriculum Studies,* 32(1), 9-23.

Witz, G. K., Goodwin, D. R., Hart, R. S., and Thomas, H. S. (2001), An essentialist methodology in education-related research using in-depth interviews. *Journal of Curriculum Studies,* 33(2), 195-227.

Wolcott, H. F. (1973). *The man in the principal' s office: An ethnography.* Walnut Creet, CA: Altamira Press.

Woods, P. (1987). Life histories and teacher knowledge. In J. Smith (ed). *Educating teachers: Changing the nature of pedagogical knowledge*, 121-135, London, Philadelphia, New York: Falmer Press.

Part 4

비판적 이론화 전통들

제11장

자문화기술지와 교육과정 연구

이 동 성(전주교육대학교 교육학과 교수) | **김 영 천**(진주교육대학교 교육학과 교수)

1. 들어가며

교육개혁을 위한 거시적 담론들은 주로 제도개혁이나 정책개발에 주목함으로써 학교라는 구조 속에서 살고 있는 구성원들의 주체적 역할에 대한 논의를 소홀히 하고 있는 상황이다(Eisner, 2004; Gergen, 2005; Starr, 2010). 이러한 맥락에서 질적 연구와 탈실증주의 패러다임을 지향하는 일부 교육학자들은 학교현장 구성원들의 삶과 경험에 주목하는 해석적 관점의 교육과정 탐구동향을 강조하고 있다(Pinar, 1978; Grumet, 1990; Goodson & Walker, 1991; Goodson, 1992; Miller, 1992; Nash, 2004; 김영천 · 허창수, 2004; 김영천, 2004).

특히, 최근에는 해석적 관점의 교육과정 탐구를 위한 질적 연구 방법론으로서 구미의 신생 자문화기술지가 주목을 받고 있다(Chang, 2008; Jewett, 2008). 자문화기술지는 연구의 과정에서 발생한 연구자의 주관성과 체험을 인위적으로 배제하거나 연구의 배경에 두지 않는다. 오히려 자문화기술지는 전통적인 문화기술와는 달리 연구자의 반영성(reflexivity)을 텍스트의 전경(前景)에 부각시킨다. 목하 반영성이란 저자가 연구과정에서 자신의 역할을 재인지하는 것을 지칭하는데, 개인적인 생각과 느낌, 이야기, 관찰, 자기성찰과 반성을 통하여 연구를 둘러싼 사회적, 이론적 맥락을 이해하는 정신활동을 말한다(이동성, 2011a: 62).

신생 자문화기술지를 통하여 학교현장을 이야기한 국내의 교육연구들(이동성 · 김지인 · 이다해, 2010; 이동성, 2010, 2011a, 2011b, 2011c, 2011d, 2011e)은 그다지 흔치 않은 편이다. 국내의 자문화기술지 연구동향은 교사발달에 관한 연구(이점우, 2006; 이희용, 2007; 김남연 · 김현주 · 안혜준, 2008; 김재룡, 2010; 이동성, 2011a, 2011c, 2011d, 2011e), 교수법 및 교육과정에 대한 연구(김외솔, 2010; 이동성, 2010, 2011b), 질적 연구 방법론과 그 실행과정에 대한 연구(이동성 · 김지인 · 이다해, 2010; 김영천 · 이동성, 2011)로 구분할 수 있었다.

위의 국내 선행연구들은 자문화기술지를 선도적으로 도입하여 학교현장 구성원들과 자신의 교육적 삶을 세밀히 이야기하였다. 그러나 앞서 밝힌 바와 같이, 자문화기술지를 활용한 국내의 교육과정 연구들은 매우 드문 실정이다. 그 이유는 비교적 최근에 등장한 자문화기술지의 학문적인 배경과 개념, 철학적 전제와 방법론적인 특징 그리고 구체적인 연구사례와 그 시사점을 체계적으로 고찰하는 국내의 교육연구들이 부족하였기 때문이다.

따라서 이 글은 신생 자문화기술지의 학문적 배경과 개념을 살펴볼 것이다. 그리고 자문화기술지의 이론적 전제와 방법론적 특징을 고찰함으로써 교육과정 탐구를 위한 질적 연구 방법론으로서의 특성을 밝힐 것이다. 마지막으로, 이 글은 교육과정 탐구영역에 대한 외국의 대표적인 자문화기술지 작품들을 소개하고 비평함으로써 자문화기술지의 이론적 및 방법론적 시사점을 도출할 것이다. 저자들의 이러한 시도는 신생 자문화기술지에 대한 방법론적 이해를 촉진하고, 자문화기술지에 기초한 국내의 교육과정 연구를 유도함으로써 학교현장을 심층적으로 이해하고 실질적으로 개선하는 데 조금이나마 기여할 수 있을 것이다.

2. 교육과정 탐구방법으로서 자문화기술지: 학문적 배경과 개념

여기에서는 교육과정 탐구방법으로서의 자문화기술지를 살펴보기 위하여 자문화기술지의 학문적 배경을 살펴보고, 유사 질적 연구 방법론들(문화기술지, 생애사, 전기/평전, 자서전, 회고록, 일기)과의 비교분석을 통하여 자문화기술지의 개념을 명료화하였다.

1) 자문화기술지의 학문적 배경

인류학자인 Heider는 1975년에 'auto-ethnography' 라는 용어를 최초로 사용하였다(Chang, 2008; 박순용 · 장희원 · 조민아, 2010). 그러나 현대적 의미의 자문화기술지는 Hayano(1979, 1982)의 작품들("Auto-Ethnography: Paradigms, problems, and prospects"/ "Poker faces: The life and work of professional card players")이 효시(嚆矢)가 되었는데, 그는 사회과학 연구에서 최초로 연구자의 경험과 주관성 그리고 관점을 가미하면서 자문화기술지(autoethnography)라는 용어를 사용하였다(Wall, 2006; Chang, 2008; 김영천, 2010; 박순용 · 장희원 · 조민아, 2010). 그 이후, 자문화기술지는 사회과학 연구에서 다양한 명칭으로 불리다가 Reed-Danahay(1997)와 Ellis와 Bochner(2000)에 의해 학문적인 체계성을 갖추게 되었다(Chang, 2008: 46-49).

인류학, 사회학 그리고 교육학의 간학문적 속성을 지닌 자문화기술지는 교육이론과 교육실천 속에서 구체화된 비판적 탐구의 한 형태이며(McIlveen, 2008: 3), 실험적 글쓰기와 참여적 연구를 강조하는 북미 제5기 질적 연구의 한 종류이다(Holt, 2003: 19). 기억의 예술(art of memory)인 자문화기술지는 재현의 한 형태로서 유동적인 속성을 지니며, 근대문화의 균질성과 동일성에 대항하는 경향이 있다(Russell, 1999). 자문화기술지는 포스트모던 철학(postmodern philoscphy) 혹은 해석학적 현상학(hermeneutic phenomenology)에 근거한다(Berry, 2006; Wall, 2008). 포스트모던 연구의 움직임은 사회적 세계에 대하여 정당성(legitimation) 있는 지식을 얻기 위한 재현(representation)방법인 과학주의적 방식과 양적 연구의 특권적 지위, 조용한 저술(silent authorship)에 의문을 제기하였다(Charmaz & Mitchell, 1997; Holt, 2003). 포스트모던 철학에 기초한 자문화기술지는 사람들이 사회적 진공상태(social vacuum)에서 경험을 축적하지 않는다는 생각 아래, 개인의 목소리와 반영성(reflexivity)을 강조함으로써 전통적인 문화기술지의 속박으로부터 연구자들을 해방시키려 하였다(Duncan, 2004; Wall, 2006, 2008; Berry, 2006).

저자의 목소리와 반영성을 강조하는 자문화기술지는 개인의 주관적인 체험과 성찰에 더하여 자아에 대한 사회적, 문화적, 정치적인 이해를 풀어낸다(Jones, 2005). 즉, 자문화기술지는 문화 속에 위치 지어진 자신의 경험에 대한 반성적인 이야기를 비판적으로 기술하여 개인적인 삶의 양상을 이론적으로 이해하도록 돕는다. 그리고 독자들은 저자와 연구 참여자들의 이야기를 자신의 삶과 비교함으로써 연구결과의 이론적 타당성을 확증할 수 있다(Ellis, 1995, 2004). 이러한 이유 때문에 자문화기술자(autoethnographer)는 고도로 감성적이고 사적인 글쓰기 방식을 활용한다(Berry, 2006; Sparkes, 2000). 따라서 자문화기술자들은 대화 장면뿐만 아니라 인물의 성격, 구체적인 행위, 정서, 체현(embodiment), 자의식, 내성(introspection) 등을 활용한다(Ellis, 2004).

한편, 자문화기술지는 자기-내러티브를 사회과학적 연구에 적용하는 질적 연구방법의 하나이다(Chang, 2008). 여기에서의 자기-내러티브란 저자 자신이 체험한 과거의 경험이나 사건들을 시간순서에 따라서 일정한 형식으로 말하거나 이야기(story telling)하는 것을 의미한다(이동성, 2008: 40). 자기-내러티브에 기초한 자문화기술지는 사회적 맥락 내에 자아를 정치시켜서 자아와 타자의 상호작용과 관계성에 대한 문화적 의식을 고양한다(Chang, 2008). 어원적 측면에서 볼 때, 자문화기술지는 개인적인 삶의 이야기에 주목하는 자서전(autobiography)과 특정한 사회적 집단의 문화를 연구하는 문화기술지(ethnography)의 이종혼교적인(heterogeneous) 결합으로서 사회나 공동체의 맥락 속 혹은 맥락과 관련된 개인의 경험에 대하여 이야기하는 질적 연구방법이다(Reed-Danahay, 1997; Russell, 1999). 자문화기술지의 용어를 보다 세분화하면 다음 세 가지 단어들(auto: 자아 + ethno: 문화 + graphy: 연구과정의 적용)의 합성어인데, 연구의 의도와 구조 그리고 목적에 따라서 그 강조점을 달리할 수 있다(Wall, 2006: 152). 자문화기술지는 문학적인 자서전적 특징을 강조하면 문화기술적인(ethnic) 자서전(Russell, 1999), 포스트모던(postmodern) 혹은 탈형식적(postformal) 자서전(Kincheloe, 2005), 문화적 자서전(Chang, 2008)으로 불리기도 하며, 전통적인 문화기술의 학문적 특징을 강조하면, 원주민(소수자) 문화기술지, 성찰적 문화기술지, 자(서)전적 문화기술지로 불리기도 한다(Reed-Danahay, 1997). 그러나 어디에 강조점을 두더라도 위 세 가지의 개념들이 모두 포함되어야만 제대로 된 자문화기술지라 할 수 있다(Reed-Danahay, 1997; Ellis & Bochner, 2000; Chang, 2008). 우리는 다양하게 명명되고 있는 자문화기술지의 유형을 명확히 제시하기 위하여 Reed-Danahay(1997)의 자문화기술지 분류방식을 채택하였다.

Reed-Danahay(1997)는 자문화기술지의 유형을 세 가지로 구분하였다. 첫째 유형인 원주민 혹은 소수자 문화기술지(native ethnography, minority ethnography)는 특정 집단의 내부자가 문화적 자아를 이야기하는 방식으로서 소수집단의 정체성이나 소수자(minority)와 다수자(majority) 사이의 권력관계를 밝히는 데 유용하다. 둘째, 성찰적 문화기술지(reflective ethnography)는 연구과정에서 발생한 연구자의 자기반성적인 성찰을 강조하는 유형이다. 셋째, 자(서)전적 문화기술지(autobiographic ethnography)는 개인적인 삶의 경험을 거시적인 사회문화적 맥락과 연결시켜 그 의미를 분석하는 방식이다. 이 세 가지 유형들은 접근방식과 강조점에서 미세한 차이점을 나타내지만, 모든 유형이 개인과 타자 그리고 대상세계를 유기적으로 연결하는 측면에서 유사성이 있다.

2) 자문화기술지의 개념

개인적인 삶의 이야기를 탐구하는 내러티브 장르들은 복잡하게 산재해 있기 때문에 자문화기술지의 개념을 정의하기는 쉬운 일이 아니다(이동성, 2010, 2011a, 2011b, 2011c). 그러나 이러한 어려움에도 불구하고 자문화기술지의 내포와 외연을 밝히는 작업은 중요하다. 즉, 특정한 유형의 내러티브 장르가 어떠한 기준과 특성으로 인하여 자문화기술지에 해당되거나 그렇지 않은가에 대한 개념적인 경계 짓기가 필요하다. 우리는 전통적인 문화기술지를 자문화기술지와 차별화하면서, 생애사 연구를 자문화기술지의 유사 장르로 파악하였다. 그러나 전기나 자서전으로 대표되는 내러티브 장르들은 문학적인 영역으로 구분하였다.

첫째, 문화인류학(anthropology)에 기원을 두고 있는 전통적인 문화기술지는 문화적 혹은 사회적 집단이나 체계에 대하여 기술과 분석 그리고 해석을 시도하는 대표적인 질적 연구 방법론이다(Creswell, 2005: 83). 전통적인 문화기술자는 장기간의 참여관찰과 인터뷰를 통하여 특정 집단의 행동과 관습 그리고 생활방식의 패턴을 내부자의 관점에서 기술, 분석, 해석한다(Hammerseley & Atkinson, 1990). 여기에서 전통적 문화기술자의 내부적 관점이란 낯선 것을 친숙하게 바라보는 외부연구자 즉, 3인칭 관찰자 혹은 전지적인 작가 시점의 위치성(positionality)을 말한다. 전통적인 문화기술자의 이러한 위치성은 1인칭 주인공 혹은 1인칭 관찰자 시점에서 이야기를 전개하는 자문화기술지와 대조적이다.

전통적인 문화기술지는 한 집단의 문화를 심층적으로 이해하기 위해서 연구자가 연구 참여자들을 대상으로 참여관찰과 인터뷰를 한다. 그러나 앞서 밝힌 바와 같이, 연구자가 낯선 것을 친숙하게 바라보고, 친숙한 것을 낯설게 바라보는 엄밀한 관점을 취하더라도 교육현상에 대한 분석과 해석에서 실재(reality)의 감환(reduction)은 불가피하다. 이러한 실재에 대한 감환은 문화기술지가 여타 질적 연구 방법론에 비하여 특정한 이론적 관점에 의존하기 때문이다(Creswell, 2005). 그리고 전통적인 문화기술지는 사물과 현상의 객관적인 실재를 재현하기 위해 엄밀한 연구자를 상정함으로써 연구 참여자들과 연구자 자신의 생생한 연구체험과 자기반성을 담아 내는데 한계가 있을 수 있다. 한편, 전통적 문화기술지의 주요한 연구대상이 특정한 집단이나 체계의 문화인 반면에, 자문화기술지의 주된 연구대상은 연구자 자신 혹은 자신과 긴밀하게 관련된 집단이나 타자들의 삶에 대한 이야기이다. 그리고 전통적인 문화기술자는 친숙한 것을 낯설게 봄으로써 내부자의 주관성(subjectivity)을 경계하는 반면, 자문화기술자는 자신의 주관성을 연구의 일부분으로 받아들이고, 지속적인 자기성찰과 반영성을 통하여 독자들로부터 공감과 이해를 구하려 한다.

둘째, 생애사(life history)는 한 개인의 역사적인 삶을 내부자(연구 참여자)의 관점으로 드러낸다는 점에서 개인적인 내러티브의 한 형태로 볼 수 있다(최영신, 1999: 2). 그러나 생애사는 자기 몰입적인 특징이 강한 자서전이나 전기와는 달리 자료 수집, 분석과 해석 그리고 글쓰기 작업을 통해서 연구과정의 엄격성을 추구한다. 따라서 생애사 연구에서는 연구 참여자의 주관성뿐만 아니라, 내러티브의 진실성을 검증하는 연구자와 독자들의 주관성도 중시하기 때문에 간주관성(intersubjectivity)을 추구한다고 볼 수 있다(조정호, 2009: 21). 또한, 생애사 연구에서의 주관적인 내러티브는 연구 참여자가 속한 특정 집단의 문화와 연결된다(김재룡, 2010). 따라서 생애사 연구는 연구 참여자가 어떠한 사회적, 역사적 조건과 맥락에서 살았는가를 연구자의 시각에서 제시해야 한다(최영신, 1999; 김재룡, 2010). 결국, 생애사 연구에서는 개별적인 연구 참여자의 경험과 내러티브가 타자들에게 문화적인 의미로 전환되고 공유된다고 볼 수 있다(조용환, 2005).

앞에서 살펴본 것처럼, 생애사 연구과정에서의 엄격성, 간주관성, 문화적 의미로의 공유와 전환이라는 특징들은 자문화지술지와 가족 유사성(family resemblance)을 공유하고 있다. 다만, 생애사 연구는 연구과정의 엄격성이나 개인적 내러티브의 문화적 의미보다는 삶의 이야기에 초점을 둔 방법적 명칭으로 볼 수 있다. 따라서 생애사라는 명칭이 개인의 역사적인 삶에 대한 학문적인 이야기를 강조하더라도, 방법적 엄격성과 문화적 의미로서의 공유와 전환이라는 특징을 소홀히 하는 것은 아니다. 하지만 생애사 연구는 자문화기술지와 미세한 차이가 있다. 생애사 연구는 1인칭 주인공 혹은 3인칭 주인공 시점에서 자신 혹은 타자의 이야기를 기술하는 반면에, 자문화기술지는 1인칭 주인공이나 1인칭 관찰자 시점에서 자신 혹은 자신이 포함된 타자들이나 집단의 사회문화적인 삶의 모습들을 이야기한다. 그리고 생애사 연구는 연구 참여자의 내러티브에 주목하지만, 자문화기술지는 연구 참여자와 연구자 사이의 상호작용을 강조한다(주형일, 2010: 80). 따라서 자문화기술지에서는 연구 참여자가 내러티브의 분석과 해석 과정에 참여할 수 있다. 또한, 자문화기술지에서는 연구자가 연구 참여자와의 상호작용을 통해서 기억을 회상하고, 자기치료적인 효과를 얻을 수 있다는 점에서 생애사 연구와 구별된다(주형일, 2010: 82).

셋째, 전기(biography)와 자서전(autobiography)은 특정 인물의 역사적인 삶을 이야기하는 측면에서 자문화기술지와 유사점을 공유한다. 전기(傳記)는 주로 3인칭 주인공 시점의 작가가 특정 인물의 탄생과 죽음에 이르는 일대기적인 삶에 초점을 두는 문학 장르(literary genre)이다. 전기 가운데 작가의 주관적인 평가와 판단이 가미되면 평전(評傳, critical biography)으로 불리기도 한다. 반면, 자서전(自敍傳)은 1인칭 주인공 시점의 작가가 자신의 삶에 대한 이야기를 직접적으로 기술하는 문학 장르이다. 자서전은 독일, 프랑스, 영국을 중심으로 하여 16세기부터 18세기까지 번창하였는데, 주로 도시 시민계층을 위한 문학 장르로 간주되었다(Dülman, 1997: 164-188). 독일에서의 자서전은 인생을 묘사하는 전통이 강했으며, 프랑스에서는 외적 사건을 강조하는 회고록(memoir)이, 영국에서는 일상사의 기록인 일기가 유행하였다(Dülman, 1997: 164).

위에서 밝힌 것처럼, 전기, 평전, 자서전, 회고록, 일기 등의 문학 장르들은 한 개인의 삶을 기술하고 성찰하는 측면에서 자문화기술지와 구분이 힘들다. 그러나 이러한 문학 장르들은 사회문화적 맥락 내에서의 개인적인 삶을 기술하였을지라도, 연구 과정의 엄격성, 자료 분석과 해석의 간주관성, 문화적 의미로의 공유와 전환이라는 질적 연구의 특징을 충족하는 데 한계가 있다. 즉, 위의 문학 장르들은 한 개인의 삶을 정치적, 경제적, 사회적, 문화적, 제도적, 역사적인 맥락과 관련지어 체계적이고 확장적인 논의를 이끌어 내기 힘들다. 지금까지 살펴본 자문화기술지와 유사 질적

연구 방법론들의 개념적 차이를 장르, 연구의 대상, 저자의 시점, 주요한 특징 측면에서 종합하면 다음의 〈표 1〉과 같다.

〈 표 1 〉 자문화기술지와 유사 장르들의 개념 비교

	장르	연구 대상	저자 시점	주요 특징
자문화기술지	학문	• 연구자 자신 • 연구자와 관련된 집단/타자	• 1인칭 주인공 • 1인칭 관찰자	• 자기성찰 • 엄격성 • 반영성
전통적 문화기술지	학문	• 집단의 문화 • 체계의 문화	• 3인칭 관찰자 • 전지적 작가	• 객관성 • 엄격성
생애사 연구	학문	• 개인의 삶에 대한 학문적인 이야기	• 1인칭 주인공 • 3인칭 주인공	• 간주관성 • 엄격성 • 공유/전환
전기 평전	문학	• 개인의 역사적인 삶에 대한 일대기	• 3인칭 주인공	• 주관성 • 문학성 • 성찰성
자서전 회고록 일기	문학	• 자신의 역사적인 삶에 대한 내러티브	• 1인칭 주인공	• 주관성 • 문학성 • 자기성찰

한편, 자문화기술지의 핵심적 자료출처인 자아의 사용은 지나치게 자기 관대적이고 자기 탐닉적이기 때문에 기존의 사회과학 연구자들로부터 비판을 받아 왔다(Coffey, 1999; Buzzard, 2003). 우리의 관점에서 볼 때, 자문화기술지에 대한 이러한 비판이 생겨난 원인은 문학적인 개인적 내러티브 장르들이 자문화기술지의 한 종류로 인식되었기 때문이다. 위와 같은 맥락에서, Chang(2008: 54-56)이 제시한 자문화기술지의 함정들을 눈여겨볼 필요가 있다. 첫째, 타자와 문화로부터 분리된 자아에 대하여 과도하게 초점을 맞출 경우, 둘째, 문화적 해석이나 분석보다는 이야기 자체를 과도하게 강조할 경우, 셋째, 개인적 기억자료의 회상과 자료출처에 신뢰가 가지 않을 경우, 넷째, 자기-내러티브에서 타자들에 대한 윤리적 규정을 무시할 때, 마지막으로 작성된 내러티브가 자문화기술지로 불리기에 적절하지 않을 경우이다.

3. 자문화기술지의 철학적 전제와 방법론적 특성

3장에서는 자문화기술지의 철학적 전제를 밝히기 위하여 그것의 인식론적 및 존재론적 전제들을 검토하였다. 그리고 자료수집, 분석과 해석, 글쓰기 작업이라는 세 가지 주제를 중심으로 자문화기술지의 방법론적 특성을 고찰하였다. 이 세 가지 주제들은 연역적이고 순차적인 것이 아니라 순환적이고 귀납적이다.

1) 자문화기술지의 철학적 전제

대부분의 질적 연구 방법론들은 특정한 패러다임이나 세계관에 기초한 기본적인 신념 혹은 전제에서 출발한다(Creswell, 2005: 102). 따라서 저자들은 자문화기술지의 철학적 전제를 조명하기 위해 그것의 존재론적, 인식론적 전제들을 검토하였다. 존재론적 전제(ontological premise)는 질적 연구에서 실지의 특성이 무엇인지 밝히는 것을 의미하며, 인식론적 전제(epistemological premise)는 연구자와 연구대상 간의 관계를 의미한다(Creswell, 2005: 103). 우리는 존재론과 인식론적 전제를 구분하기보다는 하나의 철학적 준거로 통합하였다.

개인의 주관성은 선천적으로 주어지는 것이 아니라 사회적으로 형성된 것이며, 한 개인이 조우하는 타자들과 외부세계에 대한 메타적 인식(meta-consciousness)과 대화의 산물이다(Kincheloe, 1998). 개인의 주관성을 구성하는 메타인식은 사회, 권력, 제도에 열려 있으며 개인의 삶과 사회적 영역을 연결시킨다(Kincheloe, 1998). 따라서 한 개인인 연구자는 다층적 생활세계(multilayered lifeworld)의 대리자이기 때문에 집단의 내부자인 연구자가 사실상 연구대상과 연구맥락이 된다. 이러한 자문화기술지의 인식론적 전제는 그동안 주변화되었던 개인의 목소리와 정체성을 사회연구의 핵심적 주제로 부상시켰다(Duncan, 2004).

자문화기술지는 문화적 실천 속에서 종종 간과되었던 이슈들(개인의 정체성, 인종, 젠더, 아동학대, 과식증, 거식증 등)에 대하여 정치적 통찰을 제공한다. 즉, 자문화기술지는 중요한 정치적 이슈들에 독자들을 초대함으로써 특정한 사건이나 사물 그리고 사회현상을 색다른 방식으로 고려할 수 있도록 해 준다. 자문화기술자는 타자 및 대상세계와의 관계 속에서 구성된 자아의 문화적 이해를 시도하며, 독자들은 자문화기술지를 통하여 자신들의 삶의 경험과 화자의 이야기 사이에 존재하는 공통성을 추구함으로써 공명한다. 그리고 특정한 자문화기술지가 독자들에게 공명과 반향을 불러일으킬 때, 저자의 개인적 이야기는 독자들에게 학문적인 이야기로 다가갈 수 있는 것이다(Chang, 2008).

한편, 자문화기술지는 개인의 사회적, 정치적, 문화적 삶을 비판적으로 검토함으로써 사회적 변화를 위한 대화와 토론의 장을 마련하는 데 기여할 수 있다(Jones, 2005). 즉, 대화적인 힘을 가진 자문화기술지는 개인의 특수한 경험을 정치적으로 해석함으로써 문화적 삶을 민주화한다. Jones(2005)는 자문화기술지의 정치적인 특징을 다음과 같이 지적하였다. 자문화기술지는 개인의 지식, 경험, 의미, 저항을 이론적으로 이야기함으로써 자아와 권력 그리고 문화 사이의 관계를 이해하고 이론화할 수 있게 한다. 자문화기술지는 세계 내에 존재하는 다른 방식의 앎, 존재, 행위에 대한 저자의 정서적 경험을 표출케 함으로써 독자들로부터 이야기의 정당성과 실천(praxis) 그리고 재현을 확보할 수 있다(Jones, 2005: 767). 또한, 자문화기술지는 개인의 육체와 목소리가 정신 및 사고와 분리된 것이 아니라, 특수한 정치적 방식으로 특권 지워져 있음을 밝힐 수 있다. 즉, 자문화기술지는 자아가 어떻게 구성되고, 폭로되고, 연결되는가를 밝힘으로써 사회적, 문화적, 개인적 삶을 창조하고, 해석하고, 변화시키는 데 도움을 준다.

Foster 등(2005)은 연구도구로서 자아를 강조하는 자문화기술지가 제기하는 핵심적인 물음들을 다음과 같이 언급하였다. 삶의 경험들은 어떻게 이론을 형성하는가? 어떠한 '문화적 수화물'이 연구를 이끄는가? 자문화기술지는 어떻게 해방적이고 변환적인 자아를 형성하는가? 어떠한 이슈들이 당신의 정체성을 재구성하는가? 연구 참여자들과 조우했을 때, 어떠한 이슈들이 친숙하고 낯설었는가? 저자의 정체성은 연구에서 어떠한 제한점으로 작용하였는가? 당신의 정체성은 어떠한 방식으로 통찰과 혁신을 가져왔는가? 당신은 어떠한 방식으로 자신의 정체성을 고양시켰는가? 연구의 과정에서 어떠한 물음들이 기대되었는가? 연구 참여자들의 정체성을 공유함으로써 당신은 어떠한 물음들을 기대하였는가? 즉, 참여자들은 당신에게 무엇을 말했으며, 어떠한 것을 말하지 않았는가? 자신의 정체성을 표명하였을 때, 사람들은 당신에게 어떻게 반응하는가이다(Foster et al., 2005).

자문화기술자는 전통적인 문화기술지의 통상적인 화자 즉, '객관적인 연구자'의 입장을 채택하지 않는다. 오히려 자문화기술자는 자서전과 문화기술지의 결합을 통하여 타자와 대상세계를 이야기할 때 자신의 삶과 정체성을 포함시킨다(Reed-Danahay, 1997). 그러나 자신의 정체성을 글 속에 포함시킬 때 연구자의 자기노출은 불가피하다. 한국의 전통적인 민족 정서를 감안해 보면, 자기 노출적인 특징은 자문화기술지가 한국의 학계에 뿌리내리는 데 문제가 될 수 있다(박순용 · 장희원 · 조민아, 2010).

자기노출은 연구자를 공격받기 쉬운 존재로 만들고, 타자들의 비판에 무방비한 존재로 만든다. 또한, 연구자의 자기노출은 이성적인 감정 조절에 실패한 것처럼 보이며, 연구 참여자들보다 연구자의 개인적인 주장과 요구를 표현한 것처럼 보일 위험성이 있다. 그러나 저자들의 관점에서 볼 때, 자기노출에 대한 위험성은 '양날의 검' 과 같다. Foster 등(2005)의 지적처럼, 연구자의 자기노출과 폭로는 오히려 연구자와 연구 참여자들 그리고 독자들 사이에 놓여 있는 위계적인 속성을 감소시켜 친밀감을 강화할 수 있는 방법론적인 장점이 될 수도 있다. 또한, 자문화기술자는 자기노출을 통하여 연구 참여자들 그리고 독자들과 대화적인 관계를 발전시킬 수 있다. 즉, 자문화기술지의 자기노출적인 특징은 객관적인 분리와 주관적인 몰입 사이의 긴장감을 완화하고 관리할 수 있다(Foster et al., 2005).

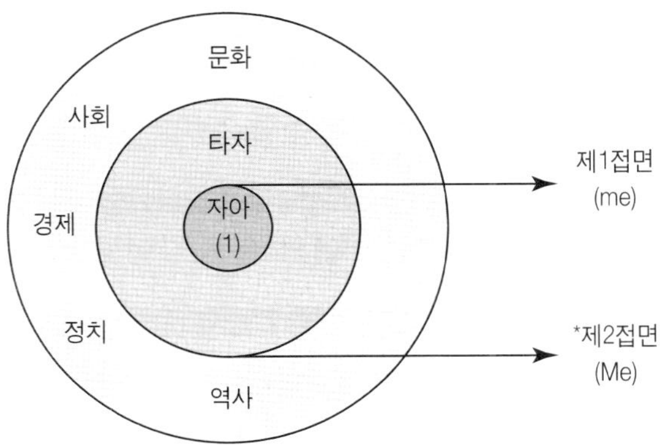

[그림 1] 자문화기술자의 위치성과 상황성

위의 [그림 1]에서 확인할 수 있는 것처럼, 佐伯 胖(2007)는 주관적 자아와 객관화된 자아 그리고 자기 성찰적 자아가 분리될 수 없음을 주장하면서, 개인과 타자 그리고 문화와의 이분법적 관계를 부정하는 '의인적 인식론(擬人的 認識論)' 을 주장하였다. 그는 자아(I)와 타자(You적 공동체) 그리고 대상세계(They적 세계, 문화적 실천의 세계)를 연결하는 '발달의 도너츠론' 혹은 '코비토론(分身論)'을 제시하고, 감정 이입적인 동일시를 통해 자아와 타자 그리고 문화의 연결을 시도하였다(佐伯胖, 2007: 18-26). 저자들은 유아론적 자아를 대문자 'I', 타자와의 상호작용을 통해 형성된 객관적인 자아를 소문자 'me', 유아론적 자아가 타자 지향적인 자아를 넘어 거시적인 맥락과 연결된 자기 성찰적 자아를 'Me'로 칭하였다. 정치, 경제, 사회, 문화, 역사적인 맥락과의 감정 이입적인 동일시를 통해서 제2접면에 형성된 자아(Me)야말로 자문화기술자의 위치성과 상황성(situatedness)을 적절히 표현해 준다.

자문화기술지는 데카르트(Descartes)의 유아론적(唯我論的) 자아를 지지하기보다는 문화적, 사회적, 경제적, 정치적, 역사적 자아를 상정한다. 즉, 자문화기술자는 타자와 상호작용하는 객관적이고 타자지향적인 자아를 넘어서 사회문화적인 자아를 지향한다. 주관적 자아의 개념과 특징이 제1수준의 패러다임이라면, 객관적인 자아 혹은 상호작용적인 자아의 개념과 특징은 제2수준의 패러다임이라고 볼 수 있다. 그리고 자기 성찰적이고 사회문화적인 자아의 개념과 특징은 제3수준의 패러다임이다. 제3수준 패러다임을 지향하는 자문화기술지는 자아의 개념과 특징, 연구의 접근방식에서 차별적인 특징을 나타낸다. 다음의 〈표 2〉는 제3수준의 패러다임에 기초한 자문화기술지의 존재론적 및 인식론적 전제들을 나타낸 것이다.

〈 표 2 〉 자문화기술지의 존재론적 및 인식론적 전제

	제1수준 패러다임	제2수준 패러다임	제3수준 패러다임
자아의 개념	• 주관적 자아('I') • 데카르트적 자아	• 객관적 자아('me') • 엄밀한 자아	• 자기 성찰적 자아 (I+me='Me')
자아의 특징	• 자기 지향적 자아 • 주관화된 자아	• 타자 지향적 자아 • 상호작용적 자아 • 일반화된 자아	• 자기 성찰적 자아 • 사회문화적 자아 • 변증법적 자아
연구의 접근방식	• 미시적(micro) 관점 • 주관적인 개인의 관점에서 삶을 이야기	• 미시적(micro) 관점 • 객관적인 연구자의 관점에서 타자들과 집단의 문화를 조망	• 생태적(eco) 관점 • 자기 성찰적인 연구자의 관점에서 자신, 타자, 문화를 연결

2) 자문화기술지의 방법론적 특성

(1) 자문화기술지의 자료수집 방법

자문화기술지의 자료수집 방법을 구체적으로 살펴보기 이전에 자료수집의 준거들을 언급하고자 한다. Feldman(2003: 27-28)은 자문화기술지의 자료수집 준거로서 다음의 네 가지를 언급하였다. 첫째, 자문화기술자는 어떻게 그리고 무엇을 위하여 자료를 수집하며, 특정한 자료가 무엇을 의미하는지를 자세히 밝혀야 한다. 둘째, 자문화기술자는 어떠한 방식으로 자료를 구성하여 글로 재현할 것인지를 말해야 하며, 자료의 어떠한 점이 특정한 가정을 하게 만드는지를 밝혀야 한다. 셋째, 자문화기술자는 다양한 질적 자료들을 수집하여 삼각검증을 시도해야 한다. 넷째, 수집된 자료는 연구결과를 지지할 수 있는 증거로 사용해야 하고, 연구주제와 관련하여 뚜렷한 목적이 있어야 한다.

지금부터는 자문화기술지의 대표적인 자료수집 방법인 기억자료, 자기성찰 자료, 참여관찰 자료, 인터뷰 전사본, 문화적 인공물, 문헌연구 자료를 순차적으로 살펴보고자 한다. 첫째, 자문화기술자는 자신의 개인적인 기억자료를 주된 연구 자료로 삼는다. 연구자의 자기회상 혹은 기억자료는 근대의 학문영역에서 배제되었다. 왜냐하면, 연구자의 주관성에 기초한 기억자료는 객관성을 상실한 오염된 연구 자료로 간주되었기 때문이다. 하지만 자문화기술자는 오히려 자신의 자기회상을 주요한 자료로 간주한다(Wall, 2006; Chang, 2008). 인간의 기억은 분열적이고 포착하기 어려우며, 가끔은 개인적 경험에 의해 변형될지라도 기억의 시간성과 지속성은 연구주제와 연구과정에서 강력한 영향력을 발휘한다(Muncey, 2005). 또한, 인간의 인식과 기록 그리고 보고방식(이야기 혹은 내러티브)은 궁극적으로 개인적인 기억자료와 관련되어 있다(Muncey, 2005). 자문화기술자가 기억자료를 회상하는 방법으로는 연대기적 순서에 따라 삶의 경험과 사건들을 나열하는 자서전적 시각표(time line), 기억의 중요도에 따른 회상, 표 혹은 그림 등을 통한 시각적인 표상과 조직화 등이 있다(Chang, 2008: 71).

둘째, 자기성찰 자료는 저자의 자연스러운 삶의 맥락에서 발생한 사색, 회상, 의식, 통찰 등을 기록한 반성적인 저널을 지칭하는데, 내성(introspection)과 자기분석(self-analysis) 그리고 자기평가(self-evaluation)를 강조한다(Chang, 2008;

Maydell, 2010). 특히, 자기성찰을 담아내는 반성적 저널(reflective journal)에는 연구자 개인의 가치관, 정체성, 소속감, 행위, 인식, 정서적 깨달음 등을 기록한다(박순용 · 장희원 · 조민아, 2010: 65). 자기성찰 자료는 자기관찰과 병행하여 생성하는데, 자문화기술자는 연구과정과 관련된 개인적인 사고와 느낌을 기록하는 필드 저널(field journal), 개인적인 가치와 선호 분석, 문화적 정체성과 문화적 소속감, 타자를 통한 자아의 발견 등을 반성적 저널에 기록한다(Chang, 2008: 95-100). 물론, 연구자의 자기성찰 자료는 자문화기술지만의 고유한 질적 자료는 아니다. 그러나 자문화기술지의 자기성찰 자료는 연구의 배경에 머무르기보다는 최종적인 텍스트의 전경에 부상하며, 연구결과에 대한 반영성을 확보하는 데 중요한 역할을 한다. 즉, 자문화기술지의 반영성은 타자들의 세계와 의미를 공유하고, 그들의 세계로 들어갈 수 있는 여유 공간을 제공한다(Muncey, 2010: 23). 목하 반영성은 자기성찰(self-reflection)과 미세한 차이가 있다. 자문화기술지의 반영성이란 연구 상황에 대한 저자의 개입과 연구 상황에 영향을 미치는 연구자의 영향력에 대한 자문화기술자의 지각(awareness)을 의미한다. 즉, 반영성은 자문화기술자가 자신과 연구 참여자들 그리고 연구의 상황과 배경 사이의 교호적인 영향력을 자각하는 메타적인 사고과정을 말한다(Anderson, 2006: 382). 자문화기술자의 반영성은 타자들과의 대화와 상호작용을 분석함으로써 자아와 타자를 깊이 있게 이해하기 위한 자의식(self-conscious)에서 비롯된다.

셋째, 인간은 자신의 경험에서 스스로가 관찰자이고 참여자이다(Muncey, 2010: 8). 왜냐하면, '무엇(what)'을 하는데 '누구(who)'를 분리할 수 없기 때문이다. 또한, 자문화기술자와 연구 참여자들의 관계는 자료 생산의 메커니즘에서 중요한 역할을 하기 때문에 관찰이 중요하다(Maydell, 2010). 자문화기술지의 참여관찰은 자기관찰과 일반적인 참여관찰로 구분할 수 있다(Chang, 2008). 자기관찰은 외부의 타자들이나 현상을 사실적으로 관찰하고 기록하는 것이 아니라, 연구자 내면의 인지적 활동, 행동, 감정의 변화에 대한 자기관찰과 타자들 및 외부 세계와의 상호작용을 통해 형성된 자기관찰을 의미한다(Chang, 2008: 90). Chang(2008)은 발생기록차트(occurrence recording chart)를 통하여 연구자 자신의 생각, 행동, 타자들과의 상호작용 등을 시간대 및 장소별로 기록하는 방법을 제시하였다.

자문화기술지가 비록 자기관찰 자료에 비중을 둘지라도 일반적인 참여관찰 자료를 배제하는 것은 아니다. 여기에서의 일반적인 참여관찰이란 타자들의 상호작용과 행위 그리고 사건들을 관찰자의 입장에서 관찰하고 기록하는 것을 말한다(Chang, 2008). 즉, 자문화기술자는 완전한 참여자 혹은 참여자로서의 관찰자, 관찰자로서의 참여자, 완전한 관찰자의 입장에서 타자들과 사건들을 필드노트(field note)에 기록할 수 있다. 이러한 참여관찰 자료는 자기관찰 자료의 진실성과 신빙성을 확인하는 삼각검증(triangulation)의 자료로 활용할 수 있다(Duncan, 2004: 31). 앞서 밝힌 바와 같이, 자문화기술지는 문학 장르인 자서전과 사회과학 탐구의 대표적 질적 방법론인 문화기술지의 이종혼교적인 결합이다. 따라서 자서전적 전통이 강한 자문화기술지는 자기관찰 자료에 보다 비중을 두는 반면에, 문화기술지적 전통이 강한 자문화기술지는 참여관찰 자료도 중시한다.

넷째, 내러티브를 구술하는 자문화기술자는 질적 연구의 대표적 자료수집 방법인 인터뷰 자료를 수집한다. 왜냐하면, 타자들의 영향력에 대한 이해 없이는 자문화기술지적 연구를 온전히 수행할 수 없기 때문이다(Maydell, 2010). 일반적인 질적 연구에서의 인터뷰는 연구주제와 관련된 연구 참여자(interviewee)를 주요한 대상으로 선정한다. 하지만 자문화기술자는 연구주제와 관련된 타자들뿐만 아니라 연구자 자신을 대상으로도 인터뷰를 할 수 있다(박순용 · 장희원 · 조민아, 2010). 자문화기술자는 자신에 대한 인터뷰를 통하여 자신의 기억을 자극하고, 기억의 공백을 차단함으로써 연구주제와 관련된 새로운 정보를 획득할 수 있다(Chang, 2008: 103). 또한, 자문화기술자는 인터뷰를 통하여 자신의 개인적인 기억자료로부터 정당성을 확보할 수 있으며, 자신에 대한 타자들의 입장과 관점을 얻을 수도 있다(Chang, 2008: 106). 자문화기술지의 인터뷰 방식은 연구목적과 주지에 따라서 다양한 형태를 나타낼 수 있는데, 장기간의 연대기적 연구를 수행할 경우 내러티브 인터뷰(narrative interview)가 유용할 수 있다.

다섯째, 자문화기술자는 참여관찰과 인터뷰뿐만 아니라, 연구주제와 관련된 문화적 인공물(cultural artifact)을 수집하여 추가적인 외적 자료를 확보할 수 있다(Muncey, 2005; Chang, 2008). 문화적 인공물은 단순한 도구나 매체가 아니라 연구자의 삶의 이력과 기억이 용해되어 있는 문화적인 자료이다. 문화적 인공물로 대표되는 외적 참조자료는 자문화기술자의 내적 자료에 대한 삼각검증의 자료로서 중요한 가치가 있다(Jackman, 2009: 35-36). 교육연구와 관련된 문화적 인공물의 예로는 각종 인사기록증명서 및 교육계획서, 공문서, 신문기사, 게시판 글, 메모, 달력, 편지, 이메일, 사진, 그림, 비디오 이미지, 웹 사이트, 동영상 등이 있다. 특히, 시각적인 자료는 독자들에게 오랜 기간의 깊은 인상을 남길 수 있는 장점이 있기 때문에 자문화기술지에서 적극적으로 활용할 필요가 있다.

여섯째, 문헌자료(literature)는 자문화기술자가 자료의 분석과 해석의 과정에서 이론적인 관점을 발견하고, 연구결과를 구조화하는 데 도움이 될 수 있다(Chang, 2008: 110). 문헌자료는 자문화기술지의 주요한 1차적 자료가 될 수는 없을지라도, 개인의 자전적 자료를 외부세계와 연결하는 데 중요한 역할을 한다(박순용 · 장희원 · 조민아, 2010; Maydell, 2010). 자문화기술지가 문학영역에 머무르지 않고 학문영역으로 인정될 수 있는 이유도 개인적인 이야기를 기존의 문헌자료와 연결시킴으로써 사회문화적인 분석과 해석을 시도하기 때문이다. 그러나 문헌검토 결과가 자문화기술지의 연구과정과 결과를 지배해서는 곤란하다.

앞서 살펴본 바와 같이, 자문화기술자는 질적 연구방법의 대표적 자료수집 방법인 필드노트와 일지, 반성적 저널, 인터뷰 전사본, 문화적 인공물, 문헌 연구 자료를 활용하였다. 그러나 인간의 개인내부 자료에는 연구자의 과거 경험과 현재의 지평 그리고 미래의 가능성에 대한 지속적이고 치열한 대화가 풍부하게 담겨져 있었다. 따라서 Chang(2008)의 지적처럼, 자문화기술지는 연구자의 개인적인 기억자료와 자기성찰로 대표되는 개인내부 자료를 강조하는 측면에서 방법론적 특성을 나타낸다고 평가할 수 있다.

(2) 자문화기술지의 자료 분석과 해석

자문화기술자는 자료의 분석과 해석에 앞서 체계적인 자료관리(data management)를 할 필요가 있다(Chang, 2008). 자료수집과 자료 분석의 중간단계에 해당하는 자료관리는 광범위한 자료들의 위치를 확인하고, 활용하기 위해 명명과 분류작업을 하는 자료조직(data organization)의 과정이다(Chang, 2008: 123). 자문화기술자는 질적 자료를 체계적으로 관리하기 위해서 자료의 출처를 상세히 기입해야 한다. 이러한 작업은 연구의 특정 국면에서 어떠한 자료들이 초과, 누락, 감소, 생략되었는지를 확인하는 데 도움을 준다. 자료관리는 자료수집과 마찬가지로 순차적이기보다는, 자료의 분석과 해석에 영향을 주고받는 순환적인 특성을 나타낸다. 자문화기술자는 체계적인 자료관리를 통하여 연구주제와 직결되는 밀도 높은 자료를 확보할 수 있다(Chang, 2008). 또한, 체계적인 자료관리는 자료수집의 포화(saturation) 상태를 가늠할 수 있는 방법론적 전략이 될 수 있다. 이와 같은 맥락에서, 자문화기술지를 사례연구의 한 형태로 간주한 Duncan(2004: 34)은 연구범위를 제한해야 한다고 보았다. Duncan(2004)은 연구범위를 제한하는 네 가지 양상(facet)인 시간, 공간, 연구의 유형, 저자의 관점을 통해 자문화기술지의 방법론적 적절성을 검토하였다. 자문화기술자는 다양한(짧게는 몇 주에서 길게는 평생까지) 연구기간을 설정할지라도, 수집된 자료에 대한 출처, 날짜, 장소 등을 세밀히 기입해야 한다(Smith, 2005; Chang, 2008). 자문화기술자는 막연한 추억보다는 인터뷰 전사본과 여러 가지 문화적 인공물을 통하여 자료의 출처를 상세히 확인하고 명기할 수 있다.

한편, 자문화기술지의 자료 분석은 특정한 경험과 이야기가 한 자문화기술자의 문화를 어떻게 형성하였는지 밝히는 것을 의미한다. 그리고 해석이란 자료 분석 작업에 기초하여 경험과 이야기의 문화적 의미를 탐구하는 활동을 말한다(Chang, 2008). 질적 연구에서 분석과 해석의 작업은 순환적이며 상호 보완적이다(Smith, 2005). 철저한 자료 분석은 타당성 있는 해석을 가능하게 하며, 타당성 있는 해석은 보다 예리한 분석과 글쓰기를 이끈다. 또한, 질적 자료에 기초한 분석과 해석 작업은 인식론적 친화감(epistemological intimacy)을 불러일으켜서 보다 심층적이고 타당성 있는 연구결과를 도출하게 한다(Smith, 2005: 70).

자문화기술지의 자료 분석을 위한 전형적인 코딩과 범주화 방법은 별도로 존재하지 않는다. 그러나 질적 자료에 대한 정교한 코딩과 범주화는 자문화기술자의 해석과 글쓰기 작업을 촉진할 수 있는 구조를 제공한다(Dethloff, 2005). 나는 자문화기술지의 자료 분석과 해석을 위해서 Saldaña(2009)의 기초적 방법(elemental method)과 정의적 방법들(affective methods)을 참조하였다. 먼저, 자문화기술지에 적합한 기초적인 코딩방법으로서 인 비보 코딩(In Vivo Coding)을 살펴보고, 정의적 방법들로서 감정코딩(emotion coding), 가치코딩(value coding), 대비코딩(versus coding), 평가코딩(evaluation coding)을 살펴보았다. 그러고 난 이후에, Saldaña(2009)가 추천한 2차 코딩방법들 가운데 종단적인 코딩(longitudinal coding)을 집중적으로 살펴보았다. 왜냐하면, 종단적인 코딩은 보통 장기간의 연구기간을 설정하는 자문화기술지의 방법론적 특성에 부합하기 때문이다.

첫째, 인 비보 코딩은 연구자나 연구 참여자들의 실제적인 언어(actual language)를 직접적으로 인용하기 때문에 문자 그대로의 코딩(literal coding), 한 마디의 코딩(verbatim coding) 혹은 '생체 내 코딩'으로 불리기도 한다(Saldaña, 2009: 74-77). 인 비보 코딩을 생체 내 코딩으로 칭하는 이유는 'in vivo'라는 라틴어가 '하나의 생명체 내에 발생한 과정'이라는 메타포를 의미하기 때문이다. 인 비보 코딩은 특수한 문화와 하위문화 그리고 미시문화에서 발생한 민속적이고 토착적인 용어를 그대로 코딩한다. 따라서 인 비보 코딩은 저자 혹은 연구 참여자들의 토착적 용어를 추출하기 위한 코딩방법으로 볼 수 있다. Saldaña(2009)는 연구자가 참여자들의 목소리에 가치를 두고자 할 때, 인 비보 코딩이 적절하다고 보았다. 인 비보 코딩은 학구적인 학문분야 혹은 학술적인 실천보다 연구 참여자들의 일상적인 삶 속에 배태된 말의 의미를 강조한다. 특히, 인 비보 코딩은 어린 학생들을 대상으로 하는 교육문화기술지(educational ethnography)에 유용하다(Saldaña, 2009). 왜냐하면, 어린이들과 청소년들의 목소리는 성인 및 성인문화에 의해 주변화되기 쉽기 때문이다. 따라서 인 비보 코딩은 성인들이 어린이들과 청소년들의 세계관과 문화를 이해하는 데 도움이 된다. 우리의 관점에서 볼 때, 기초적인 방법으로서의 인 비보 코딩은 자문화기술자와 연구 참여자들의 일상적인 언어와 삶을 재현할 수 있는 유용한 코딩방법이다.

둘째, 감정코딩(emotion coding)은 연구자 혹은 연구 참여자들에 의해 경험되거나 회상된 정서를 분석하는 것이다(Saldaña, 2009: 86-89). 특히, 감정코딩은 개인내적 그리고 개인 사이의 경험과 행위 연구에 적절하다. 왜냐하면, 감정은 인간 경험의 보편적인 속성이기 때문이다. 또한, 인간의 모든 행위는 감정을 수반하기 때문에 연구자의 감정은 사건 흐름의 한 부분이 될 수 있다. 감정코딩은 정서 혹은 감정에 대한 인식을 분석함으로써 연구 참여자들이나 연구자의 관점, 세계관, 삶의 조건, 통찰을 파악하는 데 유용한 코딩방법이다. 비언어적 단서인 정서를 읽어내는 감정코딩은 자문화기술자가 연구 참여자들 혹은 독자들과 함께 연구결과에 대하여 정서적 및 감정적으로 공감하고 감정이입을 하는 데 도움을 줄 수 있다.

셋째, 가치코딩(value coding)은 연구자 혹은 연구 참여자들의 자아에 대한 가치, 태도, 신념에 대한 재현을 분석하는 코딩방법이다(Saldaña, 2009: 89-93). 여기에서 언급한 신념이란 가치, 태도, 개인적 지식, 경험, 의견, 편견, 도덕, 사회적 세계에 대한 해석적인 인식을 의미한다. 가치, 태도, 신념은 연구자 혹은 연구 참여자들이 속하고 있는 사회적, 문화적 네트워크에 의해 영향을 받는다(Saldaña, 2009: 90). 또한, 인간의 모든 행위는 가치 수반적(value-laden)이기 때문에 가치 코딩은 질적 연구자의 패러다임, 관점, 위치성을 파악하는 데 유용하다. 따라서 가치코딩은 자문화기술자의 사고, 느낌, 행위를 분석함으로써 문화적 가치, 개인 내적 혹은 개인 외적 참여경험을 탐구하는 데 적절하다고 볼 수 있다.

넷째, 대비코딩(versus coding)은 개인, 집단, 사회체제, 조직, 현상, 과정에 대하여 이항대립적인 용어(binary terms)를 통해서 질적 자료를 분석하는 코딩방법을 말한다(Saldaña, 2009: 94-97). 가령, 'X vs Y', '교사들 vs 학교 행정가들', '일 vs 놀이' 등이 대비코딩의 대표적인 예들이다. 대비코딩은 자문화기술자 혹은 연구 참여자들 내부의 강력한 갈등을 드러낼 때 유용한 코딩방법이다. 대비코딩에서 대표적으로 생성되는 세 가지의 주요한 범주는 이해당사자(stakeholders), 지각(perception), 행위 혹은 이슈이다. 특히, 대비코딩은 자문화기술자의 삶에서 발생한 딜레마를 분석하고 해석하는 데 유용한 방법이다.

다섯째, 평가코딩(evaluation coding)은 프로그램 혹은 정책의 장단점과 가치에 대한 판단과 관련된 자료들을 분석할 때 활용하는 코딩방법이다(Saldaña, 2009: 97-101). 자문화기술자는 연구자 자신 혹은 연구 참여자들에 의해 제공된 질적 자료에 대하여 평가적인 관점으로 분석을 시도할 수 있다. 평가코딩의 주요한 분석대상은 정책, 조직, 개인 등이며, 이러한 분석을 통하여 특정한 현상과 문화적 특성을 기술, 비교, 예언한다. 가령, 자문화기술자는 기초 자료에 대하여 '긍정적(positive) 혹은 부정적(negative)'이라는 평가코드를 생성할 수도 있다. 일반적인 질적 연구가 초기코딩에서 연구자의 평가적 관점을 경계하는 점을 고려하면, 평가코딩은 자문화기술지의 방법론적 특성에 적합한 코딩방법으로 볼 수 있다.

마지막으로, 2차적 순환 코딩방법으로서의 종단적인 코딩은 삶의 여정을 탐구하는 데 유용한 코딩방법이다. 종단적인 코딩은 개인적 삶의 여정에서 발생한 명료함과 간결함을 추구하기에 인류학과 교육학 분야에서 널리 활용되고 있다(Saldaña, 2009: 173-181). 종단적인 코딩은 오랜 시간을 가로질러 수집되고 비교된 질적 자료의 변화 과정에 주목한다. 즉, 종단적인 코딩은 삶의 여정을 사회적 형태(form)로 간주함으로써 질적 연구자의 일상적인 사회적 삶의 경험에서 발생한 방향성, 패턴, 흐름의 과정을 분석한다. 특히, 종단적인 코딩은 자문화기술자 혹은 연구 참여자들의 오랜 경험에서 비롯된 질적인 증가, 감소, 항구성 등의 특성에 주목한다. Saldaña(2009: 173-181)는 ① 증가와 발생(increase and emerge) 범주, ② 누적(cumulative) 범주, ③ 급변/출현/전환점(surges, epiphanies, turning point) 범주, ④ 감소/정지(decrease and cease) 범주, ⑤ 일정/일관성(constant & consistent) 범주, ⑥ 특이함(idiosyncratic) 범주, ⑦ 상실(missing) 범주라는 일곱 개의 기술적 범주들(descriptive categories)을 제시하였다. 그러나 자문화기술자는 자신의 연구목적과 주제에 따라서 새로운 범주를 추가, 삭제, 생성할 수도 있다. 자문화기술자는 종단적인 코딩을 통하여 자신의 삶과 경험에 대한 연대기적인 분석적 통합을 시도함으로써 하나의 이론적인 이야기를 구조화할 수 있을 것이다.

(3) 자문화기술지적 글쓰기

자문화기술지적 글쓰기는 학문적인 글쓰기 방식과 약간의 차이가 있다. Ellis(2004)는 문화기술자처럼 사고하고, 소설가처럼 자문화기술지를 쓰라고 추천하였다(Ellis, 2004: 330-331). 이 말은 자문화기술자의 엄밀한 사고과정과 더불어 유연하고 창의적인 글쓰기 방식을 강조한 표현이다. 일반적으로, 질적 연구에서의 글쓰기는 자료의 분석과 해석에서 비롯된 연구결과를 최종적으로 보고하는 데 있다. 그러나 자문화기술지 쓰기는 앎의 방식이자, 발견과 분석의 방법이며, 연구주제에 대한 새로운 측면을 발견하도록 촉진한다(Richardson, 1994). 또한, 자문화기술지 쓰기는 그 자체가 이야기를 재검토할 수 있는 하나의 탐구방법이다(Suominen, 2003). 자문화기술자는 글쓰기를 통하여 자신의 삶에서 가시화되지 않았거나 간과된 삶의 파편들에 주목할 수 있으며, 자신의 정체성과 관련된 혼란스러운 퍼즐을 맞추는 글쓰기 작업을 통하여 자기치료의 효과를 얻을 수 있다(Suominen, 2003: 41).

Foster 등(2005)은 자문화기술지 쓰기를 '변증법적 비평의 기술(technique of dialectical critique)'로 칭하였다. 왜냐하면, 자문화기술지 쓰기는 연구주제와 연구결과에 대한 저자의 객관적인 분리(objective detachment)와 주관적인 몰입(subjective immersion)의 긴장관계를 관리할 수 있도록 하기 때문이다. 객관적인 분리란 연구의 결과를 최종적으로 보고하는 글쓰기에서 자문화기술자의 주관성과 목소리를 포함시키지 않으려는 조용한 저술을 의미한다(Duncan, 2004). 하지만 자문화기술지 쓰기는 이러한 객관적인 분리와 주관적인 몰입의 한계를 뛰어넘어 실험적이고 참여적인 글쓰기 방식을 시도하기도 한다(Duncan, 2004). 따라서 자문화기술자는 개인적인 이야기를 전개하면서도, 글의 핵심에서 '문화적으로 주변적인 위치(culturally marginal person)'에 머물러야 한다(Maydell, 2010).

실험적이고 참여적인 글쓰기 방식을 시도하는 자문화기술지 쓰기에서 무엇보다 중요한 이슈는 저자의 위치성이다. 즉, 주요한 연구대상이자 연구 참여자인 저자 자신을 글 속의 어디에, 어떠한 방식으로 위치시킬 것인가의 문제이다. 앞서 밝힌 것처럼, 자문화기술지의 화자인 저자는 보통 1인칭 주인공 시점 혹은 1인칭 관찰자의 시점에서 자신의 이야기를 전개한다. 그러나 자문화기술지의 화자는 반드시 '나' 혼자일 필요는 없다(Smith, 2005). 독자들에게 연구의 주제와 연구결과를 가장 효과적으로 전달할 수 있는 저자의 인식론적 관점이 최적의 위치라고 볼 수 있다(Smith, 2005: 70). 한편, 자문화기술지의 실험적이고 참여적인 글쓰기 방식은 은유를 즐겨 사용한다. 은유는 자문화기술자의 이야기에서 진실성(verisimilitude)을 포착하기 위한 글쓰기의 전략이며, 단순한 이야기가 전달할 수 없는 이미지와 장면을 제공할 수 있기 때문이다(Dyson, 2007; Stinson, 2009).

Chang(2008: 140-149)은 자문화기술지적 글쓰기 방식으로 ① 기술적-사실적 글쓰기(descriptive-realistic writing), ② 고백적-감성적 글쓰기(confessional-emotive writing), ③ 분석적-해석적 글쓰기(analytical-interpretive writing), ④ 상상적-창조적 글쓰기(imaginative-creative writing)를 제시하였다. 그리고 연구자는 연구목적과 주제에 따라서 네 가지 글쓰기 방식을 혼합하거나 재구성하여 새로운 글쓰기 방식을 창조할 수도 있다(Chang, 2008). 첫째, 기술적-사실적 글쓰기는 전통적인 문화기술지의 글쓰기 방식을 의미하는데, 저자의 개인적인 체험과 이야기를 있는 그대로 풍부히 기술하는 방식이다. 둘째, 고백적-감성적 글쓰기는 문학 장르인 자서전적 글쓰기 방식을 도입하여 연구주제와 관련된 저자의 감성적이고 정서적인 혼란, 딜레마, 고통, 좌절, 환희 등을 진솔하게 고백하는 방식을 달한다. 셋째, 분석적-해석적 글쓰기는 개인적인 경험과 이야기에 대하여 특정한 이론적 얼개(framework)에 기초하여 분석과 해석을 시도함으로써 개인적인 이야기를 거시적인 사회문화적 담론에 연결하는 글쓰기 방식이다. 넷째, 상상적-창조적 글쓰기는 개인의 경험을 묘사하기 위해 문학 장르인 산문(prose), 시, 드라마, 소설이나 예술 장르인 음악, 그림, 사진 등의 예술작품을 창조적으로 재구성하여 연구대상이나 연구주제를 재현하는 글쓰기 방식이다(Chang, 2008: 140-149; Muncey, 2010: 2).

Ellis와 Bochner(2000)는 개인의 다층적인 의식을 표현하고, 개인을 문화에 연결시키기 위한 상상적-창조적 글쓰기의 방식으로서 자서전적 글쓰기(autobiographic writing) 혹은 '반영적 문화기술지(reflexive ethnography)'를 추천하였다(Duarte, 2007: 2). 한편, 사람들의 일상적인 말하기 방식은 사회학적 산문보다는 문학적인 시에 가깝기 때문에 내러티브는 시적인 특성을 지닌다(Richardson, 1994). 이러한 맥락에서 Richardson(1994)은 사회과학자들을 위한 상상적-창조적 글쓰기의 방식에서 시의 힘을 주장하였다. 실험적인 방식으로 도입된 시적 글쓰기는 시의 형식적인 특징을 통해서 저자와 독자들에게 발견과 창조의 정신을 열어 주었다(김영천, 2010: 348-393). 또한, 호소적인 시와 질적 연구는 의미와 밀도(density), 심미주의와 반영성이라는 내적 특성을 상호적으로 공유한다(Ricci, 2003). 따라서 자서전적 시(autobiographic verse)는 인간의 궁극적인 관계를 심미적으로 표현하고, 생동감 있고 창조적인 방식으로 개인의 경험을 전달하고 표현할 수 있다(Ricci, 2003: 593). 그러나 이러한 시적 글쓰기는 단순한 언어적 변용이 아니라, 자문화기술자의 자기성찰과 타자들과의 의사소통을 위한 하나의 글쓰기 방식이다.

상상적-창조적 글쓰기를 강조하는 일군의 학자들은 인간의 언어가 사회적 실재를 반영하기보다는, 오히려 사회적 실재를 창조할 수 있다는 후기구조주의자들의 언어관에 동조한다. 그들은 자문화기술지의 상상적-창조적 글쓰기가 주류적인 탐구의 관점(예, 전통적 문화기술지)을 부정하는 것이 아니라, 오히려 새로운 목소리를 첨가하는 것이라고 주장하였다(Ricci, 2003; Denzin, 2006). 그들은 상상적-창조적 글쓰기가 느슨한 연구과정에서 비롯되기보다는 풍부한 자료수집과 자료의 정교한 분석 및 해석 작업에 근거한 학문적인 재현방식이라고 주장하였다. 그들은 상상적-창조적 글쓰기를 비판하는 사실주의자들의 방법론적 도전과 비판을 수용함으로써 대안적인 글쓰기의 정당성을 확보하려 한 것이다.

상상적-창조적 글쓰기 방식은 전통적 문화기술자들에게 비이론적(a-theoretical)이고 비구조적으로 비춰지기도 한다(Maydell, 2010). Anderson(2006)은 자문화기술지의 글쓰기 방식과 담론이 사실주의자 혹은 분석적인 문화기술지적 전통에 거리를 둔 채, '호소적 자문화기술지(evocative autoethnography)' 에만 주목함을 비판하였다. 즉, 자문화기술지의 문학적인 글쓰기 동향은 전통적인 문화기술지와 자문화기술지의 병립가능성을 차단할 수 있다(Anderson, 2006). Anderson(2006: 374)은 문학적인 글쓰기 방식에 기초한 호소적 자문화기술지가 뜻하지 않게 분석적 혹은 전통적인 문화기술지에 기초한 새로운 형태의 자문화기술지를 제한할 수도 있다고 보았다. 따라서 그는 호소적 자문화기술지의 학문적인 당위성을 인정하면서도 '분석적 자문화기술지(analytic autoethnography)' 를 주창함으로써 시카고학파(Chicago School)의 지적 유산인 상징적 상호작용론자들(symbolic interactionists)의 인식론적 가정과 목적을 받아들일 필요가 있음을 주장하였다. Anderson(2006)의 이러한 주장에 대하여 전통적 혹은 분석적인 문화기술지를 옹호하는 질적 연구자들(P. Atkinson, A. Coffey, S. Delamont)도 동조를 하였다. 분석적 자문화기술지 글쓰기의 특징으로는 완전한 연구 참여자의 지위(complete member researcher), 분석적인 반영성(analytic reflexivity), 자문화기술자의 내러티브 가시성(narrative visibility), 자아를 넘어선 연구 참여자들과의 대화, 이론적 분석을 위한 전념을 강조하였다(Anderson, 2006: 387). 결국, Anderson(2006)은 분석적인 문화기술지적 전통의 한 부분으로서 자문화기술지 글쓰기를 바라보는 입장이라고 평가할 수 있다.

앞서 살펴본 것처럼, 자문화기술자는 다양한 글쓰기 방식을 혼합하거나 재구성하여 자신만의 대안적인 글쓰기를 시도하는 구성적이고 해석적인 존재이다(Chang, 2008: 149). 즉, 자문화기술자는 문화기술지적 전통에 무게를 두는 분석적 자문화기술지를 쓸 수도 있고, 자서전으로 대표되는 문학 장르에 비중을 둔 상상적-창조적 글쓰기 방식을 채택할 수도 있다. 따라서 초보 자문화기술자는 특정한 형식의 글쓰기를 해야 한다는 불안감에서 벗어나, 자신의 인식과 이해를 재현할 수 있는 새로운 글쓰기 방식을 창조해야 할 것이다.

앞서 밝힌 바와 같이, 자문화기술지는 연구자의 개인적인 기억자료, 자기성찰 자료, 자기관찰 자료, 자신에 대한 인터뷰 자료를 강조하였다. 자문화기술지의 자료수집 방법은 현장의 연구자들이 자연스러운 연구과정에서 질 높은 자료들을 용이하게 수집할 수 있는 방법론적 특성을 나타내었다. 그리고 자문화기술지는 인 비보 코딩, 감정코딩, 가치코딩, 대비코딩, 평가코딩, 종단적인 코딩을 강조함으로써 현장의 연구자들이 자신들의 생생한 생활세계와 문화적 자아를 학문적으로 분석하고 해석할 수 있는 길을 열어 주었다. 또한, 자문화기술지적 글쓰기(autoethnographic writing)는 전통적인 글쓰기 방식뿐만 아니라, 자문화기술자와 연구 참여자들의 일상적인 말하기 방식과 문학 및 예술 장르를 대안적인 글쓰기 방식으로 수용하였다. 따라서 자문화기술지는 자료수집, 분석과 해석, 글쓰기 작업에서 현장친화적인 방법론적 특성을 지닌다고 평가할 수 있다.

4. 자문화기술지를 통한 외국의 교육과정 탐구 동향

4장에서는 교육과정 탐구와 관련하여 외국의 대표적인 자문화기술지적인 연구사례들을 검토하였다. 이를 위하여 교육과정 탐구영역을 세 가지(교사발달 및 교사문화 연구, 학생의 학습문화 연구, 교수법 및 교육과정 연구)로 구분하고, 각 영역에서 어떻게 자문화기술지가 적용되었으며, 어떤 주제들이 탐구되었는지를 개략적으로 소개하였다.

1) 교사발달 및 교사문화 연구

우리는 교사발달 및 교사문화 연구영역과 관련하여 일곱 개의 작품들을 선정하였다. 그리고 각 연구들에서 자문화기술지가 어떻게 활용되었고, 어떠한 연구결과가 도출되었는지를 살펴보았다. 물론, 저자들이 선정한 일곱 가지 작품들 이외에도 다양한 연구사례들이 있었음을 밝힌다.

첫째, Palmer(1998)의 연구는 교사의 주관적인 정체성과 성실성을 탐구하였다. Palmer는 교사의 가르치는 행위가 인간의 내면에서 흘러나온다고 보았으며, 학생과 교과 그리고 교사와 학생의 상호작용에 교사의 영혼을 투영해야 한다고 주장하였다. 교사가 자신을 안다는 것은 학생과 교과에 대한 앎만큼이나 중요한 필수요소이다. Palmer(1998)는 학교교육에 대한 전통적 교육연구들이 무엇을, 어떻게, 왜란 물음에 매달린 나머지 '누구'라는 물음을 소홀히 취급하고 있다고 보고, 훌륭한 가르침은 교사의 정체성과 성실성에서 유래된다고 주장하였다. 따라서 좋은 가르침은 교육방법의 개선보다는 수업 속에 교사의 자의식을 얼마나 투영했는가의 여부에 달려 있으며, 좋은 교수행위는 자신의 자아, 교과, 학생을 생명의 그물 속으로 촘촘히 연결하는 것으로 보았다(Palmer, 1998).

Palmer(1998)는 교사라는 주관적 정체성을 개인 내부의 힘과 외부의 힘이 교차하는 단면으로 보고, 교사의 정체성에서 비롯된 자아가 결코 의심스럽거나 오염된 것이 아니라서 감출 필요가 없다고 주장하였다. 교사의 현실인식은 과거의 인생사들을 있는 그대로 인정하는 것이며, 교사는 기억(re-membering) 활동을 통해 다시 공동체의 일원이 되어야 한다(Palmer, 1998). 교사의 정체성에 대한 내면의 대화는 학생들의 내면과 소통가능하게 하며, 교사와 학생들 사이에 존재하는 공포를 제거하고, 더 넓은 상호연결의 그물을 구축하는 데 중요하다.

두 번째 예로서 Starr(2010)는 자문화기술지가 교사의 비판적인 의식과 각성에 기여할 수 있음을 주장하면서, 교사문화 탐구에서 자문화기술지의 활용을 강조하였다. Starr(2010)는 자문화기술지가 Freire의 의식화(conscientization) 개념을 이끌어 낸다고 보았다. 왜냐하면, 자문화기술지는 한 개인이 자신의 위치를 확인하여 현실의 지각을 변화시키기 위한 공간을 창출하기 때문이다. 비판교육이론가인 Freire(1971)는 '은행 저축식 교육'에서 '문제 제기식 교육'으로 전환해야 한다고 보고, 사람들은 세계 내에 존재하는 방식을 비판적으로 파악하기 위한 힘을 개발해야 한다고 주장하였다. 그는 대상세계를 정적인 실재로 파악하기보다는 진보와 변혁의 대상으로 보았다. 그의 관점에서 볼 때, 한 개인의 이데올로기는 삶의 경험과 교육의 결과이다. 그러나 비록 개인적 이데올로기가 주체의 경험으로부터 발생할지라도 그것은 전적으로 사적이지 않다. 오히려 개인의 경험과 기억은 인종, 젠더, 계층, 상황, 능력, 직업 등에 대한 문화적 태도에 따라 영향을 받는다(Freire, 1971). 따라서 그는 자문화기술지가 문화 내에 위치한 교사의 자의식에 대한 지각에서 중요한 역할을 할 수 있음을 주장하였다(Starr, 2010).

Austin과 Hickey(2007)는 자문화기술지가 우리가 누구이고, 무엇을 하는가의 물음에 답함으로써 교육자들이 일상적인 경험과 교수의 실용적인 요구에 대하여 자백할 수 있는 기회를 제공한다고 보았다. 교사들은 자문화기술지를 통한 의식화를 통해서 미시적 및 거시적 수준에서 해방의 페다고지(pedagogy)와 반성적 실천으로 나아갈 수 있다(Austin & Hickey, 2007). 이처럼 그들은 자문화기술지를 비판적 페다고지의 한 형태로 보았으며 특히, 자문화기술지를 통한 변환적인 학습(transformative learning)은 우리가 내주(dwelling)하는 문화와 타자들에 대한 폭넓은 이해와 실천을 수반한다고 보았다(Spry, 2001; Eisner, 2004; Austin & Hickey,

2007).

Chang(2008)은 자아의 다문화적 발견을 위한 도구로서 자문화기술지의 강점을 주장하였다. 즉, 자문화기술지를 통한 교사들의 자기반성적 과정은 효과적인 다문화 교육자로 성장하는 데 유용한 방법이 될 수 있다. 자문화기술자인 교사는 이야기하기, 분석, 해석, 성찰이라는 일련의 과정을 통해 자신의 과거와 현재의 이야기를 자기-분석적(self-analytic)으로 성찰함으로써 자신의 다문화적 정체성과 조우할 수 있다. 따라서 자문화기술지는 교사와 학생들의 문화적 전제를 형성하는 삶의 경험과 사건들을 성찰하는 데 도움을 줄 뿐만 아니라, 교실수업의 과정에서 학생들이 자신들의 문화적 가정을 비판적으로 해명하고 성찰함으로써 자연스럽게 문화적 다양성을 공유할 수 있게 한다.

Nash(2004)는 교사나 교육 행정가들이 자문화기술지를 작성함으로써 개인적인 삶과 직업적 삶 사이에 존재하는 간극을 해소할 수 있다고 보았다. 즉, 학문적인 개인적 내러티브는 자아 정체성과 직업 정체성 사이에서 진정성(authenticity)과 연결(connection)을 추구함으로써 교사나 교육행정가가 그들의 정체성을 고백하고, 이론과 실천을 융합하고, 추상적인 것과 실제적인 것을 예술적으로 통합할 수 있도록 한다. Nash(2004)는 두 교사들(Dave와 Patti)의 삶과 두 교육행정가들(Doug와 Lou)의 교육적 삶을 예를 들어 이야기함으로써 교육자들의 정체성, 개인적 철학, 종교적 신념 등이 교사발달과 어떠한 연관성이 있는지를 세밀히 밝혀 주었다.

Kincheloe(2005)는 전통적인 교사교육이 교사의 정체성과 의식을 형성하는 힘에 대하여 거의 통찰을 제공하지 못한다고 보았다. 그의 관점에서 볼 때, 교사들의 정체성과 의식은 그들을 둘러싸고 있는 사회적, 문화적, 정치적, 경제적, 역사적 세계와 관련되어 있다. 그리고 교육받은 교사 혹은 비판적 실천가로서의 교사가 되기 위해서는 인격적 변환과 자아의 구성에 대한 통찰이 필요하다. Kincheloe(2005)는 자문화기술지가 교사들의 직전교육과 현직교육의 실천적 차원에서 중요하다고 보았다. 왜냐하면, 자문화기술지는 자아에 몰두하기보다는 더 큰 공동체의 책임 있고 변혁적인 구성원이 되는 데 필요한 능력을 촉진시킬 수 있는 개인의 사회적 구성에 대한 이해에 초점을 두기 때문이다.

또한, 자문화기술지는 현장교사들이 거시적인 사회적 구조, 인식론적 역동성과 관계된 자아의 구성을 이해할 수 있도록 한다. 그리고 자문화기술지를 통한 비정형화된 교육연구는 교사들이 비판적으로 교육행위에 가담토록 하며, 그 행위는 교사 개인의 삶을 변화시킬 뿐만 아니라 타자들의 삶마저도 변환시킬 수 있다(Kincheloe, 2005). 즉, 자문화기술자로서의 교사는 지속적인 메타-대화(meta-dialogue)를 통해 자아와 끊임없는 대화를 함으로써 기존의 의미체계에 대한 지속적인 재개념화를 시도한다. Kincheloe(2005)는 자신의 이러한 주장이 Pinar의 쿠레레(currere)에 빚졌음을 밝히면서, 비판적 존재론(critical ontology)을 개발하였다. 그는 교사들이 자문화기술지를 통해 자신들의 세계관, 교육에 대한 관점, 그리고 자기-이미지를 분석할 수 있다고 보았다. 교육실천가들은 자문화기술지를 통해 특권층과 권력을 가진 소수집단을 위한 억압적인 조건과 사회정치학적 왜곡을 인식할 수 있다. 결국, 자문화기술지는 지배적인 문화적 관점들이 교사들의 정치적 의견, 종교적 신념, 성 역할, 인종적 지위, 성적 성향에 어떠한 영향을 미쳤는지를 이해할 수 있게 한다(Kincheloe, 2005).

Todd와 Klinker(2007)는 미국 중년 여교수들의 직업적 삶에서 성과 나이가 차지하는 의미를 자문화기술지로 기술하였다. 즉, 그들은 자문화기술지를 통하여 새로운 사회현상과 관련된 여교수들의 개인적인 경험을 탐구하고, 중년 여성의 편안한 삶을 떠나 새로운 지평을 탐구하는 삶의 경험을 이야기하였다. 저자들은 개인적 성찰, 대화, 자기반성, 감성적 회상에 대한 공유를 통하여 미국문화에 있어서 성차별주의(sexism)와 연령주의(ageism)를 직면하게 되었다. 그들은 미국사회에서 여성들을 위한 공통적이고 수용 가능한 역할모델이 없음을 주장하였다. 즉, 미국의 여성들은 아이들을 위해 자신들의 삶을 희생하는 것과 같은 전통적인 남성 중심의 성역할에 종속되어 있었다. 따라서 그들은 대학의 교수가 되기 위해서 성과 나이에 대한 공포와 좌절을 극복함으로써 새로운 자아를 재발견하게 되었다. 그들은 자문화기술지를 통하여 나이와 성은 어쩔 수 없는 제한적 요소가 아니라 개인의 노력여하에 따라서 극복이 가능하며, 보다 나은 세계를 만들 수 있는 희망과 가능성의 비전을 제시하였다(Todd & Klinker, 2007).

2) 학생들의 학습문화 연구

두 번째 탐구영역은 학생의 학습문화 연구영역에 대한 자문화기술지적 연구이다. 우리는 학생들의 학습문화와 관련한 세 편의 자문화기술지 작품들을 선정하여 분석함으로써 학생들이 어떠한 방식으로 생활하고 학습하며, 그들의 학교생활과 학습에 영향을 끼치는 사회문화적 맥락과 학습문화의 관계를 살펴보았다.

Sparkes(1996)는 자아와 문화 그리고 연구과정을 유기적으로 연결하는 자문화기술지를 통하여 엘리트 운동선수에서 심각한 부상을 당한 중도탈락자가 되기까지의 개인적인 삶의 여정을 기술하였다. 염증성 허리질병은 운동선수인 그의 삶에서 영구적인 삶의 한 부분이 되었고, 수많은 일상적인 삶을 지배하게 되었다. 그의 작품을 읽은 독자들은 Sparkes의 자문화기술지를 통하여 부상을 당한 엘리트 운동선수가 어떠한 심리적 육체적 고통을 겪으며, 어떠한 방식으로 그 치명적인 결함을 극복하는가를 사회문화적으로 이해할 수 있게 해 준다(Wall, 2006).

Smith(2005)는 후천적인 뇌손상(ABI) 후 자기-존중감을 회복하는 과정을 자문화기술지로 기술하였다. ABI 생존자인 저자는 자문화기술지를 사용함으로써 그녀의 주관적이고 문화적인 경험뿐만 아니라 연구 참여자들(환자들)의 문화와 경험을 탐구할 수 있게 되었다. 그녀는 자신이 학생연구자일 뿐만 아니라 연구주제에 대한 유일한 '내부자'의 위치에 있음을 알고, 가장 가치 있는 연구 자료를 얻기 위해서 스스로를 연구 대상으로 선정하였다. 그녀는 5명의 뇌손상 환자들과 함께 재활센터의 창조적인 치료활동을 통해서 병을 회복하는 과정을 이야기하였다. 그녀는 6개월 동안의 재활센터의 창조적인 프로젝트가 자기-존중감에 긍정적인 영향력을 발휘했음을 자문화기술지를 통해 밝혀 주었다. Smith(2005)의 작품은 자문화기술지가 교육상담 및 보건의료 분야의 학습에 적극적으로 활용될 수 있음을 예증해 주었다.

Chung(2009)은 자문화기술지를 개인의 신체적인 특징뿐만 아니라 인성, 지식, 역사 그리고 삶의 경험을 보여 주는 예술적 재현으로 보았다. Chung(2009)의 연구는 구성주의 학습이론에 기초한 미래 시각문화예술(VCAE) 교육에 주목하였다. 자문화기술지를 통한 학생이해는 예술경험과 관련된 학생들의 선지식(prior knowledge)에 대한 통찰을 얻는 데 도움을 줄 뿐만 아니라, 교사의 좋은 수업을 위한 기초를 제공하였다. 이 연구는 학생들의 개인적 관심, 지식, 예술과 관련한 경험, 예술적 발달에 대한 통찰을 얻기 위해서 4명의 여성 청소년에 의해 산출된 시각적, 언어적, 자서전적 인공물을 분석한 후 비판적인 시각문화의 교수를 위한 교육적 함의를 이끌어 내었다.

Chung(2009)의 연구는 자문화기술지를 통하여 학생들의 지식과 경험을 안다는 것이 학생의 수업참여뿐만 아니라 시각문화예술 교육에도 도움이 됨을 지적하였다. 또한, 학생들은 자문화기술지를 통한 VCAE를 통해 미술과 시각문화의 정치적 측면을 인식하고, 미술활동이 정치적, 사회적 실천이라는 사실을 알게 되었다. 즉, 학생들은 자문화기술지를 활용함으로써 이미지, 텍스트, 인공물 등의 예술작품이 즐거움을 주기 위한 문화적 도구일 뿐만 아니라, 상이한 사회집단의 정치적, 이데올로기적 갈등을 수반하는 매개체임을 자각하게 되었다(Chung, 2009).

3) 교수법 및 교육과정 연구

교육과정(curriculum)을 재개념화한 Pinar(1975)는 오늘날의 학교교육이 지나친 객관성의 강조로 인해 개인의 주관성과 자아를 상실하였다고 주장하였다. 그는 교육과정 연구의 재개념화를 위해서 개인의 주관성을 회복하는 자서전적 방법론을 강조하였다. 또한, Ellis와 Bochner(2000)는 자서전적 글쓰기의 의미가 단지 한 개인의 연대기적 기록에 의존하기보다는, 개인이 살았던 시대, 문화, 역사적 사건들과 관련된 개인과 문화와의 관계, 문화와의 상호작용 속에서 형성된 다층적이고 복합적인 의식에 있다고 보았다(Ellis & Bochner, 2000). 따라서 자문화기술지는 교수법 및 교육과정과 관련된 교사의 삶을 진솔하게 제시함으로써 독자들로 하여금 자신들의 삶을 반성하게 한다. 즉, 교수법과 교육과정에 대한 자문화기술지는 저자와 독자가 서로 친밀감을 공유함으로써 저자 자신에 대한 치료뿐만 아니라 독자들의 심적 갈등과 고민까지도 치유할 수 있다(김영천 · 이희용, 2008). 교수법 및 교육과정 연구영역에서의 대표적인 자문화기술지 작품 네 가지를 간략히 제시하면 다음과 같다.

Duncan(2004)은 하이퍼미디어 교육 자료의 디자인 연구에서 자문화기술지를 어떻게 적용했는지를 기술하였다. Duncan은 새로운 디자인 이론에 기여한 3개의 하이퍼미디어 CD-ROM의 제작에 영향을 미친 내외부적 요인들에 대한 실천가의 6년 동안의 관점을 연구하였다. 그는 질적 접근에서 중요한 실재(reality)와 지각 사이의 상호관련성을 강조하고, 자문화기술지 쓰기라는 예술의 실천을 통해 연구자들이 실재를 더욱 풍부히 탐구할 수 있다고 주장하였다. 그는 연구자의 내부적 의사결정과 생활세계를 반영하는 타당하고 주목할 만한 연구방법으로서 자문화기술지를 강조하였다(Duncan, 2004).

Jewett(2008)는 자문화기술지를 통하여 학교교육이 발생한 맥락과 교수학습, 교육과정 이론에 대한 우리의 이해를 관계 지음으로써 교육과정 연구의 범위를 확장시켰다. 그녀는 교사 직전교육(pre-service)의 하나인 다문화교육 프로그램의 이론적 탐구를 통하여 자신의 정체성인 '백인의 다문화 교육과정을 위한 교수자로서 특권화된 여성'을 문제시하였다. Jewett(2008)는 이러한 논의를 통해서 공립학교에 대한 학생들의 사전개념과 재개념화에 있어서 젠더(gender)와 인종(race)의 역할을 탐구하였다. 그녀는 자문화기술지가 현재의 교육과정을 다시 생각할 수 있는 인식론적 도구가 될 수 있으며, 학생들이 사회문화적 맥락 밖의 정적인 전통적 지식(knowledge out of context)보다는 행위 안에서의 지식(knowledge in action)에 입문할 수 있도록 한다고 주장하였다. Jewett(2008)는 자문화기술지가 사회적, 역사적 맥락과 형식적인 학습 공간 사이의 연결을 시도하여 새로운 교육과정이론을 형성하게 하는 질적 연구 방법론임을 강조하였다.

Suominen(2003)은 사진술(photography)과 관련된 창조적인 글쓰기를 통해 자신의 문화적인 정체성과 자기인식의 변화과정을 이해하였다. 저자는 자신의 체험에 대한 비판적인 재평가를 통하여 정체성의 구성과 교수법을 촉진하기 위한 탐구방법을 적용하고 제안하였다. 저자는 자국인 핀란드를 떠나 미국 오하이오 대학의 박사과정에 입학한 이후 사진촬영, 참여관찰, 사진-글쓰기(photo-writing), 기억작업, 사진 치료, 비판적 에세이 쓰기, 사진과 창조적 텍스트에 대한 전시와 논의를 통하여 연구 자료를 수집하고 분석하였다. Suominen(2003)은 자문화기술지를 통하여 문화적 현상, 예술가들, 시각문화 생산가들, 예술적 인공물, 다양하고 복잡한 담화(discourse) 속에서 문화적으로 상황 지워진 자신의 정체성에 주목하여 시각적 지식(visual knowledge)에 대한 자각을 획득함으로써 비판적 교육학과 교육과정을 지지하였다.

Starr(2010)는 자문화기술지가 교육과정의 탐구자로서 개인을 위치 지우기 때문에 Pinar의 쿠레레(curerre)에 해당된다고 보았다. 즉, 자문화기술지는 학문적 탐구의 얼개(framework)를 제시함으로써 개인과 사회, 이론과 실천, 자아와 타자 사이의 긴장을 해소하는 가교역할을 할 수 있다. 또한, 자문화기술지는 촉매적인 변화(catalytic change)를 이끌어 내기 위한 대화의 공간을 마련함으로써 저자와 독자들이 교수법과 교육과정을 개발하는 데 유용한 방법론이 될 수 있다. 즉, 자문화기술지는 교육실천가이자 교육연구자인 교사들에게 교육과정의 문화적, 역사적, 정치적,

생태적, 미학적, 이론적 이해를 촉진시킬 수 있다(Starr, 2010).

5. 자문화기술지의 이론적 및 방법론적 가능성과 시사점

우리는 이상과 같은 논의에 기초하여 학교현장의 이해와 개선을 위한 자문화기술지의 이론적 가능성 및 시사점을 교사, 학생, 교수법 및 교육과정의 세 가지 측면에서 제언하고자 한다. 그리고 자문화기술지의 방법론적 가능성과 시사점을 연구자, 연구참여자, 독자, 그리고 학교현장의 측면에서 제시하고자 한다.

자문화기술지는 교사발달과 교사문화 연구영역에서 다음과 같은 이론적 가능성과 시사점을 제공할 것이다. 첫째, 자문화기술지는 교사의 자아 정체성과 직업 정체성을 진솔하게 이야기함으로써 개인적인 삶과 직업적인 삶의 간극을 해소할 수 있는 방법론이 될 것이다. 또한, 교사의 자문화기술지는 학생과의 소통을 원활하게 하고, 학생들과의 관계개선을 촉진함으로써 교사와 학생 모두가 공동체의 일원이 되는데 기여할 것이다. 둘째, 자문화기술지는 정치적, 사회적, 문화적 맥락 속에 위치한 교사의 자의식을 일깨움으로써 교수실천의 개선을 위한 의식화를 촉발하는 방법론으로서 기여할 것이다. 즉, 교사들은 자문화기술지를 통한 의식화에 기초하여 반성적 실천과 해방적이고 비판적인 교수학(pedagogy)을 지향할 수 있을 것이다. 셋째, 자문화기술지는 교사들의 개인적인 삶뿐만 아니라 사회문화적인 전제들을 조명할 수 있다. 따라서 교사들은 자문화기술지를 통해서 변환적인 학습을 시도할 수 있다. 즉, 현장교사들은 자아 및 타자들과의 지속적인 대화를 통하여 기존의 의미체계에 대한 재개념화를 시도하고, 지배적인 사회문화적 담론들을 비판적으로 바라볼 수 있을 것이다.

자문화기술지는 학생들의 학습문화 연구영역에서 다음과 같은 이론적 가능성과 시사점을 제공할 것이다. 첫째, 자문화기술지는 주변화되고 소외된 소수자들(기초학습부진학생, 특수학생, 중도탈락 학생선수, 뇌손상 학생 등)의 삶의 모습들을 심층적으로 조명함으로써 다수자들이 그들의 삶을 공감적으로 이해할 수 있는 방법론적 토대가 될 것이다. 그리고 다수자들의 공감적인 이해는 소수자들의 삶을 실질적으로 개선하는 힘의 원천이 될 것이다. 둘째, 자문화기술지는 학교에서 발생한 학생들의 학습경험들을 묘사함으로써 교사나 행정가들이 학생들의 학습과정과 결과를 심층적으로 이해할 수 있는 방법론이 될 것이다. 그리고 학생들은 자문화기술지 쓰기를 통하여 고통스러운 학습경험에서 벗어나 자기치료적인 효과를 체험할 수 있을 것이다. 셋째, 자문화기술지는 학생들의 신체, 인성, 지식, 역사, 경험을 드러낼 수 있는 하나의 예술적인 재현방식이 될 것이다. 그리고 학생들의 자문화기술지는 학교의 교사들과 행정가가 학생들을 심층적으로 이해하는 데 도움을 주고, 수업참여를 유도하기 위한 기초 자료로써 기여할 것이다.

자문화기술지는 교수법 및 교육과정 연구영역에서 다음과 같은 이론적 가능성과 시사점을 제공할 것이다. 첫째, 자문화기술지는 교육 자료나 교육과정을 개발하는 연구자의 내부적인 의사결정과 생활세계를 재현할 수 있는 질적 연구 방법론이 될 것이다. 둘째, 자문화기술지는 사회적 및 역사적 맥락을 학교현장과 연결함으로써 실체적인 교육과정 이론을 생성하고, 교육과정 연구의 범위를 확장하는 데 기여할 것이다. 셋째, 자문화기술지는 교수법과 교육과정의 탐구자로서 개인을 위치 지우기 때문에 교육실천가이자 교육연구자인 현장교사들이 교수법과 교육과정의 문화적, 역사적, 정치적, 생태적, 미학적, 이론적 이해에 도달할 수 있는 방법론이 될 것이다.

한편, 자문화기술지의 방법론적 가능성과 시사점을 연구자, 연구 참여자, 독자, 그리고 학교현장의 측면에서 논의하면 다음과 같다. 첫째, 자문화기술지는 연구자와 학교현장을 연결함으로써 자문화기술자인 연구자가 학교현장을 심층적으로 이해하고 개선할 수 있는 방법론적 가능성과 시사점을 제공할 것이다. 둘째, 자문화기술지는 연구 참여자들이 자신들의 교육적 삶과 이야기를 성찰적으로 이해할 수 있게 함으로써, 실질적으로 교육실천을 개선할 수 있는 유용한 연구방법이 될 것이다. 셋째, 자문화기술지는 자문화기술자와 독자들을 대화적으로 연결함으로써 연구자와 독자들 모두가 서로 공명하면서 자신들의 삶을 변화시킬 수 있는 촉매적인 역할을 할 것이다. 넷째, 자문화기술지는 연구 참여자들과 독자들을 유기적으로 연결함으로써, 독자들이 자문화기술자뿐만 아니라 연구 참여자들의 교육적 삶과 목소리에 공감할 수 있도록 할 것이다. 이와 같은 자문화기술지의 방법론적 가능성과 시사점을 종합하여 제시하면 다음의 [그림 2]와 같다.

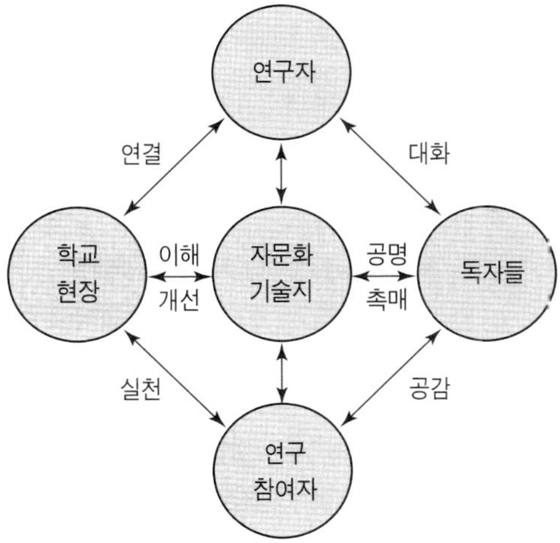

[그림 2] 방법론적 가능성과 시사점

결국, 자문화기술지는 학교현장의 구성원들을 타자와 대상세계에 연결시킴으로써 그들을 능동적이고 주체적인 존재로 변환시킬 수 있을 것이다. 그리고 자문화기술지는 한 개인의 생생한 삶의 목소리를 교육과정 연구의 핵심적인 주제로 상정함으로써 학교의 구성원들에게 교육 및 사회의 변화와 개혁을 위한 해방적이고 실천적인 힘을 부여해 줄 수 있을 것이다.

참고문헌

김남연 · 김현주 · 안혜준(2008). 초임 유치원 원감 되어가기: 초임 원감의 자전적 문화기술지. 유아교육학논집, 12(3), 195-217.

김영천 · 허창수(2004). 생애사 텍스트로서의 교육과정 연구. 교육과정 연구, 22(4), 49-81.

김영천(2004). 교사의 삶에 대한 생애사적 연구: 연구동향과 예들. 열린교육연구, 12(2), 79-105.

김영천 · 이희용(2008). 질적연구에서의 글쓰기: 문학적 표현양식들의 이해. 중등교육연구, 56(3), 187-222.

김영천(2010). 질적연구 방법론 III: 글쓰기의 모든 것. 서울: 아카데미프레스.

김영천(2012). 질적연구방법론 I : Bricoleur (제2판). 서울: 아카데미프레스.

김영천 · 이동성(2011). 자문화기술지의 이론적 관점과 방법론적 특성에 대한 고찰. 열린교육연구, 19(4), 출판예정.

김외솔(2010). 초등교사의 자전적 문화기술지를 통한 수업 성찰. 석사학위논문. 제주대학교 교육대학원.

김재룡(2010). 체육인 한상준의 생애사. 박사학위논문. 강원대학교.

박순용 · 장희원 · 조민아(2010). 자문화기술지: 방법론적 특징을 통해 본 교육인류학적 가치의 탐색. 교육인류학연구, 13(2), 55-79.

이동성 · 김지인 · 이다해(2010). 우리나라 다문화교육 현장작업(fieldwork)에서 경험하는 방법론적 딜레마와 이슈들. 다문화교육연구, 3(1), 5-27.

이동성(2008). 학문적 전통에 따른 담화분석의 이론적 특성 분석. 교육인류학연구, 11(2), 29-52.

이동성(2010). 초등학교 기초학습부진학생지도 경험에 대한 자문화기술지. 교육인류학연구, 13(3), 141-168.

이동성(2011a). 한 교사 연구자의 변환적인 역할과 관점에 대한 자문화기술지. 교육인류학연구, 14(2), 61-90.

이동성(2011b). 자문화기술지를 통한 초등학교 운동부 지도경험 분석. 초등교육연구, 24(2), 341-363.

이동성(2011c). 초등 교과교육연구회 참여경험에 대한 자문화기술지. 초등교육연구, 24(3), 1-26.

이동성(2011d). 초등 교과교육연구회 참여경험에 대한 자문화기술지. 초등교육연구, 24(3), 1-26.

이동성(2011e). 한 교사교육자의 교수경험에 대한 자문화기술지. 교육인류학연구, 14(3), 31-67.

이점우(2006). 한 60대 초등학교 여교사의 삶과 가르침: 생애사적 사례연구. 박사학위논문. 동덕여자대학교.

이희용(2007). 한 고등학교 국어 교사의 성장 체험: 자기 내러티브(self-narrative). 교육인류학연구, 10(2), 131-169.

조용환(2005). 질적 연구: 방법과 사례. 서울: 교육과학사.

조정호(2009). 체육사에서 구술사 연구방법의 의의와 적용 방향. 한국체육사학회 2009동계학술대회. 17-26.

주형일(2010). 지방대에 대한 타자화 담론의 주관적 수용의 문제: 자기민속지학 방법의 적용. 미디어, 젠더 & 문화, 13, 75-113.

최영신(1999). 질적 자료 수집: 생애사 연구 사례를 중심으로. 교육인류학연구, 2(2), 1-22.

佐伯 胖(編)(2007). 共感: 育ち合う保育のなかで. ミネルヴァ書房.

Anderson, L. (2006). Analytic Autoethnography. *Journal of Contemporary Ethnography*, 35(4), 373-395.

Austin, J. & Hickey, A. (2007). Autoethnography and teacher development. *The International Journal of Interdisciplinary Social sciences*, 2, 1-8.

Berry, K. (2006). *Implicated audience member seeks understanding: Reexamining the "Gift" of autoethnography.* (http://creativecommons.org/licenses/by/2.0)

Buzzard, J. (2003). On auto-ethnographic authority. *The Yale Journal of Criticism*, 16(1), 61-91.

Chang, H. (2008). *Autoethnography as method.* Walnut Creek, CA: Left Coast Press, Inc.

Charmaz, K. & Mitchell, R. (1997). The myth of silent authorship: Self, substance, and style in ethnographic writing. In R. Hertz(Ed.). *Reflexivity and voice* (pp. 193-215). London: Sage.

Chung, S. K. (2009). Autobiographical portraits of four female adolescents: Implications for teaching critical visual culture. *International Journal of Education & the art*, 10(11). http://www.ijea.org/v10n11/.

Coffey, P. (1999). *The ethnographic self.* London: Sage.

Creswell, J. W. (2005). *Qualitative inquiry and research design: Choosing among five traditions.* 조홍식 외(역)(2006). 질적연구 방법론: 다섯 가지 접근. 서울: 학지사.

Denzin, N. K. (2006). Analytic Autoethnography, or Deja Vu All over again. *Journal of Contemporary Ethnography*, 35(4), 419-428.

Dethloff, C. H. (2005). A Principal in Transition: An Autoethnography. Unpublished Doctoral Dissertation, Texas A&M University.

Duarte, F. (2007). Using Autoethnography in the Scholarship of Teaching and Learning: Reflective Practice from 'the Other Side of the Mirror'. *International Journal for Scholarship of Teaching and Learning*, 1(2), http://www.georgiasouthern.edu/ijsoti.

Dülmen, R. van (1997). *Die entdeckung des individuums 1500~1800.* Fischer Taschenbuch Verlag GmbH, Frankfurt am Main. 최윤영(역)(2005). 개인의 발견: 어떻게 개인을 찾아가는가 1500-1800. 서울: 현실문화연구.

Duncan, M. (2004). *Autoethnography: Critical appreciation of an emerging art.* (http://creativecommons.org/licenses/by/2.0)

Dyson, M. (2007). My Story in a Profession of Stories: Autoethnography-An Empowering Methodology for Educators. *Australian Journal of Teacher Education,* 32(1), 36-48.

Eisner, E. W. (2004). Educational reform and ecology of schooling In A. C. Ornstein & L. S. Behar(Eds.). *Contemporary Issue in Curriculum* (pp. 390-402). Needham Heights, MA: Allyn and Bacon.

Ellis, C. (1995). *Final negotiations.* Philadelphia: Temple University Press.

Ellis, C. (2004). *The ethnographic I: A methodological novel about autoethnography.* Walnut Creek: Altamira Press.

Ellis, C. & Bochner, A. P. (2000). Autoethnography, personal narrative, and personal reflectivity. In N. K. Denzin & Y. S. Lincoln (Eds.). *Handbook of Qualitative Research* (2nd ed.). (pp. 733-768). Thousand Oaks, CA: Sage.

Feldman, A. (2003). Validity and Quality in Self-Study. *Educational Researcher*, 32, 26-28.

Foster, K. et al. (2005). *Coming to autoethnography: A mental health nurse's experience.* (http://creativecommons.org/licenses/by/2.0)

Freire, P. (1971). *Pedagogy of the oppressed.* New York: Harder and Harder.

Gergen, K. J. (2005). *An invitation to social construction.* London: Sage Publications.

Goodson, I. F. & Walker, R. (1991). *Biography, identity, and schooling,* London: Falmer.

Goodson, I. F. (1992). Studying teachers' lives: An emergent field of inquiry. In I. F. Goodson (Ed.). *Studying teachers' lives*, 1-17, London: Routledge.

Grumet, M. (1990). Retrospective: Autobiography and the analysis of educational experience. *Cambridge Journal of Education,* 20(3), 321-326.

Hammerseley, M. & Atkinson, P. (1990). *Ethnography principles in practice.* Routledge.

Hayano, D. M. (1979). Auto-Ethnography: Paradigms, problems, and prospect. *Human Organization*, 38(1), 99-104.

Hayano, D. M. (1982). *Poker faces: The life and work of professional card player.* Berkeley: University of California.

Holt, N. L. (2003). Representation, legitimation, and autoethnography: An autoethnographic writing story. (http://creativecommons.org/licenses/by/2.0)

Jackman, G. R. (2009). Who Knew? an Autoethnography of a First-Year Assistant Principal. Unpublished Doctoral Dissertation, Utah State University.

Jewett, L. M. (2008). *A delicate dance: Autoethnography, curriculum, and the semblance of intimacy.* New York: Peter Lang.

Jones, S. H. (2005). Autoethnography: Making the personal political. In N. K. Denzin & Y. S. Lincoln (Eds.). *Handbook of Qualitative Research* (3rd ed.). (pp. 763-791). Thousand Oaks, CA: Sage.

Kincheloe, J. L. (1998). Pinar's currere and identity in hyperreality: grounding the post-formal notion of intrapersonal intelligence. In W. F. Pinar(Ed.). *Curriculum toward new identities.* New York and London: GarLand Publishing, Inc.

Kincheloe, J. L. (2005). Autobiography and critical ontology: Being a teacher, developing a reflective persona In W. M. Roth(Ed.). *Auto/biography and auto/ethnography: Praxis of research method.* Rotterdam: Sense Publishers.

Maydell, E. (2010). Methodological and Analytical Dilemmas in Autoethnographic Research. *Journal of Research Practice*, 6(1), Article M5. Retrieved [date of access], from http://jrp.icaap.org/index.php/jrp/article/view/223/190.

McIlveen, P. (2008). Autoethnography as a method for reflexive research and practice in vocational psychology. *Australian Journal of Career Development*, 17(2), 13-20.

Miller, J. L. (1992). Shifting the boundaries: Teachers challenge contemporary thought. *Theory into Practice,* 31(3), 245-251.

Muncey, T. (2005). Doing Autoethnography. *International Journal of Qualitative Methods,* 4(1), 69-86.

Muncey, T. (2010). *Creating autoethnographies*. London: Sage Publications Ltd.

Nash, R. J. (2004). *Liberating scholarly writing: The power of personal narrative*. New York: Teachers College.

Palmer, P. J. (1998). *The courage to teach: exploring the inner landscape of a teacher' s life*. 이종인(역)(2004). 가르칠 수 있는 용기. 서울: 한문화.

Pinar, W. F. (1975). The method of currere. In W. F. Pinar(Ed.). *Autobiography, politics and sexuality*. Peter Lang Publishing, Inc.

Pinar, W. F. (1978). Life history and curriculum theorizing. *Review Journal of Philosophy and Social Science*, 3(1), 92-118.

Reed-Danahay, D. (Ed.). (1997). *Auto/Ethnography: Rewriting the self and the social*. New York: Berg.

Ricci, R. J. (2003). Autoethnographic Verse: Nicky' s Boy: A Life in Two Worlds. *The Qualitative Report,* 8(4), 591-596.

Richardson, L. (1994). Writing: A Method of Inquiry. In N. K. Denzin & Y. S. Lincoln (Eds.). *Handbook of Qualitative Research*. (pp. 516-529). Thousand Oaks, CA: Sage.

Russell, C. (1999). Autoethnography: Journeys of the self. *Experimental Ethnography,* Duke University Press.

Saldaña, J. (2009). *The Coding Manual for Qualitative Researchers*. SAGE Publications Ltd.

Smith, C. (2005). Epistemological Intimacy: A Move to Autoethnography. (http://creativecommons.org/licenses/by/2.0)

Sparkes, A. C. (1996). The fatal flaw: A narrative of the fragile body-self. *Qualitative Inquiry,* 2(4), 463-494.

Sparkes, A. C. (2000). Autoethnography and narratives of self: Reflections on critria in action. *Sociology of Sport Journal,* 17, 21-41.

Spry, T. (2001). Performing autoethnography: An embodied methodological praxis. *Qualitative Inquiry*, 7(6), 706-732.

Starr, L. J. (2010). The use of autoethnography in educational research: Locating who we are in what we do. *Canadian Journal for New Scholars in education*,

3(1), 1-9.

Stinson, A. B. (2009). An Autoethnography: A Mathematics Teacher' s Journey of Identity Construction and Change. Unpublished Doctoral Dissertation, Georgia State University.

Suominen, A. (2003). Writing with Photographs, Re-constructing Self: An Arts-Based Autoethnographic Inquiry. Unpublished Doctoral Dissertation, The Ohio State University.

Todd, R. H. & Klinker, J. F. (2007). Two autoethnographies: A search for understanding of gender and age. *The Qualitative Report 12*(2), 166-183.

Wall, S. (2006). An autoethnography on learning about autoethnography. (http://creativecommons.org/licenses/by/2.0)

Wall, S. (2008). Easier said than done: Writing an autoethnography. (http://creativecommons.org/licenses/by/2.0)

제12장

실행연구와 교육과정 연구

성 열 관(경희대학교 교육대학원 교수)

1. 실행연구의 개념

실행연구는 전통적 연구와 비교하여 볼 때, 교사들이 스스로의 교육업무를 돌아보고, 그들의 교육활동 자체를 연구데이터로 삼아 교육과정 및 수업을 개선하기 위한 방식의 연구이다. 이러한 의미에서 실행연구의 두 축은 실천행위에 대한 성찰과 탐구라고 할 수 있다. '성찰'은 돌아봄(reflection)이라는 의미에서 지나간 교육활동을 반성하는 교사의 태도를 말하는 것이고 '탐구'란 스스로의 교육행위 및 교실현상을 분석함에 있어서 연구기법을 적용한다는 것이다. 이때 성찰과 탐구의 공통점은 교육활동의 개선에 초점을 맞춘 행위라는 것이고, 이것이 탐구의 형식으로 발전하면, 스스로의 교육활동 데이터를 연구의 형식으로 분석하게 된다. 이로써 기존 이론의 현장적합성을 검증하거나 새로운 이론 형성에 기여하고 궁극적으로는 교육현장을 개선해 나간다.

그러나 교사들의 모든 실천 및 성찰행위가 반드시 탐구 또는 연구의 형식으로 발전되어야 하는 것은 아니다. 연구에 교육적 에너지를 소진할 수도 있으므로 실행연구의 형식을 학계의 그것처럼 요구해서는 안 되며 교사의 참여는 자발적이야 한다. 이에 대한 교육부나 교육청의 지원이 있는 것은 바람직하나 이를 제도화하여 승진점수 등에 반영하면 그 의의를 훼손할 가능성이 높다. 그래서 자발성과 진정성은 실행연구의 전제 조건이라 볼 수 있다.

실행연구(action research)는 그 조어법상으로 볼 때, 실행(action)과 연구(research)의 합성어이다. 언어가 현실을 반영한다고 할 때, 실행연구는 이론과 실천 행위의 이분법을 가능한 한 극복하여 보고자 했던 많은 노력 중 하나이다. 실행연구와 유사한 의미로 활용되는 것으로서는 참여연구, 교사연구, 현장연구, 실행학습 등이 있다. 각각은 고유한 전통과 존재 의의를 가지고 있기 때문에, 어느 것이 가장 유용한 연구형태인가를 결정내릴 필요는 없을 것이지만 나름대로 장점과 한계가 존재한다.

Kemmis와 McTaggart(2000)에 따르면, 참여연구(participatory research)는 제3세계의 사회 개혁을 위한 해방신학의 전통을 가지고 있다. 오늘날은 사회민주화 및 인권운동 등에서 활용되고 있으며 교육분야의 진보적 실행연구에도 영향을 주었다. 그러나 참여연구는 과학적인 엄격성이 부족하고 사회운동과 연구를 혼동하는 경향이 있다.

이후 이러한 단점을 극복하면서, 사회운동적 측면과 과학적 엄격성을 통합적으로 견지하고자 하는 '비판적 실행연구'는 기능적 실행연구 – 한국의 현장연구와 유사한 – 가 사회변화와 불평등 문제에 무관심하다는 불만에서 등장하였다. 특히 미국과 같이 교육기회가 매우 불평등하게 분배되고 있는 국가에서는 인종 및 계급에 기초하여 교육적으로 소외된 학생들의 학습환경 개선을 위해 실행연구가 많이 활용되고 있다(Cochran-Smith & Lytle, 1993; Liston & Zeichner, 1991). 그러나 비판적 실행연구는 '민주적 타당도'(Anderson et al., 1994)를 중요시 여기면서 대학의 연구자, 교사, 교장, 학생 등 다양한 교육주체를 참여시키고 바람직하지 못한 교육현실의 변화와 개선을 위해 실천적이고 자발적인 인적 자원의 네트워킹에 관심이 높다. 그러나 모든 교사들이 모두 사회정의를 위한 실천 운동에 관심이 있는 것은 아니기 때문에 다소 낭만적이라는 비판을 받을 수 있고, 교사의 자발성이나 진정성을 과대평가하는 오류를 범하기도 한다.

이에 비해 교실차원 실행연구(classroom action research)는 매우 실용적이다. 그래서 교실 수업에서 발생하는 미시적인 문제에 대해 교사가 효과적으로 대처할 수 있는 기법적인 연구를 주로 한다. 일반적으로 교사가 연구의 주체가 되고 외부에서 온 연구자는 조언자의 역할에 머무는 경우가 많다. 그러나 교실개선 실행연구는 기능적인 차원에서 머무르기 때문에 이론적 담론이 개입될 여지가 적어서 학문적 중량감이 약한 편이다. 최근 국제적으로 실행연구가 발전되어 오는 추세에 따르면 실행연구를 위한 이론적 기초에 대한 훈련을 강조하고 있다. 그 예로 비판이론, 여성주의, 포스트모더니즘 등을 들 수 있다. 이 밖에도 실행연구와 유사하게 쓰이는 개념으로는 실행학습(action learning) 등 몇 가지 유형이 더 있지만, 주로 조직심리학 등에서 활용되는 것으로, 교육연구에서는 실행연구나 교사연구라는 개념이 통용되고 있다.

실행연구를 사회과학적 연구의 한 형태로 성립시킨 Lewin(1947)에 따르면, 실행연구는 실행 계획을 세우고, 이를 실천에 옮기고, 그 결과로서 사실을 발견하는 과정을 나선형적으로 반복하는 과정을 말한다. 교육에서의 실행연구는 학교라고 하는 연구공간에서 교사들이 동료들과 함께 특정한 실천의 결과로서 수업을 개선하는 활동이라고 정의되기도 한다(Glickman, 1990). 또한 실행연구에 형용사를 붙여서 그 특징을 부연하기도 한다. 참여적 실행연구와 협력적 실행연구 등이 그 예이다. 참여적 실행연구는 비판적 관점에서 교육과정을 개선하고 학교라는 공간을 교육적인 방향으로 변화시키려는 의도를 강조한 것이고, 협력적 실천연구는 대학연구자와 현장교사들의 상호협력에 의한 공동 연구에 초점을 둔 것이다.

이렇듯 실행연구는 그것을 정의하는 사람에 따라 그 강조점을 달리하고 또 유사하지만 약간씩 다른 이름으로 활용되고 있다. 그럼에도 불구하고 실행연구에 대한 학술적 명명이 필요하다면 여기에 반드시 포함되어야 할 주요 특징이 있다. 이에 대한 여러 학자들의 견해를 종합하여 보면, 교육적 실행연구는 (주로) 교사들이 자신의 학생들을 대상으로 자신의 교실과 학교에서 해결해야 할 문제를 인식하고, 이를 연구주제로 삼아 데이터를 수집하여 반성적으로 수행하는 행의당사자 연구라고 할 수 있다. 이를 현학적 수사 없이 직접적으로 말해 보면, "내 교육관과 지금 내가 가르치고 있는 방식이 과연 옳은 것인가에 대해 성찰하고 무엇인가를 변화시켜 보다 나은 교육을 할 수 있을지 연구해 보는 것"을 보다 세련되게 표현한 것이 실행연구라고 할 수 있을 것이다.

2. 실행연구의 성장과 발전

1) 영미권 국가들에서의 성장과 발전

실행연구는 1940년대에 Kurt Lewin이 성립시킨 것으로 그는 독일에서 출생하고 공부하였지만 이후 미국에서 활동한 조직심리학자이다. Lewin은 미국의 빈곤, 인종 문제 등 사회문제에 관심을 두고 사회적 행동의 변화를 촉진하는 과정에서 해당 문제에 대한 관련자들의 적극적 참여의 중요성을 발견하였다. 이를 통해 사회적 문제의 핵심적 사안에 큰 도움이 되지 못했던 기존의 사회과학 이론은 미흡하다고 비판하면서, 사회문제의 주체들이 참여적으로 문제해결 과정에 참여하고, 이 과정에서 발견되는 사실에 대한 후속 연구가 필요하다고 주장하였다. 이러한 방법론으로 '계획-실천-발견' 의 과정이 연속적으로 이루어지는 나선형적 연구 모형을 제안했다(최의창, 1998). 이후 이러한 모형이 여러 측면에서 수정되고 보완되긴 하였지만 Lewin의 제안은 교육 분야 실행연구 모형의 근간을 이루고 있다.

이러한 전통 위에서 실행연구는 교육분야 중에서도 주로 교육과정 측면에서 큰 반향을 일으켰다. 특히 영국에서 먼저 발달하였는데, Stenhouse(1975)는 교사를 주체로 한 교육과정 개발운동의 일환으로 교사는 단순한 교육과정 소비자가 아니라 교육과정 개발자 및 연구자로 그 위상을 높여야 한다고 보았다. 미국에서는 Schön(1983)이 연구자로서의 교사 개념에 대한 관심을 이론적으로 환기시켰는데, 그의 주장에 따라 많은 교육학자들은 교육학 연구와 교사의 실천 사이에 위계적 관계가 존재한다는 사실을 인식하기 시작하였다. 교사의 실천지를 중시한다면, 교실에서 나타나는 복잡성, 불확실성, 독특성, 가치 갈등 등 학교 및 교실에서 발생하는 현실 문제에 관한 한, 교사들이 보다 상세한 임상적인 경험 지식을 소유하고 있다는 것이 인정된다.

교사 실천지의 주요 원천은 교육활동에 대한 스스로의 성찰 또는 반성에 있다. Schön(1995)은 여러 가지 형태의 반성 유형을 제시해 주고 있으나 그 중에서 두 가지 유형의 성찰이 특히 중요하다. 이는 반성의 시점에 의한 구분으로 첫째, 행위중 실천(reflection-in-action)은 행위자가 현재 업무 중에 있으면서, 부단한 의사결정과 그 결과에 영향을 주는 사고행위를 말한다. 일례로 한 교사가 수업 중에, 내가 지금 학생들을 잘 동기화하고 있는지, 수업방법에 변화를 주어야 하는지, 내용이 제대로 전달되고 있는지, 학생들이 지금 배우는 것에 의미를 부여하고 있는지 등에 대해 끊임없는 사고를 하는데 이것이 행위중 반성의 한 형태이다. 둘째, 행위후 반성(reflection-on-action)은 어떤 행위나 사건이 발생한 이후의 반성으로서 행위자가 스스로의 전문성을 신장해 나가기 위한 사고형식이다. 행위후 반성은 주로 성찰적 글쓰기 형식을 통해서 드러나게 할 수 있으며, 이후 행위중 반성에 영향을 미치기도 한다. 행위후 반성의 대상이 되는 사건은 많은 교육활동 중에서 돌아보아야 할 가치가 있는 것으로서, 좋은 결과를 유발하게 되었던 수업방식, 생각보다 잘 진행되었던 학생지도방식, 또는 기대에 미치지 못했던 교육방법, 적절히 대처하지 못했던 문제 상황, 교사로서 무력감을 느끼게 하는 환경 등이 반성 대상으로서의 사건(event)이라고 볼 수 있다.

교사의 실천지와 반성 개념에 대한 Schön의 방대하고 심층적인 업적은 이후 실행연구에 대한 연구자들에게 있어서 굳건한 이론적 토대를 제공했다. 1990년대 들어, Cochran-Smith와 Lytle이 공저한 저서는 교육학계에 많은 영향을 주었는데, 이 책의 제목을 〈안/밖: 교사 연구와 지식(Inside/Outside: Teacher Research and Knowledge)〉이라고 이름을 붙인 것은 학교와 대학(또는 교육부)의 관계를 더 이상 '위/아래'로 보지 않으려는 노력이 개입된 것으로 볼 수 있다. 대학교수들은 교육이론을 전파하고 교육정책을 개발하는 등 전문적인 활동을 수행하는 반면, 현장의 교사들은 대학에서 주창하는 교육이론이나 정책을 교실 현장에 적용하는 기능적인 역할만을 담당해 왔다는 비판을 의식한 것으로 보인다. 같은 맥락에서 실행연구의 참여성과 해방성을 강조하는 흐름(Carr & Smith, 1986; Kemmis & McTagart, 2000; Zeichner & Noffke, 1998; Delpit, 1993)이나 교사수준에서의 교육과정 혁신 과제를 실행연구에 접목시키는 노력(Elliott, 1991)이 대체로 학문적 선배 실행연구자들로 볼 수 있는 Stenhouse 또는 Schön의 전통에 따른다고 볼 수 있다.

실행연구를 교육현장에 확산하는 데 많은 공헌을 한 Zeichner(1993)도 교육학적 지식의 위계화에 대해서 문제제기를 하고 미국교육학회의 특별관심분과로 교사연구분과와 실행연구분과를 성립시키는 데 일조했다. 유사한 입장에서 Noffke(1994) 역시 교사의 수업에 대한 교육학자들의 연구에 교사의 목소리가 반영되지 않았으며 일부 실행연구가 기능적이고 처방적인 관점에서 인식되는 경향이 있다고 비판하였다. 보통 학문적 지식은 지식이 타당화되는 과정에서 일정한 타자를 배제하는 과정

이 있는데, 이 과정에서 교사들의 지식이 타자화되었다는 것이다. 미국교육학회의 교사연구 관련 특별관심분과마저도 실제 교사들이 지도성을 발휘하지 못한다는 사실은 여전히 재고해 볼 과제로 남아있는 것이다. Noffke(1994)는 특히 정의와 평등 차원에서 유색인종 또는 빈곤층 학생들의 학습권을 주장해 온 교사들의 지식마저도 학자들의 권력에 의해 비과학적인 것으로 재단될 수 있다는 위험성에 대해서도 경고하였다.

2) 한국에서의 성장과 발전

최근 우리 교육계에서는 실행연구에 있어서 몇 가지 중요한 성장이 있었다. 그 첫 번째 성장은 관심의 증가이다. 일부 교육자들은 1990년대 들어 기존의 현장연구의 한계를 지적하면서 새로운 패러다임으로서 위상을 갖는 실행연구의 중요성을 부각시켜 왔다. 이들은 주로 교과교육자(이혁규, 2002; 최의창, 1998), 교육과정 학자(조재식, 2002; 김영천, 1998), 질적 연구자(이용숙, 2005)들로서 〈교육인류학연구〉와 〈교육과정 연구〉지 등을 통해 실행연구의 개념과 방법론에 대한 이론적 연구를 축적해 왔다.

두 번째 성장은 연구 방법론에 대한 체계적 소개가 이루어지고 있다는 것이다. 최근 〈실행연구방법〉(이용숙 외, 2005)이 단행본으로 출판되고 〈교사를 위한 실행연구〉(Mills, 2003)가 번역출간되었다는 사실은 실행연구 방법론에 대해서도 이론적으로 체계화하여 확산시켜야 할 필요성이 학계를 중심으로 공유되어 가고 있음을 보여 주는 것이다.

세 번째 성장은 실제 실행연구가 이론적 소개를 넘어서 일부 교육학자와 현장교사들에 의해 연구논문이나 교육대학원 논문 등 의미 있는 형태로 수행되어 보고되고 있다는 것이다. 물론 모든 실행연구의 형식이 학술논문의 형태를 갖출 필요는 없으나 새로운 패러다임으로서의 실행연구가 실제로 수행되어 그 교육적 의미를 여타 교육자들과 공유할 수 있다는 것은 괄목할 만한 성과임에 틀림없다. 김영천(2005), 김대현 · 박경미 (2003), 성열관(2004), 양윤희 외(2005) 등의 연구는 교육학 교수와 현장 교사(또는 교생) 간의 협력적 실천 연구의 일부 특징을 보여 주고 있다.

실행연구가 한국에 소개되고 정착되는 과정에서 특기할 만한 사실이 몇 가지 있다. 그것은 첫째, 기존의 현장연구와의 차별성을 강조하려는 노력이다. 교육에서의 실행연구 또는 교육과정 실행연구는 교사들이 연구의 주체라는 면에서 교사연구이고, 또 그렇기에 기존의 현장연구와 공통점을 지닌다. 그러나 그동안 노정되어 왔던 현장연구가 지배하고 있었던 관행적 한계와 문제점이 이미 심화되어 있는 상태라서, 실행연구를 통해 현장에서의 연구를 보다 질적으로 제고하고자 하는 학문적인 실천이 있었다. 일례로 이혁규(2002)는 교사의 실천적 지식이 중요하게 대두되고 있는 오늘날의 현실에서 정작 한국의 현장연구들은 과학성과 객관성을 중시하는 실증주의적 연구전통에 지나치게 경도되어 있어서 교사들의 "주관적이고, 국지적이고, 실존적인 삶의 체험을 드러내는 데 실패하고 있다"(p.115)고 경고하였다.

많은 질적 연구자들은 '액션 리서치(action research)'를 해석하는 데 있어서 한국의 관행적 의미에서 사용되는 '현장연구'라는 의미로 번역해 버리면, 실행연구가 가지는 유의미한 함의가 매우 축소된다는 것을 지적하고 있다. 예를 들어 이용숙 외(2005: 21)에 따르면 한국의 현실에서 현장연구라는 용어가 이해되고 있는 맥락은 승진을 위해서, 학생들을 연구의 대상으로 희생시키는 경우가 많고, 대학연구자의 형식을 모방하고, 통계처리만을 주 방법론으로 사용하는 연구라는 부정적 인식이 있다. 이에 2002년 한국교육인류학회를 중심으로 액션 리서치를 실행연구로 번역하여 쓰기로 하였으며 다른 대안이었던 '실천연구'는 사회비판적 연구라는 인식을 가질 수 있으므로 실행연구를 더욱 적합한 것으로 보았다(이용숙 외, 2005: 21). 그럼으로써 교육자들에게 각인되어 온 보통명사 '현장연구'의 부정적 이미지와 차별화하는 동시에 '현장에서의 연구'를 통해 교사들의 성찰과 수업개선 활동을 촉진한다는 두 가지 의도를 가지고 실행연구에 대한 연구를 지속적으로 수행해 온 것으로 보인다.

둘째, 교육대학원 논문을 중심으로 변화를 지향하는 흐름이 발견된다. 이러한 흐름에 있어서 한 가지 흥미로운 사실은 실행연구를 정립하고자 이론적으로 노력한 교육학자들이 속해 있는 대학들의 교육대학원을 중심으로 일정한 변화가 일어나고 있다는 점이다. 이용숙 외(2004)는 실행연구를 연구하는 일부 대학교수들이 협력적인 노력을 통해 자신들이 교육대학원에서 논문을 지도한 사례를 중심으로 〈교사연구를 위한 실행연구 핸드북〉을 개발하였다. 이 연구는 이들이 지도한 실제 실행연구를 소재로 하여 연구의 개념, 절차, 기법에 대해 소개한 것이다. 이들 대학은 주로 건국대학교, 덕성여자대학교, 진주교육대학교, 청주교육대학교 등이다. 영미권 국가들에서 실행연구가 광범위하게 확산되고 유의미한 교육활동 및 실천가 연구로서 정착하는 데는 대학원 강좌를 통한 현직 교원교육이 중요한 역할을 했다는 것에 착안한 것이다. 이에 이들 연구자들은 기성의 실증주의적 교육연구를 모방해 온 교육대학원의 교사 논문 쓰기 방식에 일정한 변화를 모색하고자 하였다.

기실 한국 교사들의 연구논문이 보고되는 형태는 현장연구와 교육대학원 논문이 대부분이다. 특히 교육대학원 논문은 현장 연구에 비해 대학 차원의 엄정한 심사 절차가 있어서 상당한 정도의 학문적 엄격성이 요구된다. 그럼에도 불구하고 교사 연구자는 자신의 교육활동을 연구대상으로 삼지 못하고 일순간 실증적 교육연구자로 변모해야 하는 심리적 압력에 처하게 된다. 이러한 과정에서 교사는 논문에서 자신의 실천지를 소외시킬 가능성이 크다. 그러기에 교사는 자신이 담당하는 학급과 수업에서의 문제를 자신의 연구문제로 삼을 필요성이 더욱 강하게 제기된다.

이러한 특징에 대하여 이혁규(2005)의 '래프팅' 비유는 매우 유용하다. 그에 따르면 실행연구의 두 축인 연구와 실천은 목표 지점이 정해진 인공적인 트랙을 달리는 육상경기라기보다는 "물살을 헤치며 순간 순간 방향을 잡아가는 래프팅에 가깝다."(p.135)는 것이다. 이러한 과정에서 교사의 고민과 목소리는 연구의 주요 자료가 될 수 있다. 이러한 자료는 본질상 전통적 연구에서 배제하고자 하였던 주관성을 억압하지 않는 것이다. 교사의 주관적 내러티브는 실행연구 나름대로 가지는 타당화 조건을 만족시킨다면 탐구의 과정에서 나타난 교실의 복잡성을 포착하는 데 유용한 데이터가 된다. 그리고 이를 작성하는 과정 자체가 실천에 대한 성찰 행위로 볼 수 있다.

최근 한국 교육학계는 물론 제도권에서도 실행연구에 대한 이론적 축적이 진행되고 있으며 주목할 만한 연구들이 등장하고 있다. 그렇지만 이러한 인식이 충분히 확산된 것은 아니며 여전히 현장연구대회나 대부분의 교육대학원에서도 실행연구의 중요성이 광범위하게 인식된 것이라 보긴 어렵다. 이에 실행연구의 중요성을 이해시키기 위해 학문적으로 부족한 체계를 보완하는 동시에 자신들이 속한 대학을 중심으로 대학원 연구풍토를 개선할 필요가 있으며, 제도권에서는 실행연구에 대한 교사 연수를 강화하고 현장연구대회가 가지는 순기능과 역기능에 대해 재검토할 필요가 있을 것이다.

3. 실행연구의 주요 문제 및 특징

이상에서 살펴본 실행연구의 성장과 발전을 살펴볼 때, 실행연구를 둘러싼 몇 가지 주요 문제를 발견할 수 있다. 연구자들마다 이러한 문제를 인식하고 요약하는 방식은 매우 다양하나, 필자는 기존의 주요 관련 연구물들을 살펴보면서 나름대로 실행연구의 주요 문제를 살펴보기 위한 분석틀을 개발하여 보았다. 교사연구를 기술공학적으로 이해하는 관점과 보다 해방적 관점으로 보는 입장으로 구분하여 볼 때, 특정 실행연구의 특징은 그것의 목적 및 정의방식, 교사의 존재론, 연구 방법론, 인식론에 따라 결정된다고 볼 수 있다.

1) 실행연구의 정의 및 목적

실행연구는 많은 이들에게 그 의미가 확산되고 있으나 이것을 정의내리는 방식에는 적지 않은 긴장이 내포되어 있다(Noffke, 1994). 실행연구를 가장 간단한 형태로 정의할 때, 그것은 행위당사자가 행위의 개선을 위해 협력적이거나 자성적으로 탐구하는 일종의 연구형식이다(Kemmis & McTaggart, 1988: 5). 이때 개선행위의 대상이 되는 것은 행위당사자의 사회적 또는 교육적 실천에 있어서 합리성과 정의를 증진시키는 것이 그 하나이다. 두 번째는 이러한 업무를 수행하는 데 놓여진 상황과

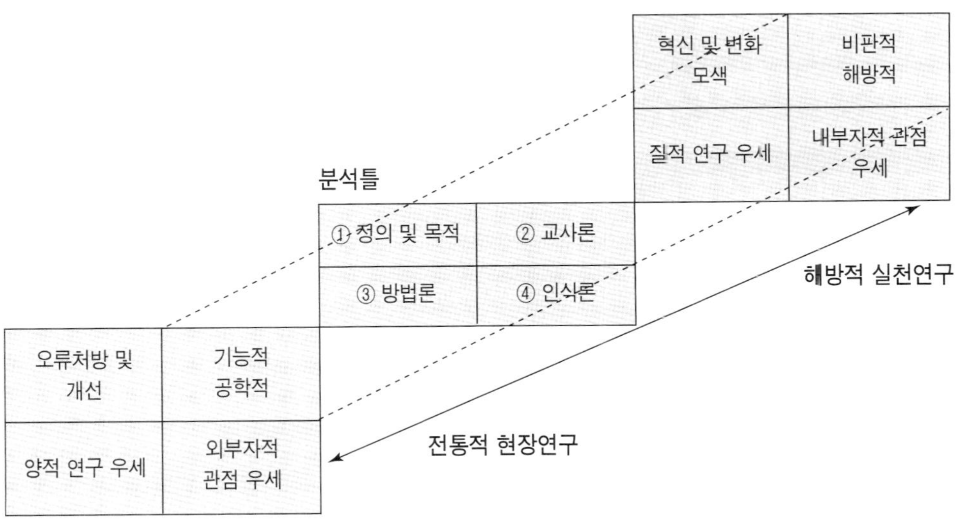

[그림 1] 교사연구의 특징을 결정하는 분석틀

해당 실천행위에 대한 행위당사자의 이해력을 높이는 것이다. 이때, 실행연구의 참여집단은 교사, 학생, 학부모, 동료교사, 시민사회 운동가, 지역사회 인사 등이 될 수 있으며 이들이 협력적으로 실행연구에 참여할 수 있는 동기가 있어야 하는데, 이는 공통의 관심사를 공유하고 있는지 여부에 달려 있다.

이처럼 실행연구라는 언어가 사용되는 맥락은 기존의 교사연구에 비해 보다 혁신적이고 비판적 지성에 기초하고자 하는 규범적 정의에 따른다. 한편 교육에서의 실행연구는 주로 교사연구이기 때문에 교사가 교실이나 학교에서 수행하는 현장연구의 특징도 일부 공유한다. 그래서 실행연구는 매우 다의성을 가진 개념이고 그 의미가 고정불변적으로 확정된 것도 아니다.

학자들은 어떤 개념에 대한 정의를 내리기에 집착하거나 강박증을 가지는 경우가 있는데, 실행연구에 있어서도 예외는 아닌 듯하다. 그동안 실행연구가 의미하는 범위와 위상을 두고 많은 연구자들 사이에 의견이 분분하였다. 실행연구가 무엇을 의미하는지 정의를 내려야 하는 과제가 관련 학자들의 사명이라고 느껴 왔다면 그것은 그동안 정의(definition)의 소통적 기능을 학자들이 담당해 왔던 이유에 있을 것이다. 실행연구라는 말을 사용해야 하는 화자들이나 청중들이 서로 다른 의미로 언어를 사용하게 된다면 매우 혼란스러울 것이고 이에 학자들은 하나의 개념이 가지는 공유된 의미를 통해 언어의 소통적 기능을 활성화하는 역할을 맡는다.

통상 교육학계에서는 교육을 규범적, 기술적, 조작적으로 정의해 왔는데, 실행연구도 이러한 측면에서 정의할 수 있을 것이다. 먼저 규범적 정의란 어떤 개념이 추구해야 할 이상적이고 바람직한 상태를 의미한다. 이러한 원리를 실행연구에 적용하면 실행연구 역시 그것을 정의하는 사람들의 가치관을 반영하게 된다. 그래서 어떤 의미는 포함되고 어떤 의미는 배제된다. 예를 들어, 영미권 국가들에서 최근 영향력 있는 실행연구자들은 '해방과 참여'의 의미를 적극 개진하고 있으며, 교사의 성찰행위에 '평등과 정의' 개념도 적극 개진하고 있다.

둘째, 실행연구가 어떤 규범적 정의에 의해 자동적으로 생성된 규칙에 비추어 바람직하든지, 바람직하지 않든지 간에 기술적으로 정의되어야 할 부분도 있다. 그것은 언어라는 기호를 가지고 실행연구가 무엇을 뜻하는가에 대해, 그 모습이 어떻고, 그 특징이 어떠한지 대중들에게 있는 그대로의 형태를 보여 주는 것이다. 이는 언어가 가지는 설명적 기능을 활용하는 것이다.

셋째, 조작적 정의는 어떤 개념이 특정 조건을 만족시킬 때, 그 정의에 해당하는 특징을 지닌다고 판단하는 인위적 개념화의 방법이다. 실행연구를 조작적으로 정의한다면, 실행연구라고 명명할 수 있는 조건들을 만들어 놓고 어떤 교사(또는 행위당사자)의 연구행위가 그 조건에 부합하는지 살펴보는 방식을 생각할 수 있다. 그러나 모든 낱말들을 조작적으로 정의하기도 어렵거니와 조작적 정의가 특정 낱말이 가지는 의미의 복잡성을 명료하게 나타내지 못하는 경우도 많다.

그러므로 실행연구를 정의함에 있어서도 그것을 규범적으로, 기술적으로, 조작적(또는 경험적)으로 정의하는 활동이 균형적이고 통합적으로 이루어져야 할 것이다. 이러한 노력이 호주의 실행연구 학자들을 중심으로 수행된 적이 있다. 그동안 미국을 중심으로 한 영어권 국가들에서 실행연구가 발전하여 왔으나, 기실 교육연구자 수가 미국에 비해서는 현저히 적은 호주에서 실행연구만큼은 세계적 관심을 선도하고 있다. 이러한 노력의 한 예로 1989년 호주 브리스번(Brisbane)에서 열린 '산업, 정부, 고등교육에서의 실행연구'를 위한 제1회 국제심포지엄과 이후 연속해서 의미 있는 국제적 연구자들의 연구대회가 있었다. 브리스번 회의에서는 각국의 실행연구자들과 이론가들이 모여 실행연구의 정의에 대한 토론을 벌이고 집단적인 노력으로 실행연구의 개념화 작업을 수행하였다. 실행연구를 정의하는 과정에서 대회 참여자들은 그 개념을 이론적 부분과 경험적 부분으로 구분하였다.

이론적 부분이라 함은 실행연구가 의미하는 바가 무엇인지에 대한 학문적 명확성을 말하고, 경험적 부분이라 함은 실행연구자들의 연구경험에 비추어 실행연구가 될 수 있는 것과 될 수 없는 것을 구분하는 하나의 척도로서 '경험법칙'을 개발하여 항목화하는 것이다. 참여자들은 우선 이론적 부분에서는 적어도 최소한 세 가지 필요조건을 설정하였다. 그것은 첫째, 행위당사자가 자신의 문제를 성찰할 것, 둘째, 성찰과 행위의 활동을 연계하여 반복할 것, 셋째, 관심 있는 자들과 공유할 것에 해당한다. 실행연구는 적어도 이론적으로 이 세 가지 조건을 충족시켜야 하는 것이다. 실행연구와 비실행연구를 구분하는 경험법칙으로는 행위당사자가 자발적으로 문제해결의 의지를 가지고 연구에 임하는가, 해방과 참여를 우한 실행연구의 기본 토대위에 서 있는가, 참여하는 상황의 민주화를 신장하는가, 집단의 구성원과 협력하는가, 윤리적 연구자인가 등이다. 이를 종합하여 이들은 하나의 임상적 또는 실용적 정의를 생산해 내는데, 이를 Altrichter 등(2002)이 보고하였다. 이를 요약한 것이

다음 표에 나타나 있다. 다음 표가 보여 주듯이 최근 학문적인 경향은 실행연구에서 참여, 협력, 성찰, 해방의 중요성이 강조되고 있다.

〈 표 1 〉 실행연구의 개념에 대한 임상적 정의

당신이 다음과 같은 상황에 있다면
• 행위당사자가 자신의 업무와 자신을 둘러싼 상황을 개선시키거나 성찰한다. • 성찰과 행위의 활동을 밀접히 연계하여 반복한다. • 자신들의 업무경험을 참여자들뿐만 아니라 관심 있는 일반인 - 비슷한 업무를 수행하거나 유사한 상황에 처해 있는 - 에게도 보고한다. 예를 들어, 관심 있을 만한 이론이나 실천 경험이 그 대상이 될 수 있다.
그리고 당신이 처한 상황에서 다음과 같은 일들이 증가하고 있다면
• 참여자 자신(또는 타인의 도움을 받아)이 직접 가지고 있었던 연구문제에 관련된 데이터를 수집한다. • 행위당사자는 문제를 제기하고 그 문제를 다루는 위치에 서 있으며 그 과정에서 의사결정에 참여한다. • 권한을 공유하며 조직의 민주화를 신장하기 위해 위계적 업무관계를 가급적 줄여 나간다. • '비판적 공동체' 로서 위상을 가지는 집단의 구성원과 적극 협력한다. • 자율적이고 책임감 있는 개인 또는 집단으로서 자아성찰, 자기평가, 자기통제가 증가한다. • '계획-실천-관찰-반성-계획' 이라는 반성적 나선형 체제를 유지하면서, 함으로써 배우고, 시행착오를 통해 진보적으로 학습한다. • 자아 성찰적 실천가라는 정신을 유지한다.
그러면, 당신의 그것은 실행연구가 발생한 상황에 놓여 있다고 볼 수 있다.

출처: Altrichter, H. (2002) The concept of action research. The Learning Organization. 9(3).

2) 교사의 존재론 측면

교육에서의 실행연구 주체는 주로 교사이기 때문에, 교사가 존재하는 방식을 어떻게 보느냐에 따라 실행연구의 특징이 정해진다. 실행연구에서는 교사를 단순한 교육과정 정책의 이행자로 보지 않는다. 대신, 학교와 교실 내에서 여러 가지 제약과 한계를 인식하는 한편 이를 개선하고자 하는 의지를 지닌 존재들로 본다. 교사들이 교실에서 학생들과 상호작용하는 것을 관찰해 보면 여기에는 사회구조적 영향과 개인적 교육관 등 구조 측면과 행위 측면의 동인이 있다는 것이다. Hargreaves(1978, 1994)는 교실에서 벌어지는 일들과 사회구조 사이의 영향관계를 파악하기 위해 상황타개적 행위를 의미하는 '극복전략(coping strategies)' 이라는 개념적 도구를 설정하였다. 극복전략이란 교사의 창의적 활동의 산물로서, 극복이라는 용어는 교실에서 적용되는 교사의 행위양식이 무엇인가에 의해 제한적인 동시에 상황타개적이라는 의미에서 중요하다. 교사는 창의적, 변혁적이지만 교사의 경험세계는 무엇인가에 의해 제약적이다. 이러한 제약성(constraints)에 의해 교사는 상황극복전략이라는 행동을 발전시켜 나가는데 이는 구조와 행위 - 외부적 결정요인과 개인적 자율성 - 간의 긴장을 해결하는 개념으로, 많은 상호작용론자들의 연구에 영향을 주었다(Woods, 1990: 24). 교사의 실천 행위에 영향을 미치는 제약성은 일반적으로 다음 세 가지로 나타난다.

첫째, 교육목적 간의 모순이다. 이 부분에 있어서 Hargreaves는 실제 학교에서 추구되는 교육목적은 모순적인 요소가 있다고 주장한다. 일례로 진보주의적 교육목적을 가진 학교는 아동의 흥미와 잠재력을 극대화시키고자 하지만 동시에 학생을 선발하고 정치적으로 사회화시키는 일도 맡는다. 이러한 선발의 기제는 주로 시험이다. 시험을 통해 학생들은 자신의 관심사(또는 흥미)를 최대한 실현시키기보다는 자신의 학업 수준에 적합한 직업에 배정받는다고 볼 수 있다. 자본주의 사회에서 학생 또는 아동은 표면적으로는 진보주의 정신아래 자유스러운 개인으로서 교육받는다. 그러나 실제에 있어서는 계급적으로 위계화된 사회에 선발되고 사회화된다. 일례로 한국의 A 교사는 특정 중학교에서 모든 학생들의 전인적 성장을 위한 교육에 힘쓰지만 동시에 실업계열에 배치할 학생들 - 현실적으로 성적이 낮은 - 을 선별하는 역할도 수행하고 있으며, 이로부터 자신의 역할이 가지는 모순을 인식하기도 한다.

둘째, 학교의 물리적 환경이다. Hargreaves는 이를 물리적 제약성(material constrains)이라고 말한다. 물리적 환경은 교사의 수, 학교시설의 종류와 상태, 교사보수 등 교육환경 및 제도상 특징을 말하기도 하고, 학교제도, 교육과정, 수업시수 등 일반적 교육제도 및 정책을 말한다. 일례로 B 교사는 수준별 이동수업이 일부 학생들의 열등감을 강화시키고 학습동기를 감소시키는 비교육적인 측면이 있다고 생각할 수 있으나, 정부정책을 따르지 않기가 어려운 물리적 학교 환경이 있다.

셋째, 교사에 대한 세 번째 제약성은 학교에서의 이데올로기이다. 학교에서 다양하게 생성되고 축적된 교육 이데올로기는 교사가 특정 전략을 취해 나가도록 영향을 준다는 것이다. 이러한 이데올로기는 학교 및 교실에서 올바른 교육적 실천이 무엇인가에 대한 교사들의 인식에 영향을 준다. 한편 승진을 위한 전략적 방안을 제공해 주는 이데올로기도 있다. 교사는 이렇듯 다양한 이데올로기적 제약 내에서 대체로 적합하다고 생각하는 교육적 전략을 마련해 나간다. 일례로 C 교사는 올바른 교육적 실천이란 생활세계의 문제들을 교실 장면에서 통합하는 것이라 보고 프로젝트 학습을 수행하고자 하나, 학교의 입시문화적 이데올로기에 동조할 수밖에 없다. 또 승진을 위해서는 때로 성과주의에 집착해 나름대로의 교육관을 발휘하기 어려울 때도 있는 것이다.

이상과 같은 세 가지 제약은, 교사에게 ① 평등과 선발이라는 상이한 교육목적을 수행하며 ② 정부의 교육정책과 같은 물리적 환경 속에서 ③ 다양한 학교내 이데올로기에 직면하는 사람들로 존재하도록 만든다. 이러한 상황하에서 교사는 순응하기도 하고 또 저항하기도 하며, 변화를 모색하기도 한다. 이러한 교사의 존재론은 장밋빛 교육개혁 제안서가 모든 학교에서 획일적으로 일어나지 않는 이유에 대해 설명해 주고 있다. 제대로 수행된 실행연구는 이처럼 현장의 모순과 복잡성을 드러내는 데이터에 의존하여 나름대로 제약으로부터 해방되고자 하는 노력의 흔적을 보여주어야 한다. 실행연구가 해방적 의미를 가진다는 것은 제약으로부터 벗어나기 위한 노력이 있어야 함을 뜻한다. 학교조직에서 보다 교육적인 활동이 나타나지 못하게 하는 제약 조건이 있다면, 그것이 관료주의든 승진 이데올로기이든지 간에 교사들은 자기해방적인 관점에서 비판하고 의식의 변화를 도모해야 한다.

3) 실행연구 방법 측면

Zuber-Skerritt(1992)는 실행연구가 ① 비판적이고 협력적 탐구일 것, ② 반성적 실천가에 의해 수행될 것, ③ 탐구결과를 공유할 것, ④ 자성적일 것, ⑤ 문제해결과정에 참여적일 것, ⑥ 전문성 신장에 활용할 것 등 주요한 원칙을 지켜야 한다고 주장했다. 이러한 원칙의 도출은 그동안 기술공학적 모형에서 숙의 모형과 비판적 모형이 발전해 오는 과정에서 가능한 것이었다. 이를 반영하는 지난 60여 년 동안에 실천연구가 발전해 온 역사에는 크게 다음과 같은 모형의 성립과 발전이 있었다.

(1) 기술공학적 모형

실행연구를 사회과학적 연구형태로 확립시킨 Lewin(1948)은 실천과 연구를 연계함으로써 사회문제를 해결할 수 있다는 이론을 성립시켰다. 그의 실행연구들은 보통 '계획-실천-사실발견' 의 단계가 반복되는 나선형적 절차를 지니고 있다. 계획단계에서는 바람직한 교육이나 그 목적에 부합할 수 있는 문제를 진단한다. 예를 들어 학교에서의 실행연구라면 데이터를 수집하기 전에 교사들 수준에서 공통의 관심사를 추출한 후 도달하려는 목표와 수단을 설정해야 한다. Lewin은 실증주의적 사회과학자였기 때문에, 실행연구의 주요 과제인 '실천 후 사실의 발견' 역시 현대 실행연구에 비해 경험과학적 방법에 의존하는 것이었다. 그러나 이후 실행연구에서 반성적 방법에 대해서도 관심을 보이게 되는데, John Elliott는 교육과정 분야에서 이를 계승하여 발전시켜 왔다.

(2) 실용적 숙의 모형

실행연구에 대한 실용적 숙의 모형은 그 목적이 일차적으로 상황에 대한 이해력을 높이고 즉각적으로 문제를 해결하는 데 있다. 이런 측면에서 볼 때, 실용적 입장에서의 실행연구는 그 목적이 매우 단기적이고 직접적이라는 데 그 특징이 있다. 숙의적 모형에 기초하여 실행연구를 발전시킨 대표적 학자는 영국의 John Elliott로서, 그는 교육과정 학자이며 Schwab과 Stenhouse 등 저명한 학자들과 교육과정에 대한 '실천적' 관심을 공유하였다. 그런 의미에서 Schwab이 제안한 숙의 모형과 Elliot의 실행연구 모형은 일맥상통하는 측면이 있다.

숙의의 개념은 교사가 수업을 계획하고 교육과정적인 문제를 해결해 나가는 주요 전략이다. 숙의는 체계적이면서도 역동적인데, 이러한 특징은 주어진 상황에서 최선의 전략을 모색해 나가는 의사결정 과정에서 나타나는 것이다. 숙의 과정에서 교사는 현재 사용하고 있는 교육과정의 가능성과 한계를 진단하고 대안을 모색하여 임상적인 적용단계에 진입한다. 그러므로 개인적 성찰과정으로서의 숙의활동은 개별 교사들의 교육관, 사회관, 태도, 개인사, 지역의 특성에 의해 영향을 받는다.

이러한 숙의의 토대 위에서 교사들은 ① 자신이 사용하는 교육과정이나 수업운영 방식에 있어서 해결하고자 하는 문제를 진단하고, 그 문제의 특징이 무엇인지에 대한 정보를 수집한 후, ② 이를 해결하기 위한 계획을 세우며, ③ 이 계획을 실천하는 동시에 그 과정을 관찰하고, ④ 실행된 결과에 대해 성찰한 후, ⑤ 원 계획을 수정하고 새로운 계획을 수립한 후 다음 순환주기를 개시한다. 이러한 반복적 연구주기와 각 주기 내에서의 연구단계는 Lewin의 그것에다 반성적, 해석적 절차를 부가하여 재구성한 것으로 볼 수 있다.

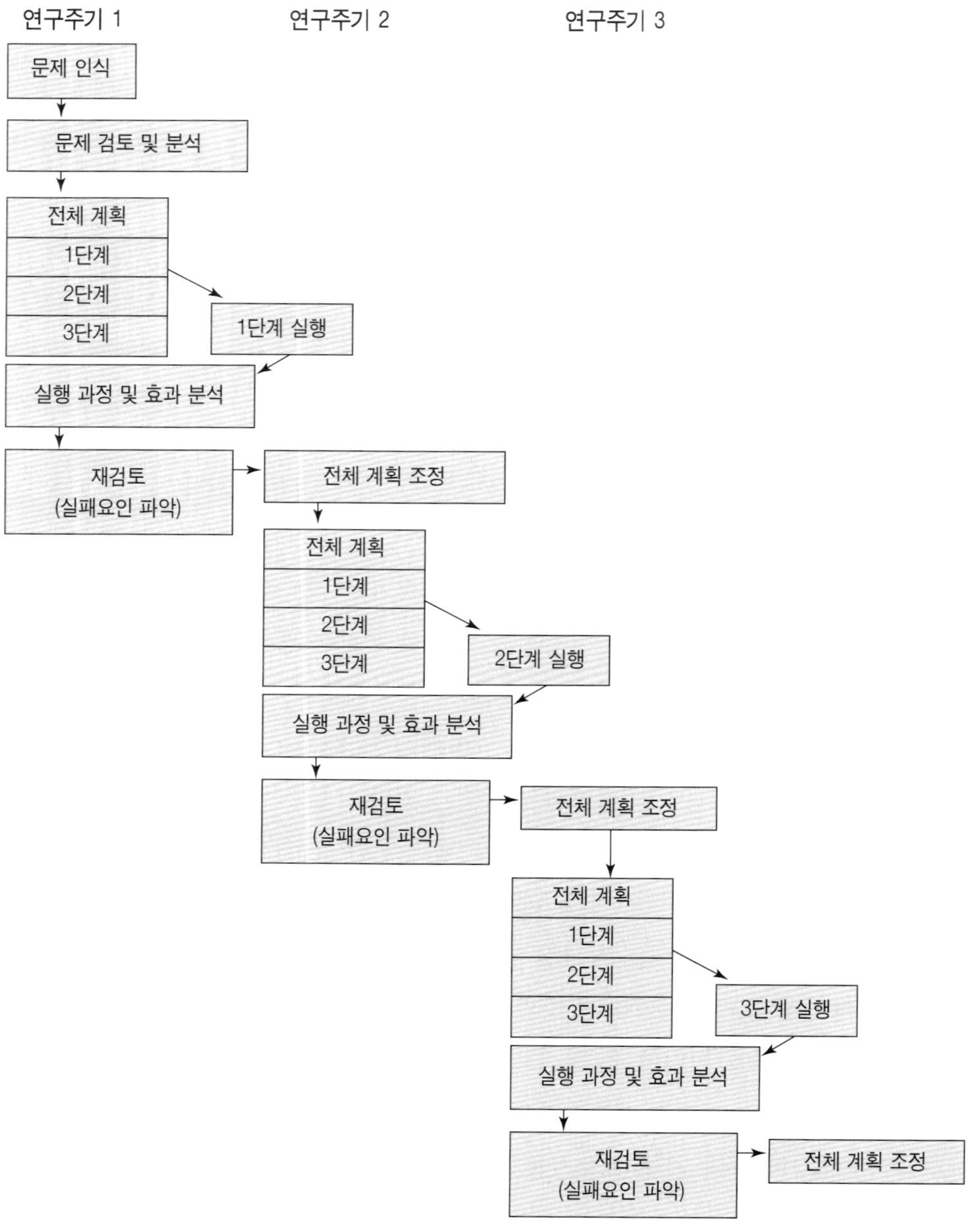

[그림 2] Elliott의 실행연구 순의 절차

(3) 비판적 모형

국제적으로 볼 때, 실행연구의 최근 경향은 비판이론과 해방적 목적을 강조하는 추세가 강하다. 특히 이러한 흐름을 유지해 오고 있는 호주의 디킨(Deakin)대학교를

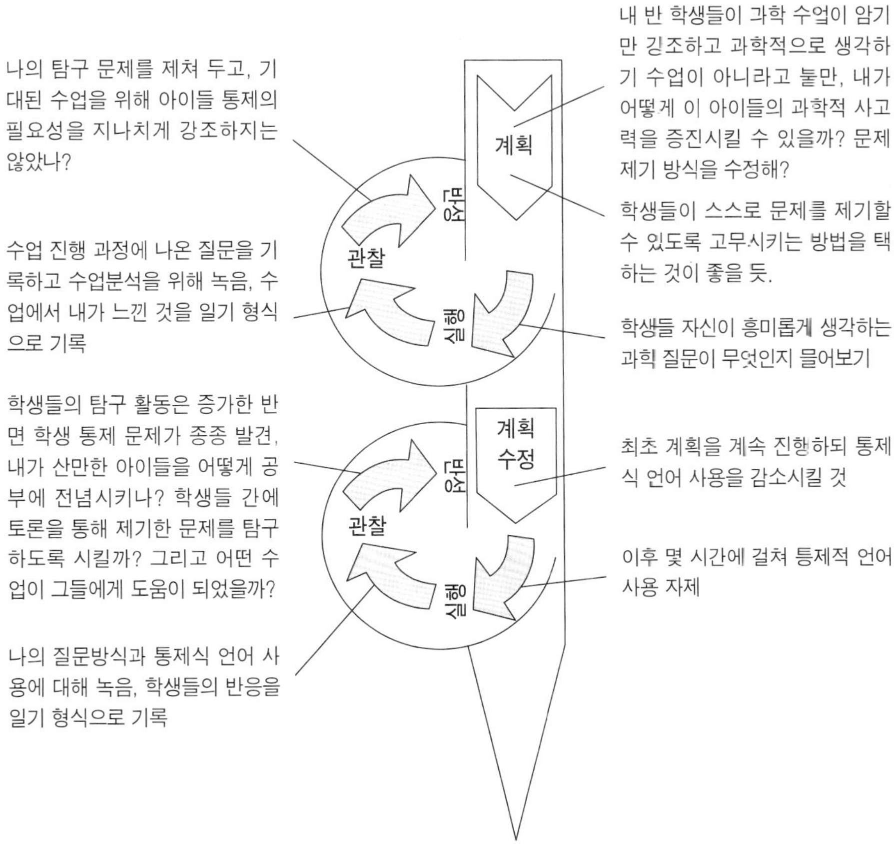

[그림 3] 호주의 디킨대학교 모형

중심으로 비판적 모형이 발전되었다. 물론 Lewin의 모형과 Elliott의 모형을 기본적으로 공유하지만 여기에 현실참여적인 목적을 부가하였다. 그래서 '계획 · 실천 · 반성 · 재계획' 의 절차를 따르되, ① 계획단계에서는 비판적이고 자기해방적인 문제를 파악하고, ② 실천단계에서는 교육과정의 질을 제고하는 것은 물론, 이에 더하여 학교와 교실 내에서 발생하는 비교육적인 문제를 개선해 나가며, ③ 반성단계에서는 바람직한 교육활동을 저해하는 일련의 장애를 극복하는 데 일조하였는지 성찰한다. 이에 긍정적으로 일조하였다면 그 성과를, 극복하지 못한 요소가 많다면 그 이유를 해석적 관점에서 분석하고 이를 다음 연구주기를 위한 계획수립에 반영한다. 이의 구체적인 예를 한 과학교사의 입장에서 적용하여 보면 [그림 3]과 같다(McTaggart et al., 1982).

4) 교사의 실천행위에 대한 인식론적 측면

교사의 실천행위를 어떠한 인식론적 기초위에서 바라보는가에 따라 실행연구의 특징이 결정된다. Kemmis와 McTaggart(2000)에 따르면, 교사의 실천행위를 인식하는 관점은 첫째, 실천을 개인적 행동(behavior)의 차원에서 객관적으로 분석해야 하는 것으로 이해하는 흐름이 있다. 이러한 흐름은 주로 양적 실험설계를 주로 하는 행동주의 심리학의 영향을 받은 것이다. 이러한 경우에 교사의 실천은 외부에서 온 전문연구자의 연구대상이라는 위상을 갖는다. 그러므로 교육연구자는 제3자의 위치에서 교사의 실천을 관찰하게 되고 이를 분석한 결과는 이후 해당 교사의 수업 개선사항을 처방하는 식으로 기능한다고 볼 수 있다. 이러한 관점에서의 실천(practice)은 '정해진 대로 함' 이라는 의미에서 이행(implementation)에 가까운 것으로 볼 수 있다.

둘째, 실천을 집단적 행동으로 이해하면서 이를 객관적으로 분석해야 하는 것으로 보는 견해가 있다. 이러한 견해는 첫째의 경우와 인식론적 입장을 공유하고 있으나, 그 분석단위가 교사 개인보다는 교사 집단에 있다는 점에서 차이가 난다. 이러한 분석의 단위는 주로 사회심리학 중에서도 구조기능주의에서 활용되는 것이고, 분석방법은 상관이나 확률적 추론 등 객관성을 강조하는 연구기법을 사용하는 경우가 많다.

셋째, 실천을 개인적 행위(action)로 인식하면서 이를 주관적으로 이해하려는 경향이 있다. 이 경우 교사의 실천은 단지 행동으로 인식되지 않으며 보다 의미추구의 과정으로 이해된다. 이러한 종류의 행위에 대한 연구는 행위자의 의도가 어떠한지, 행위자가 어떤 가치를 추구하는지, 행위자가 옳고 그름을 어떻게 판단하는지를 해석하는 일에 속한다.

넷째, 실천은 사회적 행위이며 이 행위는 주관적인 관점에 의해 이해되어야 한다는 흐름이다. 사회적 행위로서의 실천은 사회구조의 일부를 반영할 수밖에 없게 된다. 사회구조란 특정 행위가 특정 방향으로 나타나게끔 형성해 가는 문화적 힘이다. 교사 집단의 행위를 주관적으로 해석하면 특정 역사적, 문화적, 담론적 맥락에서 사회적 행위로서의 실천은 매우 다양하게 전개된다. 이러한 의미에서 Kemmis와 McTaggart(2000)는 이 유형의 실천을 후기-구조주의적인 것으로 본다.

다섯째, 실천은 개인-집단 간 상호소통하는 행위이며 이를 변증법적으로 분석할 수 있다는 견해이다. Kemmis와 McTaggart(2000)는 바로 이 관점을 유도하기 위해 이상과 같이 이원론에 기초한 네 유형의 실천을 분류한 것이다. 이상의 관점들은 분석단위가 개인인가/집단인가, 이해방식이 객관적/주관적 틀에 의존하는가에 따라 이분법적으로 구분한 것이다. 반면 실천의 단위가 유연한 것이고 이를 변증법적으로 이해할 수 있는 것이라면, 실천은 개인이나 집단에 있어서 역사적, 사회적, 문화적, 개인사적인 특징을 지니는 것으로 볼 수 있다.

Kemmis와 McTaggart(2000)는 처음 네 가지 유형을 쓸모없는 것으로 부인하는 것은 아니다. 그렇지만 이들의 관심은 보다 변증법적인 유형에 있다. 즉 실천의 객관적 성격과 주관적 성격을 모두 인정하고 분석의 단위도 개인과 집단이 상호소통하는 변증법적 관계에 천착할 때에 실행연구는 보다 협력적이고 참여적인 성격을 지닐 수 있다고 주장한다. 실행연구는 교실수업과 교육과정에 미치는 사회구조와 교사의 교육행위를 통합적으로 분석할 수 있는 접근법이라는 장점도 가지고 있는 것이다. Kemmis와 McTaggart(2000)는 이상의 논의를 [그림 4]를 통해 보여 주고자 의도하였다.

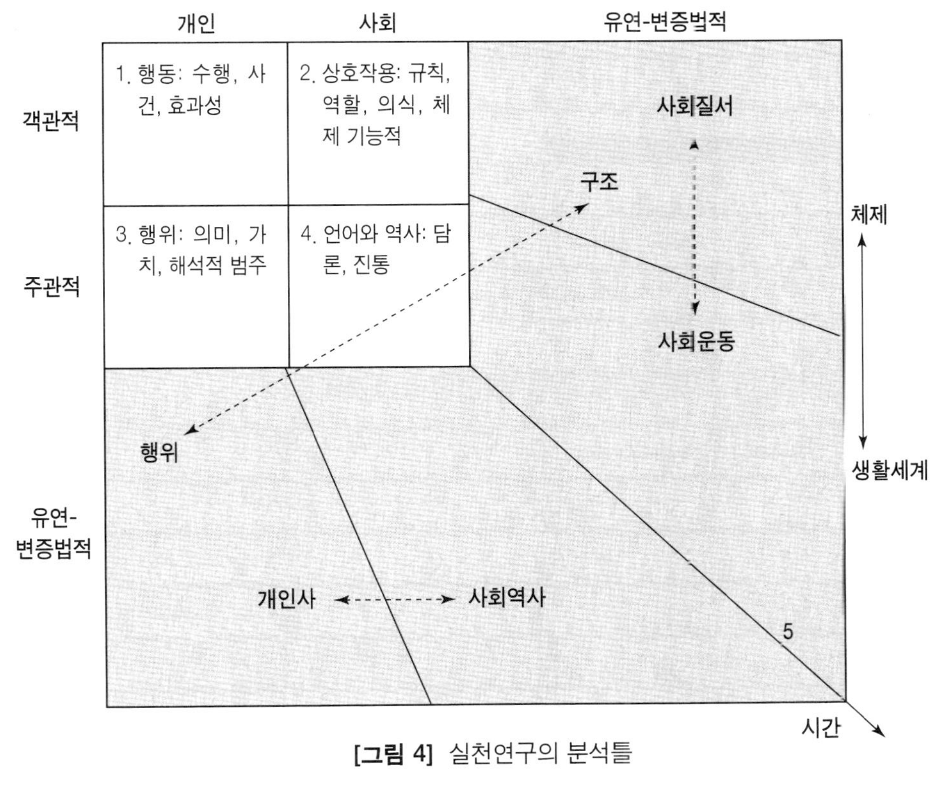

[그림 4] 실천연구의 분석틀

실행연구가 변증법적으로 수행된다면, 교사는 개인사를 돌아봄으로써 스스로의 교육활동을 성찰할 수 있다. 일례로, 개인적 과거사가 현재의 교육관, 교육과정 개발, 수업, 생활지도 방식에 미치는 영향을 분석할 수 있을 것이다. 또한 교사들의 역할은 학생들을 선별하여 배치하는 구조기능적인 측면도 있지만 보다 나은 사회를 향해 자발적으로 참여하는 시민들로 교육하기도 한다. 이렇듯 학생지도와 수업지도에서 나타나는 교육활동의 복잡성을 드러내고 이를 종합적으로 이해하기 위해서는 이에 대한 인식론도 변증법적으로 이해되어야 하는 것이다

4. 실행연구의 타당성 준거

어떤 연구가 '타당한' 실행연구인가에 대해서는 아직 학계의 의견이 수렴된 것은 아니다. Kemmis와 McTaggart(2000)는 좋은 실행연구에 대한 판정에 있어서 인식론과 방법론 사이에 특정한 긴장이 놓여 있다고 보고 있다. 실행연구가 누가 보아도 좋은 연구로 인정받기 위해서는 방법론적으로 세련되고 인식론적으로 연구목적에 맞는 증거를 확보해야 한다. 그런데 방법론적으로 세련되지 못했다 하더라도 교사연구자들이 확증할 수 있는 사실 또는 진리를 발견하여 교실상황의 개선 내지는 학교혁신에 기여하였다면 인식론적으로 나쁜 연구라 보기는 어려울 것이다. 또한 방법론적 엄격성에 대한 추구로 인해 실천연구자로서의 교사가 수업에 쏟아야 할 에너지의 소모를 염려하는 상황에 이르게 되면 전도본말의 현상도 나타날 수 있다. 실행연구에서는 수단이 목적을 대치하는 상황이 발생하지 않도록 해야 한다.

어떤 연구가 좋은 실행연구인가에 대한 질문은 실행연구의 타당성을 중심으로 논의되고 있다. 기존의 전통적 현장연구나 전문 교육학자들의 연구에 비해 실행연구는 그것이 얼마나 신뢰로운 연구인가에 대한 의심을 받아 왔기 때문이다. 이러한 회의론에 대해 가장 직접적으로 반응한 연구는 Anderson 등(1994)이 수행한 것을 들 수 있다. 이들은 기본적으로 학교에서의 행위당사자들이 자신들의 교육업무를 보다 적극적으로 공유하게 되면 실천가 연구는 보다 넓은 의미에서 하나의 운동이 되어갈 수 있다고 보았다. 그래서 실천가 연구는 대학-학교, 지식-행위, 이론-실천 사이의 이분법적 위계관계를 거부할 수 있는 잠재력이 있음에 주목하였다.

이들은 실행연구가 전통적 연구와는 차별성을 지닌 독특한 형태의 연구이므로

이에 적합한 타당도 준거를 개발해야 한다고 주장하였다. 실행연구가 제공하는 중요한 함의 중 하나는 이 연구가 아래로부터의 교육혁신이라는 주제에 밀접히 닿아 있다는 것이다. 우선 실행연구는 그 결과로서 얻어지는 성과를 해당 연구자가 속한 학교의 역사적, 사회적, 환경적 맥락에 일차적으로 적용하는 것이다. 둘째, 연구를 통해 얻게 되는 교육적 통찰력은 해당 맥락의 전문가인 교사로부터 도출되는 것으로, 연구 문제 자체가 개별적이다. '개별적' – '개인적' 이라기보다 – 이라는 것은 사안이 교사 개인에게 매우 중요한 과제임을 의미한다. 셋째, 연구자와 연구대상이 중첩된다. 교사는 자기 자신과 자신의 교육활동을 연구의 대상으로 삼아 성찰하므로 기본적으로 일반화 가능성과는 거리가 있는 연구이다. 넷째, 연구를 통해 발견되는 새로운 사실은 일차적으로 연구대상이 가지는 사회적 조건들을 개선하기 위해 사용된다(Anderson et al. 1994). 이는 실행연구 초창기에 많은 연구자들이 특정 지역의 가난 문제를 해결하고자 했던 전통에 닿아 있는 것이기도 하다.

이에 Anderson 등(1994)은 실행연구에 독특하게 적용시킬 수 있는 다섯 가지 타당도를 개념화한다. 첫째, 민주적 타당도는 연구과정에서 학생, 교사연구자, 학부모 등 교육주체들과 협력적으로 – 해당 주체가 연구주제에 관련이 있는 경우에 – 수행되어야 하며 또한 교육주체들의 관점이 다양하게 나타나야 함을 말한다. 둘째, 성과 타당도는 실천된 행위가 얼마나 설정된 문제해결에 도움에 되었는가, 즉 그 성과에 따라 가름된다. 셋째, 과정 타당도는 행위당사자가 연구의 과정에서 연구문제를 탐구하기에 얼마나 적합한 방법을 활용하였는가에 따라 결정된다. 넷째, 촉매적 타당도는 실행연구 참여자들이 실천 행위로 하여금 얼마나 상황을 잘 이해하게 되고 이후 보다 바람직한 실천행위를 촉발하였는가에 따른다. 다섯째, 대화적 타당도는 연구자들이 협력적으로 연구를 수행하면서 동료들의 비평을 반영할 수 있는 대화 통로를 얼마나 열어 두었는지에 따라 결정된다.

이러한 준거 중에 가장 중요한 것은 민주적 타당도로서, 연구자는 연구에 나타난 많은 등장인물들을 실행연구 자체에 포함시켜야 한다는 것이다. 동료 교사, 학생, 학부모, 학교행정가 등이 그 민주적 타당도를 높일 수 있는 인적 자원이다. 이는 Cunningham(1983)이 말한 '국부적 타당도(local validity)' 라는 개념과도 유사하다. 국부적 타당도란 연구결과를 모든 학교와 교실에 일반화할 수 있는지보다, 연구대상이 되는 국소적 맥락에 더욱 적합한 것이어야 연구가 대체로 타당하게 수행되었다고 보는 것이다. 실행연구를 수행하는 과정에서 다양한 교육주체를 참여시켜 이들의 이야기와 목소리를 연구보고 속에 드러나도록 해야 수행된 연구결과가 보다 신뢰로운 것으로 판단될 수 있기 때문이다(Lincoln & Guba, 1985; Clandinin & Connelly, 1995). 이러한 유형의 타당도는 일반화 가능성을 강조하는 학술연구의 외적 타당도보다는 한 교실, 한 학교 내에서의 맥락에 가장 적합한 문제해결 방법을 얼마나 유의미하게 찾아 나가는가에 강조점을 두는 것이다. 이는 특히 연구결과를 일반화할 수 있는 능력은 결국 새로운 맥락과 환경에서 그 연구결과를 적용하고자 동기화된 개인의 책임이라는 주장(Lincoln and Guba, 1985)과 일맥상통하는 것이다.

5. 교육혁신의 방법론으로서의 실행연구

실행연구와 교육과정의 관계를 탐구함에 있어서 실행연구를 교육과정 혁신의 방법론으로 보는 방식이 일반적으로 알려져 있다. 혁신이란 개혁보다는 그것이 의도하는 변화의 범위가 넓지 않은 것임에도 불구하고 오늘날 개혁이라는 용어에 비해 더 '혁신적' 인 것으로 활용되는 것 같다. 교육혁신위원회에 대한 기대에서부터 학교혁신, 수업혁신 등 많은 교육계의 화두가 혁신이라는 용어에 매력을 느끼고 있는 인상이다. 그러나 교육혁신은 그것에 대해 말하고 있는 이들만큼이나 다양한 의미로 활용되고 있는 듯하다. 얼마 전 한국교육개발원이 발행하는 정기간행물 '교육개발' (2005.3.1)은 학교혁신을 주제로 이에 대한 교육계 전반의 의견을 들어보고자 하였는데, 여기에 나타난 것에만 따르면, 각 교육주체들이 학교혁신의 방향과 정의에 대해 인식하는 편차는 매우 광범위하다.

그러므로 학교혁신을 위한 구체적 실천전략에 대해서는 학교 구성원의 특징과 지역, 학교, 교실의 맥락, 교과(또는 교육활동)의 종류 등을 고려하여 다양한 방식이 있는 것으로 보아야 할 것이며, 학교혁신의 철학과 이정표에 대해서는 어느 한쪽의 의견을 고집한다기보다는 교육의 본질에 대한 질문으로 돌아가 보아야 할 것이다. 최근 들어 교육개혁보다는 교육혁신이라는 용어를 활용하려는 교육자들의 무의식에는 아마도 그동안 교육개혁이라는 이름하에 학교의 교육활동에 변화를 의도했던 '위로부터의' 교육정책에 대한 회의가 존재하는 것으로 보인다. 이에 학교혁신이라는 화두도 그 용어가 상대적으로 가지는 새로움의 매력(attraction of novelty)이 반감하기 전에 가급적 교육의 본질을 회복하는 활동으로 그 방향이 정해져야 한다.

교육의 본질을 회복하는 활동은 위로부터와 아래로부터의 교육혁신 노력이 필요하겠으나 혁신은 그 용어의 특징상 개혁에 비해 아래로부터 개선시킬 수 있는 변화의 총량을 가능한 한 증진시킨다는 의도가 포함된 것이다. 상명하복식(top-down)의 개혁도 중요한 정책수단이나 학교혁신을 위한 충분조건이 되기는 어렵다. 이에 교사의 자발성에 기초한 단위학교 및 단위학급 중심의 교육혁신 활동은 전국의 모든 교실에서 발생할 수 있다는 일반화 가능성을 포기하는 대신 할 수 있는 곳에서부터 교사의 열정에 기초한, 진정한 변화를 모색할 수 있다는 점에서 의의가 있다. 학교혁신이 교육에 있어서 '모든 좋은 것' 을 모아 놓은 계획서라면 이미 그 순간 '아무것도 아닌 것' 이 되고 만다.

이러한 의미에서 학교, 수업, 교육과정에 있어서의 혁신은 완전히 새로운 것이라기보다 기본에 충실한 것에 약간의 새로운 것을 추가하는 것으로 보아야 할 것이다. 기본에 충실한 것이란 교육을 참된 모습으로 정상화함을 생각해 볼 수 있다. 현재 한국 교육은 기본에 충실하지 못하기 때문에 학교혁신은 완전히 새로운 것으로 느껴질 수도 있다. 그러나 학교혁신이란 학교에서 일어나는 교수활동과 학습활동에서 왜곡된 부분을 기본으로 회귀하도록 도모하는 과업이라 할 수 있다.

이러한 과업을 가능하게 하는 과정에서 실행연구가 기여할 수 있는 부분은 크게 세 가지로 정리될 수 있을 것이다. 첫째, 실행연구는 행위당자자의 내재적 자발성에 기초한다는 사실이다. 교육혁신에는 개인적 자발성과 제도적 강제라는 두 측면의 요인이 있을 것이다. 이 두 가지는 교육혁신을 위해 모두 필요한 것이나, 제도적 강제는 교육혁신의 필요조건이지 충분조건이 되지 못하는 경우가 많다. 이에 실행연구는 그 본질상 교사의 자발적 성찰에 기초해야 하며 외재적 동기가 기능하기 어렵다. 필자를 비판적 동료로 삼아 자신이 수업시간에 활용하는 언어를 스스로 돌아봄으로써 수업혁신을 도모하고 있는 한 교사는 '나의 언어분석을 통한 교육관 돌아보기' 라는 주제의 실행연구를 수행하였다. 이 교사는 이 연구가 교육자로서의 정체성을 회복하는 데 어떤 도움이 되었는지 다음과 같은 내러티브를 통해 보여 주고 있다.

> 교직 3년차에 너무나도 일찍 매너리즘에 빠졌다. 나름대로 극복하려고 매일 저녁 퇴근길은 학생들에게 말한 언어들의 필름을 되감기하여 재생하는 시간이었다. 아이들에게

> 상처준 말을 떠올리며 후회와 자괴감으로 나를 괴롭혔다. 그러나 반성을 해도, 내 스스로도 용서가 되지 않은 언어사용이 되풀이되었다. 하루 이틀 석달이 지나면서 고쳐지지 않는 비교육적이고 폭력적인 언어를 사용하는 나를 보면서 "내가 하려 했던 교사의 모습이 아닌데,,, 이런 상태로 교사생활을 계속해야 하는가!" 라는 혼란에 빠져들곤 했다. 3년 전 교대를 막 졸업하였던 때를 떠올려 보았다. 4년간 키워 온 나의 교육관들 - 더불어 사는 즐거움, 배움의 기쁨, 세상살이에 관심, 교실자치가 이루어진 공동체 생활, 아이들을 존중하는 교사 - 을 펼칠 생각에 밤잠을 설쳤던 기억이 아직도 선명하다. 그러나, 지금의 나의 모습을 살펴보면, 학생들에게 말 한마디를 하려고 해도 심사숙고하였던 모습에서 점차 매너리즘에 빠져서 내가 실현하고 싶었던 교육관과 점점 멀어져 가고 있다. 이 연구는 이전의 불규칙적이고 목적도 희미한 푸념 섞인 반성에서 좀 더 조직적이고 목적을 분명히 하는 교사로서의 정체성을 확인하려는 개인적인 몸부림이다. (정득련, 2005)

Carr와 Kemmis(1986)의 모형에 기초해 이러한 실행연구를 수행하고 있는 이상의 교사에 따르면, 자신의 교육관은 교육현장에서 수업, 학급운영, 생활지도, 아이들과의 관계들에서 드러난다. 특히, 교육활동이 대부분 언어를 매개로 이루어지기 때문에 교사가 쓰는 언어를 분석함으로써 자신의 교육활동을 되돌아볼 수 있는 출발점으로 삼았다. 언어는 존재를 만든다는 말을 실감하면서, 행위당사자로서의 교사는 자신의 언어를 분석함으로써 교육자로서의 삶이 내포한 진정성을 회복하고, 자신의 교육관이 현장에서 어떻게 실현되고 있는지에 대한 고민 – 매너리즘에 빠져 있다고 고백하는 – 의 실마리를 풀어 보고자 하고 있다. 자발성에 기초한 개인적 성찰이야말로 교육과정과 수업혁신의 기초가 되는 것이다.

둘째, 실행연구는 위로부터의 교육정책이 가지는 현장적합성을 검토해 준다. 일례로 양윤희 외(2005)의 〈초등학교 시험주도 교육과정 현상에 대한 협력적 실천연구〉는 두 현장 교사와 대학의 연구자(교수)가 보다 반성적인 교육자로 성장할 수 있는 계기를 주는 것은 물론 한 교육정책(서울시 학력신장방안)이 현장에서 어떻게 이해되고 변형되는지를 보고하여 주었다. 협력적 실행연구를 수행함에 있어, 대학 교수와 현장 교사가 동료 연구자가 되는 경우, 교사들에게는 반성적 탐구를 통해 교육전문가로서의 수업과 교육과정 개선을 도모할 수 있으며, 대학의 교수나 연구자들에게는 '현실에 대한 검토(reality check)'를 가능하게 해 준다. 현장 교사들은 교육개혁의 대상이라는 위치에 안주하지 않고, 현장에서 얻은 특정 교육정책에 대한 임상적인 경험에 대해 비판적으로 성찰함으로써 스스로 교실수업을 혁신해 나갈 수 있는 변화의 주체가 될 수 있다. 또한 교육부나 교육청 문건에 볼 수 없는 현장의 실제를 그대로 드러내 주기 때문에 교육학자나 교육자들은 특정 정책의 실현가능성에 대한 정보를 얻을 수 있다. 다음 인용문은 이들 연구자들이 수집한 데이터의 일부로서 실행연구가 발견할 수 있는 유용한 측면을 부각시켜 주고 있다.

> 학업성취도평가 시험유형의 결정은 교장선생님의 주도하에 순차적으로 이루어졌다. 처음부터 끝까지 교사들의 의견을 충실하게 반영하겠다고 밝힌 교장선생님은 계속되는 회의를 요구했다. 형식은 매우 민주적으로 진행되었다. 하지만 논의가 자신의 복안과 부합되지 않을 경우 결정을 미루고 학년별 의견 조율을 종용하는 경우가 있었다. 어차피 피할 수 없는 일이라면 교사들에게 업무를 가중시키지 않는 범위 내에서 시행해야 한다는 것이 학교장 입장에서의 논리였다. 그것은 아주 주효한 접근 방법이었으며 교사들은 수차례 반복되는 회의를 통해 평가 양식을 생성하는 교사 업무가 컴퓨터 보조 교사에게 떠넘겨짐으로써, 교사들은 거부감 없이 교장선생님이 제안한 안을 수용했다. 문제출제도 손쉽게 문제은행을 이용할 수 있도록 권장하는 분위기를 만들어 교사들의 반감을 무마시킬 수 있었다. (양윤희 외, 2005)

셋째, 실행연구는 이상에서의 유용성 – 교육자로서의 성찰, 현실적합도 검증 – 말고도 현실에 대한 비판과 개선이라는 측면에서 유의미한 것이다. 영미권의 실행연구가 주로 비판적이고 해방적 관점에서 수행된다고 보는 이유는 바로 실행연구를 통해 현실적 제약을 개선하겠다는 의미를 포함하고 있기 때문이다(Zuber-Skerritt, 1992). 이러한 목적을 위해 수행되는 실행연구에서 교사는 변화의 주체가 된다. 또한 실행연구가 성찰적이라 불리는 이유는 교사가 그들의 반성을 통해 현장경험에 천착한 의미 있는 개념을 생산하고 가능하다면 이를 이론화하는 역할까지도 담당하기 때문이다.

이에 엄격히 잘 수행된 실행연구가 다른 동료 교사 및 교육자들과 공유된다면 이는 학교 및 교육과정 혁신의 진원지가 될 것이며 비슷한 유형의 혁신을 유발하는 촉매적 역할을 하게 될 것이다. 이는 실행연구가 국부적 교육현장의 문제해결은 물론, 비교육적 제약으로부터의 탈피, 모범적인 교육사례의 자발적 확산 가능성을 포함해

장점이 많은 교육활동임을 보여 주는 것이기도 하다.

참고문헌

김대현 · 박경미(2003). 학교 교육과정 운영에 관한 교사의 내러티브 탐구. 교육과정 연구 21(2). 한국교육과정학회. 23-49.

김영천(1998). 학교 교육현상 탐구를 위한 질적 연구의 방법과 과정. 이용숙 · 김영천 (편)(1998). 교육에서의 질적 연구: 방법과 적용. 서울: 교육과학사. 73-106.

김영천 · 정정훈(2003). 잔인한 3월: 한국 초등학교 초임교사의 3월의 삶에 대한 생애사 연구. 초등교육학연구 10(2). 한국초등교육학회. 49-78.

손민호(2004). 연구 전통별로 살펴본 수업에서의 질적 연구의 동향 및 과제. 교육과정 연구 22(3). 한국교육과정학회. 149-179.

양윤희 · 장진혜 · 성열관(2005). 초등학교 시험주도 교육과정 현상에 대한 협력적 실천연구, 교육학연구 43(4). 한국교육학회. 293-315.

이용숙(2002). 현장 연구의 새로운 방향에 대한 고찰 - 다섯 가지 유형의 현장연구 설계와 사례. 교육인류학연구 5(2). 한국교육인류학회. 83-114.

이용숙 외(2005). 실행연구방법. 학지사.

이혁규(2002). 현장연구지원제도의 현황과 개선방향. 교육인류학연구 5(2). 한국교육인류학회. 115-154.

이혁규(2005). 새로운 실행연구, 현장연구의 낡은 전통을 깨다. 중등우리교육 2월호.

최의창(1998). 학교교육의 개선, 교사연구자, 그리고 현장개선 연구. 교육과정 연구 16(2). 한국교육과정학회. 371-399.

성열관(2005). 반성적 교사교육을 위한 교육과정 실천연구. 교육과정 연구 23(1). 한국교육과정학회. 261-282.

Anderson, G. L., Herr, K., & Nihlen, A. (1994). *Studying your own school: An educator's guide to qualitative practitioner research*. Thousand Oaks, CA: Sage.

Altrichter, H. (2002). The concept of action research. *The Learning Organization*. 9(3).

Carr, W. & Kemmis, S. (1986). *Becoming critical: Education, knowledge, and action research*. London: Falmer Press.

Clandinin, J., & Connelly, M. (1995). *Teachers' professional knowledge landscapes*. New York: Teachers College Press.

Cochran-Smith, M. & Lytle, S. (1993). *Inside-outside: Teacher research and knowledge*. New York: Teachers College Press.

Cunningham, J. B. (1983). Gathering data in a changing organization. *Human Relations*, 36(5), 403-420.

Delpit, L. (1993). *Other people's children: Cultural conflict in the classroom*. New

York: The New Press.

Elliott, J. (1991). *Action research for educational change*. Philadelphia: Open University Press.

Glickman, C. (1993). *Renewing America's schools: A guide for school-based action*. San Francisco: Jossey-Bass.

Hargreaves, H. (1978) Towards a theory of classroom coping strategies. In Barton L. and Meighan, R. (eds.) *Sociological Interpretations of Schooling and Classrooms*. Driffield: Nafferton Books.

Hargreaves, A. (1994). *Changing teachers, changing times: Teachers' work and culture in the postmodern age*. New York: Teachers College Press.

Kemmis, S. & McTaggart, R. (2000). Participatory action research. In N. Denzin & Y. Lincoln (Eds.). *Handbook of qualitative research* (2nd Ed.). 567-605. Thousand Oaks, CA: Sage Publishings.

Lewin, K. (1948). *Resolving social conflicts*. New York: Harper and Row.

Liston, D. & Zeichner, K. (eds.) (1993). *Teacher Education and the Social Conditions of Schooling*. N.Y.: Routledge, Chapman and Hall, Inc.

Noffke, S. (1994). Action Research: towards the next generation. *Educational Action Research*, 2(1), 9-21.

Schön, D. (1983). From technical rationality to reflection-in-action. In D. Schön. *The reflective practitioner* (pp.21-69). New York: Basic Books.

Zeichner, K. (2001). Educational Action Research. In P. Richardson and H. Bradbury (eds.). *Handbook of action research* (pp.273-283). Thousand Oaks, CA: Sage.

Zeichner, K., & Noffke, S. (1998). Practitioner research. In V. Richardson (Ed.), *Handbook of research on teaching* (4th ed.) (pp.404-442). Washington, DC: American Educational Research Association.

Zuber-Skerrit, O. (1992). *Action Research in Higher Education: Examples & Reflections*. London: Kogan Page Ltd.

제13장

비판이론과 교육과정 연구

허 창 수(충남대학교 교육학과 교수)

1. 들어가기

비판이론은 1930년대 프랑크푸르트학파[1]로부터 정립되어 체계화되었으며 사회과학 분야에서 일상적인 현상에 대한 이론과 방법론적인 접근에 사용되고 있는 중요한 하나의 근저담론이다. 초기 비판이론은 마르크스주의와 신마르크스주의자들의 생각으로부터 커다란 영향을 받았다. 따라서 비판이론은 마르크스주의를 연상시키는 하나의 기호처럼 여겨지기도 했다. 그러나 실제로 비판이론가들의 주요 연구 주제는 독일 철학자들이 고민해 온 인간의 이성(human reason)과 합리화(rationalization)에 초점을 두어 왔다. 이들은 인간의 이성은 다양한 형태의 지배(domination)와 권력관계(power relations) 내에서 중립적이지 않다고 주장하고 있다. 이렇게 중립적이지 않고 지배와 권력관계 내에서 형성된 인간의 이성을 비판이론가들은 도구적인 이성(instrumental reason)이라고 정의하고 있다. 이와 같은 주장과 함께 비판이론가들이 추구하는 것은 사회현상의 정치적인 본질(political nature)에 대한 인식을 증가시키고 당연시 여기는(taken-for-granted) 일상에 비판적으로 반성할 수 있는 연구자의 능력을 발전시키고자 하는 것을 목표로 한다(Alvesson and Sköldberg, 2000).

교육과정이론 분야에서도 비판이론의 중요성은 강조되어 왔는데, 파이너 외

(Pinar et al, 1995)는 비판이론은 현 시대에 사회현상을 이해할 수 있는 하나의 주요한 담론이며 오늘날 교육과정 연구에 있어서 가장 방대한 연구 분야로 성장해 왔다고 주장하고 있다. 칼슨(Carlson, 1992)에 의하면, 비판이론가들은 어떠한 상황일지라도 그것이 사회, 경제, 정치적으로 맥락화(contextual)되어 있다면 포괄적으로 이해될 수 있으며, 이러한 방법은 교육을 이해하는 데 중요한 역할을 한다고 하였다. 콘블레스(Cornbleth, 1991: 85)는 "다양하게 상호작용하는 맥락들로부터 교육과정의 고립은 어리석다"라고 강조하였다.

교육과정 연구에서도 킨첼로와 맥라렌(Kincheloe and McLaren, 2000)은 전통적인 비판이론가들의 관점으로부터 탈근대주의(postmodernism)자들의 관점에 이르기까지 모든 연구 분야는 '비판이론의 가지들' 이라고 하고 있다. 결국 이러한 주장이 함축하고 있는 의미는 비판이론은 특정한 경계를 가지고 논의되어 온 것이 아니라 사회이론들(social theories)의 근저에 위치되어 있다는 것이다.

한국에서도 비판이론에 관련된 논의들은 일찍부터 진행되어 왔다. 허숙(2002)은 1970년대부터 그의 삶과 함께 한국교육과정 역사를 정리하였는데, 1980년대를 한국교육과정의 '확장기' 로 분류하였으며 그 시대에는 비판이론에 대한 논의가 주요 특성 중의 하나라고 하였다. 그러한 것을 증명해 주듯이 1980년대 비판이론과 관련된 저서들이 많이 출간되었는데, 이규환의 〈자본주의 사회의 교육〉(1984)과 〈비판적 교육사회학〉(1987), 박부권의 〈교육과 이데올로기〉(1985), 한준상의 〈교육과 평등론〉(1986), 김괘상의 〈민중교육론〉(1986)과 〈실천적 교육〉(1986), 김기석의 〈문화재생산이론〉(1987), 배종근의 〈교육의 재생산이론〉(1987), 최원형의 〈교육과 권력〉(1988), 이혜영의 〈마르크스주의와 교육이론〉(1988) 등이 그 예이다(허숙, 2002: 9).

위의 선행연구들에서 보여 준 것처럼 비판이론이 교육과정에 중요한 위치를 차지해 왔음은 분명한 사실이다. 그렇다면 위에서 제시된 1980년대의 비판이론 관련 저서들 외에는 어떠한 연구들이 진행되어 왔는가? 이와 같은 주요 연구 질문과 함께, 본 논문에서는 두 가지 세부 질문에 대한 답변과 논의를 하고자 한다.

첫째, 비판이론이 한국교육과정 분야에서 어떻게 적용되어 왔는가? 이 질문에 답변하고자 본 연구자는 1970년부터 2004년까지 발행된 한국교육학술지 중 사회현상을 주로 다루는 다섯 가지 학술지를 선택하여 조사하였다. 조사대상인 한국학술지들은 〈교육학연구〉, 〈교육사회학연구〉, 〈교육과정 연구〉, 〈안암교육학연구〉, 〈한독교육학연구〉이다. 조사된 대상 학술지에서는 다양한 연구들을 발견하였는데, 이들을 본 연구자는 비판이론과 관련하여 일곱 개의 주제로 나누었다. 이들은 1) 교육과정 사회학의 움직임, 2) 헤게모니(hegemony)와 이데올로기(ideology)의 개념, 3) 잠재적 교육과정(the hidden curriculum), 4) 재생산이론(theories of reproduction), 5) 교육과 사회경제지위(socio-economic status), 6) 비판적인 사고(critical thinking)와 비판교육학(critical pedagogy), 7) 교육과정에서의 공평(equity)과 평등(equality)이다. 이러한 주제들을 중심으로 한국교육과정 연구에서 비판이론의 입장을 기술하여 첫 번째 세부 질문에 대한 답변을 하고자 한다.

둘째, 첫 번째 질문의 답변을 통해 한국의 교육과정 분야에서 비판이론과 관련하여 다루지 않고 있는 주제들은 무엇인가? 또한 어떠한 연구들이 앞으로 한국교육과정 연구에서 비판이론과 관련하여 논의되어야 하는가? 첫 번째 질문의 목적은 비판이론과 관련된 현 한국교육과정 연구의 위치 또는 입장(positionality)을 이해하기 위해서이다. 서양의 경우 비판이론은 거대한 하나의 근저이론으로서 사회과학과 교육과정 분야에서 다양한 연구가 진행되어 왔다. 그러나 다섯 개의 학술지 조사를 통해 본 연구자는 한국교육과정 연구에서 비판이론과 관련된 일부 주제들이 배제되어 있음을 알 수 있었다. 따라서 본 연구자는 교육과정 연구에서 비판적인 사고(critical thinking)와 비판교육학(critical pedagogy) 등 비판이론을 배경으로 하는 연구 중에서 더욱 강조해야 할 연구 흐름에 대한 논의와 앞으로의 방향에 대한 제안을 두 번째 질문의 답변으로 하고자 한다.

2. 한국교육과정의 개념

본 장에서는 한국교육과정의 위치에 대해서 기술하고자 한다. '교육과정' 이라는 의미는 학자들에 따라 다르게 사용되곤 한다. 이와 같은 차이는 서로가 가지고 있는 '패러다임' 의 차이이다. 따라서 본 장에서는 본 연구자가 어떠한 '교육과정' 의 개념을 사용하고 있는지에 대해서 간략하게 소개하고자 한다.

한반도는 약 5000년으로 추정되는 긴 역사 속에서 특정 형태의 교육기관과 학교교육이 지속적으로 존재해 왔다. 그러나 '교육과정(curriculum)' 이라는 단어는 1954년 이후 사용하게 된다. 1950년부터 1953년까지 3년 동안의 '한국전쟁' 으로 모든 사회, 경제, 정치적인 기능을 상실한 한국은 1952년 미국 교육사절단의 도움아래 1954년 제1차 교육과정을 공포한다. 한국은 '교육과정'이라는 미국으로부터 전해진 교육 어휘를 이때부터 공식적으로 사용하게 된다. 이렇게 시작한 한국교육과정은 1954년 이래로 정부의 엄격한 통제아래 교육전문기관을 통해서 운영되어 왔다. 이러한 국가 통제 아래 발전해 온 한국교육과정은 국가교육과정으로서 정의되며, 그 주요 특성으로 관료주의의 지배 아래 지속적으로 발전되어 왔음을 알 수 있다. 이를 뒷받침해 주는 예를 들면, 한국의 정치 변화와 함께 지속적으로 개정되어 왔다는 것이 한국교육과정의 하나의 특성이며, 이와 같은 특성과 함께 2005년 현재 여섯 번의 개정과정을 거쳐 제7차 교육과정이 적용되고 있다. 또한 최근 들어서는 일곱 번째 개정과정이 진행 중에 있다.

한국의 국가교육과정 분야에는 두 가지 주요 경향이 지배하고 있다. 첫 번째는 교육과정개발(curriculum development) 패러다임(paradigm)에 입각한 연구 경향과 두 번째는 교육과정이해(understanding curriculum) 패러다임(paradigm)에 입각한 연구 경향이다. 이 두 가지 패러다임 중에서 전자는 한국교육과정 분야에 주류라고 할 수 있는 반면에 후자는 비주류로 인정되고 있다. 이러한 흐름 아래 한국교육과정은 대부분 전자의 관점에서 개정되어 왔으며, 따라서 한국교육과정은 국가수준의 교육 달성을 보증할 수 있는 책임을 가진 교육 행정가들이 인식하고 있는 요구사항에 준하여 미리 정해 놓은 학습과정으로 정의된다고 할 수 있다. 이러한 한국국가교육과정이 가진 특성은 결국 한국교육관련 학술지에서 비판이론과 관련된 교육과정 연구들을 발견하는 데 어려움이 있다는 것을 암시하고 있다. 그 이유는 심리학적인 관점에서 진행되는 교육과정 연구가 주를 이루는 교육과정개발 패러다임과는 달리 비판이론은 대부분 사회학적인 관점에서 연구들이 진행되기 때문이다. 그러나 1970년대 이후 한국교육과정 연구에서도 이해 패러다임의 중요성을 인식함과 함께 교육과정개발 패러다임에 대항적인 주제들에 대한 특정한 논쟁이 진행되어 왔다. 이러한 논쟁에서 나타나고 있는 것들이 본 연구자가 발견한 비판이론 관련 교육과정 연구의 주제들이다. 본 연구자는 이러한 주제들을 학교에서 계획된 학습이라는 지배적인 교육과정의 개념을 확장하여, 학습자들이 겪게 되는 기대하지 못한 결과와 학교 밖 경험을 포함한 계획되고 계획되지 않은 경험들을 모두 교육과정의 개념(Pinar et al., 1995)으로 사용하여 다양한 주제들을 유형화하였다. 그러므로 다음에서 제시되는 주제들은 현 한국교육 분야에서 지배적인 교육과정의 개념보다 넓은 의미에서 기술된 것이며, 이것은 또한 대부분 교육과정이해 패러다임의 관점과 연관성을 가지고 있다.

3. 비판이론 관련 연구 주제들

1) 교육과정 사회학의 움직임

1980년대 이래로 한국학자들은(예, 이규환, 1987) 교육사회학에 깊은 관심을 갖게 된다. 이러한 사회학적인 관심에 주를 이루고 있었던 이론적인 배경은 비판이론이다. 또한 교육과정 분야에서도 이와 같은 사회학적인 움직임과 함께 '교육과정사회학'이라는 새로운 분야를 형성하게 된다. 새로운 움직임의 시작은 1970년대 미국교육 분야의 변화로 거슬러 올라간다. 1970년대 미국교육학자들은 사회학에 대한 관심을 발전시키고 있었다. 이러한 흐름은 미국에서 수학하던 한국의 유학성들에 의해 한국교육 분야에 전하여지게 되었고 '새로운 교육사회학'이라는 명칭 아래 다양한 연구가 한국교육 분야에서도 전개되었다. 이와 같은 연구들은 미국의 교육사회학자들이 논의하고 있던 비판이론을 소개하였으며, 이와 함께 바실 번스타인(Basil Bernstein)과 같은 영국학자들의 연구에서 영향을 받은 갈등이론(conflict theory)의 관점 또한 새로운 사회학적인 움직임이라는 흐름에 포함되어 소개되었다. 예컨대, 정영애는 〈신교육사회학의 쟁점과 가능성〉(1985)이라는 논문을 통해 교육학에서 새로운 흐름은 지식사회학, 현상학, 역사학, 신마르크스주의의 인식론적인 기초를 가지고 있다고 기술하고 있다. 정영애는 특히 이러한 인식론적인 관점들은 교육과정 연구와 교육 불평등에 대한 연구에서 해석적인 관점을 제공한다고 강조하였으며, 이러한 경향은 권력과 사회의 정당성의 관계 안에서 헤게모니적인 이데올로기와 교육 지식의 사회화 개념들에 깊은 관심을 가지고 있다고 하였다. 이것은 결국 교육과 교육과정 연구 안에서 비판이론가들의 관점을 포함한 새로운 사회학적인 움직임의 필요성에 대한 강조를 함축하고 있는 주장이다.

새로운 교육사회학의 주제 중 가장 많은 논의가 되어 왔던 것은 갈등이론(conflict theory)과 기능주의(functionalism) 교육관이다. 페인버그와 솔티스(Feinberg and Soltis, 1992)는 학교교육을 사회화(socialization)와 진보(progress)를 위한 행위로, 그리고 합법화 과정(legitimated process)과 재생산(reproduction)을 위한 행위로 설명하고 있다. 사회화와 진보과정으로서의 학교교육은 기능주의 관점인 반면 합법화 과정과 재생산으로서의 학교교육을 갈등이론 관점이라고 하였다. 갈등이론은 사회현상에 대한 하나의 근저이론으로서 정치와 경제적인 비판의 견해에서 비판이론과 유사성을 가지고 있다. 페인버그와 솔티스가 기능주의에 대한 관점을 지적한 것처럼 한국에서도 갈등이론에 근거한 교육체제와 교육과정을 비판하는 연구들을 발견할 수 있었다. 오욱환(1990, 1995)과 안관수(2002)는 기능주의적인 한국교육을 마르크스주의와 함께 논의하고 있다. 오욱환은 특히 페인버그와 솔티스가 학교교육을 기능주의 성격으로 지적하고 있는 것처럼 사회화와 전진의 역할로서 한국의 학교교육을 지적하고 있다. 안관수는 또한 지나치게 강조되고 있는 학업성취를 비판하고 있는데, 이러한 한국 학교교육의 풍조는 기능주의 관점에 크게 편중되어 있기 때문이라고 지적하고 있다. 이와 같은 학술지논문들은 모두 한국교육과정 분야에서 갈등이론과 기능주의를 주요 논제로 토론하고 있다.

새로운 교육사회학 논의에 중요한 부분을 차지하고 있던 또 하나의 주제는 학교교육이 가지고 있는 자본주의 사회구조 성격에 대한 비판이었다 - 이러한 논의는 재생산이론(theory of reproduction)이라는 분야로 발전되었는데 이에 대한 구체적 설명은 뒤의 장에서 기술하고자 한다. 이와 관련된 몇몇의 연구들은 한국 자본주의 사회와 학교교육에 대한 구조적인 대응(structural correspondence)을 강조하고 있다(예, 김천기, 1997; 김부태, 1991; 정학주, 1990). 이들의 논쟁은 보울즈와 긴티스(1976)의 미국 학교구조에 대한 연구에 그 근거를 두고 있다 - 보울즈와 긴티스의 사회와 학교교육의 구조적인 대응에 대한 이론은 뒤에 제시되는 '재생산이론'이라는 절에서 기술하고자 한다. 김천기는 한국교육과정 개발을 포함한 한국의 교육개혁 노력은 신자유주의자들의 세계화(neo-liberalists' globalization)를 강조하고 있으며, 한국정부의 통제 아래 있는 학교교육은 사회경제적인 요구를 제공한다고 하였다. 정학주는 36년간의 일제강점기(1910~1945) 이후 한국교육에 대한 변화를 비판하였다. 그는 1945년 이후 한국교육과 사회는 미국의 신식민주의 문화에 의해 지배되어 왔다고 주장하고 있다. 이를 뒷받침하기 위하여 정학주는 두 가지 중요한 증거를 보여 주고 있는데, 첫째로 한국정부는 한국경제를 발전시키기 위한 정책으로 미국적인 근대화를 적용시켜 왔으며, 둘째로 미국문화의 가치에 대한 어떠한 평가와 거름(filtering)장치 없이 미국교육체제를 한국교육에 적용해 왔다고 하고 있다. 따라서 한국교육은 미국식 자본주의 체제 아래 사회구조를 재생산하는 기능의 역할을 담당하여 성장해 왔다고 주장하고 있다. 김부태는 또한 지나치게 강조되고 있는 한국의 교육학력주의(educational credentialism) 사회통념이 결국 학업성취에 대한 열망을 증가시키고 있다고 주장하고 있는데, 이러한 열망은 사회지위를 개선하는 데 높은 학업성취가 최선의 방법이기도 하지만, 근본적으로는 미국자본주의가 가지고 있는 경쟁성격이 한국의 학교교육에 적용되었기 때문이라는 것을 지적하고 있다. 김부태는 그의 논문에서 한국 학교교육의 문제점들을 한국사회의 체제를 바탕으로 이해하려고 노력하였다.

요약하면, 이 절에서는 한국교육학자들이 교육과 교육과정에서 새로운 사회학 움직임으로서 어떻게 비판이론에 접근하고 있는가를 보여 주었는데, 일부 학자들은 이러한 움직임을 교육과정 사회학연구로 명하기도 하였다. 이러한 연구들은 대부분 비판이론을 소개하고자 하는 데 주안점을 두고 있으며 전통적인 신마르크스주의자들의 관점처럼 학교교육과 교육의 정치경제적인 관계를 비판하고 있다.

2) 이데올로기와 헤게모니의 개념(concepts of ideology and hegemony)

이데올로기와 헤게모니 개념은 비판이론을 이해하는 데 중요한 역할을 한다. 이들의 개념은 학자들 간에 조금씩 차이를 가지고 있는데, 알튀세르(Althusser, 1971)와 지루(Giroux, 1983)는 이데올로기를 다음과 같이 설명하고 있다.

> 첫째, 이데올로기는 하나의 물질적인 존재로서 학교의 일상생활에서 발생하는 일들을 구조화하는 종교의례, 실행, 사회적인 진행을 말한다. 둘째, 이데올로기는 의식을 생산하는 것도 아니며 의지의 수동적인 순종을 생산하지도 않는다. 대신에, 이것은 하나의 체제를 상징하는 것으로서 학생들의 무의식을 구조화하는 의미와 생각들을 수행하는 기능을 한다(Giroux, 1983: 81).

위의 설명에서 함축적인 의미는 학교는 '이데올로기적인 국가 장치'로서(Ideo-logical State Apparatus, Althusser, 1971) 지배계급의 특정한 이데올로기를 전달하는 역할을 한다는 것을 말한다. 맥라렌(McLaren, 1989)은 이데올로기를 특정한 세계관(worldviews), 생각(ideas), 사회적인 실행(social practices), 풍습과 의식(rituals), 표상(representations)으로 묘사하였는데, 사람들은 이러한 것들을 상식으로서 또는 자연스럽게 인정한다고 하였다. 이러한 실행이 이루어지는 것은 특정 계급의 사회 권력과 의미를 유지하기 위한 결과로서 진행되며, 맥라렌(1989: 176)은 또한 다음과 같이 말하고 있다.

> 관습, 풍습과 의식, 신념, 가치는 개인 안에서 그들의 사회문화적인 서열에 대한 왜곡된 개념을 생산하며, 그러므로 개인들이 그들이 소속된 서열과 가장된 불평등한 권력과 기득권의 관계에 융화되어 만족할 수 있도록 제공한다. 바로 이것이 때때로 '이데올로기적인 헤게모니' 라는 명칭으로 선호되는 것이다.

이데올로기의 개념은 결국 사회적인 표상(social representation)과 실행(practices)으로 요약되며, 이러한 사회적인 표상과 실행들은 기득권을 가진 계급의 의미와 권력을 유지하기 위한 수단으로 사용된다. 그러므로 기득권을 갖지 못한 계급의 구성원들은 잘못되고 왜곡된 의식(false consciousness)과 함께 이데올로기들의 사회적인 표상을 실행하게 되고 기득권 계급으로부터 지배를 당하게 된다.

비판이론을 이해하기 위한 또 다른 중요한 개념은 헤게모니이다. 파이너 외(Pinar et al., 1995)는 그람시(Gramsci)의 설명에 의해 이해되는 헤게모니의 개념이 비판이론의 이해에 핵심적인 역할을 한다고 주장하고 있다. 그람시는 헤게모니를 두 가지 관점으로 설명하고 있다. 첫 번째는 지배의 과정을 지칭하는 것으로서, 이러한 과정으로부터 특정 계급이 다른 계급들에 지식과 윤리적인 지도를 통해 정치적인 통제를 수행하여 지배계급으로 성장하는 것을 의미한다(Gramsci, 1975). 둘째는 계층관계의 재생산을 위해서 힘(force)과 이데올로기를 사용하는 실행을 의미한다(Aronowitz and Giroux, 1985: 88).

지루(Giroux, 1981a)는 그람시의 첫 번째 헤게모니 개념 안에서 단결은 권력의 결과로서 지배계급 안에서 형성되고, "그 단결은 다른 사회 계급들의 관심을 명료화하는 능력을 형성해 간다고 하였다."(Mouffe, 1979: 182-183). 또한 지배계급에 의해 실행되는 지식과 윤리 지도는 인간의 의식을 교육하고 변화시키는(transformative) 과정을 상징한다. 여기에서 지배계급은 단결된 계급들의 특정된 세계관과 관심사를 대중들의 일상적인 요소들로 변화시킴으로써 헤게모니 원리를 명료화한다(Giroux, 1981a: 17).

지루(1981a)에게 헤게모니의 두 번째 개념은 지배계급과 피지배계급의 관계를 반영하고 있다. 헤게모니는 교육체제와 같은 사회의 자원을 통해 통제를 하기 위한 지배계급의 시도를 포함하고 있다. 이러한 과정에 힘(force)과 동의(consent)라는 두 가지를 통해 지배계급은 그들의 정치, 윤리, 지식적인 지도를 사용하여 당연시 여기는 관점, 요구, 피지배계급의 왜곡된 관심을 형성하고 구체화한다. 웩슬러와 화익슨(Wexler and Whitson, 1982: 39)은 교육맥락에서의 헤게모니에 대한 예를 다음과 같이 들고 있다.

> 급진적인 교육학자들(예, Apple, 1979; Giroux, 1981b)에 의해 사용되는 헤게모니의 개념은 피지배계급의 문화를 학교로부터 배제하고, 학교지식을 통해 지배계급의 문화를 강화시키고, 심지어는 지배계급의 이데올로기를 강요하는 방향으로 진행됨을 지적하고 있다.

요약하면, 헤게모니는 일상적인 경험에 의해 구조화되는 실행들의 의미와 상징 그리고 합법적으로 관심을 지배하는 의미와 상징을 담고 있는 담론의 양식을 형성해 가는 과정이다. 이러한 헤게모니의 의미 안에서 지배계급은 교육과 매체 등과 같은 사회자원을 통제하고 피지배계급의 왜곡된 일상을 형성한다. 더 나아가서 지배계급의 헤게모니는 하나의 사회 안에서 의미, 상징, 실행들의 근본을 형성하는 과정을 이루고 있다.

비판이론가들에게 이러한 이데올로기와 헤게모니 개념은 다양한 맥락에서 지배와 피지배계급의 관계를 설명하는 기본적인 도구이다. 즉, 비판이론에 바탕을 둔 많은 연구와 학술적인 논의는 대부분 이데올로기와 헤게모니의 개념 아래 진행되어 왔다. 그러므로 이러한 개념들을 사용한 특정한 연구들의 예를 제시할 필요는 없을 것이다. 그런 중에서도 한국교육 분야에서의 몇몇 연구들은 특별히 이러한 개념들에 초점을 맞추고 있었다. 이것은 한국의 많은 학술지 논문들이 이론적인 논의에 초점을 두고 있기 때문이라고 본 연구자는 이해하고 있다. 김복영(2003)은 한국의 제7차 교육과정에 대한 진보적인 관점과 전통적인 관점 사이에서 그람시의 교육과정에 대한 논쟁적인 본성을 논의하였다. 교육과정 연구에서의 이러한 변증법적인 논의를 위해 김복영은 세 가지 그람시의 주요 개념을 기술하고 있다. 그들은 헤게모니, 진지전(war of position), 유기적 지식인(organic intellectuals)이다. 이 연구는 학교와 교육과정이 단순히 지배계급을 형성하고 재생산하는 헤게모니로서의 역할을 한다는 것에 의문을 갖고, 학교와 교육과정이 지배를 달성하기 위한 역동적인 장소로서 헤게모니적인 투쟁의 특성을 내포하고 있음을 강조하고 있다. 즉 헤게모니는 지배계급의 재생산과정이라기보다는 지배계급을 쟁취하기 위한 투쟁의 과정으로 이해해야 한다는 주장을 김복영은 논문을 통해 논의하고 있다.

일부 연구들은 또한 한국의 역사, 사회문화, 정치, 경제 배경에 의해 형성된 특정한 이데올로기들에 대해서 논의하고 있다. 허창수(2004)는 한국의 학교교육은 젠더의 맥락에서 지배계급중심 이데올로기 위에 실행되고 있는데, 이러한 이데올로기는 한국의 국가민족주의((state)nationalism), 전통주의(traditionalism), 자본주의적인 산업화(capitalistic industrialization)에 의해 형성되었다고 논의하고 있다. 이러한 주장이 함축하고 있는 의미는 위와 같은 젠더 관련 이데올로기들은 그 맥락에서 지배계급을 재생산하는 데 주요한 역할을 해 왔으며, 학교교육과 한국의 국가교육과정 또한 헤게모니 역할을 하고 있다는 것을 강조하고 있다. 임영수(1996)는 하나의 이데올로기로서 학력주의(credentialism)는 한국교육에서 가장 중요한 본성으로 되어 왔다고 주장하고 있다. 이러한 본성은 한국교육의 현실과 방향성뿐만 아니라 한국교육과정의 근본 개념을 왜곡하는 결과를 가져왔다고 논의하고 있다. 그는 학력주의 이데올로기에 집중된 교육흐름의 결과로서 한국사회에서 팽배해진 경쟁중심 교육을 지적하고 있다. 또한 이러한 이데올로기는 실제 교육 목표에 상반되는 잘못된 또는 왜곡된 의식(false consciousness)이며 지배계급의 문화를 재생산하는 과정으로 인정되어 결국에는 문화유물론(cultural materialism) 관점 안에서 지배와 피지배의 관계를 해소할 수 없게 된다고 주장하고 있다.

황정규(1985)는 인간의 지능을 결정하는 생물학 · 유전적인 결정론에 대한 비판을 논의하고 있는데, 지능검사에 대한 신념은 하나의 이데올로기로서 지배계급을 구성하고 유지하는 역할을 한다고 주장하고 있다. 기득권 계급과 그들의 풍요로운 삶을 위한 방향으로 편향성을 가지고 구성된 지능검사와 함께 지배계급은 그 검사에서 좋은 결과를 얻는 것이 당연하다고 하고 있다. 더욱 중요한 것은 지배계급은 그들의 우수한 지능검사 결과를 생물학적인 우수성을 증명하는 것으로 여기며, 피지배계급이 이러한 편향된 결과를 당연한 것으로 인정하도록 유도한다는 것이다. 결국 이것이 가지는 의미는 이와 같은 왜곡된 의식과 함께 지능검사의 우효성에 대한 강한 신념의 이데올로기는 지배계급의 시각에 중요한 영향을 미쳤으며 그 영향을 유지하는 역할을 함으로써 지배계급의 재생산과정을 충실히 수행하였다는 것이다. 더욱이 학교교육과 한국교육과정은 이와 같은 헤게모니 과정의 중심에 위치되어 있다고 하였다.

요약하면, 위와 같은 연구들은 학력주의와 전통주의 같은 한국교육에서의 특정 형태의 이데올로기들의 존재를 보여 주고 있다. 또한 이러한 이데올로기는 한국 고유의 문화, 사회, 역사, 정치, 경제 맥락과 함께 한국사회의 지배계급들에 의해 구성되고 유지되어 왔음을 나타내고 있다. 더욱이 이러한 이데올로기들이 한국사회에서 당연시 여겨지면서 학교와 학교 교육과정을 포함한 한국교육과정은 헤게모니로서 이들을 재생산하고, 유지하고, 실행하는 역할을 해 왔다는 것이다. 그러므로 위와 같은 연구들이 가지고 있는 의미는 한국이라는 특정된 맥락에서 특수한 형태의 이데올로기와 헤게모니를 이해하려고 시도했다는 것이다.

3) 잠재적 교육과정(hidden curriculum)

헤게모니의 형태와 과정으로서 잠재적 교육과정은 비판이론에서 중요한 의미를 가지고 있다. 잠재적 교육과정은 헤게모니로서 이데올로기와 권력을 연결하는 하나의 과정이며, 특히 이데올로기를 전달하는 역할을 한다. 맥라렌(McLaren, 1989)에 의하면 잠재적 교육과정은 계획된 학교교육의 뒤에 숨겨진 전략적인 방법에 의해 작용한다고 하였다. 이것은 학교의 권한에 의한 관료적이고 관리적인 실행으로서 억압의 일부분이다. 이러한 운영을 통해 학생들은 지배계급의 이데올로기들을 인정할 수밖에 없으며, 권한, 행동, 윤리와 관련된 사회 실행들을 받아들일 수밖에 없다(pp.183-184). 애플(Apple, 1975: 99)은 또한 헤게모니와 관련하여 잠재적 교육과정을 다음과 같이 설명하고 있다.

학교에서 잠재적 교육과정은 갈등과 그것의 효용의 본성을 감싸고 있는 기본 규칙을

> 강화할 수 있도록 한다. 잠재적 교육과정은 가설의 연계망을 긍정적으로 제안하며, 학생들에 의해 내면화될 때, 이러한 가설들의 연계망은 합법화의 경계를 설립한다. 이러한 과정은 갈등의 부정적인 가치를 나타내는 뚜렷한 사례들에 의하여 대부분 수행되는 것이 아니라 주제 범위 내에서 지적이고 정상적인 갈등의 중요성을 나타내는 예들의 전체적인 결손에 의해서 대략적으로 수행된다. 이러한 가설들은 학생들에게 강제적이라는 것이 사실인데, 그 이유는 학생들에 의해 명료화되거나 의문화될 수 있는 시간이 주어지지 않기 때문이다.

학자들은(예, Pinar et al., 1995; Apple, 1990; Giroux, 1981a) 하나의 잠재적 교육과정은 당연시 여겨온 지식으로 되어 왔는데, 이것을 강요하는 사람들은 그 교육과정을 통해 사회계급뿐만 아니라 경제, 인종, 젠더 등과 같은 맥락에서 지배계급을 유지해 왔다고 주장하고 있다. 학자들은 또한 항상 겉 표면에 나타나는 학교 활동뿐만 아니라 나타나지 않거나 일시적인 학교 운영과 현상들을 모두 포함하여 잠재적 교육과정을 연구하여야 한다고 주장하고 있다.

교육과정의 재개념화에 관심을 가져온 많은 한국의 교육과정 학자들도 한국교육과정의 함축적인 의미에 대항하여 잠재적 교육과정에 관한 논의를 지속적으로 진행해 왔다(예, 김재춘, 2002; 박순경, 1996; 이해성, 1994; 허린, 1987; 김종서, 1975). 이러한 논의들의 경향을 살펴보면, 1970년대 미국에서 학위를 마치고 돌아온 학자들에(예, 김종서, 1975) 의해 잠재적 교육과정의 개념과 그것이 가지고 있는 학교교육에서의 중요성이 소개되기 시작하였다. 이와 같은 논의는 학교교육의 정치, 경제, 사회 이데올로기를 이해하는 데 커다란 도움을 주어 왔다. 이에 대한 가장 선구적인 연구는 바로 김종서(1976)의 〈잠재적 교육과정〉이라는 저서이다.

1970년대 이후로 본 연구자는 잠재적 교육과정에 대한 많은 연구와 토론을 찾을 수 있었지만, 이들의 대부분은 개념에 대한 논의와 인식의 필요성에 대한 논의 수준에 머물러 있었다. 이에 대한 이유를 본 연구자는 한국교육과정 분야에서 교육과정 개발의 관점과 그것의 확장에 대한 연구가 지배적이기 때문이라고 강조하고자 한다. 이들에게 한국교육과정은 학교에서의 계획된 실행들만을 포함한다고 지적하고 있고, 잠재적 교육과정은 한국교육과정의 외부에 위치되어 있다고 주장하고 있다. 이와 같은 한국교육과정 분야에서의 주요 흐름과 함께 최근 연구들(예, 김재춘, 2002;

박순경, 1996) 중 잠재적 교육과정에 관한 연구들은 한국교육, 특히 교육과정 연구에서 잠재적 교육과정의 대중 인식을 위해서 그것의 중요성과 확실한 증거를 보여 줄 수 있는 실제 증거들을 제시해야 할 필요성을 지적하고 있다.

그러나 위와 같은 다양한 잠재적 교육과정에 대한 비판과 그에 대한 명확한 개념 확립의 논의에 반해서 본 저자는 많은 학자들이 지금까지 잠재적 교육과정에 대한 명확한 증거들을 제시해 왔음을 지적한다. 이에 대한 이해는 교육학자들이 잠재적 교육과정의 범위를 어떻게 결정하느냐에 따라 결정되는 것이다. 잠재적 교육과정은 한국의 학교교육을 포함한 교육과정의 표면에 그 모습이 나타나지 않기 때문에 그 범위는 항상 유연성을 가지고 있다. 또한 학생들의 실제 학교생활 속에 숨겨져 있기 때문에, 그 형태의 다양성에 대해서도 많은 가능성을 가지고 있다. 따라서 어느 특정 범위 내에서 잠재적 교육과정을 이해하기보다는 학교생활 속에 나타날 수 있는 학교 교육과정을 포함한 한국교육과정의 문서화된 실행을 제외한 모든 학교실행이라는 경계 없는 범주로 이해해야 할 것이다. 이와 같은 잠재적 교육과정은 결국은 그 특정된 범위를 논하는 것이 무의미하며 총체적인 학교실행에서 발생할 수 있는 모든 잠재적 학교실행들을 포함하고 있다. 이러한 관점에서 최근 연구 중에서 명확한 잠재적 교육과정에 대한 흔적을 볼 수 있는 연구물이 출간되었는데, 김영천의 〈네 학교 이야기〉(1997)가 하나의 예이다. 그는 네 개의 한국 초등학교에서 문화기술지 연구를 이끌었는데, 이 연구는 필립 잭슨(Philip Jackson, 1968)의 〈Life in Classroom〉이라는 연구에서 나타난 미국의 학교생활과 한국의 학교생활과의 비교를 보여 주는 연구로서 한국의 초등학교에서 나타나는 잠재적 교육과정을 분명히 기술하고 있다. 또 다른 예로 서근원은 〈수업을 왜 하지?〉(2003)에서 지방에 있는 한국의 한 초등학교에서 나타나는 아홉 개의 교실생활 모습을 기술하고 있는데, 이 연구에서 서근원은 학교의 현실 환경 속에서 나타나는 학교교육의 실행을 묘사하였다. 따라서 이러한 연구들의 사례들이 가지는 의미는 한국의 교육연구 분야에서 잠재적 교육과정은 확장된 개념을 통해 충분한 증거를 제시하고 있으며 논의되고 있음을 보여 주고 있다. 그러나 많은 학자들이 이러한 학교실행들에 대해서 좁은 인식을 가지고 있으며 이들을 잠재적 교육과정으로 인정하지 않고 있는 듯하다.

요약하면, 잠재적 교육과정은 학교교육에서의 헤게모니적인 권력(hegemonic power)의 한 예이다. 한국교육 분야에서 많은 학자들은 이러한 개념 형성의 노력과 비판의 논의를 지속적으로 해 왔으나 대부분의 연구들은 잠재적 교육과정에 대한 제한적인 관점을 가지고 있는 듯하였다. 더욱이 교육과정개발 패러다임의 강조로 인해 한국교육과정을 연구하는 많은 학자들이 잠재적 교육과정의 중요성에 초점을 두지 않았다고 할 수 있다.

4) 재생산이론(theories of reproduction)

재생산이론은 비판이론에서 또 하나의 중요한 개념이다. 일부 한국학자들은 심지어 재생산이론을 신교육사회학으로 인정하는 경우도 있다(예, 김민환, 1989). 교육과정 연구에서 비판이론가들이 주장하는 것처럼 본 연구자 역시 학교교육과 교육과정을 정치, 사회, 역사, 문화 지배계급에게 유리한 이데올로기를 재생산하고 유지하는 헤게모니의 하나로 인정하기 때문에 더욱더 중요한 개념이라고 강조하고 싶다. 한국의 신자유주의식 학교교육과 국가교육과정은 더욱이 이러한 역할에서 예외는 아니다. 사회에서 이데올로기, 헤게모니, 그리고 권력의 역동관계 속에서 재생산이론은 세 개의 커다란 분류로 논의되어 왔다. 지루(Giroux, 1981a)는 이를 다음과 같이 분류하였다. 1) 알튀세르(Althusser, 1971), 보울스와 긴티스(Bowles and Gintis, 1976)의 연구들을 중심으로 형성된 사회재생산(social reproduction), 2) 부루디외(Bourdieu, 1977, 1979)와 그의 동료들 그리고 번스타인(Bernstein, 1977)에 의해 주장되는 문화재생산(cultural reproduction), 3) 윌리스(Willis, 1977)와 문화연구 안에 포함되어 있는 연구자들에 의해 진행되어 온 저항이론(theories of resistance)이 그것이다.

알튀세르의 사회재생산에 대한 분석에는 그의 이데올로기의 개념이 핵심이다. 알튀세르에게 학교교육은 이데올로기의 힘을 통해 사회의 구조를 재생산하는 하나의 대행체(agent)이다. 이데올로기는 지배계급을 위해 학생들의 주체를 형성하고 사회화하는 기능을 수행한다(Giroux, 1981a, p.5). 이 경우에 학교는 '이데올로기적인 국가장치'로 정의된다고 알튀세르는 설명하고 있다(Althusser, 1971). 그러므로 학교교육과 교육과정은 헤게모니로서 알튀세르의 사회재생산을 위한 이데올로기와 경제생산을 연결하는 연결고리가 되는 것이다. 다른 한편으로, 보울스와 긴티스(Bowles and Ginits, 1976)는 대응이론(correspondence theory)을 주장하고 있는데, 이들은 학교교육 또는 교육과정은 현 사회구조 안에의 사회화 과정에 일치되어 있으며, 이것은 사회구조의 재생산의 일부라고 하였다. 파이너 외(Pinar et al, 1994)에 의하면 보울스와 긴티스에게 학교는 경제생산의 구조와 학교구조의 일치를 통해 학생들에게 현 경제체제를 따를 수 있도록 준비시키는 역할을 한다고 주장하고 있다.

또한 지루(1981a)와 같은 학자는 보울스와 긴티스의 대응이론은 사회재생산의 개념을 이해하는 데 중요하다고 기술하고 있으며 다음과 같이 알튀세르의 사회재생산 이론과 비교하였다. 보울스와 긴티스는 학교와 '경제범위 안에서 지배와 피지배'의 구조 관계에 초점을 두고 있으며, 반면에 알튀세르는 사회재생산의 과정 속에서 중심적인 역동의 역할을 하는 이데올로기에 초점을 두고 있다고 하였다. 지루(1981a: 6)는 또한 대응이론에 대해서 다음과 같이 제안하고 있다.

> 역사를 통해 구조화된 가치, 규범, 능력의 유형들은 교실의 일상에서 겪게 되는 사회역동 속에 스며들게 되는데, 이러한 유형들은 자본주의(capitalism) 아래 계급의 역동적인 상호작용과 노동력(the work force)을 성격화한다.

이러한 사회재생산의 관계에 해당되는 연구로서 본 연구자는 두 학술지논문을 소개하고자 한다. 첫 번째로 김두정(1989)은 1980년대 한국사회구조와 학교 교과내용지식과의 관계를 논의해 온 연구들을 정리하였다. 그의 논문에서는 사회구조 또는 사회환경을 사회, 역사, 문화 상황으로 정의하였으며, 비록 논문에서는 사회재생산을 언급하지는 않았지만 그의 결론은 사회재생산이론과 일치하는 것으로 나타났다. 학교 교과내용지식은 경제, 정치, 사회 지배계급의 이데올로기 영향을 받으며 현 사회구조를 재생산하는 역할을 한다고 주장하였다. 또한 그가 조사한 많은 연구들은 학교교육과 한국교육과정의 이데올로기적인 헤게모니 역할을 비판하고 있다는 결과를 얻었으며, 한국교육과정은 정치, 경제 구조와 일치하는 구조를 가지고 있다고 지적하였다. 이와 같은 연구가 함축하고 있는 의미는, 1980년대 많은 학자들이 학교교육과 한국교육과정은 정치 · 경제 헤게모니의 기능을 하는 대행체로서 경제구조생산과 일치함을 주장하고 있다는 것이다.

두 번째 논문은 김천기(1993)의 사회재생산에 대한 보울스와 긴티스의 관점을 논의한 연구이다. 그는 보울스와 긴티스의 관점에 초점을 두고 교육 분야에서의 후기

마르크스주의에 대해서 전체적인 논의를 하고 있다. 그는 1970년대 보울스와 긴티스의 대응이론이 언급된 이래로 많은 토론과 비판이 학자들 사이에서 진행되어 왔다고 기술하고 있는데, 이는 생산개념에 대한 마르크스주의자들의 강한 성격 때문이라고 하고 있다. 따라서 보울스와 긴티스(1986)는 이후의 연구에서 학교교육과 교육과정에 대한 그들의 관점을 수정하였다. 이와 같은 변화에서 이들이 얻은 결론은 학교교육과 교육과정은 사회구조를 단순히 재생산할 뿐만 아니라 사회변화(transformation)에도 참여하고 있다고 하였다. 이와 같은 변화를 고려할 때, 김천기는 후기마르크스주의자들의 관점은 사회 · 교육 변화를 포함하고 있는데, 여기에서 민주주의에서의 인권은 하나의 테제로서 자본주의 논리와 항상 갈등관계를 가지고 있다고 하였다. 변증법관계에서 이러한 갈등이 진행되는 동안, 사회구조는 학교교육과 교육과정을 통해 변화될 수 있다. 이는 결국 보울스와 긴티스의 이론과 교육에 대한 후기마르크스주의자들의 이론에 대한 확장임을 강조하고 있다.

문화재생산의 주요 개념들은 부르디외와 파스롱(Bourdieu and Passeron, 1979)의 문화자본(cultural capital)과 아비투스(habitus) 그리고 번스타인(Bernstein, 1977)에 의해 설명되는 분류(classification)와 틀(frame)의 의미와 연결되어 있는 약호(code)이다. 부르디외와 파스롱(1979)은 재생산에 대한 관점을 문화재생산이라는 개념을 통해 설명하고 있는데, 경제계급을 근본으로 하는 계층(hierarchal) 사회는 이데올로기 그리고 물질에 의해 설정된 환경의 '상징적인 폭력(symbolic violence)'을 통해서 중재되고 재생산된다고 하였다. 다른 말로 표현하면, 경제계급의 지배는 지배계급에 의해 제공되는 상징적인 권력(symbolic power)의 안정적인 실행을 통해 구성된다. 이러한 진행은 "지배계급의 관심사와 함께 구성된 사회세계에 정의를 부과하기 위해서이다"(Bourdieu and Passeron, 1979: 80). 이러한 문화재생산의 개념으로부터 지루(Giroux, 1981a)는 문화자본(cultural capital)은 지배계급의 관심사와 일상생활의 연결을 중재하는 역할을 해 왔다.

학교는 지배계급의 문화를 합법화(legitimating)하고 재생산하는 중요한 역할을 해 왔다. 일부 학생들이 높게 평가되는 가치를 가진 문화자본과 연계되어 이익을 받는 사이 다른 학생들은 교육의 과정 안에서 불이익을 받아 왔다. 아비투스(habitus)는 이러한 지배의 형식(mode) 구성에 도움을 주고 있다. 이러한 과정은 지배 안에서 억압자들은 사회화(socialization)와 자기형성(self-formation)을 통해서 억압을 받는 사람들을 정복하는 데 공헌해 왔다. 결국, 아비투스는 지배계급의 관심을 반영한 하나의 헤게모니 형태로서 드러난다.

번스타인(Bernstein, 1977)에게 약호(codes) 개념은 문화재생산의 핵심이다. 약호는 특정한 형태의 사회관계나 사회구조를 구성하는 기능을 한다. 이는 개인이 환경에 의해 형성하는 특정한 언어형태에 영향을 주는데, 정교화된 약호(elaborated codes)와 제한된 약호(restricted codes)가 있다. 정교화된 약호는 다양한 단어 사용을 통한 사회관계를 형성하는 약호인 반면, 제한된 약호는 종교적인 언어처럼 특정한 맥락과 구조 속에서만 이해될 수 있는 약호로 개인의 의도가 단어의 다양한 사용에 의해 전달되기보다는 강세, 표현의 특성, 강조 등을 통해 설명될 수 있는 것을 의미한다. 따라서 정교화된 약호는 개인의 기호들(symbols)을 교환하고 구성하는 데 용이하도록 한다면, 제한된 약호는 사회의 기호들(symbols)을 교환하고 구성하는 데 용이하다는 것이다. 약호는 특정한 권한과 권력이 사람들의 관점과 경험에 영향을 주어 그들의 사고가 조정하고 체계화하는 기능을 한다고 지루(1981a)는 강조하고 있다.

세부적인 개념에 있어서 분류(classification)와 틀(frame)을 살펴보면, 분류는 내용(context)에 경계를 나누는 정도를 설명하고 있으며, 틀은 맥락(context)적인 구조의 정도를 의미한다. 이를테면, 번스타인의 교육과정에 대한 유형학(typology)은 수집(collection)과 통합(integrated)의 개념으로 구성되어 있는데, 수집약호(collection code)는 다양한 학교지식내용의 경계가 뚜렷한 닫혀져 있는 교육과정에 적용되며, 통합약호(integrated code)는 그 경계가 약한 교육과정에 적용된다. 이와 같은 수집과 통합 유형학(typology)은 분류와 틀의 개념과 함께 설명되는데, 수집약호는 전통적인 교육과정처럼 강한(strong) 분류와 틀의 예가 될 수 있다. 즉, 엄격히 분류되어 있는 내용과 통제를 바탕으로 하는 학교구조의 역학관계가 바르 수집약호에 의한 것이다. 반면에 통합약호는 약한(weak) 분류와 틀에 연계되어 있다. 이러한 개념 속에서 현 학교구조는 권력과 지배 속에 운영되고 있으며, 구조형성은 번스타인이 주장하고 있는 약호가 그 역할을 담당하고 있다. 따라서 지루(1981a)는 권력과 지배는 문화재생산의 관점에서 사회화 과정의 중심이 되고, 사람의 존재와 의식을 형성하는 도구이며, 이들은 가족, 학교, 일터(workplace)와 같은 사회장소들을 통해 전달된다고 지적하고 있다.

이와 같은 문화재생산에 대해서는 비록 대부분이 이론적인 논의일지라도 한국교육 분야에서 많은 학자들에 의해 강조되어 왔다. 이들 한국학자들은 문화재생산에 대한 논의를 부르디외를 통해 기술하고 있다(예, 강창동, 1996, 1995, 김민경, 1997; 송영경, 1997; 황순희, 1992).

이를테면, 강창동의 1996년, 1995년 두 논문에서 부르디외의 문화재생산에 대한 주요 개념들인 문화자본, 아비투스, 장(field), 상징적인 폭력을 특별하게 다루고 있는데, 이러한 연구들은 사회의 기관으로서의 교육이 지배계급의 문화로 포장되어 있고, 이로 인해 현 계층사회구조를 재생산하는 데 주요한 역할을 하고 있음을 강조하고 있다. 다른 학자들 또한 한국교육과정을 포함한 학교교육은 지배계급을 위한 문화를 유지하고 재생산한다는 것을 지적하고 있으며, 피지배계급은 지배계급의 재생산을 지원하는 역할을 한다고 주장하고 있다. 더 나아가서 지배계급의 문화는 불평등하고 불공정한 사회구조를 구성하는 데 중심에 위치하고 있다고 논의하고 있다.

다른 한편으로, 이해성(1997)은 경제적으로 다른 계급에 의해 형성되는 다른 환경으로부터 오는 언어의 결핍이 결국 아이들에게 낮은 학업성취의 비율을 야기시킨다는 결과를 가져왔다. 그는 번스타인의 정교화된 약호(elaborated code)와 제한된 약호(restricted code)의 개념에 초점을 두고 이와 같은 주장을 전개했는데, 이는 언어의 중요성에 대한 그의 강조를 알 수 있다. 물론, 그는 부르디외의 지배계급으로부터 오는 문화폭력(cultural violence)의 개념에 부분적으로 동의하고 있었다. 그는 이와 같은 논의에서 아이들의 낮은 학업성취는 결국 다른 정치, 경제, 사회, 문화적인 지위(status)에 의해 얻어진 하나의 문화재생산 형태라고 주장하고 있다.

마지막으로 윌리스(Willis)로부터 발전된 문화연구에서 널리 나타나고 있는 재생산 개념인 저항이론이다. 이 관점은 사회재생산과 문화재생산의 연결을 시도한 것이라고도 할 수 있다(예, Willis, 1977). 지루(1981a)는 이 모형을 구체화하였는데, 윌리스(Willis, 1977, 1978), 홀과 제퍼슨(Hall and Jefferson, 1976), 그리고 다른 학자들은 사회재생산과 문화재생산의 절차(mechanism)가 결코 완벽할 수 없음과 언제나 부분적으로 반대적인 현상이 나타남을 증명하려고 시도하였다. 더 나아가서 이러한 시도는 결국 재생산의 변증법적인 모형을 발전시켜 왔으며, 그 안에서 노동자계급이 지배되는 것은 단순히 자본과 그 기관의 구조에 의한 결과로서 볼 수 있을 뿐만 아니라, 스스로 자기형성의 역동과도 연계되어 있음을 이해하게 되었다. 즉,

하나의 새로운 논의점(mode)이 형성되었는데, 노동자 계급의 자기형성은 저항행위의 바탕이 될 뿐만 아니라, 그와 같은 저항의 가능성과 제한된 정치적인 인식의 본성에 또한 기초가 된다는 것을 알게 되었다. 이와 같은 연구의 결과에서 저항이론 학자들은 단순하게 진행되어 왔다고 믿었던 재생산이론들에 대해서 보다 미시적인 성격을 알게 되었으며, 그 과정에서 헤게모니적 투쟁이 있었음을 이해하게 되었다. 따라서 이러한 헤게모니적 투쟁에 많은 관심을 갖고 이론화한 것을 재생산이론으로서의 저항이론이라고 하였다.

본 연구자는 저항이론(resistance theory)과 관련 있는 특정한 한 연구를 여기에 소개하고자 한다. 김미숙(1999)은 〈교육사회학연구〉에 논문을 게재하였는데, 이 논문은 그의 박사논문인 〈School, work, and subjectivity: an ethnography study of a Korean commercial high school〉을 바탕으로 구성된 학술지논문이다. 이 논문은 그가 윌리스의 모형을 따른 것으로 어떻게 상고생들이 사회구조와 학교교육에서 그들의 주체성을 찾아가는지에 대해서 연구하였다. 그는 다음과 같은 결론을 얻었다. 학생들은 특정되어 있는 사회구조의 피지배계급으로 위치되어 가고 적응되어 가고 있었으며, 특정되어 있는 사회구조의 지배계급은 한국인들이 대학 입학을 목적으로 인문계 계열을 선호하는 경향에서 구성됨을 알 수 있었다. 실제로 상업계 고등학교에 있는 아이들은 학교입학 초기부터 인문계 계열 고등학교를 선호하는 한국사회의 전형적인 통념에 인정되기 어려운 여건에서 학교생활을 시작하는 것이다. 결과적으로, 상고생들은 이러한 사회와 학교의 지배문화에 대항하여 특정한 일탈(deviations)과 대항헤게모니(counter-hegemony)를 보여 주었으나 결과적으로 이러한 학생들은 지배문화에 흡수되고 그들의 내면에 흡수된 지배문화에 대해서 대항하고자 하는 태도와 느낌만이 남아 있을 뿐임을 발견하게 되었다. 김미숙은 결국 교육자들은 이러한 느낌과 태도를 하나의 연구 분야로 받아들여야 하며 학생들의 저항에 대한 연구의 필요성을 강조하고 있었다.

한국교육 분야, 특히 학교교육과 교육과정 연구에서 재생산이론들에 의한 연구들 또한 활발히 진행되어 왔다. 그러나 대부분의 연구들은 부르디외와 같은 학자들의 논의에 초점을 두거나 문화재생산과 같은 특정 분야에 중점을 두어 왔으며, 현장연구와 실행적인 제안을 제시하기보다는 이론적인 논의에 보다 중점을 두어 왔다. 물론 학교 현장중심과 다양한 인구를 포함한 많은 연구들이 박사논문과 석사논문을 통해 진행되어 왔을 것이라는 것을 본 연구자는 의심하지 않는다(예, 정진곤, 1987; 김기석, 1987). 그러나 위와 같은 조사의 결과를 통해 한국학술지논문의 학문적인 흐름이 실행적인 상황에 대한 논의보다는 이론적인 논의에 획일적으로 중점을 두어 왔다는 점을 이해할 수 있었다.

5) 교육과 사회경제지위(socio-economic status, SES)

한국과 같은 자본주의체제에서 사회경제지위가 교육에 미치는 영향은 너무나 당연한 것이다. 문제는 이러한 지위가 교육에 있어서 특정 계급에게 이익을 제공할 수 있는 환경을 조성할 가능성을 가지고 있으며 이와 같은 주제는 공교육이 핵심을 이루는 한국교육에서는 중요한 주제로 다루어 왔다는 것은 너무나 당연한 것이다. 많은 연구들이 전통적인 마르크스주의에 기초를 두고 정치, 경제, 사회적인 지위에 대해서 논의해 왔다. 대부분의 한국인들에게 교육은 사회, 정치, 경제, 문화적인 지위를 향상시키는 가장 중요한 과정으로 인정되어 왔다. 이러한 관점은 다음과 같은 특이한 사회적인 신화를 발생시켰는데, 대부분의 한국인들은 돈을 투자하면 할수록 향상된 교육을 받을 수 있으며 결과적으로 사회에서 높은 지위를 성취할 수 있을 것이라는 믿음이 확고해졌다. 이것은 사회경제지위가 학생들의 학문적 성취에 중요하게 영향을 미친다는 것을 함축하고 있다. 결국, 아이들에게 과다한 사교육비를 투자하게 되는 '변질된 교육'이 팽배되는 사회현상이 발생하게 되고 이것은 한국교육의 가장 커다란 문제로 떠올랐다. 더욱이 이러한 현상은 불평등하고 불공평한 교육환경을 조성하고 현 사회경제계급의 구조를 재생산해 왔다. 일부 연구들은 이러한 한국의 특수한 교육현상을 사회경제지위와 연관지어 논의하고 있다(예, 강창동 · 성열관, 1997; 백일우, 1999; 이두휴, 2001). 현실 안에서 이러한 주제들은 사회재생산과 문화재생산이론과 매우 가깝다고 할 수 있다. 그러나 본 연구자는 이 주제를 분리해서 기술하였는데, 그 이유는 사회경제 그리고 정치적인 지위에 발생되는 교육환경은 한국교육에서 가장 중요한 주제이기 때문이다.

강창동과 성열관(1997)은 경제계급에 따른 소득과 부의 관계가 교육에 미치는 영향을 분석하였는데, 계급에 따른 부유한 정도가 소득의 정도보다 학생들의 학업성취에 중요한 영향을 준다는 것을 예측할 수 있는 주요한 요인으로 나타났다. 이와 같은 결론은 학교교육과 교육과정을 포함한 한국교육체제는 현존하는 사회경제지위를 재생산하고 유지하는 역할을 한다는 것을 함축하고 있다. 특히 이와 같은 학업성취에 대한 요인의 발견은, 한국교육에서 사회경제지위에 따른 계급구조가 고육의 경제적인 투자보다 중요한 역할을 하며, 이것으로부터 한국교육은 지배와 피지배계급을 재생산의 역할을 하는 헤게모니라는 것을 함축하고 있다. 이들은 위와 같은 결과로부터 한국교육과정의 개정노력은 좀 더 공평한 교육환경을 생산하는 데 초점을 맞춰야 한다고 제안하고 있다.

한국의 학교 외 활동 중에서 가장 문제시되고 있는 사교육환경 중 하나는 '과외'라고 하는 개인교수(private tutoring)이다. 이와 같은 형태의 교육은 한국과 같은 지식중심과 대학입학시험중심 교육과정체제에서는 학생들의 학문적인 성취에 매우 효율적이다. 더욱이 이러한 흐름은 부모들의 경제적인 상태에 크게 관련되어 있는데, 풍부한 경제적인 상태는 좋은 개인교수와 교육을 보장하기 때문이다. 다른 한편으로 이러한 현상은 현존하는 경제계급을 재생산할 수 있는 지대한 가능성을 가지고 있다. 일부 연구들은(예, 백일우, 1999) '교육경제학'이라는 분야로 이러한 흐름을 설명하고 있는데, 이들은 부모들이 가진 경제적 영향을 통해서 어떻게 학생들의 학교 외 교육을 선택하는지에 대해서 기술하였다. 여기에 나타난 결과는 학생들이 고학년으로 진학할수록 부모들은 그들의 학교 외 활동비용을 교과교육지도와 대학입학시험에 집중하고 있음이 발견되었다. 이들은 이와 같은 교육의 변질적인 형태를 제거하기 위해서는 한국교육과정이 학교 외 활동을 다양화하여야 하며, 교육정책 또한 지식중심교육 형태를 제거하는 데 노력하여야 하고 대학입학시험에 대해서는 모든 사회경제지위의 학생에게 적합할 수 있도록 개정해야 한다고 제안하고 있다.

세계화(globalization)는 교육에서 상당히 중요한 주제이다. 왜냐하면 이것은 서양의 자본주의 국가들에 의한 경제적인 지배과정으로 인정되기 때문이다. 이와 같은 비판과 함께, 최근 학자들은 세계화에 대한 개념의 변화를 시도하고 있다. 경제적인 변형(economic transformation)으로부터 상호작용적인 과정(interactive processes)으로의 변화가 그것인데, 후자의 개념에서 학자들은 세계화는 서양문화 그 자체를 전달하기보다는 '지역(local)문화'를 구체화할 수 있도록 초점을 맞춰야 한다고 주장하고 있다(Stromquist and Monkman, 2000). 이와 같은 세계화라는 주제에 대한 논의를 시도한 논문들도 발견할 수 있었다. 이두휴(2001)는 한국교육과정은 현 세계화 담론에 적합하지 않기 때문에 개정이 필요함을 주장하고 있는데, 학생들은 현 정보화 사회에서 넘쳐나는 정보를 판단할 수 있는 능력을 갖출 수 있도록 한국교육과정의 개정이 필요하다고 주장하고 있다. 또한 이와 같은 개정과 함께 학생들은 자기관리와 자율적인 정체성에 대해서 이해할 수 있는 능력을 가져야 한다고 제안하였다. 이 논문은 전 세계적인 움직임으로의 세계화 안에서 한국의 학교교육과 국가교육과정은 학생들이 그들 스스로의 정체성을 지역문화와 함께 달성할 수 있는 교수-학습을 포함해야 한다고 제안하고 있다. 그러므로 학생들은 그들이 접하는 모든 것에 대해서 스스로 판단할 수 있는 능력을 갖춰야 한다는 것이다. 이것은 결국 하나의 해방과정(an emancipatory process)으로서 자율적인 존재(the autonomous self)를 주장하는 비판이론가들의 관점과 일치하고 있다.

요약하면, 사회경제지위와 교육의 수준이 매우 중요하게 고려되는 한국의 특이한 사회구조는 교육과정 분야에서 특수한 현상들을 발생시켜 왔다. 일부 연구들은 사회경제와 교육 사이에서 나타나는 특수한 주제들을 전통적인 마르크스주의자들의 관점과 함께 초점을 맞추고 있는데 이는 비판이론가들의 인간의 이성 형성과정과 관련이 있다. 즉, 도구적인 이성(instrumental reason)을 설명하고 있다. 이와 같은 연구들은 대부분 현 경제자본중심 한국사회와 사회경제지위에 대한 비판에 그들의 초점을 두고 있다.

6) 비판적인 사고(critical thinking)와 비판교육학(critical pedagogy)

본 절에서는 비판이론의 의미를 좀 더 확장하고자 한다. 본 연구자는 교육과정 분야에서 비판이론가들의 관점을 넓은 의미로 이해하는 데 비판적인 사고와 비판교육학의 개념이 도움 될 것을 확신한다. 교육 분야에서 이와 같은 개념들이 새로운 것은 아니다. 특히 교육과정 연구에서는 더욱더 그러하다. 먼저 비판적인 사고는 교수-학습에 있어서 넓은 의미의 추론과정(reasoning process)이다(Burbules and Berk, 1999). 비판적인 사고 전략에 의한 교육과정은 '반론과정(negation process)' 에 의해 특수한 추론기술을 강조하고 기르도록 초점을 두고 있다. 이와 같은 방법은 비판이론의 핵심인데, 그 이유는 비판이론가들이 수년간 이해하려고 노력한 합리성과 이성에 대한 생각과 연계되어 있기 때문이다(Siegel, 1988).

비판이론에서 근간을 두고 있는 비판교육학은 교육기관들 안에서의 불평등한 권력관계에 대한 질문을 갖도록 노력하는 데 초점을 두고 있다. 그들에게 교육기관들은 학생들에게 잘못된 신화의 기회와 신념을 내면화하는 데 노력해 왔다고 지적하고 있다. 따라서 비판교육학은 변화와 공동적인 행위들(collective actions)이 학생들의 해방을 성취하기 위해서 강조되어야 한다고 하고 있다. 버불스와 버크(Burbules and Berk, 1999: 54)는 다음과 같이 주장하고 있다.

> 다른 사람들이 비판적으로 생각할 수 있도록 가르치는 '노력자' 들은 개인적 기술과 성향을 기르도록 하는 노력을 줄이고 교사들과 학생들 사이에 그리고 학생들 자체 사이에 교육학적인 관계의 결과를 구성하려고 더 많은 노력을 한다. 더 나아가서 비판적으로 생각하는 것은 단지 잘못된 신념이 증명되도록 대항하는 것뿐만 아니라 그것들을 통해 부정당한 현재 상태의 보존과 함께 회기, 옹호, 또는 함축하는 것이다.

한국의 교육과정 연구에서 비판적인 사고를 위한 연구로 신용주(1996)는 성인교육에서 비판적인 사고에 대하여 분석 · 조사를 하였는데, 이 연구는 현재 진행 중인 세계화 안에서 비판적인 사고의 중요성과 함축성을 보여 주었다. 여기서 신용주는 세계화는 정보사회의 사회화 과정으로서 구성원들의 자기관리가 요구된다고 하였다. 또한 그는 한국교육과정은 '무엇을 알아야 하는가?(What to do?)' 보다는 '어떻게 알아야 하는가?(How to do?)' 라는 능력을 향상시키기 위한 비판적인 사고의 함축된 의미를 고려해야만 한다고 제안하고 있다.

비판교육학과 관련해서 김희선(2002)과 김성일과 최영숙(Kim Sung-IL and Choi Young-Sook, 1992)은 파올로 프레이리(Paulo Freire)의 연구를 조사하고 평가하였다. 김희선은 지식습득이론(theory of knowing)에 대해서 논의하고 있는데, 정보기술의 발달과 함께 현 사회는 정보화 사회로 되어 가고 있으며, 사람들은 그들이 필요한 정보와 지식을 어디에서든지 얻을 수 있다고 하였다. 그러므로 국가교육과정을 포함한 한국교육은 프레이리의 문해이론(notion of literacy)과 지식습득이론을 기반으로 개정하여야 한다고 주장하고 있다. 그는 또한 프레이리에게 비판교육학은 최상의(prime) 교육담론이라고 기술하고 있다. 김성일과 최영숙(Kim Sung-Il and Choi Young Sook, 1992)은 학습자들의 해방을 위한 비판적인 사고의 가장 효율적인 접근이 프레이리의 관점이라고 주장하고 있는데, 이들은 프레이리가 기술하고 있는 실행의 개념을 소개하고 재평가하여 이와 같은 주장을 하고 있다. 또한 프레이리의 전략들은 지배계급의 억압으로부터 사회의 변화를 위한 가장 중요한 교육적인 실행들을 지시하고 있다고 강조하고 있다.

한국정부의 정책이 경제적 성장에 초점을 두어 온 이래로, 직업교육은 공교육의 주요한 일부분이 되었다. 그러나 이러한 직업교육은 결국 사회에서 차별화된 계급을 형성하는 주요한 역할을 해 왔다. 장원섭(2001)은 한국의 직업교육과 그것을 위한 교육과정에 대한 이와 같은 차별의 경향을 비판하고 있는데, 직업교육이라는 하나의 헤게모니로서의 교육과정이 자본주의사회 안에서 사회 · 문화재생산의 과정에 어떻게 참여하고 있는가를 증명하고 있다. 그러므로 그의 비판은 결국 교육과정은 피교육자가 해방될 수 있는 능력을 갖추도록 개정되어야 한다고 제안하고 있으며 이러한 해방의 능력은 비판교육학을 통해서 이루어져야 한다고 하고 있다. 그리고 이러한 교육과정의 개정은 궁극적으로 지배계급의 사회구조로부터 자유롭게 되는 길이라고 주장하고 있다.

전경갑(1998)은 비판교육학이 어떻게 탈근대주의(post-modernism) 해체철학(deconstruction)과 일치하는지를 기술하고 있는데, 그는 비판이론과는 달리 비판교육학은 근대주의(modernism), 기초주의(foundationalism), 마르크스주의(Marxism)에서 탈근대주의, 반기초주의(anti-foundationalism), 후기마르크스주의(post-Marxism), 그리고 해체철학까지 인간의 해방이라는 개념아래 진화되어 왔다고 주장하고 있다. 그러므로 그는 많은 한국학자들이 프레이리의 이론에 초점을 두는 동안 탈근대주의 해체철학으로의 확장해 가는 비판교육학을 소개하고 기술하려고 시도하였다.

한국교육과정 연구에서 비판적인 사고와 비판교육학에 대한 관심의 표현은 그다지 많이 진행되어 오지는 않았다. 그러나 이와 같은 주제에 대한 깊은 관심은 세계의 추세라 할 수 있다. 이와는 달리 한국교육과정 연구에서의 비판교육학과 비판적인 사고에 대한 연구는 특정 학자들에 초점이 맞춰져 있거나 탈근대주의와 같은 이론적인 논의에 국한되어 왔다. 이와 같은 결과는 앞으로 한국교육과정 연구에서 비판적인 사고와 비판교육학과 관련된 주제에 다양한 관심과 연구가 진행되어야 함을 시사하고 있다.

7) 공평(equity)과 평등(equality)

본 연구자는 비판교육학이 교육의 해방적인 목적을 강조하고 있는 것은 결국 공평과 평등이라는 주제가 그 중심에 있기 때문이라고 주장하고 싶다. 게아드 외(Gallard et al, 1998: 949)는 다음과 같이 기술하고 있다.

> 공평은 실체가 없는 것으로 법이나 교육적 정책의 뒤에 숨겨져 있는 것에 초점을 둔다. 이것은 법이나 교육적 정책이 해석되고 실행될 때 정당성을 포함하고 있다. … 역사적으로 공평은 정당성과 연계되어 있다. 반면에 평등은 동일함과 차이의 부재와 연계되어 있다.

또한 알베슨과 스쾰드버그(Alvesson and Sköldberg, 2000)에게 비판이론은 사회현상의 정치적인 본성에 대한 인식의 증가와 일상생활에서 당연시 여겨지는 현실들을 비판적으로 성찰할 수 있는 연구자의 능력을 발전시키기 위한 목적을 가지고 있다고 하고 있다(p. 111). 그러므로 한국교육과정을 포함한 교육에서의 평등과 공평 주제는 비판이론과 비판교육학에서 가장 중요한 주제이다. 예를 들면, 제7차 교육과정의 주요 특성 중의 하나는 수준별 학교교육 전략이다. 이것은 학생들의 학업지식 능력에 따라 가르치는 전략을 의미하는 것이다. 많은 학자들은(예, 정미경, 2000; 김천기, 2001) 이러한 수준별 학교교육에 대해서 의심을 가지고 있는데, 그 이유는 이러한 교육과정이 불평등하고 불공정한 재생산 과정의 가능성을 가지고 있기 때문이다. 이와 같은 주장을 하는 학자들은 하나의 주요한 지배 이데올로기로서 경쟁심이 한국교육과정에 포함되어 있으며, 수준별 교육과정은 지배계급에 더 많은 이익을 줄 수 있다고 주장하고 있다. 그 이유는 지배계급이 이미 피지배계급보다 '상징자본(symbolic capital)'을 풍부히 가지고 있기 때문이다. 결국 이들은 수준별 교육과정은 한국의 불평등하고 불공정한 사회구조를 재생산함을 시사하고 있다.

그 외에도 다른 많은 주제들을 공평과 평등이라는 개념 위에서 논의하고 있다. 이건만(1993)은 계열화되어 있는 한국의 고등학교 체제와 함께 사회적인 불평등을 논의하고 있다. 이두휴(1993)는 학력 인플레이션의 지역 간 분화와 지역격차에 대한 관계를 조사하였는데, 여기서 한국의 지역과 대학에 의한 학력 인플레이션은 불평등하고 불공정한 교육기회를 구체화하고 있음을 발견하였다.

안관수(1996)는 한국의 국가교육과정정책을 비판하고 있는데, 한국의 학교교육과 국가교육과정은 공평한 교육환경을 조성하기보다는 평등한 기회를 제공하는 데 초점을 맞추고 있다고 논의하고 있다. 정치, 사회, 문화, 경제적으로 차별화되어 있는 한국의 사회구조 안에서 이러한 정책은 결국 현 지배계급의 구조를 재생산하는 데 역할을 할 것이다. 그러므로 안관수(1996)는 한국교육에서 평등한 기회를 주는 이러한 정책을 비판하며 거부해야 한다는 주장과 함께 학생들이 이미 가지고 있는 능력과 조건에 따른 공평한 교육의 경로를 발전시켜야 한다고 하고 있다.

다른 학자들은 또한 교육정책과 경제발전의 일치성에 대하여 지적하고 있다. 예컨대, 한국의 교육정책은 과학계열에 종사하는 학생들을 고무시키고 있는데, 그 이유는 그들이 정부에 의해 지원되고 있는 경제적인 발전에 이익을 줄 것이라는 기대를 가지고 있기 때문이다. 한국은 한국전쟁 이후 급속도로 경제적인 성장을 해 왔다. 이것은 경제성장에 대한 지나친 강조 때문인데, 이러한 과잉강조는 결국 경쟁적인 자본주의에 입각한 국가교육과정 개발에 커다란 영향을 미쳐 왔다. 결국, 부족한 상징자본을 소유하고 있는 특정 피지배계급은 사회지위뿐만 아니라 교육에서도 불이익을 당하여 왔다는 것은 너무나 자명한 사실이다. 그러므로 학자들은(예, 김영화 · 김병관, 1999; 오욱환, 1994; 김천기, 1994; 한만길, 1991; 한준상, 1990) 정부로부터 권장받고 있는 '경쟁이데올로기'의 교육 흐름에 대한 강조는 결국 불평등하고 불공정한 교육기회를 심화시킬 것이라고 지적하였다.

비판이론에 대한 학자들의 인식과 관계없이 많은 학자들은 평등과 공평에 관한 주제들을 한국교육과정 연구 안에서 논의해 왔다. 비판이론가들의 연구가 가지는 궁극적인 목표는 불균형(asymmetric)한 사회, 경제, 정치, 문화, 역사적인 상황에 대한 표출이다. 더욱이 비판교육학적 관점에서 교육과 권력관계의 연계성은 그들의 주요한 관심사이다. 이러한 관점들 안에서 공평과 평등은 교육과 교육과정 연구에서 가장 중요한 주제가 되어야 할 것이다. 그러므로 이와 같은 연구들은 한국교육과정 연구들이 의도적이든 또는 그렇지 않든지 간에 비판이론과 비판교육학에 커다란 관심을 가지고 있음을 시사하고 있다.

4. 한국교육과정 연구에서 비판이론연구에 대한 비판

본 논문에서는 1970년대 이후 진행되어 온 교육과 사회현상의 관계를 주로 다루는 학술지논문들을 중심으로 비판이론에 근거를 둔 한국교육과정 연구에 대해서 기술하였다. 비록 조사된 연구들이 한국교육의 모두를 대표한다고 할 수는 없지만 그들이 가진 한국교육연구에서의 위치는 상당히 중요성을 가지고 있다. 이러한 조사에서 본 연구자는 한국교육과정 관련 연구들을 비판이론의 일곱 주제아래 논의하였는데, 이는 또 다시 세 개의 경향으로 분류 · 요약될 수 있다. 첫째, 대부분의 연구들은 학교 실제현장 안에서 실행적인 연구(practical research)를 진행해 오기보다는 이론적인 배경에 대한 논의에 초점을 두어 왔다. 이러한 흐름은 학교실행과 한국교육과정 연구 사이에 특정한 거리를 형성해 왔다. 그러나 한편으로 본 연구자는 한국의 교육학 관련 학술지의 이론적 배경에 중점을 두는 경향을 고려할 대 많은 현장중심 연구들이 석사학위논문과 박사학위논문을 통해 진행되고 이끌어졌다고 믿는다(예, 김기석, 1987).

둘째, 대부분의 논의가 재생산이론과 같이 비판이론의 특정 주제에 국한되어 있었다. 본 연구자가 증명한 것처럼, 한국교육과정 학자들이 다양한 주제들을 언급했을지라도, 몇몇의 연구주제들만이 더욱 강조되어 왔다. 이를테면 재생산이론에 대한 논의들 중에서 저항이론을 다룬 연구들이 그다지 눈에 띄지 않았으며, 비판교육학과 관련된 주제에서도 전경갑(1999)이 지적한 것처럼 프레이리 이론에 지나치게 편중되어 있음을 발견하였다.

셋째, 많은 연구들이 전통적인 신마르크스주의를 유지하고 있었다. 비판이론을 다루는 교육과정 연구에 해당하는 학자들은 최근에 대두되는 다양한 사회학적인 관점에 논의를 진행하고 있다. 이를테면, 비판교육학이라는 분야를 중심으로 탈근대주의, 후기구조주의(post-structuralism), 그리고 여권신장주의(feminism)가 그 예이다. 반면에 지금까지 진행되어 온 한국교육과정 연구는 전통적인 마르크스주의와 신마르크스주의에 국한되어 있음을 연구에서 알 수 있었다. 물론 한국학자들이 앞에서 언급했던 것처럼 최근 들어 평등과 공평이라는 커다란 분야 내에서 새로운 주제들에 많은 관심을 갖고 있음은 반가운 소식이다.

위와 같은 한국교육과정 연구에서 비판이론 주제관련 학술지논문들을 조사한 결과에 따른 세 가지 결론과 함께, 본 저자는 한국교육과정 연구에서 비판이론과 관련하여 앞으로 어떠한 연구가 지속되어야 할 것인가에 대한 답변을 세 가지 제언을 통해 기술하고자 한다. 첫째, 한국교육과정 연구의 이론적인 논의중심 흐름에 대하여, 학술지논문을 위한 논의일지라도 교육학자들은 보다 실제적이고 현장의 연구대상들을 중심으로 활발한 연구를 진행하고 논의할 필요가 있다. 서양의 교육과정 연구에 대한 예를 들면, 많은 현장연구들이 비판이론과 관련되어 진행되어 왔다. 예컨대, 로티(Lortie, 1975)의 〈학교교사(Schoolteacher: A sociological study), 윌리스(Willis, 1977)의 〈노동자 되기 위한 학습(Learning to labor: How working-class kids get working-class jobs)〉, 굳라드(Goodlad, 1984)의 〈학교라고 불리는 장소(A place called school: Prospects for the future)〉, 타이악과 쿠반(Tyack and Cuban, 1995)의 〈이상세계를 향한 서투른 행동(Tinkering toward utopia: A century of public school reform)〉, 맥닐(McNeil, 1986)의 〈통제의 모순(Contradictions of control: School structure and school knowledge)〉, 프랭크버그(Frankenberg, 1993)의 〈백인여성, 인종 문제(White women, race matter: The social construction of whiteness)〉, 웨세이머(Westheimer, 1998)의 〈학교 교사들 중에서(Among school teachers: Community autonomy and ideology in teachers' work')〉와 같은 연구들이 몇몇의 예이다. 물론 이들은 대부분 저서로 출판된 연구들이지만 이러한 저서뿐만 아니라 교육 학술지에서도 비판이론 관련 실제 현장연구는 쉽게 찾아볼 수 있다.

한편으로는 한국 학술지논문의 이론적인 논의중심 흐름에도 불구하고, 비록 일부 학자들이지만 한국교육과정 연구에서 현장연구들을 진행해 왔다는 것은 반가운 일이다. 김기석 편(1987) 〈교육사회학 탐구 I〉, 김영천(1997)의 〈네학교 이야기: 한국초등학교 교실생활과 교실〉, 조한혜정(1996)의 〈학교를 거부하는 아이, 아이를 거부하는 사회〉, (2004)〈학교를 찾는 아이, 아이를 찾는 사회〉가 몇몇의 예라 할 수 있는데, 그러나 이와 같은 연구들이 활발히 진행되어 왔다고는 할 수 없을 것이다. 이러한 현 상황은 교육과정 실행가들인 현장 교사들이 비판이론에 대해 인식하지 못하는 것을 악화시킬 수 있는 가능성을 가지고 있으며, 더 나아가서 비판적인 사고와 비판교육학을 포함한 비판이론 아래 실제 학교환경에 대한 토론의 노력의 필요성을 시사하고 있다.

둘째, 본 연구자는 한국학자들이 연구 방법론에 있어서 '패러다임 이동(a paradigm shift)'의 순간을 직면해야 한다고 제안한다. 비판적인 사고의 입장에서 살펴볼 때, 현재까지 지배적으로 진행되어 왔던 실증주의에 입각한 양적연구는 이제 질적연구와 양립해서 서로 변증법적인 토론을 중심으로 교육과정 연구를 이끌어 나가야 할 것이다.

현 연구 방법론의 흐름으로 비판이론가들은 비판문화기술지 연구(critical ethnographic studies)에 깊은 관심을 가지고 있다. 여기에는 현상학적인 방법론들과 함께 의사소통이론(theory of communicative action)과 같은 해석학적인 변증법(hermeneutic dialects) 또한 포함하고 있다(Kincheloe and McLaren 2000). 비판문화기술지 연구자들은 1970년대 이후 전통적인 마르크스의 관점과 인류학자들의 관심아래 인간의 언어와 문화에 깊은 관심을 가져왔다. 폴리(Foley, 2002)는 시카고학파(the Chicago school)에 있던 미국의 인류학자들이 1970년대 궁극적으로 프랑스와 영국의 신마르크스주의자들과 독일의 프랑크프루트 학파로부터 영향을 받은 탈근대주의, 문화재생산, 문화실행(cultural practices)에 관심을 갖고 있었다고 기술하고 있다. 이러한 관심은 문화형태(cultural formations), 문화적인 쟁점의 다양한 현장, 그리고 일상적이고 문화적인 실행들의 조사에 익숙해지는 데 도움을 주었다고 지적하고 있다.

이러한 연구 방법론적인 흐름이 함축하고 있는 것은 비판이론의 근거아래 진행되는 연구들은 한국교육과정 학자들이 전통적으로 사용하고 있는 실증주의에 입각한 양적연구에 따르기보다는 많은 연구들이 문화기술지 방법론을 따르려고 시도해 왔다는 것을 알 수 있으며 이러한 연구들의 대부분은 질적연구로 이끌었음을 알 수 있다. 따라서 본 저자는 한국의 학자들이 연구 방법론에 있어서 패러다임 이동(a paradigm shift)의 순간을 직면해야 한다고 제안한다. 즉, 한국의 학자들은 교육과정 연구에 있어서 질적연구 형태의 방법론에 더 많은 관심을 가져야 한다. 이러한 방법론에서 패러다임 이동은 결국 비판이론과 비판교육학 아래 한국교육과정 연구에서 다양하고 넓은 주제를 다룰 수 있는 마음가짐을 고무시킬 것이다.

셋째, 두 번째 제안에 따라서 한국학자들은 비판이론에서의 교육과정 연구에 현재 진행 중인 연구의 폭보다 넓은 주제를 다룰 필요가 있다. 비판이론은 본질적으로 사회학적 이론에서 인간의 이성과 합리성에 초점을 두어 왔다. 이러한 노력은 사회에서 권력과 지식의 관계에 대한 설명을 하고자 하는 시도를 보여 왔다. 이러한 이론을 바탕으로 더욱 중요한 실행은 바로 방법론에 있어서 논리적 부정(negation)과 비판적 사고의 태도이다. 토레스(Torres, 1999)가 이야기한 것처럼, 비판이론은 전통적인 마르크스주의자와 신마르크스주의자들의 경제 · 정치적인 투쟁(struggles)에 국한되어 있지 않다. 비판이론학자들은 항상 젠더, 경제계급, 민족, 문화, 사회경제, 정치경제 등 그들의 근본적인 논리적 부정(negation)과 함께 다양한 많은 주제와 맥락들을 비판해 왔다. 또한 비판교육학에 해당되는 학자들은 마르크스의 관점에서 탈근대주의에 걸쳐 권력, 지식, 교육의 관계를 이해하려는 모든 노력을 보여 왔다 (Aronowitz and Giroux, 1991; Giroux, 1997; Pinar et al, 1994; Hill et al, 2002). 후기구조주의적인 탈근대주의는 심지어 비판교육학을 논리적 부정과 비판적인 사고 과정과 함께 여권신장주의 관점으로 확장시키기도 하였다(예, Luke and Gore, 1992). 이와 같이 서양에서 진행되고 있는 다양한 비판교육학 관련 최근 연구들은 결국 한국학자들도 비판이론에서의 교육과정 연구에 다양한 관심을 가질 것을 제안한다.

5. 비판이론과 관련된 참고 저서에 대한 소개

1) 최근 번역되어 출간된 비판이론 저서들

Henry Giroux(1988) 이경숙 옮김(2001). 교사는 지성인이다. 서울: 아침이슬.

비판적인 사고와 교수전략을 가진 교사란 어떠한 의식과 태도를 가져야 하는가에 대하여 대표적인 비판교육학자이면서 문화연구학자인 헨리 지루의 논의를 다룬 책으로서, 미국의 1980년대 교육현실을 중심으로 기술하고 있지만 현 한국의 교육현장과 많은 부분 일치하고 있다. 또한 이러한 현실을 극복해 나가기 위한 지성인으로서의 교사는 어떠한 자격을 갖추어야 하는가에 대해서 제안을 하고 있다.

Paulo Freire(1998) 교육문화연구회 옮김(2000). 프레이리의 교사론. 서울: 아침이슬.

1997년을 생애 마지막으로 별세한 브라질의 대표적 비판교육학자로서 이론적 논쟁보다는 실제 현장을 중심으로 일생을 바쳐 온 교육학자이다. 본 저서는 현장 교사들이 프레이리에게 보내온 편지에 대한 답변을 기록한 것으로 실제 현장에서 가질 수 있는 딜레마에 대한 비판교육학자의 사상을 담은 저서로 현장 교사들에게 실제적 도움을 줄 수 있는 저서이다.

Henry Giroux(1999) 성기완 옮김 (2001). 디즈니: 순수함과 거짓말. 서울: 아침이슬.
어린이들뿐 아니라 이제는 많은 지구인들의 꿈을 키워 주는 것으로 인식되어 있는 디즈니, 그러나 그것이 가지고 있는 신자유주의적이고 상업주의적인 기의는 우리의 의식을 왜곡시키고 있다. 더욱 중요한 것은 디즈니라는 거대회사가 주요 대상으로 삼는 것은 바로 어린이들의 순수함이라는 것이다. 이러한 순수함마저 상품화시켜 온 디즈니의 실체를 헨리 지루는 과감히 비판하며 우리의 의식을 깨워 주고 있다.

Joe L. Kincheloe(2002) 성기완 옮김(2004). 버거의 상징: 맥도날드와 문화권력. 서울: 아침이슬.
조 킨체로 또한 미국의 대표적인 비판교육학자이면서 문화연구자이다. 본 저서에서는 이미 공공연히 되어 있는 맥도날드 기업의 신자유주의적인 기의를 세세히 해체하고 있는데, 이러한 해체 작업이 고전적인 비판이론뿐만 아니라 탈근대주의적인 의미까지 폭넓게 진행되고 있다. 맥도날들의 신자유주의에 대한 비판을 하고 있는 많은 저서 중에서 누구나 쉽게 읽을 수 있는 최근 저서 중의 하나이다.

2) 외국 저서로서 실제 현장을 기술한 저서들

Joel Westheimer (1998). Among school teachers: Community autonomy and ideology in teachers' work, New York: Teachers College Press.
실제 교사 공동체 문화가 어떻게 진행되고 있는가? 매일 진행되는 심층 관찰이 공동체를 이론적으로 이해하는 데 어떻게 공헌하는가? 실제 교사들의 공동체 문화의 이해가 사회학 이론, 교육 정책과 역사, 교육학 연구에 지원을 어떻게 할 수 있는가?

Ruth Frankenberg (1993). The social construction of whiteness: white women, race matters, Minneapolis, MN: University of Minnesota Press
지배계층의 구성원들이 사회화와 일상적 실행 속에서 어떻게 재생산되는가? 백인 여성이 그의 삶 속의 사회화와 일상적 실행을 통해 젠더에서 어떻게 백인 여성의 위치가 결정되는가?

Linda M. McNeil (1986). Contradictions of control: School structure and school knowledge, New York: Routledge.

학교 지식은 기관의 맥락에서 어떻게 형성되는가? 학교 지식과 실제적 지식과의 괴리감을 형성하는 데 학교가 하나의 기관으로서 어떻게 보상을 정하고 학습을 정의해 가는가? 교육과정은 기관으로서의 학교에 하나의 도구로서 실제적 경험에 의한 지식 형성을 제외한 학교 지식 형성에 어떠한 역할을 하는가?

Carla Washburne Rensenbrink (2001). All in our places: feminist challenges in elementary school classrooms, New York: Rowman & Littlefield Publisher, Inc.
세 초등학교 교사들의 교육과 관련된 여성학 이론에 대해서 어떻게 이해하고 있는가? 이들이 여성학 이론에 의한 지식을 어떻게 구성해 가는가? 이를 통한 이들의 교육활동에는 어떠한 영향을 미치는가? 교사들이 연구 진행 속에서 어떠한 변화된 모습을 보여 주는가?

Amy Stambach (2000). Mount Kilimanjaro: Schooling, Community, and Gender in East Africa, New York: Routledge.
탄자니아 킬리만자로 지역의 한 마을에서 중등교육의 의미는 무엇인가? 중등교육을 함에 있어서 학교의 역할과 마을 공동체의 역할은 어떠한가? 이곳에서의 교육과 젠더 이슈와는 어떠한 연계성이 있는가?

Alan Peshkin (1997). Places of Memory: Whiteman' s schools and native American communities, Mahwah, NJ: Lawrence Erlbaum Associates.
미국 원주민 학생들이 원주민 고등학교의 학교 교육에서 학업성취를 어떻게 하고 있는가? 원주민 고등학교에 다니는 학생들이 다른 학생들에 비해 낮은 학업성취와 학업 동기를 어떻게 가지게 되는가?

Guadalupe Valdés (1996). Con Respeto: Bringing the distances between culturally diverse families and school, New York: Teachers College Press.
멕시코인 이주자들 중 어머니들은 어떻게 가족의 경제적 생존을 위해 노력하는가? 이러한 가족들이 새로운 세계에서 어떻게 성공이라는 과정을 배워 가는가? 이주민들의 가족에서 교육적 관심의 부족은 어떻게 형성되는가?

후주

1) The Institution for Social Research(The Institut Fur Sozialforschung)는 1923년 2월 설립되었으며 프랑크푸르트 학파의 초기 형태이며, 1930년에는 막스 호크하이머(Max Horkheimer)의 지휘 아래 가장 유명한 연구자들이 그 기관에 참여하게 되었다.

참고문헌

강창동(1995). "Bourdieu의 교육 재생산론에 관한 고찰." 교육사회학연구, 5(1), 1-16.

강창동(1996). "Bourdieu의 장과 하비투스에 관한 교육적 논의." 교육학연구, 34(1), 1-22.

강창동과 성열관(1997). "계급별 소득과 부에 미치는 교육효과 분석." 교육사회학연구, 7(4), 173-187.

김괘상 편(1986). 민중교육론. 서울: 한길사.

김괘상(1986). 실천교육학. 서울: 일월서각.

김기석(1987). 문화재생산이론. 서울: 배영사.

김기석 편(1987). 교육사회학 탐구 I: 학교교육의 신화와 현실. 서울: 교육과학사.

김기석(1987). "저항이론의 실증적 검토: 반대행동의 표출양식, 결정요인 및 결과." 교육사회학 탐구 I: 학교교육의 신화와 현실. 김기석 편, 261-314.

김두정(1989). "한국의 사회구조와 학교교육내용: 연구들과 검토." 교육과정 연구, 8(1), 5-18.

김미숙(1999) "상고생 되기: 학교지식, 기호적 사회적 차별화, 그리고 주체성 형성과정." 교육사회학연구, 9(1), 103-129.

김민경(1997). "부르디유의 재생산 이론에서 시간성." 교육사회학연구, 7(4), 139-151.

김민환(1989). "교육과정에 관한 사회학적 접근의 본질과 비판에 과한 재음미: 신교육사회학을 중심으로." 교육과정 연구, 8(1), 19-34.

김복영(2003). "Gramsci의 교육과정론에 대한 논쟁과 종합." 교육과정 연구, 21(1), 23-29.

김부태(1991). "학력사회화 이론의 비판적 고찰." 교육학연구, 29(3), 223-234.

김영천(1997). 네 학교 이야기: 한국의 초등학교에서 교실생활과 수업. 서울: 문음사.

김영화와 김병관(1999). "한국 산업화 과정에서의 교육과 사회계층 이동." 교육학연구, 37(1), 155-172.

김재춘(2002). "잠재적 교육과정의 재개념화 필요성 탐색." 교육과정 연구, 20(4), 51-66.

김종서(1975). "잠재적 교육과정의 개념." 교육과정 연구, 2, 29-54.

김종서(1976). 잠재적 교육과정. 서울: 익문사.

김천기(1993). "보울즈와 긴티스의 포스트 마르크스주의로의 전환과 신교육이론: 새로운 패러다임적 전환." 교육학연구, 31(5), 195-220.

김천기(1994). "국가경쟁력 강화 정책과 교육불평등의 심화." 교육사회학연구, 4(1), 61-83.
김천기(1997). "세계화를 위한 시장논리적 교육개혁에 관한 비판적 고찰." 교육사회학연구, 7(3), 219-238.
김천기(2001). "한국 사회적 맥락에서 본 수준별 교육과정: 불평등 재생산 기제." 교육사회학연구, 11(3), 39-56.
김희선(2002). "프레이리의 지식습득이론(theory of knowing)에 대한 고찰." 안암교육학연구, 8(1), pp 1-14.
박부권(1985). 교육과 이데올로기. 서울: 한길사.
박순경(1996). "잠재적 교육과정의 논의(I): 잠재적 교육과정은 존립불가능한가?" 교육과정 연구, 14(1), 285-300.
배정근 편(1987). 교육의 재생산이론. 서울: 양서원.
백일우(1999). "과외행위에 대한 교육경제학적 이해." 교육학연구, 37(4), 291-305.
서근원(2003). 수업을 왜 하지? 서울: 우리교육.
송영경(1997). "윌리엄즈와 부르디외의 문화와 학교에 관한 논의." 교육사회학연구, 7(4), 153-172.
신용주(1996). "성인교육적 관점에서 본 비판적사고의 이해." 교육학연구, 34(1), 169-187.
안관수(1996). "학교에서의 교육기회의 보상적 평등에 관한 비판적 고찰." 교육사회학연구, 6(2), 1-12
안관수(1997). "사회적 불평등의 재생산요인으로서 문화적 자본." 교육사회학연구, 7(1), 113-125.
안관수(2002). "기능주의적 관점에서 본 학업성취에 대한 비판적 연구." 한독교육학연구, 7(2), 59-78.
오욱환(1990). "구조론적 마르크스주의 교육사회학의 딜레마." 교육학연구, 28(3), 123-135.
오욱환(1994). "한국 자본주의 경제구조와 교육비 구성의 상응관계." 교육사회학연구, 4(1), 103-129.
오욱환(1995). "현대 자본주의 사회에서 국가와 교육: 마르크스주의 국가론에서 교육의 의미." 교육학연구, 33(5), 135-161.
이건만(1993). "고등학교의 차별적 사회화와 사회불평등." 교육학연구, 31(1), 197-233.
이규환 역(1984). 자본주의 사회의 교육. 서울: 창작과 비평사.
이규환(1987). 비판적 교육사회학. 서울: 한울.
이두휴(2001). "글로발리제이션에 대응하는 고등학교의 개혁방안." 교육사회학연구, 11(3), 105-125.
이두휴(1999). "교육경쟁의 정치경제학적 분석." 교육사회학연구, 9(1), 159-179.
이두휴(1993). "학력인플레이션의 지역간 분화와 지역격차." 교육학연구, 31(3),

133-149.
이해성(1994). “잠재적 교육과정과 민주적 태도 그리고 개방적 수업방식.” 교육사회학연구, 4(1), 201-225.
이해성(1997). “계급간 언어유형의 차이와 문화강제 그리고 학교부적응.” 교육사회학연구, 7(4), 109-121.
이혜영 역(1988). 마르크스주의와 교육이론. 서울: 한길사.
임영수(1996). “한국 학력주의의 이데올로기적 성격에 대한 고찰: M. Harris의 문화적 유물론의 관점에서.” 교육학연구, 34(5), 465-486.
장원섭(2001). “해방적 직업교육을 위한 제안.” 교육사회학연구, 11(2), 125-143.
전경갑(1998). “해체철학의 도전과 비판교육학.” 교육학연구, 36(3), 1-19.
정미경(2000). “수준별 수업과 교육기회의 평등화 문제.” 교육과정 연구, 18(1), 275-297.
정진곤(1987). “기능주의의 교육이론과 재생산 교육이론: 실증적 증거와 비판.” 교육사회학 탐구 I: 학교교육의 신화와 현실. 김기석 편, 225-259.
정영애(1985). “신교육사회학의 쟁점과 가능성.” 교육학연구, 23(1), 97-112.
정학주(1990). “해방이후 한국의 교육학 이론에 대한 비판적 연구.” 교육사회학연구, 1(1), 41-51.
조한혜정(1996). 학교를 거부하는 아이, 아이를 거부하는 사회. 서울: 또 하나의 문화.
조한혜정(2004). 학교를 찾는 아이, 아이를 찾는 사회. 서울: 또 하나의 문화.
최원형(1988). 교육과 권력. 서울: 한길사.
한만길(1991). “대학 교육기회의 확대에 따른 대학의 분화와 교육기회의 불평등에 관한 연구.” 교육학연구, 29(3), 251-266.
한준상(1986). 교육과 평등론. 서울: 전예원.
한준상(1990). “한국교육계 갈등구조에 관한 이론화.” 교육사회학연구, 1(1), 19-28.
허린(1987). “잠재적 교육과정 비판론 검토.” 교육과정 연구, 6, 91-115.
허숙(2002). “교육과정학 탐구의 성찰: 역사와 전망.” 교육과정 연구. 20(3), 1-22.
허창수(2004). “한국 교육에서의 젠더 평등과 공평: 여성 연구에 대한 개념 확장의 필요성.” 교육사회학연구, 14(2), 219-246.
Althusser, L. (1971). *Lenin, philosophy, and other essays.* (B. Breweser, Trans.) New York: Monthly Review Press.
Alvesson, M. & Skldberg, K. (2000). *Reflexive methodology: New vista for qualitative research.* Thousand Oak, CA: Sage Publications.
Apple, M. W. (1975). The hidden curriculum and the nature of conflict. In W. Pinar (Ed.), *Curriculum theorizing: The reconceptualists* (pp. 95-119). Berkeley, CA: McCutchan.
Apple, M. W. (1979). *Ideology and curriculum.* London: Routledge.
Apple, M. W. (1990). *Ideology and curriculum.* (2nd ed.) New York: Routledge and Kegan Paul.
Aronowitz, S. & Giroux, H. (1985). *Education under siege: The conservative liberal*

and radical debate over schooling. South Hadley, MA: Bergin and Garvey. [2nd edition published in 1993 as Education still under siege.]

Aronowitz, S. & Giroux, H. (1991). *Postmodern education: Politics, culture, and social criticism*. Minneapolis, MN: The University of Minnesota Press.

Bernstein, B. (1977). *Class, codes, and control, Vol. 3. Towards a theory of educational transmission* (2nd ed). London: Routledge and Kegan Paul.

Bourdieu, P. (1977). *Outline of a theory of practice*. (R. Nice, Trans.) Cambridge: Cambridge University Press.

Bourdieu, P. & Passeron, J. (1979). *Reproduction in education, society, and culture*. Beverly Hills, CA: Sage Publications.

Bowles, S. & Gintis, H. (1976). *Schooling in capitalist America: Educational reform and the contradictions of economic life*. New York: Basic Books.

Bowles, S & Gintis, H. (1986). *Democracy and capitalism: Property, community, and the contradictions of modern social thought*. NY: Basic Books.

Burbules, N. C. and Berk, R. (1999). Critical thinking and critical pedagogy: Relations, differences, and limits. In T. S. Popkewitz and L. Fendler (Eds.) *Critical theories in education: Changing terrains of knowledge and politics* (pp. 45-65), New York and London: Routledge.

Campbell, P. B. (1989). Educational equity and research paradigms. In W. Secada (Ed.), *Equity in education* (pp.26-42), Philadelphia, PA: Falmer Press.

Carlson, D. (1992). Education as a political issue: What' s missing in the public conversation about education? In J. Kincheloe & S. Steinberg (Eds.), *Thirteen questions* (pp. 263-274). New York: Peter Lang.

Cornbleth, C. (1991). *Curriculum in context*. London, England: Falmer.

Feinberg, W and Soltis, J. F. (1992). *School and society* (2nd Ed.). New York, NY: Teachers College Press.

Foley, D. E. (2002). Critical ethnography: the reflective turn. *Qualitative studies in education*, 15(5), 469-490.

Frankenberg, R. (1993). *White women, race matter: The social construction of whiteness*. Minneapolis, MN: University of Minnesota Press.

Gallard, A., Viggiano, E., Graham, S., Stewart, G., & Vigliano, M. (1998). The learning of voluntary and involuntary minorities in science education. In B. J. Fraser & K.G. Tobin (Eds.), *International handbook of science education* (pp. 941-953). Dordrecht/Boston/London: Kluwer Academic Publishers.

Giroux, H. A. (1981a). Hegemony, resistance, and the paradox of educational reform. *Interchange*, 12(2-3), 3-26.

Giroux, H. A. (1981b). *Ideology, culture, and the process of schooling*. Philadelphia, PA: Temple University Press.

Giroux, H. A. (1983). *Theory and resistance in education: A pedagogy for the opposition.* South Hadley, MA: Bergin and Garvey.

Giroux, H. A. (1988). *Schooling and the struggle for public life: Critical pedagogy in the modern age. Minneapolis,* MN: The University of Minnesota Press.

Giroux, H. A. (1997). *Pedagogy and the politics of hope: Theory, culture, and schooling.* Boulder, CO: Westview.

Goodlad, J. I. (1984). *A place called school: Prospects for the future.* New York: McGraw-Hill Book Company.

Gramsci, A. (1975). *Selections from cultural writings* (D. Forgacs, G. Smith, Eds., & W. Boelhomer, Trans.). London, England: Lawrence and Wishart

Grant, C. (1989). Equity, teachers and classroom life. In W. Secada (Ed.), *Equity in education* (pp.89-102). Philadelphia, PA: Falmer Press.

Hall, S. & Jefferson, T. (Eds.) (1976). *Resistance through rituals.* London: Hutchinson Press.

Hill, D., McLaren, P., Cole, M., and Rikowski, G. (Eds.) (2002). *Marxism against postmodernism in educational theory.* Lanham, MA: Lexington Books.

Kim Misook (1997). *School, work, and subjectivity: an ethnographic study Korean commercial high schools,* Unpublished doctoral dissertation, University of Wisconsin-Madison.

Kim Sung-Il and Choi Young-Sook (1992). Review and evaluation of Paulo Freire' s strategy for educational reform, 교육과정 연구, 30(4), 259-272.

Kincheloe, J. L. & McLaren, P. (2000). Rethinking critical theory and qualitative research. In N. K. Denizen & Y. S. Lincoln (Eds.), *Handbook of qualitative research* (2nd Ed.) (pp. 279-313). Thousand Oaks, CA: Sage Publications.

Lortie, D. C. (1975). *Schoolteacher: A sociological study.* Chicago, IL: The University of Chicago Press.

Luke, C. and Gore, J. (Eds.) (1992). Feminism and critical pedagogy. New York: Routledge.

McLaren, P. (1989). *Life in schools: An introduction to critical pedagogy in the foundations of education.* New York: Longman.

McNeil, L. M. (1986). *Contradictions of control: School structure and school knowledge.* New York: Routledge.

Mouffe, C. (1979) Hegemony and ideology in Gramsci. In C. Mouffe (Ed.), *Gramsci and Marxist theory* (pp. 168-204). London: Routledge and Kegan Paul.

Pinar, W. F., Reynolds, W. M., Slattery, P., & Taubman, P. M. (1995). *Understanding curriculum: An introduction to the study of historical and contemporary curriculum discourses.* New York: Peter Lang.

Popkewitz, T. S. and Fendler, L. (Eds.) (1999). *Critical theories in education:*

Changing terrains of knowledge and politics. New York and London: Routledge.

Secada, W. G. (1989). Educational equity versus equality of education: An alternative conception. In W. Secada (Ed.), *Equity in education* (pp. 68-88), Philadelphia, PA: Falmer Press.

Siegel, H. (1988). *Educating reason: Rationality, critical thinking, and education*. New York: Routledge.

Stromquist N. P. and Monkman, K. (2000). Defining globalization and assessing its implications on knowledge and education. In N. P. Stromquist and K. Monkman (Eds.). *Globalization and education: Integration and contestation across cultures*. New York: Rowman & Littlefield Publishers, Inc.

Torres, C. A. (1999) Critical theory and political sociology of education: Arguments. In T. S. Popkewitz and L. Fendler (Eds.). *Critical theories in education: Changing terrains of knowledge and politics* (pp. 87-115). New York and London: Routledge.

Tyack, D. and Cuban, L. (1995). *Tinkering toward utopia: A century of public school reform*. Cambridge, MA: Harvard University Press.

Whang Joung-Kyu (1985). Intelligence and ideology, *Journal of Educational Research*, 23(1), 73-84.

Westheimer, J. (1998). *Among school teachers: Community autonomy and ideology in teachers' work*. New York: Teachers College Press.

Wexler, P. & Whitson, J. (1982). Hegemony and education. *Psychology and Social Theory*, 3, 31-42.

Willis, P. (1977). Learning to labor: *How working-class kids get working-class jobs*. New York: Columbia University Press.

제14장

페미니즘과 교육과정 연구

곽 삼 근(이화여자대학교 교육학과 교수)

1. 서 론

이 장의 목적은 한국사회에서 페미니즘 이론의 전개와 그 연구동향이 교육과정 연구에 어떠한 영향을 끼쳤는가를 분석하고 향후 연구방향에의 시사점을 제시하는 데에 있다. 연구의 주요내용은 첫째, 페미니즘의 개념과 유형, 그리고 이론의 전개과정을 고찰하고, 둘째, 교육학연구에서 페미니스트 이론의 유형별 특성과 연구경과를 살펴보며, 셋째, 서구와 한국의 교육과정 연구에서 페미니스트 연구동향을 고찰한 후 그 성과와 의미를 평가한 후 향후 연구방향을 제시하는 것이다.

여성은 이제까지 공적 세계에서 배제되어 왔으나, 세계화 시대 한국여성의 국제경쟁력 향상 차원에서 여성의 사회참여수준을 높이는 것이 주요 관심사로 대두되고 있다. 특히 유엔개발계획(UNDP, 2003)의 조사에 의하면 한국의 여성권한지수는 70개국 중 63위로서 여성교육은 보다 사회경제적 참여를 증진시키는 데 기여할 것을 요청받고 있다. 국제적으로도 참여지향 여성교육으로의 방향전환이 강조되고 있고, 그동안 주변인임을 깨달은 여성들은 어떠한 형태로든 자신의 정체성을 찾고자 하는 노력을 시도하고 있으므로 이를 적극 반영할 필요성이 대두하게 되었다.

한국사회에서 여성학의 발전과 그 파급효과는 각종 정부 정책과 모든 학문영역에 걸쳐 나타나고 있으며, 그 중에서 교육학의 분야에는 교육학 전반의 목적과 내용 그리고 방법에까지 영향을 끼치고 있다. 교육과정 연구에서 여성주의적 접근의 필요성은 그동안 지나치게 남성중심의 시각에서 논의되어 왔던 지식론과 인식론에 대한 반성적 성찰로부터 힘을 받고 있다. 여성주의적 학문 담론의 영향은 교육과정 분야에서 특히 학교 교육과정 정책 및 교과 내용 구성에서 나타나고 있다.

여성학의 연구동향은 여성주의 이론의 변화와 맥락을 같이하고 있으며, 이제까지의 경과를 한마디로 요약한다면 남녀간 동등(equality)을 추구하는 전통적 접근으로부터 차이(difference)를 추구하는 포스트모던 접근으로 이동하여 왔다고 할 수 있다. 1970년대 자유주의적 여성운동(liberal feminist movement)은 교육과 고용 측면에서 남녀간의 동등을 추구하는 데 기여하였고, 사회주의 여성주의는 여성의 경제적 종속을 밝혀 주었으며, 급진적 여성주의는 문화 및 지식의 남성독점을 비판하여 성 차별적인 현실을 인식하도록 도와주었다. 1980년대 이후 교육여건의 무조건 동등이 남성과 여성의 평등에 반드시 긍정적으로 기여하는 것만은 아니라는 비판적 인식이 대두하게 되었다. 즉, 성(性) 상대주의 개념의 발달로 남녀는 각기 다른 특성과 장점을 지니고 있으므로, 형평(equity)의 원칙하에 남성은 남성에 합당한 또 여성은 여성에 합당한 교육을 받아야 한다는 인식이 확산된 것이다. 이러한 움직임의 기저에는 남녀의 차이를 긍정적으로 바라보고 각자의 장점을 발휘토록 하는 것이 바람직하다는 소위 각자 지닌 특성의 부각이라는 방향전환이 있었다. 이를테면 여성은 남성과 다른 사회화과정을 겪으면서 상이한 자아발달개념을 지니게 되고(Chodorow, 1978; Gilligan, 1982), 또 여성의 학습경험은 생활과 밀착된 상태에서 잘 이루어지며, 경쟁적이기보다는 협동적인 학습이 유의미하다는 남녀차 연구가 관심을 끌었다(Belenky, Clinchy, Goldberger, Tarule, 1986; Kazemek, 1988). 이러한 움직임은 교육과정 연구에서도 부상하고 있어, 권위주의적 학교교육에 대한 비판과 아울러 페미니스트 페다고지에 대한 관심을 불러일으켰다. 특히 여성적 가치는 최근 지구환경 위기를 맞아 생태여성주의 관점에서의 교육문화가 강조되고 있으며, 대립과 정복이 아닌 생명을 중심으로 한 조화와 협동의 원리가 부상하고 있는 상황에서 교육과정의 핵심으로 자리 잡아야 한다는 주장도 제기되고 있다(곽삼근, 2002a).

한국의 경우는 여성에 대한 인식이 매우 혼합적이어서 시대적 변천을 단계적으로 제시하는 데 무리가 있다. 특히 교육학연구에서 여성주의적 접근은 그동안 활발한 움직임을 보이지 않고 있었으며, 교육학연구자들은 1990년대에 와서야 비로소 여성주의적 교육연구의 방향성에 관심을 갖기 시작하였다(곽삼근, 1995). 그러나 페미니스트 연구동향은 이미 서구에서는 물론 그 영향력은 한국 교육계에서도 감지되고 있어 실제로 교육과정 연구에 변화를 일으켜 오고 있다.

2. 페미니즘의 개념 및 유형

페미니즘이란 무엇인가의 물음은 쉽게 곡해될 소지가 있는 질문이다. 한국사회에서 초기에 페미니즘으로 소개되었던 용어가 이제는 여성학계에서 여성주의로 사용되고 있다. 페미니즘은 여러 각도에서 그 용어가 번역되었고, 여성해방론, 여성중심주의, 여권론 등으로도 불려 왔으나 최근에는 학문세계에서 여성주의로 사용하는 것이 보편화되었다. 다양한 용어만큼이나 여성주의 이론은 여러 가지 얼굴을 지닌 복잡한 개념이다. 한 가지 재미있는 현상은 페미니즘을 어떠한 용어로 번역 사용하는가에 따라 페미니즘 접근 연구자들의 강조점이 변화하여 왔다는 점이다.

따라서 여성주의 교육과정 연구를 탐구하기 위해서는 우선 특정 여성주의가 무엇인가를 살펴보아야 한다. 여성주의는 다양한 사상적 배경에 따라 여러 갈래로 나누어질 수 있다. 일반적으로 여성주의를 크게 두 가지 접근법으로 보면, 진보주의와 급진주의로 분류되며, 세 가지 접근법으로 보면, 자유주의, 마르크스 · 사회주의, 급진주의로 분류된다. 통(Tong, 1998)은 자유주의 여성주의, 급진주의 여성주의, 마르크스주의 여성주의, 사회주의 여성주의, 정신분석 여성주의, 젠더 여성주의, 실존주의 여성주의, 포스트모던 여성주의, 복합문화 여성주의, 글로벌 여성주의, 에코 여성주의 등 매우 세부적으로 분류하였다. 헤이에스(Hayes & Flannery, 2000)는 심리학적 여성주의 이론, 구조 여성주의 이론, 후기 구조주의 여성주의 이론으로 분류하였다.

여기에서는 여성주의 이론 전개과정을 중심으로 첫째, 전통적 여성주의, 둘째, 근대 후기의 포스트모던 여성주의, 그리고 셋째, 생태여성주의라는 세 여성주의 유형과 이론을 소개하고 교육학 연구에의 영향을 중심으로 이들 관점에 대한 종합적 통찰을 시도해 보기로 한다. 전통적 여성주의자들은 성별 불평등이라는 관점에서 정치 경제학 및 사회학적 분석을 강조하였으며(Acker et al. eds., 1984; Jayawardena, 1986), 근대 후기 여성주의자들은 여성문화의 새로운 발견 및 창조라는 관점에서 심리학, 생태학 및 문화학적 접근을 강조하였다.

전통적 여성주의자들은 다양한 관점에서 성 불평등 문제를 제기한다. 교육의 관점에서 볼 때 자유주의적 여성주의는 기회균등, 사회화, 성 역할, 성차별이라는 개념을 사용하여 교육을 논한다. 그들의 전략은 태도 변화와 입법화를 활용하여 사회화 과정을 변화시키는 것을 포함한다. 이에 대한 비판은 개념적 한계와 권력 및 가부장제에 대응하지 못함을 제기한다. 사회주의 여성주의자들은 자본주의 체제에 있어서 성별 분업의 재생산에 대한 학교의 역할을 분석한다. 주요개념은 사회문화적 재생산이고 그 외에 성별 인식과 저항의 개념이 주로 관심 대상이다. 현재까지 사회주의 여성주의의 교육적 연구 작업은 실천적이기보다는 주로 이론적이다. 이것은 지나친 결정론과 더불어 학교를 토대로 추진한 연구가 불충분하다는 면에서 비판을 받아 왔다. 교육학에서 급진적 여성주의는 주로 지식과 문화의 남성 독점 및 학교의 일상생활에서의 성 정치학에 관심을 집중시켰다. 주요 전략은 여성과 여학생들의 관심을 우선으로 하여 필요하다면 성별 그룹으로 분리하여서라도 우선 여성을 배려하여야 한다는 입장이다. 이에 대한 비판론자들은 급진적 여성주의는 생물학적 환원주의, 설명보다는 묘사 위주, 그리고 방법론적 취약성 등의 경향이 있다고 지적한다. 모든 이론적 틀은 특정 딜레마에 봉착한다는 사실을 상기할 필요가 있다. 이를테면 구조의 억압적인 권력과 개인의 저항하는 힘 사이에 상대적인 강조를 어디에 둘 것인가, 모든 여성은 동일하다는 보편성과 계급과 인종에 따라 여성은 상이하다는 다양성 사이의 긴장에 관한 딜레마가 존재한다. 전통적 여성주의에서의 주요 연구주제는 기회의 불평등을 성별 간 비교하여 밝히고, 지식과 문화의 남성독점 현상을 이론적으로 분석하며, 노동시장에서의 여성 소외 현상을 체계적으로 분석하는 것이 주류를 이루었다.

포스트모던 여성주의는 기존의 획일적이고 이분법적인 관점을 비판하며, 기존 규범의 해체와 다양성을 추구한다. 연구에서는 양성의 동등성보다는 여성의 독특성에 관심을 갖고 남성과 여성의 비교적 관점이 아니라, 여성 자신의 경험을 드러내고 밝히는 데 초점을 둔다. 최근 생태계의 위기 상황에서 더욱 큰 관심을 모으고 있는 생태여성주의는 자연과 인간의 관계를 재정립하도록 요구하고 있으며, 모든 생명을 존중하는 사상을 토대로 환경 및 생태학과 만나는 계기를 가져왔다.

꼬리표가 붙는 모모 여성주의는 일정한 한계를 갖는다. 때로는 그것이 여성주의를 여러 갈래로 분리시키며, 오히려 한 부분만을 설명할 수도 있다. 그럼에도 불구하고 여기에서 세 유형으로 구분하여 살펴보는 것은 전체적인 틀을 볼 수 있게 해주고, 또 각각의 여성주의 입장이 교육의 개념화와 이론적 구성에 어떻게 접근하는가를 파악할 수 있게 도와줄 수 있기 때문이다.

3. 여성주의 교육이론 및 연구동향

1) 전통적 여성주의 교육이론

전통적 여성주의에 있어서 쟈가와 스트럴(Jaggar & Struhl, 1978)은 자유주의적 여성주의, 맑스적 여성주의, 급진적 여성주의, 사회주의적 여성주의의 네 주류로 분류하였고, 액커(Acker, 1984)는 마르크스주의를 사회주의에 통합시킨 세 관점으로 분류하였다. 여기에서는 전통적 여성주의를 자유주의, 사회주의, 급진주의의 세 가지 관점을 중심으로 살펴본다.

(1) 자유주의 여성주의와 교육

자유주의 여성주의는 양성에게 동등한 기회를 보장하는 것을 주된 목표로 하고 있다. 교육 분야에서 자유주의 여성주의의 취지는 여성들이 그들의 잠재력을 최대한 발휘할 수 있게 하지 못하도록 하는 장애, 그 장애가 학교에 있든 개인의 심리에 있든 또는 차별적인 노동 훈련에 있든, 그 장애들을 제거하는 것이다.

자유주의 여성주의의 교육에 관한 개념적 기초에는 세 가지의 주된 주제가 있는데, 그것은 (1) 기회균등(equal opportunities), (2) 사회화와 성의 고정화(sex stereotyping), (3) 성 차별(sex discrimination)이다. 우선 동등한 기회 부여라는 매력적인 미사여구는 거의 자유주의 여성주의의 관점이 그것을 토대로 하여 조직되었다고 볼 수 있을 정도로 의미 있는 개념이다. 소녀들에게 분리된 교육 기회를 공급하는 것은 주로 열등한 교육 기자재와 제한된 미래를 의미해 왔다라는 주장이 일면서, 일각에서는 "동등이라는 것은 똑같다는 것을 의미한다"라고 주장하는 사람도 등장했다. 그러나 똑같은 취급을 받는다고 하여도 동등하지 않은 결과를 초래할 수도 있다.

자유주의 여성주의 교육에 있어서 두 번째로 주요한 관심사는 사회화, 성 역할 그리고 성 역할 고정화이다. 여학생들은 가정, 학교, 대중매체 등에 의해 전통적인 태도를 갖도록 사회화되는데, 이는 그들의 미래를 불필요하게 성 고정화에 따른 가정적 역할로 국한시키고 있다. 동시에 사회화는 개인적 관계에 있어서 일정한 패턴의 형성을 부추기는데 이는 여성을 의존적이고 순종적인 위치에 머물도록 하고 남성에게는 감정적이면서 남을 돌보는 잠재 가능성을 억압하도록 만들므로 남녀 모두에게 불리한 영향을 미친다.

자유주의 여성주의자들은 다른 여성주의로부터 격렬한 비판을 받고 있는데 그것은 특히 기회동등의 이상, 사회화의 믿음, 성 역할 모델 등 개념적인 틀의 한계에 관한 것이다. 이 접근에서 개인적인 태도를 강조하는 것은 여성의 사회화 결과 신뢰나 인식의 부족으로 여성을 희생자로 비난하는 일종의 심리적 환원으로 간주될 수 있다. 왜 사회화가 그러한 식으로 진행되었으며, 명백히 해로운 결과를 초래했는가에 대하여는 설명되지 않았다. 성 평등을 마치 모든 교육적인 해결책으로 치부해 버리는 실수를 범했기에 논쟁이 일어나기 쉽다는 지적도 제기되었다. 액커(Acker, 1984)가 지적하였듯이 노동시장 과정과 자본주의는 무비판적으로 수용되었고, 가부장제의 영향력, 힘, 그리고 남성에 의한 여성의 체계적인 종속을 무시했다는 점에서 비판을 받고 있다(Weiner, 1986; O'Brien, 1983). 그러나 자유주의 여성주의의 교육적 접근은 교육 불평등의 문제를 분석하고 해결책을 제시해 주는 등 많은 실천적 연구들을 활성화시키는 데 큰 공헌을 하였다고 할 수 있다.

교육의 성별차에 대한 해석은 여성주의자들 간에 다양하게 나타나므로 성별 간 형평을 추구하는 학교교육은 어떠한 방향으로 추진되어야 하는가의 문제도 관점 간에 서로 입장을 달리한다. 자유주의적 여성주의자들은 교육의 기회균등(지식에의 평등한 접근이나 평등한 결과)를 강조하며 이를 성별 형평(gender equity)의 문제로 간주한다. 서빈(Serbin, 1983)은 불평등한 교육의 문제를 잠재적 교육과정의 관점에서 지적하였다. 즉, 학교환경에서 성차별의 근원을 아동용 도서에 있어서 동화의 소재와 내용들은 적절한 성 역할 행동에 관한 많은 정보들을 포함하고 있어 성 역할 고정화에 영향을 끼치며, 교사의 영향력도 매우 크다는 것이다. 교사들은 종종 남학생과 여학생의 교육적 경험이 다르다는 것을 인식하지 못하는 경우가 있음을 지적하여, 무엇보다 동일한 교육과정을 추구하였다.

교육실천의 과정에 있어서 자유주의자들의 의도는 남녀 양성 간에 동등한 교육의 기회를 확보하는 것이며 여학생들이 잠재 가능성을 발휘하는 데 장애가 되는 요소들을 제거하려는 것이다(Kessler et al., 1985; Acker, 1987). 그 장애들은 학교 내에 존재하거나 개인의 심리적 상황이거나 또는 차별적 노동의 과정에서 존재할 수 있다. 여성들의 자연과학에 대한 참여를 높이기 위한 GIST(Girls into Science and Technology)와 WISE(Women Into Science and Engineering) 프로그램은 초기 사회화 과정에서의 결핍을 보상해 주기 위한 것으로 자유주의적 관점을 대표해 주는 교육조처이다. 그동안의 교육 불균등의 개혁은 동등한 기회부여의 전략이 기본적 접근이었다고 할 수 있다.

(2) 급진주의 여성주의와 교육

급진주의 여성주의자들은 사회구조가 근본적으로 변화하여 남성의 지배와 가부장적 구조가 제거되어야 한다고 생각한다. 오브리엔은 "여성주의 교육의 목표는 지식, 권력 그리고 부의 평등이 아니라 억압적인 문화적 현실로서의 성의 철폐"라고 강조한다. 급진주의자들은 사회주의 여성주의와 자유주의 여성주의가 교육에 관해 기술한 것과는 매우 다르다. 급진주의 여성주의는 경제나 가족을 학교생활과 관련시켜 논하지는 않는다.

급진주의 여성연구들은 주로 두 가지 관심사를 다루고 있다. 그 첫째는 문화와 지식의 남성 독점이고 그 둘은 학교의 일상적인 생활에서의 성 정치학이다. 첫 번째 주제를 잘 해설한 학자는 데일 스펜더이다. 스펜더(Spender, 1982)는 우리들이 알고 있는 것은 위험할 정도로 부족하다고 지적한다. 왜냐하면 인간의 지식이라고 표현된 것 중 우리가 알고 있는 것은 남자들이 활동해 온 것이나 그들이 결정한 것들을 기록해 놓은 것이기 때문이라는 것이다. 학문세계에서 지식으로 밝혀진 것의 상당 부분은 남성중심의 시각에서 논의되는 것들이라고 할 수 있다.

두 번째 주요 주제는 교육기관에서 일어나는 일상생활의 성 정치학에 관련된다. 스펜더는 여기서도 역시 그 문제의 두 가지 측면을 도출하여 의의 있는 공헌을 한다. 교사의 관심은 성별 간 불균등하게 나누어지는데 남학생에게 이로운 방향으로 작용하고 있으며, 여학생에게는 오히려 남녀공학보다 별학에서 이익을 받을 가능성이 많다는 것이다(Spender, 1982; Spender and Sarah, 1980). 여기에 더하여 마호니(Mahony, 1985)나 존스(Jones, 1985)는 여학생이 단순히 교사의 관심을 덜 받는 정도가 문제가 아니라 남학생들의 체계적인 놀림행동에 직면하고 남학생들의 언어적 비언어적 폭력과 신체적 손상위협이 상존한다고 지적한다.

급진적 여성주의는 그동안 간과되어 왔던 학교에서의 성추행 및 성에 관한 논의를 입법화시키는 데 성공적이었다. 교사와 여학생들을 위한 반성차별주의자 전략은 존스(Jones), 마호니(Mahony), 그리고 와이너(Weiner)에 의해 권고되고 있다. 여기에서의 초점은 여성이 중심에 있어야 한다는 것이다. 커리큘럼과 교과서의 개정과 성별에 관한 학문연구의 확장 등이 주요 논의 대상이며, 또한 교육학의 변화, 비위계적이고 비경쟁적인 참여식 교수방법의 시도가 주목을 끈다. 몇 가지 제시된 전략들은 기본적으로 또는 일시적으로 남녀 분리교육을 포함한다. 여기에서 핵심적이면서도 풀리지 않는 숙제는 소년들을 성 평등관점에서 어떻게 교육 또 재교육하느냐이며 그것을 누가 담당하느냐 하는 것이다.

이와 같은 주요 업적에도 불구하고, 급진적 여성주의는 신랄한 비판을 받고 있다. 교육에 관해서 급진적 여성주의는 설명적이기보다는 묘사적이므로 명확한 해설이 세 관점 중에서 가장 부족하다(Middleton, 1984). 급진적 여성주의자들은 가부장제의 보편성이나 남성우월에 대해 분명한 설명이 있다고 주장하거나, 남성의 힘과 여성을 지배하는 것은 단순히 이념적이 아니라 물질적이라고 말할지도 모른다(Mahony, 1985). 그러나 비평가들은 생물학적인 환원주의나 본질주의에 대한 급진적 여성주의의 견해를 비난한다. 그 문제는 왜 남성들이 여성을 지배하기 원하는가에 대하여 비생물학적인 용어로 대답하는 데에 있다. 다수의 비평가들은 급진주의 여성주의자들이 계층, 인종, 국적, 나이와 같은 범주로 남성과 여성을 복잡하게 집단별로 분할하지 않고 여성과 남성에 대해 일반화하여 분석한다고 비난하고 있다.

급진적 여성주의의 학문연구는 또한 방법론의 기초에서 비판을 받고 있다. 여성주의의 방법론은 스펜더 등에 의해 비판되었듯이 연구 패러다임에서 남성 편견으로부터 벗어나기를 시도한다(Stanley and Wise, 1983). 그리고 일례로 학교에서의 성추행의 증거는 기존의 접근에서는 무시되었으나 이의 연구에 새로이 가능성을 열어주기도 한다.

한편 급진적 여성주의자들에게는 학교생활을 경제나 가족제도로 연결시키려는 노력이 비교적 희소하다. 그들의 분석에서 사용되는 재생산의 개념은 “여성에 대한 남성의 지배가 재생산되는 것"(Mahony, 1985, p. 66)이다. 여성은 지식, 자원에 대하여 남성과 같이 완전하게 접근할 것이 거부될 뿐만 아니라, 공포나 폭력으로부터 자유롭지 못하다. 오브리엔(O' Brien, 1983)은 급진적 관점에서 여성주의 교육의 목표는 지식, 권력, 부의 동등이 아니라 억압적인 문화적 현실로서의 성차의 근절이라고 주장한다. 또한 스펜더와 사라(Spender & Sarah, 1980)는 우리들이 알고 있는 것, 인간의 지식이라는 이름으로 표출된 것은 남성의 활동과 결정의 기록일 뿐이므로 지극히 불충분하다고 지적한다. 교육은 남성 지식의 전수이며, 학교에서 가르치는 것은 모든 사람들의 경험이라고 하지만 사실은 남성들의 경험일 뿐이라는 것이다. 즉, 가치중립적이라고 표방하지만 사실은 편파적인 지식이라는 것이다.

이러한 관점에서 급진론자들은 기회의 동등에 동의하지 않는다. 그들에게 학교란 여성들을 권력으로부터 제외시키는 방법의 하나로 이해되며, 따라서 보다 많은 여성을 과학분야로 가도록 고무하는 대책을 거부한다. 수세기 동안 여성의 공헌과 이해는 학문사회에서 무시되어 온 상태이기 때문에 여성주의자들은 단지 기회부여뿐만이 아니라 그 본질을 변화시킬 것을 강조한다. 루스(Ruth, 1980)는 여성주의자들 간의 차이를 "온건한 여성주의자들은 여성에게도 파이를 나누도록 하자는 데 비해, 급진적 여성주의자들은 파이를 변화시키고자 한다"(p. 453)고 묘사하였다. 또한 남성들은 여성이 어느 정도 그들과 같은 궤도에 올라섰을때는 계속하여 규칙을 바꾸므로, 여성교육은 남성과 분리하여 여성들만의 교육을 여성 자신들의 규칙을 설정하여 추진하여야 함을 강조한다. 따라서 남성과 여성 간의 성차를 무시한 동등한 교육과정개발은 이 관점에서 비판되고 있다.

(3) 사회주의 여성주의와 교육

장기적인 안목에서 볼 때 사회주의 여성주의의 목적은 체제로 인한 억압을 제거하는 것이다. 즉 부분적으로는 자본주의의 철폐이지만 당장의 작업은 체제형성에 개입되는 과정을 명백하게 천명하는 것이다. 대부분의 사회주의 여성주의 이론가들은 경제와 가정 내부에서의 여성의 위치에 초점을 맞추어 왔다. 교육에 종사하는 사람들에게 결정적인 열쇠가 되는 문제는 '어떻게 교육이 자본주의 안에서 성 역할 배분에 관여하는가' 이다(Arnot and Weiner, 1987).

사회주의 여성주의의 시각은 교육사회학 안에서의 신마르크스주의의 영향을 강력하게 받으면서 발전되어 왔다. 이 관점의 연구논문들에서 사용된 주된 개념은 '재생산(reproduction)' 이다. 이론가들은 어떠한 식으로 학교교육이 다양한 메커니즘을 사용하여 노동력에서의 계급분화를 영속화하고 재생산시키는지를 분석해 왔다. 예를 들어 캐나다의 제인 가스켈(Jane Gaskell, 1986)은 '기술' 의 개념에 대하여 비판적인데 여기에서 일례로 들어 보겠다. 기술은 종종 형식적인 교육의 결과로서 그리고 업무의 배치나 업무의 보상에 있어서도 중요한 결정요소가 되고 있다. 그러나 이 기술은 사회적으로 형성된 범주이다. 기술 집약의 생업을 갖는 도제의 신분은 그 훈련과 연습을 할 수 있는 기회를 제한하여 남성들만이 그 기회를 누리도록 하여 왔던 것이다. 반면, 논란의 여지가 있긴 하지만 배우는 데에 어렵기는 마찬가지인 사무 업무기술은 천부적으로 모든 여성들이 갖추고 있는, 쉽고 그저 별 어려움 없이 터득하는 능력 정도로 정의되는 것이다. 비록 남성들을 위한 것은 아니라고 할지라도 사무 업무능력은 쉽게 고등학교와 대학의 야간과정을 다님으로써 보충이 되어 고등학교 과정에까지 확대되어 있다. 입학은 통제하지 않으며 따라서 피고용인은 자금을 들이지 않고도 훈련이 잘 된 광대한 노동력을 형성하는 결과를 가져온 것이다. 학교에서 교육과정의 분화과정은 그 교육과정이 여학생들에게 자료처리 과정 같은 사무기술만을 훈련시킨다는 이유에서 주목할 필요가 있다. 그뿐만 아니라 이 과정이 기존의 틀을 깨는 대안적인 분야, 즉 여성에게 새로운 직업세계를 갖게 할지도 모르는 분야인 컴퓨터 공학이나 경영학을 여학생들에게 훈련시키는 것을 실패하고 있다는 이유 때문에도 중요하다. 이러한 분석에 따르면 교육과 경제 사이의 협력관계는 분명히 많은 수의 여학생들과 여성을 특정 사회집단에 제한시키고 낮은 임금을 받는 지위에 묶어 놓는 작용을 한다.

다른 사회주의 여성주의자들은 학교와 어머니 역할 사이의 연결고리를 조사한 것을 분석한다. 예를 들면 미리암 데이비드(Miriam David, 1984)는 초등학교는 학교활동에 있어서 어머니들이 참여할 것이라는 기대 속에서 움직인다고 서술하고 있다. 만약 아이들이 학교교육 자체에 완전히 잘 적응하여 혜택을 받으려면 중층의 어머니들은 심지어 아이들이 학교에 입학하기도 전에 자녀들을 잘 교육시킬 것이라는 기대를 받고 있다. 문화적 자본을 자녀들에게 주는 셈인 것이다. 특히 자원이 감소하고 있는 상황에서 사회적으로 혜택을 받은 지역의 학교는 어머니 자신들이 도서관의 책을 정리하는 일로부터 교실의 일상적인 업무까지 어머니들의 일손에 의존하는데, 그들 중에는 이미 교사로서 훈련된 사람도 있다. 학교가 문을 열고 있는 시간에는 근무해야 하고 직장인의 휴일에는 학교도 문을 닫는다는 것은 유급의 고용직에 종사하는 어머니가 학교에 가서 활동하는 것을 극단적으로 제한시켜 놓고 있다. 따라서 학교는 가정에서의 노동의 성적분업을 형성하고 또 영속화시킨다고 사회주의자들은 지적하고 있다.

사회주의 여성주의의 연구 중 가장 취약하게 미개발로 남아 있는 영역은 교육활동을 위한 전략 부문이다. 이것은 와이너(Weiner, 1986)에 의해서 간접적으로 입증되었다고 할 수 있다. 왜냐하면 그녀는 자유주의자의 교육기회와 급진적 여성주의자의 교육전략을 비교하였을 뿐, 사회주의 여성주의 전략을 별도의 한 범주로 분리하지 않았기 때문이다. 와이너는 한편으로는 마르크스주의자를 교실 지향적이기보다 이론적이며 학문지향이라고 논평한다. 재생산이론은 때때로 사회 변화를 저해하는 것처럼 보이기도 하지만, 사회주의 여성주의 저자들은 적어도 '교육의 비판적 실천(an educational praxis)', 급진적 페다고지 등을 지향하려고 노력한다는 것을 표현하고 있다. 이것은 교사와 학생에게 있어서 저항의 전략 또는 지배적 주도권에 도전하는 교육과정으로의 이행이라는 잠정적 발달을 의미할 수도 있다.

물론 이론화 작업 자체는 성(性)과 계급 그리고 다른 집단의 재생산 역할에 있어서 학교의 기능에 관심을 불러 모으는 전략으로 간주될 수 있다. 그럼에도 불구하고 만약 이것이 효과적이라면 이론가들은 상호간에게보다는 오히려 교사들에게 말하는 방법을 개발할 것이다(Yates, 1986). 교육에 관한 사회주의 여성주의 저서에서는 성과 계급이 소녀들의 학교 안팎의 생활을 복합적으로 형성한다는 것을 점차 인식하고 있다는 것을 보여 준다(Brah and Deem, 1986; Brah and Minhas, 1985). 결혼과 가족에 관한 여성주의 문학에 대한 일반화, 또는 학교에서 소녀들의 수용과 저항을 묘사한 것, 또한 학교교육의 남녀 별학에 대한 논쟁 등은 중류계층의 백인 여성들만을 연구대상으로 하였던 것에서 완전히 새로이 조명되어야 할 것이다.

또 다른 비평의 쟁점은 재생산 이론에 함축되어 있는 사회적 결정론에 관한 것이다. 컬리와 드마인(Culley & Demaine, 1983)은 문제를 개선하기 위한 국가의 시도가 통제의 목적과 궁극적인 재생산으로 이용된다면, 건설적인 정치활동은 불가능하게 된다고 주장하였다. 특히 그들이 제시하는 방법인 외압에만 의하지 않고 교사의 자율적 통제 영향권에 의존하도록 학교와 교육당국에서 특별한 실천을 배려한다는 것은 우리의 학교교육 현실에서도 의미 있는 제안으로 보인다.

사회주의 여성주의의 교육사회학자들은 노동분업의 사회계층적 재생산만이 아니라, 가정과 일터에서의 노동의 성별 재생산에 관심을 집중한다. 그들은 이 같은 메커니즘을 정치경제학적 분석의 기초로 활용한다(Arnot, 1982). 일터의 사회적 관계와 노동시장의 분절화를 밀도 있게 분석한 오도넬(O'Donnell, 1984)은 학교제도의 발달을 성차별적 노동시장을 생산하는 과정의 하나로 간주하였다. 그의 분석은 교육과 일터를 관련시킴으로써 사회주의적 여성주의자의 관점을 강화시켜 주었다. 루스(Ruth, 1980)는 사회에서의 효율적인 인간자원개발이라는 관점에서 노동시장의 성별에 따른 분절화의 문제를 지적한다. 즉, 가부장적인 사회체제는 남성은 지배하고 여성은 복종하는 원칙을 세워 가부장체제 목표를 달성하는 데 기여하고 있는데, 그러므로 인간 재능의 절반만이 가치 있게 평가되고 사용되며, 나머지 절반은 평가절하 되고 묻혀 있다고 주장한다. 학교는 서로 층화된 기술과 지식을 제공함으로써 직업의 분절화에 기여하고 있으며 여성의 잠재 가능성을 사용하지 못함으로써 우리 사회는 재능을 낭비하고 있다는 것이다. 여성주의자들에 의하면 남녀학생들은 고등학교에서 돌이킬 수 없을 정도로 전통적인 삶의 역할에로 진로를 결정짓는 전공선택과 학급배정을 경험하고 있다. 홀과 레빈(Hole & Levine, 1971)은 남녀학생들에 대한 성차별적 사회화를 집중 분석하여 초기의 학교교육에서 제공되는 교육경험이 남학생들은 자신의 미래 직업과 일에 대하여, 여학생은 결혼과 자녀에 대하여 생각하도록 고무되며, 교과에서도 남학생은 수학과 과학을, 여학생은 타자를, 남학생은 사업을 여학생은 가정을 택하도록 고무된다고 하였다.

사회주의적 여성주의자들은 경제활동과 가정생활에서 여성의 위치에 초점을 두고 있는데, 교육에 관련시키는 경우에 있어서 핵심 질문은 교육은 자본주의 사회 내에서 성별 분업의 재생산에 어떻게 관련되는가이다. 여기에서 명백하게 강조되는 것은 학교 교육과정, 전공선택의 문제, 학교권력구조의 문제 등이며, 전체적으로 남성중심의 교육조직, 교육목표 및 내용은 우리나라 교육을 지배하는 이념으로 지적되었다(한명희, 1988). 와일러(Weiler, 1988)가 제시한 여성주의 연구 방법론이나 여성주의 교육은 교육학을 연구하는 학자와 일선 교사들에게 현재의 남성중심 교육이 지니고 있는 권위주의적 교육풍토를 쇄신할 대안적 모델로 주목할 만하다. 와일러가 제시한 바와 같이 학생들 각자에게 비판적으로 생각하고 행위하도록 능력을 키우는 교육은 교사 자신에게 비판적 사고를 함양할 것을 수반한다. 그러나 여성주의 교육과정 연구에 있어서 이를 낙관적으로 수용할 수만은 없는 것이 한국의 교육현실이다. 필자가 조사한 양성평등의식 수준을 보면 중·고등학생, 학부모, 교사 등에게 전통적인 성 역할 고정관념은 매우 자연스럽게 각인되고 있는 것으로 나타났다(곽삼근 외, 2005). 이에 대한 비판적 의식을 갖출 수 있는 교육을 어디에서부터 착수하는가도 교육과정 연구에서 풀어야 할 난제 중의 하나이다.

다음 절에서는 근대 후기 여성주의 중 포스트모던 여성주의와 생태 여성주의 교육이론을 중심으로 살펴보기로 한다.

2) 포스트모던 여성주의와 교육

전통적 여성주의 교육은 학교교육을 중심으로 논의되어 왔다. 교과과정상의 문제와, 교과서, 혹은 지식의 내용, 학교교육 환경과 제도적인 문제를 여성주의 시각으로 바라보았다. 지금까지 학교교육은 여성을 기존의 남성중심 체제에 참여하도록 함으로써 그들의 불평등한 위치를 재확인시켜 주는 여러 가지 성차별에 의한 문제들을 드러내고 그 해결점을 찾아보자는 교육학적 시도였다. 그러나 이런 노력에도 불구하고 지금까지 학교교육에서 여성에 대한 성차별 개선의 행보는 느리기만 하다. 다시 말해, 여성주의 교육이 새로운 이념과 목적을 제시하고 실천할 수 있도록 분위기가 조성되지 못하였으므로 전통적 교육의 진정한 대안적 패러다임을 구축하는 위치에 서지 못하였다. 여성주의 관점이 그 중심적인 논의를 되찾기 위해서는 여성적인 가치관과 경험을 중심에 놓아야 한다는 포스트모던의 관점과 동일하게 교육에 있어서도 여성의 학습경험과 학습권을 중심에 놓아야 할 것이다. 남성과의 비교를 하는 방법은 더 이상 여성주의 관점을 관철시키는 데 큰 도움이 되지 않고, 여성의 위치만 확인시켜 줄 뿐이다. 교육학 영역에서 여성주의 관점을 부각하기 위해서는 중심을 다시 정의하고 규정하는 정치적인 작업이 필요하다는 입장이다.

우선 학교교육의 신화에 대한 오해를 벗겨야 한다. 학교교육은 성 평등한 장소라는 인식은 많은 여성학자들로 하여금 학교에 대한 안전감을 갖게 하였고, 교육학자나 여성학자나 이 부분에 대해서 민감하지 않았던 것이 사실이다. 지식의 전체성을 폭로하고, 성 불평등하거나 여성들의 가치와 일치할 수 없는 부분들을 드러내는 연구 작업이 필요하다. 지금까지의 연구는 여성들이 교육적으로 '차별'을 받고 있는 것을 드러내는 연구가 주류를 이루었다. 그러나 이제는 그 '차별' 을 '차이' 로 바꿀 때가 된 것이다. 지금까지의 학교교육에서 남녀의 생물학적 사회문화적인 차이를 차별로 바라봄으로써 남녀의 정신적, 감정적 성장에 도움을 줄 수 있는 협력관계를 무시했었다. 따라서 '여성적인 것' 은 여성의 불리한 입지를 입증하는 징표이지 여성의 불평등한 상황을 철폐할 수 있는 도구가 되지 못한 것으로 이해되어 왔다. 가령, 급진주의적 여성학은 이러한 여성의 '여성적인 것' 을 제거하기 위한 운동을 했었다. 그들은 사회문화적으로 여성과 남성의 동위성을 강조하기 위해서 급기야 생물학적인 동일시도 시도하려고 하였으며, 그것의 극단적인 형태는 자궁제거운동, 출산반대운동 등으로 이어졌다. 그러나 이는 결국 여성을 또 다른 억압으로 감금하는 꼴이 되고 말았다.

그러면 이러한 '다름' 의 철학을 어떻게 실현할 수 있는가? 이를 위해서는 근본적인 변화가 필요하다. 우선 교육의 토양을 바꾸어야 한다. 그리고 이러한 작업의 중심에는 '사람' 의 인식이 가장 중요한 부분을 차지하고 있다. 이를 위해서는 개개인의 인식 속에 새로운 여성주의 가치관을 이해하고 공유하는 작업이 필요하다. 우선 '여성적인 것' 에 대한 부정이나 말살이 여성들의 세력화에 필요한 요건은 아니라는 것을 이해해야 한다. 이러한 입장에서 본다면 학교교육 내에서 여성주의적 관점이 쉽게 관철되지 않았던 것은 어찌 보면 당연한 결과라고 할 수 있을 것이다. 제도화된 틀과 짜여진 교육과정 안에서의 인식개혁은 너무나 먼 이상향일 수 있기 때문이다. 포스트모던 여성주의 교육이 시도되고 있는 대표적인 영역은 성인교육 분야일 것이다. 성인학습은 일상의 경험을 통해서 문제해결을 하기 위한 구체적인 실천을 가능케 한다. 지금까지의 학교교육이 은행 저축식 교육을 했다면, 성인교육은 일상의 경험을 교육의 현장으로 끌어들일 수 있는 가능성을 가지고 있다. 성인교육의 장에서는 여성을 대상으로 다름과 차이를 존중하는 사회 문화적 일상성을 촉진시킬 수 있을 것이라는 기대를 받고 있다.

포스트모던 여성주의 관점에서 교육은 일상에서의 의미를 주체적으로 만들고 정체성을 확립하는 것이 중요하다(송현주, 2002). 첫째는 일상에서 일어나는 모든 것들의 의미들을 여성 자신이 만들고 정의 내릴 수 있어야 한다는 것이다. 가령, 많은 여성들은 '모성' 에 대해서 자기 나름대로의 가치를 만들기보다는 가부장적인 가치들, 즉 '어머니는 어떠해야 한다는 것' 에 개인의 담론까지 결정짓는 경우를 많이 볼 수 있다. 둘째, 여성이 자신의 경험과 사고에 준해서 일상의 의미를 만들고 정의하기 위해서는 그들의 위치가 '여성'이라는 의미와 가치를 스스로 정의할 수 있는 위치여야 한다. 어려울 때는 '강한 어머니', 결혼할 때에는 '조신한 딸', 가정에서는 '현모양처'의 의미를 부과하여 여성들의 활동반경을 제한하기보다는, 여성 스스로 자신의 위치와 관계를 인식하고 리드할 수 있는 의식적인 힘을 키우도록 하여야 한다. 셋째, 이와 같이 여성 스스로 위치한 자리에서 의미를 만들기 위해서는 여성 자신이 정의한 자신의 정체성을 확립해야 한다.

포스트모던 여성주의 관점에서 보았을 때, 여성은 그들 나름대로의 의미와 가치를 해석하게 된다. 그러나 여기서 중요한 것은 여성 자체가 새로운 사실을 알게 되었다는 것이 아니라, 기존의 사실이나 사건들을 여성이 주체적으로 다른 위치에서 볼 수 있게 되었다는 것이다(곽삼근, 1998). 따라서 포스트모던 여성주의적인 교육을 통해서 여성들은 학습자와 교수자가 각자 자신의 위치를 결정하고 자신이 다양한 억압과 경험을 그들의 주체적인 위치에서 재해석하고 새로운 의미로 정의하게 된다. 이러한 의미에서, 학교교육보다는 서로 다른 여성들이 자신의 경험을 공유하고 토의하고, 나아가서 정신적인 연대를 쌓을 수 있는 성인교육의 장이 교육의 새로운 장을 여는 데 유용한 출발점이 될 수 있다. 이와 같은 교육의 장에서는 여성의 '차이'가 '차별'의 대상이 아닌, 자신의 정체성을 정치화할 수 있으며, 사회 변화의 원동력이 될 수 있는 사고의 전환 또는 개념의 전환학습이 가능하다고 보여진다. 또한 여성들의 사적인 담론을 통해서 지금까지 공적인 담론이었던 학교교육 과정을 다른 시각에서 읽고 재조명하며 기술함으로써 교육과정을 개혁하는 하나의 방법을 제공할 수 있을 것이다.

3) 생태여성주의 교육의 원리

생태여성주의는 인간이 자연을 파괴하고, 남성이 여성을 지배하고, 인간이 경쟁관계에서 생활하는 현대사회에서 긍정적 인간관계와 인간 · 자연 사이의 관계를 형성하기 위한 새로운 문화적 패러다임으로 발전되었다고 할 수 있다. 즉, 그동안 인간이 자연을 정복하고 착취한 결과는 남성이 여성을 정복하고 지배하여 온 양상과 매우 흡사한 대칭을 이룬다는 것이다.

생태운동과 여성에 대한 새로운 인식을 바탕으로 한 여성주의는 각각 자연과 여성에 대한 지배와 착취를 벗어난 새로운 가치창조와 사회구조를 제안한다는 점에서 평등주의적 관점을 갖는다. 생태여성주의는 첫째, 여성에 대한 남성의 지배요인이 위계적, 군사적, 기계적 가부장제 문화라고 규정하는 급진적 · 문화적 여성주의, 둘째, 서구철학 및 문화가 인간중심이기 때문에 인간이 자연을 지배하는 결과를 초래하였으므로 생태계의 위기를 극복하기 위해서는 근본적으로 인간의 자연관과 세계관을 전환시켜야 한다는 근본생태론의 결합이라고 할 수 있다.

여성운동과 생태운동은 시장경제의 산물인 경쟁, 공격성, 지배 등에 대해 비판적인 동시에 착취로부터 자연을 해방시키는 등식과 마찬가지로 억압과 소외의 주변인적 존재에서 자유로워지는 것이다. King(1989)은 생태여성주의의 기본 신념을 다음과 같이 제시한다. 첫째, 서구 산업화 사회의 자연에 대립하는 문화는 여성을 자연과 연결짓고 여성에 대한 종속을 강화한다. 둘째, 인간의 위계는 사회적 지배를 정당화시키기 위해 만든 것이며 자연적인 것이 아니다. 따라서 여성적 생태론은 자연에 대한 지배를 포함한 모든 종류의 위계를 반대한다. 셋째, 인간과 생물을 포함하여 건강하고 균형적인 생태계는 다양성을 유지해야 한다. 넷째, 종의 생존을 위해서 인간과 자연과의 새로운 이해가 필요하고, 생태학적 원리에 의한 인간사회의 재구조화를 강조한다.

교육은 인간의 의식과 행동을 변화시키는 효율적인 방법이다. 생태여성주의는 인간의 잘못된 자연관과 인간과 환경과의 관계, 인간과 인간 사이의 관계 등을 생태계 회복의 입장에서 새롭게 정립해야 함을 시사해 준다. 생태여성주의 입장에서 '나와 타인' '나와 사물 및 환경' 그리고 '나와 동식물' 간의 관계가 올바로 정립될 수 있도록 이끌어 나가는 것이 오늘날 교육의 중요한 과제이다.

생태여성주의 교육은 상호협동과 생명존중의 원리를 바탕으로 한다. 생태여성주의는 생태계 회복의 입장에서 자연과 인간의 관계가 새롭게 정립되어야 함을 주장한다. 생태여성주의의 기본 신념 중 평생교육에서 시사받을 수 있는 점은 '인간과 생물을 포함하여 건강하고 균형적인 생태계는 다양성을 유지' 해야 한다는 것과 종의 생존을 위해서 인간과 자연과의 새로운 이해가 필요하고 '생태학적 원리에 의한 인간사회의 재구조화' 가 필요하다는 것이다.

기존의 교육관은 어떻게 하면 인간의 내적 힘을 키워 자연으로부터 더 많은 자원을 획득하는 도구로서의 지식과 기술을 생산하고 그것을 어떻게 효과적으로 전달할 수 있는가에 주된 관심을 두었다. 그러나 생태학적 주장들은 교육이 자연을 인간생명과 연결된 생명체로 인식하는 교육철학과 이러한 생명체가 협동하며 공생하는 '상생 관계'의 증진을 기본 원리로 삼을 것을 시사하고 있다. 생태여성주의 평생교육의 이념은 인간과 자연, 그리고 인간과 인간 간의 생태학적 유대성을 존중하면서 모든 생명체를 중심으로 성 평등한 입장에서 그들로 하여금 더 좋은 지역사회 공동체를 형성하도록 하는 것이다.

생태여성주의는 자연과 인간 사이의 상호연계를 강조하는 생태계 생명존중이념과 사회에서의 양성평등이념을 기초로 하고 있다. 생태학적 논의와 주장들은 최근 전 학문 영역에서 활발하게 진행되고 있다. 원래 생태학이라는 용어는 1868년 헤켈(E. Haeckel)이 생물학의 범주에서 생물과 환경과의 관계를 논의하면서 처음 사용하였다. 현대사회에서 인간의 삶이 환경오염이나 생명파괴 등과 같은 생태학적 문제들과 연관되면서 생태학은 현대인의 삶의 모든 영역에 대한 진단과 비전을 제시하는 주요 논리로서, 철학, 정치학, 사회학, 윤리학 등에 접두어로 널리 사용되고 있다. 이들의 논의들은 우리가 사는 시대 문제의 핵심은 무엇이고, 그 문제의 근원은 무엇이며, 이의 해결 전망을 어떻게 보고 있는가에 대한 다양한 생태학적 접근을 시도하였다. 이들은 에코토피아(ecotopia)의 이상을 가지고 새로운 생태적 민주사회를 제안하고 있고, 이를 위한 에코에틱(ecoethic)의 필요성을 역설하고 있다.

인간의 삶의 질을 향상시키려는 교육은 앞으로 생태계를 외면하고는 성립될 수 없다. 더욱이 자연과 인간의 균형적인 관계에 있어서 생명성의 인류와 비인류 간의 평등과 인류 내의 성별 평등을 함께 배려하는 생태여성주의는 과거 인간과 자연, 남성과 여성의 종속관계에서 빚어졌던 문제를 생명중심으로 회복시키는 차원에서 매우 중요한 틀이 된다고 본다.

생태여성주의 교육의 이념 및 실천은 생태학의 관점에서 제시된 교육철학을 토대로 모색해 보는 것이 도움이 된다. 교육은 현재의 생명경시 현상, 생명파괴 현상을 인간 자체의 변화나 사회구조의 변화에서뿐만 아니라 인간과 자연의 상생의 관계를 증진하는 데 관심을 갖지 않으면 안 된다. 다시 말하면 교육의 목적이 인간의 행복을 추구하는 것이라 할 때, 그 행복은 인간 자체의 변화나 사회집단의 변화에서만이 아닌 자연과의 정상적인 관계 속에서 가능할 수 있다. 노상우(2002)는 21세기 교육학은 생태교육이론으로 확대 발전할 수밖에 없을 것이라고 주장한다. 그는 생태적 교육의 과제는 교육의 대상 범주를 인간과 자연이 상호작용하는 장(場) 혹은 구조를 포착하는 일이고, 이 장에서 생성되는 복잡한 의미를 인간과 자연이 상생하는 정신으로 전화(轉化)하는 일이라고 보았다. 만일 우리가 교육을 통해 이 정신을 배양하는 데 성공한다면, 자연과 인간의 일체감이 형성될 수 있고, 자연을 대하는 인간의 사고와 행위가 혁신적으로 바뀌어 학습자에게는 친환경적 태도가 생성될 수 있다는 것이다. 또한 인간과 자연의 상생을 위한 생명력을 활성화할 수 있는 계기가 마련되며, 생태윤리가 배양될 수 있다.

상생의 교육원리로 볼 때, 교육은 가르치는 자와 배우는 자의 공동체적 협동이념이, 이기적 경쟁의 방법보다는 조화로운 관계 증진이, 타자와의 개별적 갈등보다는 상호간의 공존을 실현하는 일을 하는 조직이다. 따라서 평생교육에서는 학습자 중심의 독립적 실체에 집중하기보다 학습자 간의 상생의 관계를 일차적으로 인식해야 한다. 환경을 위한 도덕적 인간 됨은 현대사회가 요구하는 인격의 중요한 자리를 차지한다. 노상우(2002)는 21세기 한국의 교육개혁은 인간만이 아닌 전 생명계 모두를 위해 봉사하는 상생의 인간 됨을 실현하는 이념으로 재정립되어야 할 것을 주장하였다. 과학기술력의 확대재생산에 집중하는 교육 현실에서, 과학적 지식과 기술의 도구적 사용가치에 대한 옳고 그름의 판단여부를 결정하고 자연친화적인 도덕심과 자연에 책임을 지는 윤리교육의 성격을 강화하는 방안을 세워야 한다고 강조하였다.

한편, 이준모(2000: 1)는 생태적 교육철학을 통하여 인간성에 대한 내적인 측면보다는 외적인 관계에서의 인간성을 강조하고 있다. 교육학이 대상으로 하는 인간이해를 살펴보면 사회구조에서 개인이 맡고 있는 기능이라는 측면에서 인간을 보고 있다. 그러므로 중요한 것은 한 개인의 내면성이 어떤 상태에 있는가 하는 것이 아니라 그가 사회라는 구조를 유지하기 위해서 어떤 긍정적인 기능을 하는가이다. 인간성의 어떠함이 아니라 인간이 외적으로 나타내는 작용으로서의 행동이 그 인간의 가치를 평가하는 기준이 된다는 것이다. 이준모(2000: 17)는 지금 이루어지고 있는 교육은 삼각형의 꼭지점들에 그 요소들을 분속(分屬)시킬 수 있다고 주장한다. 하나는 인성이고, 다른 하나는 지식이고, 또 다른 하나는 행동이다. 인성, 지식, 행동은 오늘날의 교육학체계의 구성요소들인데, 생태학적 교육과 교육학은 그와 같은 구조와 전혀 별개의 것이 아니라는 것이다. 따라서 생태학적 교육과 교육학의 구조는 자기의식-의식-자연(인성), 자연-생명-노동-자연 자신(행동), 생태학적 논리(지식)를 꼭지점으로 하는 삼각형이며, 생태학적 교육은 이 세 꼭지점을 하나로 통합한 통합 교육이어야 한다는 것이다. 생태적 교육학은 이 세 범주들을 하나로 통일하는 반성을 통해 형성될 수 있다고 하였다.

이상 생태여성주의의 기초이념과 생태적 교육철학을 살펴보았다. 생태여성주의 교육의 이념은 인간사회 내에서 종속적 위치를 벗어나는 성 평등의 사회적 평등이념과 인간과 자연의 균형적 관계를 바탕으로 한 생명의 평등이념으로서 생태교육철학의 상생의 원리와 자연친화적 도덕원리가 그 기본 틀에 있어야 함을 알 수 있다. 생태여성주의 교육이념은 지역공동체 형성교육, 양성평등교육, 생명존중교육, 환경교육 등으로 제시되고 있다(곽삼근, 2001). 이러한 교육이념을 실현시키기 위한 교육실천은 부분적으로 상호협동의 원리와 생명존중의 원리를 바탕으로 한 생태중심 교육과도 그 맥락을 같이한다. 세계적으로 여성과 환경문제에 대한 관심이 고조되고 있음에도 불구하고 우리나라에서 이 주제에 대한 학문적 탐구와 교육실천은 활발하지 않다. 향후 교육과정 연구는 생태여성주의 이념을 구현할 수 있는 방안을 교육과정 연구의 주요 의제 중의 하나로 다루어야 할 것이다.

4. 페미니스트 교육과정 연구의 주요동향 및 내용

1) 페미니스트 교육과정 연구의 주요동향

최근 교육과정 재개념화의 관점에서 페미니스트 접근은 주요 영역으로 부상하며, 「교육과정 이해」 저서에서 한 장을 차지하는 등 젠더 텍스트로서 교육과정을 이해할 필요성이 제기되고 있다(Pinar, 1995). 페미니스트 접근 중 특히 밀러(Janet Miller, 1977)의 연구물들이 선도적이다. 그녀는 교육과정 영역에서 지배적인 가부장적 양식에 대한 페미니스트의 비판에 동조하면서, 정서와 지성의 통합뿐만 아니라 여성의 경험을 왜곡하고 부정하는 교육과정의 양상을 조사할 것을 주장하였다. 이러한 출발로부터 15년 후, 그녀는 평등만으로는 충분하지 않다는 것을 강조하였다(Miller, 1992). 페미니스트 이론은 교육기관의 성격, 학문영역의 성격 및 표면적 교육과정을 바꾸어야 함을 요구한다. 밀러(Miller, 1980)는 그녀의 초기 저작에서 여성으로서 교사들이 가부장적 무의식적인 방식으로 성별 정체성을 내면화함을 밝혀내었다.

밀러(Miller, 1977)는 교육과정 이론가들 특히 그린(Maxine Greene)의 연구에 동의하였고, 다른 여성 교육과정 연구자들과 그녀에게 큰 영향을 끼친 교육철학자들을 연결시키는 역할을 하였다. 그린(Greene, 1973; 1975a; 1975b; 1978; 1988)의 연구에서 제시한 것들, 즉, 교육에 있어 여성의 복잡한 상황, 관련된 미학과 정치적 측면의 여성 교수법 연구를 포함하여, 자기투영성에 대한 논의, 널리 퍼져 있는 인식 및 사회적 변화의 의견 등 중요한 공헌을 하였음을 일깨워 주었다. 교육철학으로 자리매김되기는 하지만 그린의 뛰어난 학문적 연구는 한 세대의 교육과정 이론가들, 특히 여성연구자들에게 심오한 영감을 갖도록 이끈 것으로 평가되고 있다(Pinar, et al., 373).

1970년대의 가장 중요한 페미니스트 연구는 그루메(Grumet, 1979)의 「개념, 모순, 그리고 교육과정(Conception, Contradiction, and Curriculum)」으로 기록되고 있다. 그루메(Grumet, 1979: 3)는 "여성의 생식과 양육 경험의 지식이 공교육의 담론과 실행을 구성하는 인식론적 체계와 교육과정의 형태임을 이끌어 내기 위해서"라는 서두로 이 논문을 시작하였다. 그녀는 인간과 교사로서 우리는 모두 생식의 과제와 현재 사람 사이의 관계뿐만 아니라 근원의 관계에 이르기까지 복잡하게 연루되어 있다고 명시했다. 그녀는 교육과정 분야와 교육 이론의 재개념화에 대해 지대한 공헌을 했는데, 그 중에도 이 논문은 특별히 더 중요하며, 여기에서 그녀는 자세하고 함축적이며 광범위한 페미니스트적 분석을 시도하였다. 그녀는 그 후 1988년에 그 분석을 더 발전시켜 「비터 밀크(Bitter Milk: Women and Teaching)」를 출간하며 전성기를 맞이하였다. 그녀가 1979년 논문을 발표함으로 인해 미국에서는 교육과정에서의 페미니스트와 성 분석이 폭발적으로 증가하기 시작하였다.

한편 1970년대 후반 파이나르(Pinar)는 호켄헴(Hocquenghem, 1978)과 자신의 일반적인 성적 특질과 남성주의자의 해석 연구, 특히 자신의 자서전과 교육과정 이론 연구에 급진적인 동성애적 분석을 병합하였다. 그의 아이디어인 「젠더 텍스트로서의 교육과정(Curriculum as Gender Text: Notes on Reproduction, Resistance, and Male-Male Relations)」(1983, 1994)의 개요는 그의 성에 대한 초기 연구, 특히 Lee Johnson과 함께 작업한 「페미니스트 심리사상에서의 성 분석과 교육과정에의 시사점(Aspects of Gender Analysis in Recent Feminist Psychological Thought and Their Implications for Curriculum)」(1980)에 잘 나타나 있다. 제목

에서 '젠더' 라는 용어를 사용한 것은 성 분석에 있어서 성별 문제가 더 이상 여성만의 문제가 아니라 남성과 여성을 포함하는 모든 성 중심으로 확대되고 있음을 읽게 하는 것임을 알 수 있다.

최근 여성성의 재음미가 강조되고 있는데 이러한 측면에서 특별히 주목해 볼 만한 이슈는 그루메가 제기한 교육의 성격문제에 관한 것이다. 그녀는 "학교에서 우리는 애착(attachment)을 부정함으로써 문명화되어 간다"(Grumet, 1988: 181)라는 것을 심각한 문제 상황으로 지적하며, 양육과 교육의 차이를 밀도 있게 분석해 준다. 그녀는 양육에서 본다(look)는 것은 접촉(touch)을 포함함을 강조한다. 그것은 유아-어머니의 공생 관계와 촉감이 교류되는 성질이라는 것을 상기시킨다. 반면에 학교의 가르침에서의 본다(look)는 것은 접촉(touch)을 거부한다는 것이다. 그루메(Grumet, 1988: 111)는 교사는 학생들과 떨어져 "손대어서는 안 되는(untouchable)" 불사조라고 했다. 더 나아가 교실의 공동 주관적인 성질은 전통적인 줄의 좌석 배치에 위장되어 있음을 상기시킨다. 그녀는 학생들이 서로간의 눈맞춤 없이 교사만을 향해 다른 급우들의 뒤통수를 보며 줄지어 앉아 있는 것은 지배의 전략과 관련된다고 비판한다. 학교교육에 대한 이러한 비판적 인식은 여성주의적 관점에서 재음미해 볼 만한 가치를 지니며, 이것은 곧 페미니스트 페다고지의 새로운 배움의 방안에서 주요 의제로 논의되고 있다. 아울러 이러한 연구동향은 교육과정 연구에서 새로운 교육문화의 창출이 필요함을 시사해 주고 있다.

2) 페미니스트 교육과정 연구의 주요내용

페미니스트 교육과정 연구는 주로 학교교육 내용을 중심으로 이루어져 왔다. 학교교육 내용은 형식적, 비형식적 교육과정으로 이루어진다. 형식적 교육과정은 교육당국의 심의에 의하여 교육과정 지침서와 교과서를 통해서 전달되는 지식 및 가치체계이다. 비형식적 교육과정은 학교교육의 파생적 부분으로 학교의 권위구조, 인사조직체제, 교수방식과 상벌체제 등 잠재적으로 형성되는 지식 및 가치체계인 것이다. 잠재적 교육과정과 형식적 교육과정은 일정한 방식을 통하여 전달되며 이들은 모두 여학생들에게 내재화되므로 성 평등을 위해서는 이 양자가 모두 개혁되어야 한다는 것이 페미니스트 교육연구자들의 입장이다.

이제까지 교과서 및 교육자료에서의 성차별 연구에서 밝혀진 내용들은 교육과정에서 성 차별을 고찰하는 몇 가지 기준들을 제시해 준다. 교육과정의 현실에서 교과서 내용상의 성 편견으로 이제까지 밝혀진 것은 다음의 여섯 가지로 제시할 수 있다. 그것은 희소성, 성 역할 고정화, 불균형 · 선택성, 비현실성, 분절화 · 고립화, 언어적 편견 등이다(Gollnick, Sadker, & Sadker, 1982). 점차 개선되고는 있으나 우리나라의 교과서 분석연구에서도 이와 유사한 현상을 발견할 수 있다(김정자, 1986; 정해숙, 1993; 곽삼근, 1998).

(1) **희소성**(invisivility)

이것은 여성이 교수자료에서 별로 등장하지 않게 되는 이른바 감추어진 여성의 문제이다. 특정 집단인 여성이 교육과정 자료에서 현저히 희소하다는 것은 엉뚱한 결과를 초래할 수 있다. 마치 그 집단은 우리 사회에서 덜 중요하거나 가치가 적다는 것을 암암리에 의미하는 효과를 나타내기 때문이다.

(2) **성 역할 고정화**(stereotyping)

여성이 전통적인 역할을 담당하며 여성적 특성을 지니는 것으로 묘사함으로써, 여성의 잠재적 능력과 가능성을 제한하고 고정화한다. 성 역할 정형화는 학생들로 하여금 그 집단에 속한 개인들이 지니고 있는 다양성, 복잡성, 그리고 변동성을 거부하도록 하기도 한다. 따라서 이러한 성 역할 정형화에만 의존하는 아동들은 그들 자신의 독특한 능력, 관심 및 잠재력을 개발하는 데 실패하게 될 것이다. 또한 남녀에게 강조되는 특성도 다르다. 남성은 주도하고 여성은 보조하며 남성은 적극적이고 용감하며, 여성은 소극적이고, 감성적으로 묘사된다.

(3) **불균형 · 선택성**(imbalance/selectivity)

교과서는 어떤 이슈, 상황, 집단구성원들에 대하여 한 가지의 해석만을 제시함으로써 편견을 영속화시킨다. 교재내용에서 어떤 상황이나 집단 또는 역사적 사건에 대한 편파적인 해석은 다양한 관점을 갖게 하지 못하고, 학생들의 지식을 한정시키며 현실을 왜곡하게 만든다. 그 결과 학생들은 우리 사회에서 여성과 소수집단의 공헌, 투쟁 및 참여에 관하여 매우 제한된 식견을 갖게 될 것이다.

교과서는 문화의 모든 내용을 담을 수 없으므로 일부를 선택해야만 한다. 그런데 여성 혹은 여성과 관련된 문제에 대해 여성에게 불리한 한 측면만의 해석을 제시하게 되면 여성의 능력에 대한 평가절하 등 성 차별적 편견은 영속화하게 된다. 남성 중심의 시각에서 선택적으로 자료를 제시하고, 불균형한 해석을 함으로써 교과서는 현실을 왜곡하고 다양한 관점을 간과한다. 결과적으로 학생들은 이를테면 여성의 사회 참여, 평등을 위한 투쟁, 사회 발전에 미친 공헌에 대해 제한된 관점만을 갖게 된다.

(4) **비현실성**(unreality)

교과서는 종종 우리 사회와 당대의 삶의 경험에 대하여 비현실적인 초상을 제시해 주곤 한다. 교과서에는 역사나 현실생활에 대해 비현실적인 모습을 제시하며, 논쟁의 여지가 있는 문제들은 적당히 얼버무리고, 차별, 편견에 대해서는 회피하는 문제점을 지니고 있다. 현실적으로 남녀의 역할은 변화하고 있다. 현대 사회에서는 남성과 여성 모두 다양한 사회적 일을 하고 있으며 성별 고정관념에 따라 구분되었던 역할들을 이제는 서로 나누어 하고 있다. 또한 이혼의 증가와 더불어 비전형적인 가정도 증가하고 있다. 초 · 중 · 고 학령아동 어머니들의 상당수가 가사 이외의 일을 하고 있음에도 불구하고 교과서에는 이러한 현실이 반영되지 않고 있다. 즉, 논쟁거리가 되는 문제는 제외되거나 적당히 회피된다는 것이다. 따라서 학생들은 이런 문제를 이해하고 이에 대처하기 위한 필요 정보를 얻을 수 없게 된다.

(5) **분절화 · 고립화**(fragmentation/isolation)

여성의 문제를 주변적인 위치에 놓아 중심과제에서 고립시키는 문제이다. 여성에 관한 문제는 교재의 주된 맥락과 분리하여 따로 취급함으르써 이러한 믄제는 중요하지 않고, 문화적 주류에 포함되지 않으며, 전체 사회와 관계가 없다는 식으로 표출시키는 효과를 지닌다. 즉, 책의 전체 내용에 있어서 한 장으로 별도 취급하거나 맨 뒷부분에 부록으로 여성문제를 다루거나 하여 주류에서 필수적인 것은 아니라는 듯한 메시지를 전달하는 것이다.

(6) **언어적 편견**(linguistic bias)

교육과정 자료는 우리들 언어의 차별적인 속성을 반영하고 있다. 남성적인 용어와 대명사의 사용에 있어 여성들의 참여는 부정되고 있다. 특히 영어 단어에서 선조나 조상(forefathers)을 의미하는 사람은 남성(he)으로 지칭되는 것 등을 예로 들 수 있다. 더 나아가 직위나 직업을 지칭하는 단어들도 영어의 경우 회장(chairman), 우체부(mailman)는 남성만이 하는 것처럼 표시된다든가, 언어 자체가 차별적이고 남성 위주이기 때문에 여성은 사회에서 그런 역할을 하지 않는 것처럼 여기게 된다.

소년은 남성을, 소녀는 여성을 지칭하는 말이지만 청소년에 대응하는 청소녀라는 말이 쓰이지 않는다든지, 직업인이 남성인 경우에는 직업명을 그대로 쓰지만 여성직업인의 경우 명칭에 여교사, 여류작가 등으로 성별을 붙여서 쓰는 관행, 애국지사인 윤봉길, 안중근, 안창호, 김구 등은 의사 또는 선생으로 기술되어 공인으로 묘사되지만 유관순은 언니로 묘사되어 사적 영역의 자연인으로 묘사되는 것들이 그 예이다.

5. 한국의 페미니스트 교육과정 연구 사례

한국교육에서의 성별 불평등에 대한 문제제기와 연구 및 논의는 1960년대부터 시작된 서구의 여성운동으로부터 많은 영향을 받았다. 교육에 대한 여성학적 관점은 공통된 문제의식에서 출발한다고 볼 수 있는데, 유현옥(1999: 85)은 그 공통된 문제의식을 교육적 논의의 주된 영역으로부터 "여성의 소외와 차별, 왜곡된 인식, 여성적인 특성과 가치에 대한 낮은 평가, 남성 중심의 가치관과 태도 및 신념이 강자 중심 혹은 지배-종속의 논리 원칙과 밀접하게 관련되어 있다는 점" 등의 네 가지로 제시한다.

한국의 교육부문에서 성불평등에 관한 문제제기와 연구가 본격적으로 시작된 것은 1970년대 후반 '교과서의 성차별적 내용에 대한 연구' (정세화, 1977)가 등장하면서부터라 할 수 있으며, 국내에서 교육의 성 불평등성에 대한 연구가 확산된 첫 번째 계기는 1983년 한국여성개발원의 설립이라 할 수 있다. 1980~1990년대를 거치면서 학교교육내용 및 교과서의 성차별적 내용에 대한 연구 결과들은 실질적으로 교육과정 개정과 함께 교과서의 내용을 개선하는 데 기여한 바가 크다. 교육부문에서 성 불평등에 대한 논의가 보다 활발해진 계기는 1998년도 교육부에 여성교육정책담당관실이 설치된 것과 2001년 여성부의 출범에서 큰 힘을 받았다고 할 수 있다.

1) 페미니스트 교육연구의 주요 주제들

페미니스트 교육연구의 영역 중에서는 학교의 교육내용과 교수과정에서의 성 불평등에 관한 연구가 가장 활발하다고 할 수 있다. 오재림(2003)은 그 동안 진행되어 온 교육부문의 성 불평등에 관한 국내 연구들을 주요 주제별로 정리하였는데 첫째, 교육이념과 교육철학에 담긴 성의 구조, 둘째, 학교교육내용과 잠재적 교육과정의 성 차별성, 셋째, 고등교육과 여성의 문제 분석, 넷째, 교직과 여성, 다섯째, 성교육과 진로교육을 포함한 각과 교육에서의 성 불평등, 여섯째 교육정책, 일곱째, 여성 사회교육에 관한 연구 등이다. 이 분류에서도 학교 교육과정 및 운영상의 성 불평등에 대한 연구물이 비교적 많은 것으로 나타났다.

교육에서의 성 차별성에 대한 연구는 다양한 분야에서 이루어져 왔는데, 우선 교육이념과 교육철학에 포함된 성 차별성 혹은 소외된 여성의 문제를 지적한 연구들이 있다. 이 분야의 연구들은 교육이 의식적이든 무의식적이든 가치지향적이고 목표지향적인 성격을 갖는다는 점에 주목하면서, 교육의 기본적인 이념과 철학적 논의들은 결코 가치중립적이지 않고 남성중심적인 가치지향성을 포함하고 있다고 지적한다. 대표적인 연구로는 교육이념에 나타난 성의 구조를 분석한 한명희(1987)의 연구를 포함하여 유현옥의 〈교육철학의 성 중립성과 교육에서의 여성소외〉(1992), 〈여성학적 교육이론의 가능성과 그 의미〉(1999)를 들 수 있다.

성 불평등 교육을 극복하기 위한 여성주의적 연구들은 여성주의 교육론(feminist pedagogy) 또는 여성주의/생태주의적 관점에서의 교육변혁론, 그리고 최근에는 여성문화 창출의 가능성에 대한 연구로까지 이어지고 있다. 대표적인 연구로는 조경원의 〈여성 해방론적 교육학: 비관론과 낙관론을 넘어서〉(1989), 신미식의 〈여성해방교육론이란 무엇인가〉(1995), 오욱환의 〈여성교육학의 필요성과 한계성〉(1996), 김정희의 〈지구화 시대의 교육 변혁론과 여성주의〉(2001), 곽삼근(2002a)의 〈생태여성주의 이념의 평생교육학적 시사점〉 등이 있다. 이 연구들은 기존의 전통적인 교육론이 양성평등한 교육을 수행하는 것은 불가능하다고 보고, 성 평등을 추구하는 학교교육의 대안으로 등장한 여성주의 교육론의 내용, 방법, 그리고 현장 적용 가능성과 한계 등에 대한 탐색을 시도하고 있다. 페미니스트들은 성 불평등 인식은 학교에서만이 아니라 이미 가정과 사회에서 내면화된 가치의 영향이 지배적이므로 학교의 교육과정개혁에만 초점을 두는 것만으로는 미흡함을 인식하고 있다. 페미니스트 교육과정 연구에서도 형식적인 학교교육의 틀이 아니라 학교를 포함한 사회문화 전체를 교육과정 연구 영역으로 확대할 필요가 있음을 주목해야 한다.

2) 학교의 교육과정 및 교과서에 대한 연구들

교육부문에서의 성 불평등에 관한 연구 주제 중 가장 많이 다루어진 것은 학교교육 내용의 성 차별성에 대한 분석이라 할 수 있다. 이 주제와 관련한 연구는 1980년대 이후 한국여성개발원과 1998년 이후 교육부의 여성교육정책담당관실의 주관으로 수행된 많은 교육정책연구들이 이 문제를 체계적으로 다루었으며, 그 결과를 토대로 그 동안 여러 가지 양성평등교육 관련 정책의 개선이 이루어졌다는 평가이다(오재림, 2003).

학교 교육과정의 핵심인 교과서에 나타난 성 차별성을 분석한 연구들은 1970년대 후반 정세화(1977)의 연구를 시작으로, 1980년대 이후에는 제4차 교육과정분석(김정자 외, 1985; 주경란, 1985; 한명희, 1983), 제5차 교육과정에 의한 교과서 분석(김재인 외, 1993; 주은희, 1996), 제6차 교육과정에 의한 교과서 분석(정해숙 외, 1998), 제7차 성인지적 관점에서의 제7차 교육과정 분석(오재림 외, 2002) 등으로 이어져 왔다. 이러한 연구에 힘입어 문제로 지적된 교과과정의 개편 내지는 교과서 속의 성 차별적 내용들이 꾸준히 개선되었고, 제6차 교육과정부터는 남녀 모두에게 가정과 기술 과목을 배우도록 하는 등 교육과정 편제가 개편되었으며, 제7차 교육과정에서는 기술 · 가정 교과를 국민 공통 기본 교과로 신설하여 남녀학생 모두가 이수하도록 되었다. 교과과정 측면에서 보면 어느 정도 성 불평등 요소는 제거된 것 같지만 아직도 교육의 과정에서 드러나는 문제점은 진로교육이나 성교육 영역에서 더욱 두드러지게 나타나고 있다.

또한 학교에서의 성교육은 이중적이고 비현실적이라는 지적이 있는데, 성교육 연구는 이중성에 대한 분석과 양성평등 성교육의 방향을 모색하는 것이 주류이다. 이를 테면 성교육 지침서에 나타난 성별에 따른 이중규범에 대한 분석이나 학교 성교육의 내용이 여전히 '생물학적 성' 내지는 성기중심에만 머물러 있는 데 따른 한계점과 문제점 등을 지적하고 성 평등의 성교육으로 가기 위한 방향을 제시하는 연구들이 대표적이다(황은자, 1993; 백영애, 1999; 김혜원 외, 2000; 박효정, 2001).

1980년대부터 시작된 초 · 중등학교의 교과서에 나타난 성 역할과 성 차별적 내용에 대한 연구는 1990년대 이후로는 국어, 역사, 사회, 도덕, 외국어, 수학, 과학, 가정, 실과, 기술, 체육 등 각 과목별로 꾸준하게 이루어지고 있다. 다양한 학과 교육 분야의 연구들은 과목별로 교과서의 성 차별성에 대한 분석에서부터 영역별 학업성취도의 성별 격차에 대한 분석 등 다양한 주제를 다루어 왔으며, 최근에는 양성평등교육 이념의 확산과 함께 과목별로 양성평등교육의 실현을 위한 학습원리와 교수법의 탐색 등에 초점을 맞추고 있다(권오남 외, 1995; 오재림, 1998; 강운선, 1999; 김재춘 외, 1999; 권오남, 2000, 2002; 유정애 외, 2002; 안주호, 2003).

한편 아동들에게 주요 교육자료가 되는 국내 창작 그림책을 중심으로 1980년대와 1990년대의 그림책에 나타난 등장인물의 성별 변화를 보면 1990년대에 와서 중성과 여성의 사용이 증가하였으나, 아직도 주인공의 성별에 따른 직업구분이 뚜렷하게 나타나고 있다(성정아, 1995). 남성은 활동적으로 표현되면서 다양한 직업분야에서 적극적으로 역할을 수행하고 있는 것으로 묘사되는 반면, 가사일과 자녀양육은 여성만의 일로 묘사되고 있다. 아동도서는 물론 특히 초·중고등학교의 교과서 내용 중에는 성별 분업적인 직업관이나 역할, 태도, 행동특성 등이 아직도 많이 수록되고 있는 것은 시급히 개선되어야 한다.

역사적으로 뛰어난 여성들에 대한 발굴도 미비한 상태이다. 교과서에 등장하는 여성 인물들은 율곡 선생의 어머니인 신사임당, 기생인 황진이 등에 불과하고, 실제 존재했던 인물들이 밝혀지기보다는 설화나 민담의 주인공인 심청이나 효녀 지은과 같은 허구적 인물들이 제시되고 있다는 평가이다.

3) 학교의 인사조직 및 교사의 태도에 관한 연구들

성 차별적 사회화는 교과서 등 표면적으로 나타난 교육과정보다 잠재적 교육과정에 의해 더욱 큰 영향을 받는다. 교사의 성 차별적인 태도와 행동이 성 역할 사회화에 미치는 영향은 지대하며, 교육의 과정(process)에서 수많은 성 편견과 차별이 존재하고 있다.

교사들의 성 차별 인식도와 여성관에 대한 연구결과들은 여교사보다 남교사들이, 평교사보다 주임교사들이, 연령이 많고 교직경험이 많을수록 더 전통적이고 가부장적인 여성관을 갖고 있다고 밝혀 준다. 또한 교사들은 전반적으토 지능, 적성, 사회활동, 지도력, 공격성 등에서 남녀가 평등하다는 생각보다는 차이를 인정하고 대우해야 한다는 생각이 지배적인 것으로 나타났다. 교사들은 학생의 성별에 따라 학업성취에 대한 선입견을 갖고 있으며, 남학생에게는 직업사회에서 요구하는 성향을 기대하고 있다는 것이다. 이러한 교사의 성 역할 편견이 중등학교에서 학생에 대한 성 차별적 사회화로 큰 영향을 끼치고 있다고 하겠다.

(1) 학교의 인사조직 및 체제

학교의 권위구조 및 인사조직체제는 총체적으로 보면 지위와 소득분배의 측면에서 노동시장 내의 현존하는 성 불평등 형태를 반영한다. 아동들은 학교라는 형식적 교육기관에 입학하면서부터 성인으로서 교사를 만나게 되고 가정 이외에 학교라는 조직을 경험하게 된다. 학교에서 보여지는 학교 조직체계, 교사들 사이의 관계는 아동들에게 어떤 성이 더 중요한지 보여 준다.

남성 상위의 권위구조는 2000년도 현재 전체 교사 중 초등학교 79%, 중학교 66.6%, 그리고 고등학교 40.4%가 여성인 우리나라에서, 현재까지 여성 교장은 각급 학교별로 7.0%, 8.7%, 4.5%, 교감은 8.9%, 8.9%, 2.7%에 머무는 실정임이 지적되고 있다(민무숙, 2001). 이러한 수치들은 현 교육기관의 지위위계나 임금위계를 대변하여 준다고 하겠다. 중고등학교나 대학에서 오히려 여성 교장이나 총학장의 비율이 높은 것은 여학교의 존재 때문이다. 현재와 같은 남성 권위구조하에서는 남녀공학보다는 여학교의 존립이 여성의 교육과 여교사의 승진에 더욱 유리하다고 밝혀진 바 있다.

(2) 교사의 교육적 기대

가정 기술교과의 통합운영으로 남녀학생에게 경험의 확대를 가져올 수 있게 되었지만 교과운영시 교사의 성 편견적인 언행이 표출된다면 소정의 효과를 기대하기 어렵다. 한편 수업 담당교사들에 의하면 대체로 여학생들은 기술 영역을 즐겁게 익히는 데 비해, 남학생들의 경우 가정 영역에 대해 소홀히 하고 심리적인 관여도가 적다고 인식하고 있는 것으로 나타났다.

일반적으로 교사 4명 중 3명은 학생의 성별에 따라 잘하는 교과와 못하는 교과가 다르다는 생각을 갖고 있다고 한다. 학업 성취도에서 성 차이가 나타나는 경우 교사들은 그것을 인지적이고 유전적인 요인으로 보는 경우가 많다. 그러나 남녀학생들의 학업성취도상의 성 차이는 환경적 변인인 사회 문화적 요인에 의해서 보다 잘 설명될 수 있다. 특히 수학과 과학교과에서 여학생들이 뒤진다고 생각하는 교사가 많은데, 이러한 인식은 자연스럽게 교사의 태도와 행동으로 나타나 여학생들에게 부정적으로 작용하기 쉽다.

전통적인 여성다움과 남성다움은 학교에서 중요한 사회화의 기준으로 사용되고 있다. 교사들로부터 인정을 받기 위해서는 공부와 예의바른 행동 이외에 남학생들은 리더십이, 여학생들은 외모가 초 · 중 · 고등학교로 갈수록 중요한 것으로 인식되고 있는 실정이다. 학교에서 여성다운 태도와 남성다운 태도에도 교사들의 상이한 기대가 주어지고 있는 것이다. 환경미화, 뒷정리와 같은 전통적인 여성적 활동은 여학생의 일로 강조되고 있다. 여학생들에게는 얌전하고 세심하며 나서지 말 것 등을, 남학생들에게는 활동적이고 대범하며 강인할 것 등을 강조하는데 이는 성 역할 고정화를 심화시켜 주는 교육현상이라고 하겠다.

학생의 학습지도나 생활지도시 남학생과 여학생에게 강조하는 덕목이 상이하다는 것도 역시 전통적인 성 역할의 영향으로 볼 수 있다. 남학생에게 지도력, 적극성, 창의성, 인내심, 봉사정신, 모험심이 더 강조되고, 여학생에게 남을 배려하는 마음, 공손한 태도, 단정한 용모, 순결성 등이 더 강조되는 것으로 나타나는데 이것은 학생들이 교육받은 후 장래의 직업생활에도 큰 영향을 끼칠 것이다(허라금 외, 1999). 교사들이 여학생들에게만 지나치게 전통적 여성 덕목을 강조하는 것은 그들의 잠재능력을 발휘하는 데 제한점이 되므로 반드시 개선되어야 한다.

(3) 진로지도

교사들의 성 차별적 태도는 특히 진학 및 진로지도에서 두드러진다. 교사들은 여성의 역할 중 어머니와 아내로서의 역할이 가장 중요하다고 보고 있으며, 이러한 경향은 남교사에게 강하여 진학지도에 있어서 여학생들은 여성지향적 학과 선택이 바람직하다고 보았다(이진분, 1984). 특히 남녀학생에 대한 교사의 진로기대와 그것이 교사의 태도 및 행동으로 표출되는 과정에서 성 차별적 요인이 존재하고 있으며, 또한 성 역할을 재생산하는 실제적 수단인 진로지도 및 상담활동도 성적 불평등과 밀접히 관련되어 있다. 즉, 교과서에서도 현실과는 상관없이 소극적으로든 적극적으로든 성별 정형화와 성적 불평등이 정당화되는데, 이와 더불어 진로지도 프로그램이나 상담활동이 그 정당화에 보완적 역할을 하고 있다는 것이다.

진로교육 및 각 교과목에 관한 연구들에 의하면 남학생과 비교하여 여학생들이 불이익을 받는다고 지적된 영역 중에서 진로교육 영역의 문제가 심각하다. 특히 1990년대 이후 여성의 고등교육기회 확대와 함께 사회진출이 늘어나는 현실에 비해 학교교육을 통해 이루어지는 진로의식 및 진로개발과 진로선택 등은 전통적으로 남학생만을 대상으로 이루어져 왔다는 것이다. 이 영역의 연구들은 여학생의 진로포부, 진로의식개발과 진로선택에 영향을 미치는 다양한 요인들에 대한 분석을 시도함으로써 여성의 진로선택에 실질적인 도움을 줄 수 있는 바람직한 진로교육의 방향을 모색한다(한국여성개발원, 1992; 이위환, 1993; 곽윤숙, 1993, 1997; 김미란, 2003).

여성에 대한 사회적 제약을 수긍할 수밖에 없다는 현실론이 지배적인 풍토에서 교사들의 인식 개혁과 태도변화를 위한 연수교육이 필수적이다. 여학생들의 진로지도를 담당하는 교사는 최소한 성 차별적 사회 문화적 환경에 따른 문제점을 인식하고 이를 보완하고 개선하려는 의지를 갖추고 있어야만 한다. 그러기 위해서는 별도로 양성된 진로전담교사를 배치하고 세계화 환경변화에 맞추어 교사들에게 계속적인 재교육을 실시하여야 한다.

4) 정보공간에서의 성별 불평등 연구들

최근 학생들에게 부과되는 차별적 교육과정으로 손꼽히는 것이 우리의 정보공간에서의 불평등 구조이다. 사회문화의 성 역할 고정화와 인터넷, 컴퓨터 게임 등 정보공간에서의 남학생 친화적 공간시각화 및 프로그램 제공은 정보화 사회에서 새로이 성 불평등을 재생산해 내고 있는 기제로 등장하고 있다. 정보공간에는 학교 안과 밖의 울타리가 없으며 학교교육에서 인터넷을 통한 교육을 주요 교육과정으로 택하게 된 지금 교육 불평등은 더욱 심화되고 있다. 더욱이 한국의 청소년은 인터넷, 컴퓨터에 관한 관심사가 월등히 높은 것을 감안할 때 이는 학생들에게 가장 강력한 영향을 끼치는 교육과정으로 자리 잡고 있다고 하겠다.

몇몇 연구 결과에 의하면 컴퓨터에 대한 경험과 태도에 있어서 남녀 학생의 성별 차이가 존재하고, 그로 인해 공간시각화를 학습하는 데 있어 학습방법에 따른 효과에도 차이가 있는 것으로 밝혀지고 있다. 즉, 여학생은 남학생에 비해 컴퓨터나 가상공간에 대한 경험도 부족할 뿐만 아니라 컴퓨터에 대해 부정적인 생각을 가지고 있기 때문에, 컴퓨터를 이용한 학습 방법보다는 지필 중심의 학습 방법에 더 긍정적인 효과를 보이는 것으로 해석할 수 있다. 그러나 인터넷이나 컴퓨터를 활용한 수업이 증가하는 현실에서, 남학생이 여학생보다 컴퓨터 및 가상공간에 대한 사전 경험이 보다 풍부한 상태로 수업에 임하게 되면, 컴퓨터를 활용한 수업에서 더욱 큰 남녀간의 성별 차이를 가져올 수 있다는 것이다(권오남, 2001).

성별과 과학, 테크놀러지 학습의 관련성에 대한 연구는 최근 들어 활발히 진행되고 있다. 20세기 중반까지의 연구들은 주로 생물학적인 성 차별적인 관점(sex differences perspective)을 바탕으로 이루어져 왔다. 이는 좌뇌설과 우뇌설을 그 근거로 제시하면서, 수학과 과학 분야에서 남성들이 여성들보다 선천적으로 더 우수한 능력을 보인다는 것이다. 그러나 1970년대 후반부터는 몇몇 실험과 교육연구 결과를 토대로 사회적인 성차에 관한 관점(gender differences perspective)으로 전환되어 왔다. 오스트레일리아, 영국, 핀란드, 헝가리, 이탈리아, 일본, 네덜란드, 스웨덴, 태국, 미국에서 연령에 따른 학생들의 과학 학습 성취도를 분석한 결과, 남녀 학생들의 과학 성취 차이는 시간에 따라 증가하고 있으며, 이는 선천적인 생물학적 요인에 의한 것이 아니라, 사회적 영향과 교육을 포함한 요인들에 의해 야기되는 것임을 밝혔다.

특히 정보공간 교육에서 컴퓨터에 대한 접근과 사용, 결과에서 성 평등을 이루어야 하는 이유는 21세기 정보화 사회의 특징에서 찾을 수 있다. 21세기 사회에서 학습하고, 일하고, 다른 사람과 의사소통하는 데 컴퓨터는 필수적인 도구이며 컴퓨터 사용이 일상의 한 부분으로 되어 가고 있다. 또한 직업의 특성과 직업환경에서도 컴퓨터 관련 직업이 증가하고 있으며, 컴퓨터 관련 직장뿐만 아니라 모든 직장에서도 컴퓨터는 평범한 도구로 여겨지고 있다. 이러한 사회적 분위기와 직장에서 컴퓨터의 사용으로 인해 컴퓨터에 대한 능력과 친밀성을 발달시키는 것이 모든 학생들에게 중요한 교육적 목표 중의 하나로 자리 잡고 있으며, 학교는 컴퓨터에 대한 접근과 사용이나 그 결과에서 공평성을 보장해야 한다.

성 역할 고정관념으로 인하여 성 평등교육에서 가장 사각지대로 인식되고 있는 영역은 수학, 과학 및 테크놀로지 분야로 지적되고 있다. 그러나 지식 정보 사회에서 과학과 테크놀로지에 익숙하지 않으면 직업선택권은 매우 제한적일 수밖에 없다. 이 영역이 성 평등교육에서 핵심 교과영역으로 간주되는 이유가 바로 이러한 이유 때문이다. 이러한 배경에서 1990년대 이후 전 세계 모든 지역, 특히 미국에서 성 평등을 이루기 위한 중재 프로그램들이 활발하게 진행되어 왔으며, 수학, 과학, 테크놀로지에서 평등성을 증진시키기 위한 효과적인 전략으로 성차를 만들어 내는 원인들을 제거하는 데 기여하였다. 여학생들을 격려하기 위하여 개발된 교육 프로그램들은 그동안 전통적인 성 역할 인식이 지배하는 교육현실에서 주변인으로 인식되어 온 여성들의 적극적이고 진취적인 능력개발교육에 큰 시사를 주고 있다. 실제 이화여자대학교에서 실시하고 있는 고등학교 여학생 대상 WISE 프로그램은 매우 성공적인 여성과학교육으로 평가되고 있다.

이상 살펴본 바와 같이 그동안 수행된 페미니스트 교육과정 연구들은 성 차별적인 성별관계가 학교교육을 통해서 어떻게 재생산되는가에 초점을 맞추었으며, 이러한 관점에서 교육기회의 분배 문제나 성 차별적 교육과정 분석 등을 통해 문제점을 밝히고, 이를 개선할 수 있는 방안을 제시하여 어느 정도 성과를 거두었다. 향후 페미니스트 교육과정 연구는 여기에서 한 걸음 더 나아가 성 평등한 성별관계 문화를 창출하기 위해 어떠한 교육과정을 어떻게 개발할 것인가에 대한 연구가 필요하다고 하겠다. 따라서 여성주의 교육론의 인식론적 토대, 내용, 방법 그리고 현장 적용 가능성 등에 대해 교육과정개발의 관점에서 좀 더 깊이 있게 연구되어야 할 것이다. 다음 절에서는 페미니스트 교육과정 연구의 방향을 좀 더 구체적으로 탐색해 본다.

6. 페미니스트 교육과정 연구의 시사점 및 향후 과제

페미니스트 교육과정 연구들은 그동안 어떠한 연구결과를 가져왔는지 그 의미와 성과를 분석하고, 또한 향후 연구과제는 무엇인지 탐색해 보아야 할 시점이다. 성별차를 연구하는 것이 페미니스트 교육학의 과제라면 향후 페미니스트 교육과정 연구는 그동안 성별간 존재하였던 불평등성을 극복하기 위한 다양한 시도인 동시에 새로운 젠더문화를 창출하기 위한 접근으로도 그 의미를 부각시켜야 할 것이다.

교육과정 영역에서의 페미니스트 연구는 이제까지 존재하던 억압상황을 인식하는 것뿐만 아니라 임파워먼트(empowerment)를 통한 억압상황의 종식에 관심을 두고 있다. 즉 페미니스트 교육학의 기본 목적은 여성의 임파워먼트에 있으며, 이는 여성이 겪고 있는 모든 형태의 억압으로부터 해방될 수 있는 중요한 원천을 제공한다고 주장되었다(Tisdell, 1995; 송현주, 2001). 이러한 관점에서 본다면 페미니스트 교육과정 연구는 그 목적을 달성하기 위하여 교육과정이 어떻게 구성되어야 하며, 이를 위한 정책과 연구 실천방안 등에 대한 탐구를 취급하여야 한다. 그러나 향후 페미니스트 교육과정 연구는 여기에서 한 걸음 더 나아가는 것이 필요하다.

여성의 앎의 방식이 남성과 상이하다는 연구결과(Belenky et al., 1986)를 토대로 하여, 페미니스트 교육은 더 나아가서 여성 각 개인의 능력신장뿐만 아니라, 전통적인 '분리중심의 학습경험'(separateness)이 아닌 새로운 '연계중심의'(connectedness) 학습경험을 통하여 지금까지 여성들에게 타자의 세계로만 여겨졌던 현실을 여성들도 공감하고 공유할 수 있는 세계로 다시 건설하는 데 있다. 다시 말하자면, 여성의 능력 함양과 그 능력 발휘를 통한 사회의 전환-가부장적 사회에서 성 평등한 사회로의 전환-이 페미니스트 교육학의 핵심으로 강조될 필요가 있다(Weiler, 1988; Hooks, 1995). 일차적으로 페미니스트 교육학은 삶의 현실에서 성 불평등으로 인한 여성의 억압과 종속을 드러내고 성 평등교육을 위한 대안 담론을 형성할 수 있는 토대이며, 그 핵심적인 역할을 교육과정 연구에서 담당하여야 할 것이다. 그 이외에 요구되는 과제를 단계적으로 살펴보는 것이 필요하다.

페미니스트 연구방법을 사용하여 교육현상을 탐구한다는 것은 기존의 교육학 연구와 비교하여 정치적이고 가치지향성이 강하다. 페미니스트 교육학 연구는 교육 현상에서 여성의 종속성과 희소성 및 불평등성을 밝혀 주었으며(곽삼근, 2002b), 교육과정 연구에서도 이러한 특성은 그대로 반영될 수 있다. 그동안 교육과정 연구에서 추진되어 왔거나 향후 한국 페미니스트 교육과정 연구의 방향으로 설정되어야 하는 몇 가지 단계를 제시하면 다음과 같다.

- 제 1 단계, 교육체제 및 조직에 나타나는 여성의 희소성, 소외 및 차별(sex discrimination) 현상을 밝혀 준다.
- 제 2 단계, 교육의 이념상 내재하는 남성의 지배성과 여성의 종속성 및 그 원인을 밝혀 준다.
- 제 3 단계, 교육의 실천과정에 존재하는 각종 성 불평등 요소를 제거하고 동등한 기회를 제공하기 위한 성 평등(gender equality) 방안을 탐구한다.
- 제 4 단계, 여성의 독특한 학습경험과 여성성을 남성중심의 기준이 아닌 성인

지적 관점(gender sensitive perspective)에서 발굴하고 묘사한다.

- 제 5 단계, 기존의 남성중심 교육학 이론에 도전하고 성 인지적 관점에서의 교육과정이론을 연구한다.
- 제 6 단계, 생명, 환경, 공동체 지향의 여성문화 창출 교육과정이론을 탐구하고 이의 실천방안을 탐구한다.

이 여섯 단계 중 페미니스트 교육과정 연구는 그동안 제 1 단계, 제 2 단계, 제 3 단계에서 상당한 연구 성과를 거두었다. 그러나 제 4 단계인 성인지적 관점에서의 연구는 2000년대 들면서 이제 초기 진입 단계에 있으며, 향후 상당 기간동안 많은 연구가 필요하다. 특히 교육과정 연구의 핵심적 주제인 제 5 단계와 제 6 단계의 성 인지적 교육과정이론 연구를 위해서는 더 많은 노력이 필요하다.

이상의 기본 방향을 토대로 페미니스트의 다양한 관점에 따라 연구의 목적이나 내용은 보다 세분화되고 구체화될 수 있다. 페미니스트 관점에서 교육학 연구는 기존의 접근과는 그 목적과 내용이 다르므로 연구방법은 기존의 양적인 접근 중심에서 질적인 접근으로 이행하게 된다. 페미니즘이 다양한 유형으로 전개됨에 따라 여성의 권리와 삶, 그리고 교육에도 변화가 일어났다. 과거 1970년대까지 전통적인 페미니스트들이 강조하였던 남녀간의 평등을 지향하자는 운동은 1980년대에 들어서면서 남녀간의 차이를 강조하는 새로운 움직임으로 전환되었다. '여성적인 것에 가치를 부여하자' 는 페미니스트들의 주장 속에는 남성적 주류 담론 속에 여성을 동화시키기보다 여성적인 지식과 존재, 가치평가 등의 영역을 중시하자는 움직임이 전개되고 있다. 이러한 경향은 그동안 강조되었던 동등한 기회로부터 방향을 선회하여 차이존중으로 패러다임을 전환하여 교육학에도 영향을 끼치게 되었다.

페미니스트 교육학 이론은 두 가지 목적을 갖는다. 하나는 현존하는 성별 불평등을 이해하는 지침으로 또 하나는 새로운 여성문화 창조를 위한 지침으로 이중의 목표를 갖는다. 어떻게 교육에서 성 평등을 성취할 수 있는지 또 어떻게 사회문화의 변화를 달성케 할 수 있는가에 대하여는 관점 간에 논쟁의 여지가 많다. 페미니스트 교육과정 연구는 구체적인 연구내용과 방법 면에서 어떠한 페미니즘의 관점에서 연구를 추진하는가에 따라 다양할 수 있다. 자유주의 여성주의는 자유롭고 민주적인 사회에서 여성과 남성의 평등을 추구하므로 평등에 역행하는 문제를 분석한다. 그러나 마르크스 여성주의는 자유주의자들의 '평등' 개념이 사실상 계급 구조화된 현실을 간과하고 있다고 비판한다. 한 걸음 더 나아가 사회주의 관점은 그러한 평등이 생산 및 재생산 수단의 사회적 소유관계의 변혁 없이는 성취될 수가 없다고 보며 제도개혁에 관심을 둔다. 급진주의 여성주의는 좀 더 근본적인 여성 억압의 문제로 들어가서 지식과 문화의 남성 독점양상과 성 정치학의 문제를 지적하며, 남성의 지배와 폭력을 지탱해 주는 문화적 · 의식적 구조를 보도록 촉구한다. 이러한 이분법적 양상에 문제를 제기하며 다양성과 차이를 부각시키는 포스트모던 페미니즘은 관점과 시각의 다양화에 기여하였다. 최근 지구환경의 위기에 직면하여 생태여성주의는 성별과 계급, 그리고 인종을 초월한 새로운 관심사로 급부상하고 있다. 그러나 아쉽게도 아직까지 교육과정 연구 영역에서 핵심주제로 부상하고 있지 못하다.

페미니즘 시각에서 향후 교육과정 연구는 다양한 페미니즘 유형 중 포스트모던과 생태여성주의에서 시사를 받아야 한다. 여성의 특성을 존중하고 공동체 형성과 함께 생태계와 환경 및 평화를 주요 주제로 연구해야 할 필요성이 증가하고 있다. 인식주체를 개인에서 공동체 중심으로 바꾸는 교육과정을, 인간 개인의 삶에 대한 관심을 생태계의 공동체 형성에 대한 관심으로 확대 변혁시키는 방안을 교육과정에서 연구하여야 한다. 페미니스트 교육학의 주요 목표인 새로운 교육문화 창출을 위한 교육과정 연구가 필요하다.

참고문헌

강운선(1999). "사회과에서 양성 평등 교육의 학습 원리와 실제." 사회과교육. 32, 113-136.

곽삼근(1998). 여성과 교육. 서울: 박영사

곽삼근(1999). "성인여성교육에 대한 여성주의 연구방법". 교육학연구, 제37권 3호, 한국교육학회. pp. 323-340.

곽삼근(2001). "평생교육에 대한 생태여성주의적 접근," 한국교육학회 춘계학술대회발표 논문집, 공주대학교. 한국교육학회. pp. 181-183.

곽삼근(2002a). 생태여성주의 이념의 평생교육학적 시사점. 교육학연구, 제43권 3호, 한국교육학회. pp. 123-242.

곽삼근(2002b). 교육학에서의 페미니스트 질적 연구방법의 틀. 교육인류학연구. 제5권 1호. pp.1-20.

곽삼근 · 김현미 · 손승영 · 이소희 · 주은희(1998). 일상의 여성학. 서울: 박영사.

곽윤숙(1993). "일반계 고등학교 여학생의 교육과정 계열선택에 관한 연구." 교육사회학연구. 제3권 제1호, 79-106.

곽윤숙(1997). "여학생의 진로선택에 대한 이론적 접근." 교육사회학연구. 제7권 제4호, 123-138.

권오남(2000). "양성평등을 위한 수학교육의 과제와 전망." 수학교육논문집. 제10집 (1), 417-440.

권오남(2001). "컴퓨터, 공간시각화, 수학학습용 소프트웨어 그리고 성별," 글로벌라이제이션과 성별 정치학 세미나. 2001. 10. 19. 이화여자대학교.

권오남(2002). "컴퓨터와 수학에 대한 태도의 성별 차이." 교육사회학연구. 제12권 제2호, 19-40.

권오남 · 박경미(1996). "수학성취도에 있어서의 성별 차이에 대한 고찰." 한국여성학. 제11집, 202-227.

김미란(2003). "여고생의 진학포부 결정요인의 한일비교: 성역할 의식과 계층을 중심으로." 교육사회학연구. 제13권 제1호, 39-56.

김재인 · 정해숙 · 양애경(1993). 초 · 중등학교 교육과정에 나타난 남녀역할 연구. 한국여성개발원.

김재춘 · 왕석순(1999). 제7차 교육과정에서의 양성 평등 교육 실현 방안 연구 - 5개 교과 양성 평등 수업 지도 방안 개발을 중심으로 -. 한국교육과정평가원.

김정자 외(1986). 국민학교 교과서에 나타난 성역할 연구, 여성연구, 제4권 1호, 한국여성개발원, 83-122.

김정희(2001). "지구화 시대의 교육 변혁론과 여성주의." 한국여성학. 제17권 제2호, 35-63.

김혜원 · 이해경(2000). "청소년들을 위한 양성평등 성교육 방향의 모색: 남녀 고등학생들의 성의식과 성행동 실태에 근거하여." 한국심리학회지:여성. 5(2), 29-45.

노상우(2002). "생태적 교육사상." 제1회 참교육 아카데미.

민무숙(1992). "성별 학교유형이 학생들의 특성에 미치는 상대적 영향에 관한 연구: 전통적 관점과 여성주의적 관점의 탐색." 여성연구. 10(2), 209-237.

민무숙(2002). "한국교육정책에서 젠더 문제의 위치와 과제." 교육사회학연구. 제12권 제2호, 81-97.

박효정(2001). "생식적 성에서 양성평등의 성으로." 교육개발. 제129호(9-10), 92-97.

백영애(1999). "학교 성교육의 실태와 전망." 교육마당21. 213('99.11), 38-41.

송현주(2001). "페미니스트 페다고지". 여성교육개론. 서울: 교육과학사.

신미식(1995). "여성해방교육론이란 무엇인가." 여성과 사회. 제6호, 184-203. 창작과 비평사.

안주호(2003). "양성평등의식과 국어과 교육." 국어교육. 87-115.

오욱환(1996). 교육과 사회변동 -교육사회학 논문묶음 II-. 교육과학사.

오재림(1998). "중학교 도덕과 교육과정에 대한 비판적 탐색." 한국여성학. 제14권 2호, 34-61.

오재림(2003). "교육부문에서 성(불)평등에 관한 국내연구의 동향과 과제", 교육부문에서의 양성평등 실태 및 과제, 한국교육사회학회 연차학술대회 발표자료집. 2003년 12월 20일.

오재림 · 정해숙 외(2002). 양성평등관점에 기초한 제7차 교육과정 교과서 분석 및 교과서 심의기준 마련에 관한 정책연구. 교육인적자원부.

유정애 · 김윤희(2002). "양성평등 체육교육의 한계, 현실 및 도전." 한국스포츠교육학회지. 제9권 제2호, 1-25.

유현옥(1992). "교육철학의 성중립성과 교육에서의 여성소외." 교육학연구. 제30권 제1호, 129-150.

유현옥(1999). "여성학적 교육이론의 가능성과 그 의미." 교육철학. 제20집, 82-94.

이위환(1993). "여성의 직업경력 발달 유형이 직업선택에 미치는 영향: 대구지역을 중심으로." 교육사회학연구. 3(2), 135-153.

이준모(2000). 생태적 교육학의 철학적 기초. 한신신학연구소 논문. 31.

이진분(1982). "양성평등을 위한 여성교육의 방향 모색에 관한 연구." 상명대학교 교육문제연구소(편). 교육연구, 1-28.

이진분(1986). "학교교육과 사회화. 남녀평등과 인간화." 현상과 인식. 167-183. 학지사.

정세화(1977). "여성능력개발을 위한 교육과정개편의 방향." 신세호(편). 한국인의 남녀 역할관. 한국교육개발원. 181-190.

정해숙 · 정경아(1998). 성인지적 관점에 기초한 제6차 교육과정 운영 및 교과서 분석. 한국여성개발원.

정해숙 · 김 연(2002). 초 · 중등교육과정의 성인지적 개편을 위한 양성평등 교육내용 개발. 한국여성개발원.

주은희(1996). 한국교육에서의 성차별 모니터링. 한국여성단치협의회.

조경원(1989). "여성해방론적 교육학: 비관론과 낙관론을 넘어서." 또 하나의 문화. 제5호, 63-72.

주경란(1985). "교육기회의 남녀불평등." 교육학연구. 제23권 제2호, 17-34.

한국여성개발원(1992). 고등학교 여학생 진로교육 프로그램 개발. 한국여성개발원.

한명희(1987). "교육이념에 나타난 성의 구조," 한국여성학. 제3집, 한국여성학회. pp.7-43.

황은자(1993). "성교육 지침서 분석을 통해 본 성 이중성." 한국여성학. 제9집, 147-183.

Acker, S. (1981). "No-woman' s-land: British sociology of education 1960-1979." *Sociological Review*. 29, No. 1, pp. 77-104.

Acker, S., Megarry, J., Hoyle, E. and Nisbet, S. (eds.) (1984). *World Year-book of Education 1984: Women and Education*. London: Kogan Page.

Amos, V. and Parmar, P. (1984). "Challenging imperial feminism." *Feminist Review*. No. 17, pp. 3-19.

Arnot, M. (1982). "Male hegemony, social class and women' s education." *Journal of Education*. 164, No. 1, pp. 64-89.

Arnot, M. and Weiner, G. (1987). *Gender and Education Study Guide*. Milton Keynes: The Open University Press.

Barrett, M. (1980). *Women's Oppression Today: problem in Marxist feminist analysis*. London: Verso.

Belenky, M., Clinchy, B., Goldberger, N., & Tarule, J. (1986). *Women's ways of knowing: The development of self, voice, and mind*. Basic Books, Inc., Publishers.

Brah, A. and Deem, R. (1986). "Towards anti-sexist and anti-racist schooling." *Critical Social Policy 6*, No. 1, pp. 66-79.

Brah, A. and Monhas, R. (1985). "Structural racism or cultural difference: schooling for Asian girls." In Weiner, G. (ed.) *Just a Bunch of Girls*. Milton Keynes: Open University Press, pp. 14-25.

Chodorow. N. (1978). *The Reproduction of Mothering: Psychoanalysis and the Sociology of Gender*. Berkeley: University of California Press.

Connell, R. W. (1985). "Theorizing gender". *Sociology*. 19, No. 2, pp. 260-272.

Cott, N. (1986). "Feminist theory and feminist movements: the past before us." In Mitchell, J. and Oakley, A. (eds.) *What Is Feminism?* Oxford: Basil Blackwell, pp. 49-62.

Culley, L. and Demaine, J. (1983). "Social theory, social relations and education." In Walker, S. and Barton, L. (eds.) *Gender, Class and Education*. Lewes: Falmer.

David, M. E. (1984). "Women, family and education." In Acker, S. et al. (eds.) *World Yearbook of Education 1984: Women and Education*. London: Kogan Page, pp. 191-201.

Gaskell, J. (1986). "Conceptions of skill and the work of women: some historical and political issues." In Hamilton, R. and Barrett, M. (eds.) *The politics of Diversity*. London: Verso, pp. 361-380.

Gilligan, C. (1982). *In a different voice: Psychological theory and women's development*. Cambridge: Harvard University Press.

Gollnick, D., Sadker, M., & Sadker, D. (1982). Beyond the Dick and Jane syndrom: Confronting Sex bias in instructional materials, In M. Sadker, & D. Sadker(eds.), *Sex equity handbook for schools*, New York: Longman, 60-95.

Greene, M. (1973). *Teacher as stranger*. Belmont, CA: Wadsworth.

Greene, M. (1975a). Autobiographical statement. In W. Pinar (Ed.), *Curriculum theorizing: The reconceptualists* (295-298). Berkeley, CA: McCutchan.

Greene, M. (1975b). Curriculum and Consciousness, In W. Pinar (Ed.), *Curriculum theorizing: The reconceptualists* (299-317). Berkeley, CA: McCutchan.

Greene, M. (1978). *Landscapes of learning*. New York: Teachers College Press.

Greene, M. (1988). *The dialectic of freedom*. New York: Teachers College Press.

Griffin, C. (1985). *Typical Girls?* London: Routledge and Kegan Paul.

Griffin, Susan (1978). *Woman and Nature.* New York: Harper & Row.

Grumet, M. (1979). *Conception, Contradiction, and Curriculum.* Paper presented to the Airlie Conference, Virginia. [Also, JCT, 1981, 3(1), 287-298.]

Grumet, M. (1988). *Bitter Milk: Women and Teaching.* Amherst, MA: University of Massachusetts Press.

Harding, S. (1986). *The science Question in Feminism.* Ithaca: Cornell UP.

Hayes, E. & Flannery, D. (2000). *Women as learners: The significance of gender in adult learning.* San Francisco: Jossey-Bass Publishers.

Hocquenghem, G. (1978). *Homosexual desire.* London: Villiers Publications.

Hole, J. and Levine, E. (1971). *Rebirth of Feminism.* New York: Quadragle Books.

Hooks, B. (1995). Toward a revolutionary feminist pedagogy. In S. B. erriam(Ed.), *Selected writings on philosophy and adult education.* Krieger Publishing Company.

Jaggar, A. & Struhl, R. (1978)(Eds), *Feminist frameworks,* New York: McGraw-Hill.

Jayawardena, K. (1986). *Feminism and Nationalism in the Third World.* London: Zed Books.

Jones, C. (1985). "Sexual tyranny: male violence in a mixed secondary school." In Weiner, G. (ed.) *Just a Bunch of Girls.* Milton Keynes: Open University Press, pp. 26-39.

Kazemek, F. (1988). Women and adult literacy: Considering the other half of the house. *Lifelong Learning,* 11(4), 23-24.

Kessler, S., Ashenden, D. J., Connell, R. W., and Dowsett, G. W. (1985). Gender relations in secondary schooling, *Sociology of Education,* Vol. 58: 34-48.

King, Y. (1989). "Healing the Wounds: Feminism, Ecology, and Nature/Culture Dualism." *Gender/Body/Knowledge: Feminist Reconstructions of Being and Knowing.* Alison Jaggar and Susan Bordo, eds. New Brunswick: Rutgers University Press. 1989.

Lather, P. (1991). *Feminist Research in Education: Within/Against.* Deakin University.

Mahony, P. (1985). *Schools for the Boys? Co-education Reassessed.* London: Hutchinson.

Middleton, S. (1984). "The sociology of women' s education as a field of academic study." *Discourse.* 5, No. 1, pp. 42-62.

Miller, J. I. (1977). *Curriculum theory of Maxine Greene: A reconceptualization of foundations in English education.* Columbus, OH: Ohio State University, College of Education, unpublished Ph. D. dissertation.

Miller, J. I. (1980). Women: The evolving educational consciousness. *JCT,* 2(1), 238-247.

Miller, J. I. (1992). Women and education: In what ways does gender affect the educational process? In J. Kincheloe & S. Steinberg(Eds.), *Thirteen questions*(151-158). New York: Peter Lang.

Mitchell, J. and Oakley, A. (eds.)(1986). *What is Feminism?* Oxford: Basil Blackwell.

O' Brien, M. (1983). "Feminism and education: a critical review essay." *Resources for Feminist Research*. 12, No. 3, pp. 3-16.

O' Donnell, C. (1984). *The basis of the Bargain*. Sydney: Allen and Unwin.

Pinar, W. (1983). Curriculum as gender text: Notes on reproduction, resistance, and male-male relations. *JCT*, 5(1), 26-52.

Pinar, W. & Johnson, L. (1980). Aspects of gender analysis in recent feminist psychological thought and their implications for curriculum. *Journal of Education*, 162(4), 113-126.

Pinar, W., Reynolds, W., Slattery, P., & Taubman, P. (1995). *Understanding Curriculum: An Introduction to The Study of Historical and Contemporary Curriculum Discourses*. New York: Peter Lang.

Russell, S. (1986). "The hidden curriculum of school: reproducing gender and class hierarchies." In hamilton, R. and Barrett, m. (eds.) *The Politics of Diversity*. London: Verso, pp. 343-360.

Ruth, S. (1980), *Issues in Feminism*, Boston: Houghton Mifflin Company.

Serbin, L. (1983). The hidden curriculum: Academic consequences of teacher expectations. In Marland, M. (Ed.). *Sex differentiation and schooling,* London: Heinemann Educational Books.

Spender, D. (1982). *Invisible Women: The Schooling Scandal*. London: Writers and Readers.

Spender, D. and Sarah, E. (eds.)(1980). *Learning to Loss: Sexism and Education*. London: The Women' s Press.

Tisdell, E. J. (1998). Poststructural feminist pedagogies: The possibilities and limitations of a feminist emancipatory adult learning theory and practice. *Adult Education Quarterly*, 48(3), pp. 139-156.

Tong R, P. (1998). *Feminist thought: a more comprehensive introduction* 2nd ed Boulder, Colo.: Westview Press, 1998.

UNDP(2003), *Human Development Report 2003*.

Weiler, K. (1988). *Woman Teaching for Change*. Beigin and Garvey.

제15장

다문화주의와 교육과정 탐구

문 승 호(미국 Oklahoma State University 사범대학 교육과정학(Curriculum Studies) 교수)

1. 들어가는 말

시민성과 시민교육에 대한 정의는 연구자마다 다르다. Figueroa(2004)는 "평등, 자주, 단결, 결단"(p. 226)과 같이 시민들이 갖추고 있고 향후 지속적으로 배양해 나가야 하는 자질, 가치, 덕목을 시민성으로 정의하였다. Lee(2004)는 영성, 조화, 개성을 아시아의 3대 주요 가치로 제시하고, 이들을 바탕으로 시민성을 서구의 개념과 차별화하기도 하였다. 시민교육에서는 학생들의 가치와 태도를 논하게 되는데, 특히 민주 사회 내에서 평등, 자유, 권리, 책임, 자주, 다양성, 조화를 그 가치와 태도의 기저로 삼는다. 이와 같이 보편화된 시민교육의 개념은 한 국가와 한 지역 내에서 논의되는 쟁점들을 포괄한다.

세계가 '장소'의 공간에서 '물결'의 공간으로 그 개념이 변화함에 따라, 초국가적 시대를 살고 있는 우리에게 새로운 개념의 교육과정과 시민성을 모색해야 할 필요성이 대두되고 있다. 이민자의 급격한 증가로 인해, 국가란 동질적인 문화와 사회를 바탕으로 한다는 가장 기본적인 전제가 변화하고 있다(Castles, 2004). 시민교육의 개념이 국가라는 경계를 넘어 지구촌으로 확장되고 있다(Kymlicka, 2004).

한국 역시 이러한 경제적, 정치적, 문화적인 초국가적 물결에서 예외가 아니다. 인종, 언어, 문화적으로 '단일한' 사회라는 믿음이 최근 이주 노동자, 다문화가족,

그리고 다양한 인종적 배경을 지닌 학생의 수가 증가되면서 도전을 받고 있다. 이 글은 이와 같은 시대상에 부응하는 다문화 교육과정과 시민교육의 모습이 무엇인지 성찰하는 계기가 될 것이다. 다양화되는 지구촌 공동체의 요구에 응하기 위해 교육과정과 시민교육에서 어떠한 담론이 필요한가? 교육과정 학자와 정책 수립자들은 시민교육을 통해 이와 같은 초국가적 쟁점을 어떻게 논의할 수 있을 것인가?

이 글은 초국가적인 이주와 이동의 시대에 시민교육의 개념을 탐색하고, 시민교육을 위한 교육과정을 좀 더 발전시킬 수 있는 최근의 담론들을 고찰한다. 한국의 사례를 통해 초국가적인 이주 현상이 최근 10여 년 내에 인종적으로 '단일화된' 사회에서 다원화된 사회로 변화시키는지 그 모습을 조명한다. 저자는 시민성과 시민교육에 대한 쟁점과 갈등요소를 살펴본 후, 한국의 맥락 속에서 어떠한 형태의 시민교육과 교육과정의 모습이 바람직한지 탐색하고자 한다. 이 글의 마지막 부분에서 이러한 새로운 패러다임이 교육과정 재개념화와 그 실행에 전해 주는 시사점을 제시할 것이다.

2. 초국가적 시대와 세계 시민교육

대부분의 국가에서 시민교육은 자국 내 학생들의 "결속력의 증진을 도모하는 것"을 그 목적으로 한다(Banks, 2009b, p. 105). 여기에는 시민을 한 국가에 속한 구성원으로 전제하고, 그 구성원의 시민성을 개발하는 것을 교육과정의 주요 목표로 설정한다. 그러나 최근 초국가적 이주의 물결과 문화적으로 다양한 인구의 급증으로 인해, 교육과정 학자들은 한 국가 내로 제한된 시민성의 개념을 재고하면서(Koopmans & Statham, 1999). 시민교육과 관련한 복잡하고 어려운 질문들을 지속적으로 던지기 시작하였다(Dominique, 2001; Ghai, 2000; Parekh, 2000; Patten, 2001). 예를 들어, Soysal(1998)은 기존의 국가 경계를 초월하는 새로운 형태의 시민성에 대해 역설한다. 그녀에 따르면,

> 단지 국가에 종속되어 있었던 권리들이 타국으로 확산되었으며, 결국 이는 국가를 기반으로 한 시민성을 뒤흔들고 있다. 이와 같은 변화는 시민성과 그 기초에 대한 새로운 이해를 요구한다(p. 190).

초국가적 물결과 그 흐름은 국가의 경계에 도전하고 시민성의 개념을 세계 공동체로 확대시킨다. 초국가적 유동성은 미국, 캐나다, 오스트레일리아와 같이 역사적으로 이주가 빈번한 국가뿐만 아니라, 한국과 같이 단일민족을 기저로 한 국가에서도 확대되고 있다. 한 국가에서의 민족적, 인종적, 문화적 현상을 충분히 섭렵하지 못하는 협소한 의미의 시민교육을 초국가적인 시대 현상에 맞추어 어떻게 확장할지가 그 관건이라 하겠다(Luchtenberg, 2004; Murphy-Shigematsu, 2004). 학생들을 한 국가의 시민으로 가르치는 것으로 제한된 교육과정은 이들을 세계 시민으로 준비시키는 데 충분하지 않기 때문이다. Koopmans와 Statham(1999)이 주장하듯이, 세계화에 대한 외부적인 압박은 사회 구성의 주요한 형태로 존재하는 국가의 위치를 제고하게 만든다. 다원화되는 사회와 초국가적 공동체의 부각은 국가의 법적, 권위적, 그리고 통합적인 수용력을 위축시키는데, 이와 같은 사회정치적, 경제적, 문화적 맥락에서 세계적이고 다문화적인 공동체는 그 문화적이고 사회적인 품새가 더욱더 다양화된다(Kymlicka, 2004).

결국 시민교육의 주요 목적이 초국가적이고 초문화적인 공동체에서 학생들이 국가 간의 '상호의존성'에 대한 이해를 함양하는 방향으로 확대될 필요성이 제기되고 있다. 광의의 시민교육은 학생들이 다른 나라와 외국인에 대한 자신들의 태도를 명료화하는 방향으로 전개되어야 하는 것이다. 이는 또한 학생들이 세계적 그리고 범세계적인 정체성을 개발하고 격려하는 방향으로 전개된다(Banks, 2004). 그렇다면 이와 같은 다문화적, 초국가적, 범세계적 물결이 현행 국가 차원의 시민교육에 어떠한 변화를 주는가? 초국가적인 유동성과 유입이 한 사회에 지대한 영향을 미치는 가운데 기존 국가에 어떠한 변화가 생기는가? 다음 장에서는 한국의 사례를 바탕으로 이와 같은 초국가적 물결과 유동성이 시민성과 시민 정체성에 어떠한 영향을 주는지 고찰한다. 이러한 작업은 세계화 시대에 적합한 시민교육의 개념과 그 교육과정을 면밀히 조사하는 안목을 제시할 것이다.

3. 한국에서의 초국가적 물결

세계적 이주현상은 한 국가의 주류 문화와 다른 문화적 배경을 지닌 사람들에 대한 교육의 방향을 정립하는 데 있어서 거대한 도전으로 다가온다. 한국의 경우 1990년

대부터 급격하게 진행되는 인구 변동을 살펴볼 때, 이와 같은 세계적인 현상에서 예외 대상이 아니다. 2008년을 기준으로 백만 명 이상의 외국인이 한국에 살고 있으며 이는 전체 한국 인구의 2%에 해당한다. 2008년과 2009년 사이에 외국인의 인구가 17% 증가하였다(문향란, 2010). 이번 장에서는 한국의 인구 변화의 모습과, 교과서에서 한국 사회가 단일민족 사회에서 다민족 사회로 변천하는 과정을 어떻게 기술하는지 살펴보고자 한다.

1) 인구의 변동

불과 10여 년 전만 해도 대다수의 한국 시민들은 한국이 '한 핏줄, 한 언어, 한 문화'로 이루어진 나라라는 점에 대해 의문을 품지 않았다. 이러한 신념은 학교 교육과정에서 국가주의를 가르치는 도구가 되어 왔다(정영근, 2009; 원숙연, 2008). 그러나 초국가적 이주민들은 이와 같은 '한 핏줄, 한 국가'라는 신념을 뒤흔들기 시작하였는데, 특히 이주 노동자의 수적인 증가, 한국 시민과 이주자 간의 결혼, 새터민을 통해 인구의 변동을 살펴볼 수 있다(Kim, Lee, Kim, & Cha, 2010).

1990년대부터 외국인 노동자들이 더욱 활발히 한국에서 일할 수 있게 되었고, 2007년 기준으로 63만 명 이상의 노동자가 한국에 거주하고 있다(Kim et al., 2010). 초기 단계에서 한국 정부는 '외국인 노동자를 위한 인턴십 훈련 프로그램'을 1993년에 도입하였다. 이러한 노동자들, 특히 중국과 동남아시아를 중심으로 한 외국 노동자들은 한국인들이 기피하는 이른바 3D 업종에 종사하였다(정영근, 2009). 이 프로그램은 2000년에 '인터십-채용' 시스템으로 발전하였으며, 외국인 노동자들은 인턴십 이후 한국에서 전업을 가질 수 있게 되었다. 2003년 '외국인 고용법'이 입법화된 후 한국 정부는 인턴십을 기반으로 한 제도를 '고용허가제'로 변경하였다. 이는 최저임금선 이하의 임금과 신체적 학대 등과 같은 외국 노동자에 대한 차별과 이들에 대한 인권 침해가 주요한 사회 쟁점이 되면서 입법화되었다.

2001년 기준으로 77.4%에 해당하는 외국 노동자가 서류미비자(undocumented), 다시 말해 불법체류자로 분류되었다. '고용허가제'가 2004년부터 발효됨에 따라 서류미비 외국 노동자들은 거의 50%에 이르렀다. 이러한 비율은 일본의 32%, 싱가포르의 3%, 타이완의 7%와 비교해 보았을 때 상대적으로 높은 수치이다. 2008년 기준으로 초중고등학교에 다니는 약 18,800명의 학생들이 다문화가정 출신이다.

이는 2007년과 비교하였을 때 39.6% 증가한 수치이다. 여기에는 미등록 취학연령 아동의 수가 포함되지 않았는데, 외국인 노동자 학부모들이 자신들이 신분의 노출을 불안해함으로써 자녀의 학교 교육을 포기하는 사태가 발생하기 때문이다(원숙연, 2008).

2000년대에 접어들어 한국 시민과 이주민 사이의 국제결혼이 급증하였다. 2007년 기준으로 국제결혼의 비율이 전체 결혼의 11.1%(38,291건)를 차지하였다. 한국인 남성과 외국인 여성 간의 결혼이 전체 국제결혼의 75%에 해당한다. 이는 농촌도서지역에서의 비율이 35.9%로서 국가 평균치(11.1%)를 선위하는데, 농촌도서지역의 노총각들이 배우자를 찾기 어려운 사회현상과 맞물린다(강휘원, 2008; 남인숙 · 장흔성, 2009). 2006년을 기준으로 한국 남자와 결혼한 외국인 아내들의 국적과 비율을 보면 중국(66.2%), 베트남(18.7%), 일본(4%), 필리핀(3.2%), 몽고(1.8%)이다(원숙연, 2008). 다수의 외국인 아내는 연변족과 같은 한국계 중국인으로서, 이들은 한국어를 사용하고 한국의 문화와 유사점이 다른 국가 출신의 외국인 아내와 비교할 때 상대적으로 많다. 2008년 현재 18,800명의 학생들이 초중고등학교에 다니는 다문화가정 출신이며, 이 비율은 2007년과 비교할 때 39.6% 증가한 비율이다.

1990년대 중반 이후 한국에 거주하는 새터민의 수가 급격히 증가하였다. 2007년 기준으로 일만 명 이상의 새터민이 남한에 살고 있다(원숙연, 2008). 북한과 남한이 같은 민족이고 한국어를 사용하고 있지만, 새터민은 남한에서 심각한 문화적 정치적 문제점을 경험하고 있다. 한국의 다문화와 관련한 다수의 담론이 인종적으로나 민족적으로 한국인과 다른 이들에 초점이 맞춰져 있다. 그렇지만 서터민이 한국 사회에서 '주변인'으로 살아가고 있는 점은 그들의 다른 정치적 문화적 성장과정과 남한과 북한 간의 문화차이를 고려할 때 명백하다.

2) 교육과정과 교과서 내용의 변천: 단일민족 사회에서 다문화민족 사회로

대다수의 한국 시민들은 대한민국이 '한 핏줄, 한 언어, 한 문화'로 이루어진 국가라는 신념을 지니고 살아왔었다. 유엔의 인종 차별 제거 위원회(CERD: The Convention on the Elimination of Racial Discrimination)에서는 한국의 순혈주의 이념과 단일민족주의가 다양한 형태의 차별을 초래한다는 점을 지적하였다(Wagner, 2009). CERD는 최근 한국 사회의 다민족적인 성격을 인지하고, 한국 사회의 다른 민족과 외국인에 대한 이해, 관용, 그리고 우정을 권고한 바 있다. CERD는 또한 한국 정부가 인권 인지 프로그램을 정규 교육과정에 포함할 것을 제시하였다. 개정된 교육과정에서 한국 사회를 다양한 민족성과 문화를 가진 이들이 다 함께 살고 있는 사회로 기술하여야 한다고 밝히고 있다(홍원표, 2008; Wagner, 2009).

2007년 2월이 되어서야 초중고등학교 사회과와 도덕/윤리 교과서에서 단일민족주의의 내용이 사라졌다. 예를 들어, 개정 이전의 6학년 사회교과서에서는 "우리는 생김새가 서로 같고, 같은 말과 같은 글을 사용하는 단일민족입니다"라고 기술하였다(모경환, 2009). 시민교육은 이와 같은 단일민족주의에 근거하여 개발되었고, 국가교육과정은 준법정신, 시민으로서의 권리, 도덕성, 국가에 대한 충성과 같은 민주주의 시민의식을 고양하는 방향에 그 초점을 맞추었다(양영자, 2007). 기존의 한국에서 진행된 세계시민성교육은 세계화 시장에서의 수월성을 증진시키는 점에 중점을 두었다. 세계화교육과정은 한국 학생들이 한국의 경제적, 문화적, 정치적 선진화를 위해 '선진국'의 다른 문화를 이해하고 이에 걸맞은 지식, 기술, 태도를 연마하는 방향으로 진행되었다. 다른 선진국의 식사 예법, 교양 영어 교육, 올바른 비구두적 언어 사용이 그 예이다.

한국 정부는 현대 한국 사회의 급속한 변화를 인지하고 국가교육과정에 이러한 변화를 적용하고자 시도해 왔다. 국가교육과정에서 단인민족주의를 문화적 다양성과 다문화주의로 대체하였다. 이와 같이 국가교육과정을 개정하려는 노력에도 불구하고, 이주민과 관련한 다양성과 시민성에 대한 쟁점을 어떻게 전개해야 하는지에 대한 부분은 대다수 한국인들에게 아직도 장벽으로 남아 있다.

4. 시민교육과정의 긴장관계: 자유 동화주의와 다문화주의

2000년대 이후로 한국의 교육과정 학자와 정책 수립가들은 초국가적인 물결과 세계의 변화로 인한 다양성과 시민교육의 쟁점에 대한 부응 방안에 대해 힘겨워하고 있다. 특히 자유 동화주의(liberal assimilationists)에 기초한 시민교육과 다문화주의(multiculturalists)를 기반으로 하는 시민교육 사이의 갈등이 존재한다. 자유 동화주의에 기초한 시민교육이란 모든 시민이 평등, 융합, 사회 통합을 위해 자신의 문화적 기원에 대한 양보를 전제로 하는데, 이는 결국 주류 문화로의 문화적 동화를 우선시한다. Banks(2008)에 의하면, 자유주의에 근거한 동화주의자들은 자신의 원천 문화에 대한 강한 결속력은 사회적 갈등을 초래하고 위험한 분화로 발전된다고 믿는다. 이와 대조적으로 다문화적 시민성은 "다양한 민족적, 인종적, 그리고 문화적 집단 간에 존재하는 불평등한 권력 관계"(Ladson-Billings, 2004, p. 13)에 초점을 맞춘다. 다문화 시민성을 지지하는 이들은 다양한 문화적 민족적 배경을 지닌 학생들이 학교나 국가에서 시민사회에서 누리는 평등함과 그들의 문화에 대한 적절한 인지를 제대로 못 받는 과정에서 생기는 문제점들에 대해 논의한다(Gutmann, 2004).

1) 한국에서 자유 동화주의에 근거한 시민성

한국에서 자유 동화주의에 근거한 시민성은 크게 세 가지 차원에서 기원한다. 이는 첫째, 균등한 기회의 제공, 둘째, 정치적, 경제적, 사회적 발전, 셋째, 사회적 단합과 조화이다. 자유 동화주의자들은 사람들이 자신이 속한 특별한 문화 집단을 강조할 때 발생하는 교육적 차별 다양한 형태의 배제성에 대해 우려를 표명한다. 그들은 균등한 기회란 '새로운 이주자' 혹은 문화적 '타자'들에게 주류 문화를 제공하는 것으로 정의한다. 이들에게 주류 문화를 가르치지 않는 것은 이들의 사회에 대한 전적인 참여를 가로막는 불평등이다. 자유 동화주의에서 논의하는 시민성은 이와 같은 '결핍-기원(deficit-oriented)' 모델을 기초로 한다. 주류 문화의 문화적 언어적 양상을 '첨부'하는 것이 시민교육과정의 가장 주요한 목표이다. 예를 들어 교육과학기술부에서는 외국인 어머니와 그 자녀들을 위한 한국어교육 프로그램을 주요 사업으로 내세우고 있다. 소수 민족들을 위한 한국어 교육은 기본적으로 동화의 원리를 기초로 한다. 이 프로그램에서는 다문화가족 출신의 아동들에게 이중언어 교육을 적극적으로 지원하지 않는다(정영근, 2009). 대신 이 아동들이 학교에 입학할 시점을 고려하여 한국어 문해능력을 증진시키는 것을 그 목표로 하고 있다.

자유 동화주의자들은 '단일 문화, 단일 국가' 모델이 한국의 정치적, 경제적, 사회적 발전에 도움이 된다고 주장한다. 전통적으로 '한 핏줄, 한 문화, 한 국가' 이념은 한국을 무수한 침략으로부터 보호하는 데 사용되어 왔다. 역사를 거듭해서 이루어진 중국왕조의 침범, 일제식민지(1910~1945), 북한과의 끊임없는 이념논쟁, 서구 사회로부터의 정치적, 문화적, 경제적 유입 등이 그 대표적인 예이다(양영자, 2007).

'한 핏줄, 한 문화' 의 이념에 기초한 국가주의는 사회 결속력과 단합을 위해 정치적, 문화적, 경제적으로 이용되었다. 비록 거대한 초국가적 유입으로 인해 단일민족 이념이나 신화가 해체되었지만, 자유 동화주의자들은 통합된 국가적 이상, 목표, 문화가 있을 때에만 한국의 사회-정치적, 문화적, 경제적 발전이 가능하다고 믿는다.

자유 동화주의자들은 특히 유교사상을 자신의 사회 조화와 통합을 지지하는 데 사용한다. Wang(2004)에 의하면 유교사상의 보수적 관점에서는 '사회적 조화' 를 개인차에서보다 인류나 집단의 공통점에서 추구하려 한다. 결과적으로 이는 사회적 조화를 위해 개인성과 차이점을 억누르는 성향이 있다. 이와 같은 문화적 이념적 기초하에 주류 집단과 '다른 무엇' 은 결국 '잘못된 무엇' 으로 간주된다. 사회적 규범이 '주류' 문화와 다른 개인들에 대해 정상분포에 기준한 판단, 다시 말해 정상과 비정상이라는 이분법을 초래한다.

자유 동화주의를 옹호하는 교육과정 학자에게 차이란 사회적 '통합' 을 가로막는 '비정상적인' 요소로 간주된다(윤인진, 2008). 또한 한국어를 사용하지 않는 것은 사회 통합에 저해되기 때문에 그릇된다. '한국 문화' 를 따르지 않는 민족적으로 '절반인' 한국인과 '비-한국인' 은 사회-문화적으로 결핍된 사회 구성원으로 여겨진다. 이와 같은 태도는 이질성(heterogeneity)에 대한 비우호성을 초래하고 주류 문화와 다른 배경을 지닌 이들에게 편견을 지닌다. 자유 동화주의의 지지자들은 주변 집단들의 주류 문화에 대한 동화가 그들에 대한 편견과 차별을 최소화하고 결과적으로 사회적 통합을 증진한다고 주장한다. 이와 동시에 '그들이 이 땅에서 살고자 하면 사회적 통합을 위해 한국 문화에 동화되어야 하고, 그 과정에서 발생하는 각 개인의 희생과 어려움은 당연하다' 는 논리가 발생한다. 결과적으로 자유 동화주의의 지지자들이 표명하는 시민교육과정은 단일화된 '한국인다움(Korean-ness)' 을 유지하기 위해 '한 국가 이념' 을 강조한다. 한국인의 정체성을 유지하고 '타자' 를 이러한 한국인다움으로 교육하는 과제가 시민교육의 주요 목표가 된다.

2) 한국에서의 다문화 시민성

다문화 시민성[1)]의 지지자들은 이와 같은 자유 동화주의자의 주장을 반박한다. 이에 기반을 둔 교육과정은 비주류 학생들이 자신들의 지역 공동체, 문화, 자신의 고국에 투신하고자 하는 요구를 무시하기 때문이다(Banks, 2008). 이들은 크게 네 가지 관점에서 다문화교육과정을 지지한다. 첫째, 다양성에 대한 수용에서 출발하는 사회적 통합, 둘째, 다양한 문화적 시민성의 존립성, 셋째, 한국인 정체성의 다양성, 넷째, 세계 시민성과의 연계성이 그것이다.

다문화 시민성의 지지자들은 사회적 통합과 조화는 다양한 문화적 집단의 차이점을 인정하는 것에서 비롯한다고 주장한다. 이들은 시민교육이란 한국 사회에 존재하는 다양성에 대한 보다 심도 있는 수용이 되어야 한다고 믿는다. 다문화 시민성의 옹호자들은 다양성 없는 통합은 문화적 패권을 초래한다고 제시한다(Banks, 2009b). 문화적 억압은 주류 집단이 비주류 집단을 향해 자신의 인종적, 문화적, 민족적, 언어적, 종교적 유산을 사회적 융합을 위해 포기하라고 주장하는 것에서 비롯된다. 다문화 시민성은 오직 '한' 국가를 위해서는 '하나의' 시민성만이 존재한다는 가정을 강력히 비판한다. 이는 '문화적 시민성'과 '국가적 시민성'의 개념을 차별화하는데, 예를 들어, 미국의 맥락에서 유색인종들은 "새로운 형태의 시민성을 구축한다"(Ladson-Billings, 2004, p. 117). 그들은 자신의 정체성을 아프리카계 미국인 혹은 아시아계 미국인과 같은 민족적, 인종적 집단을 통해 설명하게 되는데, 이는 미국인이라는 개념이 백인과 동의어로 사용되기 때문이다(Banks, 2008; Ladson-Billings, 2004). 미국의 맥락과 유사하게 한국 다문화 시민성의 지지자들은 한국에 존재하는 다양한 층의 문화적 시민성을 주장한다. 이와 같은 다중성은 단일화된 '한국인' 시민성으로 표현 불가능하다. 이러한 접근은 다문화의 민주적 사회에서 비주류에 속한 이들이 시민적 평등과 정당한 인지를 받도록 조력하는 것을 그 목표로 삼는다.

다문화 시민성에 기초한 교육과정 학자들은 정체성이 단수가 아닌 복수이며, 같은 국가 내에서도 복잡하고, 맥락적이며, 유동적이라고 상정한다(오채선, 2008; Murphy-Shigematsu, 2004). Anderson(1983/2006)이 제시한 바와 같이, 국가는 '상상의 공동체'인데, 이는 한 국가의 시민들 사이에 존재하는 국가주의와 집단성을 기초로 형성된 환영이다. 다문화교육과정에 의거하면, 단일하고 고정적인 개념에 집착된 국가적 정체성을, 다양한 정체성들을 인지하는 방향으로 추구하는 것이 절대적이다. '단일민족'과 '단일문화'에 대한 신념과 실제는 한국 사회에 거주하는 어떠한 형태의 비주류 문화 집단을 배제한다. 학교와 한국 사회는 다른 민족적 배경을 지닌 학생들의 문화적 자산을 지속적으로 배제하는 가운데, 이들이 한국 내에 구조적으로 포섭되었다는 느낌을 갖고 국가에 대한 강한 충성심을 갖도록 기대할 수 없다(Banks, 2009a). 다문화 시민성을 지지하는 교육과정 학자들은 자유 동화주의에서 제시하는 시민성, 다시 말해, 비주류 학생들이 등교하는 매 순간마다 수반하는 그들의 '지식적 자산(funds of knowledge)'을 제거하고자 하는 시도를 비판한다(Gonzalez, Moll, & Amanti, 2005).

다문화 시민성과 세계 시민성은 서로 분리되지 않고 긴밀히 연결되어 있다. 초국가적 흐름과 유동성의 물결 속에서 다문화교육과정은 세계 시민성으로 그 영역을 확장한다(Banks, 2008). 교육과정 학자들은 학생들과의 교류 속에서 다문화 시민성과 세계 시민성을 동시에 고려할 필요가 있다. 다문화교육과정은 권력의 불평등성, 관용, 시민적 평등과 초국가적 이상을 향한 인지라는 원리를 기저로 하여 학생들을 교육시키게 된다. 다문화 시민성은 시민교육을 국가라는 제한된 범위에서 초월하여 초국가적 공동체로 뻗어 나가는 데 주요한 도구이다. 다문화 시민성은 결국 다른 정체성들에 대한 관용을 실천하는 것뿐만 아니라, 개개인, 국가들, 세계 공동체를 향한 다양성에 대한 개방성으로 연결된다.

5. 초국가적 맥락에서의 다문화 시민성

다문화 시민성은 다양하고, 복합적이고, 복잡하고, 협상적인 성격을 지닌 정체성의 사회적 정치적 이해를 기반으로 한다. 이러한 접근은 다문화교육과정을 통해 비주류 집단 출신의 학생들과 그 가족들에 대한 구조적 불평등과 불의에 대한 비판적 분석을 제공한다. 다문화 시민성은 모든 사회 구성원들이 자신과는 다른 민족적, 문화적, 그리고 그 밖의 다른 형태의 사회적 정체성을 지닌 이들 간에 발생하는 복잡한 연계성, 간극, 불협화음을 인지하고 조사하는 끊임없는 작업이다(May, 2009).

한국에서의 다문화 시민교육과정은 한 국가, 한 핏줄, 한 문화라는 그릇된 신념으로 고전 분투하는 사회적으로 소외된 집단들을 인지한다. 더 나아가 이 접근법은 다양성과 다문화의 포괄을 목표로 한다. 다문화 시민성은 한국의 비주류 집단에게 한국어와 한국 문화를 가르치는 것을 포괄한다. 한국어가 한국에서 생활하는 데 있어서 생존의 틀이라는 점을 간과하지 않는다. 다만 다문화 지지자들은 자유 동화주의자들이 제시하는 시민성에 반기를 든다. 다시 말해, 다문화교육과정에서는 단일화된 형태의 사회적 통합과 응집력을 이루고자 각 문화 집단이 지니고 있는 고유의 언어, 문화, 사회적 행동 양식과 같은 자산을 파괴하는 방식을 비판한다. 저자는 다문화 시민교육 이론가들의 영향을 받아 자유 동화주의자들이 수립한 단일화된 형태의 사회 통합이라는 문화적 규준을 제고하고자 한다(Banks, 2008; Gutmann, 2004; Kymlicka, 2004). 이러한 문화적 규준은 한국인/비한국인, 자국/외국, 순수한국인/비순수한국인, 혹은 조화/불협과 같은 흑백의 논리를 바탕으로 사람들을 쉽게 평가한다. 미국에서 진행되는 흑인/백인이라는 이분법의 논리와 유사하게 한국에서도 우리/그들이라는 구분이 "문화를 규준화하고 표준화하며, 사람들이 자신을 평가 절하하게 만드는 또 다른 잣대를 제공하는지" 제시한다(Ladson-Billings, 2004, p. 100). 다문화 시민성에 근거하여 볼 때, 왜 한국인성과 통합과 같은 사회적 규준들이 한 사회 내에서 "누가 가치 있는 사람인지 여부를 결정하는"(Bulter, 2004, p. 206) 잣대가 되어 윤회되는지 의문을 던져야 한다.

6. 나가는 글

이 글에서 시민적 평등성과 소외된 집단의 문화적 인지와 권리를 위해 자유 동화이론에 근거한 시민교육이 아닌 다문화 시민교육과정의 중요성을 강조하였다. 이러한 입장에 기초하여 한국 시민교육을 위한 교육적 정책적 시사점을 제언하고자 한다.

무엇보다 교육과정 학자와 정책 수립가들은 우리가 다름에 대해 관용적이고 다양성을 인정할 때 단합과 다양성이 공존할 수 있다는 점을 이해해야 한다. 다양성이 없는 단합은 소외된 집단에 대한 문화적 탄압을 자행한다(Banks, 2008). 국가가 다른 문화들을 수용하기 시작하면 사회적 통합이 무너지리라는 두려움이 사회에 존재한다. 이러한 믿음과 달리 또 다른 측면을 제시하고자 한다. 2005년 프랑스에서 벌어진 인종폭동에서 배울 수 있듯이, 한 국가가 사회 내에 존재하는 다양성을 인지하지 않고 지속적으로 극단적인 동화정책이나 통합정책을 추구해 갈 때, 사회 통합을 위한 꿈은 저물기 시작한다(Lemaire, 2009).

다양성을 인지하는 방안으로서 다문화 시민교육에 근거한 철학을 바탕으로 소외된 문화적 배경을 지닌 학생들을 위한 다문화교육과정의 확산이 중요하다. 반편견과 문화적 인식을 함양하는 교육이 다문화 시민교육의 주요한 목표이다. 이와 더불어 차이를 인정하고 그들을 중요성을 기리는 일 또한 중요하다. 다문화 시민교육은 차이점을 이해하는 교육에서 멈춰서는 안 된다. 학생들은 또한 어떠한 사회적, 문화적, 경제적, 국제적 정치 관계가 다문화 사회를 형성하게 되는지 비판적으로 사고할 기회가 필요하다. 다양성과 단합 사이의 미묘한 균형은 학생들이 학교에서 이와 같은 질문들에 대해 심도 있게 고민하는 가운데 가능하다.

정치적 문해성은 다문화교육과정에서 학생들에게 다문화와 세계 시민성을 가르치기 위한 선결조건이다. 정치적 문해성은 단순히 학생들에게 역사적 사실이나 사회정치적 자료들을 제시하는 수준을 넘는다. 정치적으로 문해한 시민은 차이점, 관용, 수용의 가치를 내재화한다. 그들은 자신의 가치를 다른 이들에게 주입하지 않는다. 대신, 그들은 자료를 바탕으로 협상하고, 설득하고, 대화를 나눈다. 학생들에게 정치적 문해성을 가르치는 일은 이들이 비판적 의사 결정자가 되고 보다 평등하고 정의로운 공동체를 창출해 가는 시민을 양성하는 과정이다. 교육과정 학자와 정책 수립가들은 초국가적이고 범세계적인 사회가 요구하는 시대상에 부합하는 방향으로 어떻게 시민을 교육할지 고민해야 한다. Gonçalves e Silva(2004)가 제시하는 바와 같이, 시민이란 개인의 인지와 모든 이들의 이익을 위해 사회 부정의에 맞서 일하는 이들이다. 교육과정 학자들은 다문화와 세계 시민교육이 한국의 건국이념과 공존한다는 점을 상기할 필요가 있다. 한국의 건국 신화에 의하면 환웅은 기원전 2333년 널리 인간을 이롭게 한다는 홍익인간의 이념을 실현하고자 인간 세상으로 내려왔다. 한국의 교육법 또한 이러한 홍익인간의 이념에 기초하여 한국 시민들이 모든 인류의 민주주의와 공생공존에 이바지하는 이상을 목표로 한다(박상철, 2008). 홍익인간의 철학적 자산은 한국 학생들이 모든 인간의 상상의 가치와 평등한 인권을 위해 노력할 수 있는 이념적 기초를 제공한다. 이와 같은 귀중한 자산이 자유 동화주의에 근거한 시민교육이 아니라, 다문화와 세계적 시민성에 기초한 시민교육과정으로 이어져야 한다.

후주

1) 다문화교육에는 비판적 다문화교육과 후기구조주의에 근거한 다문화교육과 같은 다양한 접근법이 있다. 이 논문에서는 자유 동화이론에 근거한 시민교육의 개념을 명료히 하고 이를 비판하기 위해 다문화교육에 근거한 시민교육을 하나의 거대한 범주로 제시한다. 다문화교육에 대한 세분화되고 심도 있는 논의를 위해서는 졸저의

박사학위 논문이 참조가 될 것이다. Moon, S. (2011). Autobiographical Interrogations of Multicultural Education: Complicating Conversations in Curriculum Studies. Unpublished Doctoral Dissertation. Teachers College, Columbia University.

참고문헌

강휘원(2008). 한국 다문화사회의 형성 요인과 통합 정책. 국가정책연구, 20(2), 5-34.

남인숙 · 장흔성(2009). 결혼이민여성 가족의 출신국 문화이해. 사회이론(봄/여름), 7-29.

문향란(2010). 통계로 본 2008 한국. 한국일보. 출처: http://news.hankooki.com/lpage/society/200902/h2009022103174521950.htm

박상철(2008). 다문화 사회에서의 학교 교육과정 정책. 초등교육연구, 21(2), 1-19.

양영자(2007). 분단-다문화시대 교육 이념으로서의 민족주의와 다문화주의의 양립가능성 모색. 교육과정 연구, 25(3), 23-48.

오채선(2008). 유아다문화 교육의 현실과 교육적 대안. 유아교육학논집. 12(4), 167-197.

원숙연(2008). 다문화시대 소수자 정책의 차별적 포섭과 배제: 외국인 대상 정책을 중심으로 한 탐색적 접근. 한국행정학보, 42(3), 29-49.

윤인진(2008). 한국적 다문화주의의 전개와 특성: 국가와 시민사회의 관계를 중심으로. 한국사회학, 42(2), 72-103.

정영근(2009). 한국사회의 다문화화에 대한 교육학적 성찰. 교육철학, 44, 113-137.

홍원표(2008). 한국적 다문화 교육의 발전 방안 탐색: 미국 논의의 수용을 넘어서. 교육원리연구. 13(2), 89-113.

Anderson, B. (1983/2006). *Imaginedcommunities* (2nd ed.). New York: Verso.

Banks, J. A. (2004). Introduction: Democratic citizenship education in multicultural societies. In J. A. Banks (Ed.), *Diversity and citizenship education: Global perspectives*(pp.3-16). SanFrancisco, CA: Jossey-Bass.

Banks, J. A. (2008). Diversity, group identity, and citizenship education in global age. *Educational Researcher*, 37(3), 129-139.

Banks, J. A. (2009a). Diversity and citizenship education in multicultural nations. *Multicultural Education Review*, 1(1), 1-28.

Banks, J. A. (2009b). Human rights, diversity, and citizenship education. *The Educational Forum*, 73(2), 100-110.

Butler, J. (2004). *Undoing gender*. New York: Routledge Classics.

Castles, S. (2004). Migration, citizenship, and education. In J. A. Banks (Ed.), *Diversity and citizenship education: Global perspectives* (pp.17-48). San Francisco, CA: Jossey-Bass.

Dominique, A. (2001). Political stability in multinational democracies. In A. G. Gagnon & J. Tully (Eds.), *Multinational democracies* (pp.65-96). New York:

Cambridge University Press.

Figueroa, P. (2004). Diversity and citizenship education in England. In J. A. Banks (Ed.), *Diversity and citizenship education: Global perspectives* (pp.219-244). San Francisco, CA: Jossey-Bass.

Ghai, Y. (Ed.). (2000). *Autonomy and ethnicity: negotiating competing claims in multi-ethnic states*. New York: Cambridge University Press.

Gonçalves e Silva, P. B. (2004). Citizenship and education in Brazil: The contribution of Indian peoples and Blacks in the struggle for citizenship and recognition. In J. A. Banks (Ed.), Diversity and citizenship education: Global perspectives (pp.185-214). *SanFrancisco*, CA: Jossey-Bass.

Gonzalez, N., Moll, L. C., & Amanti, C. (2005). Funds of knowledge: Theorizing practices in households, communities, and classrooms. Mahwah, NJ: Lawrence Erlbaum Associates.

Gutmann, A. (2004). Unity and diversity in democratic multicultural education. In J. A. Banks (Ed.), *Diversity and citizenship education: Global perspectives* (pp.71-96). San Francisco, CA: Jossey-Bass.

Kim, S. A., Lee, S. H., Kim, M. Y., & Cha, Y. (2010). Redesigning Korean teacher education in multicultural social context. *Multicultural Education Review*, 2(1), 93-119.

Koopmans, R., & Statham, P. (1999). Challenging the liberal nation-state? Postnationalism, multiculturalism, and the collective claims making of migrants and ethnic minorities in Britain and Germany. *American Journal of Sociology*, 105(3), 652-696.

Kymlicka, W. (2004). Foreword. In J. A. Banks (Ed.), *Diversity and citizenship education: Global perspectives* (pp.xiii-xviii). San Francisco, CA: Jossey-Bass.

Ladson-Billings, G. (2004). Culture versus citizenship: The challenges of racialized citizenship in the United States. In J. A. Banks (Ed.), *Diversity and citizenship education: Global perspectives* (pp.99-126). San Francisco, CA: Jossey-Bass.

Lee, W. O. (2004). Concepts and issues of Asian citizenship: Spirituality, harmony and individuality. In W. O. Lee, D. L. Grossman, K. J. Kennedy & G. P. Fairbrother (Eds.), *Citizenship education in Asia and the Pacific concepts and issues* (pp.277-288). Hong Kong: Comparative Education Research Centre,The University of Hong Kong.

Lemaire, E. (2009). Education, integration, and citizenship in France. In J. A. Banks (Ed.), *The Routledge international companion to multicultural education* (pp.323-333). NewYork: Routledge.

Luchtenberg, S. (2004). Ethnic diversity and citizenship education in Germany. In J. A. Banks (Ed.), *Diversity and citizenship education: Globalperspectives* (pp.245-272). San Francisco, CA: Jossey-Bass.

May, S. (2009). Critical multiculturalism and education. In J. A. Banks (Ed.), *The Routledge international companion to multicultural education* (pp.33-48). New York: Routledge.

Murphy-Shigematsu, S. (2004). Expanding the borders of the nation: Ethnic diversity and citizenship education in Japan. In J. A. Banks (Ed.), *Diversity and citizenship education: Global perspectives* (pp.303-332). San Francisco, CA: Jossey-Bass.

Parekh, B. (2000). Rethinking multiculturalism: Cultural diversity and political theory. Cambridge, MA: Harvard University Press.

Patten, A. (2001). Liberal citizenship in multinational societies. In A. G. Gagnon & J. Tully (Eds.), *Multinational democracies* (pp.110-132). New York: Cambridge University Press.

Soysal, Y. N. (1998). Toward a postnational model of membership. In G. Shafir (Ed.), *The citizenship debate: Areader* (pp.189-217). Minneapolis:University of Minnesota Press.

Tiryakian, E. A. (2004). Assessing multiculturalism theoretically: E pluribus unum, sic et non. In J. Rex & G. Singh(Eds.), *Governance in multicultural societies* (pp.1-18). Burlington, VT: Ashgate.

Wagner, B. K. (2009). Scrutinizing rules for foreigners in Korea: How much discrimination is reasonable? *Kyung Hee University Law Review*, 44(3), 391-416.

Wang, H. (2004). The call from the stranger on a journey home. New York: Peter-Lang Publishing, Inc.

Part 5

해체적 이론화 전통들

제16장

포스트모더니즘과 교육과정 연구: 탐구주제와 연구영역들

김 영 천(진주교육대학교 교육학과 교수) | 주 재 홍(진주교육대학교 교육학과 교수)

1. 서 론

교육학 분야의 네 번째 연구 패러다임으로서 포스트모더니즘과 관련된 교육과정 연구가 활발히 이루어지고 있다(Aronowitz & Giroux, 1991; Lather, 2007; Parker, 1997; Peters, 1995; Peters & Burbules, 2004). 일련의 교육과정 학자들 그리고 교육학자들이 이 포스트모더니즘의 아이디어 아래에서 교육과정에 대한 연구와 담론을 새롭게 개념화하고 확산시키려는 다양한 노력들을 하고 있다(Cary, 2007; Cherryholmes 1988; Doll, 1993; Kincheloe, 1993; Lather, 2007, 2006; Roy, 2003; Slattery, 2000, 1995). 우선, 서구의 경우, 이 주제에 대한 연구는 매우 활발하다. 먼저 체리홈즈(1988)는 푸코와 데리다 등의 아이디어를 동원하여 교육과정과 지식에 대한 담론과 실제의 모순을 탈구조주의 관점에서 비판하였고, 레이더(1991)는 페미니스트 연구자들이 어떻게 '타자'를 고찰해야 하는지 그리고 그들의 연구에 대한 성찰에서 이 주제를 주목하게 하는지를 중점적으로 조명하기 위해 탈구조주의를 통한 접근을 시도하고 있다. 그리고 그녀의 포스트모더니즘에 대한 관심은 교육학 연구 방법론에 대한 새로운 조명으로 확산되고 있다(1993). 또한 돌(Doll, 1993)은 해체주의와 구성주의의 접목을 통해서 모더니즘에 기초한 교육과정 연구와 모델화에 대하여 강한 의문의식을 제기하고 있다. 이외에도 해석학적 접근에서

(Reynolds, 1989), 대중문화 측면에서(Aronowitz & Giroux, 1991), 그리고 탈식민주의 측면에서 포스트모더니즘에 기초한 교육과정 연구가 한창이다(Johnston, 2003; Kanu, 2006).

포스트모더니즘에 대한 이러한 교육학/교육과정 영역에서의 관심은 서구에 한정되지 않고 우리나라의 경우에도 최근에 와서 다양한 연구작업이 이루어지고 있다. 우선, 교육학 영역에서 포스트모던 교육담론의 등장 배경 및 주요 특징을 소개하는 연구들이 많다(심성보, 1993; 유혜령, 1997; 정호표, 2007). 또 포스트모더니즘을 통하여 학교 경영(윤종건, 2000)과 교사상(윤종건, 2000), 생활지도(전경갑, 1997)에 주는 시사점을 논의하는 연구들이 발표되었다. 아울러 보다 구체적으로 원정의 개념에 기초하여 시도한 연구들이 있었는데 먼저 Deleuze와 Guattari의 천개의 고원에 나타난 교육이미지 탐색(김영철, 2007)과, 리좀학을 통해서 학교지식이 다루어지는 과정에 작용하는 미시권력의 성격을 분석하는 연구(최명선, 2005)가 있었다.

보다 직접적으로 교육과정과 관련되어 포스트모더니즘을 적용한 연구작업들 역시 많이 이루어졌다. 이 연구들의 대표적인 주제는 포스트모더니즘을 통하여 기존 교육과정 논의의 문제점을 지적하고, 교육과정의 이론과 실제를 재명조명하기 위해 그 시사점을 도출하는 연구들을 수행하였다(김복영, 2006; 박민정, 2005; 이재준, 2006; 양미경, 2005). 먼저, 박민정의 연구는 포스트모더니즘 담론이 교육과정 이론과 실제에 주는 시사점을 보다 심층적으로 분석하여 총괄적으로 정리하고 있다. 둘째, 양미경은 교육 내용의 성격과 내용 조직의 방식, 교수-학습과 학습 평가 관점이 포스트모던 관점에서는 어떻게 다르게 개념화될 수 있는지에 대하여 고심하였다. 한편 주재홍(2006)은 포스트모더니즘의 또 다른 연구영역인 오리엔탈리즘의 개념을 사용하여 우리나라의 학교 교육과정에 숨겨져 있는 서구의 모던 프로젝트가 갖는 허구성과 문제점들을 체계적으로 규명하였다. 이외에도 해석학적 접근(오만석, 1986), 교육과정 이론과 실제에 대한 새로운 가능성을 모색하기 위한 탈구조주의 접근(박순경, 1997; 이용환, 2007) 등도 있다.

이러한 연구들은 기존의 모더니즘적인 측면에서 시도된 교육과정과 수업에 대한 연구문화 그리고 연구작업 등에 대하여 근본적인 문제의식과 문제점들을 지적하고 있다는 점에서 우리에게 시사해 주는 바가 크다. 즉, 모더니티의 프로젝트에 의해 설정되고 형성된 근대 교육담론을 비판하고, 이를 개선하고 탈피하기 위한 대안적인 연구문화와 연구아이디어 그리고 연구방법들을 제공해 주고 있다는 점에서 우리의 교육과정과 수업연구를 패러다임 차원에서 새롭게 검토하고 재정립하고 새로운 연구의 방향을 모색해 볼 수 있는 기회를 제공해 준다는 점에서 특별하다고 하겠다. 특히 포스트모더니즘의 다양한 전제들이 우리가 그 동안 아무런 비판 없이 수용하고 적용해 왔던 모더니즘적 전통 아래에서의 교육과정 연구, 교육과정 개발, 장학과 평가 그리고 수업방법들에 대하여 새로운 해석을 요구하고 있다는 점에서 포스트모더니즘에 기초한 교육과정 연구가 초기 단계에 있는 우리나라의 교육과정 영역에서는 신선하고 새로운 자극제로서 작용할 수 있음을 기대할 수 있다.

이러한 맥락에서 본 연구는 우리나라의 교육학/교육과정 연구에서 이루어진 기존 연구의 전통을 확산시키고 그 연구개념을 보다 명확하게 하는 것을 목적으로 시도되었다. 즉, 기존의 연구들이 포스트모더니즘의 전체적인 아이디어에 기초하여 교육과정 연구에 어떤 시사점을 줄 수 있는가를 포괄적으로 논의하였다면 이 연구에서는 보다 구체적으로 포스트모더니즘의 핵심개념은 무엇이며 그러한 개념을 우리 교육과정 연구자들이 교육과정 탐구에 적용한다면 앞으로 교육과정 연구는 어떻게 달라져야 하고 어떠한 연구영역과 연구문제들이 새롭게 규명되어야 하는가를 보다 체계적으로 제시하고자 한다. 그러한 점에서 이 연구는 앞으로 우리나라에서 시도될 포스트모더니즘에 관련된 교육과정 연구의 보다 심층적인 연구작업과 방향의 정립에 기여할 것으로 평가된다.

이에 이러한 연구목적을 달성하기 위하여 이 연구에서는 크게 두 가지의 연구문제를 상정하고 해결하고자 하였다. 첫째, 포스트모더니즘의 기본적인 전제는 무엇인가에 대하여 정리하고자 하였다. 이를 위하여 다양한 연구문헌들과 원전들의 읽기를 통하여 포스트모더니즘의 핵심적 개념들을 네 가지로 도출하여 설명하였다. 둘째, 포스트모더니즘의 그러한 핵심적 개념의 이해에 근거하여 교육과정을 연구한다는 것은 무엇을 의미하는지를 논의하였다. 즉, 포스트모더니즘의 그러한 개념들이 교육과정 연구자로 하여금 교육과정의 연구, 이론화, 학교현상에 대한 탐구에 어떤 새로운 문제의식과 연구문제를 제공해 주는지를 크게 네 가지 영역으로 규명하고 설명하였다. 포스트모더니즘에 기초한 교육과정 연구가 서구에 비하여 초창기인 우리나라의 상황에서 포스트모더니즘의 개념에 대한 체계적인 설명과 그에 기초한 연구영역과 문제의 규명은 우리나라에서의 추후 이 분야의 연구영역의 확대와 연구문화의 확산을 가져올 것으로 기대된다. 아울러 이 글에서 시도된 네 가지의 연구영역 외에도 고려될 수 있는 다른 연구영역들은 어떤 것들이 있을 수 있는지를 고민해 볼 수 있는 새로운/탈주적 연구문제 의식을 불러일으킬 것으로 사료된다. 아울러 더 나아가 서구 사회가 아닌 한국 사회에서 서구가 전제한 모더니즘 프로젝트와 이데올로기에 대한 전통을 포스트모더니즘의 측면에서 우리가 거부한다면 우리의 교육과정 연구는 앞으로 서구와는 어떻게 달라져야 하는지에 대한 보다 근본적인 탐색을 되받아치는 제국(Empire Writes back)의 은유처럼 탈서구적/탈식민적 관점에서 논의할 수 있는 지적 자극제가 될 것이다(Aschcroft, B., Griffiths, G. and Tiffin, H. 1989).

2. 포스트모더니즘의 주요 개념들

제2장에서는 포스트모더니즘의 주요한 개념들에 대하여 설명하고자 한다. 이미 기존의 글들에서도 잘 설명되어 있지만(양미경, 2005; 유혜령, 1997; 이용환, 2007; 최명선, 2005), 다음 장에서 소개할 교육과정 연구에서의 연구동향의 기초적 자료가 된다는 점에서 자세하게 소개하는 것이 필요하다고 생각한다. 이 개념들은 포스트모던 교육과정 연구와 포스트모더니즘에 대한 기존의 학술적 자료들에 대한 내용분석을 통하여 도출된 것으로서 이 글에서는 크게 다섯 가지를 선정하였다. 이 개념들은 포스트모던 교육과정 연구뿐만 아니라 다른 학문 분과 등 일련의 글들에서 포스트모더니즘의 핵심적 개념들로서 이미 널리 인정되어 연구되고 있는 실정이다(박순경 역, 1998; 심승환 역, 2007; 이우진 역, 2007; 이진경, 2008, 2002a, 2002b; 정호표, 2007; Kincheole, 1993, Lather, 1991; Lyotard, 1984; Parker, 1997; Roy, 2003). 그 다섯 개의 핵심 개념은 다음과 같다: (1) 의미와 재현의 불가능성; (2) 절대적 지식과 절대적 진리의 거부; (3) 차이; (4) 해체; (5) 리좀.

1) 의미와 재현의 불가능성

포스트모더니즘의 핵심을 대표하는 첫 번째 개념은 의미와 재현의 불가능성이다. 이 개념은 의미란 단순한 차이의 산물이고, 서로 아무런 상관도 없는 무의미한 소리 이외에는 아무런 의미가 없는 것으로 포스트모던 사회에서 의미를 재현하는 것이 불가능함을 말하는 것이다. 과거 모더니즘 철학에서는 사유가 무언가를 생각하고, 말이 무언가를 말한다고 할 때, 이 '무언가'가 바로 대상이었다. 말의 의미가 지시체나 그림이라고 할 때, 그것은 어떤 대상을 말로써 '재현'한다는 것을 뜻했다. 따라서 일반적으로 의미란 대상에 해당되는 그 무엇이며 그것은 기호에 의해 재현이 가능하다고 간주되었다. 이에 대하여 포스트모더니즘의 철학자들은 이러한 주장에 문제가 있다고 비판하기 시작하였는데 그 비판의 이유로서 다양한 원천에서 그 근거를 찾아내었다(Baudrillard, 1981; Derrida, 1981; Eagleton, 1983). 이에 그러한 근거로서 보드리야르와 데리다의 주장을 제시하고자 한다.

의미와 재현의 불가능성에 대한 논의는 더 이상 재현(representation)의 논리에 따르지 않는 새로운 사회적 환경을 설명하고 있는 포스트모던 기호 사회론에 의해 설명될 수 있다. 이 주장에 대한 가장 설득적인 설명은 보드리야르의 이론에서 찾을 수 있다(1981). 그는 기호학적 모형으로 현대 사회를 분석하여 현대 사회는 모든 것이 '기호(sign)'의 형태와 성격으로 존재하는 기호화 사회라고 말한다. 즉 모든 실물은 기호로 통하고, 따라서 기호가 지시하는 것은 곧 다른 기호일 뿐 실물 대상이 아니라고 하였다. 기호란 외부 실물세계와의 단절이라는 조건 속에서 기호들끼리의 상호관계의 폐쇄적 회로에 의해 지배되므로 기호와 외부 실물세계와의 직접적인 접촉은 존재하지 않는다. 따라서 심층구조나 실물세계 등은 이미 기호체계 내에서는 존재하지 않는 회로 밖의 초월적인 것이다. 기호를 바탕으로 또 다른 기호를 계속적으로 생산해 내는 것이 포스트모던 시대의 새로운 생산 양식으로 보드리야르의 용어에 따르면 시뮬레이션(simulation) 양식이다(유혜령, 1997: 82). 예를 들면 미디어를 통해 생산되는 기호의 증대는 모든 의미를 중화시키고, 결국에는 의미의 소멸과, 미디어/실재 구분의 해체를 초래한다는 것이다.

포스트모더니즘의 의미와 재현의 불가능성에 대한 논의는 인간의 언어에 대한 통찰에서도 명백히 나타난다. 인간은 언어라는 매개에 의해서 사물 현상이 의식되며, 지각되고 표상되기 때문에 우리는 이미 언어에 의해 번역되고 구성된 사물 현상만을 접하게 될 뿐, 사물 현상의 밖은 직접 접할 수가 없다. 즉, 기표(記表, signifer)와 기의(記意, signified)는 이원적으로 분리되는 것이 아니라 오직 기표화 과정의 폐쇄적인 반복만이 있을 뿐이며, 의미는 중심을 갖거나 고정되어 있지 않다는 것이다(Derrida, 1981). 즉 기호란 어떤 동질적 단위가 아닌 것이다. 기호는 그것이 지시하거나 내용으로 담고 있는 대상과 우연적이고 임의적인 관계에 있고, 말하자면 어떤 관행과 규약을 통해서 약정된 것에 불과하다는 것이다. 즉 이러한 아이디어나 개념은 '초월적 기의(超越的 記意)' 혹은 '초월적 의미론적 의미'로서 단어의 의미는 초월적 아이디어에 비추어서 결정된 것이다. 이에 대해 이글턴(Eagleton, 1983: 131)이 "이런 식의 단어 작용으로 인해 우리 사회에서 자유, 가족, 민주주의, 독립, 권위, 질서 등의 의미가 사회적 이데올로기에 의해 특별한 지위를 누리거나, 다른 의미를 변절시키는 중심을 설정하는 것"이라고 말하는 것은 좋은 예이다.

따라서 말이나 기호는 지시체(referent)나 대상을 재현하는 것이 아니라 다른 말이나 기호와 연결되는 무한한 연쇄망을 이룰 뿐, 어떤 특정한 기의에 이르지 못한다. 이로써 소박하게 특정 대상에 대한 재현이나 그것을 통해 정의되는 의미 개념은 모순이다. 의미와 재현은 단지 서로 맞물려 있는 기호들의 조직된 질서 속에 있는 것에 불과하다.

2) 절대적 지식과 진리의 거부

포스트모더니즘의 두 번째 개념은 절대적 진리에 대한 회의이다. 우리가 지식이라고 부르는 것은 본질적으로 내재되어 있는 절대적 진리를 의미하는 것이 아니라 세상을 이해하고 바라보는 다양한 관점들의 협상 속에서 합의된 하나의 해석에 불과한 것이다. 대상에 대한 의미와 재현의 불가능성은 필연적으로 진리나 절대적 지식이 시간을 초월하는 것이 아니라 조건 명제들의 순간적 배열의 상태에 들어있는 것에 불과함을 일깨워 준다. 과거 모더니즘적 전통에서 지식과 진리는 모더니즘의 혜택을 입은 모든 사람들에게 더 이상 의심의 여지가 없이 확실히 존재하는 것으로 간주되었다. 이러한 믿음은 근대에 이르러 객관적인 지식의 가능성과 이를 조작하는 인간의 이성적 능력에 믿음을 둔 자연 과학이론이 급격한 속도로 발전하고 이로 인한 문명의 발달에 힘입은 결과이다. 그러나 지식의 이러한 성격에 회의를 품고서 지식의 절대성을 부정하게 되는 입장들이 대두하게 되었다(Baudrillard, 1981; Derrida, 1981; Foucault, 1980; Kuhn, 1970; Lyotard, 1984).

지식의 객관성에 의문을 품고 그것의 정치적이고 이데올로기적인 성격을 드러낸 가장 대표적인 사람은 푸코이다(Foucault, 1980: 131). 그는 '지식'과 '담론(discourse)'이라는 용어를 번갈아 사용하면서 지식은 권력과 뗄 수 없는 개념임을 주장한다. 지식과 권력의 이와 같은 구조적 유착관계를 강조하기 위해서, 지식과 권력을 지식-권력, 권력-지식으로 붙여 쓰기도 한다. 푸코는 이러한 담론을 통하여 지식-권력, 앎과 힘의 상호의존성을 강조함으로써 진리 창출의 정치성을 파헤쳤다. 진리가 담론적이고, 담론들이 역사적 상황의 산물이라면, 진리는 결코 권력 없이 언급되기 어렵다. 각 시대의 권력 관계는 그 자체의 진리를 갖기 마련이다. 그래서 푸코는 진리와 역사의 상호관련성을 주장한다.

푸코가 진리의 정치적 생산을 강조하고 진리로 통하는 것은 역사와 관련되어 있음을 강조하는 반면, 텍스트에 초점을 두고 있는 데리다의 연구는 분석적이다. 그는 의미가 중심을 갖거나 고정되어 있지 않다고 주장한다. 왜냐하면 의미는 단어와 정의 간의 참조 작용에 의해서 파악되기 때문이다(박순경 옮김, 1998: 59-77). 그는 의미가 유포되고 유보된다는 점과, 수사적 주장들은 흔히 논리적 주장의 범위를 벗어나 있다는 것을 강조한다. 의미는 끊임없이 유희를 전개한다. 예를 들어 '워크맨'의 의미는 '녹음과 재생이 가능한 휴대용 기계'이다. 그러나 이는 또 다른 기표(기호)들일 뿐이며, 이는 '녹음', '재생', '휴대', '기계'가 무엇인지 말해야 한다. 이 단어들은 각각 또 다른 기표들을 낳는다. 이렇게 기표는 언제나 또 다른 기표의 물고 물리는 무한한 연쇄를 만들어 내기 때문에 의미는 무한히 지연되고, 결국 기표는 기의에 이르지 못하고 미끄러진다는 것이다. 이 지점에서 푸코와 데리다의 지식과 절대적 진리에 대한 주장은 합의에 이른다. 따라서 지식과 절대적 진리는 모순이자 허구이다. 왜냐하면 그것은 역사와 권력의 산물이자 불안정하기 때문이다.

한편, 보드리야르는 더 이상 재현이 불가능해지고, 의미가 사라지며 실재와 재현 등 서구 '모던' 사유가 기반을 두고 있었던 이분법적 차이가 소멸하는 현상을 설명함으로써 지식과 절대적 진리를 해체시키고 있다(하태환 역, 1992). 그에 따르면 포스트모던 사회는 시뮬레이션 체계에 의해 사물이 기호로 대체된 결과, 현실의 시뮬레이션이나 이미지, 즉 시뮬라크르들이 실재를 지배하는 사회이다. 이제 실재와 재현의 관계는 역전되며, 더 이상 흉내 낼 대상이 없어진 시뮬라크르들이 실재보다 더 실재적이게 되는 것이다. 예를 들면 걸프전이 한창일 때 미사일이 날아가고 전투기가 폭격을 하고 있는 것이 모두 다 모니터상에 나타난 계기를 통해 컴퓨터로 조작되거나 CNN TV로 생중계되었다는 점에서 시뮬레이션 게임과 별로 다를 바 없는 것이다. 그 결과 그것은 마치 실제 전쟁은 없고 상상적인 게임과 같은 전쟁의 모사물만이 남게 되는 것이다. 또 '실제의' 나라, '실제의' 미국 전체는 사라지고 디즈니랜드라는 모사물만 남겨지는 것도 같은 맥락에서 이해할 수 있다. 결국, 보드리야르는 실재와 재현, 실물과 모사 그리고 기표와 기의의 구분을 없애 실재의 의미, 지식과 절대적 진리의 모순을 드러내고 있다.

3) 차이

포스트모더니즘의 세 번째 개념은 차이이다. 이 개념은 질서와 총체성의 궁극적인 회복 및 달성에 대한 모더니즘의 이상을 거부하고, 대신 다원적이고 상대적인 관점에서 모든 현상을 파악하고, '다의적(多意的) 해석'을 통한 '차이성'을 중요하게 부각시키는 것이다. 포스트모더니즘은 총체화 또는 질서를 위한 일원론 및 절대성의 개념을 배격할 뿐 아니라 질서와 총체성이라는 것이 자칫 어떤 획일적이고도 전체주의적 지배 체제의 미명일 수도 있음을 경계한다. 따라서 '차이'는 다원적이고 상대적인 관점에서 모든 현상을 파악하고 연속성보다는 불연속성과 단절성, 객관성보다는 주관성, 종합보다는 대조와 해체, 조화보다는 파편화 및 편린화가 지배하는 현실의 모습을 있는 그대로 인정하고 표용하려 하는 포스트모던 사회의 특징을 포착하고 설명하기 위한 개념이다(Deleuze, 1995; Derrida, 1982; Foucault, 1972; Wittgenstein, 1953).

모더니즘의 거대 담론에 대한 회의적인 태도는 사회적으로 그리고 학문적으로 차이와 다양성에 대한 존중으로 이어졌다. 이러한 관점은 사회에서 다양하게 표출된다. 예컨대 문학 텍스트를 완결된 의미의 생산품이 아니라 의미의 '생산과정'으로 보고 작가 역시 보편적 진리나 의미를 부여할 수 있을 만큼 우월한 위치에 있는 특권적 존재들이 아니라는 것이다. 또 이러한 태도는 진리에 대한 특권적 접근이라는 관념을 거부하여 진리를 인식하는 데 있어 지식인들이 일반인들보다 더 많은 특권을 가지고 있다는 주장을 비판한다. 같은 맥락에서 위대한 전통, 고급 문화라는 생각으로 특정 내용을 가르치는 것 역시 비판의 대상이 된다. 이러한 관점들은 절대성이나 총체성을 거부하고 다양성이나 상대성을 필연적으로 존중하고 그것은 곧 '무한한 차이'를 향유하게 한다. 이는 텍스트의 의미해석 측면에서 볼 때, 다의적 해석에서 나타나는 상대적인 차이성을 옹호함과 아울러 하나의 총체적이고 중심이 되는 시각의 형성을 예방하는 의미의 파편화, 편린화를 주장하는 근거가 된다.

더욱이 다원성과 상대성에 대한 강조는 그 동안 주변적인 것으로 무시되거나 도외시되어 왔던 모든 것들이 이제 새로운 의미를 부여받으면서 그 중요성을 새롭게 부각시키는 동기가 된다. 현재 지배적인 어떤 경향이나 진리는 사실상 그와 반대되는 것들을 억압하여 주변 가장자리로 밀어냄으로써 '현저(顯在)' 하게 된 것이다(유혜령, 1997: 88). 그 동안 소외되고, 억압받으면서 부재하는 것으로 인식되어 온 '타자들' 은 이제 더 이상 지배적인, 또는 중심적인 것과의 수직적 종속 관계에 머물러 있지 않고 수평적, 다원적 관계 속에서 원래 자신의 자리로 복귀하게 된다. 그런 점에서 푸코는 근대사회에서 개체들을 동일화시키는 동일자의 메커니즘을 추적하면서 그것의 이면에 항상 억압되고 배제된 타자가 존재한다는 것을 보여 주려 했다. 이런 연구를 통해서 침묵 속에 갇힌 타자들의 목소리, 차이의 목소리에 귀 기울이고자 했으며, 그럼으로써 동일자의 지반을 전복하여 차이들이, 타자들이 숨쉬고 활동할 수 있는 공간을 만들고자 했다.

위에서 살펴본 바와 같이 '차이' 에 대한 포스트모던 개념은 근대적 의미의 설정이 이미 그 이면에 그와 대비되는 다른 의미의 은폐와 삭제를 동시에 내포하고 있다는 사실을 드러내 주고 있다. 즉 '현존(presence)' 하는 것에만 초점을 두고 겉으로 드러난 의미만을 강조해 온 서구의 형이상학을 비판하는 것이다. 따라서 세상에 대한 우리의 해석은 '의미의 확실성' 을 주장하는 모더니즘적 사고를 배제하고, 모든 현상에 대한 '다의적(多意的) 해석' 을 통하여 그 '차이성' 을 중요하게 드러내야 한다.

4) 해체

포스트모더니즘의 네 번째 개념은 해체이다. 해체의 일반적인 의미는 '체계의 산물이 그 본성에 의해 이미 해체되어 있다' 는 것으로 텍스트를 갈등과 침묵과 균열을 드러내는 것으로 읽어내는 방법이다. 포스트모더니즘이 가정하는 해체는 근대의 확실성과 진리, 자아, 본질, 실재, 의미, 역사의 소재지인 주체의 개념을 비판적으로 회의하고 거부하는 것을 뜻한다(Baudrillard, 1981; Deleuze & Guattari, 1972; Derrida, 1997, 1981; Foulault, 1972). 따라서 주체에 의해 인식되고 형성되는 이러한 개념들은 그 자체로서 현존이 아니라 다양한 이질적 요소들 간의 잠정적 결합 또는 상호관계 맺기와 차이 짓기의 산물에 불과한 것이다.

이러한 해체의 대표적인 작업은 푸코에서 찾을 수가 있다. 지식과 진리가 권력과 뗄 수 없는 관계에 놓여 있다는 것을 지적한 푸코는 진리란 그 자체로서는 진리도 허위도 아닌 단지 진리의 효과를 내는 담론들에 불과하다고 말하면서 진리를 해체한다(Foulault, 1980). 진리에 대한 해체는 자연적으로 진리를 자율적으로 인식하고 파악한다고 여기는 자아와 주체의 해체를 요구한다. 근대 계몽주의에 의하면 주체는 결국 세계의 중심이 되며 마치 중세에서의 신처럼 세계의 창조자가 된다. 그러나 포스트모더니즘은 이러한 주체관을 거부하고 주체란 오히려 주체가 맺는 다양한 관계에 의해서 형성될 뿐이며, 그것은 특수한 사회 역사적 정황 가운데서 구성되는 것이라는 관점을 취한다. 결국 세계의 안정된 토대는 존재하지 않고 일체의 현상은 상호의존적임, 부단히 변화한다는 관계론적 인식을 보여 준다.

이러한 관계론적 사유는 데리다의 텍스트 이론에 잘 나타나 있다(Derrida, 1997). 그는 의미가 중심을 갖거나 고정되어 있지 않다고 주장한다. 왜냐하면 의미는 단어와 정의 간의 참조 작용에 의해 파악되기 때문이다. 이러한 작용 가운데 텍스트는 안정성을 띠기는 하나 중심이나 초월적 기의, 혹은 초월적 의미를 갖는 것은 아니다. 예컨대 전술했듯이 워크맨의 의미가 실체로서 존재하는 것이 아니라 '녹음', '재생', '휴대', '기계' 등의 단어들과 상호의존에 의해 끝없이 얽힘과 관계짓기의 과정이 반복되면서 성립하는 것이다. 즉, 단어의 의미는 그에 대한 정의를 갖는 다른 단어들로 구성되며, 또 그러한 단어들은 그에 대한 정의를 갖는 또 다른 단어들로 구성되는 것을 추적함으로써 알 수 있는 것이다. 데리다는 이 차이의 연쇄적 그물망의 범위 전체를 텍스트라 이름한 것이다. 이제 워크맨의 의미는 녹음, 재생, 휴대 등의 의미군이 결정될 때까지 확정되어서는 안 된다. 워크맨의 의미를 확정하는 것은 훨씬 더 후에까지 유보되어야 한다. 그것은 앞으로도 계속해서 유보된다. 따라서 확실한 의미를 유보한다면 고착된 의미라는 구조주의자의 아이디어는 해체되어야 한다.

데리다는 "텍스트 밖에는 아무것도 없다"고 말함으로써 텍스트 안의 모든 요소들은 인연을 따라 끝없이 다른 요소들과 얽히며, 이 같은 얽힘/관계짓기 과정은 무한히 반복된다. 데리다의 텍스트의 세계에서는 어떤 개체에 대해서도 고정되고 독립적인 지위를 부여한다는 것이 불가능하다. 구성적인 개체들은 실체로서 성립되지 못한다. 이 세계에서는 어떤 것도 홀로 설 수 없고, 오직 상호의존에 의해 태어나고 사라진다. 개체들의 주체성이나 자아성은 부정되고 해체된다. 푸코가 동일자에 의해 배제된 타자, 그리하여 강요된 침묵 속에 갇혀 버린 타자의 목소리를 드러냄으로써 그 경계를 해체시켰다면, 데리다는 '동일자' 내부의 균열을 드러냄으로써 동일자 자체를 해체시켰다. 즉, 초월적 기의로서의 의미의 권위에 도전함으로써 해체적 비판을 체계적으로 전개했다.

5) 리좀

포스트모더니즘의 다섯 번째 개념은 리좀(rhizome)이다. 이것은 이항 대립(binary opposite)을 통해 발전하는 나무(사고의 수목 모델)의 초월적이고 위계적인 구조와는 대조되는 내재적이면서 배타적이지 않은 접속의 모델이다. 이는 근대의 보편성과 총체성, 그리고 통일성에 대해 어느 누구보다 적대감을 드러낸 철학자인 들뢰즈(Deleuze)와 가타리(Guattari)가 식물학에서 따론 개념이다. 그들은 먼저 체계적이고 위계적으로 조직되어 온 서구의 전통적 지식체계를 '나무'(사유의 수목 모델)에 비유하였고, 이러한 수목의 논리를 해체하기 위한 대립 개념으로서 제시하였다. 나무가 위계적이고 '영토적'인 상태라면, 리좀은 발산적이고 '탈영토적'인 운동이다(최명선, 2005: 220). 그들은 이러한 사유 방식의 상반되는 개념들을 통하여 지식이 조직되는 방식을 설명하고 있다(Deleuze & Guattari, 1980).

리좀이 어떤 특징을 갖는지 정리함으로써 지식의 조직 방식을 검토해 볼 수 있다(이진경, 2002b: 91-108). 첫째 리좀은 접속(connexion)의 원리에 의해 정의되고 만들어진다. 접속은 두 항이 등가적으로 만나서 제3의 것, 새로운 무언가를 생성한다. 반면, 수목적 지식은 닫힌 체계로서 통일성을 전제로 지식의 위계적인 서열속에서 지식활동의 전반적인 과정을 권력관계에 종속시키고 재생산시키는 지식이라고 할 수 있다. 둘째, 리좀은 이질성의 원리를 갖는다. 리좀은 이질적인 모든 것에 대해 새로운 접속 가능성을 허용한다는 의미에서 그렇다. 반면 수목적 지식은 정통이라는 이름아래 지배되고 있는 동일성의 논리 아래 모든 사유나 활동의 흐름을 통일하고 서열과 순위로 계열화하려는 지식이다. 셋째, 리좀은 다양성 또는 다양체의 원리를 가지고 있다. 반면, 종류가 늘거나 무언가 추가되며 '다양성'이 증가하기는 하지만 전체는 아무런 변화가 없는 이런 종류의 다양성을 들뢰즈와 가타리는 수목형 다양성, 사이비 다양성이라고 한다. 넷째, 리좀적 다양체는 비의미적인(asignifiante, 비기표적인) 단절의 원리를 특징으로 한다. 단절은 기존의 기표적인 계열에서 벗어나 다른 계열의 일부가 되는 것이다. 하지만 수목적 지식은 근원적인 의미나 기원으로 거슬러 올라가 결국에는 나무가 일자의 뿌리로 곧게 뻗어 있듯이 지식 역시 하나의 특권적인 지식으로 곧게 뻗어 있다는 논리를 따른다. 다섯째, 리좀은 '지도 그리기(cartographie)' 와 '전사술(décalcomanie)' 의 원리이다. 이 두 원리는 모상과 모방, 재현과 재생산이라는 관념과 반대되는 것이다. 이것이 말하고자 하는 바는 우리는 지도에 이미 그려져 있는 대로 길을 찾아가기도 하지만, 우리가 새롭게 지도를 그려 나가는 것에 따라 현실 또한 변형되는 것일 수 있다는 것을 의미한다. 하지만 수목적 지식은 가상과는 대립되는 본질, 생성과는 이질적인 존재 그 자체를 질문하는 지식이다. 따라서 그것은 본질이나 존재에 대한 표상(representation)의 논리에 종속되는 지식이다. 여섯째, 비중심화된 체계, 탈중심화된 사유에 주목한다면 '소수성(minorite, minority)' 이라는 개념 역시 분열자적 지식의 특성과 관련되어 있음을 알 수 있다.

리좀은 초월자를 제거함으로써 나무나 뿌리의 초월성을 내재성으로 바꾸는 것이며, 외부와의 접속을 통해 '외부' 를 사유하고, 외부를 통해 사유하는 방식이다. 이러한 들뢰즈와 가타리의 내재성의 원리에 의한 사유방식인 리좀은 '일체 현상의 상호관계지워짐에 대한 인식으로 출발한 니체의 권력의지' 나 '삼라만상은 하나의 텍스트, 하나의 거대한 상호의존적 연쇄라는 불교의 연기설' 과 그 맥이 닿아 있다. 또 "텍스트 밖에는 아무것도 없다" 고 주장함으로써 '텍스트 안의 모든 요소들은 인연을 따라 끝없이 다른 요소들과 얽히며, 이 같은 얽힘과 관계짓기의 과정이 무한 반복된다' 는 데리다의 텍스트론에서도 그 접점을 찾을 수 있다. 이러한 리좀은 권력의 편재성으로 말미암아 사실상 권력으로부터 벗어나는 것이 불가능하다고 보는 궁지에 빠진 푸코나 포스트모던 해체주의자들에게는 생산하는 욕망이 권력에 우선함으로써 접속과 창조적 생성의 능동적인 지식의 지평을 열 수 있는 가능성을 보여 주고 있다. 이런 맥락에서 리좀은 교육연구자들에게 교육내용으로서의 지식을 조직, 선정하고 전달하는 과정과 수업에서 교사와 학생의 상호작용의 과정이 단순히 이 기존의 지배적인 통제와 범주화를 반복하는 것이 아니라 새로운 의미창조의 가능성으로서 교육에 대한 시사점을 제공하고 있다.

3. 포스트모던 교육과정의 탐구 영역과 주제들

지금까지 제2장에서 포스트모더니즘의 기본적인 개념들을 살펴보았다. 제3장에서는 그러한 개념들에 근거하여 교육과정 연구를 한다고 하였을 때 어떤 새로운 연구문제와 연구영역들이 새롭게 태동되고 연구될 수 있는지를 살펴볼 것이다. 이에 제2장에서 논의한 포스트모더니즘의 핵심적 개념이 주는 아이디어들에 근거하여 포스트모더니즘에 기초한 교육과정 연구는 어떤 성격을 갖는 것이며 어떤 연구를 하는 것인지를 논의하고자 한다. 이를 위하여 서구에서 이미 이루어진 연구들에 대한 분석들 그리고 저자들의 이해에 근거하여 교육과정 연구에서 이루어지고 있는 그리고 이루어져야 하는 탐구의 주제와 영역을 규명해 보았다. 크게 그 영역을 다음 네 가지로 제시하였다: (1) 전통주의 교육과정 연구에 대한 비판; (2) 학교 지식과 교과서에 대한 해체적 읽기; (3) 다중성과 복잡성을 강조하는 수업방법; (4) 타자에 대한 재현과 이론화.

1) 전통주의 교육과정 연구에 대한 비판

하나의 실재에 대한 절대적인 해석이나 정의는 없으며 대신에 다양한 관점들과 입장들이 존재할 수 있다는 포스트모더니즘의 전제는 '전통주의적 교육과정 개발모형' 에 대한 재해석을 요구한다(Lather, 1991; Reid, 1999; Slattery, 1995; Walker, 2003). 즉 포스트모더니즘의 개념과 아이디어는 전적으로 하나의 개발모형에 의존하는 연구행위가 가질 수 있는 위험과 모순을 드러내고, 우리의 교육과정 연구 행위가 보다 다양하고 통합적인 관점에서 이루어질 수 있는 가능성의 공간을 시사해 주고 있다.

전통적으로 교육과정 연구의 주도적인 담론으로 자리잡아 온 교육과정 개발 모형은 교육과정 연구에 대한 관점과 해석 그리고 방법들에 대한 우리의 이해를 제한시켜 왔다. 특히, 개발 모형은 그것이 선형적 구조를 띠고 있다는 점(Tanner & Tanner, 1980)과 이로 인해 각 단계별 활동 내용 간의 관계가 실제적이지 못하다는 점(Schwab, 1983)이다. 또한 목표 설정을 지나치게 중시한 결과 교육 내용의 가치론적 논의나 존재론적 논의를 간과하는 결과를 초래(Apple, 1979)하고 있다. 그러나 이 모형이 안고 있는 보다 근본적인 한계는 근본적으로 실증주의적 관점과 환원주의적 분석으로 인한 탐구 영역과 연구의 시각이 협소하다는 점이다(김민환, 1991: 74).

하지만 포스트모더니즘의 다양한 관점과 아이디어들, 그리고 방법론 등은 우리가 과거에 개념화하지 못하였고, 생성하지 못하였던 새로운 교육과정의 이론들, 개념들, 방법들, 휴브너(Hubner, 1966: 8)의 언어로 표현하면 "새로운 교육과정 언어"들을 창조할 수 있는 통찰력을 제공하고 있다. 예컨대 돌(Doll, 1992)은 변용, 임의성, 다양한 해석, 다양성, 불확정성 그리고 유동적 관계 등과 같은 포스트모더니즘의 특성을 교육과정에 은유적으로 적용하는 일에 관심을 두고 있다. 그는 개발 모형이 지배하고 있는 '기계와 생산성' 이라는 언어에 도전하고 그것을 발전, 대화, 탐구, 변용이라는 언어로 대치하고 있다. 그의 포스트모던 교육과정에 대한 비전은 개발모형의 전형인 타일러의 원리를 대치하고 있다. 또 체리홈즈(1988)는 푸코와 데리다의 아이디어들을 쉽게 정리하여 전통적인 개발모형들인 타일러의 '기본원리', 블룸의 '교육목표 분류학', 슈왑의 '실천성 4' 등의 논의를 비판하고 교육현상을 새로운 관점으로 해석하고 있다.

포스트모더니즘은 지식에 대한 상대주의 입장에서 각각의 교육적 상황을 고유하고 특수한 것으로 가정한다. 따라서 포스트모더니즘은 지식의 절대주의를 바탕으로 교육과정의 개발모형이 추구해 왔던 '규정과 처방' 을 위한 보편적 원리와 모형을 거부하고, 다양한 교육적 상황에 대한 해석과 해방, 그리고 해체가 반영되는 교육과정 연구 공간으로 그 패러다임의 공간을 확장시키고 있다. 이를 반영하듯 아이즈너(1985)가 미술에서 교육비평의 아이디어를 얻었고, 레이더(2007, 1991)는 푸코와 데리다 그리고 들뢰즈로부터 통찰력을 획득하였고, 맥라렌(McLaren, 1991)은 체게바라와 그람시의 연구에서 그 동기를 얻었다. 이들의 접근은 교육과정의 연구 개념을 새롭게 도출했고, 교육과정 개발 모형에서 주로 사용되었던 과학적 탐구와 통합적 접근 등에 의해 은연중에 배제되었던 연구문제들, 현상들, 주제들이 새롭게 중요한 탐구주제로 부상할 수 있는 가능성을 높여 주고 있다.

이제 교육과정 개발모형이 우리의 교육과정 연구의 유일한 통로로서 간주되어서는 안 된다. 교육과정 연구는 전통적 교육과정 개발모형에서 정의 내린 개발의 문제가 아니라 우리의 사유의 범주를 넓히고 창의적인 이론화를 시도할 수 있는 '복잡한 대화' 이어야 한다고 주장하고 있다(Pinar, 1995). 그런 점에서 절대적 이론이나 메타 내러티브를 부정하는 포스트모더니즘의 개념과 아이디어들은 우리나라의 추후 교육과정 탐구 이론과 모델들에 대한 우리들의 일방적인 태도를 견지하고 보다 다양하고 개방적인 공간에서의 가능한 많은 새로운 교육과정 개발 모델과 적용 모델들에 대한 수용과 연구에 대한 지각을 강화시킨다고 하겠다.

2) 학교 지식과 교과서에 대한 해체적 읽기

절대적 진리나 객관적 지식의 모순을 가정하는 포스트모더니즘은 획일적, 항상적, 보편적, 배타적, 내재적 가치 등 모더니즘적 기획에 의해 규정되는 학교 지식의 타당성을 근본적으로 재검토하도록 요청하고 있다. 또 학교 지식이 구체화된 교과서의 절대적 권위에 대한 관점의 변화 역시 불가피하다(Cherryholmes, 1988; Luke, 1988; Spring, 1991). 즉 포스트모더니즘은 보편적 지식을 강조하는 기존의 교육과정 대신 지식의 불완전성을 인정하고 학생들의 경험세계를 바탕으로 교육과정을 구성해야 한다는 점을 강조한다.

먼저 전통적으로 학교 교육과정에서 지식은 객관적이고 보편타당한 것으로 간주되었지만, 포스트모던 사회의 학교 교육과정의 내용으로서 지식은 고정된 진리에 얽매이지 않고 지속적으로 수정해야 하는 가능성에 직면한다. 앞서 전술했듯이 포스트모던 사회의 지식관은 독립된 실재를 표상한다거나 보편적이고 객관적인 가치를 지니기보다는 시대와 사회, 맥락, 인지 주체자의 수준과 관심 등과 불가분의 관계에 있음을 고려할 때, 다원성, 열린 마음, 차이와 불확실성 등의 관점을 수용해야 한다. 따라서 학교 교육과정 지식은 절대적이고 유일한 것이라기보다는 다중적이고 포섭적이며, 사회적으로 구성된, 의사결정의 결과로 보아야 한다. 즉 "다양한 언어들, 관점들, 서사들에 귀를 기울이면서 우리의 관심을 '객관적 지식'에서 '의미의 해석'으로 그 관점을 바꿔야 한다(박민정, 2005: 43). 예컨대, "자신의 절실한 문제의식과 관련되는 한 어떤 것이든지 교육 내용으로서 기능할 수 있고", 또 "고정된 하나의 의미 해석이 아닌 다양한 의미 부여가 격려될 수 있도록 적당한 정도의 불평형과 비정확성 등이 포함"(양미경, 2005: 14)되어야 한다. 기존의 교육과정이 보편적이고 객관적이며 절대적인 지식만을 강조하면서 학생들의 구체적인 경험세계와는 동떨어진 추상적 지식으로 교육과정을 구성해 온 것이 사실이다. 하지만 포스트모던 사회에서는 세상에 대한 폭넓은 이해와 해석이 가능한 교육과정 공간의 구상을 추구하기 위해서 지식의 불완전성을 인정하면서 학생들의 구체적인 경험세계를 바탕으로 교육과정 지식을 구성해야 한다.

이와 관련하여 돌(Doll, 1993)은 포스트모던 교육과정의 네 가지 속성 중 함축(richness)과 관련하여 깊이 있고 다양한 해석 가능성을 위해 지식을 비정상, 비효율성, 혼돈, 불평형, 소산, 생생한 경험 등의 특성을 가진 것으로 봐야 한다고 주장한다. 또 레이더(Lather, 1991: 117)는 포스트모던 지식의 '상대주의' 란 말을 거부하면서 '부분적이고 지역적이고 비판적 지식' 과 '차이' 를 주장하고 있다. 즉 구체적인 맥락과 입장을 표현하고 자신이 지닌 특정한 관점과 이해에 대해 이야기하고자 하는 것이다. 체리홈즈(Cherryholmes, 1998) 역시 탈구조주의 관점과 아이디어를 통해서 확실성, 명료성, 엄격성, 정확성 등의 구조주의 관점에 기초한 학교 교육과정 지식에 근본적인 의문을 제기하고 있다. 이러한 관점들은 교육내용을 '하나의 교육소재' 로 재개념화하여 교사와 학생 등의 교수 활동 주체들과의 관련 속에서 그 교육적 가치를 논의해야 함을 보여 주는 것이다.

다음으로 모더니즘의 절대적, 계몽주의적 지식관의 부정은 교과서에 대해서도 '작품' 이 아닌 '하나의 텍스트' 로 간주하는 포스트모던 관점을 제공해 주었다. 이와 관련해서 푸코는 교과서가 권력, 지위, 전통 등에 의해 특권을 갖고, 사물을 보는 특권적인 방식을 재현하는 정치적이고도 물질적인 산물이라고 주장한다. 데리다는 교과서에서의 의미의 구조, 정확성, 안정성, 중심지향성이란 허구에 불과하다고 주장한다(박순경 역, 1998: 93). 모더니즘적 교과서가 '완성된 조직체(fabric)' 로서 텍스트 자체를 강조하며 학생들에게 진리 내지 메시지를 제시했다면, 포스트모더니즘 교과서는 완성된 산물 내지 소모품이기보다는 '하나의 텍스트' 로서 간주되며, 학생들과 '상호교직(texture)' 하는 가운데 학생들이 자신을 깨닫고 발견하게 한다. 교육은 학습자가 그 자신과 세계에 대한 관점을 확장시키기 위해 하나의 텍스트로서 교과서에 의해 드러난 다양한 세계들은 전용(appropriate)해 나가는 과정이 되는 것이다. 따라서 교사들은 학생들로 하여금 교과서에 실린 텍스트를 그들 나름대로 해석할 수 있는 여지를 확보해 주어야 한다. 이렇게 할 경우 교사들이 가르치는 것은 이전의 텍스트가 아닌 새로운 텍스트를 창출하기 위한 의미 창출의 담론 과정이 된다. 텍스트에 대한 이러한 이해는 교과서를 하나의 텍스트로 간주해야 되며, 다양한 '읽기 방식' 을 통해 새로운 의미, 새로운 텍스트 창출을 제안하고 있다. 이를 위해 교과서를 텍스트화(textualization)하는 전략이 필요하다. 스콜스(Schcles, 1985)는 이에 대해 '읽기-해석하기-비평하기'를 총칭하는 읽기 활동을 인식해야 한다고 제안하고 있다. 읽기(reading)에서는 텍스트 내 텍스트(text within text)를, 해석하기에서는 텍스트 상 텍스트(text upon text)를, 비판하기에서는 텍스트 대(對) 텍스트(text against text)를 생성한다. 특히 비평은 텍스트의 객관적이고도 기술적인 주장들에 대한 도전이며, 텍스트를 기술적인 것으로 읽으려는 모더니즘적 성향을 넘어선다는 점에서 포스트모더니즘 교과서 구성에 주는 의미가 크다.

한편, 데리다는 "초월적 기의로서의 의미의 권위에 정면 도전함으로써 해체적 비판을 체계적으로 전개"하고 있다(Derrida, 1981: 49). 이것은 텍스트가 갖는 다양한 목소리를 보여 준다. 해체적 비판은 텍스트의 상징체계에 대한 몰입적 태도를 비판함으로써 그것을 창출하는 상징체계를 넘어서서 안정적이고 고정된 어떤 것에 근거할 수 없음을 주장한다. 텍스트는 변화무쌍하고, 탈중심적 성격을 지닌 의미군을 상정하며, 쓰여진 것뿐만 아니라 쓰여지지 않은 것까지도 포함하게 된다. 따라서 우리는 교과서 속의 텍스트를 이해하기 위해서는 텍스트 속의 존재하는 것과 부재하는 것, 쓰여진 것과 쓰여지지 않은 것 사이를 왕래해야만 한다. 또 역사, 권력, 관심의 영향이 담론적 실천을 형성한다고 주장하는 푸코(Foucault, 1980: 131) 관점에서 우리는 교과서에 대한 '해석적 읽기'를 시사받을 수 있다. 푸코의 주장대로 진리가 시간과 장소에 따른 정치적 논리의 산물이라면, 교과서 속의 텍스트는 초월적 기의로 작용하게 된다. 하지만 교과서 출판에 관한 담론-실천의 의미는 대부분 그 역사적 선례와 현재의 제도, 실천과의 관계에 의해 결정된다. 의디탐색은 단어로부터 진술, 담론, 사회역사적 맥으로 점차 옮겼으며, 동일성이 곧 의디라는 생각에서 벗어나 있다(박순경 역, 1998: 91).

스콜즈의 비평과 데리다의 해체적 비판, 그리고 푸코의 해석을 통한 교과서 읽기 방식은 절대적 진리가 있다고 믿는 모더니즘적 또는 시·공간을 떠나 고정되어 있으며, 해석 없이도 그 의미를 파악할 수 있다고 믿는 정초주의적 규약, 범주, 정향, 관점들에 대해 의문을 제기한다. 더 나아가 그러한 읽기 방식은 교과서라는 텍스트 밖에 존재하는 관심거리들을 창출해 낸다. 이와 같은 관점에서 교과서에 대한 관점은 작품이 아닌 '하나의 텍스트'로 바뀌어야 한다. 이것은 교육내용으로서 하나의 텍스트를 담고 있는 교과서를 폐쇄적이고, 고정된 실체로 보는 것이 아니라 끊임없이 전개되고 변용 가능한 역동적 행위로 봐야 함을 의미하는 것이다. 더 나아가 학생들은 교과서 속의 텍스트를 통해 메시지를 파악하고, 이데올로기, 권력, 불평등, 억압, 차별, 부정의를 포착하고 탐지할 수 있도록 읽고, 해석하고, 비평 및 비판하고 그리고 해체해야 할 것이다. 그래야 학생들은 텍스트, 담론과 실제, 교과서의 포로에서 벗어날 수 있으며, 교과서는 텍스트로서 위력을 발휘할 수 있는 것이다.

3) 다중성과 복잡성이 강조되는 수업방법

근대의 학교 수업에 대한 관점은 우리가 지식이라고 부르는 보편타당한 진리를 가정하고 사전에 계획되고 규정된 일련의 교육내용을 질서 정연하게 전수하고 동일한 방식으로 내면화할 것을 기대했다. 하지만 실재, 진리, 그리고 지식이 끊임없이 역동적으로 변화하고 있는 포스트모던 시대에는 학습자의 기억 및 이해 능력을 통한 '추상적 지식의 전달 과정' 이라는 수업에 대한 관점을 탈피해서 의미 창조의 담론을 수행하는 과정으로 이해되어야 한다(Doll, 1993; Lather, 1991; Parker, 1997; Slattery, 2000) 이를 위해 교육내용, 교사 그리고 학생 등을 중심으로 살펴볼 것이다.

첫째, 교육내용은 모든 학생들에게 동일한 의미로 전달되는 닫힌 텍스트가 아니라 개별주체의 경험과 이해의 지평에 따라 다양한 이해와 해석이 가능한 열린 텍스트로 이해되어야 한다. 모던 프로젝트에서는 진보에 대한 가정으로 교육내용이 교육과정 구성자로부터 교사와 학생에게 일방적으로 주어지는 것으로 받아들였지만 포스트모던 프로젝트에서는 교육내용에 대한 절대적인 지식관의 모순으로 인해 가르치고 배우는 과정에 참여하는 교사와 학생의 개별주체의 해석에 따라 다르게 구성되고 재현되어야 한다. 열린 체계, 시뮬라크르의 시대, 거대 담론의 불신, 의미와 재현의 불가능, 지식과 진리의 모순 등으로 집약되는 포스트모던 사회에서는 획일적, 항상적, 보편적, 배파적, 내재적 가치 등을 전제로 규정되는 교육내용에 대해 근본적인 타당성을 재검토해야 된다. 학습세계, 노동세계, 생활세계가 서로 겹쳐지면서 강조되고 있는 지식의 유용성의 차원, 교육내용 선정의 특권적 권한을 부인하고, 외부에 별도로 존재하는 항상적이고 객관적인 실재를 표상하는 것으로서의 진리 및 언어관을 파기하면서 강조되고 있는 인식 주체자의 권한과 책임의식 등을 고려할 때, 특정 내용만을 성역화하거나 배타적인 방식으로 선정 혹은 배제하는 방식, 가르치고 배우는 사람 및 맥락과 무관하게 객관적인 가치를 지닌 내용을 전제하고 이를 처방적으로 제시하는 방식, 사전에 규정된 단일한 의미로만 해석될 것을 요구하는 방식 등은 시대착오적인 관행이라고 보아야 할 것이다(양미경, 2005: 14). 옐란드(Yelland)가 정보화 기술이 사회를 혁명적으로 변화시켰음에도 불구하고 학교는 근본적으로 변화하지 않은 채 단지 전통적인 교육과정과 교수를 지원하는 데 그치고 있다거나, 엥리슈(Englisch)가 많은 학교들이 예나 지금이나 산업시대의 방식을 고수한 상태로 시대에 뒤떨어진 지식, 마우스로 클릭하면 언제 어디서든 찾아볼 수 있는 지식을 가르치고 있다고 비판한 것은 이와 같은 맥락이다(이혜영, 2008: 7).

이제 포스트모던 교육과정 연구에서 교육내용은 외부에서 일방적으로 주어지는 것이 아니라 교사와 학생의 상호작용 속에서 재구성되는 데 관심을 두어야 한다. 다시 말해서 개념적이고 인식론적 수준에서 정형화된 교육내용이 지역사회, 학교, 학급, 개별 교사와 학생의 수준에서 재조직, 재구성되는 것에 주목한다(박민정, 2005: 49). 이를 통해 고정된 하나의 지식 전달이 아닌 다양한 해석 및 의미 부여, 그리고 의미 창조의 과정이 되도록 해야 한다. 이와 관련하여 체리홈즈(1988)는 푸코의 담론분석을 통하여 교육내용이 정치적 산물임을, 데리다의 텍스트 분석을 통하여 교육내용의 의미 구조, 정확성, 안정성, 중심지향성은 허구에 불과함을 주장하고 있다.

한편, 들뢰즈가 지식의 조직 방식으로서 전술했던 내재적이면서 배타적이지 않은 접속의 모델인 리좀적 체계는 이와 관련해서 매우 시사적이다(이진경, 2002b: 91-108). 이것은 시작도 끝도 없는 중간 지대, 끊임없는 생성의 상태에 있는 탈중심적고 비위계적이며, 비의미 작용적인 체계이다. 따라서 교육내용을 통제하는 주체도 없고, 중심도 없는 그래서 제한하는 구조로부터 자유로우며 비연속적으로 구성된다. 로이(Roy, 2003: 72-78) 역시 들뢰즈의 유목적인 공간 개념을 교육과정에 적용하여 개방성, 다중성, 리좀성, 연관성 그리고 생성성 등의 특징을 강조한 로이의 논의도 주목할 만하다. 동일한 현상이나 개념, 원리라 하여도 누가 어떤 맥락과 연관지어 논의하느냐에 따라 그 의미가 끊임없이 다르게 규정될 수 있음을 체험할 수 있게 하는 방식이 활용된다면 새로운 의미창조에 도움이 될 것이다. 따라서 같은 문서로 명시된 교육과정, 교육내용이라고 하더라도 그것을 가르치고 배우는 주체가 어떤 관점과 태도를 가지느냐에 따라 현저하게 다른 의미로 실행될 수 있음을 고려할 때 구체적인 수업의 장면에서 교사와 학생이 교육내용을 어떻게 재구성하고 재해석하는

가는 매우 중요하다.

둘째, 교사는 외부에서 주어진 교육내용의 전달자가 아니라 교육내용을 통한 다양한 담화들의 갈등 속에서 학생들이 자기반성적 학습경험을 조직할 수 있도록 돕고, 더불어 학생들과 함께 지식의 재구성과 의미 창출에 참여하는 동반자의 역할을 수행해야 한다. 외부로부터 주어진 교육내용이라고 하더라도 가르치는 개별 주체, 즉 교사의 특성에 따라 그것은 전혀 다르게 해석되고 재현된다. 예컨대, 교사 개인의 세계관, 가치관, 해석 방식, 교과에 대한 이해 정도, 학생에 대한 태도, 학생의 수준 등은 교육내용의 재구성에 결정적인 역할을 하게 된다. 이와 관련하여 코넬리와 클라디닌(Connelly & Clandinin, 1999)은 교육과정 공간은 보편주체로서의 교사와 학생, 그리고 외부에서 주어진 추상적 지식으로 구성되는 것이 아니라, 개별주체로서 교사와 학생들의 특수한 경험세계가 교차하는 속에서 다양한 이야기들이 구성되는 공간으로 이야기하고 있다. 교육과정 공간을 이해하면 교사는 외부에서 주어진 교육내용을 소비하고 수업과정 이전에 결정된 교육목표를 향해 돌진하는 '운전자'(Doll, 1993: 28)가 아니라 적극적이고 능동적으로 새로운 교육적 의미를 창출해 가는 생산자가 되는 것이다. 이를 위해서 교사들은 학생들과 개방적인 대화적 관계를 수립하려고 노력해야 하며, 학생들을 실천적인 예술 행위에 참여한 자들로 인식해야 한다. 이 행위에서는 결정이 인지적이고 감정적일 뿐만 아니라 항상 맥락화된 상태로 내려간다. 그 과정에서 학생들은 자신들의 상식적 지식을 비판적으로 성찰하게 되고, 재검토하도록 격려하게 된다. 파커(Parker, 1997)는 이를 위해 학생들이 자신의 도전과 이견 등이 진정으로 존중받고 있다는 느낌을 가질 수 있어야 하며, 그러한 '차이' 들을 교육적으로 섬세하게 다룰 수 있는 교사의 전문적인 역량과 여건이 뒷받침되어야 한다고 주장하고 있다.

마지막으로, 학생들은 다양성과 복잡성, 주관성, 복합적인 관념들을 포용할 수 있고, "이미 생산되어 있는 의미를 단순히 반영하는 존재가 아니라 주체적 행위자로서 성찰과 비판을 통하여 스스로 의미를 생산하는 존재"가 되어야 한다(Lather, 1991: 37). 포스트모던 세계는 많은 조망적 실재들(perspectival realties)로 구성되어 있으며, "사회적으로 구성된, 역사적 깊이를 지닌, 가치 평가에 기반을 둔 것으로 세계를 이해하는 지식으로 이루어져 있다"(Lather, 1991: 51). 그 결과 포스트모던 세계는 불가피하게 잠정적이고 변경 가능하다. 거기에는 어떠한 중심이 되는, 자율적인, 단일화된, 안정된 주체도 없으며, 이해받고자, 특징이 묘사되고자 고군분투하는, 맥락과 관계없는, '본질적인' 인간의 본성도 없다. 포스트모더니티에서 자아(self)는 관계적, 역사적으로 구성되고 재구성된다(김희연 외 옮김, 2007: 51). 인간이 자기 주도 행위자로서 자기 결정의 자율성이 없다면, 합리적 자아의 공통성을 가정하여 실재의 인식과 규범의 실천을 필연적으로 가능하게 하는 자율적 인간형성의 교육개념은 수정되어야 한다. "교육의 역할은 현재의 주체 입장에 대해 지속적으로 질문을 제기할 수 있는 비판 의식을 배양하는 데 있으며, 학습자를 하나의 해석으로 몰아가기보다는 세상에 대한 다양한 해석의 가능성"을 열어 주기 위한 가능성을 모색해야 한다(박민정, 2005: 45). 이를 위해 슬래터리(Slattery, 2000)는 학교 교실에 현대시대의 불확정성, 모순, 혼돈 등이 반영되어야 하며, 그 속에서 학생들은 근대의 실천이 부과한 구속 없이 그들 자신의 교육적 경험들을 해체하고, 재구성하고, 명확히 하는 과정이 허용되어야 한다고 주장한다. 이를 위한 몇 가지 제안점은 다음과 같다.

첫째, 푸코는 권력의 편재성에도 불구하고 권력 관계에서 선택과 거부의 가능성을 인정하고, 개인이 지배받지 않을 방법을 배울 수 있다고 주장한다. 이를 위해 그는 '자아에 대한 배려' 라는 개념을 제안한다(김희연 역, 2007: 72-23). 이는 '우리 자신의 주관성을 형성하는 활동' 이다. 그것은 개인의 영혼이나 다음으로 들어가기 위해 스스로를 나타내는 다양한 것들을 검토하는 것을 의미한다. 뿐만 아니라 그러한 것이 개인의 통제하에 있는 정도까지는 자신의 인격과 존재의 방향을 의식적으로 결정함으로써 자신의 구성을 보고 있는 개인을 검토하는 것을 의미한다. 이를 위해 사고의 역할은 매우 중요하며 구체화된 개념들로부터 우리 자신을 비판하고 자유롭게 하는 것과 새로운 개념들을 생산해 내는 것 둘 다를 가능하게 한다.

둘째, 데리다의 해체나 차연 개념 역시 권능적인 주체에 대해 급진적인 의문을 제기하며 수업의 과정에서 학생이 의미의 창출자로서의 가능성에 대해 시사점을 주고 있다. 그것은 학교 공간에서 학생들은 더 이상 권력과 지배의 테크놀러지가 만들어 낸 규범적 질서에 충실히 기능하고 순종하는 존재가 아니라 "정경(canon)의 거부, 하나의 규제로서 기능하는 '저자의 의도' 와는 무관하게 텍스트를 자유롭게 해석하는 독자적 특권의 고양, 용광로(melting-pot) 비유를 거부하며, 학습자들에게 '다양성을 찬미' 하도록 촉구"하고 있다(심승환 옮김, 2007: 125-126).

셋째, 들뢰즈와 가타리의 리좀적 지식은 학생들에게 "비판적 · 성찰적 · 창조적 주체로서 소수자 '되기'를 제안한다"(최명선, 2005: 226-227). '소수자'란 수가 적은 자들이 아니라 권력이 부과하는 다수자의 모델을 거부하고 예속되기를 거부한다. 그리고 새로운 접속을 하고 새로운 대상을 찾고 새로운 대지를 발견하는 능동적인 힘과 생성의 능력을 찾고자 한다. 분리와 배제, 억압과 차별을 부순다는 것은 외부의 적과의 싸움이 아닌 우리 안의 파시즘, 즉 내 안에 존재하는 억압과 차별과 배제의 힘을 제거하는 투쟁이다. 그와 같은 나 속에 나를 가두지 않고 새로운 나를 계속 만들어 가려는 '탈주적 욕망'의 흐름을 따르는 것이야말로 소수자 '되기'인 것이다. 따라서 소수자 '되기'란 어떤 주어진 상태나 질서에 고정되어 고착되는 것이 아니라, 끊임없이 변화하고 분열하여 새로운 가치를 창출하려는 능동적 주체성을 의미한다.

넷째, 체리홈즈는 이 해체의 방법을 수업과 관련하여 교사가 학생들에게 어떤 질문들을 해야 하는지에 대하여 구체적으로 제시함으로써 수업차원에서의 포스트모더니즘의 적용 가능성을 한층 높여 주었다. 그에 따르면 교사와 학생들이 텍스트를 읽고 비평할 때 기준으로 할 질문들을 다음 여덟 가지로 구체화시켜 주었다(1988: 107): (1) 누가 말할 자격이 있는가; (2) 누가 듣는가; (3) 무엇이 언급될 수 있는가; (4) 무엇이 언급되지 않고 남는가; (5) 어떻게 말할 자격을 갖게 되는가; (6) 어떤 발언이 보상을 받는가; (7) 어떤 발언이 비난을 받는가; (8) 가치 있게 평가되는 범주, 은유, 기술, 설명, 논증 양식들은 배제되고 침묵한 채로 남게 되는 범주, 은유, 기술, 논증 양식들은 무엇인가.

다섯째, 학생들이 변혁과 해방적 실천을 위한 비판적 능력을 지닌 주체로 형성해야 한다. 이를 위해 파울로 프레이리(1998: 30-70)는 '비판의식(critical consciousness)'을 심어 주는 '비판의 페다고지'를 제안한다. 여기서 핵심어는 '비판적'이라는 말이다. 억압받는 사람들은 현실을 비판적으로 대면해야 하는데 그것은 단지 이러한 '비판적 개입'만이 객관적 현실을 변형시킬 수 있기 때문이다. 지루(Giroux, 1995: 45)는 자신의 교육학을 '포스트모던 저항의 경계 교육학(border pedagogy of postmodernist resistance)'이라고 부르면서 경계 교육학은 단순히 문화, 권력, 지식 등에 대한 상이한 형태들을 손상시키거나 그 영토를 확장하려는 경계의 이동에 대한 인지만을 논리적으로 가정하는 것이 아니라 그것은 페다고지의 개념을 민주사회를 위한 보다 실제적인 투쟁과 연결시킨다. 프레이리에게 크게 영향을 받은 훅스(Hooks, 1994)는 인종적, 성적, 계급 경계들에 대항하면서 '위반' 하는 법을 학생들에게 가르쳐야 한다고 역설한다. 모든 교사들은 이런 위반 교육을 통해 '자유' 라는 새로운 가치를 이루는 것을 가장 중요한 목표로 삼아야 한다는 것이다. 여기서 자유는 현대 자본주의 문명의 정치적, 경제적, 문화적, 정신적 억압으로부터의 해방을 의미한다.

여섯째, 무티어스는 '형성 역량', '변형 능력', '역관관계 도출 능력' 등을 제안하고(엄정용, 2001: 286-296), 라이첸과 살가닉(Rychen & Salranik, 2000)은 지식과 기술 이상을 의미하는 '역량(capacity)' 개념을 제안하고 있다. 이는 천성적으로 타고난 것이 아니라 학습될 수 있다는 것이다. 그들은 모든 개인들에게 꼭 필요한 역량으로 '핵심 역량(key competence)' 을 제안하고 있다. 그것은 다기능적이고 사회의 여러 분야에 통용될 수 있으며(transversal), 고차원의 복잡한 지적 능력을 필요로 한다. 또 방법적 지식(know-how), 지적 · 비판적 능력, 의사소통 능력, 상식 등으로 구성되는 다차원적인(multidimensional) 것이다.

4) 타자에 대한 재현과 이론화

포스트모더니즘의 주요 연구 개념 중의 하나는 주체의 사유가 갖는 절대성에 대한 회의이다. 즉 주체 중심의 세계관 역시 주관적 그리고 문화적으로 영향을 받는 것이라고 가정하기 때문에 주체로부터 타자화되고, 침묵화되어 버린 타자들의 목소리와 그들의 관점 역시 중요하다는 시사점을 제공해 주고 있다. 포스트모더니즘 담론이 추구하는 주체의 탈중심화는 지금까지 교육과정 연구에서 소외되고 외면당한 '타자들' 과 이들의 경험세계나 가치관에 대한 연구와 재현을 촉구한다(Bεnks, 1993; Beyer and Liston, 1992; Lather, 1991; Peters & Burbules, 2004).

세상을 인식 가능하고 질서 정연한 것으로 보는 모더니티 기획에서 개인은 자율적이고, 영속적이며, 세상의 중심 주체로 이해되었다. 드러날 '실제' 세계가 있는 것과 마찬가지로 인간의 주체는 맥락의 관계와는 독립적으로 존재하는, 미리 예정된 타고난 인간의 본성을 지닌 이성적 존재로 간주되었다. 이 이성적 주체는 자율적이고 합리적이며 안정적인 불변적 본질을 지닌 자아로 이해된다. 이러한 본성을 지닌 주체는 가치중립적이고, 보편적이며, 세상과 우리 자신에 대한 정확한 사실을 제공해 주는 것으로 추정되는, 미리 구성된 지식을 전달함으로써 완성될 수 있다.

하지만 니체(Nietzsche)는 주체는 단순히 변화하는 실재 뒤에 놓여 있는 유일성에 대한 하나의 신념으로서 그것은 허구에 지나지 않으며 따라서 자아란 존재하지 않는다고 주장했다. 그에 따르면, 주체는 우리가 속해 있는 서로 다른 상황들이 단일한 하부구조의 산물이라고 보는 잘못된 가정에 근거하고 있다(Sigad, 1998: 9). 주체적 전망에 대한 비관적 전망은 푸코도 마찬가지이다. 푸코(Foucault, 1980)는 권력이 지식을 만들어 내고 인간의 주체까지 형성한다는 것을 보여 줌으로써 주체의 해체를 시도한다. 개인의 주체라는 것은 바로 특정한 권력의 기법에 의하여 구성된 실체로 인간 자체는 결코 능동적이고 자율적인 의미 창출 주체가 아니라 특정한 권력과 담론 구조에 의하여 산출된 역사적 구성물이라는 것이다. 그는 이를 "규율적 권력에 길들여진 유순한 몸"이라는 말로 표현했고, 데리다(Derrida, 1982) 역시 "주체의 소멸"로 근대적인 주체적 자아의 허구성을 폭로하고 그 해체를 선언한다. 이 주체의 탈중심화를 레이더(Lather, 1991: 118)는 "자유롭고 스스로 결정하는 개인들이라는 모더니스트의 본래 개념에 내재해 있는 정적이고 본질화된 자아에 반대하는 이동하는 자아(shifting self)"로 표현했다. 개인을 탈중심화된, 불확정적인, 이질적이고 유동적인 것으로 보려는 관점에 대해 들뢰즈와 가타리(Deleuze and Guattari)는 "특이성(singularity)"이라는 용어로 파악하였다. 이는 우리가 누군가와 공유하기 우해 미리 추정할 수 있는 것은 아무것도 없다는 것을 함축한다(Readings, 1996: 115-116).

이러한 주장들은 '이성적 주체' 나 '보편적 존재' 로서의 인간 존재에 대한 기본 가정을 무너뜨리고 인간은 역동적인 사회적, 문화적, 정치적, 역사적 상황의 경계 속에서 개인의 주체성이 형성된다는 것을 보여 주고 있다. 즉 "주체의 그림은 이미 그려져 있는 것이 아니라, 계속해서 '한계를 넘어서려는 태도' 에 의해 창조적으로 만들어지는 것"이다(윤평중, 1990: 187). 하지만 기존의 교육과정 패러다임은 이성과 자율성을 가지고 독립적인 개체로 살아갈 수 있는 '보편적인 인간상' 을 미리 규정하고 그 범위를 넘어서는 주체 입장의 탐구는 전면적으로 부정해 왔다. 문제는 그때 설정된 보편적 인간상이 서구문화, 상류계층, 백인 남성의 가치관을 중심으로 정립된 것으로 다른 문화, 유색인종, 여성, 중하류계층 사람들의 가치관과 경험은 철저히 소외시켜 왔다는 점이다(박민정, 2005: 45). 중심에서 밀려나 '주변화' 되었고,

강압적으로 '균질화' 된 타자들은 교육이론과 실천의 '선택적 전통' 을 통해 타자로 배제되었던 것이다.

킨첼로와 파이너(Kincheloe & Piner, 1991)는 의식적으로든 구의식적으로든 아프리카계 미국인 지식을 주류 교육과정에 통합하지 않는 것은 정치적인 억압과정일뿐만 아니라 정신분석적인 억압과정이라고 하면서 교육과정을 인종적인 텍스트로 이해할 것을 제안한다. 이는 실재에 대한 사회적 구성의 전형적 사례를 보여 주는 것으로 이것은 생물학적 '사실' 보다 더 중요하다. 또 피터스와 버블스(Peters & Burbules, 2004)는 탈구조주의 페미니스트로 언급되는 크리스테바, 이리가라이, 씨수 등의 연구를 검토하고 교육적 맥락에서 이들이 조명하는 성, 여성의 주체성, 성의 차이, 욕망, 여성의 정체성 등의 사상이 차이의 윤리학을 제공하면서 기존의 교육과정이 무시한 여성과 여성의 경험 등에 대해 비판하면서 서구 문화와 사상의 '남성성(남성중심주의)' 에 대한 해체의 가능성을 제공하고 있다. 그래서 뱅크스(Banks, 1993: 4)는 "교육과정은 그것이 인종 집단 및 여성의 역사와 문화를 좀 더 정확하게 반영하도록 개혁되어야 한다"고 주장한다. 이와 같은 맥락에서 다문화교육은 교육과정에서 문화적 다양성을 인정하려는 노력을 나타난다. 맥카시(MaCarthy, 1993)는 다문화교육을 학교 교육의 인종 불평등에 더한 모순적이고 문제가 있는 해결책이라고 주장한다. 그에 따르면 다문화주의는 "학교 지식을 재구조화하라는 흑인 급진주의의 요구를 좀 더 개혁주의적이고 전문적인 담론, 즉 소수민족의 실패, 문화적 특성, 언어 유창성 등의 문제와 관련한 담론으로 만들었다"고 말하고 있다(MaCarthy, 1993: 228). 다문화 주장자들은 문화적 이해, 문화적 능력, 그리고 문화적 해방을 강조한다. 한편 윌린스키(Willinsky, 1992)는 다문화주의를 전 세계의 탈식민지화 과정을 위한 가치로운 출발점으로 보기도 한다.

푸코가 지적했듯이 진리와 지식이 인식론적 산물이 아니라 권력의 산물이라고 보면, 각 시대마다 지식에 대한 지배적 담론이 있기 마련이고 이 담론은 개인적 사고의 결과가 아닌 지배담론의 '이데올로기적 산물' 이다(박민정, 2005: 45). 따라서 포스트모던 교육과정 연구자들은 교육이 지식-권력의 담론 속에서 특정 집단의 가치 기준을 보편적 지식으로 선정하여 모든 사람들이 추구해야 할 가치 기준으로 강요하면서 '타자들' 의 가치관과 세계관은 철저히 배제되어 왔다는 점을 인식해야 한다. 아울러 포스트모던 교육과정은 지금까지 소외되고 무시되어 왔던 '타자들' 과 그들의 경험, 가치관 등에 대해 새롭게 탐구함으로써 다양한 사람들의 삶의 모습을 담아내야 한다. 교육적 맥락에서 타자의 중요성은 다른 문화와 전통을 연구하는 주된 이유가 단지 호기심, 동정, 포용심 때문만이 아니라 우리 자신을 보다 잘 그리고 보다 비판적으로 이해하기 위한 창이 된다는 점을 시사한다.

4. 결 론

본 연구는 서구의 경우 교육과정 연구에서 포스트모더니즘에 대한 연구가 가속화되고 있는 반면에 우리나라의 경우 이 주제에 대한 심층적인 분석과 이론화가 이루어지지 않았다는 판단에 근거하여 이루어졌다. 이에 포스트모더니즘의 주요 아이디어에 기초하여 교육과정과 수업을 바라본다면 어떠한 새로운 문제의식과 탐구문제들이 생성될 것인가에 대한 문제의식을 제기하면서 우리나라의 교육과정 탐구의 새로운 연구주제로서 포스트모더니즘의 새로운 지형을 개척하고자 노력하였다. 그러나 이 분야에 대한 학술적 논의가 초기 단계에 있고 교육과정 분야에서 심도 있는 논의들이 시도되고 있지 않다는 점에서 기존의 우리나라의 연구결과들 그리고 구미의 연구동향들에 대한 리뷰에 기초하여 그 새로운 시사점과 연구주제들은 어떤 것들이 있을 것인가를 개념화시키는 데 연구의 목적을 두었다.

이러한 연구문제 아래서 이 글에서는 크게 두 가지의 연구문제를 논의하였다. 첫째, 포스트모더니즘의 주요 개념들을 체계적으로 정리하고자 노력하였다. 이에 그 결과로서 다음 다섯 가지의 핵심적 개념을 도출하였다: (1) 의미와 재현의 불가능성; (2) 절대적 지식과 진리의 거부; (3) 차이; (4) 해체; (5) 리좀. 둘째, 이 다섯 개의 개념을 바탕으로 이러한 개념으로부터 교육과정과 수업의 이론과 실제를 바라보았을 때 어떤 새로운 연구의 주제들과 탐구영역들이 새롭게 떠오를 것인가에 대하여 고민하였다. 그리고 그 결과 기존의 학자들의 주요 연구결과들과 연구자들의 분석을 통하여 우리나라의 교육과정 연구분야에서 연구되어야 할 탐구주제(영역)로서 다음 네 가지의 내용을 개념화시켰다. 그리고 그러한 개념화들이 무엇을 뜻하는지를 상세하게 소개하였다: (1) 전통주의적 교육과정 연구에 대한 비판; (2) 학교 지식과 교과서에 대한 해체적 읽기; (3) 다중성과 복잡성을 존중하는 수업방법; (4) 타자의 재현과 이론화.

이러한 네 개의 연구영역들은 교육과정에 대한 모더니즘적 접근에서는 아직까지 소개되어 있지 않고 아울러 우리나라의 일련의 대부분의 교육과정 연구에서는 심도 있게 연구되고 있지 않다는 점에서 앞으로 각 영역들에 대한 상세한 연구들이 있어야 할 것이다. 이러한 고민은 모더니즘적인 사유가 우리나라 교육과정 연구에 있어서 철학적, 인식론적 그리고 방법론적 측면에서 오랫동안 주된 기준으로 자리해 왔다는 점에서 패러다임 전쟁 차원에서의 논쟁들을 불러올 것으로 기대된다. 그러나 다른 한편으로는 포스트모더니즘적 사유에 기초한 교육과정 이론화 연구가 교육학/교육과정 연구의 새로운 네 번째 연구 패러다임으로 자리 잡아 가고 있다는 점에서 기존과는 다른 새로운 다양한 교육과정 연구의 아이디어들과 방법들을 제공해 줄 것으로 기대된다(Cary, 2007; Lather, 2007; Pinar, 1995; Slattery, 1995). 때문에 과거의 전통에 대한 답습으로부터 벗어나 포스트모더니즘에서 교육과정 연구 영역을 바라보면 어떤 새로운 현상들과 이슈들, 그리고 교육과정의 방법들이 도출될 것인지에 대하여 고민하는 자세가 필요할 것으로 생각된다.

이에 우리나라의 경우 포스트모더니즘에 기초한 교육과정 연구가 교육과정 연구의 네 번째 패러다임으로서 활발하게 연구되고 있지 않다는 점에서 이 분야의 활성화와 이론화를 위하여 앞으로 연구되어야 할 주제들 그리고 탐구영역들에 대한 개념화가 필요하다는 생각을 한다. 이에 이 글의 종합이자 시사점으로서 앞으로 우리나라에서 연구되어야 하는 추후 탐구의 문제들은 어떤 것들이 있을 수 있는지에 대하여 다음 다섯 가지를 제기하면서 글을 마치고자 한다. 그러나 이러한 다섯 가지 탐구영역들은 저자들의 분석에 기초한 것으로서 추후에 더 많은 우리나라의 학자들에 의하여 심화되고 확대되고 새로운 영역을 개척해 나가는 연구의 문화가 형성될 필요가 있다는 점을 강조하지 않을 수가 없겠다.

첫째, 우리나라 교육과정 학자들에 의한 포스트모더니즘에 대한 보다 정확한 이해와 분석 작업이 요구된다. 구미와는 달리 우리나라의 경우 포스트모더니즘을 기초로 하여/이용하여 교육과정을 새롭게 연구한 연구결과들이나 연구작업들을 찾기는 쉽지 않다. 목영해의(1995)의 「후현대주의 교육학」 정도가 한 예라고 하겠다. 이에 비하여 외국의 경우 체리홈즈(Cherryholmes, 1988), 돌(Doll, 1993), 슬래터리(Slattery, 1995), 로이(Roy, 2003), 도어(Doerr, 2004), 레이더(Lather, 1991, 2007). Cary(2007) 등이 이 분야의 주도적인 학자들로서 활동하고 있다. 나아가 주도적이지는 않지만 포스트모더니즘이 주는 연구 아이디어들에 근거하여 교육과정을 새롭게 연구하고 재개념화하려는 연구들이 서구의 교육과정의 현대 담론의 다양한 영역에서 찾아볼 수 있다.

둘째, 포스트모더니즘이 학교의 교육과정과 수업 그리고 평가의 방법과 연구에 어떤 구체적인 새로운 아이디어를 줄 수 있는지에 대한 연구가 필요하다. 앞에서도 강조하였지만 우리나라의 경우, 전통적/공학적 교육과정 모델이 주도적인 학교 교육과정과 수업모델로 인정되고 활용되고 있다. 그러나 포스트모더니즘의 주요 개념에서 공부하였듯이 그러한 개념들이 전통적 교육과정 모델과 수업에 대하여 새로운 문제점들과 비판들을 제기하고 있다는 점에서 우리 교육과정 학자들과 학교 연구자들은 보다 구체적인 수준에서 어떤 새로운 정책과 모델들, 그리고 방법들이 학교 교육과정 개발, 설계 그리고 수업, 나아가 평가 정책에 반영되어야 하는지에 대한 이론적/실제적 연구들이 이루어져야 할 것이다. 이는 교육과정 설계, 교과서의 제작, 교육내용의 조직, 그리고 수업의 방법 등에서 기존에 사용되었던 일직선적 그리고 전통적인 방법에 대한 문제점과 그 대안들에 대한 고민과 연구의 방향을 우리에게 시사하고 있다(Tinning, 1991: 11).

셋째, 학교의 지식과 교과서의 내용을 해체적 방법을 사용하여 분석할 수 있는 교수법적 연구와 이론화가 필요하다. 이는 해체의 개념이 알려 주는 것처럼, 학교의 지식과 교과서의 내용을 텍스트로서 간주하고 텍스트 속에 녹아 있는/은폐되어 있는 정치적 관계를 분석할 수 있는 방법들을 개발하는 작업을 뜻한다. 그 대표적인 예로서 포함(inclusion)과 배제(exclusion)의 기준으로서 텍스트에서 누구의 존재와 목소리가 강조되고 누구의 목소리가 타자화되었는지를 새롭게 분석해 보는 비판적 읽기 작업이다. 이러한 교수법을 통하여 학교의 지식과 교육내용이 어떠한 이데올로기를 강조하고 합법화시키고 있으며 타자의 존재와 목소리를 배제하는지를 분석하는 법을 학생들이 배울 수 있을 것이다.

넷째, 인간의 불완전성과 주관성에 대한 새로운 인정은 교육학 연구방법에 대한 새로운 인식을 요구한다. 즉, 최근까지 강조되고 있는 양적인 연구에서 그려지고 있는 객관적이고 계량적이고 절대적인 지식의 산출 과정과 방법으로서 실증주의적 교육학 연구방법에 대한 근본적 의심과 회의 그리고 진정한 성찰이 요구된다. 즉, 한 인간이 연구자로서 한 연구라고 한다면 그 연구를 객관적으로 이루어진 완벽한 연구라고 강조하기보다는 자기 성찰(self-reflectivity)을 통하여 교육학/교육과정 연구방법을 실행하면서 개입된 다양한 인간적 측면들을 숨기지 말고 노출시키고 그러한 측면들을 새로운 방법적 주제로서 논의하는 자세가 필요하다. 이에 최근의 탈실증주의/해체적 교육학 연구방법의 아이디어는 서구의 교육학/교육과정 연구의 실행과 글쓰기에 널리 활용되어 자신의 연구과정과 작업에서 주체(self/researcher)가 인지하였던/인지하지 못하였던 그러나 연구방법과 과정 속에서 영향을 끼쳤던 다양한 주관적 경험과 시각들을 해체하고 노출시키는 글쓰기가 널리 이용되고 있다(Krieger, 1983; Lather, 1993). 이에 이러한 해체적 교육과정 연구 방법론에 대한 수용 역시 인간/사회과학 연구에서의 새로운 진정성 준거로서 연구될 필요가 있다.

다섯째, 포스트모더니즘이 절대성과 메타 내러티브를 거부한다는 점에서 이 새로운 이론은 제1세계의 연구영역에서 벗어나 있는 제3세계의 교육과정 학자들에게 서구의 교육과정이론을 거대 담론으로 인정하지 말고 더신에 그 동안에 배제되어 온/과학적 지식으로 인정받지 못한 탈서구적 이론들과 극지적 지식들에 대한 탐구가 필요하다는 점을 제시하고 있다. 그러한 점에서 서구의 이론을 모더니즘의 프로젝트로 간주하고서 발달, 변화, 그리고 계몽을 가져올 것으로 생각하는 기존의 관점과 연구의 실제에서 벗어나 우리의 철학적/역사학적/인문학적 사유와 지식을 우리의 교육과정이론과 탐구의 새로운 지적 자극체로서 그리고 자료로서 활용하려는 탈식민적 연구노력이 필요하다. 이러한 탈서구적 연구문화는 1세계 중심의 기존 교육과정 이론화에서 침묵되었던 그리고 연구되지 못하였던 우리의 극지적/문화적 지식들을 새롭게 발견하고 회복하고 이론화하는 작업으로 나아가야 하는 노력을 뜻한다. 그리고 그렇게 될 때 되받아치는 제국(Empire Writes back)의 아이디어처럼 포스트모더니즘을 단순히 또 다른 서구의 새로운 이론으르서 사용하는 수용적 자세가 아니라 우리의 상황에서 재해석하고 비평하고 거부하고 우리의 교육학/교육과정 이론을 새롭게 만들어 가는 지적 촉매제로 활용할 수 있는 여유를 갖게 될 것이다.

참고문헌

김민환(1991). 교육과정 연구 모형으로서의 기술공학적 접근에 관한 비판적 논의. 교육과정 연구, 10(2), pp. 63-80.

김영천(2006). 탈식민주의와 교육과정 연구. 김영천(편). After Tyler: 교육과정이론화 1970-2000(pp. 549-585). 문음사.

김영철(2007) 들뢰즈와 가타리의 천 개의 고원에 나타난 교육 이미지, 교육인류학연구, 10(1), pp. 1-35.

김희연 외 옮김(2007). 포스트모던 유아교육: 새로운 이해와 실천을 열어가기. 창지사.

박민정(2005). "포스트모더니즘 담론과 교육과정 논의의 쟁점". 교육과정 연구, 제23권, 제4호, pp. 37-56.

박순경 옮김(1998). 탈구조주의 교육과정 탐구, 권력과 비판. 교육과학사.

박순경(1997). 교육과정 이론화의 새로운 가능태로서의 후구 구조주의적 논의. -Cherry-holmes를 중심으로-. 교육과정 연구, 15(2), pp. 233-250.

심성보(1993). 포스트모던 교육학과 교육철학적 위상, 교육철학, 11, pp. 117-150.

심승환 옮김(2007). 탈구조주의와 교육. 교육과학사.

양미경(2005). "정보 사회에서의 학교 교육과정 재구조화의 방향 탐색". 교육과정 연구, 23(1), pp. 1-25.

엄정용 역(2001). 미래와의 대화. 서울: 태동출판사.

오만석(1986). "현대 해석학의 관점에서 본 교육적 의미소통의 과정". 교육이론, 서울대학교 교육학연구회, 1(1), pp. 85-127.

유혜령(1997). "포스트모더니즘과 교육". 허숙 · 유혜령 편. 교육현상의 재개념화. 교육과학사.

윤병희(2001). "미래사회와 교육과정학의 연구과제". 교육과정 연구, 19(1), pp. 105-128.

이규현 역(1992). 기호의 정치 경제학 비판. 문학과 지성사.

윤종건(2000). "포스트모더니즘, 구성주의, 그리고 바람직한 교사상". 한국교사교육, 17(3), pp. 1-14.

윤종건(1996). "포스트모더니즘의 교육적 재해석과 학교경영에의 시사점". 교육행정학연구, 14(2), pp. 280-297.

이광래(2007). 해체주의와 그 이후. 열린책들.

이근호(2006). "현상학과 교육과정 연구". 김영천(편). After Tyler: 교육과정이론화 1970-2000(pp. 223-256). 문음사.

이용환(2007). "권력/계약으로서의 지식과 교육과정". 교육과정 연구, Vol. 25, No. 1, 1-23.

이우진 역(2007). 푸코와 교육. 청계출판사.

이진경(2008). 개정 증보판. 철학과 굴뚝 청소부. 그린비.

이진경(2002a). 철학의 외부. 도서출판 그린비.

이진경(2002b). 노마디즘1. 휴머니스트.
이혜영(2008). "미래 교육비젼과 교육과정의 방향". 한국교육과정학회 2008 국가교육과정 포럼. 미래비젼과 교육과정의 방향(pp. 1-31). 한국교육과정학회.
전경갑(1997). "푸코의 역사적 구조주의와 지식이론". 교육사회학연구. Vol. 7, pp. 95-108.
전영백 옮김(2005). 후기구조주의와 포스트모더니즘. 조형교육.
장사형(2001). "포스트모던 교육에 대한 비판적 고찰". 교육철학, 19, pp. 129-148.
정호표(2001). "합리성의 구성근거와 교육담론: 모더니즘과 포스트모더니즘". 교육철학, 19, pp. 149-164.
정호표(2007). "비절대적 지식관과 지식교육의 문제". 교육철학, 31, pp. 115-133.
주재홍(2006). 오리엔탈리즘과 교육과정 연구. 김영천(편). After Tyler: 교육과정이론화 1970-2000(pp. 511-548). 문음사.
최명선(2005). "학교 지식과 권력' 에 관한 교육사회학적 고찰' . 교육사회학연구, 제15권, 제1호, pp. 213-235.
하태환 역(1992). 시뮬라시옹: 포스트모던 사회문화론. 민음사.
허창수(2006). "비판이론과 교육과정 연구". 김영천(편). After Tyler: 교육과정이론화 1970-2000(pp. 397-440). 문음사.
Apple, M. (1979). *Ideology and curriculum*. London: RKP.
Aronowitz, S. & Giroux, H. (1991). *Postmodern Education*. University of Minnesota Press.
Aschcroft, B, Griffiths, G., and Tiffin, H. (1989). The Empire Writes Back: Theory and practice in post-colonial literatures. London: Routledge.
Ball, S. (1990). *Politics and policy-making in education: explorations on policysociology*. New York: Cambridge University Press.
Banks, J. (1993). The cannon debate, knowledge construction, and multicultural education. *Educational Research*, 22(5), pp. 4-14.
Beyer, L. & Liston, D. (1992.). Discourse and moral action? A critique of postmodernism. *Educational Theory 42*(2). pp. 371-393.
Carson, T. (1992). Questioning curriculum implementation: Science from a conversation. *JCT*, 9(3), pp. 71-96
Cary, L. (2007). Curriculum spaces: Discourse, postmodern theory and educatoinal research. NY: Peter Lang.
Casey, K. (1995). The new narrative research in education. *Review of Research in Education*. 21, pp. 211-253.
Cherryholmes, Cleo H. (1988). *Power and Criticism: Poststructural Investigation in Education*. New York: Teachers College Press.
Connelly, F. M. & Clandian, D. J. (2000). Narrative inquiry. San Francisco:

Jossey-Bass, Inc.

Connelly, F. M. & Clandian, D. J. (1999). *Shaping a professional identity: Stories of educational practice.* New York: Teachers College Press.

Deleuze, G. & Guattari, F. (1972). *L'Anti-oedipa.* Minuit. Trans. Robert Hurley Mark Seem and Helen R. Lane. (1983) *Anti-Oedipus: Capitalism and Schizophrenia.* University of Minnesota Press.

Deleuze, G. & Guattari, F. (1980). *Milie Plateaux: Capitalism et schizophrenie 2.* Minuit. Translation and foreword by Brian Massumi. (1987). A *Thousand Plateaus: Capitalism and Schizophrenia.* University of Minnesota Press.

Deleuze, G. (1995). *Difference and Repetition.* Trans. Paul Patton. New York: Colombia University Press.

Derrida, J. (1997). *Of Grammatology.* Corrected edition. Trans. Gayatri Chakravorty Spivak. Baltimore and London: Johns Hopkins Press.

Derrida, J. (1981). *Positions.* Chicago: The University of Chicago Press.

Derrida, J. (1982). *Margins of Philosophy.* Chicago: The University of Chicago Press.

Doerr, M. N. (2004). *Currere and the environmental autobiography.* New York: Peter Lang.

Doll, Jr., W. E. (1993). *A Post-modern perspective on curriculum.* New York: Teachers College Press.

Egea-Keuhne, D. (1995). Deconstruction Revisited and Derrida' s call for responsibility. *Educational Theory.* 45(3), pp. 293-309.

Eagleton, T. (1983). *Literary Theory: An Introduction.* Minneapolis: University of Minnesota Press.

Eisner, E. (1985). *The educational imagination.* New York: Macmillan Publishing Co.

Foucault, M. (1990). *The use of pleasure: history of sexuality vol. 2.* New York: Vintag Books.

Foucault, M. (1980). *Power/Knowledge.* New Y ork: Pantheon.

Foucault, M. (1972). *The Archaeology of Knowledge.* London: Tavistock.

Frampton. K. (1985). Toward a Critical Regionaliam. in H. Foster(ed.), *Postmodern Culture.* London: Pluto Press.

Freire, P. (1970). *Pedagogy of of the Oppressed.* Trans. Myra Bergman Romos. (1998). New York: Continuum.

Handrson, G. H. (2000). Informing curriculum and teaching transformation through postmodern studies. In Jeffrey Glanz(ed.). *Paradigm debates in curriculum and supervision* (pp. 152-168). Westport: Bergin & Garvery.

Hooks, B. (1994). *Teaching to Trangress: Education as the Practice of Freedom.* London: Routledge.

Hubner, D. (1966). Curriculum language and classroom meaning. In James B. McDonald and Robert R. Leeper. ed. *Language and meaning*. Washington: ASCD.

Johnston, I. (2003). Remapping literary worlds: Postcolonial pedagogy in practice. NY: Peter Lang.

Kanu, Y. (Ed.)(2006). Curriculum as cultural practice. Toronto: University of Toronton Press.

Kincheole, J. (1993). *Toward a critical politics of teacher thinking: Mapping the postmodern*. Westport, CT: Bergin & Garvey.

Kincheole, J. & Pinar, W. (1991). *Curriculum as social psychoanalysis: The significance of Place*. Albany. NY: State of New York Press.

Kuhn, T. (1970). *The Structure of Scientific Revolutions,* 2nd ed. Chicago: University of Chicago Press.

Lather, P. (2007). *Getting Lost: Feminist Efforts Toward a Double(d) Science*. Albany: State University of New York Press.

Lather, P. (1993). Fertile obsession: Validity after poststructualism. *The Sociological Quarterly*, 34(4), 673-693.

Lather, P. (1991). *Getting smart: Feminist research and pedagogy with/in postmodern*. New York: Routledge.

Leitch, V. (1996). *Postmodernism - Local effects, Global flows*. New York: State University New York Press.

Lieberman, A., & Miller, L. (1992). *Tearachers-their world and their work: Implications for school improvement*. New York: Teachers College Press.

Luke, A. (1995). Text and discourse in education: an introduction to critical discourse analysis, *Review of Research in Education*. 21, pp. 3-48.

Luke, A. (1988). *Literacy, Textbooks and Ideology*. New York: Routledge.

Lyotard, J.-F. (1984). *The Postmodern Condition: A Report on Knowledge,* Manchester: Manchaster University Press.

McCarthy, (1993). Multicultural approaches to racial inequality in the United States. In L. Castenell & Pinar (Eds.), *Understanding curriculum as racial text: Representations of identity and difference in education*(pp. 289-305). New York & London, England: Routledge.

Parker, S. (1997). *Reflective teaching in the postmodern world*. Buckingham: Open University Press.

Peters, M. & Burbules, N. (2004). *Poststructuralism and Educational Research*. Rowan & Little field.

Peters, M. (1995). *Education and the Postmodern Condition*. Westport, Conn., and London: Bergin & Garvey.

Piner, W. F. (Ed.)(1995). *Understanding Curriculum: An introduction to the study of historical and contemporary curriculum discourse*. New York: Peter Lang.

Rosenau, P. (1992). *Post-modernism and social studies*. New Jersey: Princeton University Press.

Reynolds, W. (1989). *Reading curriculum theory: The development of a new hermeneutic*. New York: Peter Lang.

Roy, K. (2003). *Teachesing Nomadic spaces: Deleuze and curriculum*. New York: Peter Lang.

Rychen, D. S. & Salganik, L. H. (2000). *Definition and Slection of Key Competencies*. INES General Assenbly.

Scholes, R. (1985). *Textual power: The literary theory and the teaching of English*. London: Yale University Press.

Schwandt, T. (1996). Farewell to criteriology. *Qualitative Inquiry*, 2(1). pp. 58-72.

Schrift, A. (1995). Nietzsche' s French Legacy: a genealogy of poststructuralism. N.Y: Routledge.

Schwab, J. (1983). The practical 4: something for curriculum professors to do. *Curriculum Inquiry*, 13(3).

Sigad, I. (1998). Poatmodernism and education. *Educational Practice and Theory*, Vol. 20, No. 2, pp. 5-20.

Slattery, P. (2000). Postmodernism as a challenge to dominant representations of curriculum. In Jeffrey Glanz (ed.). *Paradigm debates in curriculum and supervision*(pp. 132-151). Westport: Bergin & Garvery.

Slattery, P. (1995). *Curriculum development in the postmodern era*. New York: Garand Pub.

Spring, J. (1991). Textbook Writing and ideological management: a postmodern approach. In P. Altback et al., ed. *Textbooks in American society: politics, policy and pedagogy* (185-198). New York: State of University Press.

Tanner, D. & Tanner, L. (1980). *Curriculum development: theory into practice*. New York: Macmillan.

Tinning, R. (1991). Teacher education pedagogy: dominant discourses and the process of problem setting, *Journal of Teaching in physical Education*. 11, pp. 1-20.

Trefonas, P, (ed.) (2003). Derrida. Special Issue. *Educatioal philosophy and Theory*. 35(3).

Waller, W. (1932). *The sociology of teaching*. New York: John Wiley.

Willinsky, J. (1992). The politics the postmodernism. *Review of Education*, 14, pp. 343-351.

제17장

오리엔탈리즘과 교육과정 연구

주 재 홍(진주교육대학교 교육학과 교수)

1. 서 론

현실을 구성하는 사회적 행위자의 주체성이 형성되는 사회적 장소는 푸코(Focault)의 지적대로 여러 곳이 있을 수 있다. 하지만 현대사회에서 행위자의 주체성은 특별히 '학교'에서 '교육'을 통하여 장기간에 걸쳐 형성된다는 데 핵심적인 특징이 있다(김봉석, 1999, p. 4). 교육을 '인간 행동의 의도적 · 계획인 변화'라고 보는 심리학적 · 공학적 관점(정범모, 1976)은 근대적 주체성의 형성을 본질로 하는 학교 교육에서 지금까지 가장 중요하게 간주되는 교육관이다. 인간 행동을 계획적으로 그리고 의도적으로 변화시키기 위해서는 변화의 방향성과 그러한 변화를 가져올 수 있는 수단, 그리고 일어난 변화를 정확하게 잴 수 있는 평가도구 등이 결정되어야 한다. 이러한 일련의 교육활동을 '교육과정(curriculum)'이라고 하는데 이것은 학교교육에서 핵심적인 위치를 차지한다.

교육과정이 학교교육에서 중요한 위치를 차지하는 까닭은 그것이 학습자의 주체성을 형성하는 학교 교육활동의 형식과 내용을 틀 지워 놓은 계획과 실행의 체계이자 학습자의 의식과 세계관을 형성하는 일차적인 담론적 지평이기 때문이다. 이런 교육과정 분야에서 핵심적인 질문은 '학교에서 무엇을 가르칠 것인가?' 하는 문제이다. 이 문제가 중요한 이유는 무수히 많은 텍스트(texts)라는 실제(realities)에서 특정한 지식들만이 선택되기 때문이다. 학습자는 그 선택된 지식을 배우고, 그것을 통하여 그들의 주체성과 세계관을 형성하며, 더 나아가서는 사회에서 요구하는 유형의 인간이 길러지게 되는 것이다. 따라서 이 문제는 교육과정의 핵심적인 존립근거가 된다. 즉 교육과정이라고 하는 것은 학교교육을 통하여 학생들의 주체 형성에 중심적으로 작용하는 지식체계로서 정립된 것이라고 하겠다. 전통적으로 이 지식으로서 학교 교육과정은 가치중립성과 보편성을 지닌 것으로 여겨져 왔다.

하지만, 현대 교육과정 이론은 타일러(Tyler)와 부르너(Bruner)로 대표되는 이런 전통적인 실증주의적 관점에 대해 철저한 비판으로부터 출발한다. 이 선택된 교육과정 지식의 가치 중립성과 절대성은 교육과정 지식의 본질과 그 지식의 정당화에 관한 문제제기를 통하여 의심을 받게 되었다. 즉 고정된 의미에 기초하게 되는 이 체계적인 지식은 어디서 출현하게 되었는지, 왜 출현하게 되었는지, 어떻게 재생산되는지, 왜 그렇게 권위를 갖는지, 무엇을 주장하려고 하는지와 같은 의문에 대해 실증주의적 관점은 어떠한 대답도 하지 못했기 때문이다. 그 결과, 최근 교육과정 분야에서는 전통적 교육과정 이론에 대한 비판적인 입장을 취하거나 그것을 극복하기 위한 대안으로서 타 학문에서 사용된 다양한 연구접근이 어떻게 하면 교육과정에 대한 탐구와 관련될 수 있는가 하는 문제로 확대되고 있는 추세이다.

예컨대, 실증주의적 논쟁의 잔여물(Eisner, 1983; Phillips, 1983), 현상학적 논의(Macdonald, 1982; van Manen, 1982), 비판이론(Anyon, 1981; Cherryhomes, 1980, 1982; Giroux, 1983a, b), 네오막시스트적 비평(Apple, 1982; Popkewitz, 1982) 등의 접근이 그러한 증거이다(박순경 옮김, 1998, p. 176). 또한 포스트구조주의 접근(Cherryhomes, 1988), 포스트모더니즘 시각(Doll, Jr., 1993) 등 역시 교육과정 연구의 역동성을 입증하는 예이다. 이러한 현대교육과정이론에서 공통적으로 강조하는 바에 따르면, 진리나 지식, 합리성과 객관성, 그리고 가치판단에 있어 어떤 보편적이고 일반화된 근거가 존재하지 않는다. 따라서 현대교육과정이론에서는 객관성과 중립성 대신에 가치개입성을, 그리고 보편성과 일반성 대신에 다원성을 강조한다(소경희, 1995, p. 12).

현대교육과정이론에 나타난 이러한 특징은 역사적으로 '거대담론'의 보편화와 총체화에 대한 포스트모더니즘과 포스트구조주의 등의 포스트모던 철학적 불신과 관련이 있다. 포스트모던 철학은 인류의 운명을 규정하거나 인간성을 정의하기 위해 중심설화에 의존하는 계몽과 서구전통철학, 보편적 이성, 공평성의 능력을 불신한다. 또한 총체성에 대한 포스트모더니스트의 비판은 과학, 객관성, 중립성, 학문적 공정성에 터전한 '근본주의(foundationism)'를 불신한다(심성보, 1995, p. 22).

포스트구조주의는 서구의 지식이 항상 서구 권력의 작동 중인 이해 관계와 공모하고 있다는 점을 밝히면서 서구 문화 내부에서부터 서구의 개념적 경계들에 도전한다. 하지만 호미 바바에 의하면 포스트구조주의자들은 이들 경계들을 '식민 주변부에까지' 밀어내기를 거부함으로써 악명높고 자의식적인 자민족 중심주의를 드러낸다. 즉 그들은 "서구가 문명화의 사명과 폭력적으로 복손시키는 힘이라는 '이중의 의무에 속박된', 독특하게 전치되고 탈중심화된 자신의 이미지를 대면하게 되는 한계에까지" 경계를 밀어내기를 거부하고 있는 것이다(Bhabha[1], 1986, p. 148; Gandhi, 1998, pp. 72-73). 실로 데리다의 경우 그가 '서구 형이상학'의 체계라고 부른 것의 내적인 부적절함과 배신, 그리고 생략에 대해서는 놀랍도록 눈부시게 상술하고 있지만, 이 체계를 양도 불가능하게 '서구적'으로 만든 외적인 요인들 또는 문명화된 타자들을 적절하게 이론화하는 것은 무시한다. 푸코가 서구 문명의 담론적 구조와 질서를 정확하게 주목하고 있지만, 이 또한 비유럽세계에 관해서는 문화적으로 근시안적인 상태로 남아 있다(Gandhi, 1998, p. 73).

이것은 현대교육과정이론이 객관적이고 보편적인 지식의 가능성에 대한 비판과 근본적인 의문을 제기함에도 불구하고 서구의 식민주의적 지식체계를 비판하는 데는 한계가 있음을 의미하는 것이다. 이러한 문맥에서 오리엔탈리즘은 서구의 인식론에 대한 포스트모더니즘과 포스트구조주의의 불만을 지리적이며 역사적인 지형으로 확장할 수 있어 현대교육과정 연구에 새로운 패러다임을 제공할 것으로 보인다. 오리엔탈리즘은 타자를 날조하는 담론이나 제도적 실천작용으로서 서양 속에 내재적인 은폐된 자기를 외재적인 것으로서 분리하고 그것을 질서화함으로써 생겨난 '이항대립적인 구조'이다. 서구 근대와 그 문화는 은폐된 자기인 오리엔트로부터 스스로를 소외시킴으로써 권력과 정체성을 획득하게 되는 것이다. 그러나 오리엔탈리즘은 단지 억압적인 것이 아니라 고도로 '생산적'이어서 지식의 방대한 축적을 산출한다. 따라서 오리엔탈리즘 비판은 서구중심주의적 근대에 대한 근원적 비판이자 식민지주의와 그 담론에 대한 총체적 비판이다.

따라서 본 논문은 아직도 우리의 사고와 의식에 영향력을 행사하는 서구의 식민주의 정체를 규명하고, 우리의 지적, 문화적 현실의 어제와 오늘을 다면적으로 이해하기에 유용한 이론이라는 관점에서 사이드의 오리엔탈리즘을 검토하고 이를 통하여 교육과정 연구에 주는 시사점을 논의해 보고자 한다. 이 연구가 갖는 의의는 우리들이 지금까지 '당연시하고' 혹은 '사실로' 배워 왔던 기존의 '지식체계'를 재검토하여 교육과정 연구의 학구적 논의에 자극을 제공할 것이다.

2. 오리엔탈리즘의 이해

본 장에서는 탈식민주의 비평을 이론의 수준으로 발전시켰다고 평가받는 에드워드 사이드의 '오리엔탈리즘'의 주요 내용을 검토할 것이다. 탈식민주의[2)]가 문학과 문화를 논의하는 분야에서 중요한 논점으로 떠오른 것은 에드워드 사이드(Edward Said)의 「오리엔탈리즘(Orientalism)」(1978) 이후이다. 이 책은 식민 직후의 양가적 조건에 관심을 기울이기보다는 - 또는 반식민 저항의 역사와 동기부여에 관심을 기울이기보다는 - 식민지 의미들의 담론적이며 텍스트적인 생산과 그에 수반된 식민지 헤게모니의 강화에 주목한다(Gandhi, 1998, pp. 64-65). 거의 모든 탈식민주의 비평가들이 이 책이 이후의 탈식민주의 이론적 변주들에 의미심장한 효과를 발휘하였다는 점에 동의한다는 점에서 '오리엔탈리즘'은 '탈식민주의에 대한 준거점이자 촉매제'라고 평가할 수 있다.

예컨대 가야트리 스피박[3)]은 최근 사이드의 책을 '주변성' 자체가 앵글로-아메리칸 아카데미에서 하나의 학문 분과의 지위를 획득할 수 있게 한, 초석이 된 텍스트이자 사료집이라고 칭송한 바 있다. 그녀에 따르면 "사이드의 책과 같은 작업에 의해 직접적으로 시작된 식민 담론 연구는 주변적인 것이 말할 수 있고 말해질 수 있으며, 심지어는 대변될 수 있는 정원으로 만개했다. 그것은 오늘날 이 분과의 중요한 부분을 차지하고 있다"(Spivak,, 1993, p. 53).

이 책에서 사이드는 논의 대상을 서구 유럽과 역사상 먼저 접하게 된 이슬람 문화권 곧 지금의 중동 지역으로 한정하였다. 그 후에 그는 그의 논의를 정리하고 일반화하여 1993년에 새롭게 펴낸 「문화와 제국주의(Culture and Imperialism)」(1993)에서는 그의 논지를 서양이라는 근대 세계의 중심부와 그 중심부의 모든 주변 지역 사이에 형성되어 있는 총체적 관계의 도식으로 확장한다. 이슬람에 한정된 그의 오리엔트 개념의 영역을 아프리카, 인도, 극동, 오스트레일리아, 카리브해 도서 국가, 아일랜드 등에까지 확장시켜 살펴본 후에, "놀랍게도 앞서 그가 유럽과는 다른, 그러기에 어쩌면 유럽인들 사이에 '불가사의한 동양'으로 비추진 그러한 각색과 희화의 내용이 사이드가 새롭게 포함시킨 이들 지역에도 일반적으로 적용되고 있다는 사실을 찾아낸 것이다"(박영신, 1993, p. 64).

사이드는 오리엔탈리즘으로 총칭되는 동양에 대한 서양의 사고, 인식, 표현의 본질을 규명함과 동시에, 그것이 기본적으로 동양에 대한 서양의 지배와 직결된 것임을 밝혀 앎과 힘, 지성과 권력의 관계를 식민지적 상황에서 인식시키려고 한 것이다. 이와 같이 사이드는 서양에서의 전통적인 동양에 관한 지식 분야에 담겨 있는 정치적 · 이데올로기적 동기를 드러내 밝힘으로써 서양의 식민주의적 지식체계를 비판할 수 있는 새로운 인식 틀을 제시했다는 점에서 선구적인 탈식민주의 이론가로 평가할 수 있다.

본 장에서는 시 · 소설 · 여행기 등 기록된 텍스트를 주요 분석의 대상으로 삼고 있는 사이드의 오리엔탈리즘에 대한 개념 및 내용과 성격을 고찰해 보고 또 이에 대한 여러 학자들의 논의를 중심으로 오리엔탈리즘 비판에 대해 살펴볼 것이다. 이는 오리엔탈리즘을 교육과정 연구에 적용하기 위한 이론적인 논의가 될 것이다.

1) 사이드의 오리엔탈리즘 개념

오리엔탈리즘은 '동양'과 (대체로) '서양'이라고 하는 것 사이에서 만들어지는 존재론적이자 인식론적인 구별(ontological and epistemological distinction)에 근거한 하나의 사고방식이다(박홍규 옮김, 1999, p. 17쪽). 쿠던(J. A. Cuddon)은 그것을 "유럽과 서양에 의해서 발견되고, 기록되고, 정의되고, 상상되고, 생산되고 어떤 면에서는 '창안된' 동양에 속하는 용어"라고 정의 내리고 있다(정진농, 2003, p. 14). 사이드는 알제리의 혁명가이자 정신과 의사인 프란츠 파농[4]으로부터 그 이론적인 영향을 받았다. 일찍이 파농은 「검은 피부, 하얀 가면(Black skin, White mask)」(1967)에서 식민지 사회 · 경제적 조건이 어떻게 피식민지인들을 타자로 규정하게 되는지, 그리고 이것이 어떻게 피식민지인들에게 치명적인 정신적 외상을 입히는지를 고발했다. 사이드는 이와는 반대로 식민 지배자가 어떻게 그 지배를 정당화하는지 그 내용과 방식을 증명해 보임으로써 현재 우리의 의식과 상상력을 여전히 지배하는 문화적 헤게모니의 위력을 드러내 준다. 더 직설적으로 표현하면 오리엔탈리즘은 '동양에 대한 서양의 사고방식이자 지배방식'이다.

계몽주의시대 이후 식민과 정복의 오랜 역사를 통해 유럽 문화는 정치적, 사회적, 군사적, 이데올로기적, 과학적으로 또 상상력으로써 동양을 지배하고 재구성해 왔다. 오리엔탈리즘은 서양의 오만과 편견, 그리고 그러한 서구인의 의식 속에 투사된 동양의 모습을 의미한다. 그리하여 서양이 만들어 낸 것이나 다름없는 동양은 서양의 경험과 상상 속에서만 존재하는 것이다. 따라서 동양은 하나의 실체로서 존재하지 못하고 다만 서양과 반대되는 이미지, 개념, 혹은 경험으로서만 존재해 왔다. 이로 인해 동양은 서양을 정의해 주는 '타자'로서의 이차적이고 부정적인 역할만을 해 왔다. 이것은 동양이 그 동안 서구인들의 여행기나 문헌이나 상상 속에서만 존재하는 부정확하고 왜곡된 형태로 전해져 왔음을 의미한다. 따라서 오리엔탈리즘 속에 나타나는 동양은 서양의 학문, 서양인의 의식, 나아가 근대에 와서 서양의 제국 지배영역 속에 동양을 집어 넣는 일련의 총체적인 힘의 조합에 의해 틀이 잡힌 표상의 체계이다(박홍규 옮김, 1999, p. 359). 이 식민지 담론의 중요한 특징은 이데올로기적으로 타자성을 구성하는 과정에서 '고착성(fixity)'의 개념에 의존한다는 것이다. 식민주의 담론에서 문화적/역사적/급진적 차이의 기호로서 고착성이란 역설적인 재현(representation)의 양식이다. 즉, 고착성은 엄격성과 불변의 질서라는 의미뿐만 아니라, 무질서 · 퇴화 · 악마적 반복이라는 함의를 지닌다(나병철 옮김, 2002, pp. 145-146).

이런 점에서 본다면, 오리엔탈리즘이란 서구인들이 자기 밖의 '타자(other)'를 대하고 지배해 온 서구중심주의적 태도를 총칭하는 것이라고 할 수 있다. 오리엔탈리즘은 무엇보다도 권력에 의해 조작된 구성물이고 서양사람들에게 동양의 '실체'로 구실하도록 존재하는 일련의 이미지들이다. 사이드는 오리엔탈리즘을 다음과 같이 정의한다.

오리엔탈리즘은 동양을 취급하기 위한 - 동양에 관하여 무엇을 서술하거나, 동양에 관한 견해에 권위를 부여하거나, 동양을 묘사하거나, 강의하거나 또는 그곳에 식민지를 세우거나 통치하기 위한 - 동업조합적인 제도로 볼 수 있다. 간단히 말하자면 오리엔탈리즘이란, 동양을 지배하고 재구성하며 위압하기 위한 서양의 스타일이다(박홍규 옮김, 1999, p. 18).

따라서 동양이 획득되는 방식에 대해 사이드가 오리엔탈리즘을 통해 하고 있는 답변은 우리들이 동양이 알려지는 방식에 대해 무언가를 의문시하고 재고해야 함을 암시하고 있다.

2) 오리엔탈리즘의 내용과 성격

'동양'은 서구에 의해 '구성'되고 대상화된 타자라는 점에서 동양의 진정한 모습이라고 할 수 없다. 단지 '오리엔탈리즘'에 의해 표상된 '동양'은 서구에 의해 '재구성(reconstructed)' 되거나 '표상된(represented)' 허상일 따름이다. 이러한 허상의 배후에는 정복자가 피정복민의 정세를 파악하기 위한 '식민지적 정보'로서의 의미가 깃들어 있으며, 나아가서는 서구 이외의 지역과 구별해서 서구인 자신만의 독자적 정체성을 확보하려는 의도가 숨어 있다.

따라서 서구에 의해 표상된 동양의 정형들은 압델 말렉(Anwar Abdel Malek)이 비난한 대로 서구의 오리엔탈리스트들이 모든 동양인들을 "본질주의자의 특성을 구성하는 타자성"으로 낙인찍어 버린 것에 다름 아니다(정진농, 2003, p. 21) 이런 오리엔탈리즘의 배후에는 서양의 동양에 대한 체계적인 편견과 서양의 우월주의, 인종차별적 왜곡이 숨어 있으며, 전 지구를 대상으로 자신의 지배력을 확산하기 위한 제국주의의 정당화 논리로도 작용해 왔다. 물론 이런 정당화 논리는 우월함을 전제로 힘이 센 서양이 자신의 이익을 위해 자기와의 관계 속에서 힘없는 동양을 정의하고 구성하는 전략이다.

다음의 인도 민화(民話)는 이런 서양과 동양 사이에 권력이 어떻게 행사되는지를 잘 보여 준다.

어느 날, 산양이 개울물을 마시고 있었다. 그때 얼마 떨어지지 않은 위쪽에서 물을 마시던 호랑이가 산양을 보고 소릴 질렀다. "야, 너! 왜 내 개울물을 흐리는 거야?" "제가 아래쪽에 있는데 어떻게 윗물을 흐리나요?" "어제 그랬잖아, 이놈아" "어젠 저 여기 없었는데요" "네 어미가 그랬겠지" "울 엄마는 죽은 지 오래됐어요" "그렇다면, 네 아비구먼." "전 아버지가 누군지 몰라요." 산양은 도망갈 기회를 엿보면서 대꾸했다. "상관없어. 네 아비가 아니면 네 할아비나 증조할아비가 그랬을거야! 내 물을 흐렸으니 잡아먹을 수 밖에!"(이옥순, 2002, p. 15).

'적당하게 유리한 고지에 올라서서' 아래를 내려다보는 관찰자(호랑이)는 보고 판단하고 말하지만, 관찰되는 대상(산양)은 말을 할 수도 말하지도 못한다. 이런 까닭에 수동적인 동양은 역동적인 서양의 부정적인 타자로 그려진다. 예컨대 근대화에 뒤처진 낙후된 세계, 문명화에 뒤처진 미개한 세계, 민주주의 전통 대신에 오래된 아시아적 전제정의 전통이 있는 세계, 합리주의 대신 이른바 '동양적' 신비주의가 지배하는 세계 등의 표상들로 가득 차 있다. 이 전형적인 표상들은 동양이 지위상 서구에 비해 훨씬 더 열등하다는 것을 끊임없이 확인시켜 줌으로써 식민 정부가 필수 불가결하고 바람직한 것임을 확증시켜 준다고 사이드는 말한다. 이런 표상들이 전달하고 있는 것은 변하지 않는 이미지, 즉 "그들을 알고 있으며, 무엇이 그들에게 좋은 것인지를 그들이 스스로에 대해 알고 있는 것보다 더 많이 알고 있는 인종(서구)에 의해 지배되는 종속된 인종(비서구)"이라는 이미지이다(Gandhi, 1998, p. 77). 이러한 담론은 지배하는 서양과 지배받는 동양의 차이를 강조한다.

이런 표상체계는 계몽주의자나 제국주의자뿐만 아니라 사회주의자들까지도 공유했다. 칼 마르크스조차도 「루이 보나파르트의 블뤼메르 18일」에서 "그들(동양인들)은 스스로 자신을 대변할 수 없고, 다른 누군가에 의해 대변되어야 한다"고 주장했음을 환기시킨다(오인영, 2002, p. 4). 사이드는 이러한 마르크스의 관념을 낭만주의적이고 메시아적이라고 주장한다. 사이드의 이런 주장은 마르크스의 분석이 사람들의 참상에 의해 인간적 심정, 곧 동정심이 생겨난다고 할지라도 결국 그것은 오리엔탈리즘적인 시도와 완전히 일치된다고 하였다. 마르스크의 낭만주의적인 오리엔탈리즘은 다음의 주장에서 더욱 확실해진다.

> 영국은 인도에서 이중의 사명을 수행해야 한다. 하나는 파괴의 사명이고, 또 하나는 재생의 사명이다 - 낡은 아시아사회를 파멸시키는 것이고, 그리고 서양사회의 물질적 기초를 아시아에 심는 것(박홍규 옮김, 1999, p. 279).

사이드는 마르크스의 이러한 선언에 대한 대응으로, 사회 경제 혁명에 대한 마르크스주의적 테제가 식민화된 세계에 대해 갖고 있는 전망이라는 측면에서 볼 때 궁극적인 그리고 윤리적인 결함을 갖고 있다고 주장한다. 이것은 첫째, 마르크스주의의 진보에 대한 시각이 동양과 서양의 근본적인 불평등에 대한 19세기의 가정을 지겹게 되풀이하고 있기 때문이다. 둘째로, 마르크스주의가 식민화된 '동양'을 실존하는 고통받는 개인들의 군집으로 보기보다는 단순히 추상적인 이론의 도해로 바라보기 때문이다. 그리고 마지막으로, 마르크스는 유럽을 가난한 아시아의 구제를 표명하는 초현실적인 지배 서사로 요청하는 가운데, 식민의 문명화 사명이라는 교묘한 논리를 따르고 있기 때문에 부적절하다는 것이다(Gandhi, 1998, p. 72).

따라서 파농이 말한 대로, 사회주의조차도 "유럽 정신의 거창한 모험의 일부"가 되고 있다(Fanon, 1990, p. 253). 특히 테샬레 티베부(Tibebu)는 페리 앤더슨을 비롯한 다수의 마르크스주의자들에게 날카로운 비판을 가하면서 봉건제, 절대주의 부르조아 혁명에 대한 그들의 분석, 그리고 "유럽의 특수성과 … 우월성에 대한 그들의 집착"은 서양의 "문명적 오만"이라고, "역사라는 분장 속에 숨은 이데올로기"라고, "붉은색으로 분장한 오리엔탈리즘" 즉 "수법을 달리한 오리엔탈리즘의 연속"이라고 주장했다(이희재 옮김, 2003, p. 75). 결국, 사회주의자들조차도 19세기 자본주의의 전개산물은 제국주의를 서구와 타자(비서구) 사이의 착취관계로 파악하지 못한 것이다.

오리엔탈리즘은 현실의 정치적인 기획을 뒤쫓으면서 거기에 부가되는 단순한 이데올로기와 같은 부류가 아니라는 사실을 확인해 둘 필요가 있다. 오리엔탈리즘은 오히려 정치나 권력의 심층부에 들러붙어 그것의 작용과 함께 위력을 발휘하는 훨씬 더 집요하고 교활한 힘이며, 실제로 제국이나 식민지를 건설 · 지배하기에 앞서서 서구 이외의 세계를 일정한 지배의 틀 속에 가두는 문화적 장치와 담론의 체계인 것이다(이경덕 · 임성모 옮김, 1997, p. 187). 그 결과, 동양은 초월적인 주체인 서구에 의해 자의적으로 표상되고 창조된다. 실재의 대상과는 관계없이 다양한 방법으로 유효성이 증명되는 동일한 형태의 관념들이 동양에 대한 '이야기'를 낳고 그것을 반복해 가고 일상의 현실이 되어 가는 것이다.

오리엔탈리즘이란 동양적인 것이라고 인정되는 문제, 대상, 특질, 지역을 다룬 경우의 하나의 습관에 불과하고, 그것을 행사하는 사람이 누구이든 간에 자신이 말하고 생각하는 대상을 어떤 단어나 문장으로 지시하고 명명하며 고정시킨다. 그러면 다음에는 그 단어와 문장이 현실성을 확보하고 또는 더욱 단순하게 그것이 현실 그 자체라고 인정하게 된다(박홍규 옮김, 1999, p. 84).

이렇게 현실성을 확보하게 된 오리엔탈리즘은 "거시적으로는 식민지 정책으로, 미적으로는 한 서양인과 한 동양인이 맺는 상호작용까지 지배하면서 확대 재생산된다"(오성철, 2003, p. 63). 그 결과 사이드의 말대로 "동양인은 더욱 동양적으로, 서양인은 더욱 서양적으로 된다"(박홍규 옮김, 1999, p. 84). 오리엔탈리즘은 "동양을 열등한 '타자'로 담론화함으로써 동양에 대한 서양의 헤게모니를 확립하는 기능을 수행한다. 즉 오리엔탈리즘은 서양의 자기 이미지를 우월한 문명으로 강화하는 - 그리고 심지어 구성하는 - 일종의 책략이다. 오리엔탈리즘은 정형화된 이분법적 재현 체계를 통해 동양과 서양의 정체성을 구분하고 본질화하며, 유럽과 아시아의 차이를 고착시킨다"(이경원 옮김, 2001, p. 119). 이제 서양은 지식과 학문의 터전이 되는 데 반해 동양은 무지와 단순함의 장소로 만들어진다. "동양은 서양이 아닌 것의 모든 것, 서양의 타아(alter-ego)로 인지된다. 그러나 이것은 동등한 파트너들의 대립이 아니다. 동양은 서양의 우월성과 힘에 대한 인식을 떠받쳐 주는 데 도움을 주는 일련의 부정적 용어들로 묘사된다"(박종성 외 편역, 2003, pp. 68-69).

오리엔탈리즘은 서구인의 일방적 담론으로 그치지 않고 동양인의 의식속에서 다시 재생산된다. 정치적 독립 이후에도 "동양인 학생들(그리고 동양인 교수들)은 지금 미국의 오리엔탈리스트에게 와서 그 무릎 아래에서 배우기를 희망하며, 그 뒤에는 내가(사이드) 오리엔탈리즘의 도그마라고 특징 지어 온 상투문자를 자국의 청중을 향하여 반복하게 되는 것이다"(박홍규 옮김, 1999, p. 516). 오리엔탈리즘은 학문적 담론으로서 우월성을 유지하며, 그것이 교육과 연구를 통해 지속적으로 확대 재생산되는 메카니즘에 의존한다. 이 '문화적 헤게모니'는 정치적 독립과 함께 사라지지 않는다. 독립 이후에도 동양의 '무지한' 학자들은 서양의 오리엔탈리스트에게 '진짜 학문'을 배우러 오고 오리엔탈리즘을 내면화한 후, 고국으로 돌아가 그들에게 그것을 반복하여 가르친다. 서양 학문은 여전히 압도적인 우위와 위신을 잃지 않는다. 오리엔탈리즘은 역설적이게도 동양인의 자발적인 노력을 통해 재생산되는 것이다(오성철, 2003, p. 64).

오리엔탈리즘의 재생산 · 재강화는 학문이나 학교 교육뿐만 아니라 '근대화'에 수반하여 소개된 광고, 교과서, 방송, 영화, 드라마 등이 가져온 문화적 효과를 통해 모든 영역에서 총체적으로 이루어졌다. 동양의 모든 것을 판단하고 정의하는 서양 지배자의 시선은 그들이 동양에서 이루고자 하는 식민주의 목표와 그 헤게모니와 연계되어 있다. 이렇게 동양의 이미지는 현실의 반영이 아니라 인식의 양태에 의해 창조되고 있는 것이다.

오리엔탈리즘은 분명히 지리적 폭력이다. 그것은 '이쪽'·'우리'와 '저쪽'·'그들' 사이에 '인식론적이자 존재론적인' 지리상의 경계를 설정하고, 전자의 특권적인 장으로부터 후자를 일정한 담론 질서 속에 가두려고 하는 것이다. 둘 사이에는 피히테가 말한 '내적 국경'과 동일한 의미에서 '내적 경계'의 단층이 가로지르고 있고 제국주의적인 심상지리가 형성되어 있다(이경덕·임성모 옮김, 1997: 192).

결국, 핵심은 '의식의 식민화'이다. 사이드는 이 의식의 구성 요소의 하나를 '오리엔탈리즘'으로 포착한 것이다. '문화'이고 '의식'으로서 오리엔탈리즘은 사물을 바라보는 특정방식, 즉 세상과 그 속에서 살고 있는 사람의 위치를 이해하는 특정한 양식을 드러낸 것이다.

3) 오리엔탈리즘 비판

사이드의 기획은 서구 식민 담론의 재현적 폭력에 저항하는 비서구의 자기주장이라는 점에서, 그리고 서구 아카데미의 의식의 각성이라는 성가신 과제에 관여하는 경우의 본보기가 되었다. 하지만 사이드의 논의는 「오리엔탈리즘」 출판이후 학계에 미친 영향력만큼이나 비판 역시 다양하고 격렬한 논쟁을 불러일으킨 것이 사실이다. 이러한 비판이 사이드의 획기적인 연구를 의미없게 하기보다는 오히려 우리로 하여금 식민주의 담론의 작용에 관하여 좀 더 폭넓게 인식하도록 하고 있다.

우선, 오리엔탈리즘이 무(無)역사적(ahistorical)이라는 주장들이다. 데니스 포터(Dennis Porter)와 존 맥켄지(John MacKenzie)가 대표적이다. 포터는 사이드의 "2000년에 걸친 동양에 관한 서구의 통일된 특성, 즉, 동양에 대한 매혹과 동양으로부터의 위협에 대한 그리고 그것의 절대적인 타자성에 관한 공통적이고도 계속되는 경험으로부터 비롯되는 통일성"을 제시한다고 비판하고 있다(Poter, 1983, p. 152). 다시 말해 사이드의 이 방대한 자료들이 본질적으로 똑같은 잠재적 가정들로 쉽게 동질화하는 것에 대해 의문을 표한다. 사이드가 역사에 대해 광범위한 일반화를 시도하고 있지만, 역사의 개별적 순간들, 또 이들의 예외적인 것들과 특별한 것들에 대해 주목하지 않는 것에 대해 비판하고 있는 것이다.

맥켄지 역시 사이드의 오리엔탈리즘은 "다른 영토들의 대조되는 경제적, 사회적 상황"과 같은 역사적 순간들을 독특한 것으로 만들어 주는 다양한 요소들을 간과한다는 측면에서 "그 자체가 본질적으로 무역사적"이라고 주장하고 있다(MacKenzie,

1995, p. 11). 이것은 서구에 의해 특별한 시기에 만들어진 동양의 정형이 동양에 관한 지속적인 가정을 수정하거나 그에 도전하는가를 생각지 않고 있다는 비판이다.

둘째, 사이드는 비서구 식민지인들의 저항을 무시하고 있다는 주장이다. 패트릭 윌리엄스(Patrick Williams)와 로라 크리스만(Laura Chrisman)은 「식민주의 담론과 탈식민주의 이론(Colonial Discourse and Post-Colonial Theory)」의 서문에서 사이드가 피식민주체가 정치적 저항능력이 있는 주체적 행위자라는 것을 거의 생각하지 못했다고 주장하고 있다(Williamsp & Chrisman, 1994), 그리고 사이드를 가장 가혹하게 평가한 아이자즈 아마드(Aijaz Ahmad) 역시 사이드는 서구의 재현이 어떤 식으로 "피식민국가의 지식층에 의해서 받아들여지고 수용되고 수정되고 도전받고 전복되고 혹은 재생산되는지에 대해서" 결코 언급하고 있지 않다고 비판하고 있다(Ahmad, 1992, p. 172). 이런 점에서 사이드는 지배적 담론에 대한 도전을 고려해 보지 않은 채 역사에 기록된 식민지인의 힘과 목소리를 집필해 냈다는 비난을 받는다. 이렇게 함으로써 그의 저술은 그가 설명하고 있는 분야처럼 식민주의에 종속된 사람들에 의해 이루어진 대안적 재현을 고려하지 않음으로써 그저 '오리엔탈리즘적'이 되어 버리는 위험에 처한다(박종성 외 편역, 2003, p. 81).

셋째, 사이드는 서구 내에서의 저항을 무시하고 있다는 주장이다. 사이드에 따르면 모든 유럽인들은 동양을 이야기할 때 결국 인종차별주의자, 제국주의자가 되고 만다. 이는 분명 포괄적 서술이고 주장이다. 즉 식민주의에 반대했고, 반식민저항운동에 참여한 서구 내의 수많은 사람들에 관해서 사이드는 언급하지 않음으로써 안토니오 그람시가 쓰는 용어로 '역지배적 사고(counter-hegemonic thought)' (Poter, 1983, p. 152)를 수용할 여지가 없다. 이 때문에 오리엔탈리즘적 정형들의 재현의 권위와 싸우는 서구 내에서의 지배적 견해에 반대하는 사람들의 주장을 수용할 수가 없게 되는 것이다.

넷째, 사이드는 젠더의 차이를 무시하고 있다는 주장이다. 즉, 사이드는 여성들의 저술은 무시한 채 주로 남성들의 저술을 통해서, 그리고 남성들에 의해서 오리엔탈리즘적 재현이 이루어졌다고 주장한다. 사라 밀스(Sara mills)는 식민지 시대 많은 여성들이 식민지로 여행했으며 다양한 글에서 자신들의 의견을 표현한 것에 주목했다. 그녀는 오리엔탈리즘과 관련하여 여성의 위치는 식민주의 담론과 성담론 사이의 갈등 때문에 남성의 위치와 종종 다르다고 지적한다(Mills, 1993). 즉 서양 여성들은 식민주의 담론에 의해 지배적 위치를 점하지만 또 한편으론 가부장적 담론 때문에 식민지인들과 같은 종속적 위치를 점한다는 것이다. 이렇게 서양 여성들이 갖게 되는 모순적 위치 때문에 그녀들의 저술에서 재현되는 동양에 관한 정형들에 관한 사이드의 오리엔탈리즘적 이론이 설득력이 있는지 의문이다.

마지막으로 최근의 다양한 탈식민주의 비평가들은 오리엔탈리즘과 관련하여 사이드가 분석한 '문화적 정형(streotype)'이 훨씬 더 양가적이며 역동적이라고 주장한다.

호미 바바는 오리엔탈리스트의 부정적인 정형이 식민의 현존과 정체성에 대한 개념적인 한계를 지시하는 불안정한 범주라고 주장한다. 그러한 정형은 유럽인 자신의 추방된 또는 지하에 숨은 '타자'로서 근본적으로 위협적이며, 식민적 환상과 공포를 모순적으로 배제하고 있는 한, 그것은 쾌락과 잠재적인 균열의 장소를 실제화한다.

> 정형 만들기는 단순히 차별적 관행의 속죄양 구실을 하는 허위 이미지의 구축만은 아니다. 그것을 투사와 동화, 은유적이며 환유적인 전략들, 전치, 죄의스, 공격성이라는 훨씬 더 양가적인 텍스트다. '공식적'이며 유령 같은 지식의 가면쓰기와 분열시키기 …(Bhaabha, 1986, p.169).

바바의 이러한 주장은 오리엔탈리즘이 서구나 비서구 모두에서 역사적으로 철저하게 이용된다는 사실에 대한 비판으로 사이드의 식민적 정형이 사실은 비결정적이며 폭발적인 구조라는 정신분석학적 논의인 것이다.

또 리차드 폭스나 파르타 차테르지에와 같은 학자들은 반식민 민족운동이 서구 문명에 대항하여 진정성 있는 문화적 정체성을 규정하기 위해 정규적으로 오리엔탈리스트의 긍정적인 정형에 의존했다고 주장한다. 폭스는 간디적인 문화적 저항이 "본래 정신적이고 합의에 기초하며 공동체적인 인도라는 오리엔탈리스트의 이미지에 의존하고 있다"고 주장한다(Fox, 1992, p. 151). 다시 말해 오리엔탈리즘 담론은 제국뿐만 아니라 그 반대자인 비서구의 민족주의자들에게도 전략적으로 유용했던 것이다. 게다가 이 담론에 부수된 긍정적인 정형의 '동양'을 유럽에 대한 유토피아적 대안으로 유행시키기 위한 좋은 수단이었던 것이다.

오리엔탈리즘에 대한 이런 비판과 한계는 일차적으로 그것이 오리엔탈리즘 담론 내부의 다양한 차이의 가능성을 수용하지 못했기 때문이다. 하지만 그럼에도 불구하고 우리는 사이드의 오리엔탈리즘적 재현이 분명히 성취했던 그 힘을 과소평가해서는 안 된다. 왜냐하면 오리엔탈리즘적 중심전제인 서구인들의 비서구인들에 대한 재현의 실체적 힘과 영향력이 여전하기 때문이다.

3. 교육과정 연구와 오리엔탈리즘의 개념적 적용

포스트모던 철학의 영향으로 현대교육과정이론에 나타난 지식관은 인식과정에 있어 실제의 다양성과 상이성에 대한 관심을 증대시키고 그 안에서 개인의 주체적인 역할을 강조함으로써 지식의 다양성과 변화가능성을 지적해 주는 특징을 지닌다. 이러한 지식관은 전통적인 지식관의 폐쇄적이고 정태적인 성격을 극복할 수 있는 길을 열어 줄 수 있다는 점에서 의미가 있다. 따라서 교육과정 연구 과제란 왜, 어떻게, 어떤 기회가 제고되고 어떤 기회가 간과되는가를 밝히는 일이다. 교육과정은 무엇이 가치롭게 여겨지는지, 무엇에 우선권이 주어지는지, 무엇이 낮게 평가되고 배제되는지에 관한 연구이다(박순경 옮김, 1998, p. 178). 하지만 어떤 현대교육과정이론도 근대 교육과정 담론에 대한 서구의 식민주의적 지식체계를 드러내지는 못했다. 서구의 지식과 권력의 이해관계를 밝히고 있는 포스트구조주의조차도 우리로 하여금 교육과정 지식의 정확성, 확실성, 명료성, 그리고 엄격성에 기초한 논증, 지식 주장, 정책적 주장에 대해 의심하게 하지만, 그것은 단지 서구의 경계 내로만 한정하고 있다는 점에서 한계가 있다.

이러한 맥락에서 사이드의 오리엔탈리즘 담론은 산업화, 기술, 민주주의, 의료기술 등을 통한 '문명화 사명'이라는 서구 모더니티의 서사에 의해 형성된 근대 교육과정 담론의 이데올로기적 폭력성을 드러내고, 서구에 의해 억압되고 왜곡된 비서구의 상태를 해방시키는 교육과정 연구의 비판적 패러다임을 확장할 수 있어 우리에게 신선한 자극을 준다.

1) 문화적 헤게모니: 근대 교육과정 담론 비판

주지하다시피, 사이드 분석의 지적 근거를 이루는 것은 지식을 권력의 측면에서 바라본 푸코의 이론이다. 사이드 분석의 바탕에는 오리엔탈리즘의 탄생이 서구의 지식 권력, 즉 서구의 합리주의 자체의 탄생과 본질적으로 관련이 있다고 보는 푸코의 포스트모던 비판이 깔려 있다. 푸코의 분석 틀에 입각하여 그는 서양이 동양을 어떻게 이질적인 타자로 배제하고 타자를 억압해 왔는지 계보학적으로 추적한다. 그리하여 사이드는 궁극적으로 서양에서의 동양에 대한 지식이 형성되는 과정에 관한 분석을 통해서 단순히 서양의 동양에 대한 지식이 왜곡되어 있다는 사실 자체를 비판하고 있는 것이 아니라, 서양의 정체성이 동양을 타자(the other)로 규정하는 방식에 의해 이루어진 지식체계임을 보여 준다(오인영, 2002, p. 5). 이렇게 사이드의 오리엔탈리즘은 "유럽의 실체적인 문명 · 문화의 한 구성 부분을 이루는" 것이며 "그 내적인 구성 부분인 오리엔트를 문화적으로도 이데올로기적으로 하나의 양태를 지닌 담론으로서, 또한 제반 제도, 학식, 형상, 신조 그리고 식민지 관료제와 식민지적 양식에 의해 지탱된 것으로 표현하고 표상하는" 문화적 헤게모니의 체계인 것이다(이경덕 · 임성모 옮김, 1998, pp. 46-47).

이제 동양인의 의식속에서 재생산되어 '현실'이 되어 동양인들은 명백한 가치판단을 포함하고 있는 오리엔탈리즘으로서의 '당연시된 지식'을 아무 의심 없이 받아들이고 있다. 당연시하는 태도 가운데 이미 문화적 지배 이데올로기 · 문화적 헤게모니가 작동하고 있는 것이다. 현대 사회의 권력과 이데올로기는 이렇게 당연시하는 지식의 형태로 행사된다. 당연시하는 지식의 형태를 가장한 문화적 헤게모니는 사회구조의 여러 제도화된 영역에서 구조적으로 재생산되고, 또 생산된 권력으로서 지식은 우리들의 무의식적이고 무비판적인 수동적 소비를 통해서 지속적으로 재강화되는 것이다. 오리엔탈리즘은 그런 문화적 힘 그 자체이며, 이야기를 하는 주체로서의 특권적인 지위를 서구에 대해 보증하는 동시에 다른 이야기의 가능성을, 즉 주체로서의 비서구를 배제 · 은폐 · 왜곡하도록 작용하고 있다. 게다가 그것은 침투력을 가진 헤게모니이기 때문에 서구와 오리엔트를 막론하고 내견적으로 사고를 강력히 제한하는 힘으로써 놀라운 영향력을 발휘해 왔다.

다시 말해, 비서구 세계 문화의 고유한 세계관과 문화의 구성원리들은 이런 오리엔탈리즘의 재생산 과정을 통해 미신, 신비주의, 원시적 사고, 비합리적인 사고 등으로 낙인찍히게 된다. 그리고 그렇게 생산된 지식은 구조적 재생산을 통해 우리 심층의 의식에 스며들어 하나의 '본질적인 문화'로 인식하게 한다. 이러한 사회적 재생산은 여러 사회 제도적 수준에서 이루어지는데 특히, 근대 학교 교육과 교육과정 담론에 주목해 볼 필요가 있다. 즉, 사이드의 이러한 문화적 헤게모니로서 오리엔탈리즘은 근대 학교 교육과 교육과정 담론 구성에 일정부분 혐의가 있으며 또 그것을 통해서 서구의 비서구에 대한 오리엔탈리즘의 재생산 · 재강화를 한 것이다.

전통적인 근대 교육과정 담론에서 "지식은 주로 객관적 사실의 영역으로 취급되어 왔다. 즉 지식은 개인의 외부에 존재하면서 개인에게 부과되는 객관적인 어떤 것으로 여겨져 왔다. 외재적인 것으로서 지식은 의미와 상호주관적인 소통과는 분리되어 있다. 더 이상 지식을 문제삼고, 분석하고, 협상해야 할 어떤 것으로 보지 않는다. 대신 관리하고, 숙달해야 하는 것으로 본다"(Giroux, 1988, p. 14). 하지만 이것은 지식이 단지 외부적 실재에 '대한' 것이 아니라 비판적 이해와 해방을 지향하는 자기 지식이라는 중요한 생각을 놓치고 있다. 그 결과, 서구의 비서구에 대한 직접적인 제국주의 지배가 끝난 이후에도 여전히 학교 교육과정으로서 지식은 비판적 사고와 인간에 대한 이해를 높이기는커녕 서구가 구성한 문화적 헤게모니로서 오리엔탈리즘을 재생산 · 재강화하는 이데올로기적 전제를 검토하지 못하고 있는 것이다.

교육과정을 사회와 문화적 헤게모니의 구성물이 아닌 '객관적인 사실' 로 보는 이러한 교육과정 담론은 서구의 모더니즘적 사고에 그 토대를 두고 있는 오리엔탈리즘적 지식이 비서구의 타자들에 대한 정치적 · 경제적 · 문화적인 통제를 정당화시켰다. 즉, 과거 제국주의시기에 이 지식은 근대 서구의 비서구에 대한 직접적인 제국주의의 지배의 수단으로 작용하는 한편, 다른 한편으로는 식민지인들이 스스로 자신이 지배자에게 종속되어 있다는 것을 확인하는 양식(mode)으로 문화적 헤게모니로 기능했다. 뿐만 아니라 유럽적 합리성이 모든 인류를 개선시킬 수 있는 가능성에 대한 확신으로 비서구에 대해 식민주의적 '문명화 사명' 이라는 신성한 임무의 형식으로 식민지의 토착 문화를 철저히 억압, 소멸시키는 과정을 동반했다. 이러한 과정을 통해 비서구인들의 상상력을 장악하고 있다.

예컨대, 근대화로 인해 서양 문화, 영어, 세계사가 특권을 부여받으면서 서양과 닮은꼴임을 주장하고 동양과 다르다는 것을 주장하는 우리의 인식은 결국 열등감의 다른 표현이자 '동양' 으로 남는 것에 대한 두려움을 반영한다. 이는 동양=후진(後進)=무용(無用)이라는 서구 오리엔탈리즘을 내면화한 슬픈 흔적이다. 따라서 근대 교육과 교육과정으로서 지식은 서구의 성인다움과 비서구의 어린아이와 같은 식민화된 타자 사이에 특징적으로 교육학적이고 제국주의적인 위계를 설정하고 작동하게 한다. 그 결과, 비서구의 인식론적 가치와 힘은 주변화되고 비서구 사상은 지식 자체의 구성에서 일관되게 배제시키는 학문 연구와 교육을 역사적으로 식민화하고 있는 반면, 서구지식은 특권화되고 있다. 바로 이것이 근대 교육과 공식적인 학교 교육과정에서 객관성의 이름으로 과학적이고 보편적인 지식으로 인정받고, 유통되고 재생산되고 있는 것이다.

근대 교육과정 담론은 서구가 보편주의라는 미명아래 서양과 동양, 성숙과 미숙, 문명과 야만, 발전과 개발, 진보와 원시, 과학과 미신 등과 같은 엄격한 이분법으로 동양을 구성한 것을 합리화시켜 왔다. 이로 인해 동양은 서양의 부정적 이미지로 받아들여질 수밖에 없었다. 서양이 문명적 풍요로움의 장소로 등장하기 위해서 동양은 항상 의미를 박탈해야만 했던 것이다. 요컨대 이 "식민주의는 몸만이 아니라 마음도 식민화하며, 그들의 문화적 우선순위들을 일거에 변경시키기 위해 식민화된 사회들 내에서 무력을 행사한다. 그 과정에서 식민주의는 지리적이고 시간적인 실체에서부터 심리적 범주에 이르기까지 근대 서구의 개념을 보편화시키는 데 기여한다. 서구는 이제 어디에나, 서구의 안과 밖에, 구조 속에, 그리고 마음속에 있다"(Nandy, 1983, p. xi).

탈오리엔탈리즘의 근원적인 문제들은 오리엔탈리즘이 근대의 지배적 · 위압적인 지식의 체계에서 생겨났음을 말해 준다. 따라서 탈오리엔탈리즘적 사고란 바로 그와 같은 지식의 체계를 권력의 제도와 실천의 상호작용에서 찾고, 그 범주나 주체로까지 파고들어 비판적으로 재구성해 가는 지적이며 정치적인 실천인 것이다. 따라서 근대 교육과 학교 교육과정 담론은 그 이데올로기적 속성으로 서구가 신의 이름으로, 정의의 이름으로, 그리고 인류 보편의 이름으로 동양을 타자화시키고 단죄하는 문화적 헤게모니로서 오리엔탈리즘을 재생산 · 재강화하는 데 일정부분 혐의가 있음을 인정하고, 그것을 비판적으로 해체하고 재구성해야 되는 시사점을 우리에게 보여준다.

2) 본질주의: 근대 교육과정 담론의 재구성

포스트구조주의와 식민주의 비판의 결합을 통해서 제기된 오리엔탈리즘 비판은 직접적인 식민주의 퇴조 이후에 잔존하는 '동양'에 대해 근본적으로 다시 사유하게 한다. 그것은 아직도 서양인들의 담론과 문화, 서양이라는 정체성 내부에 존재하는 타자의 존재를 가시화했을 뿐만 아니라 동양인들 내부에 존재하는 '동양', 식민지인이라는 타자들 내부에 존재하는 '타자'까지도 사유할 수 있는 통로를 열었다.

사이드가 말하는 오리엔탈리즘은 서구중심의 보편주의가 서구는 우수하고 비서구는 열등하다는 논리를 이데올로기화하여, 동양을 열등한 '타자'로 담론화함으로써 동양에 대한 서양의 헤게모니를 확립하는 기능을 수행한다. 즉 오리엔탈리즘은 서양의 자기 이미지를 우월한 문명으로 강화하는 - 그리고 심지어는 구성하는 - 일종의 책략이다. 그것은 "제임스 클리포드가 주장하듯이 '서양'과 '동양' 사이의 관계를 우리-그들의 대조로 이분화하는 경향, 또한 그 결과로 나타나는 '타자'를 본질화하려는 경향, 다시 말해서 동양의 '성격'과 '마음' 등을 일반화시키는 방식"이다(Clifford, 1988, p. 258; Gnddhi, 1998, p. 76).

> 동양인은 후진적, 퇴행적, 비문명적, 정체적 등의 여러 가지 호칭으로 불리는 다른 민족과 함께, 생물학적 결정론과 윤리적-정치적 교훈으로 구성되는 틀 속에서 관찰되었다. 그리하여 동양인은 비참한 이방인이라고 하는 표현이 가장 적합한 아이덴티티를 공유하는, 서양사회 속의 여러 요소(범죄자, 광인, 여자, 빈민)와 결부되었다. 동양인이 동양인으로서 보이거나, 주목된 적은 거의 없다. 그들은 시민으로서도 인간으로서도 아니고, 해결되어야 하고 한정되어야 하며 또는 - 식민주의적인 여러 세력이 공연히 그들의 영토를 요구하는 경우엔 - 접수되어야 할 문제로서 간파되었고, 분석되었다(박홍규 옮김, 1999, p. 366).

이렇게 서구가 동양에 관해 생산해 낸 지식은 대개는 끊임없이 부정적이고 수세기 동안 우려먹은 것이었으며, 확인할 수 있는 실제적 증거에 기초하지 않은 상투적인 것들이었다. 하지만 오리엔탈리스트의 지식을 구성하는 한 요소로서 동양문화의 잔인성, 퇴폐성, 관능성과 거기에 살고 있는 사람들의 게으름, 거지 근성, 비합리성, 그리고 그 사회의 폭력과 무질서는 모두 본질적 의미를 획득하게 되었다.

"본질주의(essentialism)라는 개념은 사이드가 1978년에 저술한 명저인 「오리엔탈리즘」에서 주장하는 개념이다. 이 개념은 우리의 정체성은 불변하고 고정적이라는 주장"이다(김복영, 2001, p. 64). 언어가 본질의 의미를 갖고 있다는, 즉 말은 용례와 담론의 힘을 통해 의미를 획득한다는 믿음과는 달리 사이드의 본질주의는 우선, "'영국'이나 '서구 인도인' 같은 용어에 구체적이고 특수하며 불변하는 의미가 존재한다는 믿음일 수 있다(김문환 옮김, 2004, pp. 322-323). 하지만 사이드는 그러한 본질화는 '실제적'이나 '참'임을 확언하는 본래성이라는 수사를 통해 서구의 동양에 대한 배제와 착취를 위한 토대가 된다고 비판한다. 또 한편으론, 서구 제국주의의 희생자였던 비서구의 모든 나라나 집단에서 보편주의적이거나 유럽 중심적인 개념과 이미지에 의해 오염되지 않은 정체성을 획득할 필요로서 본질주의가 바로 그것이다. 이렇게 사이드의 본질주의는 서구가 동양에 대해 재현하고 구성한 이미지의 해체와 통일하고 동기화하는 개념들의 실용적인 필요를 위한 새로운 구성 사이의 이중적인 긴장을 중심으로 이해되어야 한다.

세계의 많은 지역을 식민지로 다스렸던 과거 서구 제국주의 열강의 대부분이 당시의 정치적 · 경제적 · 문화적 억압과 착취를 기반으로 오늘날에도 여전히 강대국으로 세계 역사의 대부분을 차지하고 각 분야를 점하고 큰 독소리를 내는 것에 비해, 그들의 지배를 받았던 대부분의 비서구 식민지 국가들은 아직도 정치 · 경제적으로 그들의 막강한 영향력의 그늘을 벗어나지 못하고 있다. 뿐만 아니라, 학문과 문화 분야에서도 강대국들의 문화와 언어 그리고 역사를 강요당하고 그 기준과 가치에 의해 자신들의 문화가 재단되고 있는 실정이다. 이러한 점에서 사이드의 '본질주의' 개념은 교육과정 연구에 적용해 볼 수 있다. 왜냐하면 교육과정은 텍스트(text)라는 광범위한 실재(realities)의 한 요소로 볼 수 있기 때문이다.

그런데도 우리의 근대 교육과정은 합리적이고 정의적인 앎인 단 한 가지의 지식만을 객관적이고 절대적인 것으로 받아들여 왔다. 이것은 리차드 롯티(Richard Rorty, 1980)가 말하듯이 '초과학(super science)'이 되고 있는 서구의 자기중심주의(egocentricism)라는 자만심에 기초하고 있는 것이다(김복영 옮김, 1997, p. 53). 이 보편적 지식으로서 교육과정은 인간이 인간을 포함한 세계 전체를 소유하고 지배할 수 있게 했다. 세계 안에는 모종의 질서가 존재하며, 우리는 이성의 인식작용에 의해 그것을 온전하게 표상해 낼 수 있다는 확신이다. 이렇게 되면 학생들은 객관적 지식의 단순한 수용자로 전락하게 되고, "교육은 학생으로 하여금 세계의 진실을 추구하고 이를 통해서 보다 진실된 삶을 살아가도록 촉진하기보다, 세계에 대한 하나의 해석을 세계 자체와 동일시하게 함으로써 학생들을 진실된 세계로부터 단절시키고 세계에 대한 하나의 해석이 곧 유일의 진정한 세계라고 똑같이 되풀이하는 로봇으로 만드는 결과를 초래할 수 있다"(오만석, 1997, p. 196). 학생들은 근대 유럽의 계몽의 산물로서 출발한 근대 교육과 교육과정 지식의 서구중심의 근대화/서구화/보편화 혹은 언어/육체/이미지/담론/감각의 서구적 코드를 절대시하고 그것들에 익숙하게 된다. 흡사 '이성'이 '광기'를 '외부'로 날조함으로써 성립할 수 있었던 것처럼 근대 서구는 교육과정의 보편적 지식으로 '은폐된 자기'이기도 한 동양을 소외시킴으로써 자신들의 정체성과 힘을 획득할 수 있었던 것이다.

그 결과, 동양은 신비적이고 비이성적이고 비과학적이고 비합리적이며 미신적이며, 서양은 합리적이고 이성적이며 과학적이라는 묵인된 이분법은 이런 가치 판단 자체가 불가능한 문화의 모든 영역까지 침투하여 보편적인 인식틀이 되어 본질화시키고 있다.

따라서 근대 교육과정 지식과 그것이 지시하는 서양과 동양에 대한 관념 사이에 필연적인 연관 따위는 존재하지 않는다. 오히려 둘 사이의 연관은 서구에 의해 자의적으로 구성되어 있다고 해도 과언이 아니다. 사이드의 이러한 인식은 니체의 '언어에 관한 진리'와도 그 맥이 닿아 있다.

> (언어에 관한 진리란) 은유, 환유, 의인화 등의 동적인 무리이다. 요컨대 인간적인 관계들의 총화이며 그것이 시적이고 수사적으로 고양되거나 전용, 수식되며 오랜 관용(慣用)의 과정을 거쳐 어떤 민족에게 확고한 것, 규범을 이루는 것, 구속력이 있는 것으로 여겨지게 된 것이다. 곧 진리란 그것이 착각임을 망각하게 된 착각 … 인 것이다(이경덕 · 임성모 옮김, 1999, p. 48).

이 니체의 근본적인(radical) 지적에서 도출되는 것은 '동양'이란 어디까지나 서양이라는 바라보는 쪽의 의식에 존재하는 한에서 광대한 연상을 북돋우는 표상에 불과하다는 것이다. 그 연상이나 의미는 동양 그 자체가 아니라 그 언어의 주변 영역을 지시하고 있다는 것이다.

파탁, 생굽타, 그리고 푸르카야스타는 '오리엔탈리즘'이 그들 자신의 것이 아닌 문학을 어떻게 가르쳐야 하는지를 그들 자신에게 가르쳐 주었다고 하면서 다음과 같이 열정적으로 글 쓰고 있다.

> 텍스트를 해체하기, 그 생산 과정을 조사하기, 그것을 구조화하는 제국주의 신화를 확인하기, 그것이 기대하고 있는 대립항들이 어떻게 역사 속에서 주어진 시기의 정치적 필요에서 발생하는지 보여 주기는 우리 세계에서 텍스트를 새롭게 소생시켰다(Pathak et al., 1991, p. 195; Gnadhi, p. 87).

사이드 역시 텍스트 속에 스며들어 있는 서구의 제국주의 이데올로기에 대해서 우리가 그동안 별 관심이 없었다고 하면서 한 대담에서 다음과 같이 지적하고 있다.

> 바로 그러한 작업이 오늘날 우리가 수행해야만 되는 지적 과제입니다. 우리는 카알아일과 러스킨의 심미적 이론들을 설명하는 데 많은 시간을 할애하면서도 정작 그들의 관념이 동시에 열등한 민족과 식민지의 복종을 생성시켰다는 점에 대해서는 거의 주의를 기울이지 않고 있습니다. 그러나 만일 우리가 유럽의 위대한 리얼리즘 소설들이 어떻게 제국주의의 주요한 목적 중의 하나 - 즉 해외 확장에 대한 암묵적 동의, 박애주의나 선교나 과학이나 예술 같은 비영리적 운동의 탈을 쓴, 제국주의 이데올로기에 대한 봉사 - 에 공헌했는가를 이해하지 못한다면, 우리는 문화의 중요성과 제국 속에서 문화가 담당하는 역할을 오독하게 되는 것입니다. 나는 물론 유럽이나 서구의 예술과 문화를 도매급으로 비판하자는 뜻은 아닙니다. 내가 관심을 갖는 것은, 제국주의의 과정에 어떻게 경제적 · 정치적 영역을 넘어 문화 속에서도 일어났는가 하는 것입니다(사이드 · 김성곤, 1995, pp. 78-90).

사이드는 문학이 역사와 사회와 단절될 수 없듯이, 그러한 것들이 19세기 리얼리즘 소설들에 대한 우리의 이해와 단절되어서는 안 된다고 주장하고 있다. 이것은 예술작품이 결코 현실과 분리될 수 없다고 하면서 문화와 제국주의의 역동적이고 복합적인 관계를 말하고 있는 것이다. 사이드는 얼핏 보기에 별 상관이 없어 보이는 문화와 제국주의 사이의 긴밀한 상관관계를 밝혀 주고 있어 더욱 값지게 느껴진다.

이러한 주장들은 학문과 문학뿐만 아니라 문화의 하위 영역인 학교 교육의 텍스트로서 교육과정의 '본질적인 것'에 대해 끝없이 비판하고 그것의 이데올로기적 성격을 드러내야 함을 우리에게 말해 주고 있다. 즉, 교육과정 지식과 그것이 의미하는 서양과 동양의 본질적인 의미를 의문시하고 해체하고 또 한편으론 각각에 새로운 의미를 부여해서 그 지식을 구성해야 됨을 말하고 있는 것이다.

예컨대 우리의 제도교육에서 재생산되고 있는 오리엔탈리즘은 드러난 교육과정뿐만 아니라 숨겨진 교육과정을 통해서도 드러난다. 우리가 배우는 세계사는 실제로는 서양사일 뿐이고 세계 문학 전집은 서양 문학 전집일 뿐이며, 세계 미술 전집의 도판은 미켈란젤로에서 피카소에 이르는 서양 미술 전집일 뿐이다. 유치원에서 대학에 이르기까지 우리는 우리의 전통 음악에 대해서는 장단 하나 배우지 않는다. 그래서인지 우리들 대부분은 우리의 전통 음악을 모르는 것에 대해서 너무도 당당하다. 넥타이를 맬 줄 모르면 부끄럽게 생각하면서도 한복의 옷고름, 대님 매는 것은 몰라도 당연하다고 생각한다. 우리의 전통문화는 교육과정에서도 철저히 배제되고 있다(우실하, 1997, p. 314).

뿐만 아니라 우리의 교육과정과 교과서에서 외국인, 특히 동남아시아나 서아시아의 노동자들에 대해 어떻게, 또 얼마나 정확하게 서술하고 있는지, 또 동양의 사회와 문화에 대해서 얼마나 객관적인 서술을 하고 있는지, 다시 말해 '타자(the other)'로서 '동양'에 대한 지식을 전면적으로 재검토할 필요성이 있다. 왜냐하면 동양이라는 거대한 개념 안에는 사실 서로 다른 역사와 문화를 지니고 있는 많은 나라들이 포함되어 있는데 이것을 마치 하나의 본질을 공유하고 있는 것처럼 보는 태도는 잘못이라는 것이 사이드의 가장 중심적인 논의인 것이다. 다양한 역사적 경험과 문화적 차이를 지닌 여러 나라들을 하나의 동질 집단으로 묶어서 논의하는 거대담론(아시아나 동양 혹은 유교 문명권)은 기본적으로 아주 제한된 정보밖에 제공할 수 없으나 그나마도 왜곡된 것일 가능성이 많은 것이다. 이러한 담론이 제시하는 동양이나 아시아는 대부분의 경우 진실이 아니라 표상 또는 재존재(re-presence)에 불과하다고 사이드는 보고 있는 것이다(우실하, 1997, p. 213).

사이드의 '본질주의'는 이와 같은 설정에 의해 실재(realities)의 일부분을 구성하고 있는 교육과정 지식의 통일성과 객관성, 그리고 보편성의 울창한 숲을 헤치고 들어가 그 세부에 대해 용서 없는 비판을 가함으로써 그 지식들을 해체하고 동양에 대한 새로운 정체성을 부여하려는 시도라고 할 수 있다. 이것은 서구에서나 포스트식민 비서구에서나 모두 지적 세계의 형성과 그것의 구조, 삶에 행사한 혁명적인 충격을 결정적으로 증거하고 있다.

3) 다문화주의: 새로운 교육과정 담론의 대안

오리엔탈리즘의 궁극적인 목표는 제국에 대한 복수나 증오나 원한을 키우자는 것이 아니라, 지구상에 살고 있는 인류 공존의 추구로 확대된다. 제국주의는 원래 유럽인들의 '나와 너' 또는 '타자'와 같은 분리 관념에서 비롯되었다. 다시 말해 '우리 인종이나 문화는 우월하고 우리와 다른 인종이나 문화는 열등하다'는 관념이 곧 제국주의의 원동력이 되었다는 것이다. 당시 유럽인들은 아프리카 대륙의 '어둠'이 아프리카인들의 문화에서는 '밝음'이 될 수도 있다는 사실을 전혀 깨닫지 못했다. 그러므로 이제부터라도 '타자에 대한 이해'와 '상이함에 대한 존중'을 깨달아야만 된다.

사이드는 한편으론 식민지에서도 제국주의와 비슷하게 파괴적인 '국수주의'가 생겨난다는 점을 경계하고 있다. 물론 제국주의에 대항하다 보면 국수주의의 발생은 필연적인지도 모른다. 그럼에도 불구하고, 제국주의의와 국수주의는 서로를 좀먹어 들어가는 파괴적인 이데올로기일 뿐이다. 사이드는 이와 같은 식민지를 경험한 비서구가 문화 제국주의에 대항하면서 자신의 문화와 전통으로 회귀하고 있는 국수주의, 원리주의, 분리주의 등에 대해 많은 우려와 비판을 가하고 있다(김성곤 · 정정호 옮김, 1995, pp. 24-41). 결국, 문화 인류가 공존할 수 있는 방법은 제국주의와 국수주의 모두를 초월하는 '타자의 포용'과 그리고 인류 문명은 궁극적으로 서로 혼합되었다는 '지구촌 의식' 뿐이다. 예컨대 '너와 나' 그리고 '동양과 서양' 사이의 이분법적 경계를 초월하자는 것이다.

사이드의 '다문화주의 이론(the multIculturalism theory)'이 우리의 주목을 끄는 것은 바로 이 순간이다. 사이드는 모든 악영향에도 불구하고 제국주의가 가져온 단 한 가지 긍정적인 성과가 있었다면 그것은 문화의 혼합과 공통의 경험을 통한 세계의 '거리 좁히기'였다고 말한다.

> 제국주의의 한 성과는 세계를 한데 끌어 모으는 것이었고, 비록 그 과정에서 유럽인들과 원주민들의 분리가 모르는 사이에 퍼져 나갔고 또 그것이 근본적으로 불공평한 것이었다고는 해도, 우리들 대부분은 오늘날 제국의 역사적 경험을 공통적인 것으로 받아들이고 있다. 그렇다면 오늘날 우리가 해야 될 일은, 끔찍함과 유혈의 복수심의 신랄함에도 불구하고, 그것을 인도인들과 영국인들, 알제리인들과 프랑스인들 서구인들과 아프리카인들, 아시아인들, 그리고 라틴아메리카인들과 오스트레일리아인들이 서로

> 연관되는 것으로 글을 쓰는 일이 될 것이다. 부분적으로는 제국으로 인해 모든 문화는 서로 연결되어 있다. 그 어느 문화도 단일하거나 순수할 수는 없고, 모든 문화는 다양하고, 놀랄 만큼 변별적이며 다층적이다. 그것이 바로 '비미국주의' 의 위험과 '아랍주의' 에 대한 위협을 겪은 오늘날 미국의 모습이며 현대 아랍세계의 모습이다(사이드 · 김성곤, 1995, pp. 78-90).

사이드에 의하면, 다문화주의(multiculturlaism)란 혼란을 초래하는 것이 아니라, 중심에서 밀려난 여성들과 소수인종들과 작은 나라들이 스스로를 바라볼 수 있도록 해 주는 변화를 의미한다. 그러므로 그는 그러한 변화를 결코 두려워하거나 방어적으로 바라볼 필요가 없다고 말한다. 왜냐하면 그러한 탈식민주의적 인식의 변화는 "분리의 내러티브가 아니라, '통합' 의 내러티브 – 즉 주요 그룹으로부터 제외되어 온 사람들이 그 속에서 자신들의 위치를 찾으려는 통합의 내러티브 – "이기 때문이다. 그래서 사이드는 제국을 향해 혼란을 두려워하지 말고 그러한 변화를 유연하게 수용하라고 촉구한다. 왜냐하면 이제는 더 이상 '중심의 강대국' 이나 '주변의 약속국' 이라는 관습적인 개념이 존재하지 못하게 되었기 때문이다(Rahika Mohan-ram and Gita Rajan, 1996; 김성곤, 1997, p. 106)

사이드의 다문화주의는 "자 동지들이여, 유럽의 연극은 끝났다. 다른 것을 찾아내야 한다"고 호소하며 '새로운 탈피' · '새로운 사상' 을 탐구해 나갔던 파농의 시도와도 서로 통한다. 월러스틴이 파농의 "대지의 저주받은 자들"에 대해 해설한 것처럼, 파농의 말은 단지 서구=근대의 담론을 거절하고 그 바깥으로 자유롭게 도약하자고 선동하고 있는 것은 아니다. 오히려 그 속에 깊이 편입되어 있음을 자각하면서, 폭력적으로 분단된 관계 속에서 새로운 비적대적인 공동성의 '시작' 을 알리려고 하는 것이다. 파농은 민족적인 해방에서 사회적 '자유=해방(liberation)' 의 장을 줄곧 찾아왔다. 그러려면 기존에 거대 중심적 권력의 중심에 자리 잡은 지리적 · 역사적 비전이 지배하는 하나의 지형(topography)으로부터 벗어날 필요가 있다(이경덕 · 임성모 옮김, 1997, p. 188-189).

그러므로 사이드는 필연적으로 다문화주의를 옹호하게 된다. 사이드가 말하는 지배문화는 유연함과 관대함을, 즉 열린 태도를 가져야만 한다고 주장한다. 그래야만 통합과 공존을 가져올 수 있다는 것이다. 세계 각국의 문화가 서로에게 평등하게 대할 수 있는 방법은 무엇인가? 각국의 문화가 서로 '다름'을 정확하게 이해하는 것이 필수적인 선결 조건이다. 그런 의미에서 사이드의 다문화주의는 교육과정 연구에 있어 의미 있는 시사점을 줄 것으로 보인다.

우선, 사이드는 교육에 대해 다음과 같이 비판함으로써 문화의 하위 영역인 교육이 편집증적인 국수주의나 자신들의 문화적 독창성을 찬양하는 무비판적이고 무사고적인 교육에 대하여 경고하고 있다.

> 방어적이고 보수적이며 심지어는 편집증적인 국수주의가 유감스럽게도 어린이들과 청소년들이 '자신들의' 문화의 독창성을 숭상하고 찬양하는(대개는 타 문화를 비하시켜면서) 교육 현장에서 가르쳐지고 있다. '문화와 제국주의'가 대상으로 하고 있으며, 또 다른 가능성을 제시해 주려고 하고 있는 것도 바로 그러한 무비판적이고 무사고적인 교육 형태이다(김성곤 · 정정호 역, 1995, p. 41).

오히려 문화는 "타국의 고전보다는 자국의 고전을 먼저 읽도록 가르침을 받은 미국과 프랑스와 인도의 학생들이 거의 무비판적으로 자기 나라와 자기 전통을 받아들이고 거기에 충성스럽게 속해 있는 반면, 타국의 문화나 전통은 격하시키거나 대항해 싸우는 싸움터가 될 수도 있다는 것이다"(김성곤 · 정정호 역, 1995, p. 17). 즉, 사이드에게 있어 문화란 결코 순수하고 지고지순한 것이 아니라 정치적 · 사회적 이념들의 혼합체가 된다. 따라서 다양한 문화나 가치, 다양한 민족집단과 이들의 개별적인 언어와 습관들을 교육과정 담론으로 흡수해서 논의해야 한다.

이렇게 제도 교육과정의 국수주의도 문제지만 또 한편으론 그 어느 문화도 단일하거나 순수할 수는 없고, 모든 문화는 혼혈적이며 다양하고 놀랄 만큼 다층적인데도 교육과정과 교과서는 서구 중심적인 내용으로 구성된다는 점이 더욱 큰 문제로 보인다.

사실, 동양을 포함한 많은 비서구 국가들은 이미 서구의 문화적인 지배 내에 있다고 과언이 아닐 듯 싶다. 예컨대 우리의 근 · 현대사는 서양을 닮기 위한 서구화 과정이라고 해도 과언이 아니다. 우리는 적어도 지난 130년 동안 서구문명의 제도, 관행, 가치 등을 수용하면서 서구문명(서구적인 것)을 거의 자동적으로 보편적이고 우월한 것으로 받아들이는 세계관, 곧 서구중심주의를 내면해 왔다(강정인, 2004,

p. 24). 더구나 역사적으로 일본의 식민지 지배와 미국의 정치 · 경제 · 문화적인 영향이라는 이중 구속(double-bind)적 상태에 놓여 있다고 볼 수 있다(김복영, 2001, p. 64). 이러한 서구중심주의는 굳이 예를 들지 않아도 우리의 일상생활에서 현실이 된 지 이미 오래되었다.

교육은 사회와 떨어져 존재하는 '독립된 섬' 이 아니라고 할 때, 이러한 시대적, 사회적 배경은 필연적으로 우리의 교육에 반영될 수밖에 없었다. 즉 '문명화 사명' 이라는 서구 모더니티의 서사에 의해 발전, 진보, 개발을 꿈꿔 왔고 또 교육을 통해서 어느 정도 실현된 것도 사실이다. 하지만 이는 동시에 과거 '근대 교육' 이라는 애매한 개념하에서 긍정적인 인식의 대상이 되었던 서구의 지식과 문화에 대한 무조건적인 상찬(賞讚)이 우리에게 '의식의 식민화' 가능성을 지니고 있음을 경고하고 있다. 즉 교육내용이 서구중심적일 가능성을 제공해 주고 있는 것이다. 교육내용의 합리성, 과학성 등을 표방하며 제시되는 지식들이 의식의 식민화, 상상력의 식민화에 일정부분 영향을 미쳤을 것으로 보인다. 그 결과, 학생들은 다층적인 문화를 하나의 잣대, 곧 서구의 잣대로 판단하게 되고, 그것을 절대적인 진리나 가치로 인식하는 서구중심적 세계관으로 자신의 주체성을 형성하게 되는 것이다.

따라서 교육과정 연구의 다문화주의적 접근은 교육과정 속에서 지식의 보편성과 가치중립성의 이름으로 정당화되어 온 지배문화와 피지배문화, 중심문화와 주변문화, 서구문화와 비서구문화의 위계적인 서열을 없애고, 다양한 문화의 동등한 공존을 추구할 수 있다. 특히, 다문화주의는 그 동안 근대 서구 계몽의 기획에 의한 서구문화 중심의 교육과정을 지양하고 그 동안 소외되어 온 비서구문화에 의미를 부여하여 제자리를 찾아 줄 수 있을 것으로 보인다. 이를 통하여 제국주의와 그 유산을 통해 서로 공유하게 된 사회적 공간과 시간의 중첩과 뒤얽힘 속에서 '타자' 로서 비서구를 억압하거나 지배하지 않고 이해할 수 있는 새로운 문화를 이야기할 수 있을 것이다.

> 생각해 두어야 할 것은 가장 강력한 형태를 취한 계몽과 해방의 이야기가 분리가 아니라 통합의 이야기라는 점이다. 곧 주요 집단에서 배제되어 온 사람들이 이제는 그 속에서 자신들의 위치를 찾으려는 이야기인 것이다. 만약 주요 집단의 낡은 관습적 관념이 새로운 집단을 허용할 만큼 유연하거나 관대하지 않다면, 그때에는 이러한 관념을 바

> 꿀 필요가 있다. 왜냐하면 새로이 대두하는 집단을 배척하기보다는 그 편이 훨씬 낫기 때문이다(Said, ,1993, p. xxvi; 이경덕 · 임성모 옮김, 1997, p. 188).

그것은 곧 서구적 잣대에 의해 재단된 채 미신과 비과학, 봉건적 유산으로 낙인 찍혀 온 비서구문화에 대한 정당한 읽기와 재평가로 오리엔탈리즘의 사고틀에서 스스로를 비하하고 스스로를 동양화시키는 현재의 상황에서 벗어나기 위한 실천적인 시도가 될 것이다.

4. 결 론

> 자신의 조국이 달콤하게 느껴지는 사람은 아직도 미숙한 어린아이와 같다. 외국이 모두 자기 조국처럼 느껴지는 사람은 이미 성숙한 사람이다. 그러나 세계가 다 외국처럼 느껴지는 사람이야말로 완전한 사람이다." - 성 빅토르 휴고 - (김성곤 · 정정호 옮김, 1995, p. 16)

본 연구는 1980년 이후 주류 담론으로 급부상한 포스트 식민주의 담론, 그 중에서도 비평의 수준을 이론의 수준으로 끌어올렸다고 평가받아 이 분야의 선구적인 위치를 차지하고 있는 에드워드 사이드의 '오리엔탈리즘' 담론의 주요 논지를 검토하고 그것이 우리의 근대 인식에 어떠한 자극을 주는지, 보다 구체적으로 교육과정 연구에 시사점이 있는지를 논의하였다.

오리엔탈리즘은 식민성에 대한 새로운 인식을 기반으로 아프리카, 라틴아메리카, 중동, 동서남아시아 등에서 이제껏 억눌린 채 철저히 침묵을 강요당해 온 과거의 식민지 국가들에서 비서구의 문화적 가치와 차이를 체계적으로 부정하거나 폐기하려고 한 서구의 식민주의적 잔재를 청산함으로써 자신들의 목소리와 무시당해 온 고유 문화를 되찾기 위해 펼치고 있는 지적, 실천적 노력이다. 이런 문제의식이야말로 오리엔탈리즘의 한계에도 불구하고 우리가 이 논의를 수용해야 할 필요성을 압축적으로 담고 있는 '새로운' 인식이라고 할 수 있을 것이다.

이러한 오리엔탈리즘은 근대 서구적 '이성'을 진리의 절대적 표준으로 삼아 '객관성'과 '보편성'의 이름으로 형성된 근대 교육과 교육과정 담론 속의 서구의 비서구에 대한 이데올로기적 폭력성을 드러내 준다는 점에서 의미가 있다.

근대 '계몽적 기획'의 무모함을 지적하고, 계몽시기 이래 서구를 주도해 온 이성중심주의와 서구중심주의의 해체를 주장하는 포스트모던 철학의 영향으로 현대교육과정이론 역시 객관적이고 보편적인 지식의 가능성에 대해 근본적인 의문이 제기되었다. 이 때문에 교육과정 개발의 절차보다는 교육과정 지식(curriculum knowledge)의 본질과 정당화가 핵심적인 질문이 되었다. 따라서 전통적인 교육과정이론을 지배해 온 실증주의적 관점의 한계를 지적하면서 그에 대해 비판하거나 실증주의적 연구방법과는 전혀 다른 연구방법을 소개하는 것이 현대교육과정이론의 흐름을 주도하고 있다.

특히, 지배권력을 가진 중심문화의 자기반성을 통한 주체의 해체를 주장하는 포스트모더니즘이나, 서구의 지배를 권력과 지식의 불건전한 동맹의 징후로 보는 포스트구조주의 영향으로 교육의 현실과 교육과정의 실제를 역사적·사회적으로 구성된 것으로 보게 되었다. 하지만 이런 현대교육과정이론의 다양한 이론에도 불구하고 교육과정의 사회적 본질 또는 사회적 정체성은 서구적 헤게모니 관행의 지속으로, 즉 주요한 논쟁을 서구적 사고 안에 자리매김하고, 피식민 국가의 이론과 문화는 간과한다는 데 그 한계가 있다.

반면, 사이드의 오리엔탈리즘은 한발 더 나아가서 학교교육과 교육과정이라는 이름을 갖는 사회적·구성적 실재가 서구의 문화적 헤게모니로서 이데올로기적 폭력성을 드러내 준다는 점에서, 또 교육과정 지식과 그것이 의미하는 서양과 동양의 본질적인 의미를 의문시하여 각각에 새로운 의미를 부여해서 그 지식을 구성해야 되는 시사점을 주고 있다. 뿐만 아니라 다문화주의적 관점을 받아들여 오리엔탈리즘의 지배적인 지식으로 타자를 억압하거나 조작하는 것이 아니라 자유 옹호의 입장에서 지금까지 소외받고 비어 있는 자리로서 다른 문화나 다른 민족에게 의미를 부여하는 입장에서 교육과정이 연구되어야 한다는 점을 말해 주고 있다.

오리엔탈리즘은 전쟁이나 분리가 아닌 평화와 통합을 통해, 서구 제국주의자들이 그려 놓은 잘못된 세계지도를 바꾸어 놓으려 한다는 점에서 분명 고무적이다. 많은 난관이나 문제점에도 불구하고, 시기적으로 적절하게 등장한 이 중요한 지적 사조가 21세기의 새로운 미래를 여는 한 인식론적 기폭제가 되리라는 것에는 의심의 여지가 없다.

후주

1) 호미 바바(Homi K. Bhabha, 1949~)는 인도 봄베이에서 태어나 봄베이 대학에서 문학을 공부하고 영국 옥스퍼드 대학에서 문학석사와 철박박사 학위를 받았다. 특히, 라깡, 푸코 등 서구의 탈구조주의 이론가들의 영향을 받았으며 에드워드 사이드, 가야트리 스피박과 함께 탈식민주의 문화이론가의 3총사로 평가받고 있다.
2) 영어로 postcolonialism에 해당되는 탈식민주의는 단순히 식민주의를 '지났다' 혹은 더 적극적으로 '벗어났다' 라는 역사적 흐름을 설명하기보다는 오히려 식민주의를 '벗어나기 위한 끊임없는 노력' 으로 그 개념을 정의할 수 있다.
3) 스피박(Gayatri Spivak, 1942~)은 인도 출신의 여성학자로서 제3세계 여성학이 정체성의 정치나 차이의 정치를 지속한다면 제국주의의적 패러다임에 매몰될 수 있음을 경계하면서 중심과 주변, 서구와 비서구, 제1세계와 제3세계라는 이분법적 사고를 해체하는 탈식민주의의 페미니즘의 보편적 가능성을 제안한다.
4) 파농(Frant Fanon, 1925~1961)은 서인도 제도의 프랑스령 마르티니크 섬에서 태어나 식민지 교육을 받고, 프랑스에서 정신의학을 공부하였다. 그 후, 알제리와 튀니지에서 정신과 의사로 활동하면서 알제리 민족해방전선의 일원으로 반식민 투쟁을 전개했다. 오늘날 파농은 흑인의식과 정체성, 흑인 민족주의, 식민주의와 탈식화, 권력의 지표로서의 언어, 혼혈 등의 다양한 문제들을 개척한 탈식민주의 이론적 선구자로 평가된다.

참고문헌

강상중(1996). 이경덕 · 임성모 옮김(1997). 오리엔탈리즘을 넘어서. 이산.

김봉석(2000). 현대 교육과정 담론에 대한 후기구조주의적 비판 연구. -교육과정 지식의 현대성과 탈현대성을 중심으로-. 성균관대학교 대학원 박사학위청구논문.

김복영(2001). 탈식민주의 시대의 사회과 교육과정. 사회과교육 34호, pp. 58-68.

김복영(2000). 대한민국 정부 수립 후 교육에 관한 탈식민주의적 시각. 2000년도 한국교육사학회 연차학술대회: 한국교육에서의 식민성과 탈식민성. 한국교육사학회. pp. 70-93.

김성곤(1997). 탈중심 경향과 Postcolonialism 문학 -탈식민주의와 문화적 제국주의-. 서울대학교. 인문과학 제27집. pp. 81-106.

박영신(1993). 즐거운 유배자, 지성인의 삶: 사이드와의 대화. 현상과 인식. 제17권 2호 및 3호.

사이드 · 김성곤(1995). 문화와 제국주의에 대한 성찰(對談). 외국문학 44. pp. 76-93.

소경희(1996). 현대 교육과정이론에 나타난 지식관의 문제. 박사학위논문. 이화여자대학교.

심성보(1995). 전환시대의 교육사상. 학지사.

오성철(2003). 포스트 콜로니얼니즘과 식민지 교육 연구. 청주교육대학교. 논문집 제41집. pp. 57-72.

오인영(2002). 포스트식민주의 이론의 이해와 수용. 단국대학교 동양학 연구소. 동양학 제32집. pp. 69-85.

오만석(1997). 현대 해석학의 관점에서 본 교육적 의미소통 과정. 교육현상의 재개념화. 서울: 교육과학사.

우실하(1997). 오리엔탈리즘의 해체와 우리 문화 바로 읽기. 서울: 소나무.

이옥순(2002). 우리안의 오리엔탈리즘. 서울: 도서출판 푸른역사.

인문사회연구회(2002). 다문화주의 세계에서 제2외국어 교육 활성화를 위한 정책 대안. 한국교육개발원.

정정호(2002). 세계화 시대의 비판적 페다고지. 생각의 나무.

정진농(2003). 오리엔탈리즘의 역사. 살림.

Ahmad, Aijaz (1992). *In Theory: Class, Nations, Literaqture*. Vero.

Adyon, Jean (1981). Social Class and School Knowledge. *Curriculum Inquiry*. 11(Spring). pp. 3-42.

Apple, Michale W. (1993). 박부권 · 심연미 · 김수연 옮김(2001). 학교지식의 정치학: 보수주의 시대의 민주적 교육. 우리교육.

Apple, Michale W. (1982). *Education and Power.* London: Routledge and Kegan Paul.

Bhabha, Homi (1994). 나병철 옮김(2002). 문화의 위치. 소명출판사.

Bhabha, Homi (1986). The other quester: difference, descrremination and the discourse of colonialism, in *Literature, Politics & Theory,* eds France Baker Hulme, Marget Iverson, methuen, London, pp. 148-73.

Cherryholmes, Celo H. (1988). 박순경 옮김(1998). 탈구조주의 교육과정 탐구.

Childs, Peter & Williams, Patrick (1997). 김문환 옮김(2004). 탈식민주의 이론. 문예출판사.

Clifford, J. (1988). *The Predicament of Culture: Twentieth Century Ethnography, Literature and Art*. Bloomington: Harvard University Press.

Doll, Jr, William W. (1993). 김복영 옮김(1997). 교육과정과 포스트모더니즘의 시각. 서울: 교육과학사.

Macdonald, James B. How Literal is Curriculum Theory?. *Theory Into Practice*. XXI(Winter). pp. 55-61.

MacKenzie, John (1995). *Orientalism: History, Theory and the Arts,* Manchester University Press.

Gandhi, Leela (1998). *Postcolonial Theory: a critical introduction*. Allen & Unwin.

Esiner, Eliot (1983). Anastasia Might Still be Alive, but the Monarchy is Dead. *Educational Research*. 12. pp. 13-24

Fanon, Frantz (1990). *The Wretched of the Earth*. New York: Harmondsworth.

Frank, A. Gunder (1998). 이희재 옮김(2003). 리오리엔트. 이산.

Fox. R. (1992). 'East of Said', in *Edward Said: A critical Reader.* ed. Michal Sprinker, Blackwell, Oxford. pp. 144-156.

Gilbert, Bart Moore (1997). 이경원 옮김(2001). 탈식민주의와 저항에서 유희로. 한길사.

Giroux, Henry A. (1988). *TEACHERS AS INTELLECTUALS: Toward a Critical Pedagogy of Learning.* BERGIN & GARVEY.

Giroux, Henry A. (1983). *Theory and Resistance in Education.* Boston: Bergin and Garvey Publishers.

McLeod, John (2000). 박종성 외 편역(2003). 탈식민주의의 길잡이. 한울 아카데미.

Mills, Sara (1993). *Discourse of Difference.* Routledge.

Nandy, Ashis (1983). *The Intimate Enemy: Loss and recovery of Self Under Colonialism.* Oxford Universty Press.

Pathak, Z., Sengupta, S., Purkayastha, S. (1991). The prisonhouse of Orientalism. *Textual Practice*, vol. 5, no. 2. pp. 195-218.

Piner, Williams F. (2004). 김영천 옮김(2005). 교육과정이론이란 무엇인가. 도서출판 문음사.

Poter, Dennis (1983). "Orientalism and its Problem". *Colonial Discourse and Post-Colonial Theory.* Willams and Chrismas(eds).

Phillips, D. C. (1983). Aftjer the Wake: Post-Positivistic Educational Thought. *Educational Research.* 12. pp. 4-12.

Said, Edward W. (1978), 박홍규 옮김(1999). 오리엔탈리즘. 서울: 교보문고.

Said, Edward W. (1986), 김성곤 · 정정호 옮김(1995). 문화와 제국주의. 도서출판 창.

Spivak, Gayatri (1993). *Outside in the Teaching Machine.* New York: Routledge.

van MAN, Max (1982). Edifying Theory: Serving the Good. *Theory Into Practice.* XXI(Winter). pp. 44-49.

Williamas, P. & Chrisman, I. (1994). *Colonial Discourse and Post-Colonial Theory: A Reader.* Colombia University Press.

제18장

탈식민주의와 교육과정 연구

김 영 천(진주교육대학교 교육학과 교수)

1. 서 론

> 교육과정 연구자들의 연구동향은 학교 교육과정의 현상에 대한 연구에서 벗어나 보다 보편적인 사회 문화적 현상에 대한 연구로 옮겨가고 있다. 이제, 교육과정 영역은 교육이 일어나는 모든 문화적 형식들의 핵심에 대한 탐구로 변화하고 있다(Marshall, Sears, and Schubert, 2000, 219).

탈식민주의는 현대 인문사회과학 연구의 주요한 연구 담론으로 성장하였다(Babhha, 1994; McClintock, 1992; Stuart, 1996). 그 예로서 문학비평(Aschcroft, Griffiths, & Tiffin, 1989; Said, 1985, 1993, Slemon, 1987), 역사(David and Victor, 2000), 다문화주의(Harding, 1998). 페미니즘(Mohanty, 1984; Spivak, 1990) 등의 분야에서 활발하게 학구적 탐구가 진행되고 있고 교육학과 교육과정 분야에까지 확대되고 있다(Aegerter, 1997; Costas and Jary, Ingrid, 2003; Lather, 2004; MaCintyre and Heble, 2002; Myrsiades, K., and Mcguire, J., 1995). 이에 사회과학 탐구 패러다임 분류를 해 온 Lather(1992, 2004, 2006)는 '탈식민주의'를 사회과학 연구 패러다임의 네 번째 영역인 해체이론의 한 분파로 규정하였다. 또한 Pinar 외(1995)는 '해체'와 '포스트모던'이라는 용어를 도입하여 교육과정 영역에서 탈식민주의 논의의 가능성을 제공해 주었다. 나아

가 '교육과정 연구의 국제화' 라는 표현을 통하여 교육과정 연구를 국제적인 관점에서 중심과 주변이 함께 참여하는 새로운 형식으로 발전할 것을 제안하였다.

이러한 맥락에서 우리나라 역시 예외는 아니어서 다양한 학문 분야에서 탈식민주의에 대한 연구들이 이루어져 왔다. 이 분야에 대한 서구의 원전들이 번역되어 소개되고 있고 영문학 분야에서 상당한 학구적 결과들이 발표되었다. 이어 여성학, 문학, 역사학 등의 분야까지 탈식민주의 담론에 대한 논의들이 시작되었고 교육학 분야에서도 최근에 와서 소개가 이루어지고 있다(김인회, 1980, 1986; 김영천, 1998; 김영천과 조재식, 2005; 이돈희, 1982; 이종각, 1983, 1990, 황정규, 1982). 그 예로서 김인회는 한국교육학의 식민화된 특징들을 역사분석을 통하여 조명하였고 이종각은 우리나라 교육학 연구의 성격을 미국과 한국의 국가 간의 차원에서의 지식 전이 이론에 근거하여 설명해 주었다(1990, 1993). 김영천과 조재식(2005)은 한국 교육학/교육과정 연구에서 탈식민적 연구주제와 영역의 영토화가 필요하다는 점을 강조하였다.

이에 이 글에서는 제3세계의 연구자들이 고민한 것처럼 탈식민주의라는 새로운 담론이 교육과정 연구 특히 우리나라의 교육과정 연구에 어떻게 접목될 수 있는가에 대하여 논의하고자 한다. 그리하여 탈식민주의가 식민화된 의식의 해방이라는 목표를 달성하려고 한다는 점에서 탈식민을 도래케 하는 교육과정 연구는 어떤 형태 또는 내용이나 탐구 양식을 갖추어야 하는지에 대하여 고민해 보고자 한다. 이러한 고민은 지금까지의 우리의 교육과정 연구가 미국을 중심으로 한 서구의 교육과정 이론을 그대로 수용하고 재생산하는 식민 연구문화 형태를 띠었다는 점에서 그러한 연구문화와 전통을 비판적으로 검토하고 그러한 연구전통을 거부하는 새로운 형태의 독립적인 연구문화 또는 연구영역을 창조하거나 영토화하는 것을 뜻한다.

이에 필자는 이러한 목적을 달성하는 연구영역으로서 '탈식민주의 텍스트로서 교육과정 연구' 라는 은유를 Pinar 외의 접근에 기초하여 만들고 그러한 탈식민주의 텍스트로서 교육과정 연구는 무엇을 의미하며 어떤 연구질문을 제기하고 답하고자 하는 것인가에 대하여 나름대로의 이론화를 시도하고자 한다. '탈식민주의 텍스트로서 교육과정 연구' 가 무엇을 의미하여 정의하는가에 대한 심층적인 논의가 없고 이론화되지 않은 상황에서 이 글을 통하여 필자는 제3세계의 교육과정 학자로서 한국적 경험에 근거하여 우리가 탈식민주의 담론을 기초로 하여 교육과정을 연구한다면 무엇을 연구하는 것이고 어떤 연구질문들을 제기하고 답해야 할 것인가에 대하여 초보적인 수준에서 그 개념화를 시도하고자 한다.

이러한 개념화를 통하여 보다 근본적으로 필자는 진실로서, 합리적인, 그리고 계몽을 가지고 올 것으로 믿고 있는 미국 중심의 교육과정 연구가 과연 그러한 약속을 가져올 것이라는 전제에 대하여 그 비판을 가하고자 한다. 더 나아가, 그러한 비판을 통하여 새롭게 수립될 대안적인 교육과정 연구(탈식민적 교육과정 연구)는 어떠한 연구가 될 것인가에 대하여 논의하고자 한다. 이러한 자기반성 작업은 주체(서구)에 의하여 타자에게 진실/객관성/계몽이라고 오도된 서구 이론/담론/문화의 허구성을 타자 스스로 해체하여 비평할 수 있는 학구적 노력이라는 점에서 탈식민주의 인식론적 분석에 합치된다. 이에 필자는 우리의 모델로서 기꺼이 수용되고 적용되어 온 미국 교육과정 연구 중심의 한국적 담론이 어떤 문제점을 가지고 있으며 그러한 문제점을 가지고 있다면 우리는 어떠한 형태의 새로운/다른 교육과정 연구를 해야 하는지를 규명하고자 한다.

이렇게 '탈식민주의 텍스트로서 교육과정 연구'의 의미를 형상화하는 작업은 교육과정의 새로운 이론화라는 측면에서 의미가 크다고 하겠다. 첫째, 비록 탈식민주의 담론이 제1세계의 학문 분야에서 시작되었지만 필자를 포함한 우리나라의 학자의 정치적 위치성(제3세계 국가, 황인종, 아시아인, 비영어권의 연구자 등)은 '탈식민주의 텍스트로서 교육과정 연구'라는 주제를 서구인에 비하여 더욱 적절하게 이론화시킬 수 있는 장점을 가지고 있다. 그리고 그러한 장점은 이 주제에 대하여 서구 교육과정 학자들에 비하여 더욱 다양하고, 차이 나며, 폭넓고, 그리고 경험에 기초한 연구 아이디어들을 생성할 수 있을 거라고 생각한다. 그리고 이러한 위치성은 우리나라를 포함한 제3세계 학자들이 이 주제에 대하여 더 공헌할 수 있는 기회를 제공해 줌으로써 '탈식민주의 텍스트로서 교육과정 연구'라는 새로운 탐구영역의 확산에 적극적인 기여를 할 것으로 추측한다.

둘째, 세계화와 국제화라는 이름으로 더욱 식민화가 가속되고 있는 우리나라(또는 제3세계)의 현대 상황을 고려하였을 때, 탈식민주의 텍스트로서 교육과정 연구에 대한 학구적 관심과 참여 그리고 공유는 미국과 서구의 교육과정 담론을 벗어나서 '교육과정이란 무엇인가?' '교육과정 연구란 무엇인가'에 대한 대안적인 그리고 한국적인 해석을 개발하고 창조할 수 있을 것이다. 이에 우리의 교육과정 연구의 식민성을 제거하면서 우리의 학교현장에 맞는 교육과정 이론과 방법론을 개척할 수 있는 아이디어와 통찰력을 제공해 줄 것이다.

그 결과로서 우리는 미국을 중심으로 한 서구 중심의 교육과정 사유의 삶과 표방이 우리의 학교 이해와 개선에 절대적인 계몽의 약속이 될 수 없으며 대신에 우리 스스로 열등하고 무시하고 타자화하였던 우리의 잠재된 사유체제와 억압된 상상력을 불러일으키고 활성화시킬 수 있는 기회로 승화시킬 수 있을 것이다. 그리고 이러한 국지적 노력은 식민화의 물결이 더욱 거세어질 미래 시대에 있어서 우리의 교육과정 연구담론을 수립하고 지켜 나갈 수 있는 저항의식과 힘을 길러 줄 것이다. 우리는 보다 평등하고 다양하고 국지적인 관점에서 '교육과정 연구'에 대한 담론을 개척해 나갈 수 있기를 희망한다.

2. 우리나라 교육과정 연구의 식민성

제2장에서는 탈식민주의 교육과정 연구에 대한 탐구주제로 넘어가기 이전에 우리나라의 교육학/교육과정 연구의 식민성에 대하여 살펴보고자 한다. 이러한 탐색은 식민화된 교육과정 연구가 왜 문제가 되는지를 그리고 왜 탈식민주의 교육과정 연구의 가치는 어디에 있는지를 추론하는 데 도움을 줄 것이다. 이에 필자가 수집한 다양한 이 분야의 자료들에 대한 읽기와 분석에 기초하여 식민주의 연구문화가 우리나라 교육과정/교육학 연구에 어떻게 내면화되어 있으며 그러한 영향으로 우리의 교육과정 연구는 어떤 특징을 역사적으로 형성하게 되었는지에 대하여 논의하고자 한다. 그러나 우리의 교육과정의 50년 역사가 근본적으로 식민화된 전통이라고 일반화시켜서 주장하는 것은 아니며 나아가 이러한 필자의 주장에 대하여 다른 해석과 입장이 있음을 인정하지 않을 수 없다. 그러한 점을 지적하면서 이 글에서는 지금까지의 우리나라의 교육과정 연구가 어떻게 식민적 연구문화 속에서 이루어지고 재생산되었는지를 기존 학자들의 분석을 기초로 하여 세 가지 측면에서 지적하고자 한다(이돈희, 1982; 이종각, 1990; 황정규, 1982).

우리나라 교육과정 연구의 식민성을 나타내는 첫 번째 특징은 '번역에 의한 교육과정 연구'이다. 이 개념은 미국 중심의 교육과정 연구(이론, 개념, 연구결과, 연구방식 등)를 영어에서 한국어로 바꾸고 이를 우리의 교육연구자들과 교육자들에게 소개하고 유포하는 형태가 바로 교육과정 연구의 핵심이라는 것을 뜻한다. 이에 이 개념은 지난 50년 동안의 우리나라의 교육과정 연구의 한 가지 주류는 바로 미국의 이론들을 한국어로 소개하고 확산시키는 연구작업이었음을 시사한다. 우리나라에 근대 학교교육을 지도해 줄 교육과정 이론이 존재하지 않았고 교육학이 미국으로부터 도입되었다는 점에서 선진 연구집단인 미국의 연구결과를 우리나라에 번역하고 소개하는 작업은 매우 자연스럽고 당연한 학술활동으로 간주될 수 있다.

'번역에 의한 교육과정 연구'가 갖는 특징은 '일찍 일어나는 새가 벌레를 잡는다'라는 표현처럼, 연구의 주요 방향은 미국에서 새롭게 부상한 교육과정의 이론들 그리고 주장들 또는 이슈들을 신속하게 찾아내어 이를 이해하고 그 내용을 우리의 한국 연구자들에게 이해하기 쉽게 설명하는 작업이라고 할 수 있다. 그 작업의 시작은 연구자가 선택한 미국의 교육과정 이론을 이론 태동의 배경과 함께 소개하고 주요 연구개념들을 설명하고 마지막으로 그러한 이론이 우리의 현장에 어떤 시사점을 제공해 줄 수 있는지를 종합하는 형식으로 끝나는 것이 일반적이다.

이러한 번역의 교육과정 연구문화는 우리나라의 교육과정 연구가 미국으로 건너간 초기 교육과정 학자들이 한국으로 돌아와 교육과정 연구라는 학문영역을 수립하면서 자연스럽게 생성되었는데 이들의 미국적 경험과 학습은 그 이후의 우리나라 교육과정 연구에서 무엇을 연구하고 어떻게 연구해야 하는지를 결정하는 주요한 기준으로 영향을 끼쳤다. 이러한 주장은 김인회의 '식민지화된 교육학'에 대한 한국 학자들의 유학지역과 학교들에 대한 계보 분석에서 잘 나타나 있다. 그 대표적인 예로서 미국의 John Dewey의 진보주의 교육철학이 '신교육'이라는 이름으로 우리나라의 학교 교육과정 정책 수립에 영향을 끼쳤으며 다음으로 Bruner의 지식의 구조에 대한 연구동향은 바로 우리나라 교육과정 연구의 한 시대를 풍미한 연구주제가 되었다. 이에 The Ohio State University에서 Bruner의 지식의 구조를 주제로 박사논문을 쓰고 한국으로 돌아온 이영덕은 우리나라의 교육과정 연구에서 지식의 구조를 중심으로 한 학교 교육과정 개발에 심대한 영향을 끼쳤다.

이러한 연구적 특징은 우리나라에서 교육과정 연구 영역이 없었다는 점 그리고 미국으로부터 그 이론이 수입되어 탐구분야가 만들어졌다는 점에서 그렇게 놀랍지 않고 오히려 자연스럽기까지 한 일이다(이돈희, 1983). 이에 해방 이후 미국에서 공부한 교육과정 학자들이 한국으로 와서 새로운 이론을 소개하고 그들의 제자들이

다시 미국으로 가는 불완전한 삶의 연속이 지난 50년을 통하여 진행되고 있다. 그리고 이들은 새롭게 생성된 미국의 이론들을 섭렵하고 무장하여 고국으로 오고 이들의 귀향은 새로운 미국 이론을 갈망하는 한국의 교육과정 학자와 집단의 열망에 맞추어 자신들의 공부내용을 한국에 새롭게 확산시키고 유포하는 선구자적 역할을 맡는다. 그리고 그러한 역할의 대가는 그 분야의 가장 권위 있는 학자로서 그 학구적 정체성을 획득하는 것이다.

이러한 한 학자의 학구적 명성의 수립 과정은 한 개인에게는 새로운 이론의 소개이고 전문분야 지식의 권위화로 끝나지만 그러한 이론의 수입과 확산은 한국 교육과정 연구문화 차원에서는 부족한 피로 고통받았던 육체가 새로운 신선한 피로 수혈받는 것과 같은 효과를 가져왔을 것이다. 이러한 연구주제의 새로운 유입과 수혈은 우리 학자들이 인식하지 못하였던 문제들을 지각하게 만들어 주는 장점이 있지만 지식 생산과 유포에 있어서 수립된 미국과 한국의 불평등한 관계가 계속 지배와 피지배의 구조를 양산시키고 유지하는 데 기여를 한다.

끊임없는 주체와 객체 간의 연구문화의 불평등한 권력관계가 계속적으로 재생산되는 것이다. 이러한 주장이 과격하기도 하고 편협하기도 하며 아울러 실증적 자료가 없이 사변적인 것일 수 있겠으나 우리의 교육과정 연구의 담론이 지난 50년에 걸쳐서 어떻게 변화하여 왔고 우리 교육학자/그리고 교육과정 학자들의 주요 연구작업 내용 또는 연구논문의 내용은 어떤 것이었는지를 분석해 본다면 나름대로 그 진정성을 인정받을 수 있으리라고 가정한다. 우리의 교육과정 연구에서 대중적으로 부상한 연구개념들은 끊임없이 미국의 이론의 담론으로부터 수입된 것들이었으며 우리의 학교 교육과정 정책 역시 미국의 교육과정 이론이나 교육개혁운동과 깊은 관계에 있었음을 쉽게 알 수 있다. Bruner의 학문중심 교육과정 연구, 교육과정의 사회학, 구성주의, 수행평가, 교육공학, HRD, 질적연구, 그리고 포스트모더니즘 등. 그러한 점에서 지난 50년에 걸쳐서 우리의 교육과정 연구가 얼마나 미국의 교육과정 연구를 성실하게 모사하고 반복하고 재현하였는지는 우리나라 교육과정 학자들이 써낸 논문의 주제들, 출간한 책들, 스타로 부상한 학자들의 학구적 배경을 분석한다면 어렵지 않게 알 수 있을 것이다. 그 와중에서 미국의 대표적인 이론 서적들이 국내의 저명한 시대적 스타 교육과정 학자들에게 전체적으로 또는 부분적으로 소개되고 한국어로 번역하는 작업에 몰두하였다는 것에는 의심할 여지가 없다. 필자

역시 그러한 역사적 선상에서 작업하고 있다.

우리나라 교육과정 연구문화의 식민성을 나타내는 두 번째 특징은 '이론 중심에 의한 교육과정 연구'이다. 이 개념은 우리나라의 교육과정 연구가 이론과 실제 사이의 조화 대신에 이론 중심으로 일관하였다는 것을 뜻한다. 이 연구특징은 앞에서 소개한 첫 번째 연구특징과 관련이 있는 것으로서 그 동안의 교육과정 연구가 미국 교육과정 연구의 내용을 우리에게 소개하는 형태였기 때문에 논의와 글쓰기는 자연스럽게 이론적이고, 철학적이고, 사변적이며, 그리고 추상적일 수밖에 없었다.

우리나라의 교육과정 연구의 특징이 이렇게 미국 중심의 이론들의 소개를 중심으로 전개된 이러한 현상은 그 장점에도 불구하고 우리의 교육과정 연구를 식민화시키는 결과를 가져왔다. Said가 주장한 것처럼 서구의 담론을 이야기하는 것이 자신의(제3세계) 담론을 이야기하는 것에 비하여 연구자에게 더 많은 권위와 명성을 주는 것이기 때문에 미국의 교육과정 이론들에 대한 수용과 심화노력은 미국 이론은 우월하고 한국적 현상에 대한 논의나 담론은 열등한 것이라는 심리학을 양산하였다. 이에 미국 이론 중심의 교육과정 사유 현상은 더욱 강화되고 재생산되는 반면에 이에 대비되는 한국의 현장과 현상에 대한 관심은 상대적으로 줄어들 수밖에 없었다. 그리고 그러한 한국 현상에 대한 무관심과 도외시는 이종각(1995)이 지적한 것처럼 우리나라의 학교는 여전히 처녀지로 남아 있을 정도로 우리의 현상은 연구되지 않고 탐구되지 못하였다.

우리나라 교육과정 연구의 식민성을 나타내는 세 번째 특징은 '길들임의 교육과정 연구'이다. 길들임이라는 용어는 Paulo Freire의 「억압받는 자의 교육학」에서 차용한 개념으로서 우리의 교육과정 연구와 교육과정 연구자의 사고가 미국 이론과 미국 교육과정 연구집단에 대하여 순종적인 연구태도와 입장을 갖게 된 것을 뜻한다. 억압자의 지배 속에서 나타나는 피억압자의 생존 방식으로서 길들임과 순종은 지배자의 계속적인 통제와 이데올로기 생산을 통하여 피식민자에게 나타나는 심리상태를 나타낸다. Freire에 따르면 이러한 길들임과 순종은 지배자가 만들어 놓은 지배의 구조(세계관)를 당연하고 문제가 없는 것으로 바라보게 하고 자신을 이 세계의 변화와 새로운 재구조화를 할 수 있는 존재로서 인식하지 못하게 만든다.

이에 이러한 미국 교육과정 연구집단 그리고 그 이론들에 대한 복종적이고 순종적인 태도는 우리가 일반적으로 교육과정 연구를 할 때, 또는 우리의 교육과정 연구를 할 때, 그리고 연구를 어떻게 할 것인가에 대한 우리의 해석체계에 커다란 영향을 끼친다. 즉, 연구현상을 바라보는 방식에서, 연구를 하는 연구방법의 선택, 그리고 연구결과를 도출하는 방식에까지 우리가 참조하는 기준은 바로 미국의 이론과 연구결과이다. 이에 우리는 창의적인 연구자로서 우리를 해석하는 대신에, 그리고 우리의 연구의지와 아이디어들에 기초하여 연구를 성공적으로 할 수 있다는 확신 대신에, 미국의 이론들에서 어떤 문제들이 논의되었고 어떻게 연구되었으며 어떤 연구결과가 나왔는지에 근거하여 연구문제를 해결하려고 하는 심리를 갖게 된다. 연구현상이 무엇이든지 간에, 우리는 미국에서 만들어진 그리고 출간된 관련연구들을 연구해결의 최상의 방책이자 만병통치약으로 간주하는 길들여진 사유의 세계 속에서 우리의 연구를 하게 된다.

미국 이론에 대한 이러한 우리의 가치 부여는 우리로 하여금 미국 이론에 대하여 해박하면 해박할수록 한국적 상황에서 더 좋은 연구를 할 수 있을 것이며 더 나은 연구결론을 이끌어 낼 것이라는 환상을 갖게 한다. 그리고 그러한 편안한 사유방식은 어려운 길을 굳이 택하지 않으면서 교육과정 연구를 하고자 하는 선택을 하게 만든다. 우리의 연구문제, 연구방법, 담론의 방법들이 모두 미국인이 만들어 놓은 이론체계 속에서 가능하고 이루어진다. 그리고 그 밖에서 창의적으로 또는 일탈적으로 하게 되는 익숙하지 않은 연구주제들(연구형식들)은 우리로 하여금 부적절한 것, 신뢰할 수 없는 것으로 폄하시키게 만들며 새로운 것을 찾으려는 데서 자연스럽게 나타날 수 있는 미래에 대한 불안감과 불확신감을 불필요하고 의미 없는 것으로 치부하게 만든다.

미국 이론에 순종적이고 길들여진 우리의 교육과정 연구는 그리하여 우리로 하여금 미국 이론이라는 기존 틀에 안주함으로써 얻을 수 있는 편안함과 안정감 그리고 편이함을 선호하게 되고 대신에 새로운 것을 만들고 종합하고 평가할 수 있는 고차원적인 사유기술과 창조능력은 마비 현상으로 이어진다. 그러한 결과, 우리의 그러한 길들여짐의 태도는 만족할수 없는 미국 이론을 추종하는 지식 수용의 욕망의 기계로서 전락하고 말 것이다.

3. 새로운 정체성을 향한 탈주

> 질문: 제3세계 출신의 학자인 나는 기꺼이 말할 것이다. 제1세계 학자들에 대항하여 내가 하는 이러한 '말하기'는 식민주의 담론을 벗어나는 전 세계적 노력에 기여할 것으로 생각한다. 그러나 정말로 중요한 것은 제3세계의 학자가 말하는 주체가 되는 것에 비하여 그들이 이야기할 때, 그들이 진심으로 들어주는 태도를 갖는 것이다. 내가 이야기할 때 그들은 나의 말을 진지하게 들어야만 한다(Spivak 1990, 59-60).

제2장에서 필자는 우리나라 교육과정 연구의 식민성이 갖는 특징을 세 가지로 요약하여 정리하였다. 이러한 정리의 목적은 우리나라의 50년간의 교육과정 연구의 주요한 한 가지 특징이 미국 교육과정 연구의 재현과 복사에 가까운 것이었음을 제기하기 위한 것이었다. 나아가 이러한 문제제기를 통하여 탈식민즈의 텍스트로서의 교육과정 연구가 우리나라에서 새로운 연구영역으로 정립되어 새로운 우리만의 교육과정 연구문화를 만들 수 있는 담론을 불러일으키기 위한 것이었다.

이에 이러한 전제를 바탕으로 하여 제3장에서는 우리의 교육과정 연구가 식민화되어 있다면 그러한 식민성을 탈피하기 위하여/제거하기 위하여 우리는 어떤 노력을 경주할 것인가라는 문제에 대하여 논의하고자 한다. 이 글의 서론에서 밝힌 것처럼 탈식민을 위한 교육과정 연구를 우리가 하게 된다면 식민화된 교육과정 연구에 대비되는 연구는 어떤 형식과 내용이어야 하는지에 대하여 탐구하고자 한다. 그리하여 탈식민적 저항의식 또는 탈중심 의식을 고양시키며 식민화에 대항하는 교육과정 연구란 무엇에 대하여 연구하는 것인가를 구체적으로 규명해 보고자 한다. 이에 필자는 이러한 연구영역에 부합할 수 있는 탐구주제로서 다음과 같은 여섯 가지의 주제를 상정해 보았다.

1) 학교 교육과정 분석

탈식민주의 교육과정 연구의 첫 번째 주제는 우리나라의 학교 교육과정을 식민적 관점에서 분석하는 작업이다. 교육과정 그리고 교과서가 특정한 시대의 산물이며 특정한 집단의 이데올로기를 반영하고 있다는 입장은 이미 학교지식의 정치학에 대한 연구들에서 많이 지적되었다(Apple, Anyon). 이에 학교의 교육과정이 특정한 집단의 문화나 이익을 반영하는 역사적인 산물이라고 가정한다면 이미 서구화된 우리나라의 문화 속에서 만들어진 학교의 교육과정과 교과서는 미국을 중심으로 한 서구의 특정한 이데올로기들을 암묵적으로 재생산하는 문화자본으로서 역할을 하고 있을 것으로 추측할 수 있다. 이에 학교에서 가르쳐지는 학교지식의 내용을 지식 사회학의 전제에 기초하여 그러한 지식이 미국 중심의 서구의 문화를 어떻게 특정한 방식으로 재생산하고 있는지를 분석할 필요가 있다. 이러한 문제 탐구를 위하여 연구할 수 있는 질문들은 다음과 같다.

(1) 미국과 서구에 대한 지식은 교과서에서 어떻게 제시되고 있는가?
(2) 그러한 기술은 특정한 방식으로 강조되거나 왜곡되거나 생략되어 나타나고 있는가?
(3) 미국을 중심으로 한 앵글로 색슨 문화가 학교 교과서에서 강조되고 있다면 다른 민족의 문화와 지식은 상대적으로 덜 강조되고 있는가?
(4) 역사적 사건과 문제에 대하여 미국과 서구의 해석이 다른 해석들에 비하여 특별하게 부각되어 제시되었는가?

이러한 질문들에 근거하여 우리는 초등학교부터 고등학교에서 사용하고 있는 다양한 교과의 교과서의 내용을 분석할 필요가 있을 것이다. 특히 세계의 역사, 문화, 정치를 다루는 교과들인 정치, 경제, 사회, 문화 등의 교과, 아울러 미술과 예술 분야에서의 교과에 대한 심층적인 분석이 필요하다. 그 예로서 우리나라 초등학교의 음악 교과서에 미국 군정의 지도자의 고향인 콜로라도에 대한 달밤 노래가 공식적으로 실린 것은 이러한 주장을 강하게 지지하는 것이다(교과서와 이데올로기, 2005). 이에 미국의 역사 교과서를 비판적인 관점에서 분석한 Anyon의 접근처럼 우리나라의 교과서에 대한 이데올로기들을 식민과 탈식민의 관점에서 어떻게 특정한 내용이 강조되고 배제되었는지를 내용분석할 필요가 있다.

일반 교과서에서의 내용에 대한 식민적 관점에서의 분석과 함께 우리나라 학생들에게 미국과 서구의 문화와 이미지를 가장 효과적으로 전달하고 있는 교과인 영어과의 교과서에 대한 내용분석이 필요하다. 이 교과서들에서 미국 그리고 유럽 중심주의가 어떻게 특정한 방식으로 기술되어 있고 강화되어 나타나고 있는지를 분석할 필요가 있다. 이러한 분석을 통하여 미국과 서구의 이미지가 실제 또는 역사적 판단과는 다르게 우호적, 왜곡적, 그리고 선택적으로 다루어져 있다면 그러한 교과서의 내용에 대한 비평이 필요할 것이다. 그러나 이러한 영어과의 문화적 영향력에 대한 분석은 단순히 교과서에 대한 분석으로 끝나서는 안 될 것이다. 교과서를 매개로 한 실제 수업에서 미국과 서구의 이미지가 교사와 학생들의 상호작용 속에서 어떻게 사회적으로 구성되고 합의되고 학생들의 발달에 직접적으로 영향을 끼치는지를 질적방법과 생애사 연구방법을 통하여 분석할 필요가 있다. 즉, 영어과 수업에서 형성되는 사회/문화적 학습분위기가 갖는 식민적 특징을 그려내는 작업이 필요하다.

2) '탈식민주의' 교육과정 개발

탈식민주의 교육과정 연구의 두 번째 주제는 '탈식민주의 교육과정 개발' 이다. 이 작업은 우리나라 교육과정 연구의 한 가지 목적이 탈식민의 의식 고양이라고 한다면 학교 교육과정을 통하여 보다 적극적인 방법으로서 학생들에게 그러한 목적을 달성할 수 있는 공식적 교육과정을 개발하는 작업을 말한다. 즉 우리나라의 학생들에게 자신들의 세계관 또는 역사의식이 우리나라의 학교교육과 사회문화를 통하여 미국과 서구중심의 식민의식에 영향을 받았다면 그들의 역사의식을 각성시키고 탈식민을 위한 새로운 의식화를 증진시킬 수 있도록 공식적인 교육과정을 개발하여 그들에게 제공해 주는 것을 뜻한다. 이러한 접근은 첫 번째 연구주제로서 상정한 교과서에 내재된 식민사관의 분석이라는 수동적인 접근에서 탈피하여 보다 능동적인 접근으로서 학교의 공식적인 교육과정 개발을 통하여 우리나라 학생들에게 탈식민적 역사의식을 길러 주는 것을 목적으로 한다.

공식적 교육과정 개발을 통하여 우리나라 학생들의 탈식민 의식을 고양시킬 수 있는 방법에는 다양한 창의성이 필요하겠고 노력이 요구된다는 점을 지적하면서 필자로서는 이 접근에 포함될 수 있는 구체적인 실행의 방법으로서 다음 세 가지 선택을 고려해 보았다: (1) 다양한 교과목 속에서 탈식민주의를 가르치기; (2) 탈식민주의 문학교육 강조하기; (3) 탈식민주의를 고양시키는 교수방법의 개발과 적용. 첫 번째 방법은 각 교과에서 다루어지는 내용들을 '탈식민' 과 관련하여 수업을 하는 것이다. 우리나라의 역사가 식민의 역사라고 할 만큼 식민의 경험이 모든 도처에 놓여 있기 때문에 학교교과의 내용을 식민적 경험과 관련하여 강의하고 학습하게 하는 방법은 교사의 의지만 있다면 어렵지 않은 접근법이다. 이에 우리의 학교 교육과정(주로 교과서)의 많은 내용들이 우리의 식민경험과 상황에 밀접하게 연관되어 있기 때문에 학생들에게 가르쳐지는 교과서와 교육내용에서 관련될 수 있는 식민적 주제나 이슈를 선택하고 이를 학생들로 하여금 토론하고 비평하고 자기 이해할 수 있게 해 주면 될 것이다. 이에 교사는 이러한 목표를 잘 달성할 수 있도록 식민의 경험과 직접적으로 관련이 있는 교과들(예: 미술, 역사, 경제, 국어 등)의 내용에서 식민적 경험과 역사주제를 추출하여 효과적인 수업으로 개발하는 노력이 필요하다.

두 번째 방법은 문학을 통한 탈식민주의에 대한 의식 증진 방법이다. 문학은 우리에게 우리 선조들 또는 타인들의 식민의 경험과 아픔이 무엇인지를 다른 사람들이 공감하고 추론할 수 있게 도와주는 효과적인 간접 체험의 매체이다. 이에 식민의 경험을 다룬 문학작품을 선정하고 이 선별된 문학작품들을 학교의 수업에서 활용한다면 학생들에게 탈식민의 의미와 가치를 대리 경험하게 하는 데 기여할 것이다. 그러한 점에서 우리 주위에는 우리의 식민적 경험과 다이아스포라를 다룬 훌륭한 문학작품들이 산재해 있다. 아울러 제3세계의 유명작가들의 많은 작품들이 자신들의 식민경험을 다룬 내용이라는 점에서 그러한 문학작품을 선정하여 학생들의 수업에서 사용할 수 있을 것이다. 노벨 문학상을 수상한 많은 문학자(토니 모리슨, 마르께스, 응구기, 아체베)들의 작품 세계가 국가, 인종, 젠더 등의 측면에서 다른 것, 차별받는 것, 열등한 것을 제국주의의 역사 속에서 조명하였다는 점에서 훌륭한 문학작품들을 선별하는 작업은 어렵지 않으면서 고무적인 작업이 될 것이다.

또한 탈식민 의식 고양을 위한 문학적 노력으로서 '되받아 쓰는 제국'의 은유처럼 서구의 식민적 사관을 은밀하게 전달하고 있는 영문학 작품들의 허구성을 고발한 제3세계 학자들의 최근 노력들을 문학작품 읽기와 비평 수업에 포함시키는 작업 역시 의미 있는 일이 될 것이다. 이미 탈식민주의 노선에서 작업해 온 문학자들 그리고 문예 비평가들은 서구의 정전으로 알려져서 전 세계 그리고 제3세계 국가의 학생들에게까지 가장 순수하고 아름다운 문학작품으로 널리 읽히고 있는 목록들이 사실은 서구의 식민 이데올로기들을 효과적으로 전수하고 있다는 분석을 해 주었다. 그 대표적인 예로서는 제인 에어나 로빈슨 크루소 그리고 암흑의 핵심 등의 작품이다. 아울러 키플링의 "동양과 서양은 절대 만날 수 없다"는 말은 그의 작품에서 그대로 표현되어 나타나고 있다. 이에 고전(classic)으로 전 세계에서 인정받고 있는 서구 작품들에 대한 새로운 해석들을 학생들에게 소개하고 아울러 이러한 작가들이 서구의 정전들을 어떻게 탈식민적 관점에서 새롭게 다시 썼는지를 읽는 것 역시 제3세계 학생들의 계몽의식과 탈식민 의식을 불러일으킬 수 있는 효과적인 수업방법이 될 수 있을 것이다.

탈식민 의식을 강조한 문학작품들의 목록이 계속 출간되고 있고 기존 작품들에 숨겨진 식민사관에 대한 분석작업이 활발하게 진행되고 있다는 점에서 필자는 이러한 다양한 노력의 결과들을 보다 효과적으로 학교 교육과정으로 전환시키기 위하여 '탈식민 의식 고양을 위한 대표 선집' 또는 '탈식민주의 대저서' 라는 이름으로 이 분야의 작품 선집을 만드는 것이 어떨지 생각한다. 이러한 아이디어는 시카고대학교 총장이었고 본질주의 교육과정 학자의 대표였던 Hutchins가 미국 학생들의 교양능력 강화를 위하여 개발한 「대저서(The Great Books)」의 이름에서 차용하였다. 이에 우리나라의 학자들이 또는 제3세계의 학자들이 지적 연대를 형성하여 문화적으로 식민화된 현대의 식민국가의 학생들이 탈식민의 의식을 배양할 수 있도록 이러한 저서를 학교 교육과정의 한 부분으로서 또는 추천도서로서 읽히는 작업이 필요하다는 생각이 들었다.

〈 표 1 〉 탈식민주의 문학작품들

이론적 저서들	오리엔탈리즘(사이드), 백인의 신화(영), 누가 말할 수 있는가?(스피박), 검은 피부 하얀 가면(파농)
소설	아이야 울지 마라, 밀 한톨, 핏빛 꽃잎(응구기) 무너지는 모든 것(아체베) 백 년 동안의 고독(마르께즈) 사랑받는 사람들, 가장 푸른 눈, 재즈(모리슨) 게릴라들, 자유국가에서는(나이폴) 바바리안을 기다리며, 추락(쿳시) 외국인 학생(이창래)
연극	번역(프리엘)
시	키플링
비평	동양적인 것의 슬픔(정재서), 하얀 가면의 제국(박노자)
견문록	야만의 역사(스벤린드크비스트)
탈식민주의적 되받아 쓰기 소설	장라이스, 드넓은 사르가소의 바다(제인 에어), 새무델 샐번, 승천하는 모세, 코엣지, 적(로빈슨 크루소)

이 선집에 포함될 수 있는 목록은 식민의 경험에 대하여 보편적 감정과 공감을 가질 수 있는 작품들 그리고 특정한 지역(국가)에서의 특정한 집단(인종, 국민 등)이 겪었던 지역적 차원에서의 작품들을 망라하여 만들 수가 있을 것이다. 나아가 학생들의 의식의 승화를 위하여 이론서, 이야기, 수필, 시, 소설, 비평문 등을 다양하게 수준에 맞게 배치할 필요가 있을 것이다.

세 번째 방법은 탈식민을 고양시킬 수 있도록 하는 수업과 학습방법의 적용이다. 탈식민이 자신은 누구이며 자신의 의식에 대한 비판적 반성과 해체를 가져오게 해야 한다는 점에서 이러한 수업목적은 일반적인 수업방법을 통하여 이루어지기 힘들다. 이러한 목표는 초인지, 자기 체제(Marzaon, 2001), 자기 이해(Wiggins) 등의 목표와 관련된 것으로서 매우 고차원적인 학습결과라는 점에서 비판적이고 반성을 자극하는 수업방법을 요구한다. 이에 더욱 비판적인 의식을 배양시키고 기존의 이데올로기들을 해체하고 재평가할 수 있게 하며 기존의 일상적인 삶과 경험을 달리 비평할 수 있는 경험을 갖게 하기 위해서는 교수방법 역시 매우 수준이 높고 비판적인 형태를 띠는 것이어야 한다.

그러한 점에서 비판 교육과정 이론 영역에서 학생의 의식의 변화 그리고 비판정신을 길러 주는 데 사용되는 수업방법들에 대한 차용이 도움이 될 수 있다. 이와 관련하여 이미 억압받는 자의 의식화를 위하여 Freire가 개발한 의식화의 방법이나 Pinar(1975b, 1994, 2004)가 개발한 억압된 자아의 해방으로서 쿠레레 방법은 효과적일 것이다. 또한 페미니스트 교육학이론에서 개발된 교실수업 아이디어들과 전략들은 학생들의 탈식민을 고취시키는 목표를 더욱 명료히 하고 달성하는 데 효과적이다(Aegerter, 1997; Ellsworth, 1989; Greenlaw, 1994; MacIntyre & Heble, 2002; Weiler, 1988).

이러한 방법들과 함께 교실수업에서 적용할 수 있는 가장 일반적이면서 효과적인 수업기술은 바로 글쓰기이다. 글쓰기는 자신의 생각, 느낌, 변화, 의문점, 그리고 희망을 드러내는 탐구의 공간으로서 학생들의 의식의 변화를 추적하면서 자극시킬 수 있는 좋은 수업방법에 속한다. Fanon이 그의 글에서 쓴 것처럼(1992, p.100), 자기 반성적 글쓰기 활동은 백인이 되고자 하는 우리의 환상을 깨부수는 데 주요한 역할을 한다고 주장한 점을 명심할 필요가 있다. 나아가 Deleuze는 글쓰기는 단순히 기술적인 문제가 아니라 해방적 관심을 지지하기 위한 탈주적 연습행위라고 재해석하였다. 그에 따르면 글쓰기는 우리로 하여금 전통적인 체계, 가치, 그리고 규범으로부터 우리를 해방시키는 역할을 해야 한다고 하였다. 그러한 점에서 교실 수업에서 학생들에게 부여하는 글쓰기 작업은 학생들로 하여금 백인이 되고 싶은 그들의 욕망에 잠재된 편견과 문제가 무엇인지를 스스로 해체하고 비평하게 함으로써 자신이 알고 있지 못하였던 식민의식과 이데올로기들을 인식하면서 탈식민 의식의 가치와 그 의미를 공감할 수 있는 태도를 가질 수 있다.

3) 미국 교육과정 이론의 한국적 타당도의 탈신화

탈식민주의 교육과정 연구의 세 번째 주제는 '미국 교육과정 이론의 한국적 타당도에 대한 탈신화' 이다. 이는 미국 교육과정 이론에 대하여 우리가 부여하고 있는 의심 없는 확신감을 의심해 보는 작업을 뜻한다. 이 주제는 포스트모더니즘의 근본 명제인 보편성과 일반성 그리고 거대 담론에 대한 부정이라는 개념에 기초하여 우리가 진실의 통로로 간주하고 있는 보편적인 이론으로서 '미국의 교육과정 이론들이 우리나라의 학교현상에 대한 이해와 설명 그리고 개선에까지 그대로 도움이 될 수 있는 이론인가?' 또는 '그러한 이론들은 우리에게 진정으로 타당한가?' 라는 의문을 제기한다. 이러한 질문제기는 포스트모더니즘의 명제를 수용하지 않는다 할지라도 역사적으로 문화적으로 그리고 물리적으로 다른 학교교육의 현상을 가지고 있는 장소로서 우리나라의 학교교육의 특수성을 생각한다면 자연스럽게 제기될 수 있을 것이다.

이에 필자는 탈식민의 조건으로서 그리고 해방의 과제로서 우리의 교육과정 연구자들이 미국의 교육과정 이론을 아무런 의심 없이 수용하고 적용하고 그 결과로서 우리의 현장이 개선될 것이라는 믿음이 어쩌면 잘못된 출발이 아닐까라는 의구심을 제기한다. 그러한 점에서 그 동안 미국을 중심으로 한 서구 교육과정이론에 부여하였던 확실성, 진보, 개선, 그리고 계몽이라는 확신들이 확신이 아닌 허구의식으로서 이데올로기들이 아니었는가를 비판해 보아야 한다고 주장한다. 특히 이러한 각성은 지난 50년에 걸쳐서 우리나라의 교육과정 담론과 학교 교육과정 연구가 미국의 이론을 중심으로 전개되고 실행되면서 많은 논란과 실패를 경험하였음에도 불구하고 끊임없이 미국의 이론에 우리가 목말라하고 미국의 이론들이 우리를 더욱 계몽시켜 줄 것이라는 생각으로부터 벗어나지 못하고 있는 현실을 생각하면 더욱 강하게 제기되어야 하는 문제이다.

미국 이론에 대한 이러한 모더니즘적 해석에서 탈피하여 우리가 선택할 수 있는 한 가지 자세는 미국의 이론 역시 미국의 현상에서 탄생된 제한적이고 상대적이며 한시적인 것이라는 사실을 받아들이고 그러한 제한된 이론들이 우리에게 모두 기여할 것이라는 잘못된 신념들을 탈신화해야 하는 것이 아닌가 생각한다. 이러한 사고는 바로 미국의 이론을 절대적, 보편적인 진리로서 받아들이던 전통에서 벗어나 하나의 참조자료로서만이 사용해야 한다는 새로운 학구적 자세를 갖게 만든다. 즉 우리는 미국의 이론이 우리의 미래를 책임질 약속의 열쇠가 아니라는 것을 깨달아야 할 것이다. 미국의 이론은 우리의 문제를 해결해 주는 만병통치약이 아니며 우리의 교육과정 연구의 개념체계를 형성하기 위한 완전한 기초 자원으로서 더 이상 사용되어서도 안 될 것이다.

이러한 주장은 그 동안 우리나라에 수입되었고 적용된 미국의 많은 이론들이 과연 우리의 학교교육의 개선과 이해에 진정으로 도움을 주었는지에 대하여 실증적인 자료를 중심으로 연구한다면 그 타당성이 입증될 수 있을 것이다. 매 년 서구에서 공부한 학자들에 의하여 수입되는 교육과정 이론들, 그리고 미국에서 효과적이었다고 인정된 이론들이 우리나라의 학교현장 연구와 교육과정 이론화에 얼마나 기여하고 효과적이었는지를 의심할 필요가 있다. 그 대표적인 예로서 수행평가는 우리 학교현장의 여러 가지 물리적, 문화적 배경을 고려하지 않은 채 시행되어 학교평가에 있어서 일대 엄청난 혼란을 가져왔다. 그리고 그러한 결과는 교육부의 수행평가에 대한 후퇴조치로 일단락되었다. 그러나 수행평가에 대한 현장에서의 실제와 그 폐해는 그 이상의 가치에도 불구하고 여러 가지 문제점과 고통을 낳고 있다. 이 외에도 테크놀로지를 활용한 수업(Web-based instruction), 개별화 수업의 개념을 잘못 이해하고 만들어진 수준별 교육과정, 양적연구 방법론에 의한 학생의 능력에 대한 잘못된 평가문화의 확산 등 그 예들은 도처에 깔려 있다.

지식(미국 이론)에 대한 이러한 해체적 작업은 우리로 하여금 미국 이론을 메타언어 또는 메타 내러티브로서 인정하였던 기존의 입장을 거부하고 대신에 우리 현상을 이해하는 데 도움이 될 수 있는 새롭고 맥락적이며 문화적으로 적절한 이론들과 접근들이 있을 수 있다는 가능성을 갖도록 자극시킨다. 그러한 자극은 탈 미국 이론을 위하여 우리가 어떻게 노력해야 하는가에 대한 교육과정 연구에 대한 우리의 새로운 인식론적 전환을 요구하게 한다. 지난 50년 동안의 오랫동안 식민화된 미국 이론 중심의 연구문화 테두리 속에서 이러한 새로운 시작을 하는 것이 매우 어려운 작업이기는 하겠지만 우리가 할 수 있는 첫 시작으로서 미국 이론의 타당성과 일반화의 가능성에 대한 회의와 함께 다른 인식론과 방법론들에 대하여 보다 개방적이고 평등하며 탐구적인 연구자세를 갖는 여유가 필요하다. 이는 Lyotard(1979)가 말한 차이와 불확실성에 모두 개방적이고 긍정적인 태도를 취해야 하며 교육과정 연구에 있어서 어느 상황에서나 통할 수 있는 보편적이며 합리적인 원리가 존재할 수 있다는 생각이 다른 인종적, 국가적, 문화적 맥락 속에서 존재할 수 있는 토속적 지식들(타자)이 배제되고 침묵되며 사라질 것이라는 사실을 상기시키게 만든다. 이에 리요타드(1992, p. 68)는 이러한 탈중심에서 벗어나려는 노력이 바토 서구의 문화적 제국주의의 재생산에 저항할 수 있는 효과적인 전략이 될 수 있다고 강조하였다.

4) 탈중심화된 우리나라 교육현상의 중심화

탈식민주의 교육과정 연구의 네 번째 주제는 우리의 교육현상을 우리나라 교육과정 연구의 주요 탐구 대상으로 새로 위치시키는 작업이다. 이는 그 동안 우리나라의 교육과정 학자들이 해 왔던 미국의 이론 중심의 교육과정 탐색 대신에 미국 이론 중심의 담론으로 인하여 주변부로 위치된 우리나라의 교육현상을 집중적으로 조명하는 것을 뜻한다. 앞에서 설명한 것처럼 이러한 사유의 변화는 타자(우리나라 교육과정 연구자, 연구문화, 연구단체 등)가 그 동안 합리적이고 객관적이고 계몽적이라고 믿었던 주체에 대한 연구가 더 이상 자신들이 기대한 만큼의 희망을 가져오지 않을 것이라는 인식론적 변환을 인지하는 것이고 따라서 타자의 합리성에 내포된 주관성을 재검증하는 것을 말한다.

이러한 인식의 변환과 연구방향의 전환은 부정적이고 열등한 연구대상으로 치부되어 온 우리의 학교 교육현상을 우리의 주요 연구주제로 상정하고 탐구하는 문화를 만들게 함으로써 우리의 교육과정 연구의 문화와 정체성을 회복하는 데 직접적으로 기여할 것이다. 이에 미국의 이론을 연구하고 이를 확산시키고 우리 현장에 적용시키는 연구작업이 선진적이고 계몽적이라는 이데올로기에서 벗어나 그 동안 우리가 심리적으로 구조적으로 그리고 실제적으로 무시해 온 우리의 육체(학교 교육과정 현상)를 보다 적극적으로 연구대상으로 선정하고 이론화시키는 작업을 해야 함을 뜻한다. 이렇게 될 때, 우리는 미국 교육과정 이론의 소비자로서 전락하여 연구하는 것이 아니라 대신에 한국 교육과정 현상에 대한 실제적인 이론들과 지식들을 생성해 낼 수 있는 지식의 새로운 생산자이자 파수꾼으로서 그 학구적 정체성을 살려 나갈 수 있을 것이다.

그리고 그러한 노력의 결과는 그 동안 우리가 방임하고 방치하였던 '누구의 문제도 아니었던' 우리의 학교현상에 대한 보다 심층적이고 근접한 지식을 축척하게 될 것이며 나아가 우리의 교육현상을 어떻게 이해하고 개념화시키고 이론화시킬 것인가에 대한 보다 정확한 해석과 통찰력을 증진시킬 수 있을 것이다. 우리가 더욱 많이 알고 있는 현상에 대하여 연구함으로써 그리고 더욱 익숙한 연구대상에 대하여 연구함으로써 새로운 관점들과 아이디어들을 만들어 내는 작업은 외국 이론 중심의 교육과정 담론의 문화가 형성한 오랜 지배의 사슬을 끊을 수 있는 가장 실제적인 전략 중의 하나가 될 것이며 탈식민주의 교육과정 연구문화를 수립하는 데 기여할 방법임에 틀림없다.

특히 이러한 변화가 우리로 하여금 우리 교육과정 연구주제로서 무엇을 연구해야 하는지에 대한 '새로운 연구주제들'을 규명하게 하고 고민하게 하고 이를 통하여 기존에 존재하지 않았던 개념화되지 못하였던 우리의 학교현상에 대한 이슈들을 연구의 수준으로 재개념화시킬 수 있다는 점에서 지식 수용의 수동적인 연구자 태도에서 벗어나 능동적인 지식 생산의 창조자로서 그 정체성의 변화를 경험하게 될 것이다. 그러한 점에서 필자는 우리의 현장에 우리가 흥미롭게 연구할 필요가 있고 그 가치가 다분히 있는 토속적이고 맥락적이며 문화적인 교육현상이 있다는 것을 알고 있다. 그리고 그러한 주제들은 기존의 연구에서 연구되지 못한 채 전문 연구자들에 의하여 심도 있게 탐구되지 못하였다고 평가한다. 대표적인 예들로서 한국 학교교육에서 나타나고 있는 '경쟁의 학습문화', '학부모의 교육열', '학원 학습' 들은 동아시아를 제외한 서구의 국가들에서 찾아보기 힘든 교육의 현상들이며 따라서 우리가 내부자로서 가장 잘 연구할 수 있는 주제들이다. 그러한 점에서 이러한 현상들은 내부자인 우리나라 교육과정 연구자들에 의하여 오직 심층적으로 연구될 수 있으며 새로운 이론화를 시도할 수 있다. 아울러 이러한 외국적 현상들이(외국의 학자들에게는) 서구의 이론에서는 심도 있게 다루어지지 못하였다는 점에서 우리가 노력한다면 서구 학자들이 만들지 못한 새로운 교육과정 이론이나 설명체계를 구축해 나갈 수 있을 것이다. 이에 그러한 한 가지 예로서 우리나라를 포함한 동아시아 학교교육의 경쟁 현상에 대하여 서구의 학자들이 사용해 온 개념체계나 이론들이 반드시 토속적인 의미와 문화를 반영하지 못할 수 있다는 점을 인지한다면(Cummings & Altbach, 1997; Stevenson & Lee, 1997; Tobbin, Wu, & Davison, 1989; Stevenson & Stiggler, 1992), 우리와 동아시아 학교 현상들에 대한 서구 학자들에 의한 연구노력들이 과연 적절한지 그리고 타당한지에 대하여 의문을 가해야 할 때이다.

우리가 이러한 새로운 탐구 영역의 생산과 이론화 그리고 개념화와 확산을 시도한다면 우리의 교육과정 연구는 서구와는 다른 그리고 차이가 있는 주제를 연구하고 그 지적 결과를 생산해 내는 지적인 영토로서 간주될 것이다. 그리고 그렇게 될 때, 우리는 서구의 이론들에 대한 무조건적인 수용자가 아니라 그들의 이론들에 대한 상대적인 비평가로서 그리고 다른 해석체계를 제공할 수 있는 지적 공동체로서 인용될 수 있을 것이다. 아울러 서구의 기존 담론 체계에 들어갈 수 없었던 외국적/제3세계적 교육현상들에 대한 연구와 담론이 제1세계의 연구세계에 소개되고 공유되며 그리하여 그들의 이론이 갖고 있는 상대적인 제한점과 주관성을 지적함으로써 보다 의미 있고 구성적인 교육과정 이론의 수립에 기여할 수 있을 것이다. 그리고 이러한 노력을 계속하게 될 때, 우리는 서구 이론과 담론을 계속적으로 수용하고 적용하는 과정에서 은밀하게 우리의 사고를 지배하였던 식민주의 연구태도에서 벗어나 새로운 것을 찾고 새로운 질문을 만들고 답하는 연구문화와 기술을 습득하게 될 것이다(Freire & Faundez, 1992).

5) 새로운 교육과정 은유(언어) 개발

> 웅녀는 기원전 2003년 우리나라를 세운 최초의 왕인 '단군' 을 낳은 어머니이다. 그러나 웅녀는 원래 인간이 아니라 곰으로서 인간이 되기 위하여 100일 동안 어두운 동굴 속에서 추위, 배고픔, 그리고 외로움을 인내로서 달랬다. 그 결과, 웅녀는 그토록 바랐던 인간이 되었다. 이에 필자는 웅녀의 이야기를 통하여 우리가 얻을 수 있는 교훈은 웅녀의 후손으로서 우리가 가지고 있는 잠재력은 강인한 인내력, 그리고 무에서 우를 창조해 내는 생산과 창조력이 아닌가 생각하곤 한다.

탈식민주의 교육과정 연구의 다섯 번째 주제는 새로운 교육과정 은유(언어) 개발 작업이다. 이는 언어가 우리의 사고를 지배한다는 점에서 우리가 교육과정을 연구할 때, 미국의 교육과정 연구에서 개발된 연구용어들이나 개념들을 그대로 사용하기보다는 대신에 그들과 마찬가지로 우리가 직접 만들고 또는 개발한 교육과정의 언어를 사용하는 것을 뜻한다. 물론 과학하는 행위가 특정한 연구집단에서 공유되는 연구용어들과 개념들을 공식적으로 사용하는 것이기 때문에 우리와 미국 또는 우리와 서구를 대비하여 누구의 연구개념을 선택할 것인가라고 질문하는 것은 다소 국수적인 입장에 치우칠 수 있겠으나 식민지화된 우리의 교육과정 연구문화를 탈식민화시킬 수 있는 한 가지 방법은 바로 '되받아 쓰는 제국(Empire writes back)'의 은유가 시사하는 것처럼, 우리 역시 서구인처럼 교육과정의 언어를 개발하고 생성할 수 있는 기술과 통찰력을 가질 때 탈식민이라는 연구에서의 목적이 실현될 수 있을 것으로 생각한다.

이미 이 글의 전반부의 많은 내용들에서 제기한 것처럼, 미국의 이론들에서 생성된 연구언어들의 암기와 수용 그리고 재현작업은 우리도 모르게 '연구를 어떻게 해야 하는가?' '무엇을 연구해야 할 것인가?'를 결정하는 데 있어서 미국의 준거와 법칙을 가장 바람직스럽고 타당한 것으로 수용하게 하는 이데올로기 역할을 한다. 특정한 언어를 선정하는 것은 그 이외의 가능한 다른 언어들을 배척하고 타자화시키는 활동이기 때문에 미국의 언어와 연구개념의 사용은 우리로 하여금 미국의 이론과 언어 그리고 개념들이 주는 범주 안에서만이 연구를 할 수 있다고 믿게 만들며 또 그렇게 연구를 하게 영향을 끼친다.

그러한 점에서 응구기의 명제는 우리에게 시사하는 바가 크다. 그에 따르면 피식민자의 정신은 식민자의 언어를 통하여 식민화된다고 주장하였고 "총알은 식민 통치자의 육체를 죽일 수 있을지 모르지만 그들이 사용하는 언어는 피식민자의 정신을 통제한다"(1986, p. 9)라고 은유화함으로써 식민자의 언어의 사용이 피식민자의 사유와 정신세계에 엄청난 해악을 끼칠 수 있음을 경고하였다. 응구기의 이러한 명제 그리고 Vygotsky의 언어와 인지발달 간의 관계에 대한 이론을 명심한다면 우리의 교육과정 연구문화를 탈식민화시킬 수 있는 한 가지 방법은 바로 미국의 연구언어에만 기초하여 연구하기보다는 우리가 독자적으로 새로운 교육과정의 연구언어들을 개발하여 연구해야 한다는 것이 중요하다는 점을 인식시킨다.

그러한 점에서 비추어 본다면 우리의 교육과정 연구의 역사는 서구의 교육과정 학자들의 연구언어들을 수입하고 그 언어들을 소개하고 설명하고 그 개념들에 기초하여 우리의 학교현상을 기술하고 이해하는 미국 연구언어와 개념들의 재현작업으로 주로 이루어졌다고 해도 과언이 아니다. 우리는 Jackson의 잠재적 교육과정의 개념으로 우리의 학교현상의 또 다른 실재로서 은연중에 학습하게 되는 교육과정에 대하여 알게 되었고 Apple과 Giroux를 통하여 학교지식의 정치적 성격을 파악할 수 있었다. Pinar를 통해서는 쿠레레의 개념을 이해하게 되고 학교 교육과정 연구가 기존과는 달리 어떻게 달라질 수 있어야 하는가에 대하여 고민하게 되었고 이제 Lather의 탈구조주의 연구 방법론의 개념들을 공부함으로써 교육과정에서의 질적 연구의 타당도 작업을 어떻게 해야 하는지를 연마하고 있다.

이에 우리 교육과정 언어의 탐색과 창조가 필요하다는 점에서 영어가 식민지적 이데올로기의 재생산에 기여해 왔다고 주장한 탈식민주의 비평가들의 지적을 심각하게 이해해야 할 것이다(Ashcroft, Griffin, & Tiffin, 1989; Moore-Gilbert, 1997). 이들에 따르면 피식민지의 원주민들을 효과적으로 식민화시키는 데 작용하였던 방법은 바로 식민 영토의 이름들을 모두 영어로 전환하는 작업이었다고 한다. 영어로 변환된 식민지의 영역들을 원주민들이 외우고 재현하는 과정에서 원주민의 정신세계는 식민지 개척자의 지배적인 문화를 반복하거나 모사하도록 만드는 역할을 한다고 한다. Ahscroft, Griffin, Tiffin은 이와 관련하여 다음과 같이 지적하였다.

> 제국적 억압의 가장 주요한 특징 중의 하나는 언어를 통제하는 것이다. 제국의 교육 시스템은 모국 언어를 '표준'으로 만들고 이 언어와는 다른 모든 언어들을 모두 변종이나 불순한 것으로 주변화시킨다. 언어는 힘의 계층구조를 영속시키는 매개물이며, 진실, 질서, 그리고 실재의 개념을 규정하는 매개체이다(1987, p. 7)

Ahscroft는 서구 식민지 개척자에 의해 시작되었던 첫 번째 작업은 지도를 만들고 그리고 그 지도 위에 영어 이름을 붙이는 것이었다고 지적했다. 타자의 땅의 이름을 영어로 명명하는 작업은 피식민자를 식민적 권력과 지식의 수용 대상으로서 만드는 데 효과적인 역할을 하였다.

이러한 점에서 우리나라 교육과정 연구에서 새로운 교육과정 언어의 개발과 창조 작업은 탈식민을 위한 한 가지 전략이 될 것이며 그러한 언어는 식민화에 반하는 저항의 언어로서 그 역할을 할 것이다. 영어로 현상을 바라보는 전통적인 식민 연구행위에서 벗어나 우리의 토착적 언어를 통하여 현상을 바라보게 될 때, 우리는 우리가 무시하고 도외시한 연구현상들을 바로 보게 될 수 있으며 우리가 바라보지 못한 연구의 주제들까지 인식하게 되는 결과를 갖게 될 것이다. Schwab(1969)이 실제성의 언어를 강조한 것처럼, 그리고 기존의 실재를 새로운 언어로서 어떻게 달리 말할 것인가가 더욱 새로운 실재를 찾는 것보다 더 중요하다는 명제를 제시한 Rorty(1979, p. 357)처럼 우리는 새로운 언어의 창조와 탐색에 최선을 다해야 할 것이다. 그러한 점에서 탈식민을 위한 노력으로서 새로운 용어들인 '모방', '언어 혼성', '안과 중간' 과 같은 표현들을 창조해 낸 중앙아메리카 학자들의 독창성을 본받을 필요가 있다.

그렇다면 우리는 어디에서 그리고 어떤 방법으로 새로운 교육과정 언어를 개척하고 생성해 내는 작업을 할 수 있을까? 이 질문에 대하여 필자는 다음과 같은 두 가지 방법을 통하여 그 목적을 이룰 수 있다고 추측해 본다. 첫 번째 방법은 우리나라 나아가서는 우리나라의 문화에 많은 영향을 끼친/우리 문화의 근간을 이루고 있는 동아시아의 고유한 사유체계와 학문 전통으로부터 역사적인 아이디어들을 얻을 수 있을 것이다. 이에 불교, 유교, 성리학, 나아가 서구의 학문체계에서 비이성적 비학구적이라고 폄하된 아시아적 전통들을 복구하여 그 전통 속에서 상실된 그러나 가치 있는 연구 아이디어와 언어들을 규명할 수 있을 것이다. 아시아의 이러한 고매한 철학, 종교, 또는 학문 전통들은 현대 교육과정 연구에 직접적으로 연결될 수 있는데 그 대표적인 예로서 불교의 해탈의 의미는 서구의 포스트모더니즘에서 강조하는 자아의 주관성의 해체와 바로 의미가 같다고 할 수 있다. 이에 우리가 우리의 전통과 문화를 교육과정 언어의 원천으로써 삼는다면 새로운 교육과정 언어를 찾으려는 우리의 노력은 보다 성공적인 결과로 이어질 수 있을 것이다.

다음 두 번째 전략은 우리나라의 학교 교육현실에서 나타나고 있는 이슈들 그리고 문제들을 연구개념들로 승화시키는 작업이다. 우리의 학교 현장과 실제 속에는 외국에서 나타나지 않는 그리고 기존의 교육과정 연구에서 개념화되지 못한 희소가치를 띤 현상들과 실제들이 있음에도 불구하고 그러한 현상들이 미국 이론들에 의한 주도적 담론으로 인하여 심층적으로 탐구되지 못하였다. 이에 그러한 현상들은 일상적이거나 대중적인(너무나 익숙하여) 또는 비학구적인 대상으로 간주되었을 뿐 그러한 현상들이 진실로 탐구할 만한 가치가 있는 것이라는 인식을 갖지 못하였다. 그러한 예에는 앞에서 소개한 선행학습, 교사문화, 교육열, 교실 붕괴 등의 현상이 속한다. 영어가 우리의 사고와 감정을 자유자재로 표현하기에는 부적절하고 우리의 문화적 실제들을 정확하게 표현하는 데 한계가 있기 때문에 우리의 언어에 의한 교육과정 언어의 생성 작업은 번역에서 오는 또는 외국적 개념의 차용으로 나타날 수 있는 의미의 감환의 문제를 보다 적절하게 해결할 수 있을 것이다. 번역의 문제에 대하여 우리 모두가 느끼고 있는 것처럼 Friel의 「번역」에 나오는 Hugh가 "영어는 우리를 정말로 적절하게 표현할 수 없다"(1994, p. 399)라고 한 말을 상기할 필요가 있다.

6) 자기반성

> 이미 당신은 충분히 알고 있다. 나도 그렇다. 우리가 부족한 것은 지식이 아니다. 잃어버린 것은 우리가 알고 있는 것을 이해하고 결론을 내리는 용기이다(야만의 역사, 29). 한겨레 신문사.

탈식민주의 교육과정 연구의 여섯 번째 주제는 자기반성(self-reflexivity)이다. 자기반성은 포스트모더니점과 페미니즘의 이론에서 도출된 연구개념으로서 연구자의 세계관과 합리성에 내재해 있는 주관성과 암묵적 신념이 갖는 문제점을 규명하고 해체하는 작업을 뜻한다(Lather, 1986a, 1986b; Usher and Edwards, 1994). 이러한 자기반성의 연구개념은 탈실증주의, 그리고 탈구조주의 연구에서 많이 활용되고 있는데 이 개념을 탈식민주의 교육과정 연구에 적용한다면 우리 한국 학자들의 교육과정 연구에 대한 기존의 식민적 사유체계에 어떤 문제점이 있는가를 질문하는 작업으로 연결시킬 수 있다. 포스트모더니즘을 인용하지 않더라도 최근의 인지심리학과 학습 연구에서 자기반성에 대한 기술의 강조는 계속적으로 이루어지고 있다(Marzano, Wiggins). 그러한 점에서 자기반성은 우리나라의 학자들이 자신의 모든 연구활동에 어떤 식민적 사유 체계와 연구습관이 은연중에 물들어 있으며 그러한 식민적 세계관을 통하여 교육과정 연구를 인식하고 개념화하고 실행하고 있는지를 해체적 작업을 통하여 비평하는 활동을 의미한다. 이는 바로 우리의 일상적인 교육과정 이론화의 실제와 작업에 대한 끊임없는 정찰과 검토를 뜻한다(Gouldner, 1970). 그러나 이러한 자기반성은 매우 어려운 작업으로서 우리가 주장하기에 식민화의 거미줄로부터 우리가 자기반성을 통하여 해방될 수 있다고 주장할 수 있겠지만 그러한 이상과는 다르게 우리의 잠재의식과 리비도는 그동안 해 왔던 연구문화의 관행의 편안함에서 탈피하지 않으려 할 것이며 나아가 계속 미국의 이론들을 차용하려고 하는 욕망을 갖게 할지 모른다. 이는 백색의 신화처럼 우리의 자기반성 노력에도 불구하고 백인이 되고 싶어하는 우리의 욕망과 감성이 제거되지 않을 것이라는 뜻이다.

그러한 점에서 우리는 그러한 욕망이 가져오는 위험성을 인식하면서 우리의 심리가 가지고 있는 백인 되기에 대한 자기반성을 위한 질문을 만들고 그 질문들에 대하여 구체적인 답을 찾고 실행하는 노력을 경주해야 할 필요가 있을 것이다. 다양한 질문들이 제기될 수 있다는 점을 강조하면서 필자는 다음과 같은 잠정적인 몇 개의 연구질문들을 만들어 보았다.

(1) 미국의 이론과 아이디어의 밖에서 그리고 미국 이론이 없이 자유스럽게 우리의 교육과정을 연구할 수 있는가?
(2) 미국의 이론 뒤에서 또는 후에 홀로 설 수 있는가?
(3) 한국 교육과정 연구자로서 미국의 연구결과로부터 아이디어를 수용하거나 빌리지 않는다면 과연 나는 우리의 교육과정 연구에 의미 있는 질문들이나 이론들을 생성할 수 있는 의지를 가지고 있는가?
(4) 미국의 이론은 그 동안 나에게 편이함과 정답만을 제공해 주었는가? 아니면 내가 인식하였지만 인식하려고 하지 않았던 모순과 문제점 그리고 불완전성은 없었는가?
(5) 나는 모든 이론과 패러다임은 상대적이며 불완전하다는 명제에 얼마나 동의하는가?
(6) 누구의 교육학, 연구질문들, 이론들, 윤리들, 그리고 해석들이 교육과정 연구와 이론화에서 정상적이고 중심적인 것으로 정의 내려졌는가? 그리고 누구의 내러티브, 경험, 그리고 실제들이 나의 교육과정 연구에서 완전히 무시되고 주변화되었는가?
(7) 나 자신을 탈식민화시키기 위하여 나아가 더 이상 서구의 교육과정 연구의 헤게모니를 재생산하지 않도록 하기 위하여 내가 사용할 수 있는 가능한 저항의 전략들은 무엇인가?

4. 결 론

> 내가 교육과정 연구의 '국제화' 에 대하여 제안했을 때, 나는 '획일적인 것' 을 의미한 것도 아니었고, 미국의 것과 닮은 것을 기대한 것도 아니었다. … 나는 '대화' 가 갖는 민주적인 이상과는 거리가 있는 그 어떤 주제들에 대하여 논의하기를 거절하며 대신에 국제적인 관점에서 대화의 민주적인 성격을 이해하고 교육과정에 대한 질문들을 제기하고 답해야 한다고 생각한다(Pinar, 2003, p. 5).

이 글을 통하여 필자는 우리나라의 교육과정 연구의 한 가지 특징이 미국 이론에 의한 식민성이라고 전제하고서 그러한 식민화된 연구세계를 탈피하기 위한 교육과정 연구는 어떤 것인가를 탐구하고자 하였다. 이를 위하여 교육과정 연구 패러다임의 네 번째 영역으로 대두한 탈식민주의의 개념을 차용하여 우리나라에서 그러한 식민화된 교육과정 연구를 제거하고 새로운 독립적인 교육과정 연구의 문화를 어떻게 배양시킬 수 있는지를 구체화시키고자 하였다. 이에 Pinar 외의 학자들이 교육과정 연구 양식을 텍스트로서 은유화시킨 것에 착안하여 '탈식민주의 텍스트로서 교육과정 연구' 라는 용어를 만들었고 이러한 연구영역에는 어떤 탐구주지 또는 연구문제들이 제기될 수 있는지를 필자의 한국적 경험에 근거하여 개념화시켰다. 그 결과로서 탈식민주의 텍스트로서 교육과정 연구는 무엇을 탐구해야 하는지를 여섯 가지 영역으로 규명하는 작업을 하였다.

그러나 이 주제에 대한 서구에서의 논의가 초기 단계에 있고 이 주제에 대하여 많은 담론을 제공할 수 있는 제3세계 국가의 교육과정 학자들에 의하여 제기된 연구결과들이 거의 없다는 점에서 이 글에서 제시한 여섯 가지의 탐구분야는 최종적이라기보다는 오히려 심화되고 비판되어 나중에 더욱 세련화되어야 하는 근본적인 연구질문들로 이해되어야 할 필요가 있다. 그러한 점에서 이 글에서 제기한 필자의 생각은 결정적이지 않으며 이 분야의 탐구의 필요성을 자극시키는 촉매제로서 사용되기를 기대할 뿐이다.

(1) 학교 교육과정 분석

(2) 탈식민주의 교육과정의 개발

(3) 탈중심화된 한국적 교육과정 현상의 중심화

(4) 미국 교육과정 이론의 타당도에 대한 회의와 재검증
(5) 새로운 교육과정 은유 개발
(6) 자기반성

이 글의 최종 결론으로서 앞에서 정리한 탈식민주의 교육과정 분야의 구체적인 연구내용으로서 여섯 가지 연구문제가 더욱 이론화되기를 바라면서 이 글이 우리의 교육과정 연구에 나아가 세계 교육과정 연구의 담론에 어떤 기여를 할 수 있는지를 두 가지 점으로 종합하고자 한다. 첫째, 우리의 현장에 보다 적합하고 교육과정 실천가의 요구에 부응할 수 있는 한국적 교육과정 이론의 담론 수립과 그 확산에 기여할 것이다. 앞에서 여러 번 강조하였던 것처럼 우리의 교육과정 연구가 미국 중심의 이론들에 의한 식민적 성격을 띠고 있고 그 결과로서 우리의 현상에 대한 진지한 고민보다는 서구의 이론을 재현하는 데 모든 학구적 노력이 투여되었다는 판단은 앞으로 우리나라 교육과정 학자들이 무엇을 연구하고 어떻게 연구해야 하는지에 대한 인식론적 변환을 가져오게 할 것이다.

우리의 교육과정 연구가 가지고 있었던 탈역사적, 탈정치적, 그리고 탈윤리적 성격이 노출되고 비판됨으로써 그 동안 우리의 연구에서 소외되고 차별받고 타자화되었던 우리의 것을 찾으려는 교육과정 학자들의 새로운 문제의식이 강화되고 확산될 것이라고 믿는다. 이에 지난 50년 동안의 한국 교육과정 연구의 정체성 그리고 현재 하고 있는 다양한 교육과정 연구의 형식들에 대한 탈식민적 비판이 더욱 개방되고 공유되어 우리에게 정말로 중요한 교육과정 연구는 어떤 것이어야 하는지에 대한 담론의 형성을 유도해야 할 것이다. 그리고 그러한 담론의 형성과 참여를 통하여 우리의 연구를 지탱하고 가능하게 하는 우리의 주관성과 역사의식, 그리고 정체성에 대한 비판적 해체능력을 증진시킬 필요가 있다. 이를 위하여 식민주의 교육과정 연구문화에 안주하였던 우리의 욕망과 감수성을 비판하기 위하여 Edward Said(1996)의 '망명한 지식인' 처럼, Roy(2004)의 '연구자로서 교사' 처럼, 특정한 장소에 머무르지 않고 자신의 지적 관여와 몰입에 따라서 기꺼이 삶의 여정을 옮겨 가면서 생활하는 노마드의 정신을 배울 필요가 있겠다.

둘째로, 필자는 이 글이 탈식민주의 텍스트로서 교육과정 연구라는 새로운 담론의 형성에 더욱 많은 학자들 특히 제3세계의 문화적으로 식민화된 학자들의 참여와

의식화를 불러일으킬 수 있으리라고 기대한다. 탈식민주의 담론은 이제 교육과정 영역의 경우 서구의 학자들에 의하여 문제제기되었을 뿐 제3세계의 교육과정 학자들에 의해서는 심각하게 연구되지 않고 있는 새로운 탐구주제에 속한다. 이에 이 글은 제3세계의 학자들이 이 새로운 탐구영역을 더욱 이론화시키고 심화시키고 확산시켜 나갈 수 있는 지적 자극제로서 읽히기를 희망한다. 그러한 점에서 이 글에서 필자가 제시한 다양한 아이디어들은 탈식민을 위한 최종의 답변으로서 읽혀서는 안 되며 대신에 더욱 다양하고 소외되었던, 그리고 타자화되었던 토속적 연구경험과 주장들이 주변부로 자리 잡을 수 있도록 도와주는 지적 촉매제 역할을 하기를 바란다.

그러한 점에서 Pinar(1995, 2003)가 개념화시킨 '교육과정 연구의 국제화'는 이러한 탈식민주의 교육과정 연구의 새로운 담론들을 제3세계의 학자들이 주장하고 공유하고 비평에 참여할 수 있는 새로운 학구적 공간으로서 이용될 수 있을 것이다. 이미 Pinar는 「교육과정 이해하기」(1995, pp.792-844)와 「교육과정 연구의 국제핸드북」에서 교육과정을 국제적인 텍스트로서 탐구하는 것에 대한 필요성을 강조하였다. 나아가 이 결론의 도입부에 인용한 그의 말처럼 그러한 국제화가 또 다른 세계화나 미국 중심의 교육과정 담론의 확산을 위한 전초기지가 되지 않기를 바란다는 희망을 깊이 새겨 들을 필요가 있겠다. 그러한 점에서 Pinar와 그의 연구참여자들에 의하여 시도되고 있는 일련의 국제 작업들(세계교육과정 학회의 설립, 교육과정 연구 국제핸드북, 교육과정 연구의 국제화(2003), 그리고 중국 상하이에서 개최된 제1회 세계교육과정 학술대회 등)은 한편으로는 교육과정 담론의 서구 중심화를 불러일으킬 수 있으나 다른 한편으로는 그 동안 교육과정 담론의 형성과 유프 그리고 비평에 소외되어 왔던 제3세계 학자들의 다양하고 국지적이며 문화적인 주장들과 지식들을 서구의 학자들에게 알리고 공유할 수 있는 탈식민을 위한 학술적 공간이라는 생각을 한다.

물론 필자는 동아시아 교육과정 학자들을 주축으로 하는 연구공동체의 발족, 또는 제3세계 국가들을 중심으로 하는 교육과정 학회의 형성 등이 필요하다고 주장하지만 현재로서는 우리나라 학자들의 다채로운 교육과정의 이론화 작업들, 그리고 제3세계 학자들의 숨겨진, 배제된, 그리고 타자화된 부드러운 목소리들을 전할 수 있는 효과적인 학술적 공간은 바로 세계 교육과정 학술대회가 아닐까 생각한다. 이 학술대회를 통하여 제3세계 학자들의 토착적이고 문화적으로 성성된 교육과정 이론들과 해석들이 제1세계 학자들의 주장들과 함께 발표되고 토론될 수 있을 것이다. 그리고 그러한 반전은 제1세계 학자들로 하여금 교육과정 이론화의 서구화 또는 미국화가 갖는 문제점이 무엇인지를 각성시켜 줌으로써 현대 교육과정 이론에 대한 보다 개방적이고 평등하며 반성적인 해석을 가할 수 있을 것이다.

이에 필자는 2003년 중국 상하이에서 개최되었던 제1회 세계 교육과정 학술대회에 참여하였는데 이 학술대회를 통하여 그 동안 서구의 교육과정 논의에서 배제되어 왔던 제3세계의 교육과정 학자들의 연구와 목소리가 공유됨으로써 교육과정 연구에서의 탈식민화의 가능성을 어느 정도 확신할 수 있었다. 그러한 점에서 탈식민주의 텍스트로서 교육과정 연구가 하나의 새로운 연구 패러다임으로 성장하기 위해서는 이러한 국제적인 학술대회를 통하여 Spivak이 강조한 것처럼, '누가 말할 수 있는가?' 에 대한 답변으로서 한국 학자를 포함한 제3세계의 학자들이 '우리는 말할 수 있다' 라는 모토를 가지고 더욱 적극적으로 그리고 더욱 창의적으로 이 분야에 대한 지적 작업을 계속해 나가야 할 것이다.

참고문헌

김영천(1998). 질적연구 패러다임과 포스트콜로니얼 교육과정 연구. 이용숙, 김영천(편저). 교육에서의 질적연구. 교육과학사.

김영천 · 조재식(2005). Now and forever: Portraits of qualitative research in Korea. International Journal of Qualitative Studies in Education, 18(3).

김인회(1980). 한국인을 위한 교육학. 이성 출판사.

김인회(1983). 식민지 교육학은 극복되었나? 한국사회연구, 1. 132-155.

김인회(1986). 문화적 식민지의 교육경향. 교육과 민중문화. 한길사.

김정근(편)(2000). 한국사회과학의 탈식민성 담론 어디까지 와 있는가? 지식 산업사.

이돈희(1982). 한국의 교육철학은 얼마나 미국적인가? 전북대학교 국제문화 연구소 논문집 1, 73-81.

이종각(1990). 한국교육학의 논리와 운동. 문음사.

황정규(1982). 한국교육과 미국교육과의 관계-교육방법 측면에서의 소고, 전북대학교 부설 국제문화연구소 논문집, 1, 83-89.

Aegerter, L. P. (1997). *A pedagogy of postcolonial literature. College Literature*, 24, 142-50.

Anyon, J. (1979). Ideology and United States History Textbooks. *Harvard Educational Review,* 49(3), 361-386.

Anyon, J. (1980). Social class and the hidden curriculum of work. *Journal of Edu-*

cation. 162(1), 67-92.

Apple, M. (1979). *Ideology and curriculum*. London: Routledge and Kegan Paul.

Ashcroft, B., Gareth, G., and Helen, T. (1998). *Key concepts in post-colonial studies*. London: Routledge.

Ashcroft, B., Griffifth, G., and Tiffin, H. (1989). *The Empire writes back: Theory and practice in post-colonial literature*. London: Routledge.

Berger, P. L. & Luckman, T. (1966). *The social construction of reality*. NY: Doubleday.

Bhabha, H. (1994). *The location of culture*. London: Routledge.

Chen, K. S. (1998). *Trajectories: Inter-Asia cultural studies*. Routledge.

Desai & Gaurav. (1998). *Postcolonial discourse and changing cultural contexts*. Research in African Literatures, 29, 2.

Dimitradis, G., & McCarthy, C. (2001). *Reading and teaching the postcolonial*. NY: Teachers College Press.

Ellsworth, E. (1989). Why doesnt this feel empowering? Working through the repressive myths of critical pedagogy, *Harvard Educational Review*, 59(3), 297-325.

Fanon, F. (1963/1968). *The wretched of the earth*. NY: Grove.

Freire, P. (1972). Pedagogy of the Oppressed. New York: Harper and Row.

Freire, P. & Faundez, A. (1992). *Learning to question: A pedagogy of liberation*. New York: Continuum.

Friel, B. (1984). Translations. *Selected Plays*. Washington: Catholic U of America Press.

Gallegos, B., Villenas, S. & Brayboy, B. (2003). IndigenoUS Education in the Americas: Diasporic identities, epistemologies, and postcolonial spaces. *Educational Studies*, 34(2). New Jersey: Lawrence Erlbaum.

Eisner, E. (1985). *The educational imagination: On the design and evaluation of school programs*. NY: Macmillan.

Gandhi, L. (1998). *Postcolonial theory: A critical introduction*. New York: Columbia University Press.

Giroux, H. (1983). *Theory, resistance, and education*. Mass: Bergin and Garvey.

Greenlaw, J. (1994). A postcolonial conception of the high school multicultural literature curriculum. Ph.D. dissertation. University of British Columbia.

Grundy, S. (1987). *Curriculum: product or praxis*. PA: The Falmer Press.

Harding, S. (1998). *Is science multicultural?* Bloomington, IN: Indiana University Press.

Heble, A. (2002). Re-ethicizing the classroom: pedagogy, the public sphere, and the postcolonial condition. *College Literature*, 29(1), 143-60.

Huntington, S. P. (1993). The clash of civilizations? *Foreign Affairs*, 72(3), 113-138.

Johnston, I. (2003). *Re-mapping literary worlds: Postcolonial pedagogy in practice*. New York: Peter Lang.

Lather, P. (1986a). Research as praxis. *Harvard Educational Review*. 56(3), 63-84.

Lather, P. (1992). Critical frames in educational research. Feminist and poststructual perspectives. *Theory Into Practice*. 31(2).

Lather, P. (2001). Validity as an incitement to discourse: Qualitative research and the crisis of legitimation. In Richardson, V. (Ed.). *Handbook of Research on Teaching* (4th), 241-250.

Lather, P. (2004). Ethics now: White woman goes to Africa and loses her voice. Unpublished manUScript. AERA. April. San Diego.

Lyotard, J. F. (1979). *The postmodern condition: a report on knowledge*. Trans. Bennington and Massumi. MN: University of Minnesota Press.

Mannoni, O. (1957/1990). *Prospero and Caliban: The psychology of colonization*. Ann Arbor: University of Michigan Press.

Marshall, D, Sears, J., and Schubert, W. (2000). *Turning points in curriculum: A contemporary American memoir*. Ohio: Merill.

McClintock, A. (1992). The angel of progress: Pitfalls of the term postcolonialism., *Social Text* 31/32, 84-98.

McLaren, P. (1993/1992). Critical literacy and postcolonial praxis: A Freirian perspective. *College Literature*, 7-27.

McLeod, J. (2000). *Beginning postcolonialism*. Manchester University Press.

Mohanty, C. T. (1984). under Western eyes: Feminist scholarship and colonial discourse, *Boundary 2*, XII, No.3, 333-358.

Moore-Gilbert, B. (1997). *Postcolonial theory*. London: Verso.

Myrsiades, K. & McGuire, J. (1995). (Eds.) *Order and Partialities: Theory, Pedagogy, and the Postcolonial*. New York: State University of New York Press.

Ngugi, T. (1986). *Decolonising the mind: The politics of language in African literature*. London: James Currey.

Ngugi, T. (1997). *Writers in politics: A re-engagement with issues of literature and society*. London: Heinemann.

Park, C. (2004). A comparative study of educational aspirations: Armenian, Korean, Mexican, and Whites. Unpublished manUScript. San Diego: AERA.

Pinar, W. (1975b). Currere: Toward Reconceptualization. In W. Pinar (Ed.). *Curriculum theorizing; The reconceptualists*(pp.396-414). CA: McCutchan Publishing Company.

Pinar, W., Reynolds, W., Slattery, P., & Taubman, P. (1995). *Understanding curriculum*. New York: Peter Lang.

Pinar, W. (2002). *The internationalization of curriculum studies: A research proposal*. Unpublished manUScript. Conference of American Association of Curriculum Studies, New Orleans

Pinar, W. (2003). Toward the internationalization of curriculum studies, In Donna Trueitt, William Doll, Honggu Wang, William Pinar, (Eds.), *The internationalization of curriculum studies,* New York: Peter Lang.

Pinar, W. (2004). *What is curriculum theory?* NY: Peter Lang.

Rorthy, R. (1979), *Philosophy and the mirror of nature.* New Jersey: Princeton University Press.

Rorty, R. (1989b). *Education with dogma.* Dissent. Spring, 198-204.

Rorty, R. (1991). *Objectivity, relativism, and truth.* Mass: Cambridge University Press.

Roy, Kaustuv (2003). *Teachers in Nomadic Spaces.* Peter Lang.

Said, E. (1985). *Orientalism.* New York: Vintage Books.

Said, E. (1993). *Culture and imperialism.* NY: Alfred A. Knopf.

Said, E. (1996). Representations of the intellectual: The 1993 Reith lectures. New York: Vintage.

Scheurich, J. (1996). The masks of validity: A deconstructive investigation. *Qualitative Studies in Education.* 9(1), 49-60.

Scheurich, J. (1997). *Research method in the postmodern.* London: Falmer Press.

Schwab, J. (1969). The Practical: A Language for Curriculum. *School Review 78:* 1-23.

Shohat, E. (1992). Notes on the post-colonial. *Social Text*, 31/32, 99-113.

Slemon, S. (1987). Monuments of Empire allegory/counter-discourse/post-colonial writing, Kunapipi 9.

Spivak, (1990). *The post-colonial critic: Interviews, strategies, dialogues.* New York: Routledge.

Stuart, H. (1996). When was the post-colonial Thinking at the limit In Iain Chambers & Lidia Curti(Eds.) *The post-Colonial questions: Common skills, divided horizons.* London: Routledge, 242-260.

Ungugi, T. (1986). *Decolonizing the mind: the politics of language in African literature.* London: James Currey.

USher, R., and Edwards, R. (1994). *Postmodernism and education.* New York: Routledge.

Vygotsky, L. (1989). *Thought and Language.* Mass: The MassachUSetts Institute of Technology.

Weiler, P. (1988). *Women Teaching for Change: Gender, Class & Power,* New York, Bergin & Garvey.

저자 약력

곽삼근 학 력 : 미국 Michigan State Univeristy 철학 박사
현 재 : 이화여자대학교 교육학과 교수
전 공 : 성인 및 계속교육학
연구분야 : 페미니즘 교육학, 학습리더십

김대현 학 력 : 부산대학교 대학원 교육학 박사
현 재 : 부산대학교 교육학과 교수
전 공 : 교육과정
연구분야 : 교육과정 개발, 내러티브 탐구, 질적연구

김명희 학 력 : 미국 Boston University 철학 박사, 연세대학교 교육학 박사
현 재 : 한양대학교 교육학과 교수
전 공 : 교육과정, 수업이론
연구분야 : 교육과정 개발, 한국인의 의사소통 연구, 다중지능이론

김영천 학 력 : 미국 The Ohio State University 철학 박사
현 재 : 진주교육대학교 교육학과 교수
전 공 : 교육과정, 질적연구방법론
연구분야 : 교육과정 이론, 질적연구, 질적평가

김평국 학 력 : 미국 Pennsylvania State University 철학 박사
현 재 : 경인교육대학교 교육학과 교수
전 공 : 교육과정
연구분야 : 국가 교육과정 개발과 적용, 학교 교육과정 편성 및 운영, 교수설계

문승호 학 력 : Columbia University 철학 박사
현 재 : 미국 Oklahoma State University 사범대학
교육과정학(Curriculum Studies) 교수
전 공 : 교육과정
연구분야 : 교육과정이론, 내러티브 탐구, 심미적 교육, 후기구조주의와 교육과정담론

박민정 학 력 : 캐나다 University of British Columbia 철학 박사
현 재 : 중앙대학교 강사
전 공 : 교육과정 및 교수방법
연구분야 : 교육과정 이론, 교육과정 연구의 질적 접근, 다문화 교육과정,
내러티브를 활용한 교수법 등

성열관 학　　력 : 미국 University of Wisconsion at Madison 철학 박사
현　　재 : 경희대학교 교육대학원 교수
전　　공 : 교육과정 및 수업
연구분야 : 교육과정 이론 및 개발, 실행연구

손민호 학　　력 : 미국 The Ohio State University 철학 박사
현　　재 : 인하대학교 교육학과 교수
전　　공 : 교육과정 및 수업
연구분야 : 교육과정 이론, 질적연구방법론, 수업연구

이근호 학　　력 : 캐나다 University of Alberta 철학 박사
현　　재 : 한국교육과정평가원 연구위원
전　　공 : 교육과정
연구분야 : 교육과정, 질적연구방법론, 실행연구

이동성 학　　력 : 부산대학교 대학원 교육학 박사
현　　재 : 전주교육대학교 교육학과 교수
전　　공 : 교육사회학, 학교 교육과정
연구분야 : 교육연구방법론, 학교사회학, 교사의 삶

조재식 학　　력 : 미국 The Ohio State University 철학 박사
현　　재 : 미국 University of Wyoming 교육학과 교수
전　　공 : 교육과정
연구분야 : 교육과정 연구, 질적연구방법, 교사 발달 연구

주재홍 학　　력 : 한국학 중앙연구원 교육학 박사
현　　재 : 진주교육대학교 교육학과 교수
전　　공 : 교육과정
연구분야 : 포스트식민주의 교육적 적용, 교과서 속의 오리엔탈리즘

허창수 학　　력 : 미국 Florida State University 철학 박사
현　　재 : 충남대학교 교육학과 교수
전　　공 : 교육과정
연구분야 : 교육과정에서 젠더연구 및 비판이론, 질적연구방법

교육과정 이론화: 역사적/동시대적 탐구

발행일 | 2012년 9월 1일 초판 발행
편저자 | 김영천
발행인 | 홍진기
발행처 | 아카데미프레스
주　소 | 413-756 경기도 파주시 문발동 출판정보산업단지 507-9
전　화 | 031-947-7389
팩　스 | 031-947-7698
웹사이트 | www.academypress.co.kr
등록일 | 2003. 6. 18 제406-2011-000131호
ISBN | 978-89-97544-13-4 93370

값 30,000원